FENOMENOLOGIA DO ESPÍRITO

Dados Internacionais de Catalogação na Publicação (CIP)
(Câmara Brasileira do Livro, SP, Brasil)

Hegel, Georg Wilhelm Friedrich, 1770-1831.
Fenomenologia do espírito / Georg Wilhelm Friedrich Hegel; tradução de Paulo Meneses ; com a colaboração de Karl-Heinz Efken, e José Nogueira Machado. – 9. ed. – Petrópolis, RJ : Vozes, 2014.

Título original: Phänomenologie des Geiste
Bibliografia.

11ª reimpressão, 2024.

ISBN 978-85-326-2769-8

1. Fenomenologia 2. Filosofia alemã 3. Hegel, Georg Wilhelm Friedrich, 1770-1831 I.Título.

02-3687 CDD-142.7

Índices para catálogo sistemático:
1. Fenomenologia : Filosofia 142.7

Georg Wilhelm Friedrich Hegel

FENOMENOLOGIA DO ESPÍRITO

Tradução de Paulo Meneses,
com a colaboração de Karl-Heinz Efken
e José Nogueira Machado, SJ

Petrópolis

Tradução realizada a partir do original em alemão intitulado *Phänomelogie des Geistes*

Rua Frei Luís, 100
25689-900 Petrópolis, RJ
www.vozes.com.br
Brasil

Diagramação: Sheilandre Desenv. Gráfico
Capa: WM design

ISBN 978-85-326-2769-8

Este livro foi composto e impresso pela Editora Vozes Ltda.

SUMÁRIO

NOTA DO TRADUTOR

Esta tradução da *Fenomenologia do espírito* foi publicada pela Vozes em 1992 em dois volumes e já teve cinco edições. Dez anos depois, aparece a tradução corrigida, em um só volume: é quase uma nova tradução, pois o original alemão foi cotejado linha por linha, e ainda comparado com as duas traduções francesas mais recentes, Jean-Pierre Lefebvre (Aubier, 1991) e Pierre-Jean Labarrière (PUF, 1993), além das traduções preferidas, a inglesa de Miller (Oxford Univ. Press, 1977) e a italiana de Negri (La Nuova Itália, Firenze, 1973).

Conservamos as opções terminológicas das edições anteriores, apesar das críticas. Foi mantido o "suprassumir", calcado no *sursumer* de Labarrière, já que o "*supprimer*" de Bourgeois, e o "abolir" de Lefebvre só retêm o lado negativo de *aufheben*: suprimem sem conservar. Há também em nosso idioma termos que são os antônimos de si mesmos, como "relevar", que significa "dar relevo" e "desconsiderar"; mas nada temos de equivalente para o "*aufheben*" como o latim ("*tollere*") e o grego ("*airein*"). Devido à grande rejeição que suscitou o "extrusar", pensamos em mudar o termo; infelizmente não encontramos no dicionário outra palavra que exprimisse uma exteriorização que requer força para executar-se. Mas, sobretudo, porque Hegel quando quer dizer simplesmente "exteriorização" utiliza "*Aü*sserung" (cf. na "Razão observadora, sobretudo a partir do § 309, no quadro do "exterior exprime o interior"). Claro que "*Entäusserung*" como "*Entfremdung*" são também exteriorizações, mas qualificadas: a primeira, porque exige energia para efetuar-se a assumir a forma de ser, ou seja, transpor para o elemento do ser e dar efetividade ao que era apenas "disposição"; e a outra, por ser "desessenciamento", perda de si, esvaziar-se kenótico, donde não há retorno a si pela reflexão (cf. nosso artigo na *Síntese* "Entfremdung e Entäusserung"). Realmente nunca pensamos em "firmar jurisprudência" em matéria de tradução de Hegel, mas apenas propusemos expressões que nos pareciam corresponder mais de perto aos termos alemães, e sobretudo que se distinguissem de termos afins (como no caso de "exteriorização", "extrusão", "alienação" acima mencionados). Continua-se a dizer imediatidade em lugar de imediatez, que introduzimos a partir do espanhol - não menos vernáculo que imediatidade e bem mais simples. O "*essente*", que trouxemos do italiano, equivalente ao "*seiende*", e ao "*étant*", fica mais ágil e elegante para significar algo que está "no elemento do ser" do que os circunlóquios habituais que continuarão a ser utilizados. No fim do livro, apresentamos um "Glossário" com nossas opções terminológicas.

Como dissemos na primeira edição, traduzir é tarefa imperfeita por sua própria natureza. Mesmo assim, achamos que valia a pena colocar nas mãos dos estudantes essa tradução, já que se multiplicam mestrados e doutorados no país. Sua finalidade didática é manifesta: os períodos ciceronianos de Hegel foram divididos em frases mais curtas e claras. Queríamos traduzir Hegel para nosso idioma, e não calcar palavras da língua portuguesa sobre o arrevesado texto alemão. Adotamos a numeração de Miller para os 808 parágrafos da obra. Não entendemos como uma numeração tão prática não foi adotada pelas edições e traduções que vieram depois. A Idade Média tinha mais espírito prático (ou menos vaidade), pois adotou sem mais a divisão da Bíblia em capítulos e versículos. Para facilitar o confronto com o original de Hegel - indispensável para uma compreensão mais exata - pusemos no início de cada parágrafo as primeiras palavras em alemão. Também pequenos artifícios foram adotados para facilitar a compreensão: um adjetivo substantivado está em maiúsculas quando acompanhado de um adjetivo (um Simples imediato); "*Sache*" é "Coisa" com maiúsculas e "*Dinge*", "coisa" com minúsculas. Levam também maiúsculas: Eu, Si, Outro, Em-si, Para-si e Além (quando se refere a Deus). 'Visar' vai assim, entre aspas simples, pois nada encontramos correspondente ao *meinen*, que não é "supor" nem "opinar" na terminologia hegeliana (cf. a "Percepção"). Causa estranheza o "desvanecer" (assim, sem o *se* reflexo) e o adjetivo "evanescente": contudo, achamos que "desaparecer" equivalia a deixar de aparecer, sair do campo da aparência, enquanto outra é a conotação do "*verschwinden*": um evaporar-se ou dissipar-se de algo que "o vento levou". Termo apropriado para os "momentos" voláteis, enquanto o fim dos "*essentes*" é "afundar" ou "ir por terra" (*versinken, zu Grunde gehen*), "declinar" ou "transmontar" (*untergehen*) ou, mesmo, "colapsar" (*zusammenfallen*). Enfim, conservamos os verbos substantivados quando Hegel os utiliza: *das Denken*, o pensar, *das Aufheben*, o suprassumir; e quando uma palavra alemã é traduzida por mais de uma em português, empregamos o hífen: *inhaltlos*: carente-de-conteúdo.

Agradecemos a Henrique Vaz a autorização de publicar, como Introdução, parte de seu luminoso artigo: *O senhor e o escravo: uma parábola da Filosofia Ocidental* (*Síntese*, n. 21). Tivemos dois colaboradores na tradução da Fenomenologia: na primeira parte, o Prof. Karl-Heinz Efken, e na segunda parte (do Espírito até ao fim) o Pe. Nogueira Machado, já falecido. Queremos protestar nossa gratidão a Henrique Vaz que nos levou a empreender esta tradução, e a quem consultamos todo o tempo nas inúmeras dúvidas e dificuldades que surgiam na sua execução, e ao Prof. Alfredo Moraes que sempre nos apoiou com sua dedicação e competência.

APRESENTAÇÃO
A significação da Fenomenologia do espírito

Henrique Cláudio de Lima Vaz

A *Fenomenologia do espírito* é uma obra, por tantos títulos original e mesmo única dentro da tradição do escrito filosófico, e que assinala em 1807 (o autor contava então 37 anos) a aparição de Hegel no primeiro plano de cena filosófica alemã. Tendo publicado até então apenas artigos ou pequenos escritos, mas tendo, por outro lado, amadurecido durante os anos do seu ensinamento na Universidade de Lena (1801-1806) as grandes linhas do seu sistema no confronto com os grandes mestres do Idealismo alemão, sobretudo Kant, Fichte e Schelling, Hegel pretende fazer da *Fenomenologia* o pórtico grandioso desse sistema que se apresenta orgulhosamente como Sistema da Ciência. No entanto, a arquitetura e a escritura desse texto surpreendem. Não é uma meditação no estilo cartesiano, nem uma construção medida e rigorosa como a *Crítica da razão pura*, nem um tratado didático como a *Doutrina da ciência*, de Fichte. Sendo tudo isto, é sobretudo a descrição de um *caminho* que pode ser levado a cabo por quem chegou ao seu termo e é capaz de rememorar os passos percorridos; o próprio filósofo na hora e no lugar da escritura do texto filosófico, Hegel no seu tempo e história e na Lena de 1806. Esse caminho é um caminho de experiências e o fio que as une é o próprio discurso dialético que mostra a necessidade de se passar de uma estação a outra, até que o fim se alcance no desvelamento total do *sentido* do caminho ou na recuperação dos seus passos na articulação de um saber que o funda e justifica. Quem fala de experiência fala de sujeito e significação, de sujeito e objeto. A intenção de Hegel na *Fenomenologia* é articular com o fio de um discurso científico - ou com a necessidade de uma lógica - as figuras do sujeito ou da consciência que se desenham no horizonte do seu afrontamento com o mundo objetivo. "Ciência da experiência da consciência": esse foi o primeiro título escolhido por Hegel para a sua obra. Na verdade, essas figuras têm uma dupla face. Uma face *histórica,* porque as experiências aqui recolhidas são experiências de cultura, de uma cultura que se desenvolveu no tempo sob a injunção do pensar-se a si mesma e de justificar-se ante o tribunal da Razão. Uma face *dialética,* porque a sucessão das figuras da experiência não obedece à ordem cronológica dos eventos, mas à necessidade imposta ao discurso de mostrar na sequência das experiências o desdobramento de uma lógica que deve conduzir ao momento fundador da Ciência: ao Saber absoluto como adequação da certeza do sujeito com a verdade do objeto. Não é fácil mostrar como se entrelaçam História e Dialética no discurso da *Fenomenologia.* Baste-nos dizer aqui que o propósito de Hegel deve ser entendido dentro da resposta original que a *Fenomenologia* pretende ser à grande aporia transmitida pela *Crítica da razão pura* ao Idealismo alemão. Esta aporia se formula como cisão entre a ciência do mundo como *fenômeno,* obra do Entendimento, e o conhecimento do absoluto ou do incondicionado – da *coisa-em-si* – que permanece como ideal da Razão. O absoluto só se apresenta para Kant no domínio da Razão prática como postulado de uma liberdade transempírica, fora do alcance de uma ciência do mundo. Com a *Fenomenologia do espírito,* Hegel pretende situar-se para além dos termos da aporia kantiana, designando-a como momento abstrato de um processo histórico-dialético desencadeado pela própria situação de um sujeito que é fenômeno para si mesmo ou portador de uma ciência que *aparece* a si mesma no próprio ato em que faz face ao aparecimento de um objeto no horizonte do seu saber. Em outras palavras, Hegel intenta mostrar que a fundamentação absoluta do saber é resultado de uma gênese ou de uma história cujas vicissitudes são assinaladas, no plano da aparição ou do *fenômeno* ao qual tem acesso o olhar do Filósofo (o *para-nós* na terminologia hegeliana) pelas oposições sucessivas e dialeticamente articuladas entre a certeza do sujeito e a verdade do objeto. Anunciando a publicação do seu livro, Hegel diz: "Este volume expõe o devir do saber" (*das werdende Wissen*). A *Fenomenologia do espírito* deve substituir-se às explicações psicológicas ou às discussões mais abstratas sobre a fundamentação do saber. O sujeito e o fenômeno kantianos são rigorosamente anistóricos. Desde o ponto de vista de Hegel são, portanto, abstratos. Na

Fenomenologia, Hegel quer mostrar que essa abstração, na qual o mundo é o mundo sem história da mecânica newtoniana e é acolhido pelo sujeito ao qual "aparece" nas formas acabadas das categorias do Entendimento, é apenas momento de um processo ou de uma gênese que começa com a "aparição" do sujeito a si mesmo no simples "aqui" e "agora" da *certeza sensível* (primeiro capítulo da *Fenomenologia*), aparição que mostra a dissolução da verdade do objeto na certeza com que o sujeito procura fixá-la. A partir daí, o movimento dialético da *Fenomenologia* prossegue como aprofundamento dessa situação histórico-dialética de um sujeito que é fenômeno para si mesmo no próprio ato em que constrói o saber de um objeto que aparece no horizonte das suas experiências. Assim, Hegel transfere para o próprio coração do sujeito - para o seu saber - a condição de *fenômeno* que Kant cingira à esfera do objeto. Essa é a originalidade da *Fenomenologia* e é nessa perspectiva que ela pode ser apresentada como processo de "formação" (cultura ou *Bildung*) do sujeito para a ciência. E entende-se que a descrição desse processo deva referir-se necessariamente às experiências significativas daquela cultura que, segundo Hegel, fez da ciência ou da filosofia a *forma rectrix* ou a *enteléquia* da sua história: a cultura do Ocidente.

Dois fios nos conduzem através do longo e difícil itinerário da *Fenomenologia*. Um deles é a linha das *figuras* que traça o processo de formação do sujeito para o saber, unindo dialeticamente as experiências da consciência que encontram expressões exemplares na história da cultura ocidental. As figuras delineiam portanto, no desenvolvimento da *Fenomenologia*, o relevo de um tempo histórico que se ordena segundo uma sucessão de paradigmas e não segundo a cronologia empírica dos eventos. Mas vimos como essa referência à história é essencial para Hegel porque, segundo ele, a *Fenomenologia* somente poderia ter sido escrita no tempo histórico que era o seu e que assistira à revolução kantiana na filosofia e à revolução francesa na política. O segundo fio une entre si os *momentos* dessa imensa demonstração ou *exposição* da necessidade imposta à consciência de percorrer a série das suas figuras - ou das experiências da sua "formação" - até atingir a altitude do Saber absoluto. Vale dizer que a ordem dos momentos descreve propriamente o movimento dialético ou a lógica imanente *da Fenomenologia* e faz com que a aparição das figuras não se reduza a uma rapsódia sem nexo, mas se submeta ao rigor de um desenvolvimento necessário. *Figuras e momentos* tecem a trama desse original discurso hegeliano, que pode ser considerado a expressão da consciência histórica do filósofo Hegel no momento em que a busca de uma fundamentação absoluta para o discurso filosófico como autorreconhecimento da Razão instauradora de um mundo histórico – o mundo do Ocidente – pode ser empreendida não como a delimitação das condições abstratas de possibilidade, tal como tentara Kant, mas como a rememoração e recuperação de um caminho de cultura que desembocava nas terras do mundo pós-revolucionário, onde o sol do Saber absoluto – o imperativo teórico e prático de igualar o racional e o real – levantava-se implacável no horizonte.

A *Fenomenologia* apresenta, pois, três significações fundamentais. Uma significação propriamente *filosófica* definida pela pergunta que situa Hegel em face de Kant: o que significa para a consciência experimentar-se a si mesma através de sucessivas formas de saber que são assumidas e julgadas por essa forma suprema que chamamos ciência ou filosofia? uma significação *cultural* definida pela interrogação que habita e impele o "espírito do tempo" na hora da reflexão hegeliana: o que significa, para o homem ocidental moderno, experimentar o seu destino como tarefa de decifração do enigma de uma história que se empenha na luta pelo Sentido através da aparente sem-razão dos conflitos, ou que vê florescer "a rosa da Razão na cruz do presente?" Finalmente, uma significação *histórica*, definida pela questão que assinala a originalidade do propósito hegeliano: o que significa para a consciência a necessidade de percorrer a história da formação do seu mundo de cultura como caminho que designa os momentos do seu próprio formar-se para a ciência? Tais serão as significações que irão entrecruzar-se na dialética do Senhor e do Escravo, conferindo-lhe o caráter paradigmático que aqui queremos ressaltar.

O ponto de partida da *Fenomenologia* é dado pela forma mais elementar que pode assumir o problema da inadequação da certeza do sujeito cognoscente e da verdade do objeto conhecido. Esse problema surge da própria *situação* do sujeito cognoscente enquanto *sujeito consciente*. Ou seja, surge do fato de que a certeza do sujeito de possuir a verdade do objeto é, por sua vez, *objeto* de uma experiência na qual o sujeito aparece a si mesmo como instaurador e portador da verdade do objeto. O lugar da verdade do objeto passa a ser o discurso do sujeito, que é também o lugar do automanifestar-se ou do autorreconhecer-se - da *experiência*, em suma - do próprio sujeito. Não bastará comparar a certeza "subjetiva" (em sentido vulgar) e a verdade "objetiva" (igualmente em sentido vulgar), mas será necessário submeter a verdade do objeto à verdade originária do sujeito ou à lógica imanente do seu discurso. Será necessário, em outras palavras, conferir-lhe a objetividade superior do saber que é ciência. Essa é a estrutura dialética fundamental que irá desdobrar-se em formas cada vez mais amplas e complexas ao longo da *Fenomenologia*, na medida em que a *exposição* que o sujeito faz a si mesmo do seu caminho para a ciência incorpora - na rememoração *histórica* e na necessidade *dialética* - novas experiências. Trata-se, afinal, como diz Hegel na *Introdução*, de aplicar ao sujeito que se experimenta no ato de saber alguma coisa a sua própria medida (pois onde poderá buscar, senão em si mesmo, uma medida que seja norma constitutiva do seu saber?) e com ela medir, nas formas sucessivas de saber, a distância que separa a certeza da verdade, até que essa distância seja suprimida no saber em que a verdade da medida revela a sua plena adequação à certeza, do sujeito e à verdade do objeto: no Saber absoluto.

Os três primeiros capítulos da *Fenomenologia*, que constituem a sua primeira parte (a), desenvolvem portanto esse esquema dialético a partir da sua forma mais elementar ou da situação originária do sujeito que conhece alguma coisa e se experimenta na certeza de possuir a verdade do objeto conhecido ou, simplesmente, toma consciência do seu saber. Tal situação é definida pela presença do sujeito no *aqui* e no *agora* do mundo exterior e o saber, nesse primeiro momento, não é mais do que a simples *indicação* do objeto nesse *aqui* e nesse *agora*. Esse primeiro saber é denominado por Hegel "certeza sensível". É o domínio onde se move a consciência ingênua, quase animal, que pensa possuir a verdade do objeto na *certeza* de indicá-lo na sua aparição no *aqui e* no *agora* do espaço e do tempo do mundo. A dissolução da "certeza, sensível", ou o evanescer-se do "isto" pretensamente concreto da experiência imediata do mundo na "percepção" da "coisa" abstrata (cap. 2), ou seja, do objeto definido pela atribuição de muitas propriedades abstratamente universais, mostra que a ciência da experiência da consciência ou a dialética da *Fenomenologia* se inclina na direção que irá levar à plena explicitação da consciência ou da "verdade da certeza de si mesmo" como instituidora da verdade do mundo. Com efeito, o 3° capítulo, ao qual Hegel dá o título "Força e entendimento, a aparição e o mundo suprassensível" e que é, sem dúvida, um dos mais difíceis da obra, retoma o problema kantiano do entendimento (*Verstand*) e da constituição do mundo como natureza ou reino das leis, modelo ideal do sensível. Aqui se dá a "inversão" do mundo com relação à "coisa" da percepção e ao "isto" da certeza, sensível: o mundo que Hegel denomina (numa reminiscência de Platão) o mundo "suprassensível" é o calmo reino das leis que regem o jogo recíproco das forças (como na terceira lei newtoniana do movimento), mas a sua verdade se revela, finalmente, na imanência perfeita do movimento em si mesmo, ou seja, na *vida*. A vida é a verdade da natureza, e Hegel admite uma vinculação muito mais profunda do que Kant estaria disposto a aceitar entre a estrutura mecanicista do mundo que é objeto do Entendimento da *Crítica da razão pura*, e a sua estrutura finalista, objeto do juízo teleológico na *Crítica da faculdade de julgar*. No entanto, o que Hegel pretende mostrar aqui é que, na experiência do saber de um objeto que lhe é exterior, a consciência se suprime como simples consciência de um objeto, passa para a *consciência-de-si* como para a sua verdade mais profunda: a verdade da certeza, de si mesmo. O resultado da dialética do jogo recíproco das forças que faz surgir o conceito de *infinidade* como distinção no seio do que é idêntico - ou como emergência da vida - desenha, desta sorte, uma nova figura da consciência. Hegel a descreve assim: "A consciência de um outro, de um objeto em geral é ela própria, necessariamente, *consciência-de-si*, ser-refletido em si, consciência de si mesmo no seu ser outro. O *progresso necessário* das figuras da consciência até aqui exprime exatamente isto, ou seja, que não somente a consciência da coisa é possível unicamente para a consciência-de-si, mas ainda que somente esta é a verdade daquela". Se a primeira parte da *Fenomenologia* leva o título de "Consciência" é que ela designa o movimento dialético no qual o saber do mundo passa no saber de si mesmo como na sua verdade. Hegel, em suma, traduz em necessidade dialética a necessidade analítica com que Kant unifica as categorias do Entendimento na unidade transcendental da apercepção no *Eu penso*. Nas figuras da consciência a verdade, enquanto distinta da certeza, é, para a consciência, um *outro*, uma vez que é verdade de um mundo exterior que ainda não passou para a verdade originária e fundadora da própria consciência. "Com a consciência-de-si, diz Hegel, entramos, pois, no reino nativo da verdade". Trata-se, então, de acompanhar o surgimento das figuras que irão marcar o itinerário dialético da consciência-de-si. Mas a originalidade do procedimento hegeliano e a natureza própria do caminho fenomenológico tornam-se patentes nos traços que irão compor a primeira figura da consciência-de-si, e na direção do seu movimento dialético.

Com efeito, a primeira figura da consciência-de-si não é a identidade vazia do *Eu penso* ou a "imóvel tautologia" do Eu = Eu que, de Descartes a Fichte, a filosofia moderna colocara no centro do novo universo copernicano da razão. Na verdade, a consciência-de-si é reflexão a partir do ser do mundo sensível e do mundo da percepção e é, essencialmente, um retorno a partir do *ser-outro*. Esse ser-outro (o mundo sensível) é conservado no movimento dialético constitutivo da consciência-de-si como uma segunda diferença que se insere na primeira, com a qual a consciência-de-si se distingue de si mesma na identidade reflexiva do Eu. Assim, o mundo sensível se desdobra no espaço dessa identidade, mas não mais como o objeto que faz face à consciência, e sim como o ser que, para a consciência-de-si, é marcado como o "caráter do negativo" e cujo *em-si* deve ser suprimido para que se constitua a identidade concreta da consciência consigo mesma.

Para a consciência que retorna a si pela *supressão* do seu objeto ou pela evanescência do ser do objeto na certeza da verdade que é agora a verdade da própria consciência, o objeto assume as características da *vida* e a figura da consciência-de-si é o *desejo*. Para caracterizar o objeto da consciência-de-si que perdeu a subsistência imediata das coisas que compõem o mundo exterior, Hegel recorre ao conceito de *vida* tal como se constituíra na tradição de pensamento que vai de Espinosa a Schelling passando pelo Romantismo. A vida é aqui o puro fluir ou a infinidade que suprime todas as diferenças e, no entanto, é subsistência que descansa nessa absoluta inquietação. Nesse sentido a vida aparece como objeto da consciência-de-si – ou como seu oposto na medida em que é para ela como seu primeiro esboço na exterioridade do mundo. A verdade do mundo passou para a consciência-de-si e ela caminha para comprovar essa sua verdade fazendo no confronto com a vida a experiência da sua unidade. Eis por que a consciência-de-si assume a figura do *desejo* que se cumpre na sua própria satisfação, ou que é atividade essencialmente negadora da independência do seu objeto.

Mas é preciso não obscurecer a dialética do desejo com interpretações alheias ao propósito hegeliano. O caminho descrito pela *Fenomenologia* acompanha os passos da formação do indivíduo para a ciência, ou, se quisermos, do homem ocidental para a filosofia. A essa altura do itinerário o resultado essencial surge ao termo do movimento dialético que mostra a consciência-de-si como verdade da consciência do mundo exterior. Trata-se, pois, de explicitar num novo ciclo de figuras o conteúdo desse resultado e descrever a experiência que a consciência-de-si faz de si mesma: da sua verdade. O desejo surge como primeira figura que a consciência-de-si assume na sua certeza de ser a verdade do mundo. Com efeito, no desejo o *em-si* do objeto é negado pela satisfação e é esse movimento de negação que opera para a consciência a sua conversão a si mesma e traça a primeira figura da sua transcendência sobre o objeto. Para Hegel, o primeiro passo que a consciência dá em direção à sua verdade como consciência-de-si manifesta-se no comportamento do desejo, na negação da independência do objeto em face da pulsão do desejo em busca da sua satisfação.

Essa experiência adquire uma significação decisiva como experiência que inaugura o ciclo dialético das experiências que a consciência-de-si deve empreender para assegurar-se da sua verdade. Mas, trata-se de uma experiência cujo caráter a um tempo essencial e fugaz tem sido ressaltado pelos comentadores do texto hegeliano. Na verdade, apenas se pode dizer que se trata aqui de uma experiência no sentido pleno uma vez que, nela, o objeto se revela inadequado para assegurar essa certeza que a consciência-de-si deve ter de si mesma, ou a transcendência efetiva do sujeito consciente sobre o mundo. De um lado, o egoísmo radical do desejo descreve a figura da consciência-de-si na sua identidade vazia e, de outro, o objeto consumido na satisfação mostra-se incapaz de exercer a mediação exigida para que o saber de si mesmo se constitua como resultado dialético e, portanto, fundamento do saber do objeto. O infinito do desejo é, nos termos de Hegel, um "mau infinito", no qual o objeto ressurge sempre na sua independência para que uma nova satisfação tenha lugar. Para que a consciência-de-si alcance a sua identidade concreta será necessário que ela se encontre a si mesma no seu objeto. Em outras palavras, será necessário que a verdade do mundo das coisas e da vida animal passe para a verdade do mundo humano, ou a verdade da natureza passe para a verdade da história. Nos termos de Hegel equivale dizer que "a consciência-de-si alcança a sua satisfação somente numa outra consciência-de-si".

Num texto de exemplar clareza didática, Hegel descreve a constituição do conceito de consciência-de-si: "Somente nesses três momentos vem a completar-se o conceito de consciência-de-si: a) o Eu puro indiferenciado é seu primeiro objeto imediato. b) Esta imediatidade é porém, ela mesma, absoluta mediação, é apenas como supressão do objeto independente, ou é desejo. A satisfação do desejo é verdadeiramente a reflexão da consciência-de-si em si mesma ou a certeza tornada verdade. c) Mas a verdade dessa certeza é, na realidade, uma dupla reflexão, a duplicação da consciência-de-si. A consciência tem um objeto que anula em si mesmo o seu ser-outro ou a diferença e é, assim, independente. A figura distinta que é apenas *vivente* suprime também no processo da vida a sua independência, mas juntamente com a sua diferença deixa de ser o que é; mas o objeto da consciência-de-si é igualmente independente nesta negatividade de si mesmo; e, portanto, ele é para si mesmo um gênero (*Gattung*), *é* a fluidez universal na propriedade da sua particularização; ele é uma vivente consciência-de-si". O objeto da pulsão vital é consumido na satisfação ou desaparece no fluxo da vida, e não é capaz de permanecer em face do sujeito e exercer nessa permanência a função mediadora que faz passar o sujeito da identidade abstrata do Eu puro para a identidade concreta do Eu que se põe a si mesmo na diferença do seu objeto. O sujeito humano se constitui tão somente no horizonte do mundo humano e a dialética do desejo deve encontrar sua verdade na dialética do *reconhecimento*. Aqui a consciência faz verdadeiramente a sua experiência como consciência-de-si porque o objeto que é mediador para o seu reconhecer-se a si mesma não é o objeto indiferente do mundo, mas é ela mesma no seu ser-outro: é outra consciência-de-si.

Com a passagem da dialética do desejo para a dialética do reconhecimento o movimento da *Fenomenologia* encontra definitivamente a direção do roteiro que Hegel traçará para essa sucessão de experiências que devem assinalar os passos do homem ocidental no seu caminho histórico e dialético para cumprir a injunção de pensar o seu tempo na hora pós-revolucionária, ou para justificar o destino da sua civilização como civilização da Razão. Com efeito, o que aparece agora no horizonte do caminho para a ciência são as estruturas da intersubjetividade ou é o próprio mundo humano como lugar privilegiado das experiências mais significativas que assinalam o itinerário da *Fenomenologia.* O caminho para a ciência deve penetrar na significação das iniciativas de cultura que traçaram a figura do mundo histórico colocado sob o signo da própria ciência e que nela deve decifrar o seu destino. Hegel acentua o alcance decisivo desse momento dialético, ao advertir-nos de que, com o desdobramento da consciência-de-si, feita objeto para si mesma, "o que já está presente aqui para nós é o conceito do *Espírito*". Como é sabido, o conceito de Espírito é a pedra angular do edifício do sistema hegeliano, a menos que queiramos compará-lo com sua lei de construção ou sua forma estrutural. Na *Fenomenologia* o capítulo sexto, que refere as experiências da consciência a situações históricas efetivas, é denominado por Hegel "O Espírito". No momento em que a consciência-de-si faz a sua aparição, o caminho que fica a ser percorrido pela consciência é, diz Hegel, "a experiência do que é o Espírito, essa substância absoluta que, na liberdade acabada e na independência da sua oposição, a saber, de diversas consciências-de-si que são para-si, é a unidade das mesmas; *Eu* que é *Nós*, e *Nós* que é *Eu*". Portanto, na ciência da experiência da consciência o momento da consciência-de-si é verdadeiramente, segundo a expressão de Hegel na continuação do texto citado, um "ponto de inflexão". O roteiro que ficou para trás e que apontava na direção do mundo dos objetos percorria a "aparência colorida do aquém sensível" ou o domínio da certeza sensível e da percepção e penetrava na "noite vazia do além suprassensível", ou seja, na ciência abstrata da natureza. A partir daí o caminho inflecte seu curso e se volta para o mundo dos sujeitos e "penetra no dia espiritual do que é presença": presença efetiva do sujeito a si mesmo no seu constituir-se em oposição ao outro, na unidade do Espírito ou nas experiências significativas do seu mundo histórico.

A dialética do reconhecimento é articulada por Hegel com extremo cuidado, e essas páginas contam entre as mais justamente célebres da *Fenomenologia.* Como o Senhorio e a Servidão não são senão os termos da relação da dialética do reconhecimento no seu primeiro desenlace ou na superação da contradição representada pela "luta de morte", convém refletir inicialmente sobre o implícito que subjaz ao texto hegeliano e se explicita no tema do reconhecimento e na face dramática da sua primeira figura dialética. Ao contrário do que sugerem as interpretações mais vulgarizadas, a referência implícita de Hegel não parece ser aqui o problema da origem da sociedade ou a hipótese do "estado de natureza". A hipótese do "estado de natureza" como estado de luta entre os indivíduos, que deve cessar com o pacto social e a constituição da sociedade civil, atende a um tipo de explicação hipotético-dedutiva da origem da sociedade característica das teorias do chamado Direito Natural moderno. Na verdade, essas teorias foram sempre um dos alvos constantes da crítica de Hegel. Na *Fenomenologia* não se trata de saber como se originou a sociedade (esse é um falso problema para Hegel, pois o indivíduo é, desde sempre, um indivíduo social). Trata-se de desenrolar o fio dialético da experiência que mostra na "duplicação" da consciência-de-si em si mesma - ou no seu situar-se em face de outra consciência-de-si - o resultado dialético e, portanto, o fundamento da consciência do objeto. Essa referência essencial do mundo à história ou essa historicização do conhecimento do mundo é um decisivo "ponto de inflexão" na descrição das experiências que assinalam o caminho do homem ocidental para o lugar e o tempo históricos de uma sociedade que vê inscrito o seu destino na face enigmática do saber científico. Por conseguinte, não é o problema do reconhecimento como relação jurídica que Hegel tem presente aqui, mas a figura dialético-histórica da *luta pelo reconhecimento,* como estágio no caminho pelo qual a consciência-de-si alcança a sua universalidade efetiva e pode pensar-se a si mesma como portadora do desígnio de uma história sob o signo da Razão, vem a ser, de uma sociedade do consenso universal.

O implícito hegeliano sobre o qual se apoia a dialética do Senhorio e da Servidão deixa-se entrever, assim como sendo o problema da racionalidade do *ethos,* que será tematizado explicitamente no começo da seção "O espírito" (C, cap. VI). Ele assinala os primeiros passos da civilização ocidental na Grécia como conflito entre a lei do *génos* e a lei da *pólis*. A interrogação que impele o discurso da *Fenomenologia* a partir do "ponto de inflexão" designado pelo advento da consciência-de-si é a seguinte: que experiências exemplares a consciência deve percorrer e cuja significação deve compreender para demonstrar-se como sujeito, a um tempo dialético e histórico, de um saber que contém em si a justificação da existência política como esfera do reconhecimento universal? Em concreto, esse saber é a filosofia hegeliana e o seu portador é o filósofo na hora de Hegel. A ele compete, em primeiro lugar, dar razão da sua própria existência mostrando que o ato de filosofar não é um ato gratuito, mas é a exigência da transcrição no conceito do tempo histórico daquele mundo de cultura que colocou a Razão no centro do seu universo simbólico. Dando razão da sua existência, o filósofo anuncia o advento, na história do Ocidente, do indivíduo que aceita existir na forma da existência universal, ou da existência regida pela Razão. Eis por que o tema do reconhecimento deve inaugurar o ciclo da consciência-de-si ou do sujeito no roteiro da *Fenomenologia*. É necessário, com efeito, que o indivíduo que se forma para a existência histórica segundo a Razão – ou que se forma para a ciência – passe pelos estágios que assinalam a emergência da reflexão sobre a vida imediata, ou da reciprocidade do reconhecimento sobre a pulsão do desejo. Somente essa emergência tornará possível a existência do indivíduo como existência segundo a forma de universalidade do consenso racional ou, propriamente, existência política. Essa é a forma de existência histórica que o filósofo deve justificar e cuja justificação ele irá buscar exatamente na necessidade, a um tempo dialética e histórica, que conduz a sucessão de experiências descritas pela *Fenomenologia*.

PREFÁCIO

1 - [Eine Erklärung] Numa obra filosófica, em razão de sua natureza, parece não só supérfluo, mas até inadequado e contraproducente, um prefácio - esse esclarecimento preliminar do autor sobre o fim que se propõe, as circunstâncias de sua obra, as relações que julga encontrar com as anteriores e atuais sobre o mesmo tema. Com efeito, não se pode considerar válido, em relação ao modo como deve ser exposta a verdade filosófica, o que num prefácio seria conveniente dizer sobre a filosofia; por exemplo, fazer um *esboço* histórico da tendência e do ponto de vista, do conteúdo geral e resultado da obra, um agregado de afirmações e asserções sobre o que é o verdadeiro.

Além do que, por residir a filosofia essencialmente no elemento da universalidade - que em si inclui o particular -, isso suscita nela, mais que em outras ciências, a aparência de que é no fim e nos resultados últimos que se expressa a Coisa mesma, e inclusive sua essência consumada; frente a qual o desenvolvimento [da exposição] seria, propriamente falando, o inessencial.

Quando, por exemplo, a anatomia é entendida como o conhecimento das partes do corpo, segundo sua existência inanimada, há consenso de que não se está ainda de posse da Coisa mesma, do conteúdo de tal ciência; é preciso, além disso, passar à consideração do particular. Mas ainda: nesse conglomerado de conhecimentos, que leva o nome de ciência sem merecê-lo, fala-se habitualmente sobre o fim e generalidades semelhantes do mesmo modo histórico e não conceitual como se fala do próprio conteúdo; nervos, músculos etc. Na filosofia, ao contrário, ressaltaria a inadequação de utilizar tal procedimento, quando ela mesma o declara incapaz de apreender o verdadeiro.

2 - [So wird auch] Do mesmo modo, a determinação das relações que uma obra filosófica julga ter com outras sobre o mesmo objeto introduz um interesse estranho e obscurece o que importa ao conhecimento da verdade. Com a mesma rigidez com que a opinião comum se prende à oposição entre o verdadeiro e o falso, costuma também cobrar, ante um sistema filosófico dado, uma atitude de aprovação ou de rejeição. Acha que qualquer esclarecimento a respeito do sistema só pode ser uma ou outra. Não concebe a diversidade dos sistemas filosóficos como desenvolvimento progressivo da verdade, mas só vê na diversidade a contradição.

O botão desaparece no desabrochar da flor, e poderia dizer-se que a flor o refuta; do mesmo modo que o fruto faz a flor parecer um falso ser-aí da planta, pondo-se como sua verdade em lugar da flor: essas formas não só se distinguem, mas também se repelem como incompatíveis entre si. Porém, ao mesmo tempo, sua natureza fluida faz delas momentos da unidade orgânica, na qual, longe de se contradizerem, todos são igualmente necessários. É essa igual necessidade que constitui unicamente a vida do todo. Mas a contradição de um sistema filosófico não costuma conceber-se desse modo; além disso, a consciência que apreende essa contradição não sabe geralmente libertá-la – ou mantê-la livre – de sua unilateralidade; nem sabe reconhecer no que aparece sob a forma de luta e contradição contra si mesmo, momentos mutuamente necessários.

3 – [Die Forderung] A exigência de tais explicações, como também o seu atendimento, dão talvez a aparência* de estar lidando com o essencial. Onde se poderia melhor exprimir o âmago de um escrito filosófico que em seus fins e resultados? E esses, como poderiam ser melhor conhecidos senão na sua diferença com a produção da época na mesma esfera? Todavia essa tarefa, quando pretende ser mais que o início do conhecimento, e valer por conhecimento efetivo, deve ser contada entre as invenções que servem para dar voltas ao redor da Coisa mesma, combinando a aparência de seriedade e de esforço com a carência efetiva de ambos.

Com efeito, a Coisa mesma não se esgota em seu *fim*, mas em sua *atualização*; nem o *resultado* é o todo *efetivo*, mas sim o resultado junto com o seu vir-a-ser. O fim para si é o universal sem vida, como a tendência é o mero impulso ainda carente de sua efetividade; o resultado nu é o cadáver que deixou atrás de si a tendência. Igual-

---

* Seguimos a leitura "scheinen vielleicht", em vez de "gelten leicht dafür".

mente, a *diversidade* é, antes, o *limite* da Coisa: está ali onde a Coisa deixa de ser; ou é o que a mesma não é.

Essa preocupação com o fim ou os resultados, como também com as diversidades e apreciações dos mesmos, é, pois, uma tarefa mais fácil do que talvez pareça. Com efeito, tal modo de agir, em vez de se ocupar com a Coisa mesma, passa sempre por cima. Em vez de nela demorar-se e esquecer a si mesmo, prende-se sempre a algo distinto; prefere ficar em si mesmo a estar na Coisa e a abandonar-se a ela. Nada mais fácil do que julgar o que tem conteúdo e solidez; apreendê-lo é mais difícil; e o que há de mais difícil é produzir sua exposição, que unifica a ambos.

4 – [Der Anfang] O começo da cultura e do esforço para emergir da imediatez da vida substancial deve consistir sempre em adquirir conhecimentos de princípios e pontos de vista *universais*. Trata-se inicialmente de um esforço para chegar ao *pensamento* da Coisa *em geral* e também para defendê-la ou refutá-la com razões, captando a plenitude concreta e rica segundo suas determinidades, e sabendo dar uma informação ordenada e um juízo sério a seu respeito. Mas esse começo da cultura deve, desde logo, dar lugar à seriedade da vida plena que se adentra na experiência da Coisa mesma. Quando enfim o rigor do conceito tiver penetrado na profundeza da Coisa, então tal conhecimento e apreciação terão na conversa o lugar que lhes corresponde.

5 – *[Die wahre Gestalt]* A verdadeira figura, em que a verdade existe, só pode ser o seu sistema científico. Colaborar para que a filosofia se aproxime da forma da ciência – da meta em que deixe de chamar-se *amor* ao *saber* para ser *saber efetivo* – é isto o que me proponho. Reside na natureza do saber a necessidade interior de que seja ciência, e somente a exposição da própria filosofia será uma explicação satisfatória a respeito. Porém, a necessidade *exterior* é idêntica à necessidade *interior* – desde que concebida de modo universal e prescindindo da contingência da pessoa e das motivações individuais – e consiste na figura sob a qual uma época representa o ser-aí de seus momentos. Portanto, a única justificação verdadeira das tentativas, que visam esse fim, seria mostrar que chegou o tempo de elevar a filosofia à condição de ciência, pois, ao demonstrar sua necessidade, estaria ao mesmo tempo realizando sua meta.

6 – [Indem die Wahre] Sei que pôr a verdadeira figura da verdade na cientificidade – ou, o que é o mesmo, afirmar que a verdade só no conceito tem o elemento de sua existência – parece estar em contradição com uma certa representação e suas consequências, tão pretensiosas quanto difundidas na mentalidade de nosso tempo. Assim não parece supérfluo um esclarecimento sobre essa contradição – o que aliás, neste ponto, só pode ser uma asserção que se dirige contra outra asserção.

Com efeito, se o verdadeiro só existe no que (ou melhor, como o que) se chama quer intuição, quer saber imediato do absoluto, religião, o ser – não o ser no centro do amor divino, mas o ser mesmo desse centro –, então o que se exige para a exposição da filosofia é, antes, o contrário da forma do conceito. O absoluto não deve ser conceitualizado, mas somente sentido e intuído; não é o seu conceito, mas seu sentimento e intuição que devem falar em seu nome e ter expressão.

7 – [Wird die Erscheinung] Tomando a manifestação dessa exigência em seu contexto mais geral e no nível em que *presentemente* se encontra o *espírito consciente-de-si*, vemos que esse foi além da vida substancial que antes levava no elemento do pensamento; além dessa imediatez de sua fé, além da satisfação e segurança da certeza que a consciência possuía devido à sua reconciliação com a essência e a presença universal dela – interior e exterior. O espírito não só foi além – passando ao outro extremo da reflexão, carente-de-substância, de si sobre si mesmo – mas ultrapassou também isso. Não somente está perdida para ele sua vida essencial; está também consciente dessa perda e da finitude que é seu conteúdo. [Como o filho pródigo], rejeitando os restos da comida, confessando sua abjeção e maldizendo-a*, o espírito agora exige da filosofia não tanto o *saber* do que ele *é*, quanto resgatar, por meio dela, aquela substancialidade e densidade do ser [que tinha perdido].

Para atender a essa necessidade, não deve apenas descerrar o enclausuramento da substância, e elevá-la à consciência-de-si, ou reconduzir a consciência caótica à ordem pensada e à simplicidade do conceito; deve, sobretudo, misturar as distinções do pensamento, reprimir o conceito que diferencia, restaurar o *sentimento* da

* Cf. a Parábola di Filho Pródigo (Lc 15,11s.)

essência, garantir não tanto a *perspicácia* quanto a *edificação*. O belo, o sagrado, a religião, o amor são a isca requerida para despertar o prazer de mordiscar. Não é o conceito, mas o êxtase, não é a necessidade fria e metódica da Coisa que deve constituir a força que sustem e transmite a riqueza da substância, mas sim o entusiasmo abrasador.

8 - [Dieser Forderung] Corresponde a tal exigência o esforço tenso e impaciente, de um zelo quase em chamas, para retirar os homens do afundamento no sensível, no vulgar e no singular, e dirigir seu olhar para as estrelas; como se os homens, de todo esquecidos do divino, estivessem a ponto de contentar-se com pó e água, como os vermes. Outrora tinham um céu dotado de vastos tesouros de pensamentos e imagens. A significação de tudo que existe estava no fio de luz que o unia ao céu; então, em vez de permanecer *neste* [mundo] presente, o olhar deslizava além, rumo à essência divina: a uma presença no além - se assim se pode dizer.

O olhar do espírito somente à força poderia ser dirigido ao terreno e ali mantido. Muito tempo se passou antes de se introduzir na obtusidade e perdição em que jazia o sentido deste mundo, a claridade que só o outro mundo possuía; para tornar o presente, como tal, digno do interesse e da atenção que levam o nome de *experiência*.

Agora parece haver necessidade do contrário: o sentido está tão enraizado no que é terreno, que se faz mister uma força igual para erguê-lo dali. O espírito se mostra tão pobre que parece aspirar, para seu reconforto, ao mísero sentimento do divino em geral -como um viajante no deserto anseia por uma gota d'água. Pela insignificância daquilo com que o espírito se satisfaz pode-se medir a grandeza do que perdeu.

9 – [Diese Genügsamkeit] Entretanto, não convém à ciência nem esse comedimento no receber, nem essa parcimônia no dar. Quem só busca a edificação, quem pretende envolver na névoa a variedade terrena de seu ser-aí e de seu pensamento, e espera o prazer indeterminado daquela divindade indeterminada, veja bem onde é que pode encontrar tudo isso; vai achar facilmente o meio de fantasiar algo e ficar assim bem pago. Mas a filosofia deve guardar-se de querer ser edificante.

10 – [Noch weniger muss] Ainda tem menos razão essa temperança que renuncia à ciência, ao pretender que tal entusiasmo e desassossego sejam algo superior à ciência. Esse falar profético acredita estar no ponto central e no mais profundo; olha desdenhosamente para a determinidade (o *horos*) e fica de propósito longe do conceito e da necessidade, como da reflexão que reside somente na finitude. Mas, como há uma extensão vazia, há também uma profundidade vazia; como há uma extensão da substância que se difunde numa diversidade finita sem força para mantê-la unida, assim há uma intensidade carente-de-conteúdo que, conservando-se como força pura e sem expansão, é idêntica à superficialidade. A força do espírito só é tão grande quanto sua exteriorização; sua profundidade só é profunda à medida que ousa expandir-se e perder-se em seu desdobramento.

Da mesma maneira, quando esse saber substancial, carente-de-conceito, pretende ter mergulhado na essência a peculiaridade do Si, e filosofar verdadeira e santamente, está escondendo de si mesmo o fato de que - em lugar de se ter consagrado a Deus, pelo desprezo da medida e da determinação - ora deixa campo livre em si mesmo à contingência do conteúdo, ora deixa campo livre no conteúdo ao arbitrário. Abandonando-se à desenfreada fermentação da substância, acreditam esses senhores - por meio do velamento da consciência-de-si e da renúncia ao entendimento - serem aqueles "seus" a quem Deus infunde no sono a sabedoria* . Na verdade, o que no sono assim concebem e produzem são sonhos também.

11 – [Es is übrigens] Aliás, não é difícil ver que nosso tempo é um tempo de nascimento e trânsito para uma nova época. O espírito rompeu com o mundo de seu ser-aí e de seu representar, que até hoje durou; está a ponto de submergi-lo no passado, e se entrega à tarefa de sua transformação. Certamente, o espírito nunca está em repouso, mas sempre tomado por um movimento para a frente. Na criança, depois de longo período de nutrição tranquila, a primeira respiração - um salto qualitativo - interrompe o lento processo do puro crescimento quantitativo; e a criança está nascida. Do mesmo modo, o espírito que se forma lentamente, tranquilamente, em direção

* Cf. Sl 127,2.

à sua nova figura, vai desmanchando tijolo por tijolo o edifício de seu *mundo* anterior. Seu abalo se revela apenas por sintomas isolados; a frivolidade e o tédio que invadem o que ainda subsiste, o pressentimento vago de um desconhecido são os sinais precursores de algo diverso que se avizinha. Esse desmoronar-se gradual, que não alterava a fisionomia do todo, é interrompido pelo sol nascente, que revela num clarão a imagem do mundo novo.

12 - [Allein eine] Falta, porém, a esse mundo novo - como falta a uma criança recém-nascida - uma efetividade acabada; ponto essencial a não ser descuidado. O primeiro despontar é, de início, a imediatez do mundo novo - o seu conceito: como um edifício não está pronto quando se põe seu alicerce, também esse conceito do todo, que foi alcançado, não é o todo mesmo.

Quando queremos ver um carvalho na robustez de seu tronco, na expansão de seus ramos, na massa de sua folhagem, não nos damos por satisfeitos se em seu lugar nos mostram uma bolota. Assim a ciência, que é a coroa de um mundo do espírito, não está completa no seu começo. O começo do novo espírito é o produto de uma ampla transformação de múltiplas formas de cultura, o prêmio de um itinerário muito complexo, e também de um esforço e de uma fadiga multiformes. Esse começo é o todo, que retornou a si mesmo de sua sucessão [no tempo] e de sua extensão [no espaço]; é o conceito que-veio-a-ser *conceito simples* do todo. Mas a efetividade desse todo simples consiste em que aquelas figuras, que se tornaram momentos, de novo se desenvolvem e se dão nova figuração; mas no seu novo elemento, e no sentido que resultou do processo.

13 - [Indem einerseits] Embora a primeira aparição de um mundo novo seja somente o todo envolto em sua *simplicidade*, ou seu fundamento universal, no entanto, para a consciência, a riqueza do ser-aí anterior ainda está presente na rememoração. Na figura que acaba de aparecer, a consciência sente a falta da expansão e da particularização do conteúdo; ainda mais: falta-lhe aquele aprimoramento da forma, mediante o qual as diferenças são determinadas com segurança e ordenadas segundo suas sólidas relações.

Sem tal aprimoramento, carece a ciência da *inteligibilidade* universal; e tem a aparência de ser uma posse esotérica de uns tantos indivíduos. Digo "posse esotérica" porque só é dada no seu conceito, ou só no seu interior; e "uns tantos indivíduos", pois seu aparecimento, sem difusão, torna singular seu ser-aí. Só o que é perfeitamente determinado é ao mesmo tempo exotérico, conceitual, capaz de ser ensinado a todos e de ser a propriedade de todos. A forma inteligível da ciência é o caminho para ela, a todos aberto e igual para todos. A justa exigência da consciência, que aborda a ciência, é chegar por meio do entendimento ao saber racional: já que o entendimento é o pensar, é o puro Eu em geral. O inteligível é o que já é conhecido, o que é comum à ciência e à consciência não científica, a qual pode através dele imediatamente adentrar a ciência.

14 – [Die Wissenschaft] A ciência que recém-começa, e assim não chegou ainda ao remate dos detalhes nem à perfeição da forma, está exposta a [sofrer] crítica por isso. Caso porém tal crítica devesse atingir a essência mesma da ciência, seria tão injusta quanto seria inadmissível não querer reconhecer a exigência do processo de formação cultural. Essa oposição parece ser o nó górdio que a cultura científica de nosso tempo se esforça por desatar, sem ter ainda chegado a um consenso nesse ponto. Uma corrente insiste na riqueza dos materiais e na inteligibilidade; a outra despreza, no mínimo, essa inteligibilidade e se arroga a racionalidade imediata e a divindade. Se uma corrente for reduzida ao silêncio ou só pela força da verdade, ou também pelo ímpeto da outra, e se sentir suplantada no que toca ao fundamento da Coisa, nem por isso se dá por satisfeita quanto a suas exigências: pois são justas, mas não foram atendidas. Seu silêncio, só pela metade se deve à vitória [do adversário] – a outra metade deriva do tédio e da indiferença, resultantes de uma expectativa sem cessar estimulada, mas não seguida pelo cumprimento das promessas.

15 – [In Ansehung] No que diz respeito ao conteúdo, os outros recorrem a um método fácil demais para disporem de uma grande extensão. Trazem para seu terreno material em quantidade, isto é, tudo o que já foi conhecido e classificado. Ocupam-se especialmente com peculiaridades e curiosidades; dão mostras de possuir tudo o mais, cujo saber especializado já é coisa adquirida, e também de dominar o que ainda não foi classificado. Submetem tudo à ideia absoluta, que desse modo parece ser reconhecida em tudo e desenvolvida numa ciência amplamente realizada.

Porém, examinando mais de perto esse desenvolvimento, salta à vista que não ocorreu porque uma só e a mesma coisa se tenha modelado em diferentes figuras; ao contrário, é a repetição informe do idêntico, apenas aplicado de fora a materiais diversos, obtendo assim uma aparência tediosa de diversidade. Se o desenvolvimento não passa da repetição da mesma fórmula, a ideia, embora para si bem verdadeira, de fato fica sempre em seu começo. A forma, única e imóvel, é adaptada pelo sujeito sabedor aos dados presentes: o material é mergulhado de fora nesse elemento tranquilo. Isso porém - e menos ainda fantasias arbitrárias sobre o conteúdo - não constitui o cumprimento do que se exige; a saber, a riqueza que jorra de si mesma, a diferença das figuras que a si mesmas se determinam. Trata-se antes de um formalismo de uma só cor, que apenas atinge a diferença do conteúdo, e ainda assim porque já o encontra pronto e conhecido.

16 – [Dabei behauptet] Ainda mais: tal formalismo sustenta que essa monotonia e universalidade abstrata são o absoluto; garante que o descontentamento com essa universalidade é incapacidade de galgar o ponto de vista absoluto e de manter-se firme nele. Outrora, para refutar uma representação, era suficiente a possibilidade vazia de representar-se algo de outra maneira; então essa simples possibilidade [ou] o pensamento universal tinha todo o valor positivo do conhecimento efetivo. Agora, vemos também todo o valor atribuído à ideia universal nessa forma da inefetividade: assistimos à dissolução do que é diferenciado e determinado, ou, antes, deparamos com um método especulativo onde é válido precipitar no abismo do vazio o que é diferente e determinado, sem que isso seja consequência do desenvolvimento nem se justifique em si mesmo. Aqui, considerar um ser-aí qualquer, como é no *absoluto*, não consiste em outra coisa senão em dizer que dele se falou como se fosse um certo algo; mas que no absoluto, no A = A, não há nada disso, pois lá tudo é uma coisa só. É ingenuidade de quem está vazio de conhecimento pôr esse saber único - de que tudo é igual no absoluto - em oposição ao conhecimento diferenciador e pleno (ou buscando a plenitude); ou então fazer de conta que seu *absoluto* é a noite em que “todos os gatos são pardos”, como se costuma dizer.

O formalismo, que a filosofia dos novos tempos denuncia e despreza (mas que nela renasce), não desaparecerá da ciência, embora sua insuficiência seja bem conhecida e sentida, até que o conhecer da efetividade absoluta se torne perfeitamente claro quanto à sua natureza.

Uma representação geral, vinda antes da tentativa de sua realização pormenorizada, pode servir para sua compreensão. Com vistas a isso, parece útil indicar aqui um esboço aproximado desse desenvolvimento, também no intuito de descartar, na oportunidade, algumas formas, cuja utilização constitui um obstáculo ao conhecimento filosófico.

17 – [Es kommt nach] Segundo minha concepção – que só deve ser justificada pela apresentação do próprio sistema –, tudo decorre de entender e exprimir o verdadeiro não como *substância*, mas também, precisamente, como *sujeito*. Ao mesmo tempo, deve-se observar que a substancialidade inclui em si não só o universal ou a *imediatez do saber* mesmo, mas também aquela imediatez que é o ser, ou a imediatez *para* o saber.

Se apreender Deus como substância única pareceu tão revoltante para a época em que tal determinação foi expressa, o motivo disso residia em parte no instinto de que aí a consciência-de-si não se mantinha: apenas soçobrava. De outra parte, a posição contrária, que mantém com firmeza o pensamento como pensamento, a *universalidade* como tal, vem a dar na mesma simplicidade, quer dizer, na mesma substancialidade imóvel e indiferenciada. E se – numa terceira posição – o pensar unifica consigo o ser da substância e compreende a imediatez e o intuir como pensar, o problema é saber se esse intuir intelectual não é uma recaída na simplicidade inerte; se não apresenta, de maneira inefetiva, a efetividade mesma.

18 – [Die lebendige Substanz] Aliás, a substância viva é o ser, que na verdade é *sujeito*, ou – o que significa o mesmo – que é na verdade efetivo, mas só na medida em que é o movimento do pôr-se-a-si-mesmo, ou a mediação consigo mesmo do tornar-se outro. Como sujeito, é a *negatividade* pura e *simples*, e justamente por isso é o fracionamento do simples ou a duplicação oponente, que é de novo a negação dessa diversidade indiferente e de seu oposto. Só essa igualdade *reinstaurando-se*, ou só a reflexão em si mesmo no seu ser-Outro, é que são o verdadeiro; e não uma unidade *originária* enquanto tal, ou uma unidade *imediata* enquanto tal. O verdadeiro é o vir-a-ser de si mesmo, o círculo que pressupõe seu fim como sua meta, que o tem como princípio, e que só é efetivo mediante sua atualização e seu fim.

19 – [Das Leben Gottes] Assim, a vida de Deus e o conhecimento divino bem que podem exprimir-se como um jogo de amor consigo mesmo; mas é uma ideia que baixa ao nível da edificação e até da insipidez quando lhe falta o sério, a dor, a paciência e o trabalho do negativo. De certo, a vida de Deus é, em si, tranquila igualdade e unidade consigo mesma; não lida seriamente com o ser-Outro e a alienação, nem tampouco com o superar dessa alienação. Mas esse *em-si* [divino] é a universalidade abstrata, que não leva em conta sua natureza de *ser-para-si* e, portanto, o movimento da forma em geral. Uma vez que foi enunciada a igualdade da forma com a essência, por isso mesmo é um engano acreditar que o conhecimento pode se contentar com o Em-si ou a essência, e dispensar a forma - como se o princípio absoluto da intuição absoluta pudesse tornar supérfluos a atualização progressiva da essência e o desenvolvimento da forma. Justamente por ser a forma tão essencial à essência quanto essa é essencial a si mesma, não se pode apreender e exprimir a essência como essência apenas, isto é, como substância imediata ou pura autointuição do divino. Deve exprimir-se igualmente como *forma* e em toda a riqueza da forma desenvolvida, pois só assim a essência é captada e expressa como algo efetivo.

20 – [Das Wahre ist] O verdadeiro é o todo. Mas o todo é somente a essência que se implementa através de seu desenvolvimento. Sobre o absoluto, deve-se dizer que é essencialmente *resultado*; que só no *fim é* o que é na verdade. Sua natureza consiste justo nisso: em ser algo efetivo, em ser sujeito ou vir-a-ser-de-si-mesmo. Embora pareça contraditório conceber o absoluto essencialmente como resultado, um pouco de reflexão basta para dissipar esse semblante de contradição. O começo, o princípio ou o absoluto - como de início se enuncia imediatamente - são apenas o universal. Se digo: "*todos* os animais", essas palavras não podem valer por uma zoologia. Do mesmo modo, as palavras "divino", "absoluto", "eterno" etc. não exprimem o que nelas se contém; - de fato, tais palavras só exprimem a intuição como algo imediato. A passagem - que é mais que uma palavra dessas - contém um *tornar-se Outro* que deve ser retomado, e é uma mediação; mesmo que seja apenas passagem a outra proposição. Mas o que horroriza é essa mediação: como se fazer uso dela fosse abandonar o conhecimento absoluto – a não ser para dizer que a mediação não é nada de absoluto e que não tem lugar no absoluto.

21 – [Dies Pehorreszieren] Na verdade, esse horror se origina da ignorância a respeito da natureza da mediação e do próprio conhecimento absoluto. Com efeito, a mediação não é outra coisa senão a igualdade-consigo-mesmo semovente, ou a reflexão sobre si mesmo, o momento do Eu *para-si-essente,* a negatividade pura ou reduzida à sua pura abstração, o *simples vir-a-ser.* O Eu, ou o vir-a-ser em geral – esse mediatizar –, justamente por causa de sua simplicidade, é a imediatez que vem-a-ser, e o imediato mesmo.

É, portanto, um desconhecer da razão [o que se faz] quando a reflexão é excluída do verdadeiro e não é compreendida como um momento positivo do absoluto. É a reflexão que faz do verdadeiro um resultado, mas que ao mesmo tempo suprassume essa oposição ao seu vir-a-ser; pois esse vir-a-ser é igualmente simples, e não difere por isso da forma do verdadeiro, [que consiste] em mostrar-se como *simples* no resultado – ou melhor, que é justamente esse Ser retornado à simplicidade.

Se o embrião é de fato homem *em si,* contudo não é *para si.* Somente como razão cultivada e desenvolvida – que se *fez* a si mesma o que é *em si* – é homem para si; só essa é sua efetividade. Porém, esse resultado, por sua vez, é imediatez simples, pois a liberdade consciente-de-si repousa, e que não deixou de lado a oposição e ali a abandonou, mas se reconciliou com ela.

22 – [Das Gesagte kann] Pode exprimir-se também o acima exposto dizendo que "a razão é o *agir conforme a um fim*". A forma do fim em geral foi levada ao descrédito pela exaltação de uma pretendida natureza acima do pensamento – malcompreendido –, mas sobretudo pela proescrição de toda a finalidade externa. Mas importa notar que – como *Aristóteles* também determina a natureza como um agir conforme a um fim – o fim é o imediato, *o-que-está-em-repouso,* o imóvel que é *ele mesmo motor* e que assim é *sujeito.* Sua força motriz, tomada abstratamente, é o *ser-para-si* ou a negatividade pura. Portanto, o resultado é somente o mesmo que o começo, porque o *começo é fim*; ou, [por outra], o efetivo só é o mesmo que seu conceito, porque o imediato como fim tem nele mesmo o Si, ou a efetividade pura.

O fim, implementado, ou o efetivo *essente* é movimento e vir-a-ser desenvolvido. Ora, essa inquietude é justamente o Si; logo, o Si é igual àquela imediatez e simplicidade do começo, por ser o resultado que a si mesmo retornou. Mas o que retornou a si é o Si, exatamente; e o Si é igualdade e simplicidade, consigo mesmas relacionadas.

23 – [Das Bedürfnis] A necessidade de representar o absoluto como *sujeito* serviu-se das proposições: "*Deus* é o eterno" ou "a ordem moral do mundo" ou "o amor" etc. Em tais proposições, o verdadeiro só é posto como sujeito diretamente, mas não é representado como o movimento do refletir-se em si mesmo. Numa proposição desse tipo se começa pela palavra "*Deus*". De si, tal palavra é um som sem sentido, um simples nome; só o predicado diz *o que Deus é.* O predicado é sua implementação e seu significado; só nesse fim o começo vazio se torna um saber efetivo. Entretanto, é inevitável a questão: por que não se fala apenas do eterno, da ordem moral do mundo etc.; ou, como faziam os antigos, dos conceitos puros do ser, do uno etc., daquilo que tem significação, sem acrescentar o som *sem-significação?* Mas é que através dessa palavra se indica justamente que não se põe um ser, ou essência, ou universal em geral, e sim algo refletido em si mesmo: – um sujeito. Mas isso também é somente uma antecipação.

Toma-se o sujeito como um ponto fixo, e nele, como em seu suporte, penduram-se os predicados, através de um movimento que pertence a quem tem um saber a seu respeito, mas que não deve ser visto como pertencente àquele ponto mesmo; ora, só por meio desse movimento o conteúdo seria representado como sujeito. Da maneira como esse movimento está constituído, não pode pertencer ao sujeito; mas, na pressuposição daquele ponto fixo, não pode ser constituído de outro modo; só pode ser exterior. Assim, aquela antecipação – de que o absoluto é sujeito – longe de ser a efetividade desse conceito, torna-a até mesmo impossível, já que põe o absoluto como um ponto em repouso; e, no entanto, a efetividade do conceito é o automovimento.

24 – [Unter mancherlei] Entre as várias consequências decorrentes do que foi dito, pode-se ressaltar esta: que o saber só é efetivo - e só pode ser exposto - como ciência ou como *sistema*. Outra consequência é que, uma assim chamada proposição fundamental (ou princípio) da filosofia, se é verdadeira, já por isso é também falsa, enquanto é somente proposição fundamental ou princípio. Por isso é fácil refutá-la. A refutação consiste em indicar-lhe a falha. Mas é falha por ser universal apenas, ou princípio; por ser o começo.

Se a refutação for radical, nesse caso é tomada e desenvolvida do próprio princípio, e não estabelecida através de asserções opostas ou palpites aduzidos de fora. Assim, a refutação seria propriamente seu desenvolvimento e, desse modo, o preenchimento de suas lacunas - caso aí não se desconheça, focalizando exclusivamente seu agir *negativo*, sem levar em conta também seu progresso e resultado segundo seu aspecto *positivo*.

Em sentido inverso, a atualização *positiva*, propriamente dita, do começo, é ao mesmo tempo um comportar-se negativo a seu respeito - quer dizer, a respeito de sua forma unilateral de ser só *imediatamente*, ou de ser *fim*. A atualização pode assim ser igualmente tomada como refutação do que constitui o *fundamento* do sistema; porém, é mais correto considerá-la como um indício de que o *fundamento* ou o princípio do sistema é de fato só o seu *começo*.

25 - [Dass das Wahre] O que está expresso na representação, que exprime o absoluto como *espírito*, é que o verdadeiro só é efetivo como sistema, ou que a substância é essencialmente sujeito. [Eis] o conceito mais elevado que pertence aos tempos modernos e à sua religião. Só o espiritual é o *efetivo:* é a essência ou o *em-si-essente:* o *relacionado* consigo e o *determinado*; o *ser-outro* e o *ser-para-si*; e o que nessa determinidade ou em seu ser-fora-de-si permanece em si mesmo - enfim, o [ser] espiritual é *em-si-e-para-si*.

Porém, esse *ser-em-si-e-para-si* é, primeiro, para nós ou *em-si:* é a *substância* espiritual. E deve ser isso também para *si mesmo*, deve ser o saber do espiritual e o saber de si como espírito. Quer dizer: deve ser para si como *objeto*, mas ao mesmo tempo, imediatamente, como objeto suprassumido e refletido em si. Somente para nós ele *é-para-si*, enquanto seu conteúdo espiritual é produzido por ele mesmo. Porém, enquanto é para si também para si mesmo, então é *esse* autoproduzir-se, o puro conceito; é também para ele o elemento objetivo, no qual tem seu ser-aí e desse modo é, para si mesmo, objeto refletido em si no seu ser-aí.

O espírito, que se sabe desenvolvido assim como espírito, é a *ciência.* A ciência é a efetividade do espírito, o reino que ele para si mesmo constrói em seu próprio elemento.

26 – [Das reine Selbsterkennen] O puro reconhecer-se-a-si-mesmo no absoluto ser-outro, esse éter *como tal,* é o fundamento e o solo da ciência, ou do saber *em sua universalidade.* O começo da filosofia faz a pressuposição ou exigência de que a consciência se encontre nesse *elemento.* Mas esse elemento só alcança sua perfeição e transparência pelo movimento de seu vir-a-ser. É a pura espiritualidade como o *universal,* que tem o modo da imediatez simples. Esse simples, quando tem como tal a *existência,* é o solo da ciência, [que é] o pensar*, o qual só está no espírito. Porque esse elemento, essa imediatez do espírito é, em geral, o substancial do espírito, é a *essencialidade transfigurada,* a reflexão que é simples ela mesma, a imediatez tal como é para si, o *ser* que é reflexão sobre si mesmo.

A ciência, por seu lado, exige da consciência-de-si que se tenha elevado a esse éter, para que possa viver nela e por ela; e para que viva. Em contrapartida, o indivíduo tem o direito de exigir que a ciência lhe forneça pelo menos a escada para atingir esse ponto de vista, e que o mostre dentro dele mesmo. Seu direito funda-se na sua independência absoluta, que sabe possuir em cada figura de seu saber, pois em qualquer delas - seja ou não reconhecida pela ciência, seja qual for o seu conteúdo -, o indivíduo é a forma absoluta, isto é, a *certeza imediata* de si mesmo, e assim é o *ser* incondicionado, se preferem a expressão. Para a ciência, o ponto de vista da consciência - saber das coisas objetivas em oposição a si mesma, e a si mesma em oposição a elas - vale como o *Outro:* esse Outro em que a consciência se sabe junto a si mesma, antes como perda do espírito. Para a consciência, ao contrário, o elemento da ciência é um Longe além, em que não se possui mais a si mesma. Cada lado desses aparenta, para o outro, ser o inverso da verdade. Para a consciência natural, confiar-se imediatamente à ciência é uma tentativa que ela

* Der Denken (sic) seria = der ist Denken? (Comparar com o § 13 "der Verstand ist das Denken, das reine Ich uberhaupt": o entendimento é o pensar, o puro Eu em geral).

faz de andar de cabeça para baixo, sem saber o que a impele a isso. A imposição de assumir tal posição insólita, e de mover-se nela, é uma violência inútil para a qual não está preparada.

A ciência, seja o que for em si mesma, para a consciência-de-si imediata se apresenta como um inverso em relação a ela. Ou seja: já que a consciência imediata tem o princípio de sua efetividade na certeza de si mesma, a ciência, tendo fora de si esse princípio, traz a forma da inefetividade. Deve portanto unir consigo esse elemento, ou melhor, mostrar que lhe pertence e como. Na falta de tal efetividade, a ciência é apenas o conteúdo, como o *Em-si,* o *fim* que ainda é só um *interior,* não como espírito, mas somente como substância espiritual. Esse *Em-si* deve exteriorizar-se e vir-a-ser *para si* mesmo, o que não significa outra coisa que: deve pôr a consciência-de-si como um só consigo.

27 – [Dies Werden] O que esta "*Fenomenologia do espírito*" apresenta é o vir-a-ser da *ciência em geral* ou do *saber.* O saber, como é inicialmente – ou o *espírito imediato* – é algo carente-de-espírito: a *consciência sensível.* Para tornar-se saber autêntico, ou produzir o elemento da ciência que é seu conceito puro, o saber tem de se esfalfar através de um longo caminho. Esse vir-a-ser, como será apresentado em seu conteúdo e nas figuras que nele se mostram, não será o que obviamente se espera de uma introdução da consciência não científica à ciência; e também será algo diverso da fundamentação da ciência. Além disso, não terá nada a ver com o entusiasmo que irrompe imediatamente com o saber absoluto – como num tiro de pistola –, e descarta os outros pontos de vista, declarando que não quer saber nada deles.

28 – [Die Aufgabe] A tarefa de conduzir o indivíduo, desde seu estado inculto até o saber, devia ser entendida em seu sentido universal, e tinha de considerar o indivíduo universal, o espírito consciente-de-si na sua formação cultural. No que toca à relação entre os dois indivíduos, cada momento no indivíduo universal se mostra conforme o modo como obtém sua forma concreta e sua configuração própria. O indivíduo particular é o espírito incompleto, uma figura concreta: *uma* só determinidade predomina em todo o seu ser-aí, enquanto outras determinidades ali só ocorrem como traços rasurados. No espírito que está mais alto que um outro, o ser-aí concreto inferior está rebaixado a um momento invisível: o que era antes a Coisa mesma, agora é um traço apenas: sua figura está velada, tornou-se um simples sombreado.

O indivíduo, cuja substância é o espírito situado no mais alto, percorre esse passado da mesma maneira como quem se apresta a adquirir uma ciência superior, percorre os conhecimentos-preparatórios que há muito tem dentro de si, para fazer seu conteúdo presente; evoca de novo sua rememoração, sem no entanto ter ali seu interesse ou demorar-se neles. O singular deve também percorrer os degraus-de-formação-cultural do espírito universal, conforme seu conteúdo; porém, como figuras já depositadas pelo espírito, como plataformas de um caminho já preparado e aplainado. Desse modo, vemos conhecimentos, que em antigas épocas ocupavam o espírito maduro dos homens, serem rebaixados a exercícios – ou mesmo a jogos de meninos; assim pode reconhecer-se no progresso pedagógico, copiada como em silhuetas, a história do espírito do mundo. Esse ser-aí passado é propriedade já adquirida do espírito universal e, aparecendo-lhe assim exteriormente, constitui sua natureza inorgânica. Conforme esse ponto de vista, a formação cultural considerada a partir do indivíduo consiste em adquirir o que lhe é apresentado, consumindo em si mesmo sua natureza inorgânica e apropriando-se dela. Vista porém do ângulo do espírito universal, enquanto é a substância, a formação cultural consiste apenas em que essa substância se dá a sua consciência-de-si, e em si produz seu vir-a-ser- e sua reflexão.

29 – [Die Wissenschaft] A ciência apresenta esse movimento de formação cultural em sua atualização e necessidade, como também apresenta em sua configuração o que já desceu ao nível de momento e propriedade do espírito. A meta final desse movimento é a intuição espiritual do que é o saber. A impaciência exige o impossível, ou seja, a obtenção do fim sem os meios. De um lado, há que suportar as *longas distâncias* desse caminho, porque cada momento é necessário. De outro, há que *demorar-se* em cada momento, pois cada um deles é uma figura individual completa, e assim cada momento só é considerado absolutamente enquanto sua determinidade for vista como todo ou concreto, ou o todo [for visto] na peculiaridade dessa determinação.

A substância do indivíduo, o próprio espírito do mundo, teve a paciência de percorrer essas formas na longa extensão do tempo e de empreender o gigantesco trabalho da história mundial, plasmando nela, em cada forma, na medida de sua capacidade, a totalidade de seu conteúdo; e nem poderia o espírito do mundo com menor trabalho obter a consciência sobre si mesmo. É por isso que o indivíduo, pela natureza da Coisa, não pode apreender sua substância com menos esforço. Todavia, ao mesmo tempo em fadiga menor, porque a tarefa *em si já* está cumprida, o conteúdo já é a efetividade reduzida à possibilidade. A imediatez foi obtida à força, a configuração foi reduzida à sua abreviatura, à simples determinação-de-pensamento.

Sendo já *um pensado*, o conteúdo é *propriedade* da substância; já não é o ser-aí na forma do *ser-em-si*, porém, é somente o que – não sendo mais simplesmente o originário nem o imerso no ser-aí, mas o *Em-si rememorado* – deve ser convertido na forma do *ser-para-si*. Convém examinar mais de perto a natureza desse agir.

*30 – [Was dem Individuum]** O que nesse movimento é poupado ao indivíduo é o suprassumir do *ser-aí*; mas o que ainda falta é a *representação* e o *modo-de-conhecer* com as formas. O ser-aí, recuperado na substância, é, através dessa primeira negação, apenas transferido *imediatamente* ao elemento do Si; assim, tem ainda o mesmo caráter da imediatez não conceitual, ou da indiferença imóvel que o ser-aí mesmo: ou seja, ele apenas passou para a *representação*.

Ao mesmo tempo, o ser-aí se tornou por isso um *bem-conhecido*; um desses [objetos] com que o espírito *aí-essente* já acertou as contas, e no qual, portanto, já não aplica sua atividade e com isso seu interesse. A atividade, já quite com o ser-aí, é só movimento do espírito particular que não se concebe a si mesmo; mas o saber, ao contrário, está dirigido contra a representação assim constituída, contra esse ser-bem-conhecido; o saber é o agir do *Si universal*, e o interesse do *pensar*.

31 – [Das Bekannte] O bem-conhecido em geral, justamente por ser *bem-conhecido*, não é *reconhecido*. É o modo mais habitual de enganar-se e de enganar os outros: pressupor no conhecimento algo como já conhecido e deixá-lo tal como está. Um saber desses, com todo o vaivém de palavras, não sai do lugar – sem saber como isso lhe sucede. Sujeito e objeto etc.; Deus, natureza, o entendimento,

---

* Outras edições têm: Was auf dem Standpunkt... am Ganzem erspart, etc. – O que desse ponto de vista... é poupado no todo etc.

a sensibilidade etc., são sem exame postos no fundamento, como algo bem-conhecido e válido, constituindo pontos fixos tanto para a partida quanto para o retorno. O movimento se efetua entre eles, que ficam imóveis; vai e vem, só lhes tocando a superfície. Assim o apreender e o examinar consistem em verificar se cada um encontra em sua representação o que dele se diz, se isso assim lhe parece, se é bem-conhecido ou não.

32 – [Das Analysieren] Analisar uma representação, como ordinariamente se processava, não era outra coisa que suprassumir a forma de seu Ser-bem-conhecido. Decompor uma representação em seus elementos originários é retroceder a seus momentos que, pelo menos, não tenham a forma da representação já encontrada, mas constituam a propriedade imediata do Si. De certo, essa análise só vem a dar em *pensamentos,* que por sua vez são determinações conhecidas, fixas e tranquilas. Mas é um momento essencial esse *separado,* que é também inefetivo; uma vez que o concreto, só porque se divide e se faz inefetivo, é que se move. A atividade do dividir é a força e o trabalho do *entendimento,* a força maior e mais maravilhosa, ou melhor: a potência absoluta.

O círculo, que fechado em si repousa e retém como substância seus momentos, é a relação imediata e portanto nada maravilhosa. Mas o fato de que, separado de seu contorno, o acidental como tal – o que está vinculado, o que só é efetivo em sua conexão com outra coisa – ganhe um ser-aí próprio e uma liberdade à parte, eis aí a força portentosa do negativo: é a energia do pensar, do puro Eu.

A morte – se assim quisermos chamar essa inefetividade – é a coisa mais terrível; e suster o que está morto requer a força máxima. A beleza sem-força detesta o entendimento porque lhe cobra o que não tem condições de cumprir. Porém, não é a vida que se atemoriza ante a morte e se conserva intacta da devastação, mas é a vida que suporta a morte e nela se conserva, que é a vida do espírito. O espírito só alcança sua verdade na medida em que se encontra a si mesmo no dilaceramento absoluto. Ele não é essa potência como o positivo que se afasta do negativo – como ao dizer de alguma coisa que é nula ou falsa, liquidamos com ela e passamos a outro assunto. Ao contrário, o espírito só é essa potência enquanto encara diretamente o negativo e se demora junto dele. Esse demorar-se é o poder mágico que converte o negativo em ser. Trata-se do mesmo poder que acima se denominou sujeito, e que ao dar, em seu elemento, ser-aí à determinidade, suprassume a imediatez abstrata, quer dizer, a imediatez que é apenas *essente* em geral. Portanto, o sujeito é a substância verdadeira, o ser ou a imediatez – que não tem fora de si a mediação, mas é a mediação mesma.

33 – *[Dass das Vorgestellte]* O representado se torna propriedade da pura consciência-de-si; mas essa elevação à universalidade em geral não é ainda a formação cultural completa: é só um aspecto. O gênero de estudos dos tempos antigos difere do dos tempos modernos por ser propriamente a formação da consciência natural. Pesquisando em particular cada aspecto de seu ser-aí, e filosofando sobre tudo que se apresentava, o indivíduo se educava para a universalidade atuante em todos os aspectos do concreto. Nos tempos modernos, ao contrário, o indivíduo encontra a forma abstrata pronta. O esforço para apreendê-la e fazê-la sua é mais o jorrar-para-fora, não imediatizado, do interior, e o produzir abreviado do universal, em vez de ser um brotar do universal a partir do concreto e variedade do ser-aí. Por isso o trabalho atualmente não consiste tanto em purificar o indivíduo do modo sensível imediato, e em fazer dele uma substância pensada e pensante; consiste antes no oposto: mediante o suprassumir dos pensamentos determinados e fixos, efetivar e espiritualizar o universal.

No entanto, é bem mais difícil levar à fluidez os pensamentos fixos, que o ser-aí sensível. O motivo foi dado acima: aquelas determinações têm por substância e por elemento de seu ser-aí o Eu, a potência do negativo ou a efetividade pura; enquanto as determinações sensíveis têm apenas a imediatez abstrata impotente, ou o ser como tal. Os pensamentos se tornam fluidos quando o puro pensar, essa *imediatez* interior, se reconhece como momento; ou quando a pura certeza de si mesmo abstrai de si. Não se abandona, nem se põe de lado; mas larga o [que há de] fixo em seu pôr-se a si mesma – tanto o fixo do concreto puro, que é o próprio Eu em oposição ao conteúdo distinto, quanto o fixo das diferenças, que postas no elemento do puro pensar partilham dessa incondicionalidade do Eu.

Mediante esse movimento, os puros pensamentos se tornam *conceitos*, e somente então eles são o que são em verdade: automovimentos, círculos. São o que sua substância é: essencialidades espirituais.

34 – [Diese Bewegung] Esse movimento das essencialidades puras constitui a natureza da cientificidade em geral. Considerado como conexão do conteúdo delas, é a necessidade e a expansão do mesmo num todo orgânico. O caminho pelo qual se atinge o conceito do saber torna-se igualmente, por esse movimento, um vir-a-ser necessário e completo. Assim essa preparação deixa de ser um filosofar casual que se liga a esses ou àqueles objetos, relações e pensamentos da consciência imperfeita, como os que o acaso traz consigo; ou que busca fundar o verdadeiro por raciocínios ziguezagueantes, conclusões e deduções de pensamentos determinados.

Ao contrário, esse caminho abarcará por seu movimento a mundanidade completa da consciência em sua necessidade.

35 – [Eine solche] Tal apresentação constitui, além disso, a *primeira* parte da ciência, porque o ser-aí do espírito, enquanto primeiro, não é outra coisa que o imediato ou o começo; mas o começo ainda não é seu retorno a si mesmo. O *elemento do ser-aí imediato é*, por isso, a determinidade pela qual essa parte da ciência se diferencia das outras. A alusão a essa diferença leva à discussão de alguns pensamentos estabelecidos que costumam apresentar-se a esse respeito.

36 – [Das unmittelbare] O ser-aí imediato do espírito - a *consciência* – tem os dois momentos: o do saber e o da objetividade, negativo em relação ao saber. Quando nesse elemento o espírito se desenvolve e expõe seus momentos, essa oposição recai neles, e então surgem todos como figuras da consciência. A ciência desse itinerário é a ciência da *experiência* que faz a consciência; a substância é tratada tal como ela e seu movimento são objetos da consciência. A consciência nada sabe, nada concebe, que não esteja em sua experiência, pois o que está na experiência é só a substância espiritual, e, em verdade, como *objeto* de seu próprio Si. O espírito, porém, se torna objeto, pois é esse movimento de tornar-se um *Outro* – isto é, *objeto de seu Si* – e de suprassumir esse ser-outro. Experiência é justamente o nome desse movimento em que o imediato, o não experimentado, ou seja, o abstrato - quer do ser sensível, quer do Simples apenas pensado - *se aliena e depois retorna a si dessa alienação*; e por isso - como é também propriedade da consciência - somente então é exposto em sua efetividade e verdade.

37 – [Die Ungleichheit] A desigualdade que se estabelece na consciência entre o Eu e a substância – que é seu objeto – é a diferença entre eles, o *negativo* em geral. Pode considerar-se como *falha* dos dois, mas é sua alma, ou seja, é o que os move. Foi por isso que alguns dos antigos conceberam o *vazio* como o motor. De fato, o que conceberam foi o motor como o *negativo*, mas ainda não o negativo como o Si. Ora, se esse negativo aparece primeiro como desigualdade do Eu em relação ao objeto, é do mesmo modo desigualdade da substância consigo mesma. O que parece ocorrer fora dela – ser uma atividade dirigida contra ela – é o seu próprio agir; e ela se mostra [assim] ser essencialmente sujeito.

Quando a substância tiver revelado isso completamente, o espírito terá tornado seu ser-aí igual à sua essência: [então] é objeto para si mesmo tal como ele é; e foi superado o elemento abstrato da imediatez e da separação entre o saber e a verdade. O ser está absolutamente mediatizado: é conteúdo substancial que também, imediatamente, é propriedade do Eu; tem a forma do Si, ou seja, é o conceito.

Neste ponto se encerra a Fenomenologia do espírito. O que o espírito nela se prepara é o elemento do saber. Agora se expandem nesse elemento os momentos do espírito na *forma da simplicidade*, que sabe seu objeto como a si mesma. Esses momentos já não incidem na oposição entre o ser e o saber, separadamente; mas ficam na simplicidade do saber – são o verdadeiro na forma do verdadeiro, e sua diversidade é só diversidade de conteúdo. Seu movimento, que nesse elemento se organiza em um todo, é a *Lógica* ou *Filosofia especulativa*.

38 – [Weil nun jenes] Uma vez que aquele sistema da experiência do espírito capta somente sua *aparição*, assim parece puramente negativo o processo que conduz através do sistema da experiência à ciência do *verdadeiro* que está na forma do *verdadeiro*. Alguém poderia querer ser dispensado do negativo enquanto *falso* e conduzido sem delongas à verdade; para que enredar-se com o falso? Já se falou acima [da opinião] de que se deve começar, logo de uma vez, com a ciência; vamos aqui responder a isso, a partir de [seu] ponto de vista sobre a natureza do negativo, [que toma] como o falso em geral. As representações a propósito impedem notavelmente o acesso à verdade. Assim teremos ocasião de falar sobre o conhecimento matemático, que o saber não filosófico considera como o ideal que a filosofia deve esforçar-se por atingir, mas que até agora tentou sem êxito.

39 – [Das Wahre und Falsche] O *verdadeiro* e o *falso* pertencem aos pensamentos determinados que, carentes-de-movimento, valem como essências próprias, as quais, sem ter nada em comum, permanecem isoladas, uma em cima, outra embaixo. Contra tal posição deve-se afirmar que a verdade não é uma moeda cunhada, pronta para ser entregue e embolsada sem mais. Nem *há* um falso, como tampouco há um mal. O mal e o falso, na certa, não são malignos tanto como o demônio, pois deles se fazem *sujeitos* particulares (como aliás também do demônio). Como mal e falso, são apenas *universais*; não obstante têm sua própria essencialidade, um em contraste com o outro.

O falso – pois só dele aqui se trata – seria o Outro, o negativo da substância, a qual é o verdadeiro, como conteúdo do saber. Mas a substância mesma é essencialmente o negativo; em parte como diferenciação e determinação do conteúdo, em parte como um diferenciar *simples*, isto é, como Si e saber em geral. É bem possível saber falsamente. Saber algo falsamente significa que o saber está em desigualdade com sua substância. Ora, essa desigualdade é precisamente o diferenciar em geral, é o momento essencial. É dessa diferenciação que provém sua igualdade; e essa igualdade que-veio-a-ser é a verdade.

Mas não é a verdade como se a desigualdade fosse jogada fora, como a escória, do metal puro; nem tampouco como o instrumento que se deixa de lado quando o vaso está pronto; ao contrário, a desigualdade como o negativo, como o Si, está ainda presente ela mesma no verdadeiro como tal, imediatamente. Mas não se pode dizer por isso que o *falso* constitua um momento ou mesmo um componente do verdadeiro. Nesta expressão: "todo o falso tem algo de verdadeiro", os dois termos contam como azeite e água que não se misturam, mas só se unem exteriormente.

Não se devem mais usar as expressões de desigualdade onde o seu ser-outro foi suprassumido – justamente por causa da significação, para designar o momento do *completo ser-outro*. Assim como a expressão da *unidade* do sujeito e do objeto, do finito e do infinito, do ser e do pensar etc. tem o inconveniente de significar que o sujeito, o objeto etc. são *fora de sua unidade*; e, portanto, na unidade não são o que sua expressão enuncia, do mesmo modo o falso é um momento da verdade, [mas] não mais como falso.

40 – [Der Dogmatismus] O *dogmatismo* – esse modo de pensar no saber e no estudo da filosofia - não é outra coisa senão a opinião de que o verdadeiro consiste numa proposição que é um resultado fixo, ou ainda, que é imediatamente conhecida. A questões como estas - Quando nasceu César? Que estádio era e quanto media? - deve-se dar uma resposta *nítida.* Do mesmo modo, é rigorosamente verdadeiro que no triângulo retângulo o quadrado da hipotenusa é igual à soma dos quadrados dos catetos. Mas a natureza de uma tal verdade (como a chamam) é diferente da natureza das verdades filosóficas.

41 – [In Ansehung der] No que concerne às verdades *históricas* - para mencioná-las brevemente - enquanto consideradas do ponto de vista exclusivamente histórico, admite-se sem dificuldade que dizem respeito ao ser-aí singular, a um conteúdo sob o aspecto de sua contingência e de seu arbitrário; - determinações do conteúdo que não são necessárias.

Mas até mesmo verdades nuas, como as supracitadas em exemplo, não são sem o movimento da consciência-de-si. É preciso muito comparar para conhecer uma só delas; há que consultar livros ou pesquisar, seja de que maneira for. Ainda no caso de uma intuição imediata, só será tido como possuindo verdadeiro valor seu conhecimento junto com suas razões; embora o que realmente interesse seja seu resultado puro e simples.

42 – [Was die mathematischen] Quanto às verdades *matemáticas,* ainda seria menos tido como um geômetra quem soubesse os teoremas de Euclides *exteriormente,* sem conhecer suas demonstrações (ou conhecer *interiormente,* para exprimir-se por contraste). Também não seria considerado satisfatório o conhecimento da relação bem conhecida entre os lados do triângulo retângulo, se fosse adquirido medindo muitos triângulos retângulos. Mas a *essencialidade* da demonstração não tem ainda, mesmo no conhecimento matemático, a significação e a natureza de ser um momento do resultado mesmo; ao contrário, no resultado da demonstração some e desvanece. Sem dúvida, como resultado, o teorema é *reconhecido como um teorema verdadeiro.* Mas essa circunstância, que se acrescentou depois, não concerne ao seu conteúdo, mas só a relação para com o sujeito. O movimento da prova matemática não pertence àquilo que é objeto, mas é um agir *exterior* à Coisa.

Assim não é a natureza do triângulo retângulo que se decompõe tal como é representada na construção necessária à demonstração do teorema que exprime sua relação; todo o [processo de] produzir o resultado é um caminho e um meio do conhecimento.

Também no conhecimento filosófico o vir-a-ser do *ser-aí* como *ser-aí* difere do vir-a-ser da *essência* ou da natureza interior da coisa. Mas, primeiro, o conhecimento filosófico contém os dois, enquanto o conhecimento matemático só apresenta o vir-a-ser do *ser-aí,* isto é, do *ser* da natureza da Coisa no *conhecer* como tal. Segundo, o conhecimento filosófico unifica também esses dois movimentos particulares. O nascer interior, ou o vir-a-ser da substância, é inseparavelmente transitar para o exterior ou para o ser-aí; é ser para Outro. Inversamente, o vir-a-ser do ser-aí é o recuperar a si mesmo na essência. O movimento é assim o duplo processo e vir-a-ser do todo; de modo que cada momento põe ao mesmo tempo o outro, e por isso cada qual tem em si, como dois aspectos, ambos os momentos; e eles, conjuntamente, constituem o todo, enquanto se dissolvem a si mesmos e se fazem momentos seus.

43 – [Im mathematischen] No conhecer matemático, a intelecção é para a Coisa um agir exterior; segue-se daí que a verdadeira Coisa é por ele alterada. O meio [desse conhecimento] – a construção e a demonstração – contém proposições verdadeiras; mas também se deve dizer que o conteúdo é falso. No exemplo acima, se desmembra o triângulo, e suas partes são articuladas em outras figuras que a construção faz nele surgir. Só no final se restabelece o triângulo, aquele de que justamente se tratava, mas que foi perdido de vista no processo [da demonstração], reduzido a peças que faziam parte de outras totalidades.

Vemos assim que também nesse ponto ressalta a negatividade do conteúdo, a qual devia ser chamada uma falsidade do conteúdo, com tanta razão como se chama falsidade o desvanecer dos pensamentos, que se tinham por fixos, no movimento do conceito.

44 – [Die eigentliche] Mas a falha própria desse conhecimento afeta tanto o conhecimento mesmo quanto a sua matéria em geral. No que toca ao conhecimento, não parece clara, à primeira vista, a necessidade da construção. Não deriva do conceito do teorema, mas é algo imposto: deve-se obedecer às cegas a prescrição de traçar justamente estas linhas, quando infinitas outras poderiam ser traçadas; sem nada mais saber, acreditar piamente que esse processo é adequado para a conduta da demonstração. Mais tarde se mostra também essa conformidade com o fim, que é só uma conformidade exterior, pelo motivo de que só se manifesta quando feita sua demonstração. Assim, essa demonstração toma um caminho que começa num ponto qualquer, sem se saber que relação tem com o resultado que deve provir. O curso da demonstração assume *estas* determinações e relações e deixa outras de lado, sem que imediatamente se possa ver qual a necessidade [disso]; uma finalidade exterior comanda esse movimento.

45 – [Die Evidenz] A matemática se orgulha e se pavoneia frente à filosofia - por causa desse conhecimento defeituoso, cuja *evidência* reside apenas na pobreza de seu *fim* e na deficiência de sua *matéria*; portanto, um tipo de evidência que a filosofia deve desprezar. O *fim* - ou o conceito - da matemática é a *grandeza.* Essa é justamente a relação inessencial carente-de-conceito. Por isso, o movimento do saber [matemático] passa por sobre a superfície, não toca a Coisa mesma, não toca a essência ou o conceito, e, portanto, não é um conceber. A *matéria*, onde a matemática preserva um tesouro gratificante de verdades, é o *espaço* e o *uno.* O espaço é o ser-aí, no qual o conceito inscreve suas diferenças, como num elemento vazio e morto, no qual as diferenças são igualmente imóveis e sem vida. O *efetivo* não é algo espacial, como é tratado na matemática; com tal inefetividade, como são as coisas da matemática, não se ocupa nem a intuição sensível concreta nem a filosofia. Por conseguinte, nesse elemento inefetivo, só há também um Verdadeiro inefetivo; isto é, proposições mortas e rígidas. Em cada uma dessas proposições é possível parar; a seguinte recomeça tudo por sua conta, sem que a primeira se movesse até ela, e sem que assim surgisse uma conexão necessária através da natureza da Coisa mesma.

Além disso, em virtude daquele princípio ou elemento, o saber prossegue pela linha da *igualdade* – e nisso consiste o formal da evidência matemática. Com efeito, o morto, porque não se move, não chega à diferença da essência nem à oposição essencial ou desigualdade – e, portanto, à passagem do oposto no oposto –, nem à passagem qualitativa, imanente; e nem ao automovimento. Pois o que a matemática considera é somente a grandeza, a diferença inessencial: abstrai do fato de que é o conceito que divide o espaço em suas dimensões, e que determina as conexões entre as dimensões e dentro delas. Não consideram, por exemplo, a relação da linha com a superfície, e quando compara o diâmetro do círculo com a periferia, choca-se contra a sua incomensurabilidade, quer dizer, uma relação do conceito, um infinito que escapa à sua determinação.

46 – [Die immanente] A matemática imanente, a que chamam de matemática pura, não põe o *tempo* como tempo, frente ao espaço, como a segunda matéria de sua consideração. A matemática aplicada trata de fato do tempo, do movimento e de várias outras coisas efetivas. Mas toma da experiência as proposições sintéticas, isto é, proposições sobre suas relações que são determinadas por meio de seu conceito, e só a essas pressuposições aplica suas fórmulas.

De tais proposições, a matemática aplicada oferece em abundância o que chama demonstrações: – como a do equilíbrio da alavanca e a da relação entre o espaço e o tempo no movimento da queda livre. Mas que sejam dadas e aceitas como demonstrações, prova apenas a grande necessidade da prova para o conhecimento, pois, quando não tem mais provas, valoriza até sua aparência vazia e ali encontra alguma satisfação. Uma crítica dessas demonstrações seria tão digna de nota quanto instrutiva: de um lado, por expurgar a matemática dessas bijuterias, e, de outro, por mostrar seus limites, e, portanto, a necessidade de um outro saber.

No que concerne ao *tempo*, pensam que deve constituir a matéria da outra parte da matemática pura, em contrapartida com o espaço; mas o tempo é o próprio conceito *aí-essente*. O princípio da *grandeza* – a diferença carente-de-conceito –, e o princípio da *igualdade* – a unidade abstrata sem-vida – não são capazes de apreender o tempo, essa pura inquietude da vida e diferenciação absoluta. Assim, essa negatividade só se torna a segunda matéria do conhecimento matemático como paralisado, isto é, como o *uno*; esse conhecimento é um agir exterior, que reduz o automovimento à matéria; e nela possui então um conteúdo indiferente, exterior e sem vida.

47 – [Die Philosophie] A filosofia, ao contrário, não considera a determinação *inessencial*, mas a determinação enquanto essencial. Seu elemento e seu conteúdo não é o abstrato e o inefetivo, mas sim o *efetivo*, que se põe a si mesmo e é em si vivente: o ser-aí em seu conceito. É o processo que produz e percorre os seus momentos; e o movimento total constitui o positivo e sua verdade. Movimento esse que também encerra em si o negativo, que mereceria o nome de falso se fosse possível tratar o falso como algo de que se tivesse de abstrair. Ao contrário, o que deve ser tratado como essencial é o próprio evanescente; não deve ser tomado na determinação de algo rígido, cortado do verdadeiro, deixado fora dele não se sabe onde; nem tampouco o verdadeiro como um positivo morto jazendo do outro lado.

A aparição é o surgir e passar que não surge nem passa, mas que em si constitui a efetividade e o movimento da vida da verdade. O verdadeiro é assim o delírio báquico, onde não há membro que não esteja ébrio; e porque cada membro, ao separar-se, também imediatamente se dissolve, esse delírio é ao mesmo tempo repouso translúcido e simples. Perante o tribunal desse movimento não se sustem nem as figuras singulares do espírito, nem os pensamentos determinados; pois aí tanto são momentos positivos necessários quanto são negativos e evanescentes.

Na *totalidade* do movimento, compreendido como [estado de] repouso, o que nele se diferencia e se dá um ser-aí particular é conservado como algo que se *rememora*, cujo ser-aí é o saber de si mesmo; como esse saber é também imediatamente ser-aí.

48 – [Von der Methode] Talvez pareça necessário indicar antes os pontos principais do *método* desse movimento, ou da ciência. Mas seu conceito já se encontra no que foi dito, e sua apresentação autêntica pertence à Lógica, ou melhor, é a própria Lógica. Pois o método não é outra coisa que a estrutura do todo, apresentada em sua pura essencialidade. Porém, quanto às opiniões em voga até agora sobre o método, devemos ter consciência de que também o sistema das representações relativas ao método filosófico pertence a uma cultura desaparecida. Isso pode soar um tanto arrogante ou revolucionário - um tom de que me sinto bem distante. Porém, deve-se observar que a opinião [corrente] já acha pelo menos *antiquado* todo o aparato científico oferecido pela matemática - explicações, divisões, axiomas, séries de teoremas e suas demonstrações, princípios com suas demonstrações e conclusões. Embora sua inutilidade não seja claramente entendida, contudo se faz pouco uso, ou nenhum, desse método: se não é em si desaprovado, também não é estimado. Ora, devemos ter essa pressuposição a respeito do excelente: de que seja aplicado e se faça amar.

Mas não é difícil perceber que essa maneira [de proceder] - expor uma proposição, defendê-la com argumentos, refutar o seu oposto com razões - não é a forma como a verdade pode manifestar-se. A verdade é seu próprio movimento dentro de si mesma; mas aquele método é o conhecer que é exterior à matéria. Por isso, como já anotamos, é próprio da matemática e deve-se-lhe deixar, pois tem como princípio a relação de grandeza - relação carente-de-conceito -, e tem como matéria o espaço morto e o Uno igualmente morto. Mas esse método pode continuar a ser utilizado, de maneira mais livre - quer dizer, mais misturado com capricho e contingência - na vida cotidiana, na conversação e na informação histórica, que ficam mais na curiosidade que no conhecimento. Também um prefácio é mais ou menos isso.

A consciência na vida cotidiana tem, em geral, por seu conteúdo, conhecimentos, experiências, sensações de coisas concretas, e também pensamentos, princípios - o que vale para ela como um dado ou então como ser ou essência fixos e estáveis. A consciência, em parte, discorre por esse conteúdo; em parte, interrompe seu [dis]curso, comportando-se como um manipular do mesmo conteúdo, desde fora. Reconduz o conteúdo a algo que parece certo, embora seja só a impressão do momento; e a convicção fica satisfeita quando atinge um ponto de repouso já conhecido.

49 – [Wenn aber die] Mas, se a necessidade do conceito exclui o caminho folgado da conversa raciocinante, como também o rígido procedimento do pedantismo científico, seu lugar, como acima lembramos, não deve ser tomado pelo não método do pressentimento e do entusiasmo, e pelo arbitrário do discurso profético que não só despreza aquela cientificidade, mas a cientificidade em geral.

50 – [Ebensowening ist] O conceito da ciência surgiu depois que se elevou à sua significação absoluta aquela *forma triádica* que em Kant era ainda carente-de-conceito, morta, e descoberta por instinto. Assim, a verdadeira forma foi igualmente estabelecida no seu verdadeiro conteúdo. Não se pode, de modo algum, considerar como científico o uso daquela forma [triádica], onde a vemos reduzida a um esquema sem vida, a um verdadeiro fantasma. A organização científica [está aí] reduzida a uma tabela.

Já falamos acima desse formalismo de modo geral. Queremos agora expor mais de perto sua maneira de proceder. Julga que concebeu e exprimiu a natureza e a vida de uma figura, quando afirmou como predicado uma determinação do esquema; por exemplo, a subjetividade, ou então o magnetismo, a eletricidade etc., a contração ou a expansão, o Oeste ou Leste etc. Coisas semelhantes podem ser multiplicadas ao infinito, pois, nesse procedimento, cada determinação ou figura pode ser reutilizada em outra, como forma ou momento do esquema; e cada uma, agradecida, pode prestar o mesmo serviço à outra. É um círculo de reciprocidades, através do qual não se experimenta o que seja a Coisa mesma, nem o que seja uma nem a outra. Aí se aceitam, por um lado, determinações sensíveis da intuição vulgar, que de certo devem *significar* algo diverso do que dizem; e, por outro, o que *é* em si significante, as determinações puras do pensamento – como sujeito, objeto, substância, causa, universal etc. – são aplicadas tão sem reflexão e sem crítica como na vida cotidiana. Do mesmo modo [se fala de] força e fraqueza, expansão e contração, de tal forma que aquela metafísica é tão acientífica quanto essas representações sensíveis.

51 – [Statt des inneren] Em vez da vida interior e do automovimento de seu ser-aí, essa simples determinidade da intuição – quer dizer, aqui: do saber sensível – se exprime conforme uma analogia superficial. Chama-se *construção* essa aplicação vazia e exterior da fórmula. A tal formalismo toca a mesma sorte de qualquer formalismo. Deve ser bem obtusa a cabeça em que não se pode inculcar, num quarto de hora, a teoria das doenças astênicas, estênicas; e indiretamente astênicas e outros tantos métodos de cura. E como não esperar, com tal ensino, em pouco tempo transformar um curandeiro em doutor? O formalismo da filosofia da natureza pode ensinar que a inteligência é a eletricidade, ou que o animal é o nitrogênio, ou então *igual* ao Sul ou ao Norte; ou representar isso tão cruamente como aqui se exprime, ou temperá-lo com mais terminologia. A incompetência poderá sentir-se atônita ante uma força tal que congrega aparências tão distantes uma da outra; ante a violência que sofre o pacato mundo sensível através dessa vinculação que lhe dá assim a aparência de um conceito - embora sem exprimir o que há de mais importante: o conceito mesmo ou o significado da representação sensível.

A incompetência poderá também inclinar-se ante tão profunda genialidade, alegrar-se com a clareza de tais determinações que substituem o conceito abstrato por algo intuitivo e o tornam mais agradável; e felicitar-se por sentir uma afinidade de alma com tão soberana façanha. O truque de tal sabedoria é tão depressa aprendido como é fácil de aplicar; mas sua repetição, quando já está conhecido, é tão insuportável como a repetição de um truque de prestidigitação já descoberto.

O instrumento desse monótono formalismo não é mais difícil de manejar que a paleta de um pintor sobre a qual só houvesse duas cores, digamos, o vermelho e o verde, usadas conforme se exigisse para colorir a tela, pintando com uma delas cenas históricas, e, com a outra, paisagens. Difícil decidir o que é maior: a sem-cerimônia com que se pinta tudo que há no céu, na terra e nos infernos com tal sopa de tintas; ou a vaidade pela excelência desse meio-universal: uma coisa serve de apoio à outra. Revestindo tudo o que é celeste e terrestre, todas as figuras naturais e espirituais com um par de determinações do esquema universal, e dessa maneira organizando tudo - o que esse método produz não é nada menos que um "Informe claro como o Sol"* sobre o organismo do universo, isto é, uma tabela semelhante a um esqueleto, com cartõezinhos colados, ou uma prateleira de latas com suas etiquetas penduradas num armazém. A tabela é tão clara quanto os exemplos acima; mas como no esqueleto a carne e o sangue foram retirados dos ossos, e como nas latas estão escondidas coisas sem vida, assim também na tabela a essência viva da Coisa está abandonada ou escondida.

Já se fez notar que esse procedimento termina numa pintura absolutamente unicolor porque, ao envergonhar-se das diferenças do esquema, as submerge como se pertencessem à reflexão, na va-

---

* Alusão ao título de uma obra de Fichte, Sonnenklarer Bericht... [1801].

cuidade do absoluto, de modo que se estabeleça a pura identidade, o branco sem-forma. Essa monocromia do esquema e de suas determinações sem vida, essa identidade absoluta e o passar de uma coisa para outra, tudo isso é igualmente entendimento morto, e igualmente conhecimento exterior.

52 – [Das Vortreffliche] Mas, o excelente não pode escapar ao destino de tornar-se assim sem-vida e sem espírito, esfolado desse modo por um saber carente-de-vida e pela vaidade dele. Mais ainda: tem de reconhecer nesse mesmo destino o poder que o excelente exerce sobre as almas, se não sobre os espíritos, e também o aprimoramento em direção da universalidade e determinidade da forma, em que sua perfeição consiste; somente ela possibilita que essa universalidade seja usada superficialmente.

53 – [Die Wissenschaft] A ciência só se permite organizar mediante a própria vida do conceito: nela, a determinidade, que do esquema é aplicada exteriormente ao ser-aí, constitui a alma semovente do conteúdo pleno. O movimento do essente consiste, de um lado, em tornar-se um Outro e, assim, seu próprio conteúdo imanente; de outro lado, o *essente* recupera em si esse desenvolvimento ou esse seu ser-aí. Isto é, faz de si mesmo um *momento* e *se* simplifica em direção à determinidade. A *negatividade* é nesse movimento o diferenciar e o pôr do *ser-aí*; e é, nesse retornar a si, o vir-a-ser da *simplicidade determinada*. Dessa maneira, o conteúdo mostra que sua determinidade não é recebida de um outro e pregada nele; mas antes, é o conteúdo que se outorga a determinidade e se situa, de per si, em um momento e em um lugar do todo.

O entendimento tabelador guarda para si a necessidade e o conceito do conteúdo: [tudo] o que constitui o concreto, a efetividade e o movimento vivo da coisa que classifica. Ou melhor: não é que o guarde para si, mas o desconhece; pois se tivesse essa perspicácia, bem que a mostraria. Na verdade, nem sequer conhece sua necessidade, aliás renunciaria a seu esquematizar, ou pelo menos só o tomaria por uma indicação-do-conteúdo. De fato, tal procedimento só fornece uma indicação-do-conteúdo, e não o conteúdo mesmo.

Uma determinidade, tal como o magnetismo, por exemplo, em si concreta ou efetiva, é reduzida a algo morto, pois só é tomada como predicado de outro ser-aí, e não como vida imanente desse ser-aí; ou seja, como o que tem nele sua autoprodução íntima e peculiar, e sua exposição. Levar a cabo essa tarefa suprema - isso o entendimento formal deixa para os outros. Em vez de penetrar no conteúdo imanente da coisa, o entendimento lança uma vista geral sobre o todo, e vem pairar sobre um ser-aí singular do qual fala; quer dizer, não o enxerga de modo nenhum.

Entretanto, o conhecimento científico requer o abandono à vida do objeto; ou, o que é o mesmo, exige que se tenha presente e se exprima a necessidade interior do objeto. Desse modo, indo a fundo em seu objeto, esquece aquela vista geral que é apenas a reflexão do saber sobre si mesmo a partir do conteúdo. Contudo, submerso na matéria e avançando no movimento dela, o conhecimento científico retorna a si mesmo; mas não antes que a implementação ou o conteúdo, retirando-se em si mesmo e simplificando-se na determinidade, se tenha reduzido a *um* dos aspectos de um ser-aí, e passado à sua mais alta verdade. Através desse processo, o todo simples, que não enxergava a si mesmo, emerge da riqueza em que sua reflexão parecia perdida.

54 – [Dadurch überhaupt] Por este motivo em geral, que a substância é nela mesma sujeito, como acima foi dito, todo o seu conteúdo é sua própria reflexão sobre si. O subsistir ou a substância de um ser-aí é a igualdade-consigo mesmo, já que sua desigualdade consigo seria sua dissolução. Porém, a igualdade-consigo-mesmo é a pura abstração; mas esta é o *pensar.* Quando digo: *qualidade,* digo a determinidade simples; por meio da qualidade, um ser-aí é diferente de um outro, ou seja, é um ser-aí; é para si mesmo ou subsiste por meio dessa simplicidade consigo mesmo. Mas por isso é essencialmente o *pensamento.*

Aqui se conceitua que o ser é pensar; aqui incide a intuição que trata de evitar o discurso - habitual e carente-de-conceito - da identidade entre o pensar e o ser. Ora, uma vez que o subsistir do ser-aí é a igualdade-consigo-mesmo ou a pura abstração, ele é a abstração de si por si mesmo, ou é sua desigualdade consigo e sua dissolução - sua própria interioridade e sua retomada em si mesmo - seu vir-a-ser.

Devido a essa natureza do *essente*, e enquanto o *essente* tem tal natureza para o saber, esse não é uma atividade que manipule o conteúdo como algo estranho, nem é a reflexão sobre si, partindo do conteúdo. A ciência não é um certo idealismo que se introduziu em lugar do dogmatismo da *afirmação*, como o *dogmatismo da asseveração* ou *dogmatismo da certeza de si mesmo*. Mas, enquanto o saber vê seu conteúdo retornar à sua própria interioridade, é antes sua atividade que nele está imersa, por ser tal atividade o Si imanente do conteúdo; ela ao mesmo tempo retorna a si, pois é a pura igualdade-consigo-mesma no ser-outro. Assim, a atividade do saber é a astúcia que, parecendo subtrair-se à atividade, vê como a determinidade e sua vida concreta constituem um agir que se dissolve e se faz um momento do todo; justamente onde acredita ocupar-se de sua própria conservação e de seu interesse particular.

55 – [Wenn oben die] Apresentamos acima a significação do *entendimento* do lado da consciência-de-si da substância. Mas, pelo que se disse agora, está clara sua significação segundo a determinação da substância como *essente*. O ser-aí é qualidade, determinidade igual-a-si-mesma ou simplicidade determinada, pensamento determinado: *esse* é o entendimento do ser-aí. Por isso o ser-aí é o "*nous*" e foi como tal que *Anaxágoras* reconheceu primeiro a essência. Seus sucessores conceberam mais determinadamente a natureza do ser-aí como "eidos" ou "idea", isto é, *universalidade determinada, espécie*. A expressão espécie parece talvez demasiado vulgar e pequena demais para as ideias, para o belo, o sagrado, o eterno, que pululam no tempo atual. Mas, de fato, a ideia não exprime nem mais nem menos que espécie. Ora, vemos hoje com frequência que é desprezada uma expressão que designa um conceito de maneira determinada, enquanto se prefere outra que envolve de névoa o conceito e assim ressoa mais edificante, talvez porque pertence a um idioma estrangeiro.

Precisamente pelo motivo de ser determinado como espécie, o ser-aí é pensamento simples: o "nous", a simplicidade, é a substância. Graças à sua simplicidade e igualdade-consigo-mesma, a substância aparece como firme e estável. Porém, essa igualdade-consigo-mesma é também negatividade, e por isso aquele ser-aí fixo procede à sua própria dissolução. A determinidade, de início, aparenta ser apenas porque se refere a *Outro*; e seu movimento, imposto por uma potência estranha. Mas o que está precisamente contido naquela *simplicidade* do pensar é que a determinidade tem em si mesma o seu ser-outro e que é automovimento; pois tal simplicidade é o pensamento que a si mesmo se move e se diferencia: é a própria interioridade, o puro *conceito.* Portanto, a *inteligibilidade** é, desse modo, um vir-a-ser; e enquanto é esse vir-a-ser, é a racionalidade.

56 - [In diese Natur] A natureza do que é está em ser, no seu próprio ser, seu conceito: nisso consiste a *necessidade lógica* em geral. Só ela é o racional ou o ritmo do todo orgânico: é tanto o *saber* do conteúdo quanto o conteúdo é conceito e essência; ou seja, só a necessidade lógica é o *especulativo.* A figura concreta, movendo-se a si mesma, faz de si uma determinidade simples; com isso se eleva à forma lógica e é, em sua essencialidade. Seu ser-aí concreto é apenas esse movimento, e é ser-aí lógico, imediatamente. É, pois, inútil aplicar de fora o formalismo ao conteúdo concreto; [pois] esse conteúdo é nele mesmo o passar ao formalismo. Mas [então] o formalismo deixa de ser formalismo, porque a forma é o vir-a-ser inato do próprio conteúdo concreto.

57 - [Diese Natur der] Essa natureza do método científico - por um lado, ser inseparável do conteúdo, e, por outro, determinar seu ritmo próprio por si mesmo - tem sua apresentação propriamente dita na filosofia especulativa, como já foi lembrado.

O que foi dito aqui exprime certamente o conceito, mas não tem mais valor que uma asserção antecipada. Sua verdade não se situa nessa exposição, parcialmente narrativa. Por isso mesmo, não pode ser refutada pela asserção contrária: "de que não é assim, mas dessa ou daquela maneira"; nem trazendo à lembrança e narrando representações costumeiras como verdades bem conhecidas e estabelecidas; nem apresentando e asseverando algo novo, tirado do escrínio da intuição divina interior. Frente ao desconhecido, a primeira reação do saber costuma ser um acolhimento desses; para salvaguardar sua liberdade e perspicácia, e a própria autoridade frente à autoridade estranha (pois o que se apreende pela primeira vez parece ter essa forma): mas também para evitar essa aparência ou espécie de vergonha que reside no fato de aprender alguma coisa. Do mesmo modo, no caso de acolhimento favorável do desconhecido, a reação

---

* Hegel distingue *Verständigkeit*, ordem analítica do Entendimento, da Vemünftigkeit, ordem dialética da Razão, ou racionalidade propriamente dita.

da mesma espécie consiste no que foram, em outra esfera, o discurso e a ação ultrarrevolucionários.

58 – [Worauf es deswegen] Por conseguinte, o que importa no *estudo* da *ciência é* assumir o esforço tenso do conceito. A ciência exige atenção ao conceito como tal, as determinações simples, por exemplo, do *ser-em-si,* do *ser-para-si,* da *igualdade-consigo-mesmo* etc., já que esses são puros automovimentos tais que se poderiam chamar de almas, se não designasse seu conceito algo mais elevado que isso. Para o hábito de guiar-se por representações é molesta a interrupção que o conceito nelas introduz; sucede o mesmo com o pensar formal que raciocina ziguezagueando entre pensamentos inefetivos.

Esse hábito merece o nome de pensamento material, de consciência contingente, imersa somente no conteúdo material, para a qual é custoso ao mesmo tempo elevar da matéria seu próprio Si e permanecer junto a si. Ao contrário, o outro modo de pensar, o raciocinar, é a liberdade [desvinculada] do conteúdo, é a vaidade [exercendo-se] sobre ele. Exige-se da vaidade o esforço de abandonar tal liberdade; e, em vez de ser o princípio motor arbitrário do conteúdo, mergulhar essa liberdade nele, fazer que se mova conforme sua própria natureza, isto é, através do Si como seu próprio conteúdo; e contemplar esse movimento.

Renunciar a suas próprias incursões no ritmo imanente dos conceitos; não interferir nele através de seu arbítrio e de sabedoria adquirida alhures - eis a discrição que é, ela mesma, um momento essencial da atenção ao conceito.

59 – [Es sind an dem] Na atitude raciocinante, dois aspectos devem ser ressaltados - aspectos segundo os quais o pensamento conceitual é o seu oposto. De uma parte, o procedimento raciocinante se comporta negativamente em relação ao conteúdo apreendido; sabe refutá-lo e reduzi-lo a nada. Essa intelecção de que o conteúdo não é assim é algo puramente *negativo*; é o ponto terminal que a si mesmo não ultrapassa rumo a novo conteúdo, mas para ter de novo um conteúdo deve arranjar *outra* coisa, seja donde for. É a reflexão no Eu vazio, a vaidade do seu saber.

Essa vaidade, porém, não exprime apenas que esse conteúdo é vão, mas também que é vã essa intelecção, por ser o negativo que não enxerga em si o positivo. Por conseguinte, uma vez que não ganha como conteúdo sua negatividade, essa reflexão, em geral, não está na Coisa, mas passa sempre além dela; desse modo, com a afirmação do vazio, se afigura estar sempre mais avançada que uma intelecção rica-de-conteúdo. Ao contrário, como já foi mostrado, no pensar conceitual o negativo pertence ao conteúdo mesmo e - seja como seu movimento *imanente* e sua determinação, seja como sua *totalidade* - é o *positivo.* O que surge desse movimento, apreendido como resultado, é o negativo *determinado* e, portanto, é igualmente um conteúdo positivo.

60 – [In Ansehung dessen] Tendo porém em vista que o pensamento raciocinante tem um conteúdo, constituído por representações ou por pensamentos - ou por uma mescla de ambos -, ele possui outro aspecto que lhe dificulta o conceber. Sua natureza característica está estreitamente vinculada à essência da ideia indicada acima, ou melhor, a exprime tal qual se manifesta como o movimento que é o apreender pensante.

No seu comportamento negativo, que acabamos de ver, o próprio pensar raciocinante é o Si ao qual o conteúdo retorna; porém, no seu conhecer positivo, o Si é um *sujeito* representado, com o qual o conteúdo se relaciona como acidente e predicado. Esse sujeito constitui a base à qual o predicado está preso, e sobre a qual o movimento vai e vem. No pensamento conceitual o sujeito comporta-se de outra maneira. Enquanto o conceito é o próprio Si do objeto, que se apresenta como *seu vir-a-ser*, não é um sujeito inerte que sustenha imóvel os acidentes; mas é o conceito que se move, e que retoma em si suas determinações.

Nesse movimento subverte-se até aquele sujeito inerte: penetra nas diferenças e no conteúdo, e em vez de ficar frente a frente com a determinidade, antes a constitui: isto é, constitui o conteúdo diferenciado como também o seu movimento. Assim, a base firme, que o raciocinar tinha no sujeito inerte, vacila; e é somente esse movimento que se torna o objeto.

O sujeito, que implementa seu conteúdo, deixa de passar além dele, e não pode ter mais outros predicados e acidentes. Inversamente, a dispersão do conteúdo é, por isso, reunida sob o Si: o conteúdo não é o universal que, livre do sujeito, pudesse convir a muitos.

Assim o conteúdo já não é, na realidade, o predicado do sujeito, mas é a substância: é a essência ou o conceito do objeto do qual se fala. O pensar representativo tem essa natureza de percorrer acidentes e predicados; e com razão os ultrapassa, por serem apenas predicados e acidentes. Mas agora é freado em seu curso, pois o que na proposição tem a forma de um predicado é a substância mesma: sofre o que se pode representar como um contrachoque. Tendo começado do sujeito, como se esse ficasse no fundamento em repouso, descobre que - enquanto o predicado é antes a substância - o sujeito passou para o predicado, e por isso foi suprassumido; e enquanto o que parece ser predicado se tornou uma massa inteira e independente, o pensamento já não pode vaguear livremente por aí, mas fica retido por esse lastro.

Aliás, o sujeito é, de início, posto como o Si fixo e *objetivo*, donde o movimento necessário passa à variedade das determinações ou dos predicados. Aqui entra, no lugar daquele sujeito, o próprio Eu que-sabe - vínculo dos predicados com o sujeito que é seu suporte. Mas enquanto o primeiro sujeito entra nas determinações mesmas e é sua alma, o segundo sujeito - isto é, o Eu que-sabe - encontra ainda no predicado aquele primeiro sujeito, quando julgava já ter liquidado com ele, e queria retornar a si mesmo para além dele. Em vez de ser o agente no movimento do predicado - como o raciocinar sobre qual predicado deve ser atribuído ao sujeito - deve, antes, haver-se com o Si do conteúdo; não deve ser para si, mas em união com ele.

61 – [Formell kann das] Formalmente pode exprimir-se assim o que foi dito: a natureza do juízo e da proposição em geral - que em si inclui a diferença entre sujeito e predicado - é destruída pela proposição especulativa; e a proposição da identidade, em que a primeira se transforma, contém o contrachoque na relação sujeito-predicado.

O conflito entre a forma de uma proposição em geral e a unidade do conceito que a destrói é semelhante ao que ocorre no ritmo entre o metro e o acento. O ritmo resulta do balanceamento dos dois e de sua unificação. Assim também, na proposição filosófica, a identidade do sujeito e do predicado não deve anular sua diferença expressa pela forma da proposição; mas antes, sua unidade deve surgir como uma harmonia. A forma da proposição é a manifestação do sentido determinado ou do acento, o qual diferencia o conteúdo que o preenche; porém a *unidade* em que esse acento expira está em que o predicado exprima a substância e em que o próprio sujeito incida no universal.

62 – [Um das Gesagte] Para esclarecer com exemplos o que vai dito, na proposição "*Deus é o ser* o predicado é o ser: tem uma significação substancial na qual o sujeito se dissolve. Aqui "*ser*" não deve ser predicado, mas a essência; por isso parece que, mediante a posição da proposição, Deus deixa de ser o que é – a saber, sujeito fixo. O pensar, em vez de progredir na passagem do sujeito ao predicado, sente-se, com a perda do sujeito, antes freado e relançado ao pensamento do sujeito, pois esse lhe faz falta. Ou seja: o próprio predicado sendo expresso como um sujeito, como o ser, como a *essência* que esgota a natureza do sujeito, o pensar encontra também o sujeito imediatamente no predicado. Então, o pensar está ainda nas profundezas do conteúdo, ou, ao menos, tem presente a exigência de nele se aprofundar; em lugar de manter a livre posição do raciocinar que no predicado vai para si mesmo.

Assim, quando se diz: "o *efetivo* é o *universal*", o efetivo, como sujeito, some no seu predicado. O universal não deve ter somente a significação do predicado, de modo que a proposição exprima que o efetivo seja universal – mas o universal deve exprimir a essência do efetivo. Perde assim o pensar seu firme solo objetivo, que tinha no sujeito, quando [estando] no predicado é recambiado ao sujeito, e no predicado não é a si que retorna, e sim ao sujeito do conteúdo.

63 – [Auf diesem ungewohnten] As queixas sobre a incompreensibilidade das obras filosóficas se devem sobretudo a esse freio insólito, quando partem de pessoas que aliás têm nível de instrução adequado para compreendê-las. Vemos, no que foi dito, o motivo de uma censura bem específica e frequente, de que na sua maioria os escritos filosóficos devem ser lidos mais de uma vez antes de serem compreendidos – censura que deve conter algo de irrefutável e definitivo ao ponto que, se fosse comprovada, não admitiria réplica. Mas, do que acima foi dito, essa questão está situada com clareza. A proposição filosófica, por ser proposição, evoca a ideia da relação costumeira entre sujeito e predicado, e do procedimento habitual do saber. Tal procedimento e a ideia a seu respeito são destruídos pelo conteúdo filosófico; a opinião [corrente] experimenta que se entendia outra coisa e não o que ela supunha; e essa correção, do que opinava, obriga o saber a voltar à proposição e a compreendê-la agora diversamente.

64 – [Eine Schwierigkeit] Uma dificuldade a evitar é a mistura do modo especulativo e do modo raciocinante quando o que se diz do sujeito, ora tem a significação de seu conceito, ora tem apenas a significação de seu predicado ou acidente. Um procedimento estorva o outro, e só conseguirá plasticidade aquela exposição filosófica que excluir rigorosamente a maneira como habitualmente são relacionadas as partes de uma proposição.

65 – [In der Tat] De fato, o pensar não especulativo tem também seu direito, que é válido, mas não é levado em conta no modo da proposição especulativa. A suprassunção da forma da proposição não pode ocorrer só de maneira *imediata*, nem mediante o puro conteúdo da proposição. No entanto, esse movimento oposto necessita ter expressão: não deve ser apenas aquela freagem interior, mas esse retornar do conceito a si tem de ser *apresentado*.

Esse movimento – que constitui o que a demonstração aliás devia realizar – é o movimento dialético da proposição mesma. Só ele é o Especulativo *efetivo*, e só o seu enunciar é exposição especulativa. Como proposição, o especulativo é somente a freagem *interior*, o retorno *não aí-essente* da essência a si mesma. Por isso, vemos que as exposições filosóficas com frequência nos remetem a essa intuição *interior*, e desse modo ficamos privados da exposição dialética que reclamávamos. A *proposição* deve exprimir *o que é* o verdadeiro; mas, essencialmente, o verdadeiro é o sujeito: e como tal é somente o movimento dialético, esse caminhar que a si mesmo produz, que avança e que retorna a si. Em qualquer outro conhecer, a demonstração constitui esse lado da expressão da interioridade. Porém, desde que a dialética foi separada da demonstração, o conceito da demonstração filosófica de fato se perdeu.

66 – [Es kann hierüber] Pode-se lembrar a respeito que o movimento dialético tem igualmente proposições como partes ou elementos seus: a dificuldade indicada parece assim voltar sempre, e ser uma dificuldade da Coisa mesma. É semelhante ao que sucede na demonstração ordinária: os fundamentos que utiliza precisam por sua vez de uma fundamentação, e assim por diante até o infinito. Mas essa forma de fundar e de condicionar pertence àquele demonstrar que é diferente do movimento dialético; portanto, pertence ao conhecer exterior. No que toca o movimento dialético, seu elemento é o conceito puro, e por isso tem um conteúdo que em si mesmo é absolutamente sujeito. Assim, nenhum conteúdo ocorre que se comporte ao modo de um sujeito posto como fundamento, e ao qual advenha sua significação como um predicado: a proposição, imediatamente, é só uma forma vazia. Excetuando o Si intuído sensivelmente ou representado, é sobretudo o nome como nome que indica o sujeito puro, o Uno vazio e carente-de-conceito. Por esse motivo pode ser útil, por exemplo, evitar o nome "*Deus*", porque essa palavra não é, ao mesmo tempo, imediatamente conceito, mas o nome propriamente dito: o repouso fixo do sujeito que está no fundamento. Ao contrário, por exemplo, o ser, o uno, a singularidade, o sujeito etc. designam eles mesmos imediatamente também conceitos.

Aliás, se forem enunciadas verdades especulativas sobre aquele sujeito, seu conteúdo carece de conceito imanente, pois o sujeito só está presente como sujeito em repouso, e por essa circunstância tais verdades recebem facilmente a forma de mera edificação. Sob esse aspecto também o obstáculo reside no hábito de entender, segundo a forma da proposição, o predicado especulativo, e não como conceito ou essência; e pode aumentar ou diminuir por culpa da própria exposição filosófica. A apresentação, fiel à visão da natureza do especulativo, deve manter a forma dialética e nada incluir a não ser na medida em que é concebido e que é o conceito.

67 – [So sehr als das] Constitui um obstáculo ao estudo da filosofia, tão grande quanto a atitude raciocinante, a presunção - que não raciocina - das verdades feitas. Seu possuidor não acha preciso retornar sobre elas, mas as coloca no fundamento, e acredita que não só pode exprimi-las, mas também julgar e condenar por meio delas. [Vendo as coisas] por esse lado, é particularmente necessário fazer de novo do filosofar uma atividade séria. Para se ter qualquer ciência, arte, habilidade, ofício, prevalece a convicção da necessidade de um esforço complexo de aprender e de exercitar-se. De fato, se alguém tem olhos e dedos e recebe couro e instrumentos, nem por isso está em condições de fazer sapatos. Ao contrário, no que toca à filosofia, domina hoje o preconceito de que qualquer um sabe imediatamente filosofar e julgar a filosofia, pois tem para tanto padrão de medida na sua razão natural – como se não tivesse também em seu pé a medida do sapato.

Parece mesmo que se põe a posse da filosofia na falta de conhecimentos e de estudo; e que a filosofia acaba quando eles começam. Com frequência se toma a filosofia por um saber formal e vazio de conteúdo. Não se percebe que tudo quanto é verdade conforme o conteúdo – em qualquer conhecimento ou ciência – só pode merecer o nome de verdade se for produzido pela filosofia. Embora as outras ciências possam, sem a filosofia, com o pensamento raciocinante pesquisar quanto quiserem, elas não são capazes de possuir em si nem vida, nem espírito, nem verdade sem a filosofia.

68 – [In Ansehung der] No que concerne à filosofia autêntica – esse longo caminho da cultura, esse movimento tão rico quanto profundo através do qual o espírito alcança o saber –, vemos que são considerados equivalentes perfeitos e ótimos sucedâneos seus a revelação imediata do divino ou o bom-senso comum. É algo assim como se faz publicidade da chicória como bom sucedâneo do café.

Não é nada agradável ver a ignorância e a grosseria, sem forma nem gosto – incapazes de fixar o pensamento numa proposição abstrata sequer, e menos ainda no conjunto articulado de várias proposições –, garantindo que são, ora a expressão da liberdade e da tolerância do pensar, ora a genialidade. Genialidade que, como hoje grassa na filosofia, antes grassava igualmente na poesia, como é notório. Porém, quando tinha sentido o produzir de tal genialidade em lugar de poesia, o que engendrava era uma prosa trivial; ou, se saía para além da prosa, discursos desvairados. Assim, hoje, um filosofar natural que se julga bom demais para o conceito, e devido à falta de conceito se tem em conta de um pensar intuitivo e poético, lança no mercado combinações caprichosas de uma força de imaginação somente desorganizada por meio do pensamento – imagens que não são carne nem peixe; que nem são poesia nem filosofia.

69 – [Dagegen im ruhigeren] Em contrapartida, deslizando no leito tranquilo do bom-senso, o filosofar natural fornece no máximo uma retórica de verdades banais. Quando lhe objetam a insignificancia de suas verdades, então replica asseverando que o sentido e o conteúdo estão presentes no seu coração, e devem estar presentes também no coração dos outros. Acredita que, com a inocência do coração, a pureza da consciência e coisas semelhantes já disse a última palavra; contra ela não cabe objeção alguma; além dela nada se pode exigir. Porém, o que se deveria fazer era não deixar que o melhor ficasse no mais íntimo, mas trazê-lo desse poço à luz do dia.

Eis um esforço que poderia ser poupado: produzir verdades últimas desse tipo, porque desde muito se encontram, por exemplo, no catecismo, nos provérbios populares etc. Não é difícil apreender tais verdades em sua indeterminidade e em sua distorção, nem muitas vezes mostrar na sua consciência e à sua consciência exatamente o oposto. Mas quando essa consciência tenta arrancar-se à confusão que nela se armou, cai numa nova confusão, e protesta dizendo que indiscutivelmente é assim ou assim, e que tudo o mais é *sofistaria*. Sofistaria é uma palavra-de-ordem do senso comum contra a razão cultivada; do mesmo modo que a ignorância filosófica caracterizou a filosofia, de uma vez por todas, como "*devaneios*".

Enquanto o senso comum recorre ao sentimento - seu oráculo interior -, descarta quem não está de acordo com ele. Deve deixar claro que não tem mais nada a dizer a quem não encontra e não sente em si o mesmo; em outras palavras, calca aos pés a raiz da humanidade. Pois a natureza da humanidade é tender ao consenso com outros, e sua existência reside apenas na comunidade instituída das consciências. O anti-humano, o animalesco, consiste em ficar no estágio do sentimento, e em só poder comunicar-se através do sentimento.

70 – [Wenn nach einem] Caso se indague por uma "via régia" para a ciência, não seria possível indicar nenhuma mais cômoda que a de abandonar-se ao bom-senso, e no mais, para andar junto com seu tempo e com a filosofia, ler recensões de obras filosóficas. Ler até mesmo seus primeiros parágrafos, que proporcionam os princípios universais dos quais depende tudo, e os prefácios que, junto com a informação histórica, também oferecem uma apreciação a qual, justamente por ser apreciação, paira por cima do que é apreciado. Esse caminho ordinário se faz com roupas de casa; porém, o sentimento elevado do eterno, do sagrado, do infinito, veste trajes solenes para percorrer um caminho que já é, ele próprio, o ser imediato no centro, a genialidade de profundas ideias originais, e os relâmpagos sublimes do pensamento. Como, porém, tal profundeza ainda não revela a fonte da essência, esses raios não são ainda o empíreo. Os pensamentos verdadeiros e a intelecção científica só se alcançam no trabalho do conceito. Só ele pode produzir a universalidade do saber, que não é a indeterminação e a miséria correntes do senso comum, mas um conhecimento cultivado e completo; não é a universalidade extraordinária dos dotes da razão que se corrompe pela preguiça e soberba do gênio; mas sim, é a verdade que se desenvolveu até sua forma genuína, e é capaz de ser a propriedade de toda a razão consciente-de-si.

71 – [Indem ich das] É, pois, no automovimento do conceito que eu situo a razão de existir da ciência. Vale observar que parecem longe, e mesmo totalmente opostas a esse modo de ver, as representações de nosso tempo sobre a natureza e o caráter da verdade, nos pontos já tocados e em outros. Essa observação parece não prometer aceitação favorável à tentativa de apresentar, o sistema da ciência nessa determinação [de automovimento do conceito].

Mas, segundo entendo, muitas vezes já se colocou em seus mitos, sem valor científico, a excelência da filosofia de Platão. Também houve tempos, que até se chamaram "tempos de misticismo visionário" quando a filosofia de Aristóteles era estimada por sua profundeza especulativa, e o Parmênides de Platão, de certo a maior obra-prima da dialética antiga, era tido como a verdadeira revelação e a *expressão positiva da vida divina.* Mesmo então, apesar das muitas perturbações que o *êxtase* produzia, de fato esse êxtase mal-entendido não devia ser outra coisa que o *conceito puro.*

Penso, aliás, que tudo que há de excelente na filosofia de nosso tempo coloca seu próprio valor na cientificidade; e embora outros pensem diversamente, de fato, só pela cientificidade a filosofia se faz valer. Então, posso esperar que essa tentativa de reivindicar a ciência para o conceito, e de apresentá-la nesse seu elemento próprio, há de abrir passagem por meio da verdade interior da Coisa. Devemos estar persuadidos que o verdadeiro tem a natureza de eclodir quando chega o seu tempo, e só quando esse tempo chega se manifesta; por isso nunca se revela cedo demais nem encontra um público despreparado. Também devemos convencer-nos de que o indivíduo precisa desse efeito para se confirmar no que para ele é ainda sua causa solitária, e para experimentar como algo universal a convicção que, de início, só pertence à particularidade.

Nesse ponto, porém, com frequência há que distinguir entre o público e aqueles que se dão como seus representantes e porta-vozes. O público se comporta de modo diverso e mesmo oposto ao de seus intérpretes, sob muitos aspectos. Se o público benévo-lo atribui a si mesmo a culpa quando uma obra filosófica nada lhe diz, ao contrário, seus intérpretes, convencidos de sua competência, lançam toda a culpa sobre o autor. O efeito que a obra produz no público é muito mais sereno do que nesses "mortos sepultando seus mortos"* .

Hoje em dia a intelecção universal é geralmente mais cultivada, sua curiosidade mais alerta, e seu juízo se determina mais rápido, de modo que "os pés daqueles que vão te levar já estão diante da porta"** . Entretanto, é mister distinguir com frequência nesse ponto o efeito mais lento que redireciona a atenção cativada por asserções retumbantes e corrige críticas negativas; efeito que prepara para alguns um mundo que será seu, depois de certo tempo; enquanto outros, depois de curto lapso, não terão mais posteridade.

72 – [Weil übrigens] Vivemos aliás numa época em que a universalidade do espírito está fortemente consolidada, e a singularidade, como convém, tornou-se tanto mais insignificante; em que a universalidade se aferra a toda a sua extensão e riqueza acumulada e as reivindica para si. A parte que cabe à atividade do indivíduo na obra total do espírito só pode ser mínima. Assim ele deve esquecer-se, como já o implica a natureza da ciência. Na verdade, o indivíduo deve vir-a-ser, e também deve fazer, o que lhe for possível, mas não se deve exigir muito dele, já que muito pouco pode esperar de si e reclamar para si mesmo.

---

* Mt 8,22.

** At 5,9.

INTRODUÇÃO

73 - [Es ist eine] Segundo uma representação natural, a filosofia, antes de abordar a Coisa mesma - ou seja, o conhecimento efetivo do que é, em verdade -, necessita primeiro pôr-se de acordo sobre o conhecer, o qual se considera ou um instrumento com que se domina o absoluto, ou um meio através do qual o absoluto é contemplado.

Parece correto esse cuidado, pois há, possivelmente, diversos tipos de conhecimento. Alguns poderiam ser mais idôneos que outros para a obtenção do fim último, e por isso seria possível uma falsa escolha entre eles. Há também outro motivo: sendo o conhecer uma faculdade de espécie e de âmbito determinados, sem uma determinação mais exata de sua natureza e de seus limites, há o risco de alcançar as nuvens do erro em lugar do céu da verdade.

Ora, esse cuidado chega até a transformar-se na convicção de que constitui um contrassenso, em seu conceito, todo empreendimento visando conquistar para a consciência o que é em si, mediante o conhecer; e que entre o conhecer e o absoluto passa uma nítida linha divisória. Pois, se o conhecer é o instrumento para apoderar-se da essência absoluta, logo se suspeita que a aplicação de um instrumento não deixe a Coisa tal como é para si, mas com ele traga conformação e alteração. Ou então o conhecimento não é instrumento de nossa atividade, mas de certa maneira um meio passivo, através do qual a luz da verdade chega até nós; nesse caso também não recebemos a verdade como é em si, mas como é nesse meio e através dele.

Nos dois casos, usamos um meio que produz imediatamente o contrário de seu fim; melhor dito, o contrassenso está antes em recorrermos em geral a um meio. Sem dúvida, parece possível remediar esse inconveniente pelo conhecimento do modo-de-atuação do *instrumento*, o que permitiria descontar no resultado a contribuição do instrumento para a representação do absoluto que por meio dele fazemos; obtendo assim o verdadeiro em sua pureza. Só que essa correção nos levaria, de fato, aonde antes estávamos. Ao retirar novamente, de uma coisa elaborada, o que o instrumento operou nela, então essa coisa - no caso o absoluto - fica para nós exatamente como era antes desse esforço; que, portanto, foi inútil. Se através do instrumento o absoluto tivesse apenas de achegar-se a nós, como o passarinho na visgueira, sem que nada nele mudasse, ele zombaria desse artifício, seja não estivesse e não quisesse estar perto de nós em si e para si. Pois, nesse caso o conhecimento seria um artifício, porque, com seu atarefar-se complexo, daria a impressão de produzir algo totalmente diverso do que só a relação imediata - relação que por isso não exige esforço. Por outra: se o exame do conhecer - aqui representado como um *meio* - faz-nos conhecer a lei da refração de seus raios, de nada ainda nos serviria descontar a refração no resultado. Com efeito, o conhecer não é o desvio do raio: é o próprio raio, através do qual a verdade nos toca. Ao subtraí-lo, só nos restaria a pura direção ou o lugar vazio.

74 – [Inzwischen, wenn die] O temor de errar introduz uma desconfiança na ciência, que, sem tais escrúpulos, se entrega espontaneamente à sua tarefa, e conhece efetivamente. Entretanto, deveria ser levada em conta a posição inversa: por que não cuidar de introduzir uma desconfiança nessa desconfiança, e não temer que esse temor de errar já seja o próprio erro? De fato, esse temor de errar pressupõe como verdade alguma coisa (melhor, muitas coisas) na base de suas precauções e consequências; - verdade que deveria antes ser examinada. Pressupõe, por exemplo, *representações* sobre o conhecer como *instrumento* e *meio* e também uma *diferença entre nós mesmos e esse conhecer*, mas, sobretudo, que o absoluto esteja de *um lado* e o *conhecer de outro* – para si e separado do absoluto - e mesmo assim seja algo real. Pressupõe com isso que o conhecimento, que, enquanto fora do absoluto, está também fora da verdade, seja verdadeiro; - suposição pela qual se dá a conhecer que o assim chamado medo do erro é, antes, medo da verdade.

75 - *[Diese Konsequenz]* Essa consequência resulta de que só o absoluto é verdadeiro, ou só o verdadeiro é absoluto. É possível rejeitar essa consequência mediante a distinção entre um conhecimento

que não conhece de fato o absoluto, como quer a ciência, e ainda assim é verdadeiro, e o conhecimento em geral, que, embora incapaz de apreender o absoluto, seja capaz de outra verdade. Mas vemos que no final esse falatório vai acabar numa distinção obscura entre um Verdadeiro absoluto e um Verdadeiro ordinário; e [vemos também] que o absoluto, o conhecer, etc., são palavras que pressupõem uma significação; e há que esforçar-se por adquiri-la primeiro.

76 – [Statt mit dergleichen] Não há por que atormentar-se, buscando resposta a essas representações inúteis e modos de falar sobre o conhecer, como instrumento para apoderar-se do absoluto, ou como meio através do qual divisamos a verdade etc. São relações em que vêm a dar, com certeza, todas essas representações de um absoluto separado do conhecer, ou de um conhecer separado do absoluto. Nem há por que ocupar-se com os subterfúgios que a incapacidade para a ciência deriva dos pressupostos de tais relações, a fim de livrar-se do esforço da ciência e ao mesmo tempo dar a impressão de operosidade séria e rigorosa.

Melhor seria rejeitar tudo isso como representações contingentes e arbitrárias; e como engano, o uso – a isso unido – de termos como o absoluto, o conhecer, e também o objetivo e o subjetivo e inúmeros outros cuja significação é dada como geralmente conhecida. Com efeito, dando a entender, de um lado, que sua significação é universalmente conhecida, e, de outro, que se possui até mesmo seu conceito, parece antes um esquivar-se à tarefa principal que é fornecer esse conceito. Inversamente poderia, com mais razão ainda, poupar-se o esforço de tais representações e modos de falar, mediante os quais se descarta a própria ciência, pois constituem somente uma aparência oca do saber, que desvanece imediatamente quando a ciência entra em cena.

No entanto, a ciência, pelo fato de entrar em cena, é ela mesma uma aparência [fenômeno]: seu entrar em cena não é ainda a ciência realizada e desenvolvida em sua verdade. Tanto faz neste ponto representar-se que a *ciência* é aparência porque entra em cena *ao lado de outro* [saber], ou dar o nome de "aparecer da ciência" a esses outros saberes não verdadeiros. Mas a ciência deve libertar-se dessa aparência, e só pode fazê-lo voltando-se contra ela. Pois sendo esse um saber que não é verdadeiro, a ciência nem pode apenas jogá-lo fora – como visão vulgar das coisas, garantindo ser ela um conhecimento totalmente diverso, para o qual aquele outro saber não é absolutamente nada – nem pode buscar nele o pressentimento de um saber melhor. Por essa *asseveração*, a ciência descreveria seu *ser* como sua força; mas o saber não verdadeiro apela também para o fato de que *ele é*, e *assevera* que, para ele, a ciência não é nada. *Um* asseverar seco vale tanto como qualquer outro.

A ciência ainda menos pode apelar para o pressentimento melhor, presente no conhecer não verdadeiro, constituindo ali uma sinalização para a ciência; pois isso seria também de novo apelar para um ser, e, por outro lado, apelar para si mesma conforme o modo em que está no conhecimento não verdadeiro. Quer dizer, apelaria para um modo deficiente de seu ser, ou seja, para sua aparência, mais do que para si mesma, como é em si e para si. Por esse motivo, aqui deve ser levada adiante a exposição do saber que-aparece [ou saber fenomenal].

77 – [Weil nun diese] Já que esta exposição tem por objeto exclusivamente o saber fenomenal, não se mostra ainda como ciência livre, movendo-se em sua forma peculiar. É possível, porém, tomá-la, desse ponto de vista, como o caminho da consciência natural que abre passagem rumo ao saber verdadeiro. Ou como o caminho da alma, que percorre a série de suas figuras como estações que lhe são preestabelecidas por sua natureza, para que se possa purificar rumo ao espírito, e através dessa experiência completa de si mesma alcançar o conhecimento do que ela é em si mesma.

78 – [Das natürliche] A consciência natural vai mostrar-se como sendo apenas conceito do saber, ou saber não real. Mas enquanto se toma imediatamente por saber real, esse caminho tem, para ela, significação negativa: o que é a realização do conceito vale para ela antes como perda de si mesma, já que nesse caminho perde sua verdade. Por isso esse caminho pode ser considerado o caminho da *dúvida* [*Zweifel*] ou, com mais propriedade, caminho de desespero [*Verzweilflung*]; pois nele não ocorre o que se costuma entender por dúvida: um vacilar nessa ou naquela pretensa verdade, seguido de um conveniente desvanecer-de-novo da dúvida e um regresso àquela verdade, de forma que, no fim, a Coisa seja tomada como era antes.

Ao contrário, a dúvida [que expomos] é a penetração consciente na inverdade do saber fenomenal; para esse saber, o que há de mais real é antes somente o conceito irrealizado. Esse cepticismo, que atinge a perfeição, não é, pois, o que um zelo severo pela verdade e pela ciência tem a ilusão de ter aprontado e aparelhado para elas, a saber: o *propósito* de não se entregar na ciência à autoridade do pensamento alheio, e só seguir sua própria convicção; ou melhor ainda: tudo produzir por si mesmo, e só ter o seu próprio ato como [sendo] o verdadeiro.

A série de figuras que a consciência percorre nesse caminho é, a bem dizer, a história detalhada da *formação* para a ciência da própria consciência. Aquele "propósito" apresenta essa formação sob o modo simples de um propósito, como imediatamente feita e sucedida. Frente a tal inverdade, no entanto, esse caminho é a realização efetiva. Seguir sua própria opinião é, em todo o caso, bem melhor do que abandonar-se à autoridade; mas com a mudança do crer na autoridade para o acreditar na própria convicção não fica necessariamente mudado o conteúdo mesmo; nem a verdade, introduzida em lugar do erro. A diferença entre apoiar-se em uma autoridade alheia, e firmar-se na própria convicção - no sistema do 'visar' e do preconceito - está apenas na vaidade que reside nessa segunda maneira. Ao contrário, o cepticismo que incide sobre todo o âmbito da consciência fenomenal torna o espírito capaz de examinar o que é verdade, enquanto leva a um desespero, a respeito de representações, pensamentos e opiniões pretensamente naturais. É irrelevante chamá-los próprios ou alheios: enchem e embaraçam a consciência, que procede a examinar *diretamente* [a verdade], mas que por causa disso é de fato incapaz do que pretende empreender.

79 – [Die Vollständigkeit] A série completa das formas da consciência não real resultará mediante a necessidade do processo e de sua concatenação mesma. Para fazer inteligível esse ponto, pode-se notar previamente, de maneira geral, que a apresentação da consciência não verdadeira em sua inverdade não é um movimento puramente *negativo*. A consciência natural tem geralmente uma visão unilateral assim, sobre este movimento. Um saber, que faz dessa unilateralidade a sua essência, é uma das figuras da consciência imperfeita, que ocorre no curso do itinerário e que ali se apresentará. Trata-se precisamente do cepticismo, que vê sempre no resultado somente o *puro nada*, e abstrai de que esse nada é determinadamente o nada *daquilo de que resulta.* Porém, o nada, tomado só como o nada daquilo donde procede, só é de fato o resultado verdadeiro: é assim um nada *determinado* e tem um *conteúdo.*

O ceticismo que termina com a abstração do nada ou do esvaziamento não pode ir além disso, mas tem de esperar que algo de novo se lhe apresente – e que novo seja esse – para jogá-lo no abismo vazio. Porém, quando o resultado é apreendido como em verdade é – como negação *determinada* –, é que então já surgiu uma nova forma imediatamente, e se abriu na negação a passagem pela qual, através da série completa das figuras, o processo se produz por si mesmo.

80 – [Das Ziel aber ist] Entretanto, o saber tem sua *meta* fixada tão necessariamente quanto a série do processo. A meta está ali onde o saber não necessita ir além de si mesmo, onde a si mesmo se encontra, onde o conceito corresponde ao objeto e o objeto ao conceito.

Assim, o processo em direção a essa meta não pode ser detido, e não se satisfaz com nenhuma estação precedente. O que está restrito a uma vida natural não pode por si mesmo ir além de seu ser-aí imediato, mas é expulso-para-fora dali por um Outro: esse ser-arrancado-para-fora é sua morte. Mas a consciência é para si mesma seu *conceito*; por isso é imediatamente o ir-além do limitado, e – já que este limite lhe pertence – é o ir além de si mesma. Junto com o singular, o além é posto para ela; embora esteja ainda apenas ao *lado* do limitado como no caso da intuição espacial.

Portanto, essa violência que a consciência sofre – de se lhe estragar toda a satisfação limitada – vem dela mesma. No sentimento dessa violência, a angústia ante a verdade pode recuar e tentar salvar o que está ameaçada de perder. Mas não poderá achar nenhum descanso: se quer ficar numa inércia carente-de-pensamento, o pensamento perturba a carência-de-pensamento, e seu desassossego estorva a inércia. Ou então, caso se apoie no sentimentalismo, que garante achar tudo *bom a seu modo,* essa garantia sofre igualmente violência por parte da razão, que acha que algo não é bom, justamente por ser um modo. Ou seja: o medo da verdade poderá ocultar-se de si e dos outros por trás da aparência de que é um zelo ardente pela verdade, que lhe torna difícil e até impossível encontrar outra verdade que não aquela única vaidade de ser sempre mais arguto que qualquer pensamento - que se possua vindo de si mesmo ou de outros. Vaidade essa capaz de tornar vã toda a verdade, para retornar a si mesma e deliciar-se em seu próprio entendimento; dissolve sempre todo o pensamento, e só sabe achar seu Eu árido em lugar de todo o conteúdo. Esta é uma satisfação que deve ser abandonada a si mesma, pois foge o universal e somente procura o Ser-para-si.

81 - [Wie dieses vorläufig] Dito isso, de forma preliminar e geral sobre o modo e a necessidade do processo, pode ser útil mencionar algo sobre o *método do desenvolvimento.* Parece que essa exposição, representada como um *procedimento* da *ciência* em relação ao saber *fenomenal* e como *investigação* e *exame da realidade do conhecer,* não se pode efetuar sem um certo pressuposto colocado na base como *padrão de medida.* Pois o exame consiste em aplicar ao que é examinado um padrão aceito, para decidir, conforme a igualdade ou desigualdade resultante, se a coisa está correta ou incorreta. A medida em geral, e também a ciência, se for a medida, são tomadas como a *essência* ou como o *em si.* Mas nesse ponto, onde a ciência apenas está surgindo, nem ela nem seja o que for se justifica como a essência ou o *em si.* Ora, sem isso, parece que não pode ocorrer nenhum exame.

82 - [Dieser Widerspruch] Essa contradição e sua remoção se darão a conhecer de modo mais determinado se recordarmos primeiro as determinações abstratas do saber e da verdade, tais como ocorrem na consciência. Pois a consciência *distingue* algo de si e ao mesmo tempo *se relaciona* com ele; ou, exprimindo de outro modo, ele é algo *para a consciência.* O aspecto determinado desse *relacionar-se* - ou do *ser* de algo *para uma consciência* - é o *saber.*

Nós, porém, distinguimos desse ser para um outro o ser-em-si; o que é relacionado com o saber também se distingue dele e se põe como *essente,* mesmo fora dessa relação: o lado desse Em-si chama-se *verdade.* O que está propriamente nessas determinações não nos interessa [discutir] mais aqui; pois, enquanto nosso objeto é o saber fenomenal, suas determinações são também tomadas como imediatamente se apresentam; e, sem dúvida, que se apresentam como foram apreendidas.

83 - [Untersuchen wir nun] Se investigarmos agora a verdade do saber, parece que estamos investigando o que o saber *é em si.* Só que nesta investigação ele é *nosso* objeto; *é para nós*. O Em-si do saber resultante dessa investigação seria, antes, seu ser *para nós*: o que afirmássemos como sua essência não seria sua verdade, mas sim nosso saber sobre ele. A essência ou o padrão de medida estariam em nós, e o [objeto] a ser comparado com ele e sobre o qual seria decidido através de tal comparação não teria necessariamente de reconhecer sua validade.

84 – [Aber die Natur] Mas a natureza do objeto que investigamos ultrapassa essa separação ou essa aparência de separação e de pressuposição. A consciência fornece, em si mesma, sua própria medida; motivo pelo qual a investigação se torna uma comparação de si consigo mesma, já que a distinção que acaba de ser feita incide na consciência.

Há na consciência um *para um* Outro, isto é, a consciência tem nela a *determinidade* do momento do saber. Ao mesmo tempo, para a consciência, esse Outro não é somente *para ela*, mas é também fora dessa relação, ou seja, *é em si*: o momento da verdade. Assim, no que a consciência declara dentro de si como o *Em-si* ou o verdadeiro, temos o padrão que ela mesma estabelece para medir o seu saber.

Se chamarmos o *saber, conceito*; e se a essência ou o *verdadeiro* chamarmos *essente* ou *objeto*, então o exame consiste em ver se o conceito corresponde ao objeto. Mas chamando a *essência* ou o Em-si do *objeto, conceito*, e ao contrário, entendendo por *objeto* o conceito enquanto *objeto* – a saber como é *para um Outro* – então o exame consiste em ver se o objeto corresponde ao seu conceito. Bem se vê que as duas coisas são o mesmo: o essencial, no entanto, é manter firmemente durante o curso todo da investigação que os dois momentos, *conceito* e *objeto, ser-para-um-Outro* e *ser-em-si-mesmo*, incidem no interior do saber que investigamos. Portanto, não precisamos trazer conosco padrões de medida, e nem aplicar na investigação *nossos* achados e pensamentos, pois deixando-os de lado é que conseguiremos considerar a Coisa como *é em si* e *para si*.

85 – [Aber nicht nur] Uma achega de nossa parte se torna supérflua segundo esse aspecto, em que conceito e objeto, o padrão de medida e o que deve ser testado estão presentes na consciência mesma. Aliás, somos também poupados da fadiga da comparação entre os dois, e do *exame* propriamente dito. Assim, já que a consciência se examina a si mesma, também sob esse aspecto, só nos resta o puro observar.

Com efeito, a consciência, por um lado, é consciência do objeto; por outro, consciência de si mesma: é consciência do que é verdadeiro para ela, e consciência de seu saber da verdade. Enquanto ambos são *para a consciência*, ela mesma é sua comparação: é para *ela mesma* que seu saber do objeto corresponde ou não a esse objeto.

O objeto parece, de fato, para a consciência, ser somente tal como ela o conhece. Parece também que a consciência não pode chegar por detrás do objeto, [para ver] como ele é, *não para ela*, mas como é *em si*; e que, portanto, também não pode examinar seu saber no objeto. Mas justamente porque a consciência sabe em geral sobre um objeto, já está dada a distinção entre [um momento de] algo que é, *para a consciência*, o *Em-si*, e um outro momento que é o saber ou o ser do objeto *para* a consciência. O exame se baseia sobre essa distinção que é uma distinção dada. Caso os dois momentos não se correspondam nessa comparação, parece que a consciência deva então mudar o seu saber para adequá-lo ao objeto. Porém, na mudança do saber, de fato se muda também para ele o objeto, pois o saber presente era essencialmente um saber do objeto; junto com o saber, o objeto se torna também um outro, pois pertencia essencialmente a esse saber.

Com isso, vem-a-ser para a consciência: o que antes era o *Em-si* não é em si, ou seja, só era em si *para ela*. Quando descobre, portanto, a consciência em seu objeto que o seu saber não lhe corresponde, tampouco o objeto se mantém firme. Quer dizer, a medida do exame se modifica quando o objeto, cujo padrão deveria ser, fica reprovado no exame.

O exame não é só um exame do saber, mas também de seu padrão de medida.

86 – [Diese dialektische Bewegung] Esse movimento *dialético* que a consciência exercita em si mesma, tanto em seu saber como em seu objeto, *enquanto* dele *surge o novo objeto verdadeiro* para a consciência, é justamente o que se chama *experiência*. Em relação a isso, no processo acima considerado há ainda que ressaltar um momento por meio do qual será lançado nova luz sobre o aspecto científico da exposição que vem a seguir.

A consciência sabe *algo*: esse objeto é a essência ou o *Em-si*. Mas é também o *Em-si* para a consciência; com isso entra em cena a ambiguidade desse verdadeiro. Vemos que a consciência tem agora dois objetos: um, o primeiro *Em-si*; o segundo, o *ser-para-ela desse Em-si*. Esse último parece, de início, apenas a reflexão da consciência sobre si mesma: uma representação não de um objeto, mas apenas de seu saber do primeiro objeto. Só que, como foi antes mostrado, o primeiro objeto se altera ali para a consciência; deixa de ser o Em-si e se torna para ela um objeto tal, que *só para a consciência é o Em-si*. Mas, sendo assim, o *ser-para-ela desse Em-si* é o verdadeiro; o que significa, porém, que ele é a *essência* ou é seu *objeto*. Esse novo objeto contém o aniquilamento [nadidade] do primeiro; é a experiência feita sobre ele.

87 – [An dieser Darstellung] Nessa apresentação do curso da experiência há um momento em que ela não parece corresponder ao que se costuma entender por experiência: justamente a transição do primeiro objeto e do seu saber ao outro objeto *no qual* se diz que a experiência foi feita. Apresentou-se como se o saber do primeiro objeto – ou o para-a-consciência do primeiro Em-si – devesse tornar-se, ele mesmo, o segundo objeto. Mas, ao contrário, parece que nós fazemos a experiência da inverdade de nosso primeiro conceito, *em um outro objeto*, que encontramos de modo um tanto casual e extrínseco; e dessa forma só nos toca o puro *apreender* do que é em si e para si.

Ora, do ponto de vista exposto, mostra-se o novo objeto como vindo-a-ser mediante uma *reversão da consciência* mesma. Essa consideração da Coisa é uma achega de nossa parte, por meio da qual a série das experiências da consciência se eleva a um processo científico; mas, para a consciência que examinamos, essa consideração não tem lugar. De fato, porém, é a mesma situação já vista acima, quando falamos da relação dessa exposição com o cepticismo: a saber, cada resultado que provém de um saber não verdadeiro não deve desaguar em um nada vazio, mas tem de ser apreendido necessariamente como nada *daquilo de que resulta*: um resultado que contém o que o saber anterior possui em si de verdadeiro.

É assim que o processo aqui se desenvolve: quando o que se apresentava primeiro à consciência como objeto, para ela se rebaixa a saber do objeto – e o *Em-si* se torna um *ser-para-a-consciência do Em-si* – esse é o novo objeto, e com ele surge também uma nova figura da consciência, para a qual a essência é algo outro do que era para a figura precedente. É essa situação que conduz a série completa das figuras da consciência em sua necessidade. Só essa necessidade mesma - ou a *gênese* do novo objeto - se apresenta à consciência sem que ela saiba como lhe acontece. Para nós, é como se isso lhe transcorresse por trás das costas. Portanto, no movimento da consciência ocorre um momento do *ser-em-si* ou do *ser-para-nós*, que não se apresenta à consciência, pois ela mesma está compreendida na experiência. Mas o *conteúdo* do que para nós vem surgindo *é para a consciência*: nós compreendemos apenas seu [aspecto] formal, ou seu surgir puro. *Para ela*, o que surge só é como objeto; *para nós*, é igualmente como movimento e vir-a-ser.

88 – [Durch diese Notwendigkeit] É por essa necessidade que o caminho para a ciência já é *ciência* ele mesmo, e portanto, segundo seu conteúdo, é ciência da *experiência da consciência*.

89 – [Die Erfahrung] A experiência que a consciência faz sobre si mesma não pode abranger nela, segundo seu conceito, nada menos que o sistema completo da consciência ou o reino total da verdade do espírito. Seus momentos se apresentam assim nessa determinidade peculiar, de não serem momentos abstratos ou puros, mas sim, tais como são para a consciência ou como a mesma aparece em sua relação para com eles; por isso os momentos do todo são *figuras da consciência*.

A consciência, ao abrir caminho rumo à sua verdadeira existência, vai atingir um ponto onde se despojará de sua aparência: a de estar presa a algo estranho, que é só para ela, e que é como um outro. Aqui a aparência se torna igual à essência, de modo que sua exposição coincide exatamente com esse ponto da ciência autêntica do espírito. E, finalmente, ao apreender sua verdadeira essência, a consciência mesma designará a natureza do próprio saber absoluto.

CONSCIÊNCIA

I
A certeza sensível ou: o Isto ou o 'Visar'

90 - [Das Wissen, welches] O saber que, de início ou imediatamente, é nosso objeto, não pode ser nenhum outro senão o saber que é também imediato: - *saber* do *imediato* ou do *essente.* Devemos proceder também de forma *imediata* ou *receptiva,* nada mudando assim na maneira como ele se *oferece* e afastando de nosso apreender o conceituar.

91 - [Der konkrete Inhalt] O conteúdo concreto da *certeza sensível* faz aparecer imediatamente essa certeza como o *mais rico* conhecimento, e até como um conhecimento de riqueza infinda, para o qual é impossível achar limite; nem *fora,* se percorremos o espaço e o tempo onde se expande, nem [dentro], se *penetramos* nele pela divisão no *interior* de um fragmento tomado dessa plenitude. Além disso, a certeza sensível aparece como a *mais verdadeira,* pois do objeto nada ainda deixou de lado, mas o tem em toda a sua plenitude, diante de si.

Mas, de fato, essa *certeza* se faz passar a si mesma pela *verdade* mais abstrata e mais pobre. Do que ela sabe, só exprime isto: ele *é.* Sua verdade apenas contém o *ser* da Coisa; a consciência, por seu lado, só está nessa certeza como puro *Eu,* ou seja: *Eu* só estou ali como puro *este,* e o objeto, igualmente apenas como puro *isto.* Eu, *este,* estou certo *desta* Coisa; não porque Eu, enquanto consciência, me tenha desenvolvido, e movimentado de muitas maneiras o pensamento. Nem tampouco porque a *Coisa* de que estou certo, conforme uma multidão de características diversas, seja um rico relacionamento em si mesma, ou uma multiforme relação para com outros.

Ora, os dois [termos] nada têm a ver com a verdade da certeza sensível; nem o Eu nem a coisa tem aqui a significação de uma mediação multiforme. O Eu não tem a significação de um multiforme representar ou pensar, nem a Coisa uma significação de uma multidão de diversas propriedades; ao contrário, a Coisa *é,* e ela *é* somente porque é. *A Coisa é:* para o saber sensível isso é o essencial: *esse* puro *ser,* ou essa imediatez simples, constitui sua *verdade.* A certeza igualmente, enquanto *relação,* é pura relação *imediata.* A consciência é *Eu,* nada mais: um puro *este.* O singular sabe o puro *este,* ou seja, sabe o *singular.*

92 – [An dem reinen Sein] No entanto, há muita coisa ainda em jogo, se bem atendemos, no *puro ser* que constitui a essência dessa certeza, e que ela enuncia como sua verdade. Uma certeza sensível efetiva não é apenas essa pura imediatez, mas é um *exemplo* da mesma. Entre as diferenças sem conta que ali se evidenciam, achamos em toda a parte a diferença-capital, a saber: que nessa certeza ressaltam logo para fora do puro ser os dois *estes* já mencionados: um *este,* como *Eu,* e um *este* como *objeto.*

Para nós, refletindo sobre essa diferença, resulta que tanto um como o outro não estão na certeza sensível apenas *de modo imediato,* mas estão, ao mesmo tempo, *mediatizados.* Eu tenho a certeza por *meio de* um outro, a saber: da Coisa; e essa está igualmente na certeza *mediante* um outro, a saber, mediante o Eu.

93 – [Diesen Unterschied] Essa diferença entre a essência e o exemplo, entre a imediatez e a mediação, quem faz não somos nós apenas, mas a encontramos na própria certeza sensível; e deve ser tomada na forma em que nela se encontra, e não como nós acabamos de determiná-la. Na certeza sensível, um momento é posto como o *essente* simples e imediato, ou como a essência: o *objeto.* O outro momento, porém, é posto como o inessencial e o mediatizado, momento que nisso não é *em-si,* mas por meio de um Outro: o Eu, *um saber,* que sabe o objeto só porque *ele é;* saber que pode ser ou não. Mas o objeto é o verdadeiro e a essência: ele *é,* tanto faz que seja conhecido ou não. Permanece mesmo não sendo conhecido – enquanto o saber não é, se o objeto não é.

94 – [Der Gegenstand ist] O objeto, portanto, deve ser examinado, a ver se é de fato, na certeza sensível mesma, aquela essência que ela lhe atribui; e se esse seu conceito - de ser uma essência - corresponde ao modo como se encontra na certeza sensível.

Nós não temos, para esse fim, de refletir sobre o objeto, nem indagar o que possa ser em verdade; mas apenas de considerá-lo como a certeza sensível o tem nela.

95 – [Sie ist also selbst] Portanto, a própria *certeza sensível* deve ser indagada: *Que é o isto!* Se o tomamos no duplo aspecto de seu ser, como o *agora e* como o *aqui*, a dialética que tem nele vai tomar uma forma tão inteligível quanto ele mesmo. À pergunta: *que é o agora?* respondemos, por exemplo: *o agora é a noite. Para* tirar a prova da verdade dessa certeza sensível basta uma experiência simples. Anotamos por escrito essa verdade; uma verdade nada perde por ser anotada, nem tampouco porque a guardamos. Vejamos de novo, *agora, neste meio-dia*, a verdade anotada; devemos dizer, então, que se tornou vazia.

96 – [Das Jetzt, welches Nacht] O agora que é noite foi *conservado*, isto é, foi tratado tal como se *ofereceu*, como um *essente*; mas se mostra, antes, como um não *essente*. O *agora* mesmo, bem que se mantém, mas como um agora que não é noite. Também em relação ao dia que é agora, ele se mantém como um agora que não é dia, ou seja, mantém-se como um *negativo* em geral.

Portanto, esse agora que se mantém não é um imediato, mas um mediatizado, por ser determinado como o que permanece e se mantém *porque* outro - ou seja, o dia e a noite - não é. Com isso, o agora é tão simples ainda como antes: *agora*; e nessa simplicidade é indiferente àquilo que se joga em torno dele. Como o dia e a noite não são o seu ser, assim também ele não é o dia e a noite; não é afetado por esse seu ser-Outro.

Nós denominamos um *universal* um tal Simples que é por meio da negação; nem isto nem aquilo - um *não isto* –, e indiferente também a ser isto ou aquilo. O universal, portanto, é de fato o verdadeiro da certeza sensível.

97 – [Als ein Allgemeines] Enunciamos também o sensível como um universal. O que dizemos *é: isto*, quer dizer, o *isto universal*; ou então: *ele é*, ou seja, *o ser em geral*. Com isso, não nos *representa-*

mos, de certo, o isto universal ou o ser em geral, mas *enunciamos* o universal; ou por outra, não falamos pura e simplesmente tal como nós o *'visamos' na* certeza sensível. Mas, como vemos, o mais verdadeiro é a linguagem: nela refutamos imediatamente nosso *visar*, e porque o universal é o verdadeiro da certeza sensível, e a linguagem só exprime esse verdadeiro, está, pois, totalmente excluído que possamos dizer o ser sensível que *'visamos'*.

98 – [Es wird derselbe] O mesmo sucede com a outra forma do isto, com o *aqui*. O *aqui*, por exemplo, é a *árvore*. Quando me viro, essa verdade desvaneceu, e mudou na oposta: *o aqui não é uma árvore*, mas antes uma *casa*. O próprio *aqui* não desvanece, mas *é* algo que fica no desvanecer da casa, da árvore etc.; e indiferente quanto a ser casa ou árvore. Assim o *isto* se mostra de novo como *simplicidade mediatizada*, ou como *universalidade*.

99 – [Dieser sinnlichen] Portanto, o *puro ser* permanece como essência dessa certeza sensível, enquanto ela mostra em si mesma o universal como a verdade do seu objeto; mas não como imediato, e sim como algo a que a negação e a mediação são essenciais. Por isso, não é o que *'visamos'* como *ser*, mas é o *ser* com a *determinação* de ser a abstração ou o puro universal. Nosso *'visar'*, para o qual o verdadeiro da *certeza* sensível não é o universal, é tudo quanto resta frente a esses *aqui* e *agora* vazios e indiferentes.

100 – [Vergleichen wir das] Comparando a relação, em que o *saber* e o *objeto* surgiram primeiro, com a relação que estabelecem, uma vez chegados a esse resultado, [vemos que] a relação se inverteu. O objeto, que deveria ser o essencial, agora é o inessencial da certeza sensível; isso porque o universal, no qual o objeto se tornou, não é mais aquele que deveria ser essencialmente para a certeza sensível; pois ela agora se encontra no oposto, isto é, no saber que antes era o inessencial. Sua verdade está no objeto como *meu* objeto, ou seja, no *'visar'* [*meinem/Meinen*]: o objeto é porque *Eu* sei dele. Assim, a certeza sensível foi desalojada do objeto, sem dúvida, mas nem por isso foi ainda suprassumida, se não apenas recambiada ao Eu. Vejamos o que a experiência nos mostra sobre essa sua realidade.

101 – [Die Kraft ihrer] Agora, pois, a força de sua verdade está no Eu, na imediatez do meu *ver, ouvir* etc. O desvanecer do agora e do aqui singulares, que visamos, é evitado porque *Eu* os mantenho. O *agora é dia* porque Eu o vejo; o *aqui é uma árvore* pelo mesmo motivo. Porém, a certeza sensível experimenta nessa relação a mesma dialética que na anterior. *Eu, este,* vejo a árvore e *afirmo a árvore como o aqui*; mas um *outro Eu* vê a casa e afirma: o aqui não é uma árvore, e sim uma casa. As duas verdades têm a mesma credibilidade, isto é, a imediatez do ver, e a segurança e afirmação de ambos quanto a seu saber; uma porém desvanece na outra.

102 – [Was darin nicht] O que nessa experiência não desvanece é o *Eu* como *universal,* seu ver, nem é um ver da árvore, nem o dessa casa; mas é um ver simples que, embora mediatizado pela negação dessa casa etc., se mantém simples e indiferente diante do que está em jogo: a casa, a árvore. O Eu é só universal, como *agora, aqui, ou isto,* em geral. "Viso", de certo um *Eu singular,* mas como não posso dizer o que 'viso' no agora, no aqui, também não o posso no Eu. Quando digo: *este aqui, este agora,* ou um *singular,* estou dizendo *todo este, todo aqui, todo agora, todo singular.* Igualmente quando digo: *Eu, este Eu singular,* digo todo *Eu* em geral; cada um é o que digo: *Eu, este* Eu singular.

Quando se apresenta à ciência, como pedra de toque - diante da qual não poderia de modo algum sustentar-se -, a exigência de deduzir, construir, encontrar *a priori* (ou seja como for) o que se chama *esta coisa* ou *um este homem,* então seria justo que a exigência *dissesse* qual *é esta* coisa, ou qual *é este* Eu que ela 'visa'; porém, é impossível dizer isso.

103 – [Die sinnliche Gewissheit] A certeza sensível experimenta, assim, que sua essência nem está no objeto nem no Eu, e que a imediatez nem é imediatez de um nem de outro, pois o que 'viso' em ambos é, antes, um inessencial. Ora, o objeto e o Eu são universais: neles o agora, o aqui, e o Eu - que 'viso' - não se sustêm, ou não *são.* Com isso chegamos a [esse resultado de] pôr como *essência* da própria certeza sensível o seu *todo,* e não mais apenas um momento seu - como ocorria nos dois casos em que sua realidade tinha de ser primeiro o objeto oposto ao Eu, e depois o Eu. Assim, é só a certeza sensível *toda* que se mantém em si como *imediatez,* e por isso exclui de si toda oposição que ocorria precedentemente.

104 – [Diese reine Unmittelbarkeit] Portanto, não interessa a essa imediatez pura o ser-Outro do aqui como árvore, que passa para um aqui que é não árvore, nem o ser-Outro do agora como dia, que passa para um agora que é noite; nem um outro Eu com algo outro por objeto. A verdade dessa imediatez se mantém como relação que-fica-igual a si mesma, que entre o Eu e o objeto não faz distinção alguma de essencialidade e inessencialidade; por isso também nela em geral não pode penetrar nenhuma diferença.

Eu, este, afirmo assim o aqui como árvore, e não me viro de modo que o aqui se tornaria para mim uma não árvore. Também não tomo conhecimento de que um outro Eu veja o aqui como não árvore, ou que Eu mesmo em outra ocasião tomasse o aqui como não árvore, e o agora como não dia. Eu, porém, sou um puro intuir; eu, quanto a mim, fico nisto: o agora é dia; ou então neste outro: o aqui é árvore. Também não comparo o aqui e o agora um com o outro, mas me atenho firme a *uma* relação imediata: o agora é dia.

105 – [Da hiemit diese] Já que essa certeza sensível não quer mais dar um passo em nossa direção – quando lhe fazemos notar um agora que é noite ou um Eu para quem é noite –, vamos a seu encontro e fazer que nos indique o agora que é afirmado. Temos de fazer que nos *indique*, pois a verdade dessa relação imediata é a verdade *desse* Eu, que se restringe a um *agora* ou a um *aqui*. A verdade desse Eu não teria a mínima significação se a captássemos *posteriormente* ou se ficássemos *distante* dela; pois lhe teríamos suprassumido a imediatez que lhe é essencial. Devemos, portanto, penetrar no mesmo ponto do tempo ou do espaço, mostrá-los a nós, isto é, fazer de nós [um só e] o mesmo com esse Eu que-sabe com certeza. Vejamos assim como está constituído o imediato que nos é indicado.

106 – [Es wird das Jetzt] O *agora é* indicado: – *este agora. Agora:* já deixou de ser enquanto era indicado. O *agora* que é, é um outro que o indicado. E vemos que o agora é precisamente isto: quando é, já não ser mais. O agora, como nos foi indicado, é um *que-já-foi* – e essa é sua verdade; ele não tem a verdade do ser. É porém verdade que já foi. Mas o *que foi é*, de fato, *nenhuma essência* [*Kein Wesen/ gewesen*], *Ele não é*; e era do ser que se tratava.

107 – [Wirsehen also] Vemos, pois, nesse indicar só um movimento e o seu curso – que é o seguinte:

1) indico o agora, que é afirmado como o verdadeiro; mas o indico como o-que-já-foi, ou como um suprassumido. Suprassumo a primeira verdade, e:

2) agora afirmo como segunda verdade que ele *foi*, que está suprassumido.

3) mas o-que-foi não é. Suprassumo o ser-que-foi ou o ser-suprassumido – a segunda verdade; nego com isso a negação do agora e retorno à primeira afirmação de que o *agora* é.

O agora e o indicar do agora são assim constituídos que nem o agora nem o indicar do agora são um Simples imediato, e sim um movimento que contém momentos diversos. Põe-se *este*, mas é *um Outro* que é posto, ou seja, o este é suprassumido. Esse *ser-Outro*, ou suprassumir do primeiro, é, por sua vez, *suprassumido de novo*, e assim retorna ao primeiro. No entanto, esse primeiro refletido em si mesmo não é exatamente o mesmo que era de início, a saber, um *imediato*; ao contrário, é propriamente *algo em si refletido* ou um *simples*, que permanece no ser-Outro o que ele é: um agora que é absolutamente muitos agora; e esse é o verdadeiro agora, o agora como simples dia que tem em si muitos agora [ou] horas. E esse agora – uma hora – são também muitos minutos, e esse agora igualmente muitos agora, e assim por diante.

Assim, o *indicar* é, ele mesmo, o movimento que exprime o que em verdade é o agora, a saber: um resultado ou uma pluralidade de agora rejuntados; e o indicar é o experimentar que o agora é [um] *universal.*

108 – [Das aufgezeigte Hier] O *aqui indicado*, que retenho com firmeza, é também um *este* aqui que de fato *não é este* aqui, mas um diante e atrás, um acima e abaixo, um à direita e à esquerda. O acima, por sua vez, é também esse múltiplo ser-Outro, com acima, abaixo etc. O aqui que deveria ser indicado desvanece em outros aquis; mas esses desvanecem igualmente. O indicado, o retido, o permanente, é um *este negativo*, que só é tal porque os aquis são tomados como devem ser, mas nisso se suprassumem, constituindo um complexo simples de muitos aquis.

O aqui que foi 'visado', seria o ponto; mas ele não é. Porém, ao ser indicado como *essente*, o indicar mostra que não é um saber imediato, e sim um movimento, desde um aqui 'visado', através de muitos aquis, rumo ao aqui universal; e, como o dia é uma pluralidade simples de agora, esse aqui universal é uma multiplicidade simples de aquis.

109 – [Es erhellt, dass] É claro que a dialética da certeza sensível não é outra coisa que a simples história de seu movimento ou de sua experiência; e a certeza sensível mesma não é outra coisa que essa história apenas. A consciência natural por esse motivo atinge sempre esse resultado, que nela é o verdadeiro, e disso faz experiência; mas torna sempre a esquecê-lo também, e começa de novo o movimento desde o início.

É, pois, de admirar que se sustente contra essa experiência, como experiência universal – mas também como afirmação filosófica, e de certo como resultado do cepticismo – que a realidade ou o ser das coisas externas, enquanto *estas* ou enquanto sensíveis, tem uma verdade absoluta para a consciência. Uma afirmação dessas não sabe o que diz; não sabe que diz o contrário do que quer dizer.

A verdade do *isto* sensível para a consciência tem de ser uma experiência universal; mas o que é experiência universal é, antes, o contrário. Qualquer consciência suprassume de novo uma verdade do tipo: *o aqui é uma árvore* ou: *o agora é meio-dia*, e enuncia o contrário: o aqui *não é* uma árvore, *mas* uma casa. A consciência também suprassume logo o que é afirmação de um isto sensível, nessa afirmação que suprassume a primeira. Assim, em toda certeza sensível só se experimenta, em verdade, o que já vimos: a saber, o *isto* como um *universal* – o contrário do que aquela afirmação garante ser experiência universal.

Quanto a essa alusão à experiência universal, que se nos permita antecipar uma consideração atinente à prática. Nesse sentido pode-se dizer aos que asseveram tal verdade e *certeza* da realidade dos objetos sensíveis, que devem ser reenviados à escola primária da sabedoria, isto é, aos mistérios de Eleusis, de Ceres e de Baco, e aprender primeiro o segredo de comer o pão e de beber o vinho. De fato, o iniciado nesses mistérios não só chega à dúvida do ser das coisas sensíveis, mas até ao seu desespero. O iniciado consuma, de uma parte, o aniquilamento dessas coisas, e, de outra, vê-las consumarem seu aniquilamento. Nem mesmo os animais estão excluídos dessa sabedoria, mas antes se mostram iniciados no seu mais profundo; pois não ficam diante das coisas sensíveis como em si *essentes*, mas desesperando dessa realidade, e na plena certeza de seu nada, as agarram sem mais e as consomem. E a natureza toda celebra como eles esses mistérios revelados, que ensinam qual é a verdade das coisas sensíveis.

110 – [Die, welche solche] Entretanto, conforme notamos anteriormente, os que colocam tal afirmação dizem imediatamente o contrário do que 'visam' – fenômeno esse que é talvez o mais capaz de levar à reflexão sobre a natureza da certeza sensível. Falam do ser-aí de objetos *externos*, que poderiam mais propriamente ser determinados como coisas *efetivas*, absolutamente *singulares, de todo pessoais*, individuais; cada uma delas não mais teria outra que lhe fosse absolutamente igual. Esse ser-aí teria absoluta certeza e verdade. 'Visam' *este* pedaço de papel no qual escrevo *isto*, ou melhor, escrevi; mas o que 'visam', não dizem. Se quisessem *dizer* efetivamente este pedaço de papel que 'visam' – e se *quisessem dizer* [mesmo] – isso seria impossível, porque o isto sensível, que é 'visado', é *inatingível* pela linguagem, que pertence à consciência, ao universal em si. Ele seria decomposto numa tentativa efetiva para dizê-lo; os que tivessem começado sua descrição não a poderiam completar, mas deveriam deixá-la para outros, que no fim admitiriam que falavam de uma coisa que não *é*. 'Visam', pois, de certo, *este* pedaço de papel, que aqui é totalmente diverso do que se falou acima; falam, porém, de *coisas efetivas, objetos sensíveis* ou *externos*, essências *absolutamente singulares* etc. Quer dizer: é só o *universal* que falam dessas coisas. Por isso, o que se chama indizível não é outro que o não verdadeiro, não racional, puramente 'visado'.

Quando o que se diz de uma coisa é apenas que é uma *coisa efetiva*, um *objeto externo*, então ela é enunciada somente como o que há de mais universal, e com isso se enuncia mais sua igualdade que sua diferença com todas as outras. Quando digo: uma *coisa singular*, eu a enuncio antes como de todo *universal*, pois uma coisa singular todas são; e igualmente, *esta* coisa é tudo que se quiser. Determinando mais exatamente, como *este pedaço de papel*, nesse caso, *todo e cada papel* é um *este* pedaço de papel, e o que eu disse foi sempre e somente o universal.

O falar tem a natureza divina de inverter imediatamente o 'visar', de torná-lo algo diverso, não o deixando assim *aceder à palavra.* Mas se eu quiser vir-lhe em auxílio, *indicando* este pedaço de papel, então faço a experiência do que é, de fato, a verdade da certeza sensível: eu o indico como um *aqui* que é um aqui de outros aquis, ou que nele mesmo é um *conjunto simples* de muitos *aquis,* isto é, um universal. Eu o tomo como é em verdade, e em vez de saber um imediato, eu o apreendo verdadeiramente: [eu o percebo]*.

* Trocadilho em alemão: nehme wahr/wahrnehmen.

II
A percepção ou: a coisa e a ilusão

111 – [Die unmittelbare] A certeza sensível não se apossa do verdadeiro, já que a verdade dela é o universal, mas a certeza sensível quer captar o *isto*. A percepção, ao contrário, toma como universal o que para ela é o *essente*. Como a universalidade é seu princípio em geral, assim também são universais seus momentos, que nela se distinguem imediatamente: o Eu é um universal, e o objeto é um universal.

Para nós esse princípio *emergiu* [como resultado]; por isso, nosso apreender da percepção não é mais um apreender aparente [fenomenal], como o da certeza sensível, mas sim um apreender necessário. No emergir do princípio, ao mesmo tempo vieram-a-ser os dois momentos que em sua aparição [fenomenal] apenas *ocorriam fora*, a saber - um, o movimento do indicar; outro, o mesmo movimento, mas como algo simples: o primeiro, o *perceber*, o segundo o *objeto*. O objeto, conforme a essência, é o mesmo que o movimento: este é o desdobramento e a diferenciação dos momentos, enquanto o objeto é seu Ser-reunido-num-só. Para nós - ou em si -, o universal como princípio é a *essência* da percepção, e frente a essa abstração os dois momentos diferenciados - o percebente e o percebido - são o *inessencial*.

De fato, porém, por serem ambos o universal ou a essência, os dois são essenciais. Mas enquanto se relacionam como opostos um ao outro, somente um pode ser o essencial na relação; e tem de se repartir entre eles a distinção entre o essencial e o inessencial. Um, determinado como o simples - o objeto - é a essência, indiferente a ser ou não percebida; mas o perceber, como o movimento, é o inconsistente, que pode ser ou não ser, e é o inessencial.

112 – [Dieser Gegenstand] A esta altura, é mister determinar mais de perto esse objeto; determinação que se deve brevemente desenvolver a partir do resultado conseguido, pois aqui não seria pertinente um desenvolvimento mais completo.

O princípio do objeto - o universal - é em sua simplicidade um *mediatizado*; assim tem de exprimir isso nele, como sua natureza: por conseguinte se mostra como a *coisa de muitas propriedades*. Pertence à percepção a riqueza do saber sensível, e não à certeza imediata, na qual só estava presente como algo em-jogo-ao-lado [exemplo]* . Com efeito, só a percepção tem a *negação*, a diferença, ou a múltipla variedade em sua essência.

113 - [Das Dieses ist] Assim, o isto é oposto como *não isto*, ou como *suprassumido*; e portanto, não como nada, e sim como um nada determinado, ou *um nada de um conteúdo*, isto é, um nada *disto*. Em consequência ainda está presente o sensível mesmo, mas não como devia estar na certeza imediata - como um singular visado -, e sim como universal, ou como o que será determinado como *propriedade*.

O *suprassumir* apresenta sua dupla significação verdadeira que vimos no negativo: é ao mesmo tempo um *negar* e um *conservar*. O nada, como *nada disto*, conserva a imediatez e é, ele próprio, sensível; porém é uma imediatez universal.

No entanto, o ser é um universal, por ter nele a mediação ou o negativo. À medida que *exprime* isso em sua imediatez, é uma propriedade *distinta determinada*. Dessa sorte estão postas ao mesmo tempo *muitas* propriedades desse tipo, sendo uma o negativo da outra. Enquanto expressas na *simplicidade* do universal, essas *determinidades* – que só são a rigor propriedades por meio de uma determinação ulterior que lhes advém - relacionam-se *consigo mesmas*, são *indiferentes* umas às outras: cada uma é para si, livre da outra. Mas a universalidade simples, igual a si mesma, é de novo distinta e livre dessas determinidades: é o puro relacionar-se-consigo ou o *meio*, onde são todas essas determinidades. *Interpenetram-se* nela, como numa unidade *simples*, mas sem se *tocarem*; porque são indiferentes para si, justamente por meio da participação nessa universalidade.

Esse meio universal abstrato, que pode chamar-se *coisidade* em geral ou *pura essência*, não é outra coisa que o *aqui* e agora como

---

* Neste capítulo Hegel recorre com frequência ao trocadilho: *Beispiel* (exemplo) e *Beihers-pielende* (o que se joga ao lado).

se mostrou, a saber: como um conjunto simples de muitos. Mas os muitos são, por sua vez, *em sua determinidade, simplesmente universais.* Este sal é um aqui simples, e ao mesmo tempo múltiplo; é branco e *também* picante, *também* é cubiforme, *também* tem peso determinado etc. Todas essas propriedades múltiplas estão num *aqui* simples, no qual assim se interpenetram: nenhuma tem um aqui diverso do da outra, pois cada uma está sempre onde a outra está. Igualmente, sem que estejam separadas por aquis diversos, não se afetam mutuamente por essa interpenetração. O branco não afeta nem altera o cúbico, os dois não afetam o sabor salgado etc.; mas por ser, cada um, simples *relacionar-se consigo*, deixa os outros quietos, e com eles apenas se relaciona através do indiferente também. Esse *também* é, portanto, o puro universal mesmo, ou o meio: é a *coisidade* que assim engloba todas essas propriedades.

114 – [In diesem Verhältnisse] Nesse relacionamento que assim emergiu, o que é inicialmente observado e desenvolvido é somente o caráter da universalidade positiva; mas também se apresenta um aspecto que deve ser tomado em consideração. É o seguinte: se as muitas propriedades determinadas fossem simplesmente indiferentes, e se relacionassem exclusivamente consigo mesmas, nesse caso não seriam *determinadas*: pois isso são apenas à medida que se *diferenciam* e se relacionam *com outras* como opostas. Mas, segundo essa oposição, não podem estar juntas na unidade simples de seu meio, que lhes é tão essencial quanto a negação. A diferenciação dessa unidade - enquanto não é uma unidade indiferente, mas excludente, negadora do Outro - recai assim fora desse meio simples. Por isso, esse meio não é apenas um *também*, unidade indiferente; mas é, outrossim, o *Uno, unidade excludente.*

O Uno é o momento da negação tal como ele mesmo, de uma maneira simples, se relaciona consigo e exclui o Outro; e mediante isso, a *coisidade* é determinada como *coisa.* Na propriedade, a negaçao está como *determinidade,* que é imediatamente um só com a imediatez do ser - o qual, por essa unidade com a negação, é a universalidade. A negação, porém, é como Uno, quando se liberta dessa unidade com seu contrário, e é em si e para si mesma.

115 – [In diesen Momenten] Nesses momentos conjuntamente, a coisa está completa como o verdadeiro da percepção (quanto se precisa desenvolver aqui). A coisa é: 1) – a universalidade passiva e indiferente, *o também* das muitas propriedades (ou antes, "*matérias*"); 2)– a negação, igualmente como simples, ou o *Uno* – o excluir de propriedades opostas; 3) – as muitas *propriedades* mesmas, o relacionamento dos dois primeiros momentos, a negação tal como se relaciona com o elemento indiferente e ali se expande como uma multidão de diferenças. É o ponto da singularidade, irradiando em multiplicidade no meio da subsistência. Essas diferenças, pelo seu aspecto de pertencerem ao meio indiferente, são universais elas mesmas, só consigo se relacionam e [mutuamente] não se afetam. Mas pelo aspecto de pertencerem à unidade negativa são, ao mesmo tempo, excludentes, e contudo têm necessariamente esse relacionamento de oposição para com propriedades que estão afastadas de *seu também.*

A universalidade sensível ou a unidade *imediata* do ser e do negativo só é *propriedade* enquanto o Uno e a universalidade pura se desenvolvem a partir dela, e se diferenciam entre si, e ela os engloba juntamente, um com o outro. Somente essa sua relação com seus momentos essenciais puros constitui plenamente a coisa.

116 – [So ist nun das Ding] Assim está agora constituída a coisa da percepção e a consciência, determinada como percebente, enquanto essa coisa é seu objeto. A consciência tem *somente de captá-lo* e de proceder como pura apreensão: para ela, o que dali emerge é o verdadeiro. Se operasse, por sua conta, alguma coisa nesse apreender, estaria alterando a verdade, através desse [ato de] incluir ou excluir. Enquanto o objeto é o verdadeiro e o universal, igual a si mesmo, ao passo que a consciência para si é o mutável e o inessencial, é possível que lhe suceda perceber incorretamente o objeto e iludir-se.

A consciência percebente é cônscia da possibilidade da ilusão, pois na universalidade, que é [seu] princípio, o *ser-Outro* é para ela, imediatamente: mas enquanto *nulo*, [como] suprassumido. Portanto, seu critério de verdade é a *igualdade-consigo-mesmo*, e seu procedimento é apreender o que é igual a si mesmo. Como ao mesmo tempo o diverso é para ela, a consciência é um correlacionar dos diversos momentos de seu apreender. Mas se nesse confronto surge uma desigualdade, não é então uma inverdade do objeto – pois ele é igual a si mesmo –, mas [inverdade] do perceber.

117– [Sehen wir nun zu] Vejamos agora que experiência faz a consciência em seu apreender efetivo. *Para nós*, essa experiência já está contida no desenvolvimento, antes exposto, do objeto e do procedimento da consciência para com ele; vai ser apenas o desenvolvimento das contradições ali presentes.

O objeto que eu apreendo apresenta-se como *puramente Uno*; também me certifico da propriedade que há nele, que é *universal*, mas que por isso ultrapassa a singularidade. O primeiro ser da essência objetiva como um Uno não era pois seu verdadeiro ser. Como o *objeto* é o verdadeiro, a inverdade recai em mim: o apreender é que não era correto. Devido à *universalidade* da propriedade, devo tomar a essência objetiva antes como uma *comunidade* em geral.

Além disso, percebo agora a propriedade como *determinada*, *oposta* a Outro e excluindo-o. Logo, eu não tinha de fato apreendido corretamente a essência objetiva, ao determiná-la como uma *comunidade* com outros, ou como a continuidade. Devo, melhor, por motivo da *determinidade* da propriedade, separar a continuidade e pôr a essência objetiva como Uno excludente. No Uno separado encontro muitas propriedades dessas, que mutuamente não se afetam, mas são indiferentes umas às outras. Assim eu não percebia o objeto corretamente ao apreendê-lo como algo *excludente*; porém, como antes o objeto era só a continuidade em geral, agora ele é um *meio comum* universal, onde muitas propriedades estão como *universalidade* sensíveis, cada uma para si, excluindo as outras enquanto *determinadas*.

Mas sendo assim, o simples e verdadeiro que eu percebo não é um meio universal, e sim a *propriedade singular* para si. Porém, a propriedade desse modo nem é propriedade nem um ser determinado, pois não está nem em um Uno, nem em relação com outras. No entanto, somente é propriedade em um Uno, e só é determinada em relação às outras. Permanece como esse puro relacionar-se-consigo-mesma, apenas *Ser sensível* em geral, pois já não tem em si o caráter da negatividade. A consciência, para a qual existe agora um ser sensível, é somente um *visar*, isto é, saiu totalmente para fora do perceber, e regressou a si mesma. Só que o ser sensível e o 'visar' passam, eles mesmos, para o perceber: sou relançado ao ponto inicial, e de novo arrastado no mesmo circuito – o qual se suprassume em cada momento e como todo.

118 – [Das Bewusstsein] A consciência, portanto, percorre necessariamente esse círculo, mas ao mesmo tempo não é do mesmo modo que na primeira vez. Ela fez, justamente, sobre o perceber a experiência de que o resultado e o verdadeiro dele é sua dissolução ou a reflexão sobre si mesma, a partir do verdadeiro. Sendo assim, ficou determinado para a consciência como é que seu perceber está constituído, isto é: não consiste em ser um puro apreender simples, mas em ser seu *apreender* ao mesmo tempo *refletido em si a partir* do verdadeiro. Esse retorno da consciência a si mesma, que – por se ter mostrado essencial ao perceber – se *insere* imediatamente no puro apreender, altera o verdadeiro. A consciência reconhece igualmente esse aspecto como o seu, e o toma sobre si; e assim fazendo, manterá puro o objeto verdadeiro.

Com isso, sucede agora o que ocorria na certeza sensível; pois no perceber se apresenta o aspecto de ser a consciência repelida sobre si mesma. Mas não como se a verdade do perceber incidisse na consciência – como era o caso na certeza sensível –, pois aqui o perceber reconhece, ao invés, que a *inverdade* que ali ocorre recai nele. A consciência, porém, através desse reconhecimento é capaz, ao mesmo tempo, de suprassumir essa inverdade: distingue seu apreender do verdadeiro, da inverdade de seu *perceber*, corrige-o. E, enquanto assume, ela mesma, essa correção, a verdade – como verdade do perceber – recai de certo *na consciência*. O comportamento dessa consciência, a ser tratado de agora em diante, é de tal modo constituído que a consciência já não percebe, simplesmente; senão que também é côncia de sua reflexão-sobre-si, e a separa da simples apreensão.

119 – [Ich werde also] Assim primeiro me dou conta da coisa *como Uno* e tenho de mantê-la nessa determinação verdadeira; se algo lhe ocorrer de contraditório no movimento do perceber, isso deve ser reconhecido como reflexão minha. Agora surgem na percepção também diversas propriedades – propriedades essas que parecem ser da coisa. Só que a coisa é Uno, e estamos conscientes de que recai em nós essa diversidade pela qual a coisa deixa de ser Uno.

De fato, essa coisa é branca só para *nossos* olhos, e *também* tem gosto salgado para *nossa* língua, é *também* cúbica para *nosso* tato etc. Toda a diversidade desses aspectos, não tomamos da coisa, mas de nós. Para nós, em nossos olhos, incidem totalmente diversos um do outro, do que são para nosso paladar etc. Somos assim o *meio universal* onde esses momentos se separam e são para si. Por conseguinte, já que consideramos como nossa reflexão a determinidade de ser meio universal, mantemos a igualdade-consigo-mesma e a verdade da coisa: a de ser Uno.

120 – [Diese verschiedenen] Mas esses *diversos aspectos* que a consciência assume são *determinados* – se considerados cada um para si como no meio universal se encontram. O branco só é em oposição ao preto etc.; e a coisa só é Uno justamente porque se opõe às outras. Mas não exclui de si as outras porque seja uno – já que ser Uno é o universal relacionar-se-consigo-mesmo –, e sim devido à *determinidade.* Assim, as próprias coisas são *determinadas em si e para si*; têm propriedades pelas quais se diferenciam das outras. Porque a *propriedade* é a propriedade *própria* da coisa, ou uma determinidade nela mesma, a coisa possui *um número* de propriedades. Com efeito: 1°) – A coisa é o verdadeiro – é *em si mesma.* O que nela está, está nela como sua essência, e não por causa de outros. 2°) – Portanto, são propriedades determinadas – não só por causa de outras coisas e para outras coisas –, mas são na própria coisa. Porém, só são *nela* propriedades determinadas, enquanto são numerosas e diferentes entre si. 3°) – Enquanto estão na coisidade, as propriedades são em si e para si, e indiferentes umas às outras. Portanto, na verdade, é a própria coisa que é branca, e *também* cúbica, e *também* tem sabor de sal etc. Ou seja: a coisa é o *também,* ou o *meio universal,* no qual as propriedades subsistem, fora uma da outra, sem se tocarem e sem se suprassumirem. Tomada assim, a coisa é "tomada como o verdadeiro" [percebida].

121 – [Bei diesen Wahrnehmen] Agora, nesse perceber, a consciência ao mesmo tempo se dá conta de que *também* se reflete em si mesma, e de que ocorre no perceber o momento oposto ao *também.* Mas esse momento é a *unidade* da coisa consigo mesma, que exclui de si a diferença. Por isso é essa unidade que a consciência deve assumir: pois a própria coisa é o *subsistir de muitas propriedades diversas e independentes.* Diz-se, portanto, da coisa: *é* branca e *também* cúbica e *também* tem sabor de sal etc. Mas enquanto *branca* não é cúbica e enquanto cúbica e também branca não tem sabor de sal etc. O colocar-se-em-uma-só dessas propriedades incumbe à consciência somente; que não deve portanto fazer que na coisa coincidam no *Uno.* Com esse fim, a consciência ali introduz o *enquanto,* mediante o qual as mantém separadas umas das outras, e mantém a coisa como o também. Com toda a razão o *ser-uno* é assumido pela consciência e, dessa forma, o que se chama propriedade vem a ser representado como *matéria livre.* A coisa é elevada, dessa maneira, a um verdadeiro *também,* enquanto se torna uma coleção de "matérias"; e, em vez de ser *Uno,* fica sendo uma simples superfície envolvente.

122 – [Sehen wir zurück] Reexaminando o que a consciência antes assumia e o que assume agora, o que atribuía antes à coisa e o que agora atribui a si ressalta que a consciência faz, alternadamente, ora de si, ora da coisa, tanto o *Uno* puro sem pluralidade, como um *também* dissolvido em "matérias" independentes. A consciência acha, através dessa comparação, que não é apenas *seu* "tomar do verdadeiro" [perceber], que nele possui a *diversidade do apreender* e do *retornar a si,* mas, antes, é o próprio verdadeiro - a coisa - que se apresenta dessa dupla maneira de ser.

Sendo assim, é isto o que está presente para a consciência que apreende através dessa experiência: a coisa se *apresenta* de um modo determinado, mas ela está, *ao mesmo tempo, fora* do modo como se apresenta, e refletida sobre si mesma. Quer dizer: a coisa tem nela mesma uma verdade oposta.

123 – [Das Bewusstsein] Assim a consciência saiu também desse segundo modo do perceber, que era tomar a coisa como o verdadeiro Igual-a-si mesmo, e, ao contrário, tomar-se a si mesma como o desigual; como o que retorna a si [saindo] para fora da igualdade. O objeto agora é para ela o movimento todo, antes dividido entre o objeto e a consciência. A coisa é o *Uno,* sobre si refletida; é *para si,* mas também é *para um Outro.* Na verdade, é *para-si* um *Outro* do que é *para Outro.*

A coisa, portanto, é para si e *também* para um Outro, um ser diverso *duplicado*; mas é *também Uno.* Mas o ser-Uno contradiz essa sua diversidade. A consciência deveria, pois, retornar sobre si esse "pôr-em-um só" e mantê-lo afastado da coisa; deveria, assim, dizer que a coisa, *enquanto* é para si, não é para Outro. Entretanto, o ser-Uno também compete à coisa, como a consciência já o experimentou: a coisa é essencialmente refletida sobre si. Portanto, recai igualmente na coisa o *também*, ou a diversidade indiferente, assim como o *ser-Uno*. Mas, já que os dois diferem, não [incidem] na mesma coisa, e, sim, em coisas *diversas*.

A contradição, que está na essência objetiva em geral, divide-se em dois objetos. Assim a coisa é mesmo - em si e para si - igual a si mesma; mas essa unidade consigo mesma é estorvada por outras coisas. A unidade da coisa desse modo é preservada; mas o é igualmente o ser-Outro, tanto fora dela como fora da consciência.

124 - *[Ob nun zwar]* Embora a contradição da essência objetiva se distribua, assim, entre coisas diversas, a diferença, no entanto, deve situar-se na própria coisa singular e isolada. Desse modo, *as coisas diversas* são postas *para si*, e o conflito recai nelas com *tal* reciprocidade que cada uma é diversa não de si mesma, mas somente da outra. Ora, com isso, cada coisa se determina como sendo *ela mesma algo diferente*, e tem *nela* a distinção essencial em relação às outras; mas ao mesmo tempo não tem em si essa diferença, de modo que fosse uma oposição nela mesma. Ao contrário: é para si uma *determinidade simples*, a qual constitui seu caráter *essencial*, distinguindo-a das outras. De fato, já que a diversidade está na coisa, sem dúvida está nela necessariamente como diferença *efetiva* de constituição multiforme. Sendo, porém, que a determinidade constitui a *essência* da coisa - pela qual se diferencia das outras e é para si, essa constituição diversa e multiforme é o *inessencial*. De certo, a coisa tem por isso, na sua unidade, o *duplo enquanto*, mas com *desigual valor*, pelo que esse ser-oposto não se torna assim oposição efetiva da própria coisa; mas, à medida que ela chega à oposição através de sua *diferença absoluta*, tem a oposição em confronto com outra coisa exterior a ela. Aliás, a múltipla variedade está também na coisa, necessariamente, de modo que não é possível ficar separada dela; [e] contudo lhe é *inessencial*.

125 – [Diese Bestimmtheit] Agora essa determinidade - que constitui o caráter essencial da coisa, e a diferencia de todas as demais - se determina assim: por ela a coisa está em oposição às outras, mas nessa oposição deve manter-se para si. Porém somente é coisa - ou Uno para si *essente* - enquanto não está nessa relação com as outras, pois nessa relação o que se põe é antes a conexão com o Outro; e a conexão com Outro é o cessar do ser-para-si. Mediante o *caráter ab-*

soluto, justamente, e de sua oposição, ela se *relaciona* com *outras,* e, essencialmente, é só esse relacionar-se. A relação, porém, é a negação de sua independência, e a coisa antes desmorona através de sua propriedade essencial.

126 – [Die Notwendigkei] A necessidade da experiência para a consciência – de que a coisa desmorona justo através da determinidade que constitui sua essência e seu Ser-para-si – pode ser tratada brevemente conforme seu conceito simples. A coisa é posta como *ser-para-si,* ou como negação absoluta de todo ser-outro; portanto, como negação absoluta que só consigo se relaciona. Mas a negação que se relaciona consigo é o suprassumir *de si mesma;* ou seja, é ter sua essência em um Outro.

127 – [In der Tat enthält] De fato, nada mais contém a determinação do objeto tal como ele se apresentou: deve possuir uma propriedade essencial que constitui seu ser-para-si simples, porém, nessa simplicidade deve também ter nele mesmo a diversidade que sem dúvida é *necessária,* mas não deve constituir a determinidade *essencial.* Contudo, essa é uma distinção que só reside nas palavras: o *inessencial* que ao mesmo tempo deve ser *necessário* suprassume a si mesmo. Ou seja: é aquilo que acima se chamou "negação de si mesmo".

128 – [Es fallt hiermit] Sendo assim, fica descartado o último *enquanto,* que separava o ser-para-si e o ser-para-Outro. O objeto é, antes, sob o *mesmo e o único ponto de vista, o oposto de si mesmo: para si, enquanto é para Outro;* e *para outro, enquanto é para si.* E *para si,* em si refletido, Uno; mas esse *para si,* em si refletido, ser-Uno, está em unidade com seu oposto – *o ser para um Outro.* É, portanto, posto apenas como suprassumido, ou seja: esse ser-para-si é tão *inessencial* quanto aquele, que só deveria ser o inessencial, isto é, a relação com Outro.

129 – [Der Gegenstand ist] O objeto é, por conseguinte, suprassumido em suas puras determinidades – ou nas determinidades que deveriam constituir sua essencialidade –, assim como em seu ser sensível se tinha tornado um suprassumido. Tornou-se um universal a partir do ser sensível; porém esse universal, *por se originar do sensível,* é essencialmente por ele *condicionado,* e por isso, em geral, não é verdadeiramente igual-a-si-mesmo, mas é uma universalidade *afetada de um oposto*; a qual se separa, por esse motivo, nos extremos da singularidade e da universalidade, do *Uno* das propriedades e do *também* das matérias livres. Essas determinidades puras parecem exprimir a *essencialidade* mesma, mas são apenas um *ser-para-si* que está onerado de um *ser para um Outro*. No entanto, já que ambos estão essencialmente *em uma unidade*, assim está presente agora a unidade absoluta incondicionada - e só aqui a consciência entra de verdade no reino do entendimento.

130 – [Die sinnliche Einzelheit] Assim, a singularidade sensível desvanece, sem dúvida, no movimento dialético da certeza imediata e se torna universalidade - mas só *universalidade sensível*. Desvaneceu o 'visar' [da certeza sensível] e o perceber toma o objeto tal como ele é *em si*, ou como universal em geral. A singularidade ressalta, pois, nele como a singularidade verdadeira, como *ser-em-si do* Uno, ou como *ser-refletido em si mesmo*. Mas ainda é um ser-para-si *condicionado, ao lado do qual* um outro ser-para-si aparece: a universalidade oposta à singularidade e por ela condicionada. Porém, esses dois extremos, que se contradizem, não apenas estão *lado a lado*, mas estão em *uma* unidade, ou, o que é o mesmo, o *ser-para-si* – o que há de comum a ambos - está onerado em geral por seu oposto; quer dizer: ao mesmo tempo não é um *ser-para-si*.

A sofistaria da percepção procura salvar de sua contradição esses momentos e mantê-los por meio da diferenciação dos *pontos de vista*, por meio do *também* e do *enquanto*, assim como procura finalmente apreender o verdadeiro mediante a distinção entre o *inessencial* e uma *essência* que lhe é oposta. Só que tais expedientes, em vez de afastar a ilusão no [ato de] apreender, antes se revelam mesmo como nulos. O verdadeiro que deve ser obtido por essa lógica da percepção mostra ser o oposto, sob o mesmo e único ponto de vista; e assim, [mostra] ter por sua essência a universalidade indistinta e indeterminada.

131 – [Diese leeren Abstraktionen] Tais abstrações vazias - *singularidade e universalidade* a ela oposta, como também a *essência* que se enlaça com um inessencial, e um *inessencial* que aliás, ao mesmo tempo, é necessário - são as potências cujo jogo é o entendimento humano percebente, chamado com frequência "sadio" "senso comum". Ele, que se toma como sólida consciência real, é, no perceber, apenas o jogo *dessas abstrações*; e em geral é sempre o mais pobre onde acredita ser o mais rico. Ao ser agitado por essas essências de nada, jogado dos braços de uma para os braços da outra, esforça-se alternadamente, através de sua sofistaria, por manter estável e afirmar já uma essência, já o seu contrário exatamente, coloca-se contra a verdade; e quanto à filosofia, acha que só se ocupa com *entes de razão*.

Sem dúvida, a filosofia lida também com isso, e reconhece os entes de razão como puras essências, como absolutos elementos e potências. Mas, sendo assim, reconhece-os, ao mesmo tempo, na *sua determinidade* e deles se assenhora; enquanto aquele entendimento percebente os toma pelo verdadeiro, e por eles é jogado de erro em erro.

O entendimento percebente não chega à consciência de que tais essencialidades simples são as que nele dominam; mas acredita estar lidando sempre com matérias e conteúdos perfeitamente sólidos – assim como a certeza sensível não sabe que a abstração vazia do puro ser é sua essência. Mas, de fato, é através dessas essencialidades que o entendimento percebente percorre e traça a matéria e todo conteúdo; são elas a conexão e a dominação desses. Só elas são para a consciência o que o sensível é *como essência* – o que determina as relações da consciência para com o sensível, e donde procede o movimento do perceber e do seu verdadeiro.

Esse percurso, uma alternância perpétua entre o determinar do verdadeiro e o suprassumir desse determinar, constitui a rigor a vida e a labuta, cotidianas e permanentes, da consciência que-percebe e que acredita mover-se dentro da verdade. Ela procede sem descanso para o resultado do mesmo suprassumir de todas essas essencialidades ou determinações essenciais. Porém, em cada momento singular, só está consciente desta *única determinidade* como sendo o verdadeiro; logo faz o mesmo com a oposta. Bem que suspeita de sua inessencialidade; para salvá-las do perigo que as ameaça, recorre à sofistaria, afirmando agora como o verdadeiro o que antes afirmava como o não verdadeiro.

Ora, a natureza dessas essências não verdadeiras quer propriamente induzir esse entendimento a *conciliar* – e, portanto, a suprassumir – os pensamentos dessas inessências, ou seja, os pensamentos dessa *universalidade* e dessa *singularidade*, do *também* e do *Uno*, daquela *essencialidade* necessariamente presa a uma *inessencialidade*, e de uma *inessencialidade* que é, contudo, *necessária*. Mas, ao contrário, o entendimento recalcitra, e apoiando-se nos *enquanto* e nos diversos *pontos de vista*, ou tomando sobre si um pensamento para mantê-lo separado do outro, e como sendo o verdadeiro.

Mas a natureza dessas abstrações as reúne em si e para si. O bom-senso é a presa delas, que o arrastam em sua voragem. Querendo conferir-lhes a verdade, ora toma sobre si mesmo a inverdade delas, ora chama ilusão uma aparência das coisas indignas de confiança, separando o essencial de algo que lhes é necessário e, ainda assim, que-deve-ser-inessencial; e mantém aquele como sua verdade, frente a este. [Com isso] não salvaguarda para essas abstrações sua verdade, mas confere a si mesmo a inverdade.

III
Força e entendimento; fenômeno e mundo suprassensível

132 – [Dem Bewusstsein] Para a consciência, na dialética da certeza sensível, dissiparam-se o ouvir, o ver etc. Como percepção chegou a pensamentos que primeiro reúne no Universal incondicionado. Se esse incondicionado fosse agora tomado por essência inerte e simples, nesse caso não seria outra coisa que o *extremo* do *ser-para-si*, posto de um lado; em confronto com ele se colocaria a inessência; mas nessa relação à inessência seria também ele inessencial. No entanto, surgiu como algo que a si retornou a partir de um tal ser para si condicionado.

Esse Universal incondicionado, que de agora em diante é o objeto verdadeiro da consciência, ainda está como *objeto* dessa consciência – a qual ainda não apreendeu o *conceito* como *conceito*. Importa fazer uma distinção essencial entre as duas coisas: para a consciência, o objeto retornou a si mesmo a partir da relação para com um outro, e com isso tornou-se *em-si* conceito. Porém, a consciência não é ainda, para si mesma, o conceito; e por causa disso não se reconhece naquele objeto refletido.

Para nós, esse objeto, mediante o movimento da consciência, passou por um vir-a-ser em que a consciência está de tal modo implicada que a reflexão é a mesma dos dois lados, ou seja, é uma reflexão só. No entanto, a consciência nesse movimento tinha apenas por conteúdo a essência objetiva, e não a consciência como tal, de tal sorte que para ela o resultado tem de ser posto numa significação objetiva e a consciência deve retirar-se do [resultado] que veio-a-ser – o qual, como algo objetivo, é para ela a essência.

133 – [Der Verstand] Sem dúvida que o entendimento suprassumiu com isso sua própria inverdade e a inverdade do objeto; e o que lhe resultou em consequência foi o conceito do verdadeiro: como verdadeiro *em-si essente*, que não é ainda o conceito, ou seja, ainda está privado do *ser para si* da consciência: é um verdadeiro que o entendimento, sem saber que está ali dentro, deixa mover-se à vontade. Esse verdadeiro leva sua vida como lhe apraz, de modo que a consciência não tem participação alguma em sua livre realização; mas, ao contrário, simplesmente o contempla e puramente o apreende.

Nós devemos por isso, antes de mais nada, pôr-nos em seu lugar e ser o conceito que modela o que está contido no resultado: somente nesse resultado completamente modelado – que se apresenta à consciência como um *essente* – ela se torna para si mesma consciência concebente.

134 – [Das Resultat] O resultado foi o Universal incondicionado; de início, no sentido negativo e abstrato, de que a consciência negava seus conceitos unilaterais e os abstraía; e, a bem dizer, os abandonava. Mas o resultado tem em si a significação positiva de que nele está posta imediatamente, como a mesma essência, a unidade do *ser-para-si* e do *ser-para-outro*, ou a oposição absoluta. À primeira vista, parece que isso concerne só a *forma* dos momentos, um em relação ao outro; porém, o ser para si e o ser para outro são também o próprio *conteúdo*, pois a oposição, em sua verdade, não pode ter nenhuma outra natureza a não ser a que se revela em seu resultado, a saber: que o conteúdo, tido por verdadeiro na percepção, pertence de fato somente à forma e se dissolve em sua unidade.

Esse conteúdo é, ao mesmo tempo, universal: não pode haver outro conteúdo que por sua constituição peculiar se subtraísse ao retorno a essa universalidade incondicionada. Um tal conteúdo seria qualquer modo determinado de ser para si e de se relacionar com outro. Só que, *ser para si* e *relacionar-se com outro, em geral* constituem a *natureza* e a *essência* de um conteúdo cuja verdade é ser Universal incondicionado; e o resultado é meramente universal.

135 – [Weil aber dies] Porém, a diferença entre forma e conteúdo emerge nesse Universal incondicionado, por ser ele objeto para a consciência. Na figura do conteúdo, os momentos têm o aspecto sob o qual inicialmente se apresentavam: o aspecto de serem, por um lado, um meio universal de muitas “matérias” subsistentes; e, por outro, o uno em si refletido, no qual sua independência se aniquila.

O primeiro momento é a dissolução da independência da coisa, ou a passividade que é um ser para Outro. O segundo momento é o ser-para-si.

Importa ver como esses momentos se apresentam na universalidade incondicionada, que é sua essência. Antes de tudo, é evidente que esses momentos, pelo fato de só estarem nela, em geral não podem ficar separados um do outro; mas são essencialmente lados que neles mesmos se suprassumem; e o que se põe é unicamente o transitar de um para o outro.

136 - [Das eine Moment] Um dos momentos aparece pois como essência posta de lado, como meio universal ou como o subsistir das "matérias" independentes. Mas a *independência* dessas matérias não é outra coisa que esse meio, ou seja: esse *universal* é exatamente a *multiplicidade* desses diferentes universais. Porém, como o universal está nele mesmo em unidade estreita com essa multiplicidade, quer dizer que cada uma dessas "matérias" está onde está a outra; interpenetram-se, mas sem se tocarem, já que, inversamente, o Diferente múltiplo é exatamente do mesmo modo independente. Com isso se põe igualmente sua porosidade pura - ou seu Ser-suprassumido. Por sua vez, esse Ser-suprassumido - ou a redução dessa diversidade ao *puro ser para si* - não é outra coisa que o próprio meio; e esse é a *independência* das diferenças. Ou seja: as diferenças, postas como independentes, passam imediatamente à sua unidade e sua unidade imediatamente ao seu desdobramento; e esse novamente, de volta, à redução.

Pois esse movimento é aquilo que se chama *força.* Um de seus momentos, a saber, a força como expansão das "matérias" independentes em seu ser é sua exteriorização; porém a força como o ser-desvanecido dessas "matérias" é a força que, de sua exteriorização, foi *recalcada* sobre si, ou a *força propriamente dita.* Mas em primeiro lugar, a força recalcada sobre si *tem de* exteriorizar-se; e em segundo, na exteriorização ela é tanto força *em-si* mesma *essente* quanto exteriorização nesse ser-em-si-mesmo.

Quando nós mantemos os dois momentos em sua unidade imediata, então o entendimento - ao qual o conceito de força pertence - é o *conceito* propriamente dito, que sustem os momentos distintos como distintos, pois *na força mesma* não devem ser distintos; a diferença, portanto, está só no pensamento. Em outras palavras; o que acima foi estabelecido foi apenas o conceito de força, não sua realidade.

Mas, de fato, a força é o Universal incondicionado, que igualmente é para si mesmo o que é *para um Outro*; ou que tem nele a diferença, pois essa não é outra coisa que o *ser-para-um-Outro*. Assim, para que a força seja em sua verdade, deve ser deixada totalmente livre do pensamento e posta como substância dessas diferenças; vale dizer: *primeiro, ela*, como esta força total, que permanece essencialmente *em si e para si*; *depois*, suas *diferenças*, como momentos substanciais, ou como momentos para si subsistentes. A força como tal, ou como recalcada em si, é, portanto, para si como um *Uno exclusivo*, para o qual o desdobramento das matérias é *uma outra essência subsistente*; e desse modo são postos dois lados diferentes e independentes.

Porém, a força é também o todo, ou seja: permanece tal como é segundo seu conceito. Quer dizer: essas diferenças permanecem puras formas, superficiais *momentos evanescentes. As diferenças* entre a força propriamente dita, *recalcada* sobre si mesma, e o *desdobramento* das "matérias" independentes, de fato também não seriam, se não tivessem uma *subsistência*: ou, a força não seria se não *existisse* sob esses modos contrários. Mas existir sob esses modos contrários não significa outra coisa senão que os dois momentos são, ao mesmo tempo, *independentes*. Assim o que temos a examinar é esse movimento dos dois momentos, que sem cessar se fazem independentes para de novo se suprassumirem.

É claro, em geral, que esse movimento não é outra coisa que o movimento da percepção, no qual ambos os lados - o percebente e o percebido - são ao mesmo tempo, de uma parte, um só e indistinto, como o *apreender* do verdadeiro; mas igualmente de outra parte, cada lado *reflete* sobre si, ou é para si. Aqui esses dois lados são momentos da força: formam também uma unidade, unidade essa que se manifesta como meio-termo em relação a extremos para si *essentes*, e se divide sempre de novo justamente nesses extremos, que são somente por isso.

O movimento, que se apresentava antes como autodestruir-se de conceitos contraditórios, tem pois aqui a forma *objetiva* e é movimento da força; como seu resultado, se produzirá o Universal incondicionado como [algo] *não objetivo*, ou como *interior* das coisas.

137 – [Die Kraft ist, wie] A força, como foi determinada – representada *enquanto tal* ou *refletida sobre si* –, é [só] um dos lados de seu conceito; mas foi posta como um extremo substantivado e, a bem dizer, sob a determinidade do Uno. Assim o *subsistir* das "matérias" desdobradas fica excluído dessa força, e é um *Outro* que ela. Já que é necessário que a *própria força* seja esse *subsistir*, ou que se *exteriorize*, sua exteriorização se apresenta sob a forma daquele *Outro* que a *aborda e solicita*. Mas de fato, enquanto se exterioriza *necessariamente*, tem nela mesma o que era posto como uma outra essência.

Deve-se abandonar [esse modo de ver em] que a força é posta como *um Uno*, e sua essência é posta como algo que de fora a aborda para que se exteriorize. A força é antes, ela mesma, esse meio universal do subsistir dos momentos como "matérias". Dito de outro modo: a *força* [já] *se exteriorizou*: e o que devia ser o outro Solicitante é, antes, ela mesma.

Agora, portanto, a força existe como meio das "matérias" desdobradas. Mas ela tem, de modo igualmente essencial, a forma do ser-suprassumido das "matérias" subsistentes, ou seja, é essencialmente Uno. Com isso, porém, o *ser-Uno* é agora um *Outro que ela*, já que a *força* está posta como meio das "matérias" e tem essa essência fora dela. No entanto, pois tem necessariamente de ser como *ainda não* foi posta, *esse Outro a aborda* e solicita à reflexão sobre si mesma, ou seja, suprassume sua exteriorização. De fato, porém, *ela mesma é* esse ser-refletido-em-si, ou esse ser-suprassumido da exteriorização. O ser-Uno desvanece *como* apareceu, isto é, como *um-Outro*, pois *ela mesma é isto* – é a força recalcada em si mesma.

138 – [Das, was als Anderes] O que surge como Outro e solicita a força tanto à exteriorização quanto ao retorno a si mesma, é *ele mesmo força*, como imediatamente resulta; porquanto o Outro se mostra quer como meio universal, quer como Uno e ao mesmo tempo só aparece em cada uma dessas figuras como momento evanescente. Por conseguinte, a força ainda não saiu em geral de seu conceito, pelo fato de que um Outro é para ela, e ela para um Outro. Ao mesmo tempo, porém, duas forças estão presentes: e embora ambas tenham o mesmo conceito, passaram de sua unidade à dualidade. A oposição, em vez de permanecer de modo totalmente essencial, um momento apenas, parece ter escapado ao domínio da unidade por meio do desdobramento em *forças* totalmente *independentes*.

Convém examinar mais de perto qual é mesmo a situação dessa independência. De início, a segunda força se apresenta como solicitante, e na verdade, quanto a seu conteúdo, como meio universal perante a força que se determina como solicitada. Mas a solicitante - por ser essencialmente alternância desses dois momentos, e ela mesma, força - de fato só é igualmente meio universal *quando é solicitada a que o seja*. Do mesmo modo, também só é unidade negativa - ou o que solicita a força ao retornar - *por ser solicitada*. Por isso transmuda-se também, nessa troca recíproca de determinações, a diferença que se estabelecia entre as duas forças, em que uma devia ser a solicitante, a outra, a solicitada.

139 – [Das Spiel der beiden] O jogo das duas forças consiste, pois, nesse ser-determinado oposto de ambas, em seu ser-para-um-outro nessa determinação, e na absoluta troca imediata das determinações - uma passagem através da qual somente há essas determinações em que as forças parecem apresentar-se *independentemente*.

A solicitante, por exemplo, é posta como meio universal; e, em contraste, a solicitada como força recalcada. Mas a primeira só é meio universal porque a segunda é força recalcada; ou seja, essa seria antes a solicitante em relação à outra, pois faz que ela se torne o meio. Aquela só tem sua determinidade mediante a outra; só é solicitante enquanto pela outra é solicitada a tornar-se solicitante; e perde também imediatamente essa determinidade que lhe foi dada, pois passa para a outra; ou melhor, já passou para lá. O estranho que solicita a força se apresenta como meio universal; mas só porque foi por ela solicitado a isso. Vale dizer: *ela* assim o *põe*, e *é* bem mais, ela *mesma, essencialmente* meio universal. Põe assim o que a solicita, porque essa determinação *lhe é* essencial, isto é: porque *ela mesma é, com mais forte razão, essa determinação.*

140 – [Zur Vervollständigung] Para levar a cabo a penetração no conceito desse movimento, podemos ainda fazer notar que as próprias diferenças se mostram sob uma dupla diferença: *primeiro*, como diferenças do *conteúdo,* pois um desses extremos é a força refletida sobre si mesma; mas o outro, o meio das "matérias". *Segundo,* como diferença *de forma,* enquanto uma é solicitante, outra, solicitada; aquela ativa, esta passiva. Segundo a diferença do conteúdo, *são* diferentes em geral, ou para nós. Mas segundo a diferença da forma são independentes, separam-se uma da outra em sua relação e são opostas.

Para a consciência é isso que vem-a-ser [como resultado] na percepção do movimento da força: os extremos nada são *em si,* segundo esses dois lados; mas ao contrário, esses lados, em que deveria subsistir sua essência diferente, são apenas momentos evanescentes - uma passagem imediata de cada lado para o seu oposto.

Mas para nós - como se lembrou acima - era [verdade] também que, em si, as diferenças, como *diferenças do conteúdo e da forma,* desvanecem. Do lado da forma, segundo a essência, o *ativo,* o *solicitante,* ou o *para-si-essente* eram o mesmo que se apresentava como força recalcada em si, do lado do conteúdo. E o passivo, o *solicitado,* ou o *essente* para um outro, do lado da forma, é o mesmo que se apresentava como meio universal de múltiplas "matérias" - do lado do conteúdo.

141 - [Es ergibt sich] Resulta daí que o conceito de força se torna *efetivo* através da duplicação em duas forças e [o modo] como se torna tal. Ambas essas forças existem como essências *para si essentes;* mas sua existência é um movimento tal, de uma em relação à outra, que seu ser é antes um puro *Ser-posto mediante um outro;* isto é: seu ser tem, antes, a pura significação do *desvanecer.*

Essas forças não são extremos que retenham, [cada um] para si, algo fixo, e que só se transmitam mutuamente uma qualidade externa no meio-termo e no seu contato. Pelo contrário: só nesse meio-termo e contato são o que são. Aí estão imediatamente, ao mesmo tempo, o ser-recalcado ou o *ser-para-si* da força como sua exteriorização; tanto está o solicitar quanto o ser-solicitado. Mas esses momentos por isso não se dividem em dois extremos independentes, tocando-se apenas em seus vértices opostos; senão que sua essência consiste pura e simplesmente em ser cada um através do outro, e em deixar de ser imediatamente o que é através do outro, quando o outro o é. As forças não têm, pois, nenhuma substância própria que as sustenha e conserve.

O *conceito* de força se mantém, antes, como *a essência* em sua *efetividade* mesma; a *força, como efetiva,* está unicamente na *exteriorização* que igualmente não é outra coisa que o suprassumir-se-a-si-mesma. Essa força *efetiva,* representada como livre de sua exteriorização, e para si *essente,* é a força recalcada em si mesma. Por sua vez essa determinidade é de fato, como se revelou, apenas um momento da *exteriorização.*

A verdade da força permanece, pois, só como *pensamento* da mesma, e os momentos dessa efetividade, suas substâncias e seu movimento desmoronam sem parar numa unidade indiferenciada - que não é a força recalcada sobre si (pois ela mesma é só um momento desses), senão que essa unidade é *seu conceito, como conceito.*

A realização da força é assim, ao mesmo tempo, a perda da realidade. A força se tornou, pois, algo totalmente distinto, a saber, essa *universalidade* que o entendimento conhece primeiro ou imediatamente como sua essência; e que também se mostra como sua essência em sua realidade que-deve-ser, nas substâncias efetivas.

142 - [Insofern Wir] Se considerarmos o *primeiro* universal como o *conceito* do entendimento, em que a força não é ainda para si, então o segundo universal é sua *essência,* tal como se apresenta *em si* e *para si.* Ou, inversamente: se tomamos o primeiro universal como o *imediato,* que deveria ser um objeto *efetivo* para a consciência, então o segundo universal está determinado como o *negativo* da força sensível objetiva. Esse é a força tal como em sua verdadeira essência é somente enquanto *objeto do entendimento.* O primeiro universal seria a força recalcada sobre si, ou a força como substância; mas esse segundo universal é o *interior* das coisas como *interior* – idêntico ao conceito como conceito.

143 - [Dieses wahrhafte Wesen] Essa verdadeira essência das coisas está agora determinada de maneira que não é imediatamente para a consciência, senão que essa tem uma relação mediata com o interior; e, como entendimento, *divisa através desse meio-termo, que é o jogo de forças, o fundo verdadeiro* das coisas.

O meio-termo que encerra juntos os dois extremos - o entendimento e o interior - é o *ser* da força desenvolvido, que doravante é para o entendimento mesmo, um evanescente. Por isso se chama *fenômeno;* pois aparência é o nome dado ao *ser* que imediatamente é em si mesmo um *não ser.* Porém, não é apenas um aparecer, mas sim fenômeno, uma *totalidade* do aparecer. Essa *totalidade* como totalidade ou *universal* é o que constitui o *interior: o jogo de forças* com sua *reflexão* sobre si mesmo.

Para a consciência, as essências da percepção estão nele postas de maneira objetiva, tais como são em si, isto é: como momentos que se transmudam imediatamente em seu contrário, sem descanso nem ser: o Uno, imediatamente no universal; o essencial, imediatamente no inessencial, e vice-versa. Esse jogo de forças é, pois, o Negativo desenvolvido; mas sua verdade é o positivo, a saber, *o universal,* ou o objeto *em-si-essente.*

Para a consciência, o *ser* deste [objeto] é mediado pelo movimento do *fenômeno;* movimento em que o *ser da percepção* e o Sensível objetivo têm, em geral, somente uma significação negativa; e assim, a consciência a partir dele se reflete em si como no verdadeiro. Mas como é consciência, torna a fazer do verdadeiro um *Interior* objetivo: distingue, de sua reflexão sobre si mesma, a reflexão das coisas; como também, para ela, o movimento mediador é ainda um movimento objetivo.

Portanto, esse interior é para a consciência como um extremo a ela oposto. Mas é também, para ela, o verdadeiro porque nele tem como no *Em-si,* ao mesmo tempo, a certeza de si mesma, ou o momento do ser-para-si; embora não esteja ainda consciente desse fundamento, pois o *ser-para-si,* que o interior deveria ter nele, não seria outra coisa que o movimento negativo. Para a consciência, porém, esse movimento negativo ainda é o fenômeno *objetivo* evanescente - não ainda seu *próprio* ser-para-si. O interior, portanto, é para ela o conceito; mas a consciência ainda não conhece a natureza do conceito.

144 – [In diesen inneren Wahren] Nesse *Verdadeiro interior,* como no *Absoluto-Universal* – que expurgado da *oposição* entre universal e singular veio-a-ser *para o entendimento* – agora, pela primeira vez, descerra-se sobre o *mundo sensível* como o *mundo aparente,* um *mundo suprassensível* como o *verdadeiro.* Patenteia-se sobre o *aquém* evanescente o *além* permanente: um Em-si que é a primeira, e portanto inacabada, manifestação da razão; ou seja, apenas o puro elemento, em que a verdade tem sua *essência.*

145 – [Unser Gegenstand] Nosso objeto é assim, daqui em diante, o silogismo que tem por extremos o interior das coisas e o entendimento, e, por meio-termo, o fenômeno. Pois o movimento desse silogismo dá a ulterior determinação daquilo que o entendimento divisa através desse meio-termo, e a experiência que faz sobre esse comportamento do Ser-concluído-junto [com ele].

146 – [Noch ist das] Para a consciência, o interior é ainda um *puro Além*, porquanto nele não encontra ainda a si mesma: é *vazio*, por ser apenas o nada do fenômeno, e positivamente [ser] o Universal simples. Essa maneira de ser do interior está imediatamente em consonância com [a opinião de] alguns, de que o interior é incognoscível; só que o motivo disso deveria ser entendido diversamente.

Sem dúvida, não pode haver nenhum conhecimento desse interior, tal como ele aqui é imediatamente; não porque a razão seja míope ou limitada, ou como queiram chamá-la (a propósito, nada sabemos aqui, pois não penetramos ainda tão fundo), mas pela simples natureza da Coisa mesma: justamente porque no *vazio* nada se conhece; ou, expressando do outro lado, porque esse interior é determinado como o *além* da consciência.

Obtém-se o mesmo resultado colocando um cego entre as riquezas do mundo suprassensível (se é que as tem, quer se trate do conteúdo próprio desse mundo, quer da consciência desse conteúdo), ou então [pondo] um homem que tenha visão no meio das trevas puras, ou, se preferem, da pura luz (caso o mundo suprassensível seja isso). O homem que tem vista enxergará tão pouco em sua luz quanto em suas puras trevas - exatamente como o cego na abundância das riquezas que se estendem diante dele.

Se nada mais houvesse a fazer com o interior e o ser-concluído-junto com ele através do fenômeno, somente restaria ater-se ao fenômeno, isto é: tomar por verdadeiro algo que sabemos não ser verdadeiro [para preencher este vazio]. Um vazio que veio a ser, primeiro, como o esvaziamento das coisas objetivas, mas *que sendo esvaziamento em si* deve ser tomado como esvaziamento de todas as relações espirituais e diferenças da consciência como consciência. Para que haja algo nesse *vazio total,* que também se denomina *sagrado,* há que preenchê-lo, ao menos com devaneios: *fenômenos* que a própria consciência para si produz. Deveria ficar contente de ser tão maltratado, pois nada merece de melhor. Afinal, os próprios devaneios ainda valem mais que seu esvaziamento.

147 – [Das Innere oder] Mas o interior, ou Além suprassensível, já] *surgiu: provém* do fenômeno, e esse é sua mediação. Quer dizer: o *fenômeno é sua essência,* e, de fato, sua implementação. O suprassensível é o sensível e o percebido postos tais como são em *verdade;* pois a *verdade* do *sensível* e do percebido é serem *fenômeno.* O suprassensível é, pois, o *fenômeno* como *fenômeno.*

Nesse caso, pensar que o suprassensível é por isso o mundo sensível, ou o mundo tal como é *para a certeza sensível imediata e para a percepção,* é um entender distorcido: porque o fenômeno *não* é de fato o mundo do saber sensível e do perceber como *essente,* mas esse mundo *como suprassumido* ou posto em verdade como *interior.* Costuma dizer-se que o suprassensível *não* é o fenômeno; mas, com isto, não se entende por fenômeno o fenômeno e sim o mundo *sensível* como a própria efetividade real.

148 – [Der Verstand, welcher] O entendimento, que é nosso objeto, encontra-se agora neste ponto exato, onde primeiro o interior veio-a-ser para ele somente como o *Em-si* universal ainda não implementado. O jogo de forças tem precisamente esta significação negativa: não ser em si; e só esta positiva: ser o *mediatizante,* mas fora do entendimento. Porém, sua relação para com o interior, através da mediação, é seu movimento por meio do qual o interior se implementará para o entendimento.

O jogo de forças é *imediatamente* para o entendimento; *porém, o verdadeiro* para ele é o interior simples; por isso também o movimento da força somente é o verdadeiro como algo *simples* em geral.

Vimos, porém, no que toca a esse jogo de forças, que possui esta característica: a força solicitada por outra é também *solicitante* em relação a ela; a qual, somente por isso, se converte em solicitante. Aqui ocorre também só a troca imediata ou o permutar absoluto da *determinidade* que constitui o único *conteúdo* do que aparece: ou ser meio universal, ou ser unidade negativa.

No seu próprio aparecer determinado, ele deixa imediatamente de ser tal como aparecia - através de seu aparecer determinado, solicita o outro lado, que por isso se *exterioriza*; quer dizer: esse lado agora é imediatamente o que o primeiro deveria ser. Os dois lados - a *situação* do solicitar e a *situação* do conteúdo determinado oposto - são, cada um para si, a inversão e a troca absolutas. Porém, essas duas situações, por sua vez, são de novo a mesma coisa; e a diferença de forma - ser o solicitante e ser o solicitado - é o mesmo que a diferença de *conteúdo*: o solicitado como tal, a saber, o meio passivo; o solicitante, ao contrário, o ativo, a unidade negativa, ou o Uno.

Por conseguinte, desvanece toda a diferença entre *forças particulares* que deveriam estar presentes nesse movimento, uma frente à outra, em geral, já que tinham por base apenas aquelas diferenças. Igualmente, a diferença das forças converge, junto com as duas diferenças, numa diferença única.

Assim, nessa mudança absoluta, não há nem força, nem solicitar ou ser-solicitado, nem a determinidade do meio subsistente e da unidade em si refletida, nem algo singular para si, nem diversas oposições. Pois o que aí unicamente existe é a *diferença como universal*, ou como uma diferença tal que as múltiplas oposições ficaram a ela reduzidas.

Essa *diferença como universal* é, portanto, *o simples no jogo da força mesma*, e o verdadeiro desse jogo. A diferença é a *lei da força*.

149 – [Zu dem einfachen] Através de sua relação com a simplicidade do interior ou do entendimento, o fenômeno absolutamente cambiante vem-a-ser *diferença simples*. Inicialmente, o interior é apenas o universal em-si; mas esse *Universal* em si-simples é essencialmente e também absolutamente a *diferença universal*, por ser o resultado da mudança mesma, ou a mudança é sua essência, mas a mudança enquanto posta no Interior como é em verdade, e por isso nele recebida como sendo também absolutamente universal, tranquilizada e permanecendo igual a si mesma. Ou seja: a negação é o momento essencial do Universal; ela - ou a mediação - é assim, no Universal, *diferença universal*. Essa se exprime na *lei* como imagem *constante* do fenômeno instável. O mundo *suprassensível* é, portanto, um *tranquilo reino das leis*; certamente, além do mundo percebido, pois esse só apresenta a lei através da mudança constante; mas as leis estão também *presentes* no mundo percebido, e são sua cópia imediata e tranquila.

150 – [Dies Reich der Gesetze] Este reino das leis é de certo a verdade do entendimento que tem o *conteúdo* na diferença que está na lei; mas ao mesmo tempo é só sua *primeira verdade,* não preenche completamente o fenômeno. A lei está nele presente, mas não é toda a sua presença: sob situações sempre outras, tem sempre outra efetividade. Portanto, resta ao fenômeno *para si* um lado que não está no interior; ou, o fenômeno ainda não está posto em verdade como *fenômeno,* como ser-para-si *suprassumido.*

Esse defeito da lei tem de ressaltar também nela. O que parece faltar-lhe é que, embora tenha em si a diferença mesma, só a tem como universal, indeterminada. Porém, enquanto não é *a* lei em geral, mas *uma* lei, tem nela a determinidade, e assim se dá uma *pluralidade* indeterminada de leis. Só que essa pluralidade mesma é antes um defeito: contradiz precisamente o princípio do entendimento para o qual, como consciência do interior simples, o verdadeiro é a *unidade* em si universal.

Portanto, o entendimento deve fazer coincidir as múltiplas leis *numa* lei só. Assim, por exemplo, a lei da queda da pedra e a lei do movimento das esferas celestes foram concebidas como *uma* só lei. Mas com esse coincidir, as leis perdem sua determinidade; a lei se torna mais superficial e, de fato, por aí não se encontra a unidade *destas* leis *determinadas,* mas sim uma lei que deixa de lado sua determinidade, como a lei única que reúne em si a lei da queda dos corpos sobre a terra e a do movimento celeste não exprime de fato as duas leis.

A unificação de todas as leis na *atração universal* não exprime conteúdo mais amplo que justamente o *mero conceito da lei mesma,* que aí se põe como *essente.* A atração universal diz apenas que *tudo* tem *uma diferença constante* com *Outro.* O entendimento pensa ter aí descoberto uma lei universal, que exprime a universal efetividade *como tal.* Mas, na verdade, só encontrou o *conceito da lei mesma.* É como se dissesse que *em si mesma toda* efetividade é regida-por-lei.

A expressão da *atração universal* tem, por isso, grande importância; enquanto dirigida contra a *representação* carente-de-pensamento para a qual tudo se apresenta sob a figura do contingente, e a determinidade tem a forma da independência sensível.

151 – [Es steht somit] Por conseguinte, a atração universal - ou o conceito puro de lei - contrasta com as leis determinadas. Enquanto esse puro conceito é considerado como a essência ou o verdadeiro interior, a *determinidade* da lei mesma determinada ainda pertence ao fenômeno, ou antes, ao ser sensível. Todavia, o *conceito* puro da lei não só ultrapassa a lei que como uma lei *determinada* contrasta com *outras* leis *determinadas* – mas *ultrapassa* ainda a *lei* como tal. Propriamente, a determinidade, de que se falava, é apenas momento evanescente, que não pode mais apresentar-se aqui como essencialidade, pois só está presente a lei como o verdadeiro; porém, o *conceito* de lei se voltou contra *a lei* mesma.

É justamente na lei que a diferença é captada *imediatamente* e acolhida no universal; mas com isso [também] um *subsistir* dos momentos cuja relação o universal exprime como essencialidades indiferentes e em *si-essentes*. Ao mesmo tempo, porém, essas partes da diferença na lei são, por sua vez, lados determinados. O conceito puro da lei, como atração universal, deve entender-se em seu verdadeiro sentido, de que nesse conceito como no *Simples* absoluto, as *diferenças* que ocorrem na lei como tal *retornam* de novo *ao interior, como unidade simples*; esta unidade é a *necessidade* interior de lei.

152 – [Das Gesetz ist dadurch] A lei está, portanto, presente de duas maneiras: uma vez como lei, em que as diferenças são expressas como momentos independentes; outra vez, na forma do *simples* Ser-retornado-a-si-mesmo, que de novo pode chamar-se *força*; contanto que não se entenda a força recalcada, mas a força em geral ou o conceito de força: uma abstração que arrasta para si as diferenças do que atrai e do que é atraído. Assim, por exemplo, a eletricidade *simples é* a *força*; mas a expressão da diferença incumbe à *lei:* essa diferença é eletricidade positiva e negativa.

No movimento da queda, a *força* é o simples; a *gravidade,* a qual tem como *lei* que as grandezas dos diversos momentos do movimento – o *tempo* decorrido e o *espaço* percorrido - se relacionem mutuamente como a raiz e o quadrado. A eletricidade mesma não é diferença em si, ou seja, em sua essência não se encontra a dupla-essência de eletricidade positiva e negativa. Por isso se diz comumente que ela *tem* a lei de *ser* dessa maneira, ou então que *tem a propriedade* de se exteriorizar assim. Essa propriedade é de fato a propriedade essencial e única da força, ou ela lhe é *necessária*. Mas a necessidade é aqui uma palavra vazia: a força *deve* desdobrar-se assim, justamente *porque deve*. Certamente, se a eletricidade *positiva é* posta, também a *negativa é, em si,* necessária; porque o *positivo é* somente como relação a um *negativo*, ou seja, o *positivo é nele mesmo* a diferença de si mesmo, como também o negativo.

Mas não é necessário em si que a eletricidade enquanto tal se divida assim. Como *força simples*, é indiferente diante de sua lei *ser* como positiva e negativa. Chamemos o necessário, seu conceito, e a lei, seu ser: então, seu conceito é indiferente em relação a seu ser; ela *tem* somente essa propriedade – o que significa precisamente que isso não lhe é, *em si*, necessário.

Essa indiferença toma outra forma quando se diz que pertence à *definição* da eletricidade ser como positiva e negativa, ou que isso é, meramente, *seu conceito e essência*. Então, seu ser designaria *sua existência* em geral; mas naquela definição não está contida a *necessidade de sua existência*; ela, ou é porque a *encontram*, logo, não é nada necessária, ou então, sua existência é por meio de outras forças; logo, sua necessidade é uma necessidade externa. Mas, fazendo por isso recair a necessidade na determinidade do *ser por meio de Outro*, caímos de novo na *pluralidade* das leis determinadas, que antes tínhamos abandonado, para considerar a *lei* como lei. Somente com essa se deve comparar seu *conceito* como conceito, ou sua necessidade, que aliás, em todas essas formas, só tinha se mostrado para nós ainda como palavra vazia.

153 – [Noch au fandere] A indiferença da lei e da força – ou do conceito e do ser – está presente ainda de modo diverso do indicado. Na lei do movimento, por exemplo, é necessário que esse se *divida* em tempo e espaço, ou também em distância e velocidade. Sendo apenas relação entre esses momentos, o movimento como universal está, sem dúvida, dividido *em si mesmo*; mas então essas partes, tempo e espaço, distância e velocidade, não exprimem nelas sua origem [comum] do Uno: são indiferentes entre si, o espaço é representado como se pudesse ser sem o tempo; o tempo, sem o espaço; e a distância, sem a velocidade pelo menos; assim como suas grandezas são indiferentes entre si, já que não se relacionam *como positivo e negativo* e, portanto, não estão ligadas uma à outra através de *sua essência.* Sem dúvida, a necessidade da *divisão* está aqui presente, mas não a das *partes* como tais, uma em relação à outra. Por isso, também, aquela primeira necessidade é apenas uma falsa necessidade ilusória; quer dizer, o movimento mesmo não é representado como algo *simples,* ou como pura essência, se não como já dividido. Tempo e espaço são suas partes *independentes* ou *essências nelas mesmas*; distância e velocidade são maneiras de ser ou de representar que bem podem dar-se uma sem a outra - e, portanto, o movimento é somente sua relação *superficial* e não sua essência. O movimento, representado como essência simples, ou como força, é justamente a *gravidade,* a qual porém não contém nela essas diferenças em geral.

154 - [Der Unterschied] Assim, nos dois casos, a diferença não é nenhuma *diferença em si mesma*; seja que o universal, a força, é indiferente em relação à divisão que está na lei; ou seja, que as diferenças, partes da lei, são indiferentes umas em relação às outras. Mas o entendimento *tem* o conceito *dessa diferença em si,* justamente porque a lei, de uma parte, é o interior, o *em-si-essente*; mas é, ao mesmo tempo, o que é *diferente* nele. Que essa diferença seja assim uma diferença *interna,* está dado no fato, de ser a lei uma força *simples,* ou ser como *conceito* dessa diferença; portanto, uma *diferença de conceito.*

Mas essa diferença interna por ora recai exclusivamente *no entendimento*; não está ainda *posta na Coisa mesma.* Assim, o que o entendimento exprime é somente sua *própria* necessidade; uma diferença que, portanto, só estabelece enquanto ao mesmo tempo exprime que não é nenhuma *diferença da Coisa mesma.* Essa necessidade que só reside nas palavras é desse modo a enumeração dos momentos que formam o círculo da necessidade. São diferentes, sem dúvida; mas se exprime ao mesmo tempo não serem diferença nenhuma da Coisa mesma, e assim são logo de novo suprassumidos. Esse movimento se denomina *explicar.*

Uma *lei* é enunciada, pois. Dela se distingue, como *força,* seu universal em si ou fundamento. Mas essa diferença se diz que não é nenhuma, senão antes que o fundamento é exatamente constituído como lei. Por exemplo: o evento singular do raio é apreendido como universal e esse universal, enunciado como a *lei* da eletricidade - a explicação assim abarca a *lei* condensando-a na *força*, como a essência da lei. Está, portanto, essa força de *tal modo constituída* que ao exteriorizar-se surgem eletricidades opostas, que tornam a desvanecer, uma na outra. Quer dizer: a *força está constituída exatamente como a lei:* diz-se que ambas não são, em nada, diferentes. As diferenças são a pura exteriorização universal ou a lei, e a pura força; as duas têm o *mesmo* conteúdo, a *mesma* constituição. Assim é descartada de novo a diferença como diferença de conteúdo, isto é, da *Coisa.*

155 - [In dieser tautologischen] Nesse movimento tautológico, o entendimento, como resulta, persiste na unidade tranquila de seu objeto, e o movimento só recai no entendimento, não no objeto: é um explicar que não somente nada explica, como também é tão claro que ao fazer tenção de dizer algo diferente do que já foi dito, antes nada diz, mas apenas repete o mesmo. Nada de novo resulta na Coisa mesma através desse movimento que, aliás, só vem à consideração como movimento do entendimento.

Nós, porém, nele reconhecemos justamente algo que fazia falta na lei: a saber, a mudança absoluta mesma. Com efeito: esse *movimento*, se o examinarmos mais de perto, é igualmente o contrário de si mesmo: põe *uma diferença* que, para nós, não é *diferença nenhuma*; e além disso, ele mesmo a suprassume como diferença.

É a mesma mudança que se apresentava como jogo de forças: nesse havia a diferença entre solicitante e solicitada, entre a força exteriorizada e a recalcada sobre si mesma. Porém, eram diferenças que em verdade não eram diferenças nenhumas, e que por isso tornavam a suprassumir-se imediatamente. O que está presente não é a mera unidade, de modo que *nenhuma diferença* seria *posta*; mas sim, esse *movimento*, que *faz certamente uma diferença*; *mas*, por não ser diferença nenhuma, *é de novo suprassumida.*

Com o explicar, portanto, as mudanças e permutas que antes estavam fora do interior - só no fenômeno - penetraram no próprio suprassensível; nossa consciência, porém, se transferiu como objeto ao outro lado - para o *entendimento* - e nele experimenta a mudança.

156 – [Dieser Wechsel] Essa mudança não é ainda uma mudança da Coisa mesma, mas antes, se apresenta justamente como *mudança pura,* já que o conteúdo dos momentos da mudança permanece o mesmo. Porém, enquanto o *conceito* como conceito do entendimento é o mesmo que o *interior* das coisas, *essa mudança* vem-a-ser para o entendimento como *lei do interior.* Assim, ele *experimenta,* como sendo *lei do próprio fenômeno,* que diferenças vêm-a-ser que não são diferenças nenhumas, ou que o *homônimo se repele* de si mesmo; e também, que as diferenças são apenas tais que não são nenhumas, e se suprassumem; ou, que o *heterônimo se atrai.*

É uma *segunda-lei* cujo conteúdo se opõe ao que antes se chamava lei (a saber, de que a diferença permanecia constantemente igual a si mesma) - pois essa nova lei exprime, antes, o *tornar-se desigual do igual,* e *tornar-se-igual do desigual.* O conceito induz a carência-de-pensamento a reunir as duas leis e a tornar-se consciente de sua oposição. A segunda lei, sem dúvida, é também uma lei, ou um ser interior igual-a-si-mesmo; mas é antes uma igualdade-consigo-mesma da desigualdade - uma constância da inconstância.

No jogo de forças, essa lei se mostrava justamente como esse transitar absoluto ou como mudança pura: o *homônimo,* a força, se *decompõe* numa oposição que primeiro se manifesta como uma diferença independente, mas que de fato demonstra *não ser* diferença *nenhuma.* Com efeito, é o *homônimo* que se repele de si mesmo, e esse repelido se atrai, essencialmente, porque ele é *o mesmo.* A diferença estabelecida - já que não é nenhuma - se suprassume de novo. Com isso se apresenta como diferença *da Coisa mesma,* ou como diferença absoluta; e essa diferença da *Coisa* é também o mesmo que o homônimo que se repeliu de si e desse modo põe somente uma oposição que não é nenhuma.

157 – [Durch dies Prinzip] Através desse princípio, o primeiro suprassensível, o reino tranquilo das leis, a cópia imediata do mundo percebido, transmuda-se em seu contrário. A lei era em geral *o-que--permanece-igual* consigo, assim como suas diferenças. Agora, o que é posto, é que lei e diferenças são, ambas, o contrário delas mesmas: o *igual* a si, antes se repele de si; e o desigual a si, antes se põe como igual a si. De fato, só com essa determinação a diferença é *interior,* ou diferença *em-si-mesma,* enquanto o igual é desigual a si, e o desigual é igual a si.

Esse segundo mundo suprassensível é dessa maneira um mundo *invertido*; e na verdade, enquanto um lado já estava presente no primeiro mundo suprassensível, é o *inverso* desse *primeiro.* Com isso, o interior está completo como fenômeno. Pois o primeiro mundo suprassensível era apenas a elevação *imediata* do mundo percebido ao elemento universal; tinha seu modelo nesse mundo percebido, que ainda retinha *para-si o princípio da mudança e da alteração.* O primeiro reino das leis carecia desse princípio, mas [agora] o adquire como mundo invertido.

158 - [Nach dem Gesetze] Conforme a lei desse mundo invertido, o *homônimo* do primeiro mundo é assim o *desigual* de si mesmo; e o desigual desse primeiro mundo é também *desigual a ele mesmo,* ou vem-a-ser *igual* a si. Em momentos determinados, o resultado será este: o que na lei do primeiro mundo era doce, nesse Em-si invertido é amargo, e o que naquela lei era negro, nessa é branco. O que na lei do primeiro era polo norte do ímã, no seu outro Em-si-suprassensível (isto é, na Terra) é o polo sul; e o que ali é polo sul aqui é polo norte. Igualmente, o que na primeira lei da eletricidade é polo do oxigênio vem-a-ser, na outra essência suprassensível, o polo do hidrogênio. E vice-versa, o polo do hidrogênio de lá é aqui polo do oxigênio.

Numa outra esfera, segundo a *lei imediata,* a vingança contra o inimigo é a mais alta satisfação da individualidade ultrajada. Mas *essa lei* - segundo a qual devo mostrar-me, como essência, frente a quem não me trata como essência autônoma e, antes, suprimi-lo como essência - se *converte* através do princípio do outro mundo *no oposto;* e a restauração de mim mesmo como essência, mediante a supressão da essência alheia, se converte em autodestruição.

Porém, se for erigida em *lei* essa inversão - que é representada no *castigo* do crime - será também de novo apenas a lei de um mundo que tem como sua *contrapartida* um mundo suprassensível *invertido,* no qual se honra o que no outro se despreza, e onde é ignomínia o que no primeiro é honra. O castigo, que segundo *a lei do primeiro mundo* desonra e destrói o homem, transmuda-se, em seu *mundo invertido,* no perdão que salvaguarda sua essência e o leva à honra.

159 – [Oberflächlich angesehen] Visto superficialmente, esse mundo invertido é o contrário do primeiro; a tal ponto que o mantém do lado de fora e o repele de si, como uma *efetividade* invertida: *um*, é o *fenômeno*, mas o *outro* é o *Em-si*; *um*, o mundo como é *para um Outro*, o *outro*, ao contrário, como é *para si*. Assim, para utilizar os exemplos anteriores, o que tem sabor doce seria amargo, *propriamente* ou no *interior* da coisa; o que é polo norte no ímã efetivo do fenômeno, seria polo sul no *ser interior ou essencial*. O que na eletricidade fenomenal se apresenta como polo do oxigênio, seria polo do hidrogênio na eletricidade não fenomenal. Ou uma ação que *no fenômeno* é crime deveria poder ser *no interior* uma boa ação propriamente dita (um ato mau, ter uma boa intenção); o castigo ser castigo só *no fenômeno*; mas *em si* ou num outro mundo, ser benefício para o transgressor.

Entretanto, tais oposições de "interior e exterior", "fenômeno e suprassensível" como de dois tipos de efetividade, aqui já não ocorrem. As diferenças repelidas não tornam a dividir-se entre duas substâncias que lhes deem suporte e confiram um subsistir separado - por onde o entendimento, surgido do interior, recaísse em sua posição precedente. Um dos lados, ou uma das substâncias, seria de novo o mundo da percepção, no qual uma das leis projetaria sua essência: frente a esse mundo haveria um mundo interior, justamente um certo *mundo sensível* como o primeiro, mas na *representação*; não poderia ser apontado, visto, ouvido, ou saboreado como mundo sensível e não obstante seria representado como um certo mundo sensível.

De fato, porém, se *um dos* [termos] *postos* é algo percebido, e seu *Em-si*, como inversão dele, é igualmente algo *sensivelmente representado* - nesse caso o amargo, que seria o Em-si da coisa doce, é uma coisa tão efetiva como ela: é uma *coisa amarga*. O negro, que seria o Em-si do branco, é um negro efetivo; o polo norte, que é o Em-si do polo sul, é o polo norte *presente no mesmo ímã*; o polo do oxigênio, que é o Em-si do polo do hidrogênio, é o polo do oxigênio *presente* na mesma pilha. O crime *efetivo* tem sua *inversão* e seu *Em-si* como *possibilidade* na *intenção* como tal - mas não numa boa intenção, pois a verdade da intenção é somente o ato mesmo.

Todavia, segundo seu conteúdo, o crime tem sua reflexão sobre si - ou sua inversão - no castigo *efetivo*, o qual é a reconciliação da lei com a efetividade que se lhe opôs no crime. Enfim, o castigo *efetivo* tem sua efetividade *invertida* nele mesmo: uma efetivação tal da lei que através dela a atividade, que tem por castigo, *se suprassume a si mesma.* A lei, de ativa que era, volta a ser lei *tranquila* e vigente, e se extinguem o movimento da individualidade contra a lei e o movimento da lei contra a individualidade.

160 – [Aus der Vorstellung] Assim, da representação da inversão que constitui a essência de um dos lados do mundo suprassensível, deve-se manter longe a representação sensível da consolidação das diferenças num distinto elemento do subsistir: [deve-se] representar e aprender em sua pureza esse conceito absoluto da diferença como diferença interior – o repelir-se fora de si mesmo do homônimo como homônimo, e o ser-igual do desigual enquanto desigual. Há que *pensar* a mudança pura, ou a *oposição em si mesma: a contradição.*

Com efeito, na diferença que é uma diferença interior, o oposto não é somente *um dos dois* – aliás seria um *essente,* e não um oposto; mas sim o oposto de um oposto, ou seja, nele está dado imediatamente o Outro. Ponho, na certa, o contrário do lado de *cá*: e, do lado de *lá,* o Outro de que é o contrário; portanto de um lado, o *contrário* em si e para si sem o Outro. Mas, justamente porque tenho o *contrário em si e para si,* é o contrário de si mesmo, ou seja, já tem de fato o Outro imediatamente em si mesmo.

Assim o mundo suprassensível, que é o mundo invertido, tem, ao mesmo tempo, o outro mundo ultrapassado, e dentro de si mesmo: é para si o invertido, isto é, o invertido de si mesmo; é ele mesmo e seu oposto *numa* unidade. Só assim ele é a diferença como *interior,* ou como diferença *em si mesmo,* ou como *infinitude.*

161 – [Durch die Unendlichkeit] Nós vemos que, graças à infinitude, a lei cumpriu-se em si mesma como necessidade, e que todos os momentos do fenômeno foram recolhidos ao interior.

Conforme resulta do que precede, o simples da lei é a infinitude, e isto significa [o seguinte]:

a) a lei é um *igual-a-si-mesmo,* o qual, porém, é a *diferença* em si; ou é homônimo, que se repele de si mesmo, ou se fraciona. O que se chamava força *simples desdobra-se* a si mesmo, e é, por sua infinitude, a lei;

b) a fração, que constitui as partes representadas na *lei*, se apresenta como subsistente. Essas partes, consideradas sem o conceito da diferença interior, são o espaço e o tempo, ou a distância e a velocidade, que surgem como momentos da gravidade. Mas são também indiferentes e sem necessidade, um em relação ao outro, e em relação à gravidade mesma; assim como essa gravidade simples em relação a eles ou a eletricidade simples em relação ao positivo e ao negativo;

c) entretanto, por meio do conceito de diferença interior, esse desigual e indiferente, espaço e tempo etc. são uma *diferença* que não é *diferença* nenhuma, ou somente uma diferença de *homônimo*; e sua essência é a unidade. Em sua relação recíproca são animados como o positivo e o negativo; mas seu ser consiste antes em pôr-se como não ser, em suprassumir-se na unidade. Subsistem ambos [os termos] diferentes, são *em si* e são *em si como opostos*; isto é, cada qual é o oposto de si mesmo, tem o seu outro nele, e os dois são apenas *uma* unidade.

162 – [Diese einfache] Esta infinitude simples – ou o conceito absoluto – deve-se chamar a essência simples da vida, a alma do mundo, o sangue universal, que onipresente não é perturbado nem interrompido por nenhuma diferença, mas que antes é todas as diferenças como também seu Ser-suprassumido; assim, pulsa em si sem mover-se, treme em si sem inquietar-se. *É igual-para-si-mesma*, pois as diferenças são tautológicas; são diferenças que não são diferenças nenhumas. Portanto, essa essência igual-a-si-mesma só a si mesma se refere. *A si mesma*; eis aí o Outro ao qual a relação se dirige, e o *relacionar-se consigo mesma* é, antes, *o fracionar-se*, ou, justamente, aquela igualdade-consigo-mesma é a diferença interior.

Essas frações são por isso *em si e para si mesmas*. Cada qual é um contrário – o contrário *de um Outro* – de forma que em cada um o *Outro* já é enunciado ao mesmo tempo que ele. Ou seja: um não é o contrário de um *Outro*, mas somente o *contrário puro*; e assim, cada um é, em si mesmo, o contrário de si. Ou, de modo geral, não é um contrário, senão puramente para si, uma pura essência igual-a-si-mesma, que não tem nela diferença nenhuma. Assim, não precisamos indagar – e menos ainda considerar como filosofia a angústia com tal questão, ou então tê-la por insolúvel para a filosofia – *como* brota dessa pura essência, e como vem para *fora dela*, a diferença ou o Ser-outro; pois já ocorreu o fracionamento, a diferença foi excluída do *igual-a-si-mesmo*, e posta de lado. Assim, o que devia ser o *igual-a-si-mesmo*, já é antes uma das frações, em vez de ser a essência absoluta.

O *igual-a-si-mesmo se fraciona*, o que, portanto, significa também que se suprassume, já como fração; que se suprassume como ser-Outro. Costuma-se dizer que a diferença não pode brotar da unidade; mas de fato a unidade é apenas um momento do fracionamento, é a abstração da simplicidade que defronta a diferença. Mas por ser abstração, é só um dos opostos, como já se disse. Ela é o fracionar-se, pois a unidade é um *negativo*, um *oposto*; assim é posta justamente como o que tem nele a oposição.

Por isso, as diferenças entre *fracionamento* e *vir-a-ser-igual-a-si-mesmo* são também somente *esse movimento do suprassumir-se*. Com efeito, já que o igual-a-si-mesmo, que deve primeiro fracionar-se ou tornar-se seu contrário, é uma abstração – ou seja, *já* é ele *mesmo* uma fração –, então seu fracionar-se é um suprassumir daquilo que ele é, e, portanto, o suprassumir de seu ser-fração. O *vir-a-ser-igual-a-si-mesmo* é também um fracionar-se: o que se torna *igual* a si *mesmo* defronta, pois, o fracionamento: quer dizer, põe a si mesmo *de um lado*, ou *vem-a-ser*, antes, uma *fração*.

163 – [Die Unendlichkeit] A infinitude, ou essa inquietação absoluta do puro mover-se-a-si-mesmo, [faz] que tudo o que é determinado de qualquer modo – por exemplo, como ser – seja antes o contrário dessa determinidade. A infinitude já era, sem dúvida, a alma de tudo o que houve até aqui; mas foi no *interior* que primeiro ela mesma brotou livremente. O fenômeno – ou o jogo de forças – já a apresentava; mas foi só no *explicar* que surgiu, livre, pela primeira vez. Quando a infinitude – *como aquilo que ela é* – finalmente é objeto para a consciência, então a consciência é *consciência-de-si*.

O *explicar* do entendimento só efetua inicialmente a descrição do que é a consciência-de-si. Suprassume as diferenças presentes na lei; as quais, embora já tornadas puras, são ainda indiferentes, e as põe *numa* unidade: a força. Mas esse tornar-se-igual é também, imediatamente, um fracionar-se. De fato, o entendimento, através disso, suprassume as diferenças e assim põe o Uno da força, somente enquanto põe uma nova diferença - entre a lei e a força -, mas que ao mesmo tempo não é diferença nenhuma. E porque tal diferença também não é diferença nenhuma, o entendimento prossegue; suprassumindo de novo esta diferença, e fazendo a força constituída do mesmo modo que a lei.

Mas esse movimento ou necessidade é ainda necessidade e movimento do entendimento; isto é: não é, *como tal, seu objeto.* Com efeito, nesse movimento, o entendimento tem por objetos: eletricidade positiva e negativa, distância e velocidade, força de atração e mil coisas mais, que constituem o conteúdo dos momentos do movimento.

No explicar encontra-se tanta autossatisfação justamente porque a consciência está, por assim dizer, em imediato colóquio consigo mesma: só a si desfruta. Embora, sem dúvida, pareça tratar de outra coisa, de fato está somente ocupada consigo mesma.

164 - [In dem entgegengesetzten] A infinitude certamente se torna *objeto* do entendimento na lei oposta - como inversão da primeira lei - ou na diferença interior; mas o entendimento de novo falha em atingi-la como infinitude, ao dividir a diferença em si em dois mundos, ou em dois elementos substanciais: o repelir-se a si mesmo do homônimo, e os desiguais que se atraem. Para o entendimento, o *movimento,* tal como é na experiência, é aqui um acontecer; e o homônimo e o desigual são *predicados* cuja essência é um substrato *essente.* O mesmo que para o entendimento é objeto em invólucro sensível, para nós é como puro conceito, em sua forma essencial. Esse apreender da diferença, como é *em verdade* - ou o apreender da *infinitude* enquanto tal, é *para nós* ou *em-si.* Pertence à ciência a exposição do seu conceito; mas a consciência, quando possui nela *imediatamente* esse conceito, retorna à cena como forma própria ou nova figura da consciência; não reconhece sua essência no que precede, mas o considera como algo totalmente outro.

Enquanto esse conceito de infinitude é seu objeto, ela é, pois, consciência da diferença como de algo também *imediatamente* suprassumido: a consciência é, *para-si-mesma,* o *diferenciar do não diferenciado* ou *consciência-de-si.* Eu *me distingo de mim mesmo,* e nisso *é imediatamente para mim que este diferente não é diferen-*

te. Eu, o homônimo, me expulso de mim mesmo; mas este diferente, este posto-como-desigual, é imediatamente, enquanto diferente, nenhuma diferença para mim.

Sem dúvida, a consciência de um Outro, de um objeto em geral, é necessariamente *consciência-de-si,* ser refletido em si, consciência de si mesma em seu ser-outro. O *processo necessário* das figuras anteriores da consciência – cuja verdade era uma coisa, um Outro que elas mesmas – exprime exatamente não apenas que a consciência da coisa só é possível para a consciência-de-si, mas também que só ela é a verdade daquelas figuras. Contudo, é só para nós que essa verdade está presente: não ainda para a consciência. Pois a consciência-de-si veio-a-ser somente *para si,* mas ainda não *como unidade* com a consciência em geral.

165 – [Wir sehen, dass] Nós vemos que no interior do fenômeno o entendimento na verdade não experimenta outra coisa que o fenômeno mesmo. Não o fenômeno do modo como é jogo de forças, mas sim o jogo das forças em seus momentos absolutamente universais, e no movimento deles: de fato, o entendimento só faz experiência *de si mesmo.* A consciência, elevada sobre a percepção, apresenta-se concluída junto com o suprassensível através do meio-termo do fenômeno, mediante o qual divisa esse fundo [das coisas]. Agora estão coincidindo os dois extremos – um, o do puro interior; outro, o do interior que olha para dentro desse interior puro. Mas como desvaneceram enquanto extremos, desvaneceu também o meio-termo enquanto algo outro que eles.

Levanta-se, pois, essa cortina sobre o interior e dá-se o olhar do interior para dentro do interior: o olhar do homônimo *não diferente* que a si mesmo se repele, e se põe como interior *diferente*; mas *para o qual* também se dá, imediatamente, a *não diferenciação* dos dois – a *consciência-de-si.* Fica patente que por trás da assim chamada cortina, que deve cobrir o interior, nada há para ver; a não ser que *nós* entremos lá dentro – tanto para ver como para que haja algo ali atrás que possa ser visto.

Mas ressalta, ao mesmo tempo, que não era possível chegar diretamente ali sem todos esses rodeios. Com efeito, esse saber, que é a verdade *da representação* do fenômeno e de seu interior, ele mesmo é apenas resultado de um movimento sinuoso. No seu percurso, desvanecem os modos de consciência - conhecimento sensível, percepção e entendimento; e também resultará que o conhecer daquilo que a *consciência sabe enquanto sabe a si mesma,* exige ainda mais rodeios - o que será explicitado no prosseguimento desta exposição.

CONSCIÊNCIA-DE-SI

IV
A verdade da certeza de si mesmo

166 – [In den] Nos modos precedentes da certeza, o verdadeiro é para a consciência algo outro que ela mesma. Mas o conceito desse verdadeiro desvanece na experiência [que a consciência faz] dele. O objeto se mostra, antes, não ser em verdade como era imediatamente em si: o *essente* da certeza sensível, a coisa concreta da percepção, a força do entendimento, pois esse Em-si se revela uma maneira como o objeto é somente para um Outro. O conceito do objeto se suprassume no objeto efetivo; a primeira representação imediata se suprassume na experiência, e a certeza vem a perder-se na verdade.

Surgiu porém agora o que não emergia nas relações anteriores, a saber: uma certeza igual à sua verdade, já que a certeza é para si mesma seu objeto, e a consciência é para si mesma o verdadeiro. Sem dúvida, a consciência é também nisso um ser-outro, isto é: a consciência distingue, mas distingue algo tal que para ela é ao mesmo tempo um não diferente.

Chamemos *conceito* o movimento do saber, e *objeto*, o saber como unidade tranquila ou como Eu; então vemos que o objeto corresponde ao conceito, não só para nós, mas para o próprio saber. Ou, de outra maneira: chamemos *conceito* o que o objeto é *em-si*, e objeto o que é como *objeto* ou *para-um* Outro; então fica patente que o ser-em-si e o ser-para-um-Outro são o mesmo. Com efeito, o *Em-si* é a consciência, mas ela é igualmente aquilo *para o qual* é um Outro (o *Em-si*): é para a consciência que o Em-si do objeto e seu ser-para-um-Outro são o mesmo. O Eu é o conteúdo da relação e a relação mesma; defronta um Outro e ao mesmo tempo o ultrapassa; e este Outro, para ele, é apenas ele próprio.

167 – [Mit dem] Com a consciência-de-si entramos, pois, na terra pátria da verdade. Vejamos como surge inicialmente a figura da consciência-de-si. Se consideramos essa nova figura do saber – o saber de si mesmo – em relação com a precedente – o saber de um Outro – sem dúvida, que este último desvaneceu; mas seus momentos foram ao mesmo tempo conservados; a perda consiste em que estes momentos aqui estão presentes como são *em si*. *O ser* 'visado' [da certeza sensível], a *singularidade* e a *universalidade* – a ela oposta – da percepção, assim como o *interior vazio* do entendimento, já não estão como essências, mas como momentos da consciência-de-si; quer dizer, como abstrações ou diferenças que ao mesmo tempo *para* a consciência são nulas ou não são diferenças nenhumas, mas essências puramente evanescentes. Assim, o que parece perdido é apenas o momento-principal, isto é, *o subsistir simples e independente* para a consciência. Mas de fato, porém, a consciência-de-si é a reflexão, a partir do ser do mundo sensível e percebido; é essencialmente o retorno a partir do *ser-Outro*. Como consciência-de-si é movimento; mas quando diferencia de si *apenas a si mesma* enquanto si mesma, então para ela a diferença é *imediatamente suprassumida*, como um ser-outro. A diferença não *é*; e a consciência-de-si é apenas a tautologia sem movimento do "Eu sou Eu". Enquanto para ela a diferença não tem também a figura do *ser*, não é consciência-de-si.

Para a consciência-de-si, portanto, o ser-Outro *é como um ser*, ou como *momento diferente*; mas para ela é também a unidade de si mesma com essa diferença, como *segundo* momento *diferente*. Com aquele primeiro momento, a consciência-de-si é como *consciência* e para ela é mantida toda a extensão do mundo sensível; mas ao mesmo tempo, só como referida ao segundo momento, a unidade da consciência-de-si consigo mesma. Por isso, o mundo sensível é para ela um subsistir, mas que é apenas um fenômeno, ou diferença que não tem *em si* nenhum ser. Porém essa oposição, entre seu fenômeno e sua verdade, tem por sua essência somente a verdade, isto é, a unidade da consciência-de-si consigo mesma. Essa unidade deve vir-a-ser essencial a ela, o que significa: a consciência-de-si é desejo, em geral.

A consciência tem de agora em diante, como consciência-de-si, um duplo objeto: um, o imediato, o objeto da certeza sensível e da percepção, o qual porém é marcado *para ela* com o *sinal do negativo*; o segundo objeto é justamente *ela mesma*, que é a *essência* verdadeira e que de início só está presente na oposição ao primeiro objeto. A consciência-de-si se apresenta aqui como o movimento no qual essa oposição é suprassumida e onde a igualdade consigo mesma vem-a-ser para ela.

168 – [Der Gegenstand] Para nós, ou *em si*, o objeto que para a consciência-de-si é o negativo, retornou sobre si mesmo, do seu lado; como do outro lado, a consciência também [fez o mesmo]. Mediante essa reflexão-sobre-si, o objeto veio-a-ser *vida*. O que a consciência-de-si diferencia de si *como essente* não tem apenas, enquanto é posto como *essente*, o modo da certeza sensível e da percepção, mas é também Ser refletido sobre si; o objeto do desejo imediato é um *ser vivo*.

Com efeito, o *Em-si*, ou o resultado *universal* da relação do entendimento com o interior das coisas, é o diferenciar do não diferenciável, ou a unidade do diferente. Mas essa unidade é também, como vimos, seu repelir-se de si mesmo; e esse conceito se *fraciona* na oposição entre a consciência-de-si e a vida. A consciência de si é a unidade *para a qual* é a infinita unidade das diferenças; mas a vida é apenas essa unidade mesma, de tal forma que não é, ao mesmo tempo, *para si mesma*. Assim, tão independente é *em-si* seu objeto, quanto é independente a consciência. A consciência-de-si que pura e simplesmente é para si, e que marca imediatamente seu objeto com o caráter do negativo; ou que é, de início, *desejo* – vai fazer, pois, a experiência da independência desse objeto.

169 – [Die Bestimmung] A determinação da vida, tal como deriva do conceito ou do resultado universal, com o qual entramos nesta esfera, é suficiente para caracterizar a vida, sem que se deva desenvolver ainda mais sua natureza. Seu ciclo se encerra nos momentos seguintes. A *essência* é a infinitude, como o *Ser-suprassumido* de todas as diferenças, o puro movimento de rotação, a quietude de si mesma como infinitude absolutamente inquieta, a *independência* mesma em que se dissolvem as diferenças do movimento; a essência simples do tempo, que tem, nessa igualdade-consigo-mesma, a figura sólida do espaço.

Porém, nesse meio *simples e universal* as *diferenças* estão também como *diferenças*; pois essa universal fluidez só possui sua natureza negativa enquanto é um *suprassumir das mesmas*; mas não pode suprassumir as diferenças se essas não têm um subsistir. Justamente essa fluidez, como a própria independência igual-a-si-mesma, é o *subsistir* – ou a *substância* – das diferenças, que assim estão nela como membros distintos e partes *para-si-essentes.* O *ser* não tem mais o significado de *abstração do ser,* nem a essencialidade pura desses membros tem a significação de *abstração da universalidade*; mas o seu ser é agora justamente aquela fluida substância simples do puro movimento em si mesmo. Porém, a *diferença* desses membros, *uns em relação aos outros,* como diferença não consiste, em geral, em nenhuma outra *determinidade* que não a determinidade dos momentos da infinitude ou do puro movimento mesmo.

170 – [Die selbstandigen] Os membros independentes são *para si*; mas esse *Ser-para-si* é antes, *imediatamente,* sua reflexão na unidade – como essa unidade é por sua vez o fracionamento em figuras independentes. A unidade se fracionou por ser unidade absolutamente negativa ou infinita; e, por ser *ela o subsistir,* também a diferença tem independência somente *nela.*

Essa independência da figura se manifesta como algo *determinado, para Outro,* posto que é uma fração; e assim, o *suprassumir* do fracionamento ocorre mediante um Outro. Mas esse suprassumir está nela mesma, porque justamente aquela fluidez é a substância das figuras independentes; ora, esta substância é infinita; logo, a figura é o fracionamento em seu subsistir mesmo, ou o suprassumir de seu Ser-para-si.

171 – [Untercheiden wir] Distinguindo mais exatamente os momentos aí contidos, nós vemos que como *primeiro* momento se tem o *subsistir* das figuras *independentes,* ou a repressão do que o diferenciar é dentro de si, a saber: não ser nada em si, e não ter nenhum subsistir. Mas o segundo momento é a subjugação desse subsistir à infinitude das diferenças. No primeiro momento está a figura subsistente: como *para-si-essente* – ou a substância infinita em sua determinidade –, que surgindo em contraste com a substância universal nega essa fluidez e continuidade com ela, e se afirma como não dissolvida nesse universal: ao contrário, se conserva por sua separação dessa sua natureza inorgânica e pelo consumo da mesma.

No meio fluido universal, que é um *tranquilo* desdobrar-se-em-leque das figuras, a vida vem-a-ser, por isso mesmo, o movimento das figuras, isto é, a vida como *processo.* A fluidez universal simples é o *Em-si*; a diferença das figuras é o *Outro*. Porém, devido a tal diferença, essa mesma fluidez vem-a-ser *o Outro*; pois ela agora é *para a diferença*, que é em si-e-para-si-mesma, e portanto o movimento infinito pelo qual aquele meio tranquilo é consumido; isto é, a vida como *ser vivo*.

Mas, por esse motivo, essa *inversão* é por sua vez a *"inversidade" em si mesma*. O que é consumido é a essência; a individualidade, que às custas do universal se mantém e se dá o sentimento de sua unidade consigo mesma, suprassume assim diretamente sua *oposição com o outro, por meio da qual é para-si*. A *unidade* consigo mesma, que ela se outorga, é justamente a *fluidez* das diferenças ou a *dissolução universal*.

Inversamente, porém, o suprassumir da subsistência individual é também o produzi-la. Com efeito, como a *essência* da figura individual é a vida universal, e o *para-si-essente* é em si substância simples, então, ao pôr o outro dentro de si, suprassume essa sua *simplicidade* ou sua essência; isto é, a fraciona. Esse fracionamento da fluidez indiferenciada é precisamente o pôr da individualidade. Assim, a substância simples da vida é o seu fracionamento em figuras, e ao mesmo tempo a dissolução dessas diferenças subsistentes; e a dissolução do fracionamento é também um fracionar ou um articular de membros.

Assim, coincidem, um com o outro, os dois lados do movimento total que tinham sido diferenciados, a saber: a figuração, tranquilamente abrindo-se-em-leque no meio universal da independência, e o processo da vida. Esse último é tanto figuração quanto o suprassumir da figura. O primeiro, a figuração, é tanto um suprassumir quanto uma articulação de membros. O elemento fluido é apenas a *abstração* da essência, ou só é *efetivo* como figura. O articular-se em membros é, por sua vez, um fracionar do articulado, ou um dissolver do mesmo.

Esse circuito todo constitui a vida, a qual não é o que de início se enunciou: a continuidade imediata e a solidez de sua essência; nem é a figura subsistente e o Discreto *para-si-essente*; nem o puro processo deles; nem ainda o simples enfeixamento desses momentos; mas, sim, é o todo que se desenvolve, que dissolve seu desenvolvimento e que se conserva simples nesse movimento.

172 – [Indem von der] Uma vez que partindo da primeira unidade imediata se retorna através dos momentos da figuração e do processo à unidade de ambos os momentos e, portanto, de novo à primeira substância simples, é que essa *unidade refletida* é outra que a primeira. Em contraste com a primeira unidade *imediata* – ou expressa como um *ser* –, esta segunda é a unidade *universal* que contém todos esses momentos como suprassumidos. *É o gênero simples* que no movimento da vida mesma não *existe para si como este Simples*; mas, neste *resultado*, a vida remete a outro que ela, a saber: à consciência para a qual a vida é como esta unidade, ou como gênero.

173 – [Dies andere] Mas essa outra vida, para a qual é o *gênero* enquanto tal, e que é para si mesma gênero – a *consciênda-de-si* – inicialmente é para si mesma apenas como esta simples essência, e tem por objeto a si mesma como o *puro Eu.* Em sua experiência, que importa examinar agora, esse objeto abstrato vai enriquecer-se para ela e adquirir o desdobramento que nós vimos na vida.

174 – [Das einfache] O Eu simples é esse gênero, ou o Universal simples, para o qual as diferenças não são nenhumas, somente enquanto ele é *a essência negativa* dos momentos independentes configurados. Assim a consciência-de-si é certa de si mesma, somente através do suprassumir desse Outro, que se lhe apresenta como vida independente: a consciência-de-si é *desejo.* Certa da nulidade desse Outro, põe *para si* tal nulidade como sua verdade; aniquila o objeto independente, e se outorga, com isso, a certeza de si mesma como *verdadeira* certeza, como uma certeza que lhe veio-a-ser de *maneira objetiva.*

175 – [In dieser Befriedigung] Entretanto, nessa satisfação a consciência-de-si faz a experiência da independência de seu objeto. O desejo e a certeza de si mesma, alcançada na satisfação do desejo, são condicionados pelo objeto, pois a satisfação ocorre através do suprassumir desse Outro; para que haja suprassumir, esse Outro deve ser.

A consciência-de-si não pode assim suprassumir o objeto através de sua relação negativa para com ele; pois essa relação antes reproduz o objeto, assim como o desejo. De fato, a essência do desejo *é* um Outro que a consciência-de-si; e através de tal experiência essa verdade veio-a-ser para a consciência. Porém, ao mesmo tempo, a consciência-de-si é também absolutamente para si, e é isso somente através do suprassumir do objeto; suprassumir que deve tornar-se para a consciência-de-si sua satisfação, pois ela é sua verdade. Em razão da independência do objeto, a consciência-de-si só pode alcançar satisfação quando esse objeto leva a cabo a negação de si mesmo, nela; e deve levar a cabo em si tal negação de si mesmo, pois é *em si* o negativo, e deve ser para o Outro o que ele é.

Mas quando o objeto é em si mesmo negação, e nisso é ao mesmo tempo independente, ele é consciência. Na vida, que é o objeto do desejo, a *negação* ou está *em um Outro*, a saber, no desejo, ou está como *determinidade* em contraste com uma outra figura independente; ou então como sua *natureza inorgânica universal*. Mas uma tal natureza universal independente, na qual a negação está como negação absoluta, é o gênero como tal, ou como *consciência-de-si*. A *consciência-de-si só alcança sua satisfação em uma outra consciência-de-si.*

176 – [In diesen drei] Nesses três momentos se completa o conceito da consciência-de-si:

a) O puro Eu indiferenciado é seu primeiro objeto imediato.

b) Mas essa imediatez mesma é absoluta mediação: é somente como o suprassumir do objeto independente; ou seja; ela é desejo. A satisfação do desejo é a reflexão da consciência-de-si sobre si mesma, ou a certeza que veio-a-ser verdade.

c) Mas a verdade dessa certeza é antes a reflexão redobrada, a duplicação da consciência-de-si. A consciência-de-si é um objeto para a consciência, objeto que põe em si mesmo seu ser-outro, ou a diferença de-nada, e nisso é independente.

A figura diferente, apenas *viva*, suprassume sem dúvida no processo da vida mesma, sua independência, mas junto com sua diferença cessa de ser o que é. Porém, o objeto da consciência-de-si é também independente nessa negatividade de si mesmo e assim é, para si mesmo, gênero, universal fluidez na peculiaridade de sua distinção: é uma consciência-de-si viva.

177 – [Es ist ein] É uma consciência-de-si para uma consciência-de-si. E somente assim ela é, de fato: pois só assim vem-a-ser para ela a unidade de si mesma em seu ser-outro. O *Eu*, que é objeto de seu conceito, não é de fato *objeto*. Porém, o objeto do desejo é só *independente* por ser a substância universal indestrutível, a fluida essência igual-a-si-mesma. Quando a consciência-de-si é o objeto, é tanto Eu quanto objeto.

Para nós, portanto, já está presente o conceito *do espírito*.

Para a consciência, o que vem-a-ser mais adiante, é a experiência do que é o espírito: essa substância absoluta que na perfeita liberdade e independência de sua oposição – a saber, das diversas consciências-de-si para si *essentes* – é a unidade das mesmas: *Eu*, que é *Nós*, *Nós* que é *Eu*.

A consciência tem primeiro na consciência-de-si, como no conceito de espírito, seu ponto-de-inflexão, a partir do qual se afasta da aparência colorida do aquém sensível, e da noite vazia do além suprassensível, para entrar no dia espiritual da presença.

A – INDEPENDÊNCIA E DEPENDÊNCIA DA CONSCIÊNCIA-DE-SI: DOMINAÇÃO E ESCRAVIDÃO

178 – [Das Selbstbewusstsein] A consciência-de-si é *em si* e *para si* quando e por que é em si e para si para uma Outra; quer dizer, só é como algo reconhecido. O conceito dessa sua unidade em sua duplicação, [ou] da infinitude que se realiza na consciência-de-si, é um entrelaçamento multilateral e polissêmico. Assim seus momentos devem, de uma parte, ser mantidos rigorosamente separados, e de outra parte, nessa diferença, devem ser tomados ao mesmo tempo como não diferentes, ou seja, devem sempre ser tomados e reconhecidos em sua significação oposta.

O duplo sentido do diferente reside na [própria] essência da consciência-de-si: [pois tem a essência] de ser infinita, ou de ser imediatamente o contrário da determinidade na qual foi posta. O desdobramento do conceito dessa unidade espiritual, em sua duplicação, nos apresenta o movimento do *reconhecimento*.

179 – [Es it fur das] Para a consciência-de-si há uma outra consciência-de-si [ou seja]: ela veio para *fora de si.* Isso tem dupla significação: *primeiro,* ela se perdeu a si mesma, pois se acha numa *outra* essência. *Segundo,* com isso ela suprassumiu o Outro, pois não vê o Outro como essência, mas é a *si mesma* que vê no *Outro.*

180 – [Es muss dies] A consciência-de-si tem de suprassumir esse *seu-ser-Outro.* Esse é o suprassumir do primeiro sentido duplo, e, por isso mesmo, um segundo sentido duplo: *primeiro,* deve proceder a suprassumir a *outra* essência independente, para assim vir-a-ser a certeza *de si* como essência; *segundo,* deve proceder a suprassumir a *si mesma,* pois ela mesma é esse Outro.

181 – [Dies doppelsinnige] Esse suprassumir de sentido duplo do seu ser-Outro de duplo sentido é também *um* retorno, de duplo sentido, *a si mesma*; portanto, em *primeiro lugar* a consciência retorna a si mesma mediante esse suprassumir, pois se torna de novo igual a si mesma mediante esse suprassumir *do seu* ser-Outro; *segundo,* restitui também a ela mesma a outra consciência-de-si, já que era para si no Outro. Suprassume esse *seu* ser no Outro, e deixa o Outro livre, de novo.

182 – [Diese Bewegung] Mas esse movimento da consciência-de-si em relação a uma outra consciência-de-si se representa, desse modo, como o *agir de uma* (delas). Porém, esse agir de uma tem o duplo sentido de ser tanto o *seu agir* como o *agir da outra*; pois a outra é também independente, encerrada em si mesma, nada há nela que não seja mediante ela mesma.

A primeira consciência-de-si não tem diante de si o objeto, como inicialmente é só para o desejo; o que tem é um objeto independente, para si *essente,* sobre o qual, portanto, nada pode fazer para si, se o objeto não fizer em si o mesmo que ela nele faz. O movimento é assim, pura e simplesmente, o duplo movimento das duas consciências-de-si. Cada uma vê *a outra fazer* o que ela faz; cada uma faz o que da outra exige - portanto, faz *somente o que faz* enquanto a outra faz o mesmo. O agir unilateral seria inútil; pois, o que deve acontecer, só pode efetuar-se através de ambas as consciências.

183 – [Das Tun ist] Por conseguinte, o agir tem duplo sentido, não só enquanto é agir quer *sobre si* mesmo, quer *sobre o Outro,* mas também enquanto indivisamente é o *agir* tanto de *um* quanto de *Outro*.

184 – [In dieser Bewegung] Vemos repetir-se, nesse movimento, o processo que se apresentava como jogo de forças; mas [agora] na consciência. O que naquele [jogo de forças] era para nós, aqui é para os extremos mesmos. O meio-termo é a consciência-de-si que se decompõe nos extremos; e cada extremo é essa troca de sua determinidade, e passagem absoluta para o oposto.

Como, porém, é consciência, cada extremo vem mesmo para fora de si; todavia ao mesmo tempo, em seu *ser-fora-de-si*, é retido em si; é *para-si*; e seu ser-fora-de-si é *para ele*. É para ele que imediatamente *é* e *não é* outra consciência; e também que esse Outro só é para si quando se suprassume como para-si-essente; e só é para si no ser-para-si do Outro. Cada extremo é para o Outro o meio-termo, mediante o qual é consigo mesmo mediatizado e concluído; cada um é para si e para o Outro, essência imediata para si *essente*; que ao mesmo tempo só é para si através dessa mediação. *Eles se reconhecem* como *reconhecendo-se reciprocamente*.

185 – [Dieser reine Begriff] Consideremos agora este puro conceito do reconhecimento, a duplicação da consciência-de-si em sua unidade, tal como seu processo se manifesta para a consciência-de-si. Esse processo vai apresentar primeiro o lado da *desigualdade* de ambas [as consciências-de-si] ou o extravasar do meio-termo nos extremos, os quais, como extremos, são opostos um ao outro; um extremo é só o que é reconhecido; o outro, só o que reconhece.

186 – [Das Selbstbewusstsein] De início, a consciência-de-si é ser-para-si simples, igual a si mesma mediante o excluir *de si* todo o *outro*. Para ela, sua essência e objeto absoluto é o *Eu*; e nessa *imediatez* ou *nesse ser* de seu ser-para-si é [um] *singular*. O que é Outro para ela, está como objeto inessencial, marcado com o sinal do negativo. Mas o Outro é também uma consciência-de-si; um indivíduo se confronta com outro indivíduo. Surgindo assim *imediatamente*, os indivíduos são um para o outro, à maneira de objetos comuns, figuras *independentes*, consciências imersas no *ser* da *vida* – pois o objeto essente aqui se determinou como vida. São consciências que ainda não levaram a cabo, *uma para a outra*, o movimento da abstração absoluta, que consiste em extirpar todo ser imediato, para ser apenas o puro ser negativo da consciência igual-a-si-mesma. Quer dizer: essas consciências ainda não se apresentaram, uma para a outra, como puro *ser-para-si*, ou seja, como consciência-*de-si*. Sem dúvida, cada uma está certa de si mesma, mas não da outra; e assim sua própria certeza de si não tem verdade nenhuma, pois sua verdade só seria se seu próprio ser-para-si lhe fosse apresentado como objeto independente ou, o que é o mesmo, o objeto [fosse apresentado] como essa pura certeza de si mesmo. Mas, de acordo com o conceito do reconhecimento, isso não é possível a não ser que cada um leve a cabo essa pura abstração do ser-para-si: ele para o outro, o outro para ele; cada um em si mesmo, mediante seu próprio agir, e de novo, mediante o agir do outro.

187 – [Die Darstellung] Porém, a apresentação de si como pura abstração da consciência-de-si consiste em mostrar-se como pura negação de sua maneira de ser objetiva, ou em mostrar que não está vinculado a nenhum *ser-aí* determinado, nem à singularidade universal do *ser-aí* em geral, nem à vida.

Esta apresentação é o agir *duplicado*: o agir do Outro e o agir por meio de si mesmo. Enquanto agir do *Outro*, cada um tende, pois, à morte do Outro. Mas aí está também presente o segundo agir, *o agir por meio de si mesmo*, pois aquele agir do Outro inclui o arriscar a própria vida. Portanto, a relação das duas consciências-de-si é determinada de tal modo que elas se *provam* a si mesmas e uma a outra através de uma luta de vida ou morte.

Devem travar essa luta porque precisam elevar à verdade, no Outro e nelas mesmas, sua certeza de ser-para-si. Só mediante o pôr a vida em risco, a liberdade [se comprova]; e se prova que a essência da consciência-de-si não é o *ser*, nem o modo *imediato* como ela surge, nem o seu submergir-se na expansão da vida; mas que nada há na consciência-de-si que não seja para ela momento evanescente; que ela é somente puro *ser-para-si*. O indivíduo que não arriscou a vida pode bem ser reconhecido como *pessoa*; mas não alcançou a verdade desse reconhecimento como uma consciência-de-si independente. Assim como arrisca sua vida, cada um deve igualmente tender à morte do outro; pois para ele o Outro não vale mais que ele próprio. Sua essência se lhe apresenta como um Outro, está fora dele; deve suprassumir seu ser-fora-de-si. O Outro é uma consciência *essente* e de muitos modos enredada; a consciência-de-si deve intuir seu ser-Outro como puro ser para-si, ou como negação absoluta.

188 – [Diese Bewahrung] Entretanto, essa comprovação por meio da morte suprassume justamente a verdade que dela deveria resultar, e com isso também [suprassume] a certeza de si mesmo em geral. Com efeito, como a vida é a posição *natural* da consciência, a independência sem a absoluta negatividade, assim a morte é a negação *natural* desta mesma consciência, a negação sem a independência, que assim fica privada da significação pretendida do reconhecimento.

Mediante a morte, sem dúvida, veio-a-ser a certeza de que ambos arriscavam sua vida e a desprezavam cada um em si e no Outro; mas essa [certeza] não é para os que travam essa luta. Suprassumem sua consciência posta nesta essencialidade alheia, que é o ser aí natural, ou [seja], suprassumem a si mesmos, e vêm-a-ser suprassumidos como os *extremos* que querem ser para si. Desvanece porém com isso igualmente o momento essencial nesse jogo de trocas: o momento de se decompor em extremos de determinidades opostas; e o meio-termo desmorona em uma unidade morta, que se decompõe em extremos mortos, não opostos, e apenas *essentes*. Os dois extremos não se dão nem se recebem de volta, um ao outro reciprocamente através da consciência, mas deixam um ao outro indiferentemente livres, como coisas. Sua operação é a negação abstrata, não a negação da consciência, que *suprassume* de tal modo que *guarda* e *mantém* o suprassumido e com isso sobrevive a seu vir-a-ser-suprassumido.

189 – [In dieser Erfahrung] Nessa experiência, vem-a-ser para a consciência-de-si que a vida lhe é tão essencial quanto a pura consciência-de-si. Na consciência-de-si imediata, o Eu simples é o objeto absoluto; que no entanto para nós ou em si é a mediação absoluta, e tem por momento essencial a independência subsistente.

A dissolução daquela unidade simples é o resultado da primeira experiência; mediante essa experiência se põem uma pura consciência-de-si, e uma consciência que não é puramente para si, mas para um outro, isto é, como consciência *essente*, ou consciência na figura da *coisidade*. São essenciais ambos os momentos; porém como, de início, são desiguais e opostos, e ainda não resultou sua reflexão na unidade, assim os dois momentos são como duas figuras opostas da consciência: uma, a consciência independente para a qual o ser-para-si é a essência; outra, a consciência dependente para a qual a essência é a vida, ou o ser para um Outro. Uma é o *senhor*, outra é o *escravo*.

190 – [Der Herr ist] O senhor é a consciência *para si essente*, mas já não é apenas o conceito dessa consciência, senão uma consciência para si *essente* que é mediatizada consigo por meio de uma *outra* consciência, a saber, por meio de uma consciência a cuja essência pertence ser sintetizada com um *ser* independente, ou com a coisidade em geral. O senhor se relaciona com estes dois momentos: com uma *coisa* como tal, o objeto do desejo, e com a consciência para a qual a coisidade é o essencial. Portanto, o senhor:

a) como conceito da consciência-de-si é relação imediata do *ser-para-si*; mas,

b) ao mesmo tempo como mediação, ou como um ser-para-si que só é para si mediante um Outro, se relaciona

a') imediatamente com os dois momentos; e

b') mediatamente, com cada um por meio do outro.

O senhor se relaciona *mediatamente com o escravo por meio do ser independente*, pois justamente ali o escravo está retido; essa é sua cadeia, da qual não podia abstrair-se na luta, e por isso se mostrou dependente, por ter sua independência na coisidade. O senhor, porém, é a potência sobre esse ser, pois mostrou na luta que tal ser só vale para ele como um negativo. O senhor é a potência que está por cima desse ser; ora, esse ser é a potência que está sobre o Outro; logo, o senhor tem esse Outro por baixo de si: é este o silogismo [da dominação].

O senhor também se relaciona *mediatamente por meio do escravo com a coisa*; o escravo, enquanto consciência-de-si em geral, se relaciona também negativamente com a coisa, e a suprassume. Porém, ao mesmo tempo, a coisa é independente para ele, que não pode portanto, através do seu negar, acabar com ela até a aniquilação; ou seja, o escravo somente a trabalha. Ao contrário, para o senhor, através dessa mediação, a relação imediata *vem-a-ser* como a pura negação da coisa, ou como *gozo* – o qual lhe consegue o que o desejo não conseguia: acabar com a coisa, e aquietar-se no gozo. O desejo não o conseguia por causa da independência da coisa; mas o senhor introduziu o escravo entre ele e a coisa, e assim se conclui somente com a dependência da coisa, e puramente a goza; enquanto o lado da independência deixa-o ao escravo, que a trabalha.

191 – [In diesen beiden] Nesses dois momentos vem-a-ser para o senhor o seu Ser-reconhecido mediante uma outra consciência [a do escravo]. Com efeito, essa se põe como inessencial em ambos os momentos; uma vez na elaboração da coisa, e outra vez, na dependência para com um determinado ser-aí; dois momentos em que não pode assenhorar-se do ser, nem alcançar a negação absoluta. Portanto, está presente o momento do reconhecimento no qual a outra consciência se suprassume como ser-para-si, e assim faz o mesmo que a primeira faz em relação a ela. Também está presente o outro momento, em que o agir da segunda consciência é o próprio agir da primeira, pois o que o escravo faz é justamente o agir do senhor, para o qual somente é o ser-para-si, a essência: ele é a pura potência negativa para a qual a coisa é nada, e é também o puro agir essencial nessa relação. O agir do escravo não é um agir puro, mas um agir inessencial.

Mas, para o reconhecimento propriamente dito, falta o momento em que o senhor opera sobre o outro o que o outro operaria sobre si mesmo; e o escravo faz sobre si o que também faria sobre o Outro. Portanto, o que se efetuou foi um reconhecimento unilateral e desigual.

192 – [Das unwesentliche] A consciência inessencial é, nesse reconhecimento, para o senhor o objeto que constitui a *verdade* da certeza de si mesmo. Claro que esse objeto não corresponde ao seu conceito; é claro, ao contrário, que ali onde o senhor se realizou plenamente, tornou-se para ele algo totalmente diverso de uma consciência independente; para ele, não é uma tal consciência, mas uma consciência dependente.

Assim, o senhor não está certo do *ser-para-si* como verdade; mas sua verdade é de fato a consciência inessencial e o agir inessencial dessa consciência.

193 – [Die Wahrheit] A *verdade* da consciência independente é por conseguinte a *consciência escrava.* Sem dúvida, esta aparece de início *fora* de si, e não como a verdade da consciência-de-si. Mas, como a dominação mostrava ser em sua essência o inverso do que pretendia ser, assim também a escravidão, ao realizar-se cabalmente, vai tornar-se, de fato, o contrário do que é imediatamente; entrará em si como consciência *recalcada* sobre si mesma e se converterá em verdadeira *independência.*

194 – [Wir sahen nur] Vimos somente o que a escravidão é em relação à dominação. Mas a consciência escrava é consciência-de-si, e importa considerar agora o que é em si e para Si mesma. Primeiro, para a consciência escrava, o senhor é a essência; portanto, a *consciência independente para si essente* é para ela a *verdade*; contudo *para ela* [a verdade] ainda não está nela, muito embora tenha *de fato nela mesma* essa verdade da pura negatividade e do *ser-para-si*; pois *experimentou* nela essa essência. Essa consciência sentiu a angústia, não por isto ou aquilo, não por este ou aquele instante, mas sim através de sua essência toda, pois sentiu o medo da morte, do senhor absoluto. Aí se dissolveu interiormente; em si mesma tremeu em sua totalidade; e tudo que havia de fixo, nela vacilou.

Entretanto, esse movimento universal puro, o fluidificar-se absoluto de todo o subsistir, é a essência simples da consciência-de-si, a negatividade absoluta, o puro ser-para-si, que assim é *nessa* consciência. É também *para ela* esse momento do *puro ser-para-si,* pois é seu *objeto* no senhor. Aliás, aquela consciência não é só essa universal dissolução em geral, mas ela se implementa *efetivamente* no servir. Servindo, suprassume em todos os momentos sua aderência ao ser-aí natural; e trabalhando, o elimina.

195 – [Das Gefuhl] Mas o sentimento da potência absoluta em geral, e em particular o do serviço, é apenas a dissolução *em si*; e embora o temor do senhor seja, sem dúvida, o início da sabedoria, a consciência aí é *para ela mesma,* mas não é o *ser-para-si*; porém encontra-se a si mesma por meio do trabalho. No momento que corresponde ao desejo na consciência do senhor, parecia caber à consciência escrava o lado da relação inessencial para com a coisa, porquanto ali a coisa mantém sua independência. O desejo se reservou o puro negar do objeto e por isso o sentimento-de-si-mesmo, sem mescla. Mas essa satisfação é pelo mesmo motivo, apenas um evanescente, já que lhe falta o lado *objetivo* ou o *subsistir.* O trabalho, ao contrário, é desejo *refreado*, um desvanecer *contido*, ou seja, o trabalho *forma*. A relação negativa para com o objeto torna-se a *forma* do mesmo e *algo permanente*, porque justamente o objeto tem independência para o trabalhador. Esse meio-termo negativo ou *agir* formativo é, ao mesmo tempo, a *singularidade*, ou o puro ser-para-si da consciência, que agora no trabalho se transfere para fora de si no elemento do permanecer; a consciência trabalhadora, portanto, chega assim à intuição do ser independente, como [intuição] de si mesma.

196 – [Das Formieren] No entanto, o formar não tem só este significado positivo, segundo o qual a consciência escrava se torna para si um *essente* como puro *ser-para-si*. Tem também um significado negativo frente a seu primeiro momento, o medo. Com efeito: no formar da coisa, torna-se objeto para o escravo sua própria negatividade, seu ser-para-si, somente porque ele suprassume a *forma* essente oposta. Mas esse *negativo* objetivo é justamente a essência alheia ante a qual ele tinha tremido. Agora, porém, o escravo destrói esse negativo alheio, e *se* põe, como tal negativo, no elemento do permanecer: e assim se torna, *para si mesmo*, um *para-si-essente*.

No senhor, o ser-para-si é para o escravo *um Outro*, ou seja, é somente *para ele*. No medo, o ser-para-si está *nele mesmo*. No formar, o ser-para-si se torna para ele como *o seu próprio*, e assim chega à consciência de ser ele mesmo em si e para si.

A forma não se torna um outro que a consciência pelo fato de se ter *exteriorizado*, pois justamente essa forma é seu puro ser-para-si, que nessa exteriorização vem-a-ser para ela verdade. Assim, precisamente no trabalho, onde parecia ser apenas um *sentido alheio*, a consciência, mediante esse reencontrar-se de si por si mesma, vem-a-ser *sentido próprio*.

Para que haja tal reflexão são necessários os dois momentos; o momento do medo e do serviço em geral, e também o momento do formar; e ambos ao mesmo tempo de uma maneira universal. Sem a disciplina do serviço e da obediência, o medo fica no formal, e não se estende sobre toda a efetividade consciente do ser-aí. Sem o formar, permanece o medo como interior e mudo, e a consciência não vem-a-ser para ela mesma. Se a consciência se formar sem esse medo absoluto primordial, então será apenas um sentido próprio vazio; pois sua forma ou negatividade não é a negatividade *em si*, e seu formar, portanto, não lhe pode dar a consciência de si como essência.

Se não suportou o medo absoluto, mas somente alguma angústia, a essência negativa ficou sendo para ela algo exterior: sua substância não foi integralmente contaminada por ela. Enquanto todos os conteúdos de sua consciência natural não forem abalados, essa consciência pertence ainda, *em si*, ao ser daterminado. O sentido próprio é *obstinação* [*eigene Sinn* = *Eigensinn*], uma liberdade que ainda permanece no interior da escravidão. Como nesse caso a pura forma não pode tornar-se essência, assim também essa forma, considerada como expansão para além do singular, não pode ser um formar universal, conceito absoluto; mas apenas uma habilidade que domina uma certa coisa, mas não domina a potência universal e a essência objetiva em sua totalidade.

B - LIBERDADE DA CONSCIÊNCIA-DE-SI: ESTOICISMO, CEPTICISMO E A CONSCIÊNCIA INFELIZ

197 – [Dem selbstandigen] Para a consciência-de-si independente, sua essência é somente a pura abstração *do Eu*. Mas quando essa abstração se cultiva e se outorga diferenças, esse diferenciar não se lhe torna essência objetiva *em-si-essente*. Essa consciência-de-si não se torna, pois, um Eu que se diferencia verdadeiramente em sua simplicidade, ou que permanece-igual a si mesmo nessa diferença absoluta. Ao contrário, no formar a consciência recalcada sobre si torna-se objeto para si mesma como forma da coisa formada e ao mesmo tempo contempla no senhor o ser-para-si como consciência. Porém, na consciência escrava, como tal, não coincidem esses dois momentos um com o outro: o *de si mesma* como objeto independente, e o desse objeto como uma consciência, e, portanto, como sua própria essência.

Para nós, ou *em-si*, são a mesma coisa, *a forma* e o *ser-para-si*; e no conceito da consciência independente o *ser-em-si* é a consciência; por isso, o lado do *ser-em-si* ou da *coisidade*, que recebia a forma no trabalho, não é outra substância que a consciência. Surgiu, assim, para nós, uma nova figura da consciência-de-si: uma consciência que é para si mesma a essência como infinitude ou puro movimento da consciência: uma consciência que *pensa,* ou uma consciência-de-si livre.

Pois é isto o que *pensar* significa: ser objeto para si não como *Eu abstrato,* mas como Eu que tem ao mesmo tempo o sentido de *ser-em-si*; ou seja: relacionar-se com essência objetiva de modo que ela tenha a significação do *ser-para-si* da consciência para a qual ela é.

Para *o pensar,* o objeto não se move em representações ou figuras, mas sim em *conceitos,* o que significa: num ser-em-si diferente, que imediatamente para a consciência não é nada diferente dela. O *representado,* o *figurado,* o *essente* como tal, tem a forma de ser algo outro que a consciência; mas um conceito é, ao mesmo tempo, um *essente,* e essa diferença, enquanto está na consciência mesma, é seu conteúdo determinado; porém por ser tal conteúdo, ao mesmo tempo, algo conceptualizado, ela permanece *imediatamente* cônscia de sua unidade com esse *essente* determinado e diferente. Não é como na representação em que a consciência tem ainda de lembrar-se expressamente de que isso é *sua* representação; ao contrário, o conceito é para mim, imediatamente, *meu* conceito.

No pensar, Eu *sou livre*; porque não estou em um Outro, mas pura e simplesmente fico em mim mesmo, e o objeto, que para mim é a essência, é meu ser-para-mim, em unidade indivisa; e meu movimento em conceitos é um movimento em mim mesmo.

Entretanto, na determinação dessa figura da consciência-de-si, é essencial reter com firmeza que ela é a consciência *pensante, em geral,* ou que seu objeto é a unidade *imediata* do *ser-em-si* e do *ser-para-si.* A consciência, sua própria homônima, que se repele de si mesma, torna-se para si *elemento em-si-essente*; mas, para si, só é esse elemento como essência universal em geral; não como esta essência objetiva no desenvolvimento e no movimento de seu ser multiforme.

198 – [Diese Freiheit] Como é sabido, chama-se *estoicismo* essa liberdade da consciência-de-si, quando surgiu em sua manifestação consciente na história do espírito. Seu princípio é que a consciência é essência pensante e que uma coisa só tem essencialidade, ou só é verdadeira e boa para ela, na medida em que a consciência aí se comporta como essência pensante.

199 – [Die vielfache] O objeto sobre o qual atuam o desejo e o trabalho é a expansão multiforme da vida, diferenciando-se em si mesma: sua singularização e complexificação. Esse agir multiforme se condensou agora na diferença simples que está no puro movimento do pensar. A diferença que tem mais essencialidade não é a diferença que se põe como *coisa determinada*, ou como *consciência de um determinado ser-aí natural*, como um sentimento ou como um *desejo* e *fim para esse desejo*; quer esse fim seja posto pela *consciência própria* ou *alheia*; mas somente a diferença que é *pensada*, ou que não se diferencia imediatamente de mim.

Essa consciência [estoica] é por isso negativa no que diz respeito à relação de dominação e escravidão. Seu agir não é o do senhor que tem sua verdade no escravo, nem o do escravo que tem sua verdade na vontade do senhor e em seu servir; mas seu agir é livre, no trono como nas cadeias e em toda [forma de] dependência de seu ser aí singular. [Seu agir] é conservar-se na impassibilidade que continuamente se *retira* do movimento do ser-aí, do atuar como do padecer, para *a essencialidade simples do pensamento*. A obstinação é a liberdade que se apega a uma singularidade e se mantém *dentro* do âmbito da servidão; o estoicismo, porém, é a liberdade que imediatamente saindo sempre da servidão retorna *à pura universalidade* do pensamento. Como forma universal do espírito do mundo, [o estoicismo] só podia surgir num tempo de medo e de escravidão universais, mas também de cultura universal, que tinha elevado o formar até o nível do pensar.

200 – [Ob nun zwar] Embora a essência da consciência-de-si não seja um outro que ela; nem a pura abstração do Eu, e sim um Eu que tem nele o ser-outro, mas como diferença pensada, de modo que em seu ser-outro o Eu retornou imediatamente a si; ainda assim a essência dessa consciência-de-si é ao mesmo tempo apenas uma essência *abstrata*. A liberdade da consciência-de-si é *indiferente* quanto ao ser-aí natural; por isso *igualmente o deixou livre*, e a *reflexão* é uma reflexão *duplicada*.

A liberdade no pensamento tem somente o *puro pensamento* por sua verdade; e verdade sem a implementação da vida. Por isso é ainda só o conceito da liberdade, não a própria liberdade viva. Com efeito, para ela a essência é só o pensar em geral, a forma como tal, que afastando-se da independência das coisas retornou a si mesma.

Mas porque a individualidade, como individualidade atuante, deveria representar-se como viva; ou, como individualidade pensante, captar o mundo vivo como um sistema de pensamento; então teria de encontrar-se no *pensamento mesmo*, para aquela expansão [do agir], um *conteúdo* do que é bom, e para essa [expansão do pensamento, um conteúdo] do que é verdadeiro. Com isso não haveria *absolutamente* nenhum outro ingrediente, naquilo *que é para a consciência*, a não ser o conceito que é a essência.

Porém, aqui o conceito enquanto *abstração*, separando-se da multiplicidade variada das coisas, não tem *conteúdo* nenhum em si mesmo, exceto um [conteúdo que lhe é] *dado*. A consciência, quando pensa o conteúdo, o destrói como um *ser* alheio, sem dúvida; mas o conceito é conceito *determinado* e justamente essa *determinidade é* o alheio que o conceito possui nele. O estoicismo portanto caía em perplexidade quando lhe perguntavam, na linguagem de então, sobre o *critério* da verdade em geral; quer dizer, com mais propriedade, sobre um *conteúdo do pensamento mesmo*. À pergunta sobre *o que* era bom e verdadeiro era dada ainda uma vez como resposta o mesmo pensar *sem-conteúdo*: "É na racionalidade que deve consistir o bem e o verdadeiro".

Mas essa igualdade-consigo-mesmo do pensar é apenas a pura forma na qual nada se determina. Por isso os termos universais do verdadeiro e do bem, da sabedoria e da virtude, onde o estoicismo tem de parar, de certo são geralmente edificantes; mas como de fato não podem chegar a nenhuma expansão do conteúdo, começam logo a produzir tédio.

201 – [Dieses denkende] Essa consciência pensante, tal como se determinou, como liberdade abstrata, é portanto somente a negação incompleta do ser-outro; apenas se *retirou* do ser-aí, para si mesma; e não se levou a cabo como absoluta negação do ser-aí nela. De certo, o conteúdo vale para ela só como pensamento: aliás como pensamento *determinado*, e ao mesmo tempo como determinidade enquanto tal.

202 – [Der Skeptizismus] O cepticismo é a realização do que o estoicismo era somente o conceito; – e a experiência efetiva do que é a liberdade do pensamento: liberdade que *em-si* é o negativo, e que assim deve apresentar-se.

De fato, com a reflexão da consciência-de-si para dentro do pensamento simples de si mesma, de encontro a essa reflexão caíram fora da infinitude [do pensamento] o ser-aí independente e a determinidade permanente. Agora, no cepticismo vem-a-ser [explícita] *para a consciência* a total inessencialidade e a não autonomia desse Outro. O pensamento torna-se o pensar consumado, que aniquila o ser do *mundo multideterminado*; e nessa multiforme figuração da vida, a negatividade da consciência-de-si livre torna-se a negatividade real.

Fica patente que, como o estoicismo corresponde ao *conceito* da consciência *independente*, manifestada como relação de dominação e escravidão, assim o cepticismo corresponde à *realização* da mesma consciência como atitude negativa para com o ser-Outro, [isto é], ao desejo e ao trabalho. Mas, se o desejo e o trabalho não puderam levar a cabo a negação para a consciência-de-si, ao contrário, essa atitude polêmica para com a múltipla independência das coisas, terá êxito: já que se volta contra elas como consciência-de-si livre, previamente implementada em si mesma. Mais precisamente, porque [essa atitude] tem em si mesma *o pensar* ou a infinitude, e por isso as independências, conforme suas diferenças, para ela são apenas grandezas evanescentes. As diferenças, que no puro pensar de si mesmo são só abstrações das diferenças, tornam-se aqui *todas* as diferenças; e todo ser diferente se torna uma diferença da consciência-de-si.

203 – [Hierdurch hat sich] Com isso se determinou o *agir* do *cepticismo* em geral, e *a maneira* desse agir. O cepticismo revela o *movimento dialético* que são a certeza sensível, a percepção e o entendimento; e também a inessencialidade do que na relação de dominação e de servidão, e do que para o pensamento abstrato vale como *algo determinado.*

Aquela relação abrange ao mesmo tempo, em si, uma *maneira determinada,* na qual também leis morais são dadas como mandamentos do senhor; porém as determinações no pensamento abstrato são conceitos da ciência, na qual o pensar sem conteúdo se expande, e de uma maneira puramente exterior, de fato, atribui o conceito a um ser independente dele, que constitui seu conteúdo; e só mantém como válidos *determinados* conceitos, embora sejam também puras abstrações.

204 – [Das Dialetische] O dialético, como movimento negativo, tal como *é*, imediatamente, revela-se de início à consciência como algo a que ela está entregue, e que não é por meio da consciência mesma. Como *cepticismo*, ao contrário, o movimento dialético é momento da consciência-de-si – para a qual [já] não *acontece*, sem saber como, que desvaneça seu verdadeiro e real. Pois é essa consciência-de-si que na certeza de sua liberdade faz desvanecer até esse outro que se fazia passar por real; e não só o objetivo como tal: também sua própria relação com ele, na qual vale e é valorizada como objetiva. Assim também [faz desvanecer] seu *perceber*, como igualmente seu *consolidar* do que estava em risco de perder-se: a *sofistaria* e seu *verdadeiro determinado e fixado por sua conta.*

Mediante essa negação consciente de si, garante a consciência-de-si *para si mesma a certeza de sua própria liberdade:* produz a experiência da liberdade, e assim a eleva à *verdade.* O que desvanece é o determinado ou a diferença que se estabeleça como firme e imutável, de qualquer modo e seja donde for. Nessa diferença nada há de permanente, e *deve* desvanecer ante o pensar, pois o diferente é justamente isto: não ser *em si mesmo,* mas ter sua essencialidade só em um Outro. Porém, o pensar é a penetração nessa natureza do diferente; é a essência negativa como simples.

205 – [Das skeptische] Assim, a consciência-de-si céptica experimenta, nas vicissitudes de tudo que queria consolidar-se para ela, sua própria liberdade, como dada e mantida para si através de si mesma, ela é essa *ataraxia* do pensar-se a si mesmo, a imutável e *verdadeira certeza de si mesmo.* Certeza que não surge de algo alheio, que faça desmoronar dentro de si seu desenvolvimento multiforme, nem [surge] como um resultado que tivesse seu vir-a-ser na retaguarda. Ao contrário: a consciência mesma é a *absoluta inquietude dialética,* essa mescla de representações sensíveis e pensadas, cujas diferenças coincidem e cuja *igualdade* se dissolve de novo, pois ela mesma é *determinidade* frente ao *desigual.* Mas, de fato, essa consciência justamente aqui, em vez de ser uma consciência igual-a-si-mesma, é apenas uma confusão puramente casual – a vertigem de uma desordem que está sempre se reproduzindo.

A consciência céptica é isso para si mesma, já que ela mesma mantém e produz essa confusão movimentada. Assim, ela confessa ser isso: confessa ser uma consciência *singular*, de todo *contingente*; uma consciência que é *empírica*, dirigida para o que não tem para ela realidade nenhuma: obedece àquilo que para ela não é nenhuma essência; faz e leva à efetividade o que para ela não tem verdade nenhuma.

Mas como se valoriza dessa maneira, enquanto vida *simples, contingente*, e de fato animal - uma consciência-de-si *perdida* - também, em sentido contrário, volta a transformar-se em consciência-de-si *universal igual-a-si-mesma*, por ser a negatividade de toda singularidade e de toda diferença. Dessa igualdade, ou nessa igualdade-consigo-mesma, recai a consciência naquela contingência e confusão, pois justamente essa negatividade movimentada só tem a ver com o singular e só se ocupa com o contingente. Assim, essa consciência é um desvario inconsciente que oscila para lá e para cá, de um extremo da consciência-de-si igual a si mesma, ao outro extremo da consciência casual, confusa e desconcertante.

Não consegue rejuntar em si esses dois pensamentos de si mesma: *ora* conhece sua liberdade como elevação sobre toda confusão e casualidade do ser-aí; *ora* torna a conhecer-se como recaída na *inessencialidade* e como azáfama em torno dela. Faz *desvanecer* no seu pensar o conteúdo inessencial; mas exatamente nisso a consciência é algo inessencial: declara o absoluto desvanecer, mas o declarar *é*; e essa consciência é o desvanecer declarado. Declara a nulidade do ver, ouvir etc., e *ela mesma vê, ouve*, etc.; declara a nulidade das essências éticas e delas faz as potências de seu proceder. Seu agir e suas palavras se contradizem sempre; e, desse modo, ela mesma tem uma dupla consciência contraditória da imutabilidade e *igualdade*; e da completa contingência e *desigualdade* consigo mesma. Mas mantém os termos dessa contradição separados um do outro, e se comporta nisso como no seu movimento puramente negativo em geral. Se lhe indicam a *igualdade*, ela indica a *desigualdade* e quando se lhe objeta essa desigualdade que acaba de declarar, passa adiante para declarar a igualdade. Seu falatório é, de fato, uma discussão entre rapazes teimosos: um diz A quando o outro diz B, e diz B quando o outro diz A: e assim cada um, à custa da contradição *consigo mesmo*, se paga a alegria de ficar sempre em contradição *com o outro*.

206 - [Im Skeptizismus] No cepticismo a consciência se experimenta em verdade como consciência em si mesma contraditória; e dessa experiência surge uma *nova figura* que rejunta os dois momentos que o cepticismo mantém separados. A falta-de-pensamento do cepticismo a respeito de si mesmo tem de desvanecer porque de fato é *uma* consciência que tem nela essas duas modalidades. Essa nova figura é, portanto, uma figura que *para si* é a consciência duplicada de si como libertando-se, imutável e igual a si mesma. É a consciência de si como absolutamente confundindo-se e invertendo-se; e como consciência dessa sua contradição.

No estoicismo, a consciência-de-si é a simples liberdade de si mesmo. No cepticismo, essa liberdade se realiza, aniquila o outro lado do ser-aí determinado; aliás, melhor dito, *se* duplica, e agora é para si mesma algo duplo. Desse modo, a duplicação que antes se repartia entre dois singulares – o senhor e o escravo – retorna à unidade; e assim está presente a duplicação da consciência-de-si em si mesma, que é essencial no conceito do espírito. Mas não está ainda presente a sua unidade, e a *consciência infeliz* é a *consciência-de-si* como essência duplicada e somente contraditória.

[A CONSCIÊNCIA INFELIZ]

207 – [Dieses unglückliche] Essa consciência infeliz, *cindida dentro de si*, já que essa contradição de sua essência é, para ela, *uma* consciência, deve ter numa consciência sempre também a outra; de tal maneira que é desalojada imediatamente de cada uma quando pensa ter chegado à vitória e à quietude da unidade. Mas seu verdadeiro retorno a si mesma, ou a reconciliação consigo, representará o conceito do espírito que se tornou [um ser] vivo e entrou na [esfera da] existência; porque nela mesma como *uma* consciência indivisa já é ao mesmo tempo uma consciência duplicada. Ela mesma *é* o intuir de uma consciência-de-si numa outra; e ela mesma *é* ambas, e a unidade de ambas é também para ela a essência. Contudo, *para si*, ainda não é a essência mesma; ainda não é a unidade das duas.

208 – [Indem es zunachst] Por ser ela inicialmente apenas a *unidade imediata* das duas [consciências-de-si], mas não serem as duas para ela a mesma consciência, e sim consciências opostas –, então, para essa [consciência infeliz] uma é como *essência*, a saber, a consciência simples e imutável; mas a outra, mutável de várias formas, é como o *inessencial*.

Para ela, as duas são essências alheias uma à outra. Ela mesma, por ser a consciência dessa contradição, se põe do lado da consciência mutável, e é para si o inessencial. Mas como consciência da imutabilidade ou da essência simples, deve ao mesmo tempo proceder a libertar-se do inessencial, quer dizer, libertar-se de si mesma. Pois, embora seja de fato para-si exclusivamente consciência mutável, e o imutável lhe seja algo alheio, *ela mesma* é consciência simples, portanto imutável; por isso está cônscia dessa consciência imutável como sendo *sua essência*, mas de tal modo que de novo *ela mesma* para si não é essa essência.

Por conseguinte, a posição que atribui às duas consciências não pode ser uma indiferença recíproca, quer dizer, uma indiferença de si mesma para com o Imutável; mas ela é imediatamente ambas as consciências; a *relação entre ambas é*, para ela, como uma relação da essência para com a inescência, de sorte que essa última deve ser suprassumida. Mas enquanto as duas consciências são igualmente essenciais e contraditórias, ela é somente o movimento contraditório, onde o contrário não chega ao repouso em seu contrário, mas nele se reproduz somente como contrário.

209 – [Es ist damit] Uma luta se trava, assim, com um inimigo contra o qual a vitória é, antes, uma capitulação; ter alcançado um [dos contrários] é, antes, a sua perda em seu contrário. A consciência da vida, de seu ser-aí e de seu operar, é somente a dor em relação a esse ser-aí e operar, pois nisso só possui a consciência de seu contrário como sendo a essência, e a consciência da própria nulidade. Daí parte na ascensão rumo ao Imutável. Mas tal ascensão é essa consciência mesma, e portanto, imediatamente, a consciência do contrário; isto é, de si mesma como singularidade. O Imutável que entra na consciência é, por isto mesmo, tocado igualmente pela singularidade, e só se faz presente junto com ela. E a singularidade, em vez de ter sido eliminada na consciência do Imutável, somente reponta ali sempre de novo.

210 – [In dieser Bewegung] Mas nesse movimento a consciência experimenta justamente o *surgir da singularidade no Imutável e do Imutável na singularidade. Para ela*, a singularidade *em geral* vem-a-ser *na* essência imutável, e ao mesmo tempo *sua própria* singularidade nela. Porque a verdade desse movimento é precisamente o *ser-uno* dessa consciência duplicada. *Essa unidade vem-a-ser para ela*, mas *primeiro* como uma unidade tal *em que* o dominante é *ainda a diversidade* dos dois termos. Assim, para essa consciência, a singularidade se encontra vinculada ao Imutável de um modo tríplice: 1°) – ela mesma reponta de novo para si como oposta à essência imutável, e é recambiada ao início da luta, que permanece o elemento da relação em seu todo. 2°) – O próprio *Imutável* tem nele a *singularidade* para a consciência, de maneira que a singularidade é figura do Imutável, que se encontra por isso revestido de toda a modalidade da existência. 3°) – A consciência encontra a *si mesma* como este singular no Imutável.

O *primeiro* Imutável é para a consciência apenas a essência *alheia* que condena a singularidade; e *enquanto o segundo* Imutável é uma *figura* da *singularidade*, com a consciência mesma, eis que no *terceiro* Imutável a consciência vem-a-ser espírito, tem a alegria de ali se encontrar a si mesma e se torna consciente de ter reconciliado sua singularidade com o universal.

211 – [Was sich hier] O que se apresenta aqui como modalidade e relação do Imutável resultou como a *experiência* que a consciência cindida faz em sua infelicidade. Ora, tal experiência não é, de certo, movimento *unilateral seu*, pois ela mesma é consciência imutável e por isso, ao mesmo tempo, consciência singular também; e o movimento é igualmente movimento da consciência imutável que nele reponta tanto quanto a singular.

Com efeito, este movimento percorre os seguintes momentos:

1º) – o Imutável é oposto à singularidade em geral.

2º) – o Imutável é um singular oposto a outro singular.

3º) – o Imutável, enfim, é um só com o singular.

Entretanto, essa consideração, no que nos concerne, é aqui intempestiva; pois até agora a imutabilidade só surgiu como imutabilidade da consciência que, portanto, não é a verdadeira, mas ainda está afetada por uma oposição. Ainda não surgiu o Imutável tal como é *em-si* e *para-si mesmo*; não sabemos, pois, como ele se comportará. Até agora o que resultou foi apenas isto: para a consciência, que é aqui nosso objeto, estas determinações indicadas se manifestam no Imutável.

212 – [Aus diesem Grunde] Por esta razão, *a consciência* imutável conserva também em sua própria figuração o caráter e os traços fundamentais do ser-cindido e do ser-para-si, frente à consciência singular. Portanto, em geral, é apenas um *acontecer* para esta consciência, que o Imutável adquira a figura da singularidade. Também a consciência singular somente se *encontra* oposta a ele, e assim tem essa relação *pela* [própria] *natureza. Encontrar-se* enfim no Imutável lhe aparece, em parte, como produzido por ela mesma - ou ter ocorrido porque ela mesma é singular. Mas de outra parte, essa unidade [com o Imutável] lhe aparece como pertencendo ao Imutável, quanto à sua existência; e a oposição permanece nessa unidade mesma.

De fato, através da *figuração* do Imutável, o momento do além não só permanece, mas ainda se reforça; pois, se pela figura da efetividade singular parece de um lado achegar-se mais à consciência singular, de outro lado está frente a ela como um opaco *Uno* sensível, com toda a rigidez de um *Efetivo*. A esperança de tornar-se um com ele tem de ficar na esperança, isto é, sem implementação e sem presença. Com efeito, entre a esperança e sua implementação se interpõe, precisamente, a absoluta casualidade, ou a imóvel indiferença que reside na figuração mesma que fundamenta a esperança. Por força da natureza do *Uno essente*, pela efetividade de que se revestiu, ocorre necessariamente que no tempo se tenha desvanecido; e no espaço, haja sucedido longe, e absolutamente longe permaneça.

213 – [Wenn zuerst] Se no início o conceito simples da consciência cindida se determinava por seu empenho em suprassumir essa consciência enquanto singular para tornar-se consciência imutável, agora seu esforço tem por determinação suprassumir sua relação para com o puro *Imutável não figurado*, e somente se permitir a relação com o *Imutável figurado*.

Com efeito: agora, para essa consciência, o *ser-um* do singular com o Imutável é *essência* e *objeto*; como no conceito, o objeto essencial era o imutável abstrato e sem-figura. Agora, o que tem de evitar é essa situação do absoluto ser-cindido do conceito. Mas essa consciência deve elevar ao absoluto vir-a-ser-um sua relação inicialmente exterior com o Imutável figurado como [sendo] uma efetividade alheia.

214 – [Die Bewegung] O movimento no qual a consciência inessencial se esforça por atingir esse ser-um é também um movimento *tríplice*, conforme a tríplice relação que terá com seu Além configurado:

1º) - como *pura consciência*;

2º) - como *essência singular* que se comporta ante a *efetividade* como desejo e trabalho;

3º) - como *consciência* de seu *ser-para-si*.

Vejamos agora como essas três modalidades de seu ser estão presentes e determinadas naquela relação universal.

215 - [Zuerst also] Primeiro, se a consciência inessencial for, pois, considerada como *consciência pura*, nesse caso o Imutável figurado, enquanto é para a consciência pura, parece posto tal como é em si e para si mesmo. Só que o Imutável ainda não surgiu como é em e para si, como já foi dito. Isso de estar na consciência tal como é em si e para si mesmo deveria partir mais dele que da consciência; mas aqui sua presença só ocorre unilateralmente, por meio da consciência. E justamente por isso não é perfeita e verdadeira, mas permanece onerada de imperfeição - ou de uma oposição.

216 - [Obgleich aber] Embora a consciência infeliz não possua tal presença, está ao mesmo tempo acima do puro pensar: seja do puro pensar do estoicismo, *que faz abstração da singularidade* em geral; seja do puro pensar do cepticismo, que é somente *inquieto*, e de fato é apenas a singularidade, como contradição sem-consciência e movimento sem-descanso.

A consciência infeliz ultrapassa esses dois momentos: reúne e mantém unidos o puro pensar e a singularidade, porém não se elevou ainda àquele pensar *para o qual* a singularidade da consciência se reconciliou com o puro pensar mesmo. Está, antes, nesse meio-termo onde o pensar abstrato entra em contato com a singularidade da consciência como singularidade. Ela mesma é esse contato: é a unidade do puro pensar e da singularidade. Também *para ela* é essa singularidade pensante ou o puro pensar, e o Imutável mesmo é essencialmente como singularidade. No entanto, não é *para ela* que esse seu objeto, o Imutável - que tem para ela essencialmente a figura da singularidade -, é *ela mesma*. Ela mesma, que é a singularidade da consciência.

217 - [Es verhält sich] Nesta primeira modalidade, em que a tratamos como *pura consciência*, a consciência infeliz não *se rela-*

ciona com seu objeto como pensante; embora seja *em si* pura singularidade pensante, a relação mútua entre eles não é *puro pensar.* A consciência, por assim dizer, apenas caminha *na direção* do pensar e é *fervor devoto* [*An Denken/Andacht*]. Seu pensamento, sendo tal, fica em um informe badalar de sinos, ou emanação de cálidos vapores; um pensar musical que não chega ao conceito, o qual seria a única modalidade objetiva imanente.

Sem dúvida, seu objeto virá ao encontro desse sentimento interior puro e infinito, mas não se apresentará como conceitual; surgirá pois como algo estranho. Está presente, assim, o movimento interior da alma *pura*, que se *sente* a si mesma, mas se sente doloridamente, como cisão. Movimento de uma *nostalgia* infinita, que tem a certeza que sua essência é aquela alma pura, puro *pensar* que se *pensa como singularidade*; e a certeza de ser conhecida e reconhecida por aquele objeto, porquanto ele se pensa como singularidade.

Mas, ao mesmo tempo, essa essência é o *Além* inatingível, que foge quando abraçado, ou melhor, já fugiu. Já fugiu, pois de um lado é o Imutável que se pensa como singularidade, e assim a consciência nele alcança imediatamente a si mesma; *a si mesma,* mas como o *oposto do Imutável.* Em vez de captar a essência, apenas a *sente,* e caiu de volta em si mesma; como no [ato de] atingir não pode manter-se à distância como este oposto, em lugar de atingir a essência só captou a inessencialidade.

Como de um lado, enquanto se esforça por atingir *a si mesma na essência,* só apreende sua própria efetividade separada, assim, de outro lado, não pode apreender o Outro como [algo] *singular* ou *efetivo.* Onde é procurado, não pode ser encontrado; pois deve justamente ser um Além, algo tal que não se pode encontrar. Buscado como singular, ele não é uma *singularidade* pensada *universal*; não é *conceito,* mas é *singular* como objeto ou como *algo efetivo:* objeto da certeza sensível imediata, e por isso mesmo é somente uma coisa tal que desvaneceu. Portanto, para a consciência, só pode fazer-se presente o *sepulcro* de sua vida. Mas, porque o próprio sepulcro é uma *efetividade,* e é contra a sua natureza manter uma posse duradoura, assim também essa presença do sepulcro é somente a luta de um esforço que tem de fracassar. Só que, ao fazer essa experiência – de que o *sepulcro* de sua essência imutável *efetiva* não tem *nenhuma efetividade*, e de que a *singularidade evanescente*, enquanto evanescente, não é a verdadeira singularidade –, a consciência renunciará a buscar a singularidade imutável como *efetiva*, ou a fixá-la como evanescente; e só assim está apta a encontrar a singularidade como verdadeira, ou como universal.

218 – [Zunachst aber] Mas antes de tudo, o *retorno da alma a si mesma* deve tomar-se no sentido de que, para si, a alma tem *efetividade* enquanto ser *singular*. *Para nós*, ou *em-si*, foi a pura alma que se encontrou, e em si mesma se saciou; pois embora *para ela*, em seu sentimento, a essência esteja dela separada, este sentimento é, em si, *sentimento-de-si*. Sentiu o objeto de seu puro sentir, e esse objeto é ela mesma; assim surge aqui como sentimento-de-si, ou como algo efetivo para si *essente*. Para nós, nesse retorno a si mesma, veio-a-ser sua *segunda relação*, a do desejo e do trabalho, que garante à consciência a certeza interior de si mesma, a qual – para nós – conseguiu mediante o suprassumir e o gozar da essência alheia; isto é: dessa mesma essência sob a forma de coisas independentes.

Mas a consciência infeliz só se *encontra* como *desejosa* e *trabalhadora*. Para ela, não ocorre que encontrar-se assim tem por base a certeza interior de si mesma; e que seu sentimento da essência é esse sentimento-de-si. Enquanto não tem *para si mesma* essa certeza, seu interior permanece ainda a certeza *cindida*, de si mesma. A confirmação que através do trabalho e do gozo poderia obter, é por isso uma certeza igualmente cindida. Quer dizer: a consciência deveria, antes, aniquilar para si tal confirmação; de modo que, embora essa confirmação nela se encontre, seja só a confirmação do que é para si: a saber, a confirmação de sua cisão.

219 – [Die Wirklichkeit] Para essa consciência, a efetividade, contra a qual se volta o desejo e o trabalho, já não é uma *nulidade em si*, que ela apenas deva suprassumir e consumir. É uma efetividade *cindida em dois pedaços*, tal como a própria consciência: só por um lado é em si nula; mas pelo outro lado é um *mundo* consagrado, a figura do Imutável. Com efeito, esse assumiu em si a singularidade, e por ser universal enquanto é o Imutável, em geral sua singularidade tem a significação de toda efetividade.

220 – [Wenn das Bewusstsein] Se a consciência fosse, para si, consciência independente, e se para ela a efetividade fosse nula em si e para si, [então] no trabalho e no gozo chegaria ao sentimento de sua independência; e isso porque seria ela mesma que suprassumiria sua efetividade. Só que, sendo essa figura do Imutável para ela, não seria capaz de suprassumi-la por si mesma. Mas como chega, sem dúvida, à aniquilação da efetividade e ao gozo, isso lhe pode acontecer essencialmente porque o Imutável mesmo lhe *abandona* sua figura e lhe *cede* para seu gozo. De seu lado, a consciência surge aqui *igualmente* como algo efetivo, mas também como cindida interiormente. Essa cisão se apresenta em seu trabalhar e gozar por cindir-se em uma *relação para com a efetividade* – ou o *ser-para-si* – e em um *ser-em-si*.

Aquela relação para com a efetividade é o *alterar* ou *agir* [seja] é o ser-para-si que pertence à consciência *singular* como tal. Mas nisso ela é também *em si*; esse lado pertence ao Além imutável: são as faculdades e as forças – um dom alheio que o Imutável concede igualmente à consciência para que dele goze.

221 – [In seinem Tun] Em seu agir, portanto, a consciência está inicialmente na relação de dois extremos: mantém-se, de lado, como o aquém ativo, e frente a ela está a efetividade passiva. Ambos em relação recíproca, mas também ambos retrotraídos para dentro do Imutável e fixados em si. Dos dois lados se desprende mutuamente uma superfície apenas, que entra no jogo do movimento contra a outra.

O extremo da efetividade é suprassumido mediante o extremo ativo. Mas, por seu lado, a efetividade só pode ser suprassumida porque sua essência imutável a suprassume; se repele de si, e abandona à atividade o que repeliu. A força ativa se manifesta como a *potência* em que a efetividade se dissolve; mas já que para essa consciência o *Em-si* ou a essência é outro que ela, essa potência – sob a forma da qual emerge para a atividade – é para ela o Além de si mesma.

Assim, em vez de retornar a si mesma a partir de seu agir, e de se ter comprovado para si mesma, a consciência antes reflete de volta esse movimento do agir no outro extremo; que por isso é apresentado como puro universal, como a potência absoluta da qual procede o movimento para todos os lados; e que é tanto a essência dos extremos que se rompem – como inicialmente apareceram – quanto a essência da mudança mesma.

222 – [Dass das Unwandelbare] Porque a consciência imutável *renuncia* à sua figura e a *oferece como dom,* em troca a consciência singular *dá graças.* Quer dizer: *se nega* a satisfação da consciência de sua *independência,* e transfere a essência de seu agir de si para o além. De qualquer modo, através desses dois momentos do *abandonar-se recíproco* de ambas as partes, surge para a consciência a *sua* unidade com o Imutável. Só que essa unidade é ao mesmo tempo afetada de separação, e cindida de novo em si mesma: e mais uma vez ressalta dela a oposição entre o universal e o singular.

Portanto, embora a consciência renuncie na *aparência* à satisfação de seu sentimento-de-si, ela assim mesmo alcança a satisfação *efetiva* desse sentimento; pois *ela foi* desejo, trabalho e gozo, e como consciência ela *quis, agiu e gozou.* Sua *ação de graças,* na qual reconhece o outro extremo como essência, e se suprassume – é igualmente *seu próprio* agir; que contrabalança o agir do outro extremo, e opõe ao benefício, que faz dom de si, um agir *equivalente.* Se aquele extremo lhe concede sua *superfície,* a consciência, *todavia,* dá graças, e com isso, ao renunciar a seu próprio agir – quer dizer, à sua *essência* mesma –, propriamente faz mais que o outro, que de si desprende uma superfície apenas.

O movimento completo se reflete, pois, no *extremo da singularidade;* não somente no efetivo desejar, trabalhar e gozar, mas até mesmo no dar graças – em que parece acontecer o contrário.

A consciência se sente aí como este singular que não se deixa iludir pela aparência de sua renúncia, pois sua verdade é que a consciência não renunciou a si. O que se efetuou foi apenas a dupla reflexão de dois extremos, e o resultado é a ruptura reiterada na consciência oposta do *Imutável,* e na consciência dos [momentos] *que a defrontam,* do querer, do implementar, do gozar e da própria renúncia a si mesma; ou seja, na consciência da *singularidade para-si-essente,* em geral.

223 – [Es ist damit] Deste modo se produziu a *terceira relação* do movimento dessa consciência que surge da segunda, como uma consciência tal que em verdade se comprovou como independente em seu querer e implementar. *Na primeira relação* era somente o *conceito* da consciência efetiva, ou a *alma interior*, que ainda não era efetiva no agir e no gozo. A segunda relação é essa efetivação como agir e gozar exteriores; mas a consciência que retorna dessa posição é uma consciência que se *experimentou* como efetiva e efetivante: uma consciência para a qual ser *em si* e *para si é verdadeiro*.

Aqui, porém, o inimigo é agora descoberto na sua figura mais peculiar. Na luta da alma, a consciência singular só está como momento musical, abstrato; no trabalho e no gozo, como realização desse ser sem-essência, a consciência pode *se* esquecer, imediatamente; e nessa efetividade, a *peculiaridade* consciente é prosternada pelo reconhecimento da ação de graças. Mas, na verdade, essa prostração é um retorno da consciência a si mesma; na verdade, a si mesma como à sua efetividade verdadeira.

224 – [Dies dritte] Essa terceira relação, na qual essa verdadeira efetividade constitui um dos extremos, é a relação dela – enquanto nulidade – com a essência universal. Resta a considerar ainda o movimento desta relação.

225 – [Was zuerst] De início, no que concerne à relação oposta da consciência, como ali sua *realidade* é para ela *imediatamente* o *nulo*, assim também seu agir efetivo se torna um agir de nada, e seu gozo se torna sentimento de sua infelicidade. Por isso, agir e gozo perdem todo *conteúdo* e *sentido universais* – pois assim teriam um ser-em-si-e-para-si; e ambos se retiram à sua singularidade, à qual a consciência está dirigida para suprassumi-la.

Nas funções animais, a consciência é cônscia de si como *este singular efetivo*. Essas funções, em vez de se realizarem descontraidamente, como algo que é nulo em si e para si – e que para o espírito não pode alcançar nenhuma importância nem essencialidade –, são antes objeto de séria preocupação, e se tornam mesmo o que há de mais importante, pois é nelas que o inimigo se manifesta em sua figura característica. Mas como esse inimigo se produz em sua própria derrota, a consciência ao fixá-lo a si, em vez de libertar-se, fica sempre detida nele; e se vê sempre poluída. Ao mesmo tempo, esse conteúdo de seu zelo, em lugar de ser algo essencial, é o mais vil; em vez de ser algo universal, é o mais singular; assim nos deparamos com uma personalidade só restringida a si mesma e a seu agir mesquinho, recurvada sobre si; tão infeliz quanto miserável.

226 – [Aber an beides] Mas, ao sentimento de sua infelicidade e à miséria de seu agir, junta-se a ambos também a consciência de sua unidade com o imutável. Com efeito: essa tentativa de aniquilação imediata de seu ser efetivo é *mediada* pelo pensamento do Imutável, e ocorre nessa *relação.* A relação *mediata* constitui a essência do movimento negativo, no qual a consciência se dirige contra a sua singularidade que, no entanto, como *relação em si* é positiva, e vai produzir para essa consciência mesma sua *unidade.*

227 – [Diese mittelbare] Por isso, essa relação mediata é um silogismo, em que a singularidade - inicialmente fixada como oposta ao *Em-si* – só mediante um terceiro termo é concluída com esse outro extremo. Através deste meio-termo, o extremo da consciência imutável é para a consciência inessencial; o que implica, também, que ela só pode ser para a consciência imutável através desse meio-termo. Esse meio-termo, portanto, é tal que representa os dois extremos, um para o outro, e é ministro recíproco de cada um junto do outro. Esse meio-termo é, por sua vez, uma essência consciente, pois é um agir que mediatiza a consciência enquanto tal; o conteúdo desse agir é o aniquilamento - que a consciência empreende - de sua singularidade.

228 – [In ihr also] Assim, nesse meio-termo, a consciência se liberta do agir e do gozo como seus. Repele de si, como extremo *para-si-essente,* a essência do seu *querer,* e lança sobre o meio-termo, ou o ministro, a peculiaridade e a liberdade da decisão, e, com isto, a *culpa* de seu agir. Esse mediador, enquanto está em relação imediata com a essência imutável, desempenha seu ministério *aconselhando* sobre o que é justo.

A ação, enquanto é seguimento de uma decisão alheia, deixa de ser própria, segundo o lado do agir ou do *querer.* Mas resta ainda à consciência inessencial o lado *objetivo* da ação, a saber: *o fruto* de seu trabalho e o *gozo.* Assim, repele de si isso também; e como renuncia à vontade própria, renuncia igualmente à *efetividade* conseguida no trabalho e no gozo. Renuncia à efetividade [1] em parte como à verdade alcançada de sua *independência* cônscia de si - enquanto a consciência se põe a fazer algo totalmente estranho: [ritual] que se move em representações e fala linguagem sem sentido; [2] em parte, como à *propriedade exterior* – enquanto abre mão do que possuía, que ganhara pelo trabalho; [3] em parte, como *ao gozo* possuído - enquanto no jejum e na mortificação torna-o de novo totalmente proibido para si.

229 – [Durch diese] Através destes momentos - do renunciar à própria decisão, e depois à propriedade e ao gozo, e, enfim, através do momento positivo em que a consciência se põe a fazer algo que não compreende - ela se priva, em verdade e cabalmente, da consciência da liberdade interior e exterior, e da efetividade como seu *ser-para-si.* Tem a certeza de se ter extrusado verdadeiramente de seu *Eu,* e de ter feito de sua consciência-de-si imediata uma *coisa,* um ser objetivo.

Só mediante esse sacrifício efetivo a consciência podia dar provas de sua renúncia a si mesma; porque só assim desvanece a *fraude* que se aloja no reconhecimento *interior* da ação de graças por meio do coração, da intenção e da boca - um reconhecimento que afasta de si toda a potência do ser-para-si e a atribui a um dom do alto. Mas até nesse afastar conserva para si a particularidade *exterior* na posse, que não abandona, e a particularidade *interior* na consciência da decisão que ela mesma toma, e na consciência do conteúdo dessa decisão determinada por ela; conteúdo que não trocou por outro conteúdo alheio que a preenchesse sem a menor significação.

230 – [Aber in der wirklich] Entretanto, neste sacrifício efetivamente consumado, a consciência, como suprassumiu o *agir* enquanto seu, assim também *em-si* desprendeu dela sua *infelicidade.* Que tal desprender tenha ocorrido *em-si* é contudo um agir do outro extremo do silogismo, que é o extremo da essência *em-si-essente.* Aliás, esse sacrifício do extremo inessencial não era ao mesmo tempo um agir unilateral, mas continha em si o agir do Outro. Porque o renunciar à vontade própria, só por um lado é negativo: segundo *seu conceito,* ou *em si.* Mas, ao mesmo tempo, é positivo, quer dizer: é pôr a vontade como um *Outro,* e, determinadamente, pôr a vontade como um não singular, e sim como um universal.

Para essa consciência, o significado positivo da vontade singular negativamente posta é a vontade do outro extremo; que, justamente por ser um Outro para ela, não vem-a-ser através de si, mas por meio de um terceiro: do mediador, como conselho. *Para ela,* portanto, sua vontade vem-a-ser de fato vontade universal e em si *essente*; mas ela *mesma* não é *para-si este Em-si.* A renúncia de sua vontade, como *singular,* não é para ela segundo o conceito, o positivo da vontade universal. Igualmente, sua renúncia à posse e ao gozo tem somente o mesmo significado negativo; e o universal, que para ela vem-a-ser nesse processo, não é para ela seu *próprio agir.*

Essa *unidade* do objetivo e do ser-para-si, que há no *conceito* do agir – e que por isso vem-a-ser para a consciência a essência e o *o*bjeto – essa unidade por não ser para a consciência o conceito de seu agir, tampouco vem-a-ser como objeto, imediatamente *para ela* e por meio dela. Porém, faz que pelo ministro mediador se exprima esta certeza ainda cindida – de que somente *em si* sua infelicidade é o avesso, isto é, um agir que se satisfaz a si mesmo em seu agir, ou seja: um gozo bem-aventurado. Igualmente seu agir miserável é *em si* o avesso, isto é, o agir absoluto: segundo o conceito, o agir, só como agir do singular, é agir em geral.

Mas, *para ela* mesma, o agir, e seu agir efetivo, continua sendo um agir miserável; seu gozo, dor; e o ser suprassumido dessa dor, no sentido positivo, *um além.* Contudo, nesse objeto – em que seu agir e seu ser, enquanto desta consciência *singular,* são para ela ser e agir *em si* –, a representação da *razão* veio-a-ser para ela: a certeza de ser a consciência em sua singularidade, absolutamente *em si*; ou de ser toda a realidade.

V
Certeza e verdade da razão

231 – [Das Bewusstsein] No pensamento que captou – de que a consciência *singular é em si* a essência absoluta –, a consciência retorna a si mesma. Para a consciência infeliz o *ser-em-si é* o *além* dela mesma. Porém, seu movimento nela implementou isto: a singularidade em seu completo desenvolvimento, ou a singularidade que é a *consciência efetiva*, como o *negativo* de si mesma; quer dizer, como um Extremo *objetivo*. Em outras palavras: arrancou de si seu ser-para-si e fez dele um ser.

Nesse [processo] veio-a-ser também para a consciência sua *unidade* com esse universal. Unidade que para nós não incide mais fora dela – já que o singular suprassumido é o universal. E como a consciência se conserva a si mesma em sua negatividade, essa [unidade] constitui na consciência como tal a sua essência.

No silogismo em que os extremos se apresentam como absolutamente segregados um do outro, sua verdade é o que aparece como meio-termo – anunciando à consciência imutável que o singular fez renúncia de si, e anunciando ao singular que o Imutável já não é um extremo para ele, pois com ele se reconciliou. Esse meio-termo é a unidade que sabe imediatamente os dois extremos e os põe em relação mútua, e que é a consciência dessa unidade; que enuncia à consciência – e portanto *a si mesma* – a certeza de ser toda a verdade.

232 – [Damit, dass das] Porque a consciência-de-si é razão, sua atitude, até agora negativa frente ao ser-outro, se converte numa atitude positiva. Até agora, só se preocupava com sua independência e sua liberdade, a fim de salvar-se e conservar-se para si mesma, às custas do *mundo* ou de sua própria efetividade, [já] que ambos lhe pareciam o negativo de sua essência. Mas como razão, segura de si mesma, a consciência-de-si encontrou a paz em relação a ambos; e pode suportá-los, pois está certa de si mesma como [sendo] a realidade, ou seja, está certa de que toda a efetividade não é outra coisa que ela. Seu pensar é imediatamente, ele mesmo, a efetividade; assim, comporta-se em relação a ela como idealismo.

Para ela, quando assim se apreende, é como se o mundo lhe viesse-a-ser pela primeira vez. Antes, não entendia o mundo: [só] o desejava e o trabalhava. Retirava-se dele [recolhendo-se] a si mesma, e o abolia para si, e a si mesma [abolia] como consciência: como consciência desse mundo enquanto essência e também como consciência da nulidade dele.

Só agora - depois que perdeu o sepulcro de sua verdade e que aboliu a abolição de sua efetividade, e [quando] para ela a singularidade da consciência é em si a essência absoluta - descobre o mundo como *seu* novo mundo efetivo. Agora tem interesse no permanecer desse mundo, como antes tinha somente no seu desvanecer; pois seu *subsistir* se lhe torna sua própria *verdade* e *presença.* A consciência tem a certeza de que só a si experimenta no mundo.

233 – [Die Vernunft ist] A razão é a certeza da consciência de ser toda a realidade: assim enuncia o idealismo o conceito da razão. Do mesmo modo que a consciência que *vem à cena* como razão tem em si essa certeza *imediatamente,* assim também o *idealismo* a enuncia de forma *imediata:* Eu sou Eu, no sentido de que o Eu para mim é objeto. Não no sentido de objeto da consciência-de-si em geral - que seria apenas um objeto *vazio* em geral; nem de objeto da consciência-de-si livre –, que seria somente um objeto retirado dos outros, que ainda são válidos *ao lado* dele; mas sim no sentido de que o Eu é objeto, com a consciência do *não ser* de qualquer outro objeto: é o objeto único, é toda a realidade e presença.

Porém, a consciência-de-si não é toda a realidade somente *para si,* mas também *em si:* porque *se torna* essa realidade, ou antes, porque *se demonstra* como tal. Assim se demonstra através *do caminho,* no curso do qual o ser-outro, como *em si,* desvanece para a consciência: primeiro, no movimento dialético do 'visar', do perceber e do entendimento. Demonstra-se depois, no movimento através da independência da consciência, na dominação e escravidão; através do pensamento da liberdade [do estoicismo], da libertação céptica e da luta de libertação absoluta da consciência cindida em si mesma; [movimento em que] o ser-Outro desvanece *para a consciência* enquanto é somente *para ela.*

Dois lados se apresentavam, um depois do outro: num a essência, ou o verdadeiro, tinha para a consciência a determinidade do ser; no outro, a determinidade de *ser* só *para ela.* Mas ambos os lados se reduziam a *uma* verdade [única], a saber: - ou o *Em-si* – somente é, enquanto é *para* a consciência; e o que é *para ela,* é também *em si.*

A consciência, que é tal verdade, deixou para trás esse caminho e o esqueceu, ao surgir *imediatamente,* como razão; ou seja, essa razão, que surge imediatamente, surge apenas como *certeza* daquela verdade. *Assevera* somente que é toda a realidade, mas não conceitua sua asserção; ora, aquele caminho esquecido é o conceituar dessa asserção expressa de modo imediato. Igualmente, para quem não fez tal caminho, essa asserção é inconcebível quando a escuta nessa sua forma pura - pois numa forma concreta bem que faz essa asserção.

234 – [Der Idealismus] Por conseguinte o idealismo, que começa por tal *asserção* sem mostrar aquele caminho, é por isso também pura asserção que não se concebe a si mesma; nem se pode fazer concebível a outros. Enuncia uma *certeza imediata,* contra a qual se mantêm firmes outras certezas imediatas, mas que foram perdidas naquele caminho. É, portanto, com igual direito, que, *ao lado da asserção* daquela certeza, tomam também lugar as *asserções* dessas outras certezas. A razão apela para a consciência-*de-si* de cada consciência: *Eu sou Eu*; o *Eu é* meu objeto e minha essência, e nenhuma lhe negará essa verdade.

Porém, ao fundar a verdade sobre esse apelo, sanciona a verdade da outra certeza, a saber: *há para mim [um] Outro*; [um] Outro que *Eu* é para mim objeto e essência; quando *Eu* sou para mim objeto e essência, sou isso apenas enquanto Eu me retiro do Outro, em geral, e tomo lugar *ao lado* dele como uma efetividade.

Somente quando a razão surge como *reflexão* a partir dessa certeza oposta é que surge sua afirmação de si, não mais apenas como certeza e asserção, mas como *verdade*; e não *ao lado* de outras verdades, mas como a única verdade. O *imediato surgir* [da verdade] é a abstração de seu ser-presente, cuja *essência* e *ser-em-si* é o conceito absoluto – quer dizer, o *movimento de seu ser-que-veio-a-ser.*

A consciência vai determinar sua relação ao ser-outro ou a seu objeto, de maneiras diversas, conforme a etapa, em que ela se encontre, do espírito-do-mundo que-se-torna-consciente de si. O modo como o espírito do mundo em cada caso *imediatamente* encontra e determina a si mesmo e a seu objeto – ou como ele é *para si* – isso depende do que já *veio-a-ser*, ou do que já é *em-si.*

235 – [Die Vernunf ist] A razão é a certeza de ser toda a *realidade.* Mas esse *Em-si* ou essa *realidade* é, ainda, um absolutamente universal: é a pura *abstração* da realidade. É a primeira *positividade* que a consciência-de-si, *em si mesma, é para si:* e o Eu, portanto, é apenas a *pura essencialidade* do *essente*, ou a *categoria* simples.

Antes, a *categoria* tinha a significação de ser a essencialidade do *essente*, de modo indeterminado, quer essencialidade do *essente* em geral, quer do *essente* em contraste com a consciência. Mas agora, a categoria é *essencialidade* ou *unidade* simples do *essente* enquanto efetividade pensante. Ou ainda: a categoria significa que consciência-de-si e ser são a *mesma* essência – *a mesma*, não na comparação, mas em si e para si. Só o mau idealismo unilateral faz essa unidade reaparecer de um lado como consciência, e frente a frente com ela um *Em-si.*

Agora, essa categoria ou essa unidade *simples* da consciência-de-si e do ser tem contudo em si a *diferença*, pois sua essência é precisamente isto: ser imediatamente igual a si mesma no *ser-Outro*, ou na diferença absoluta. Portanto, a diferença *é*; mas perfeitamente transparente, e como uma diferença que ao mesmo tempo não é diferença nenhuma. A diferença manifesta-se como uma *multiplicidade* de categorias.

O idealismo enuncia a *unidade simples* da consciência como [sendo] toda a realidade, e faz dela *imediatamente* a essência, sem tê-la conceituado como essência absolutamente negativa. Ora, somente esta última tem em si a negação, a determinidade e a diferença. Mas isso [que o idealismo propõe] é inconcebível; e mais inconcebível ainda é que haja na categoria *diferenças* ou espécies. Essa asserção em geral, como aliás a asserção de um *número determinado* de espécies da categoria, é uma nova asserção. Essa, porém, implica em si mesma que não se deve mais aceitá-la como asserção.

Com efeito, *a diferença* tem seu princípio no puro Eu, no puro entendimento mesmo. Desse modo, com isso se admite que a *imediatez, o asseverar* e o *encontrar* são abandonados, e que o *conceber* principia. Contudo, admitir a multiplicidade de categorias de uma maneira qualquer - por exemplo, a partir dos juízos - como um achado, e fazer passar por boas as categorias assim encontradas, isso deve ser considerado como um ultraje à ciência. Onde é que o entendimento poderia mostrar uma necessidade, se é incapaz de mostrá-la em si mesmo, que é a necessidade pura?

236 – [Weil nun so] Porque agora pertence desse modo à razão a pura essencialidade das coisas como [também] sua diferença, não se poderia mais falar de *coisas* propriamente ditas, isto é, uma coisa que seria para a consciência somente o negativo de si mesma. Pois as múltiplas categorias são *espécies* da categoria pura - o que significa: *ela* é ainda seu *gênero* ou essência, e não se lhes opõe.

Mas elas já são algo ambíguo, que na sua *multiplicidade* tem ao mesmo tempo em si o ser-outro, *em oposição* à categoria pura; de fato, elas a contradizem por essa multiplicidade, e a unidade pura deve suprassumir em si tal multiplicidade, constituindo-se desse modo em *unidade negativa* das diferenças.

Porém, como unidade *negativa*, exclui de si tanto as *diferenças* como tais, quanto essa primeira unidade pura *e imediata* como tal; é a *singularidade*, uma nova categoria que é consciência excludente, quer dizer, consciência para a qual há *um Outro*. A singularidade é sua [própria] passagem, de seu conceito a uma realidade *exterior*, é o *esquema* puro, que tanto é consciência como, por isso mesmo - enquanto singularidade e Uno excludente -, é o aludir a um outro.

No entanto, esse *Outro* de tal categoria são apenas as *outras primeiras categorias*, a saber: a *essencialidade pura* e a *diferença pura*; e nessa categoria - isto é, precisamente no Ser-posto do Outro - ou nesse Outro mesmo, a consciência é igualmente ela mesma. Cada um desses momentos diversos remete a um outro, mas ao mesmo tempo sem que neles chegue a nenhum ser-outro. A categoria pura remete às *espécies* que passam à categoria negativa ou à singularidade; essa última remete, por sua vez, àquelas. A categoria mesma é a consciência pura que permanece para si em *cada espécie*, como essa unidade clara consigo mesma – uma unidade porém que igualmente é remetida a um outro; o qual, quando é, [já] desvaneceu, e quando desvaneceu, é de novo produzido.

237 – [Wir sehen hier] Vemos neste ponto a consciência pura posta de uma dupla maneira. A primeira vez como irrequieto *vai-e-vem*, que percorre todos os seus momentos onde encontra flutuando o ser-outro, que se suprassume no ato de abarcar. A segunda vez, antes, como *unidade tranquila* certa de sua própria verdade. Para essa unidade, aquele movimento é o Outro; mas para aquele movimento, a unidade tranquila [é que] é o Outro: a consciência e o objeto se alternam nessas determinações recíprocas.

Por conseguinte, a consciência ora é para si um buscar que vai e vem, enquanto seu objeto é o *puro Em-si* e essência: ora é para si categoria simples, enquanto o objeto é o movimento das diferenças. Porém a consciência, como essência, é esse curso mesmo em sua totalidade: [curso que consiste em] sair de si como categoria simples, passando à simplicidade e ao objeto, e nele contemplar esse curso; suprassumir o objeto como distinto para *apropriar-se* dele, e proclamar-se como certeza de ser toda a realidade: certeza de ser tanto ela mesma como também seu objeto.

238 – [Sein erstes Aussprechen] Seu primeiro enunciar é somente essa abstrata palavra vazia de que *"tudo é seu"*. Com efeito, a *certeza* de ser toda a realidade é só a categoria pura. Essa primeira razão, que se conhece no objeto, encontra expressão no idealismo vazio que só apreende a razão como inicialmente é – e por indicar em todo o ser esse *Meu* puro da consciência, e enunciar as coisas como sensações ou representações, acredita ter mostrado esse Meu puro como realidade acabada. [Tal idealismo] tem de ser ao mesmo tempo um empirismo absoluto, porque para o *enchimento* desse *Meu* vazio, quer dizer, para a diferença e para a totalidade do desenvolvimento e da configuração dessa diferença, sua razão necessita de um "choque estranho" no qual só se encontra a *multiplicidade* do sentir e do representar.

Torna-se, portanto, esse idealismo um duplo-sentido contraditório, tanto como o cepticismo, só que exprime de modo positivo o que o cepticismo [faz] negativamente. Mas como ele, tampouco consegue conciliar seus pensamentos contraditórios: o da consciência pura como sendo toda a realidade, e também o do choque estranho, ou seja, do sentir e representar sensíveis, como uma realidade igual. Debate-se alternadamente entre um pensamento e outro, e termina na má infinitude - quer dizer, na infinitude sensível.

Quando a razão é toda a realidade, no sentido do Meu abstrato, e quando o *Outro* lhe é *um Estranho indiferente*, então se põe justamente, por parte da razão, esse saber de um Outro; que já se apresentou como o 'visar' [da certeza sensível], como o *perceber* e como o *entendimento* acolhendo o 'visado' e o percebido. Tal saber é ao mesmo tempo afirmado como sendo um saber não verdadeiro, por meio do conceito desse próprio idealismo, uma vez que só a unidade da apercepção é a verdade do saber.

Para chegar por si mesma a *esse Outro* que lhe é *essencial* – ou seja, a esse Outro que é o *Em-si* mas que ela não tem em si mesma –, a Razão pura desse idealismo é remetida a esse saber que não é um saber do verdadeiro. Ela assim se condena, sabendo e querendo, a um saber não verdadeiro; e não pode desprender-se do 'visar' e do perceber, que para ela própria não tem verdade nenhuma. Encontra-se numa contradição imediata, ao afirmar como essência algo que é duplo, e pura e simplesmente oposto: *a unidade da apercepção*, e, igualmente, a coisa. Pois a coisa, ao ser chamada também *choque estranho* ou essência *empírica*, ou *sensibilidade*, ou *coisa em si*, em seu conceito fica sempre a mesma [coisa] estranha à unidade da apercepção.

239 – [Dieser Idealismus] Esse idealismo cai em tal contradição porque afirma como verdadeiro o *conceito abstrato da razão*. Por isso a realidade lhe surge imediatamente como algo tal que não é a realidade da razão; quando a razão deveria ser toda a realidade. Permanece [a razão] um buscar irrequieto, que no próprio buscar declara pura e simplesmente impossível a satisfação do encontrar.

Mas a razão efetiva não é tão inconsequente [assim]: ao contrário, sendo, de início só a *certeza* de ser toda a realidade, está consciente nesse *conceito* de não ser ainda, enquanto *certeza*, enquanto *Eu*, a realidade em verdade; e é impelida a elevar sua certeza à verdade, e a preencher o Meu *vazio*.

A – A RAZÃO OBSERVADORA

240 – [Dieses Bewusstsein] Essa consciência, para a qual o *ser* tem a significação do *seu*, nós a vemos agora adentrar-se de novo no 'visar' e no perceber: mas não como na certeza de um que apenas é *Outro*, e sim com a certeza de ser esse Outro mesmo. Antes, só tinha *acontecido* perceber e *experimentar* vários aspectos na coisa; mas agora é a consciência que faz suas próprias observações e a experiência mesma. O 'visar' e o perceber, que se suprassumiram só para nós, são agora suprassumidos pela consciência para ela mesma. A razão, pois, parte para *conhecer* a verdade; para encontrar como conceito o que era uma coisa para o 'visar' e o perceber, isto é, para ter na coisidade somente a consciência de si mesma.

Por isso a razão tem agora um *interesse* universal pelo mundo, já que ela é a certeza de ter no mundo a presença, ou seja, a certeza de que a presença é racional. Procura a razão seu Outro, sabendo que não possuirá nada de Outro a não ser ela mesma; busca apenas sua própria infinitude.

241 – [Zuerst sich in der] A razão que, inicialmente, apenas se vislumbrava na efetividade – ou que só a sabia como o *seu* em geral –, agora avança nesse sentido para a tomada de posse universal da propriedade que lhe é assegurada; e planta em todos os cimos e em todos os abismos o marco de sua soberania. Mas esse Meu superficial não é seu interesse último: a alegria dessa universal tomada-de-posse ainda encontra em sua propriedade o Outro estranho, que a razão abstrata não tem em si mesma.

A razão se vislumbra como uma essência mais profunda do que é o Eu puro, e deve exigir que a diferença – o *ser multiforme* – se torne para ela o próprio seu; que se intua como a efetividade, e que se ache presente como figura e como coisa. Porém a razão, mesmo revolvendo todas as entranhas das coisas, e abrindo-lhes todas as veias – a fim de *ver-se jorrar dali para fora* –, não alcançará essa felicidade; mas deve ter-se implementado antes em si mesma, para depois experimentar sua plena realização.

242 – [Das Bewusstsein] A consciência *observa*; quer dizer, a razão quer encontrar-se e possuir-se como objeto *essente*, como modo *efetivo, sensivelmente presente.* De certo, a consciência dessa observação 'visa' e diz que *não* pretende experimentar-se a *si mesma,* mas, pelo contrário, a *essência das coisas como coisas.* A consciência 'visa' isso e o diz, porque, embora sendo razão, ainda não tem a razão como tal por objeto. Soubesse tal consciência que a *razão* é igualmente essência das coisas e da consciência mesma, - e que a razão, em sua figura peculiar, só na consciência pode estar presente - então desceria às suas próprias profundezas, e buscaria a razão antes ali que nas coisas. Se já tivesse encontrado a razão no mais profundo de si mesma, essa seria novamente levada para fora, para a efetividade, a fim de nela contemplar sua expressão sensível; mas também a fim de tomá-la logo, como sendo essencialmente *conceito.*

A *razão,* tal como vem à cena *imediatamente,* como a certeza da consciência de ser toda a realidade, toma essa realidade no sentido da *imediatez do ser,* e toma também a unidade do Eu com essa essência objetiva no sentido de uma *unidade imediata,* na qual ainda não separou - e tornou a reunir - o momento do ser e o momento do Eu, ou seja: no sentido de uma unidade que a razão não conheceu ainda. Portanto, como consciência observadora vai às coisas, 'visando' tomá-las em verdade como coisas sensíveis, opostas ao Eu; só que o seu agir efetivo contradiz tal 'visão', pois a razão *conhece* as coisas, transforma seu ser sensível em *conceitos,* quer dizer, justamente em um ser que é ao mesmo tempo um Eu. Transforma assim o pensar em um pensar *essente,* ou o ser em um ser pensado; e afirma de fato que as coisas só têm verdade como conceitos. Para essa consciência observadora, somente resulta nesse processo o que *as coisas* são; mas para nós, o que é a *consciência mesma.* O resultado de seu movimento é, pois, que a consciência vem-a-ser, para si mesma, o que é em si.

243 – [Das Tun der] Temos a considerar o *agir* da razão observadora nos momentos de seu movimento; como ela apreende a natureza, o espírito e, enfim, a relação de ambos em forma de ser sensível; e como se busca enquanto efetividade *essente.*

a – OBSERVAÇÃO DA NATUREZA

244 – [Wenn das gedankenlose] Quando a consciência carente-de-pensamento proclama o observar e o experimentar como a fonte da verdade, suas palavras bem que poderiam soar como se apenas se tratasse do saborear, cheirar, tocar, ouvir e ver. Porém, essa consciência, no afã com que recomenda o gostar, o cheirar, etc., esquece de dizer que também o objeto desse sentir já está de fato determinado para ela, essencialmente; e que, para ela, essa determinação do objeto vale pelo menos tanto como esse sentir. Tem de admitir igualmente que, em geral, não se trata só do perceber; assim, para dar um exemplo, a percepção de que este canivete está posto aqui ao lado da tabaqueira não tem valor de observação. O percebido deve ter pelo menos a significação de um *universal*, e não de um *isto sensível*.

245 – [Dies Allgemeine ist] De início, esse universal é apenas *o-que-permanece igual a si*: seu movimento é somente a reiteração uniforme do mesmo agir. A consciência, na medida em que só encontra no objeto a *universalidade* ou o *Meu abstrato*, deve tomar sobre si mesma o movimento peculiar do objeto, e por não ser ainda seu entendimento, deve pelo menos ser sua recordação – a qual exprime de maneira universal o que na efetividade só está presente de maneira singular.

Esse superficial extirpar [do sensível] para fora da singularidade, e a forma igualmente superficial da universalidade em que o sensível é apenas acolhido, sem se ter tornado em si mesmo algo universal, é o *descrever* das coisas, que não tem ainda o movimento no objeto mesmo; esse movimento está, antes, no [ato de] descrever. O objeto, ao ser descrito, perdeu por isso o interesse: se um for descrito, um outro deve ser tomado em consideração e sempre procurado, para que a descrição não se esgote. Quando não é tão fácil encontrar coisas *inteiras* que sejam novas, então é preciso voltar às já encontradas, dividi-las e analisá-las ainda mais, e nelas descobrir ainda novos aspectos da coisidade.

Esse instinto insaciável e inquieto não pode ficar sem material; mas encontrar um novo gênero conspícuo, ou então um novo planeta –, que embora sendo um indivíduo tem a natureza de um universal – é sorte que só toca a alguns felizardos. Mas a linha de demarcação do que é *distintivo*, digamos, do elefante, do carvalho, do ouro – do que é *gênero* e *espécie* –, passa através de múltiplas gradações dentro da infinita *particularização* do caos dos animais e das plantas; e das rochas, dos metais, e das terras etc., que só por meio de violência e artifício se devem representar.

Mas nesse reino da indeterminidade do universal, onde a particularização se reaproxima da *singularização*, e de novo, aqui e ali, desce até ela completamente - uma inesgotável reserva se abre à observação e descrição. Mas aqui, onde parece abrir-se para elas um campo a perder-se de vista, a observação e a descrição dentro das fronteiras do universal podem ter encontrado, em vez de uma imensurável riqueza, somente os limites da natureza e do seu próprio agir: não podem saber se o que-aparenta ser em si não é uma contingência. Pois, o que leva em si a marca de uma formação confusa ou rudimentar, débil e mal se desenvolvendo [fora] da indeterminidade elementar, não pode sequer ter a pretensão de ser descrito.

246 - [Wenn es diesem Suchen] Embora esse buscar e descrever aparentemente só diga respeito às coisas, vemos que de fato não procede segundo o curso da percepção sensível. Ao contrário: aquilo pelo qual as coisas são conhecidas é mais relevante para a descrição que o conjunto restante das propriedades sensíveis. De certo, a própria coisa não pode delas prescindir; porém, a consciência se desembaraça delas.

Mediante essa distinção entre o *essencial* e o *inessencial* o conceito se eleva acima da dispersão sensível, e o conhecer declara nisso que se ocupa *consigo mesmo* - pelo menos tão essencialmente como se ocupa das coisas. Devido a essa dupla essencialidade cai numa perplexidade; [sem saber] se o que é para o *conhecer* essencial e necessário, o seja também *na coisa.*

De um lado, os *sinais característicos* devem servir só ao conhecer, [para] distinguir, por meio deles, as coisas umas das outras. Mas, de outro lado, o que deve ser conhecido não é o inessencial das coisas, mas aquilo através do qual as próprias coisas *se arrancam* da continuidade universal do ser em geral, *se separam* do Outro e são *para si.* Os sinais característicos não devem só ter uma relação essencial com o conhecer, mas também devem ser as determinidades essenciais das coisas: o sistema artificial deve ser conforme ao sistema da própria natureza, e exprimir unicamente esse sistema.

Isso se segue necessariamente do conceito da razão. O instinto da razão - pois a razão só procede como instinto nesse observar - atingiu em seus sistemas essa unidade na qual os próprios objetos da razão são de tal modo constituídos que tem neles uma essencialidade, ou um *ser-para-si*; e não são apenas o acidente deste *momento* ou deste *lugar.* Por exemplo, os sinais-distintivos dos animais são tirados das unhas e dos dentes; pois, de fato, não é só o conhecimento que *distingue* por meio disso um animal do outro, mas por meio deles o animal mesmo se *separa,* e com tais armas se mantém *para si* e separado do universal. A planta, ao contrário, não chega ao *ser-para-si,* mas apenas toca os limites da individualidade. Nesses limites, onde se mostra a aparência da *divisão* em sexos, as plantas foram estudadas e distinguidas umas das outras.

Entretanto, o que se situa num nível inferior já não pode distinguir-se do outro, mas se perde quando entra em oposição. O *ser em repouso* e o *ser em relação* entram em conflito mútuo: a coisa é no primeiro caso algo diverso do que é no segundo; enquanto o indivíduo consiste em manter-se em sua relação para com o outro. Mas o que não é capaz disso, e *quimicamente* se torna outro do que é *empiricamente,* confunde o conhecer, e o conduz ao mesmo conflito, [hesitando] se deve manter-se em um lado, ou em outro, já que a própria coisa não é algo-que-permanece-igual; e os seus lados incidem um fora do outro.

247 – [In solchen Systemen] Em tais sistemas do universal Que-permanece-igual a si, esse tem a significação do que-permanece-igual a si tanto do conhecimento quanto das próprias coisas. Porém, nessa expansão das *determinidades que-permanecem-iguais,* cada uma delas descreve tranquilamente a sequência de seu processo, e toma espaço para comportar-se a seu modo. Por sua vez, passa essencialmente a seu contrário, na confusão daquelas determinidades, pois o sinal-característico – a determinidade universal – é a unidade dos opostos: do que é determinado, e do que é em si universal; unidade que deve, portanto, decompor-se em tal oposição.

Se agora, por um lado, a determinidade triunfa sobre o universal no qual tem sua essência, por outro, o universal conserva também o seu domínio sobre ela; leva a determinidade a seus limites, e ali mistura suas diferenças e essencialidades. O observar que as mantinha ordenadamente separadas, e acreditava ter nelas algo de fixo, vê que sobre um princípio cavalgam os outros; que se formam transições e confusões; que está unido o que de início tinha por simplesmente separado, e separado o que julgava unido.

Portanto, justamente aqui, quando se trata de conhecer os sinais característicos em suas determinações mais gerais, por exemplo, o animal, a planta, esse manter-se firme no ser em repouso, que-permanece-igual a si mesmo, vê-se atormentado por instâncias que lhe tiram qualquer determinação, reduzindo ao silêncio a universalidade a que se tinha elevado, e reconduzindo a uma observação e uma descrição carentes-de-pensamento.

248 - [Dieses sich auf das] Assim, esse observar que se restringe ao simples - ou que delimita a dispersão sensível mediante o universal - encontra em seu objeto a *confusão de seu princípio*; já que o determinado deve, por sua natureza, perder-se no seu contrário. Por isso a razão deve, antes, abandonar a determinidade *inerte* que tinha o semblante do permanecer, pela observação da mesma tal como é em verdade, a saber: como [um] *referir-se ao seu contrário.*

O que se chama "sinais-característicos essenciais" são determinidades *em repouso:* quando apreendidas e expressas assim, como *simples,* não apresentam o que constitui sua natureza, que é a de serem *momentos* evanescentes do movimento que se redobra sobre si mesmo.

Agora, quando o instinto-da-razão chega à determinidade conforme sua natureza, que consiste essencialmente em não ser para si, mas em passar ao seu oposto, então vai em busca da lei e do seu *conceito*: procura-os, de certo, como efetividade *essente.* No entanto, essa determinidade desvanecerá, de fato, para o instinto-de-razão; e os lados da lei se tornarão puros momentos ou abstrações, de tal modo que a lei virá à luz na natureza do conceito, que tinha destruído em si o subsistir indiferente da efetividade sensível.

249 - [Dem beobachtenden] Para a consciência observadora a *verdade da lei* não está em si e para si mesma; está na *experiência,* como no modo em que o *ser sensível é para ela.*

Mas se a lei não tem sua verdade no conceito, então é algo contingente, não uma necessidade; ou, de fato, não é uma lei.

No entanto, que a lei seja essencialmente como conceito, isso não só não contraria a que esteja presente para a observação, senão que é antes por isso que tem um *ser-aí* necessário, e é [objeto] para a observação.

O universal, no *sentido da universalidade-de-razão*, é também universal no sentido que o conceito tem nele: o de apresentar-se *para* a consciência como o presente e o efetivo. Ou seja: apresenta-se o conceito no modo da coisidade e do ser sensível - porém, sem perder com isso sua natureza, e sem ter sucumbido no subsistir inerte ou na sucessão indiferente. O que é universalmente válido, também vigora universalmente. O que *deve-ser*, também *é*, de fato. O que apenas *deve* ser, sem *ser*, não tem verdade nenhuma.

Portanto, o instinto da razão, por sua parte, se mantém com bom direito firme neste ponto; e não se deixa induzir em erro por esses *entes-de-razão* que somente *devem-ser*, e que devem ter verdade como *deve-ser* – muito embora não sejam encontrados em nenhuma experiência. Não se deixa induzir em erro nem pelas hipóteses nem tampouco por todas as outras "invisibilidades" de um perene dever-ser. Com efeito, a razão é justamente essa certeza de possuir a realidade, e o que não é para a consciência como uma "autoessência" [*Selbstwesen*], isto é, o que não se manifesta, para ela é absolutamente nada.

250 – [Dass die Wahrheit] Para essa consciência que fica no observar, torna-se de novo uma *oposição* ao conceito e ao universal em si [o fato de] que a verdade da lei é essencialmente *realidade*; ou seja, uma coisa tal como é sua lei, não é para a consciência uma essência da razão. A consciência acredita que obtém nisso algo *estranho*. Mas contradiz essa sua opinião no próprio fato de não tomar, ela mesma, sua universalidade no sentido de que *todas* as coisas sensíveis *singulares* deveriam ter-lhe mostrado a manifestação da lei para poder afirmar a verdade dela. A consciência não exige que se faça a prova com todas as pedras para afirmar que as pedras, [ao serem] levantadas da terra e soltas, caem. Talvez diga que, pelo menos, se deve ter experimentado com um bom número de pedras, e então se poderá concluir quanto às restantes *por analogia*, com a maior probalidade, ou com pleno direito. Só que a analogia não dá nenhum pleno direito; mas ainda por sua própria natureza se contradiz com tanta frequência que pela analogia mesma se há de concluir que a analogia não permite fazer conclusão nenhuma.

A *probabilidade* a que se reduziria o resultado da analogia perde, com referência à *verdade*, qualquer diferença de probabilidade maior ou menor; pode ser grande quanto quiser: não é nada em confronto com a verdade. Mas o instinto da razão aceita, de fato, tais leis como *verdade* e só é levado a fazer essa distinção em relação à sua necessidade, que ele não conhece. [Mas então] rebaixa a verdade da Coisa mesma à probabilidade, para designar o modo imperfeito como a verdade está presente para a consciência que ainda não alcançou a intelecção no puro conceito; pois a universalidade só está presente como *simples* universalidade *imediata*.

Mas, ao mesmo tempo, em razão dessa universalidade, a lei tem verdade para a consciência. Para ela, é verdadeiro que a pedra cai porque para ela a pedra é *pesada*; quer dizer, porque no peso, a pedra, *em si e para si mesma*, tem uma relação essencial *com a terra* - a relação que se exprime como queda. A consciência tem assim na experiência o *ser* da lei, mas tem igualmente a lei como *conceito*; e é somente *por motivo das duas circunstâncias* conjuntamente que a lei é verdadeira para a consciência: vale como lei para ela porque se apresenta no fenômeno, e porque ao mesmo tempo é, em si mesma, conceito.

251 - [Der Vernunftinstinkt] Porque a lei é ao mesmo tempo, *em si, conceito*, o instinto da razão necessariamente, mas sem saber que é isso que quer, procede a *purificar, em direção ao conceito*, a lei e seus momentos. Organiza experimentos a respeito da lei. A lei, logo que aparece, apresenta-se impura, envolta no ser sensível singular; e o conceito, que constitui a natureza da lei, submerso na matéria empírica. O instinto-da-razão em seus experimentos trata de descobrir o que ocorre em tais ou tais circunstâncias. Parece assim a lei ainda mais imersa no ser sensível; mas, pelo contrário, o ser sensível é que se perde nesse processo.

Esse experimento tem a significação intrínseca de encontrar as *condições puras* da lei; e isto não quer dizer outra coisa - embora a consciência, que assim se exprime, acredite estar dizendo algo diverso - a não ser elevar a lei plenamente à forma do conceito, e *eliminar* toda a aderência de *seus momentos* ao *ser determinado*. Por exemplo: inicialmente, a eletricidade negativa se deu a conhecer como eletricidade da *resina* e a eletricidade positiva, como eletricidade do *vidro*. Mediante experimentos, perdem de todo essa significação e se tornam puramente eletricidade *positiva* e *negativa:* cada uma delas já não pertence a uma espécie particular de coisas. Assim deixa de se poder dizer que há corpos eletricamente positivos e corpos eletricamente negativos. Também a relação entre ácido e base, e seu movimento recíproco, constituem uma lei em que essas oposições se manifestam como corpos.

No entanto, essas coisas separadas não têm efetividade nenhuma; a força, que as destaca uma da outra, não pode impedi-las de confluir novamente em um [só] processo, já que são apenas essa relação. Não podem, como um dente ou uma garra, permanecer para si e assim serem mostradas. Sua essência consiste em passarem imediatamente a um produto neutro, o que faz de seu *ser* um suprassumido em si ou um universal. O ácido e a base têm a sua verdade unicamente enquanto *universais*. Como o vidro e a resina podem ser eletricamente tanto positivos quanto negativos, o ácido e a base também não estão ligados, como propriedades, a esta ou aquela *efetividade*, mas cada coisa é *relativamente* ácida ou alcalina. O que parece ser decididamente ácido ou base recebeu uma significação oposta em relação a uma outra coisa nas assim chamadas "sintomatias".

O resultado dos experimentos suprassumem, desse modo, os momentos ou princípios ativos como propriedades das coisas determinadas, e liberta os predicados de seus sujeitos; esses predicados vêm a ser encontrados, tais como em verdade são, só enquanto universais. Em virtude dessa independência recebem, pois, o nome de "*matérias*", que não são nem corpos nem propriedades, e que de fato se evita chamar corpos – oxigênio etc., eletricidade positiva e negativa, calor etc.

252 – [Die Materie] A "*matéria*", ao contrário, não é uma *coisa essente*, mas é o ser como *universal*, ou seja, o ser no modo do conceito. A razão que ainda é instinto estabelece essa diferença correta sem ter consciência de que, por experimentar a lei em todo o ser sensível, suprassume justo por isso o ser somente sensível da lei; [nem de que] ao compreender os momentos da lei como "*matérias*", sua essencialidade tornou-se então um universal, e nessa expressão é enunciada como um Sensível não sensível, como um [ser] incorpóreo e ainda assim objetivo.

253 – [Es ist num zu sehen] É preciso ver agora que rumo toma, para o instinto da razão, seu resultado; e qual é a nova figura de seu observar que surge assim. Nós vemos, como verdade dessa consciência experimentadora, a lei pura que se liberta do ser sensível; vemo-la como *conceito* que está presente no ser sensível e, no entanto, nele se move independente e solto; nele submerso, [mas] livre dele, e é conceito *simples.*

O que é em verdade *resultado* e *essência,* surge agora para essa consciência mesma, mas como *objeto.* Na verdade, surge como uma *espécie particular* de objeto, enquanto justamente para a consciência esse objeto não é *resultado,* e não tem relação com o movimento precedente; e a relação da consciência para com ele surge como um outro [tipo de] observar.

254 – [Solcher Gegenstand] Um objeto tal, que tem em si o processo na simplicidade do conceito, é o orgânico. É ele essa absoluta fluidez em que se dissolve a determinidade através da qual seria somente *para outro.* A coisa inorgânica tem a determinidade como sua essência, e por esse motivo só junto com outra coisa constitui a plenitude dos momentos do conceito; e, portanto, se perde ao entrar em movimento. Ao contrário, na essência orgânica todas as determinidades, mediante as quais está aberta para outro, estão reunidas sob a unidade orgânica simples. Nenhuma delas, que se relacione livremente com outro, emerge como essencial; e por isso em sua relação mesma, o orgânico se conserva.

255 - *[Die Seiten des] Neste* ponto, o instinto-da-razão se aplica à observação dos *lados* da *lei,* que são em primeiro lugar, como decorre da determinação acima, a natureza *orgânica* e a *inorgânica* em sua relação mútua. A inorgânica é justamente para a orgânica, a liberdade das determinidades *destacadas,* que se opõe ao *conceito simples* da natureza orgânica. *Dissolve-se* nessas determinidades a natureza individual que ao *mesmo tempo se* separa de sua continuidade e é *para si.*

Ar, água, terra, zonas e climas são esses elementos universais que constituem a essência simples indeterminada das individualidades, que nesses elementos estão igualmente refletidas em si. Nem a individualidade é pura e simplesmente em si e para si, nem tampouco os elementos. Ao contrário: na liberdade independente, em que surgem para a observação um frente ao outro, comportam-se ao mesmo tempo como *relações essenciais*; porém, de tal modo que a independência e a indiferença recíprocas são o predominante; e que só parcialmente passam para a abstração.

Portanto, a lei está presente a essa altura como a relação de um elemento com a formação do orgânico, que uma vez tem diante de si o ser elementar, e outra vez o representa em sua reflexão orgânica. Aliás, *leis* como estas: "os animais que pertencem ao ar têm a natureza de aves, os que pertencem à água, natureza de peixes; os animais nórdicos são peludos" - são leis que revelam de imediato uma pobreza que não corresponde à múltipla variedade orgânica. Além do mais, já que a liberdade orgânica sabe retirar suas formas dessas determinações, e oferece necessariamente todo o tipo de exceções a tais leis - ou regras, como quiserem chamá-las -, esse modo de determinar fica tão superficial para os seres mesmos a que se aplica, que inclusive a expressão de sua necessidade não pode ser senão superficial, e não leva além da *grande influência*. Por aí não se sabe exatamente o que pertence e o que não pertence a tal influência.

Por conseguinte, não se podem chamar *leis* semelhantes relações entre o orgânico e os elementos [em que vive], pois, como já lembramos, por um lado tal relação não esgota, quanto ao seu conteúdo, todo o âmbito do orgânico; e, por outro, os momentos da relação permanecem ainda indiferentes um ao outro, e não exprimem nenhuma necessidade.

No conceito de ácido está o *conceito* de base, como no conceito de eletricidade positiva, o de eletricidade negativa. Mas, embora seja possível *justapor* o pelo espesso com as regiões nórdicas, a estrutura dos peixes com a água, a das aves com o ar, contudo no conceito de região nórdica não está o conceito de pelagem espessa, no conceito de mar não está o da estrutura dos peixes, e no conceito do ar, o da estrutura das aves. Em virtude dessa liberdade dos dois termos, um em relação ao outro, *há* também animais terrestres que têm os caracteres essenciais de uma ave, de um peixe etc. A necessidade, porque não pode ser conceituada como necessidade interior da essência, deixa também de possuir um ser-aí sensível, e não pode ser mais observada na efetividade, pois *migrou para fora* dela. Desse modo não se encontra na própria essência real, mas é o que se chama *relação teleológica*; relação, que, sendo *extrínseca* aos [termos] relacionados, é por isso, antes, o contrário de uma lei. É o pensamento totalmente liberto da natureza necessária, que a abandona e se move para si mesmo, acima dela.

256 – [Wenn die vorhin] A relação, acima mencionada, do orgânico com a natureza dos elementos, não exprime a essência do próprio orgânico, mas ao contrário é no conceito-de-fim que ela está contida. De certo, para a consciência observadora, o *conceito-de-fim* não é a *essência* própria do orgânico, mas lhe recai fora da essência, e assim é para ela apenas essa relação *teleológica* exterior. Aliás, o orgânico, como até aqui foi determinado, é de fato o próprio fim real. Com efeito, por *conservar a si mesmo* na relação ao Outro, é justamente essa essência natural, em que a natureza se reflete no conceito, e em que são recolhidos no Uno momentos que na necessidade estão postos fora um do outro: uma causa e um efeito, um ativo e um passivo. Sendo assim, não [temos] aqui algo que surge somente como *resultado* da necessidade; ao contrário: porque o que surgia operou um retorno sobre si mesmo, o último ou o resultado é igualmente o *primeiro:* o que inicia o movimento e o que para si mesmo é o fim que ele torna efetivo. O orgânico não produz algo, mas *somente se conserva*; ou seja, o que é produzido, tanto [já] está presente, como está sendo produzido.

257 – [Diese Bestimmung ist] Deve-se examinar mais de perto essa determinação - como é em si, e como é para o instinto-da-razão - para ver como ele aí se acha, mas sem se reconhecer em seu achado.

O conceito-de-fim, ao qual se eleva a razão observadora, tanto é para ela *conceito consciente,* como está presente enquanto algo *efetivo*: para ela, não é uma *relação exterior* apenas, e sim sua essência. Esse efetivo - que por sua vez é um fim - refere-se segundo uma finalidade a outra coisa. Isso quer dizer que sua relação é uma relação contingente - *segundo o que os dois são de modo imediato,* [pois] são ambos independentes e indiferentes em sua relação recíproca. No entanto, a essência de sua relação é algo outro do que aparenta ser; e seu agir tem um sentido diverso do que *é imediatamente* para o perceber sensível.

A necessidade está escondida no que acontece, e só no *fim* se manifesta; mas de tal maneira que o fim mostra justamente que essa necessidade era também o primeiro. O fim, porém, mostra essa prioridade de si mesmo, porque, através da alteração que o agir operou, nada resultou que já não fosse. Ou seja: se começamos do primeiro [vemos que] no fim ou no resultado de seu agir ele apenas retorna a si mesmo. Portanto, o primeiro se mostra exatamente como sendo algo tal que tem a *si mesmo* por seu fim; assim, como primeiro já retornou a si, ou *é em si* e *para si mesmo.* Logo, é a *si mesmo* que alcança através do movimento de seu agir; e seu *sentimento-de-si* é atingir-se só a si mesmo. Sendo assim, está sem dúvida presente a diferença entre *o que ele* é, e *o que ele busca.*

Mas é só a *aparência de uma diferença*; por isso é, em si mesmo, conceito.

258 – [Ebenso ist aber] A *consciência-de-si,* no entanto, é constituída de igual maneira: diferencia-se de si mesma de modo que, ao mesmo tempo, disso não resulta diferença nenhuma. Não encontra, pois, na observação da natureza orgânica outra coisa que essa essência: encontra-se como uma coisa, *como uma vida;* mas ainda faz uma diferença entre o que ela mesma é, e o que encontra: diferença, porém, que não é nenhuma.

Como o instinto do animal busca e consome o alimento - mas com isso nada produz diferente de si –, assim também o instinto da razão em seu buscar só a si mesmo encontra. Termina o animal com o sentimento-de-si. Ao contrário, o instinto-da-razão é, ao mesmo tempo, consciência-de-si. Entretanto, por ser instinto apenas, é posto de lado, em contraste com a consciência, e nela tem sua oposição. Sua satisfação é, pois, cindida por isso: na verdade, encontra-se a si mesmo - a saber, o *fim* – e igualmente encontra esse fim como *coisa.* Mas, primeiro, o fim recai para ele, *fora da coisa* que se apresenta como fim. E, depois, esse fim como fim é ao mesmo tempo *objetivo* – e por conseguinte esse [instinto da razão] não recai em si como consciência, mas sim em um outro entendimento.

259 – [Näher betrachtet] Examinando mais de perto, [vemos que] reside igualmente no conceito da coisa essa determinação de que ela é *fim em si mesma.* Com efeito, a coisa *se* conserva: isso significa que sua natureza consiste, ao mesmo tempo, em ocultar a necessidade e em apresentá-la sob a forma de uma relação *contingente.* É que sua liberdade, ou seu *ser-para-si,* consiste precisamente em comportar-se para com seu necessário como se ele fosse um indiferente. Desse modo, a coisa se apresenta como algo cujo conceito incidisse fora do seu ser.

Também a razão necessita contemplar seu conceito como incidindo fora dela - portanto, como uma *coisa;* e uma coisa tal que a razão lhe seja *indiferente,* e por sua parte seja indiferente à razão e ao seu conceito. Como instinto, a razão ainda permanece no interior desse *ser* ou dessa *indiferença;* e a coisa, que exprime o conceito, permanece, para o instinto da razão, algo outro que esse conceito, e o conceito, algo outro que a coisa. Para ele, a coisa orgânica é *fim* para si mesma, de tal modo que a necessidade que se apresenta como escondida no seu agir - enquanto o agente no agir se comporta como um essente-para-si-diferente - incide fora do próprio orgânico.

Mas o orgânico, como fim em si mesmo, só pode comportar-se enquanto tal, e não de outra maneira: por isso [o fato de] ser fim em si mesmo se manifesta e tem presença sensível, e assim vem a ser observado. O orgânico se mostra como algo *que se conserva* a si mesmo, e que *retorna* – e [já] *retornou* – a si. Mas nesse ser, a consciência observadora não reconhece o conceito-de-fim, ou não reconhece que o fim existe exatamente aqui, e como uma coisa; e não alhures em algum intelecto. Estabelece, entre o conceito-de-fim e entre o ser-para-si e conservar-se a si mesmo, uma diferença que não é nenhuma. Mas que não seja uma diferença, isso não é para a consciência: o que é para ela, é um agir que aparece como contingente e indiferente ao que se produz por meio dele; e que, no entanto, é a unidade que reúne os dois momentos - aquele agir e esse fim - que, para essa consciência, recaem fora um do outro.

260 – [Was in dieser Ansicht] Nessa visão, o que cabe ao orgânico mesmo é o agir, que permeia entre seu primeiro e seu último [momento], enquanto esse agir tem nele o caráter da singularidade. Mas o agir, enquanto tem o caráter da universalidade, não compete ao orgânico - esse agir em que o próprio agente é posto como igual ao que é produzido por ele, ou o agir enquanto conforme a um fim como tal.

Aquele agir singular, que é somente meio, passa através de sua singularidade à determinação de uma necessidade totalmente singular e contingente. Portanto, segundo esse conteúdo imediato, é totalmente sem-lei o que o orgânico faz para a conservação de si mesmo como indivíduo – ou como gênero –, já que o universal e o conceito incidem fora dele. Seria, pois, o seu agir uma operosidade vazia, sem conteúdo nela mesma; não seria sequer a operosidade de uma máquina, pois essa tem um fim, e sua operosidade tem, por isso, um conteúdo determinado. Abandonado assim pelo universal, seria apenas atividade de um essente como *essente*; quer dizer, atividade que ao mesmo tempo não reflete sobre si – como a de um ácido ou de uma base. Seria uma operosidade não destacável de seu ser-aí imediato, inclusive do ser-aí que se perde na relação a seu oposto, mas que poderia suster-se.

Porém, o ser, cuja operosidade aqui se examina, é posto como uma coisa *que se conserva* em sua relação com o seu oposto. A atividade, como tal, é apenas a pura forma, carente de essência de seu ser-para-si. Não incide fora dela sua substância, que não é o ser simplesmente determinado, mas o universal: ou seja, o seu *fim*.

É a atividade que em si mesma retorna a si, sem ser a si mesma reconduzida por qualquer coisa de estranho.

261 – [Diese Einheit] Mas, por isso, essa unidade da universalidade e da atividade não é para essa consciência *observadora*; com efeito, tal unidade é essencialmente o movimento interior do orgânico e só pode ser captada como conceito. Ora, o observar procura os momentos na forma do *ser* e do *permanecer*, e como a totalidade orgânica consiste essencialmente em que nela não estão contidos nem podem ser encontrados os momentos, a consciência transforma a oposição numa que seja conforme a seu modo de ver.

262 – [Es entsteht ihm] A essência orgânica, dessa maneira, surge para a consciência como um relacionamento de dois momentos *fixos* e *essentes* – uma oposição cujos dois lados aparentam, de uma parte, ser dados à consciência na observação, mas de outra parte exprimem, por seu conteúdo, a oposição entre o *conceito* orgânico *de fim* e a *efetividade*. Mas, sendo aqui abolido o conceito como tal, tudo isso se apresenta de maneira obscura e superficial, onde o pensamento sucumbe na representação. Vemos assim que ao falar de *interior* o que se 'visa' é mais ou menos o primeiro momento* , e ao

* O conceito de fim.

falar de *exterior*, o segundo**. Seu relacionamento produz a lei de que *"o exterior* é a expressão do interior".

263 – [Dies Innere mit seinem] Examinando melhor esse interior com seu oposto e seu relacionamento mútuo, ressalta em primeiro lugar que os dois lados da lei já não soam como nas leis anteriores, em que cada um deles aparecia como um corpo particular - como se fossem *coisas* independentes. Em segundo lugar, [já não supõem] que o universal deva ter sua existência em algum lugar *fora do essente.* Ao contrário: em geral, a essência orgânica é indivisamente posta no fundamento como conteúdo do interior e do exterior e é a mesma para os dois. Por isso ainda, a oposição é só puramente formal e seus lados reais têm, por sua essência, o mesmo *em-si*; mas ao mesmo tempo parecem ter, para o observar, um conteúdo peculiar, enquanto o interior e o exterior são realidades opostas, e cada um deles, um *ser* distinto para o observar. Contudo, esse conteúdo peculiar, por ser a mesma substância e a mesma unidade orgânica, de fato, pode ser apenas uma forma diferente dela. Ora, é isso que é significado pela consciência observadora [quando diz] que o exterior é somente a *expressão* do interior.

No conceito-de-fim vimos essas mesmas determinações da relação, i.é, a independência indiferente dos diferentes; e nessa independência, sua unidade em que desvanecem.

264 – [Es ist nun zu sehen] Veremos agora que *figura* tem em seu ser o interior e exterior. O interior como tal deve também ter um ser exterior e uma figura, assim como o exterior enquanto tal - porque é objeto, ou seja, é também posto como *essente*, e como presente para a observação.

265 – [Die organische Substanz] A substância orgânica, como substância *interior*, é a alma *simples*, o puro *conceito-de-fim* ou o *universal* que em sua divisão permanece igualmente fluidez universal, e por isso se manifesta em seu *ser* como o *agir* ou o *movimento* da efetividade *evanescente.* Ao contrário, o *exterior*, oposto a esse interior *essente*, subsiste no *ser inerte* do orgânico. A lei, como relação desse interior com esse exterior, exprime assim seu conteúdo, uma vez na apresentação dos *momentos* universais ou *essencialida-*

** A efetividade.

des simples, e outra vez na apresentação da essencialidade efetiva, ou da *figura*.

Aquelas primeiras *propriedades* orgânicas simples - para assim chamá-las - são *sensibilidade, irritabilidade e reprodução*. Essas propriedades - pelo menos as duas primeiras - parecem de certo não referir-se ao organismo em geral, mas só ao organismo animal. O organismo vegetal só exprime, de fato, o conceito simples do organismo que *não desenvolve* seus momentos. Por isso, considerando esses organismos enquanto devem ser para a observação, devemos nos ater ao organismo que representa o ser-aí desenvolvido desses momentos.

266 – [Was nun sie selbst] Agora, no que diz respeito a esses momentos, eles resultam imediatamente do conceito do fim-em-si-mesmo. Com efeito, a *sensibilidade* exprime, em geral, o conceito simples da reflexão orgânica em si, ou a fluidez universal do conceito; mas a *irritabilidade* exprime a elasticidade orgânica, a capacidade de se comportar como *reagente*, ao mesmo tempo, na reflexão; e exprime a efetivação, oposta ao primeiro *ser-dentro-de-si* inerte. Nessa efetivação, aquele ser-para-si abstrato é um ser *para outro*. Por sua vez, a *reprodução* é a ação desse organismo *total* refletindo sobre si mesmo; é a sua atividade como fim em si ou como *gênero*; atividade, pois, em que o indivíduo de si mesmo se expulsa, e engendrando repete ou suas partes orgânicas, ou o indivíduo completo.

A reprodução, tomada no sentido de *autoconservação em geral*, exprime o conceito formal do orgânico ou a sensibilidade. Porém, ela é propriamente o conceito orgânico real, ou o *todo* que sobre si retorna - ou como indivíduo pela produção das partes singulares dele mesmo, ou como gênero, pela produção de indivíduos.

267 – [Die andere Bedeutung] A *outra significação* desses elementos orgânicos, enquanto são tomados como o *exterior*, é sua maneira *figurada*: sob essa forma estão presentes como partes *efetivas* mas também, ao mesmo tempo, como partes *universais* ou como *sistemas* orgânicos. A sensibilidade, digamos, como sistema nervoso, a irritabilidade como sistema muscular, a reprodução como sistema visceral da conservação do indivíduo ou do gênero.

268 – [Eigentümliche Gesetze] As leis peculiares do orgânico dizem respeito, portanto, a uma relação dos momentos orgânicos em sua dupla significação: a de serem ora uma *parte* da *figuração* orgânica, ora uma determinação *fluida universal* que pervade todos aqueles sistemas. Na expressão de uma tal lei, por exemplo uma *sensibilidade* determinada, como momento do organismo total, teria sua expressão num sistema nervoso de constituição determinada; ou ainda, estaria unida a uma *reprodução* determinada das partes orgânicas do indivíduo, ou a propagação do todo etc.

Os dois lados de uma tal lei podem ser *observados*. O *exterior*, segundo o seu conceito, é o *ser-para-Outro*; a sensibilidade, por exemplo, tem no *sistema* sensitivo seu modo imediatamente efetivado; e como *propriedade universal* é, nas suas *exteriorizações*, também algo objetivo. O lado que se chama *interior* tem seu *próprio exterior* que é distinto do que se chama *exterior* no todo.

269 – [Die beiden Seiten] Podem-se observar, de certo, os dois lados de uma lei orgânica, mas não as leis segundo as quais se relacionam. A observação não alcança essas leis, não porque *como observação* tenha vista demasiado curta, ou porque não deva proceder empiricamente, e sim partir da ideia: tais leis, com efeito, se fossem algo real, deveriam ser efetivamente presentes e, portanto, observáveis. Porém, [a observação não as alcança] porque o pensamento de leis dessa espécie se demonstra não ter verdade nenhuma.

270 – [Es ergab sich] Assim, resulta ser uma lei a relação segundo a qual a *propriedade* orgânica universal, em um sistema orgânico, transforma-se em coisa, e nela tem sua marca configurada, de modo que as duas sejam a mesma essência: num caso, presente como momento universal; no outro, como coisa. Mas além disso, o lado do interior é também, por si, uma relação de muitos lados; e assim se apresenta, à primeira vista, o pensamento de uma lei como relação das atividades ou propriedades orgânicas universais, umas com as outras. Se tal lei é possível, isso deve-se decidir conforme a natureza de uma tal propriedade. Ora, uma propriedade, enquanto é uma fluidez universal, por um lado não é algo delimitado, à maneira de uma coisa, que se mantenha na diferença de um ser-aí, o qual devesse constituir sua figura. Ao contrário: a sensibilidade ultrapassa o sistema nervoso, e pervade todos os outros sistemas do organismo. Por outra parte, essa propriedade é *momento* universal, que é essencialmente inseparado e inseparável da reação ou irritabilidade, e da reprodução. Com efeito, como reflexão em si, a sensibilidade já tem, simplesmente, a reação nela.

O ser-refletido-em-si somente é passividade, ou ser morto, e não sensibilidade; [mas] sem o ser-refletido-em-si, tampouco a ação - que é o mesmo que a reação - é irritabilidade. A reflexão na ação, ou na reação; e a ação e a reação na reflexão - é isso justamente cuja unidade constitui o orgânico: uma unidade que tem uma mesma significação que a reprodução orgânica. Segue-se daí que em cada modo da efetividade deve estar presente o mesmo *grau* de sensibilidade e de irritabilidade - enquanto consideramos primeiro a relação mútua entre a sensibilidade e a irritabilidade. Segue-se também que um fenômeno orgânico pode ser igualmente bem apreendido e determinado - ou, se preferem, explicado - tanto segundo uma como segundo a outra. O mesmo que para alguém é sensibilidade elevada, para outro pode ser irritabilidade elevada e irritabilidade do *mesmo grau.* Dando-lhes o nome de *fatores* – e isso não deve ser uma palavra carente-de-sentido - há de se entender, por tal expressão, que são *momentos* do conceito, e, portanto, que o objeto real cuja essência esse conceito constitui, os contém de igual maneira. Se esse objeto, conforme um fator, for determinado como muito sensível, deve-se enunciar, segundo o outro fator, como igualmente irritável.

271 – [Werden sie unterschieden] Se, como necessário, se distinguem [as propriedades orgânicas] então são distintas segundo o conceito, e sua oposição é *qualitativa.* Mas quando, além dessa verdadeira distinção, elas se manifestam numa diversidade *quantitativa*, também são postas como diversas enquanto *essentes* e para a representação, de modo que possam formar os lados da lei.

Sua posição qualitativa peculiar se torna uma oposição de *grandeza,* e então surgem leis desta espécie: "a sensibilidade e a irritabilidade variam na razão inversa de sua grandeza, de forma que, quando uma cresce, a outra diminui". Para dizer melhor, tomando diretamente a grandeza por conteúdo, "a grandeza de uma coisa aumenta quando sua pequenez diminui".

Mas, se um conteúdo determinado for dado a essa lei, algo como "a grandeza de um buraco *aumenta* à medida que *diminui* o material que o enche", então essa razão inversa pode ser transformada numa direta e exprimir-se assim: "a grandeza do buraco *aumenta* na razão direta do material retirado". Uma proposição *tautológica*; seja expressa como razão direta ou inversa, e que em sua expressão peculiar só quer dizer que "uma grandeza aumenta quando essa grandeza aumenta". O buraco e o material que o enche e é jogado fora são qualitativamente opostos, enquanto o real deles e sua grandeza determinada são, em ambos, uma só e a mesma coisa, de forma que sua oposição vazia de sentido vem a dar numa tautologia.

Do mesmo modo, os momentos orgânicos são igualmente inseparáveis em seu real, e em sua grandeza - que é a grandeza desse real. Um momento só com o outro diminui, e só com ele aumenta, porque um só tem pura e simplesmente significação na medida em que o outro está presente. Ou melhor: é indiferente considerar um fenômeno orgânico como irritabilidade ou como sensibilidade; é indiferente em geral, mas também falando de sua grandeza. Também é indiferente exprimir o aumento de um buraco como seu aumento enquanto vazio, ou como aumento do material retirado para fora. Assim também, um número, por exemplo o 3, tem igual grandeza, quer seja designado como positivo ou como negativo. E se for aumentado de 3 para 4, então o positivo como o negativo se torna 4. Igualmente, num ímã o polo sul tem exatamente a mesma força que o polo norte; e uma eletricidade positiva, a mesma força que a negativa; ou o ácido, que é a base sobre a qual reage.

Ora, um *ser-aí* orgânico é também uma grandeza - como esse 3, ou um ímã, etc. É esse ser-aí que é aumentado e diminuído. Quando é aumentado, aumentam seus *dois* fatores; como sucede com os dois polos do ímã, ou com as duas eletricidades, se um ímã etc., for reforçado. Os dois fatores tampouco podem ser diversos em *intensidade e em extensão*, de forma que um não possa diminuir em extensão, aumentando em intensidade, enquanto o outro, ao contrário, diminuísse em intensidade mas aumentasse em extensão. Isso cai no mesmo conceito de oposição vazia: a intensidade real é também pura e simplesmente tão grande quanto a extensão e vice-versa.

272 – [Es geht, wie erhelt] Como é claro, nesse [modo de] legislar sucede exatamente o seguinte: primeiro, a irritabilidade e a sensibilidade constituem a oposição determinada. Mas esse conteúdo se perde, e a oposição se extravia na oposição formal do aumento e da diminuição da grandeza, ou na oposição da intensidade e extensão diversas. Tal oposição não tem mais nada a ver com a natureza da sensibilidade e da irritabilidade, e não mais a exprime. Por isso, semelhante jogo vazio - o do legislar - não está ligado aos momentos orgânicos, mas pode ser aplicado a tudo em toda a parte; e em geral se baseia na ignorância quanto à natureza lógica dessas oposições.

273 - [Wird endlich statt] Finalmente, considerando em vez de sensibilidade e irritabilidade, a reprodução referindo-a a um ou outro desses momentos, deixa de haver, sequer, ocasião para esse legislar. Com efeito, a reprodução não está em oposição a esses momentos, como eles estão um com o outro. Ora, como esse legislar repousa em tal oposição, aqui falta assim até mesmo a aparência de sua ocorrência.

274 - [Das so eben] Esse legislar acima examinado contém as diferenças do organismo na sua significação de momentos de seu *conceito*; e deveria ser, estritamente falando, um legislar *a priori*. Porém, nele está essencialmente contido este pensamento de que as diferenças têm a significação de coisas *presentes*; e de que a consciência simplesmente observadora deve ater-se, sem mais, ao ser-aí desses dados. A efetividade orgânica tem em si, necessariamente, uma oposição tal como seu conceito a exprime. Pode ser determinada como oposição entre irritabilidade e sensibilidade; do mesmo modo, os dois conceitos, por sua vez, aparecem distintos do da reprodução.

A *exterioridade*, na qual são considerados aqui os momentos do conceito orgânico, é a exterioridade *imediata, própria* do interior; não o *exterior* que é o exterior no todo, e é *figura*. A seguir, vamos tratar do interior com referência a esse exterior.

275 - [Aber den Gegensatz] Mas entendendo a oposição dos momentos como é no ser-aí, a sensibilidade, a irritabilidade e a reprodução se degradam em *propriedades ordinárias*, que são universalidades tão indiferentes umas às outras como peso específico, cor, dureza etc. Nesse sentido, é claro, pode-se observar que um ser orgânico é mais sensível, mais irritável, ou tem maior força-reprodutiva que um outro. Pode-se observar que a sensibilidade etc. de uma *espécie* é diferente da de outra; que frente a estímulos determinados um se comporta diversamente do outro, como o cavalo diante da aveia ou do feno, e o cão diante dos dois etc., pode ser observado que um corpo é mais duro que outro, e assim por diante.

No entanto, quando correlacionadas e comparadas umas às outras, tais propriedades sensíveis - dureza, cor, e outras que tais - contradizem essencialmente uma conformidade-à-lei. [O mesmo sucede] com os fenômenos da receptividade a um estímulo, por exemplo, à aveia; da irritabilidade a certos pesos; e da disposição a gerar certa qualidade e quantidade de filhotes. Com efeito, a determinidade de seu *ser sensível* consiste justamente em *existirem* totalmente indiferentes uns em relação aos outros; em representarem a liberdade da natureza emancipada do conceito, de preferência à unidade de um relacionamento, o jogo irracional e oscilante entre os momentos do conceito na escala da grandeza contingente, de preferência a [representar] esses momentos mesmos.

276 – [Die andere Seite] O *outro* lado, segundo o qual os momentos simples do conceito orgânico são comparados com os momentos da *configuração*, daria a lei propriamente dita. Essa expressaria o *exterior* verdadeiro como vestígio do *interior*. Ora, aqueles momentos simples, por serem propriedades fluidas que se interpenetram, não têm na coisa orgânica uma tal expressão real isolada, como o que se chama sistema singular da figura. Ou seja: a ideia abstrata do organismo só se expressa verdadeiramente naqueles três momentos por não serem nada de estável, mas apenas momentos do conceito e do movimento; o organismo, ao contrário, como configuração, não se capta nesses três sistemas determinados, tais como a anatomia os dissocia. À medida que tais sistemas devem ser encontrados em sua efetividade e legitimados pelo fato de serem encontrados, também é preciso lembrar que a anatomia não mostra somente três sistemas desse tipo e sim muitos mais. Aliás, mesmo abstraindo disso, o *sistema* sensitivo, em geral, tem de significar algo completamente distinto daquilo que se chama *sistema* nervoso; o *sistema* irritável, algo distinto o *sistema* muscular; ou o *sistema* reprodutivo, algo distinto dos *órgãos* de reprodução.

Nos sistemas da *figura*, como tal, apreende-se o organismo segundo o aspecto abstrato da existência morta; seus momentos assim captados pertencem à anatomia e ao cadáver, não ao conhecimento e ao organismo vivo. Como partes mortas, esses momentos já deixaram *de ser*, pois deixam de ser processos. Pois o *ser* do organismo é essencialmente universalidade ou reflexão sobre si mesmo; por isso o *ser* de sua totalidade - como o de seus momentos - não pode subsistir em um sistema anatômico, mas antes a expressão efetiva e sua exterioridade só estão presentes como um movimento que discorre através das distintas partes da configuração. Nesse movimento, o que se destaca e se fixa como sistema singular apresenta-se essencialmente como momento fluido, de tal modo que essa efetividade, tal como a anatomia encontra, não pode valer como sua realidade, mas apenas como processo. Somente nesse processo as partes anatômicas têm também um sentido.

277 – [Es ergibt sich] Segue-se assim que nem os momentos do *interior* orgânico, tomados por si mesmos, são capazes de fornecer os lados de uma lei do ser; pois numa tal lei, sendo predicados de um ser-aí, seriam diferentes um do outro; e um não poderia enunciar-se de igual maneira, em lugar do outro. Segue-se também que esses momentos, postos em um lado, não teriam no outro sua realização num sistema fixo. Com efeito, em geral tal sistema está longe de encerrar uma verdade orgânica e também de ser a expressão daqueles momentos do interior.

O essencial do orgânico - posto que em si é o universal - antes consiste (em geral) em ter seus momentos na efetividade de modo igualmente universal, quer dizer, como processos que se desenrolam; mas não em oferecer a imagem do universal numa coisa isolada.

278 – [Auf diese Weise] Dessa maneira, perde-se no orgânico a representação de uma lei, em geral. A lei quer apreender e exprimir a oposição como lados inertes - e, neles, a determinidade, que é sua relação recíproca. O *interior*, a que pertence a universalidade aparente [fenomenal], e o *exterior*, a que pertencem as partes da figura inerte, deveriam constituir os lados da lei, em relação recíproca; porém, ao serem mantidos assim separados-um-do-outro, perdem sua significação orgânica. A representação da lei tem justamente por base que seus dois lados possuam uma subsistência indiferente, para si *essente*; e que a relação entre eles se distribua como uma dupla determinidade correspondente a tal relação. Porém, cada lado do orgânico consiste, antes, nisto: em ser, em si mesmo, universalidade simples na qual se dissolvem todas as determinações; e em ser o movimento dessa dissolução.

279 – [Die Einsicht in den] Focalizando a diferença desse modo de formular leis em relação às formas anteriores, sua natureza será plenamente esclarecida. Com efeito, se considerarmos retrospectivamente o movimento da percepção e do entendimento - que nela se reflete em si mesmo e com isso determina seu objeto - vemos que o entendimento ali não tinha diante de si em seu objeto a *relação* entre essas determinações abstratas, do universal e do singular, do essencial e do exterior. O entendimento é o transitar, para o qual esse transitar não se torna objetivo. Aqui, ao contrário, a própria unidade orgânica é o *objeto*, isto é [a unidade que é] justamente a relação entre aquelas oposições; relação que é puro transitar. Esse transitar, na sua simplicidade, é imediatamente *universalidade* e, enquanto a universalidade entra na diferença cuja relação a lei deve exprimir, seus momentos são *como* objetos *universais* dessa consciência, e a lei proclama que o *exterior é* a expressão do *interior.* Aqui, o entendimento captou *o pensamento* da lei mesma quando antes só buscava, em geral, leis cujos momentos flutuavam diante dele como um conteúdo determinado, e não como os pensamentos da lei.

Assim, no que respeita o conteúdo, aqui não se devem manter tais leis que sejam apenas um acolher estático, na forma do universal, de diferenças puramente *essentes.* Ao contrário: [só se devem aceitar] leis que nessas diferenças tenham imediatamente também a inquietude do conceito, e portanto, ao mesmo tempo, a necessidade da relação entre os lados. Ora, o objeto, a unidade orgânica, combina imediatamente o infinito suprassumir; ou a negação absoluta do ser, com o ser inerte, e os momentos são essencialmente *puro transitar*; por esse motivo, justamente, não se produzem esses lados *essentes,* como os que são requeridos pela lei.

280 – [Um solche zu erhalten] Para obter esses lados, o entendimento deve ater-se ao outro momento da relação orgânica - quer dizer, ao *ser-refletido* em si mesmo do ser-aí orgânico. Porém, esse ser se encontra tão perfeitamente refletido em si que nenhuma determinidade lhe resta quanto ao outro. O ser sensível *imediato* forma uma unidade imediata com a determinidade como tal, e, portanto, exprime uma diferença qualitativa nele: por exemplo, o azul em relação ao vermelho e o ácido em relação ao alcalino. Mas o ser orgânico, retornado a si mesmo, é de todo indiferente quanto ao outro: seu ser-aí é a universalidade simples; e recusa, ao observar, diferenças sensíveis permanentes, ou – o que é o mesmo – só mostra sua determinidade essencial como *mudança* das determinidades *essentes*.

Portanto, a diferença, que se exprime como diferença *essente*, consiste justamente em ser uma diferença *indiferente*, isto é, [em ser] como *grandeza*. Porém, com isso o conceito é abolido e a necessidade desvanece. Ora, o conteúdo e a implementação desse ser diferente, a mudança das determinações sensíveis, reunidas na simplicidade de uma determinação orgânica, exprime ao mesmo tempo que esse conteúdo não tem precisamente aquela determinidade da propriedade imediata, e que o qualitativo recai na grandeza apenas, como vimos mais acima.

281 – [Ob also schon das] O objetivo, apreendido como determinidade orgânica, já tem em si mesmo o conceito e se distingue do [objeto] que é para o entendimento, que procede como puramente perceptivo no apreender do conteúdo de suas leis. Não obstante, é certo que aquele apreender recai de todo no princípio e na modalidade do entendimento puramente perceptivo, pois o que é apreendido se utiliza para [constituir] momentos de uma *lei*. Assim recebe o modo de uma determinidade fixa, a forma de uma propriedade imediata ou de um fenômeno inerte; para ser finalmente acolhido na determinação da grandeza; e a natureza do conceito é sufocada. A troca de algo puramente percebido por algo em si refletido, de uma determinidade meramente sensível por uma determinidade orgânica, perde assim seu valor; e perde pelo fato de não ter o entendimento suprassumido ainda o [costume de] formular leis.

282 – [Um die Vergleichung] Recorrendo à comparação de alguns exemplos a propósito dessa troca, o que para a percepção é um animal de músculos robustos, se determina como organismo animal de irritabilidade elevada. O que para a percepção é um estado de grande fraqueza, determina-se como estado de grande sensibilidade ou, se preferem, como uma afecção anormal, e precisamente como uma potenciação dessa sensibilidade (São expressões que traduzem o sensível não para o conceito, mas para o latim, e, ainda por cima, para um mau latim). Que o animal tenha fortes músculos, pode também expressá-lo o entendimento dizendo que possui uma grande *força muscular*, do mesmo modo que a grande debilidade pode ser expressa como uma *força* pequena. A determinação pela irritabilidade tem sobre a determinação pela *força* a vantagem de que essa última exprime a reflexão indeterminada, e aquela, a reflexão determinada. Com efeito, a força peculiar do músculo é justamente a irritabilidade. E tem, sobre a determinação "pelos *fortes músculos*", a vantagem de conter nela a reflexão sobre si – como já [sucedia] na força. Do mesmo modo, a fraqueza ou pouca força, a *passividade orgânica*, é expressa determinadamente pela *sensibilidade*. Mas essa sensibilidade, assim tomada e fixada para si, e ainda unida à determinação da *grandeza*, opõe-se com maior ou menor sensibilidade a uma irritabilidade maior ou menor. Assim, porém, cada uma delas sucumbe de todo no elemento sensível, e na forma ordinária de uma propriedade. Sua relação não é o conceito, mas ao contrário a *grandeza* na qual agora recai a oposição, tornando-se uma diferença carente-de-pensamento.

Sem dúvida, retirando o que há de indeterminado nas expressões de *força, robustez, fraqueza*, ainda assim vai surgir agora um volutear igualmente fútil e indeterminado em torno das oposições de uma maior ou menor sensibilidade e irritabilidade, em seu crescer e decrescer, conjuntamente ou em direção oposta.

Como a robustez e a fraqueza são determinações totalmente sensíveis e carentes-de-pensamento, também a maior ou menor sensibilidade ou irritabilidade é o fenômeno sensível apreendido e expresso do mesmo modo carente-de-pensamento. O conceito não passou a ocupar o lugar daquelas expressões carentes-de-conceito; ao contrário, a robustez e a fraqueza foram preenchidas mediante uma determinação, que tomada por si só se baseia no conceito e o tem por conteúdo, mas que perde de toda essa origem e esse caráter.

Assim, por meio da forma da simplicidade e da imediatez em que esse conteúdo se converte em um lado da lei, e por meio da grandeza, que constitui o elemento da diferença dessas determinações – a essência, que originariamente é como conceito e como conceito é posta, mantém o modo da percepção sensível e permanece tão distante do conhecimento quanto o era na determinação segundo a robustez ou fraqueza da força, ou segundo as propriedades sensíveis imediatas.

283 – [Es ist jetzt auch noch] Agora falta ainda considerar o que é o *exterior* do orgânico *somente para si* e como nele se determina a oposição entre *seu* interior e *seu* exterior – do mesmo modo como o *interior* do todo inicialmente foi considerado na relação com o seu *próprio* exterior.

284 – [Das Äussere für sich] O *exterior*, considerado para si, é a *figuração* em geral, o sistema da vida articulando-se no *elemento* do ser e essencialmente, ao mesmo tempo, o ser da essência orgânica *para um outro:* essência objetiva em seu *ser-para-si.* Esse *Outro* se manifesta primeiro em sua natureza inorgânica externa. Como vimos acima, considerando os dois termos em ordem a uma lei, a natureza inorgânica não pode constituir um lado da lei frente à essência orgânica, uma vez que essa última é pura e simplesmente para si, e se refere à natureza inorgânica de um modo livre e universal.

285 – [Das Verhältnis dieser] No entanto, se a relação dos dois lados for determinada mais precisamente na figura orgânica, então essa por um lado está voltada contra a natureza inorgânica, mas, por outro lado, *é para si,* e refletida sobre si. A essência orgânica efetiva é o meio-termo que conclui o *ser-para-si* da vida junto com o *exterior* em geral, ou o *ser-em-si.* Mas o extremo do ser-para-si é o interior como Uno infinito que recupera em si os momentos da figura mesma, retirando-os de sua subsistência e vinculação com o exterior. [Esse extremo] é o carente-de conteúdo, que se outorga seu conteúdo na figura e que nela aparece como o seu processo. Nesse extremo, como negatividade simples ou como *singularidade pura,* o orgânico tem sua liberdade absoluta, graças à qual é indiferente e garantido ante o ser para outro, e ante a determinidade dos momentos da figura.

Essa liberdade é, igualmente, liberdade dos momentos mesmos: é sua possibilidade de se manifestarem e de serem apreendidos como *aí-essentes.* E como nessa liberdade são livres e indiferentes quanto ao exterior, assim também o são reciprocamente, porque a *simplicidade* dessa liberdade é o *ser* ou sua substância simples. Esse conceito, ou essa liberdade pura, é uma só e a mesma vida, embora a figura – ou o ser para outro – possa ainda armar muitos jogos variados. É indiferente a esse rio da vida que espécie de moinhos ele faz girar.

Antes de mais nada, é preciso notar que neste ponto o conceito não deve entender-se como anteriormente, quando se considerava o interior propriamente dito em sua forma de *processo* ou do desenvolvimento de seus momentos. [Aqui deve entender-se] em sua forma de *interior simples*, que constitui o lado puramente universal, em contraste com a essência viva *efetiva*, ou como o *elemento* da *subsistência* dos membros *essentes* da figura; pois é dessa figura que aqui tratamos, e nela a essência da vida está como a simplicidade da subsistência. E então, o *ser para outro* ou a determinidade da figuração efetiva, acolhida nessa universalidade simples que é sua essência, é também uma determinidade não sensível simples e universal; que só pode ser a determinidade expressa como *número*.

O número é o meio-termo da figura que une a vida indeterminada com a vida efetiva: simples como uma, e determinado como a outra. O que na primeira - no *interior* - estaria como número, deveria ser expresso a seu modo pelo exterior, como efetividade multiforme, gênero de vida, cor etc.; como toda a multidão de diferenças, em geral, que se desenvolvem no fenômeno.

286 – [Die beiden Seiten] Comparando os dois lados do todo orgânico - um, o *exterior*, outro o *interior*, de forma que cada qual tenha de novo em si um exterior e um interior - com seu interior respectivo, vemos que o interior do primeiro era o conceito como inquietude da *abstração*; mas que o segundo tem por interior a universalidade inerte, e nela também a determinidade inerte: o número. Portanto, se o primeiro lado - já que nele o conceito desenvolve seus momentos - promete leis ilusoriamente, devido à aparência de necessidade da relação, o segundo renuncia de vez a elas, porque o número se mostra como a determinação de um lado das suas leis. Pois o número é precisamente a determinidade de todo inerte, indiferente e morta na qual todo movimento e relacionamento se extinguem; e que rompeu a ponte [que a unia] com a vitalidade dos impulsos, com os hábitos, tipo de vida e com todo o ser-aí sensível.

287 – [Diese Betrachtung] Porém, de fato, não é mais consideração do orgânico, essa consideração da *figura* do orgânico como tal, e do interior como um interior simplesmente da figura. Porque são postos como indiferentes um ao outro os dois lados que deveriam referir-se mutuamente; e assim é suprassumida a reflexão sobre si, que constitui a essência do orgânico. Mas a comparação tentada entre interior e exterior é antes transferida à natureza inorgânica. O conceito infinito é aqui somente a *essência*, escondida no íntimo [do ser], ou que incide fora [dele], na consciência-de-si: não tem mais sua presença objetiva como tinha no orgânico. Esse relacionamento entre interior e exterior deve ainda ser considerado em sua esfera peculiar.

288 – [Zuerst ist jenes] Em primeiro lugar, esse interior da figura, como singularidade simples de uma coisa orgânica, é o *peso específico.* Pode ser observado como ser simples, como a determinidade do número – a única de que é capaz; ou então, ser encontrado propriamente pela comparação das observações: dessa maneira parece fornecer um dos lados da lei. Figura, cor, dureza, resistência, e uma multidão inúmera de outras propriedades, formariam, em conjunto, o lado *exterior,* e teriam de exprimir a determinidade do interior – o número – de modo que um lado tivesse sua contrapartida no outro.

289 – [Weil nun die] Sendo que a negatividade já não é entendida aqui como movimento do processo, mas como unidade *inerte* ou *ser para si simples,* ela antes se manifesta como aquilo pelo qual a coisa resiste ao processo, e se mantém em si e como indiferente ao mesmo tempo. Mas, porque esse ser-para-si simples é uma indiferença inerte quanto ao outro, o peso específico aparece como uma *propriedade ao lado* das outras; com isso cessa todo o seu relacionamento necessário com essa multiplicidade, ou toda conformidade-à-lei.

O peso específico, como esse interior simples, não tem a diferença *nele mesmo,* ou seja, só tem a diferença inessencial; pois justamente sua *simplicidade pura* suprassume toda a diferenciação essencial. Essa diferença inessencial – *a grandeza* – deveria ter no outro lado, que é a multiplicidade de propriedades, sua contrapartida, ou o *Outro,* porque só assim seria diferença, em geral. Se essa multiplicidade mesma for reunida na simplicidade da oposição e determinada, digamos, como *coesão* – de forma que essa seja o *para si no ser-Outro,* assim como o peso específico é o *puro ser-para-si* –, nesse caso tal coesão é antes de tudo essa pura determinidade posta no conceito, em contraste com a primeira determinidade. E a maneira do legislar seria a que acima consideramos, no relacionamento entre sensibilidade e irritabilidade.

Além disso, a coesão, como *conceito* do ser para si no ser-Outro, é somente a *abstração* do lado que está oposto ao do peso específico, e, como tal, não tem existência nenhuma. Pois o ser-para-si no ser-Outro é o processo em que o inorgânico teria que exprimir seu ser-para-si como uma *autoconservação*, que aliás o livraria de sair do processo como momento de um produto. Só que isso é precisamente contra sua natureza, que não tem nela mesma o fim ou a universalidade. Seu processo é, antes, somente o proceder determinado, [o modo] como se *suprassume* seu ser-para-si, seu peso específico. Esse proceder determinado, no qual a coesão subsistiria em seu verdadeiro conceito, e a grandeza determinada de seu peso específico são conceitos de todo indiferentes um para com o outro.

Excluindo totalmente de consideração esse tipo de proceder, e restringindo-o à representação da grandeza, poder-se-ia talvez pensar essa determinação como se o peso específico maior, enquanto um ser-dentro-de-si mais elevado, resistisse mais a entrar no processo que o peso específico menor. Mas, ao contrário, a liberdade do ser-para-si só se comprova na facilidade de relacionar-se com todas as coisas e de conservar-se nessa variedade multiforme.

Aquela intensidade sem extensão dos relacionamentos é uma abstração carente-de-conteúdo, uma vez que a extensão constitui o *ser-aí* da intensidade. Mas, como foi lembrado, a autoconservação do inorgânico em seu relacionamento incide fora da sua natureza, porque o inorgânico não tem nele mesmo o princípio do movimento, ou porque seu ser não é a negatividade absoluta, não é conceito.

290 – [Diese andere Seite] Ao contrário, tomando esse outro lado do inorgânico não como processo mas como ser inerte – então é a coesão ordinária, uma propriedade sensível *simples*. Ela é posta de um lado, em contraste com o momento do *ser-Outro*, deixado-em-liberdade, que se decompõe em múltiplas propriedades, mutuamente indiferentes, e que entra nelas como o peso específico. A multidão das propriedades, em conjunto, constitui o outro lado desse. Mas nele, como nos outros, *o número* é a única determinidade que não só exprime um relacionamento e uma passagem dessas propriedades, reciprocamente; senão que é justamente constituído essencialmente por não ter nenhum relacionamento necessário, mas por representar a abolição de toda a conformidade-à-lei; pois o número é a expressão da determinidade como uma determinidade *inessencial*.

Sendo assim, uma série de corpos, cuja diferença é expressa como diferença-numérica de seus pesos específicos, não é em absoluto paralela a uma série que exprima a diferença de outras propriedades, mesmo se, para facilitar a Coisa *[Sache]* for tomada uma só propriedade ou algumas delas. Pois, de fato, o que nesse paralelo deveria constituir o outro lado, seria unicamente todo o bloco dessas propriedades. Para organizá-las entre elas e reuni-las em um todo, de uma parte estão presentes para a observação as determinidades de grandeza dessas variegadas propriedades, mas de outra parte suas diferenças entram [em jogo] como qualitativas. Ora, o que nesse aglomerado [de propriedades] deveria ser designado como positivo ou negativo, e se suprassumiria mutuamente - em geral a figuração interna, a exposição e a enunciação da fórmula, que seria muito complexa -, tudo isso pertenceria ao conceito. Mas o conceito é excluído justamente pela maneira como as propriedades se apresentam e são apreendidas: como *essentes.* Nesse *ser,* nenhuma mostra o caráter de um negativo com respeito à outra, se não que uma é, nem mais nem menos que a outra, e não indica aliás sua posição no ordenamento do todo.

Em uma série que procede por diferenças paralelas, a relação poderia entender-se como crescente dos dois lados, ou como crescente de um lado e decrescente de outro. Numa tal série, só se trata da *última* expressão simples desse todo concentrado que deveria constituir um dos lados da lei frente ao lado do peso específico. Porém, esse lado, como *resultado essente,* não é outra coisa que o já mencionado: uma propriedade singular, como seria a coesão ordinária. Ao lado dela, indiferentemente, outras estão presentes, inclusive o peso específico. Qualquer outra propriedade poderia ser escolhida com igual direito, quer dizer, com igual falta de direito, para representar o outro lado todo. Cada uma delas representaria - em alemão, *vorstellen* - a essência, mas não seria a Coisa mesma. Assim, o intento de encontrar séries de corpos que se organizem segundo esse paralelismo simples de dois lados, e exprimam a natureza essencial dos corpos segundo uma lei desses lados, deve ser considerado como um pensamento que desconhece sua tarefa própria e os meios através dos quais ela deva ser cumprida.

291 - [Es wurde vorhin] Anteriormente, o relacionamento entre o exterior e o interior na figura que deve apresentar-se à observação, foi transferido, sem mais, à esfera do inorgânico. Agora pode-se indicar melhor a determinação que produz essa transferência, resultando disso ainda outra forma e comportamento dessa relação.

Em geral, falta no orgânico justamente o que no inorgânico parece oferecer a possibilidade de uma tal comparação entre o interior e o exterior. O interior inorgânico é um interior simples, que se oferece à percepção como propriedade *essente.* A grandeza é, essencialmente, a determinidade do interior, o qual se manifesta como propriedade *essente,* indiferente ao exterior e às outras numerosas propriedades sensíveis. Porém, o ser-para-si, do Orgânico-vivente, não se apresenta assim, de um lado, em contraste com seu exterior, mas tem em si mesmo o princípio do ser-Outro.

Determinando o ser-para-si como *relacionamento consigo mesmo,* que é *simples* e *que-se-conserva,* então seu ser-Outro será a *negatividade* simples; e a unidade orgânica, a unidade do relacionar-se consigo igual-a-si-mesmo, e a negatividade pura. Essa unidade é, como unidade, o interior do orgânico; por isso ele é em si universal, ou é *gênero.* Mas a liberdade do gênero ante sua efetividade é outra coisa que a liberdade do peso *específico* ante a sua figura; que é uma liberdade *essente,* ou uma liberdade que se põe ao lado como propriedade especial. Mas, por ser liberdade *essente,* também é apenas *uma determinidade* que pertence *essencialmente* a essa figura; ou mediante a qual essa figura, como *essência,* é algo determinado. A liberdade do gênero, porém, é uma liberdade universal, e indiferente quanto à sua figura, ou quanto à sua efetividade. A *determinidade* que compete ao *ser-para-si* do inorgânico, *como tal,* incide no orgânico sob *o seu* ser-*para-si*; enquanto no inorgânico, somente sob seu *ser.* Embora já no inorgânico a determinidade igualmente esteja só como *propriedade,* contudo, é a ela que pertence a dignidade da essência; porque, como negativo simples, contrasta com o ser-aí enquanto ser para outro. Ora, esse negativo simples, em sua última determinidade singular, é um número.

Ao contrário, o orgânico é uma singularidade que é, por sua vez, negatividade pura; e que por isso elimina em si a determinidade fixa do número que compete ao *ser indiferente.* À medida que o orgânico tem nele o momento do ser indiferente – inclusive o momento do número –, pode assim o número ser tomado apenas como um jogo [que se faz] no orgânico, mas não como a essência de sua vitalidade.

292 – [Wenn nun aber] A pura negatividade, princípio do processo, não recai fora do orgânico: portanto, esse orgânico não a tem em sua *essência* como uma determinidade, mas a própria singularidade do orgânico é, em si, universal. Entretanto, essa singularidade pura não está no orgânico, desenvolvida e efetiva em seus momentos, como sendo eles mesmos abstratos ou universais. Ao contrário: essa expressão passa fora daquela universalidade, que recai na *inferioridade*. Ora, o universal *determinado*, a *espécie*, insinua-se entre a efetividade ou a figura – isto é, a singularidade que se desenvolve – e o universal orgânico, ou o gênero. A existência, a que chega a negatividade do universal – ou do gênero – é apenas o movimento desenvolvido de um processo que percorre as *partes da figura essente*.

O gênero orgânico seria consciência se nele tivesse suas partes distintas como simplicidade inerte; e se sua *negatividade simples* como tal fosse assim ao mesmo tempo o movimento que percorre as partes também simples e imediatamente universais em si mesmas – que no caso seriam efetivas como tais momentos. No entanto, a *determinidade simples*, como determinidade da espécie, está presente no gênero [orgânico] de uma maneira carente-de-espírito. A efetividade começa a partir do gênero, ou seja, o que entra na efetividade não é o gênero como tal, isto é: não é absolutamente o pensamento.

O gênero como orgânico efetivo se faz apenas substituir por um representante. Mas esse representante, o número, parece indicar a passagem do gênero à figuração individual, e oferecer à observação os dois lados da necessidade – entendida ora como determinidade simples, ora como figura desenvolvida até à multiplicidade. [Na verdade, porém], o número antes designa a indiferença e a liberdade recíprocas do universal e do singular. O singular foi abandonado pelo gênero a uma diferença carente de essência – a diferença de grandeza; mas o singular mesmo, enquanto [ser] vivo, mostra-se também livre dessa diferença. A universalidade verdadeira, como já foi determinada, é aqui somente a *essência interior*, como *determinidade da espécie*, é a universalidade formal. Em contraste com ela, coloca-se aquela universalidade verdadeira ao lado da singularidade, a qual por isso é uma singularidade vivente, que mediante o *seu interior* se põe *acima de sua determinidade como espécie.*

Entretanto, essa singularidade não é, ao mesmo tempo, o indivíduo universal no qual a universalidade tenha igualmente uma efetividade exterior: o indivíduo universal incide fora do orgânico-vivente. Porém, esse indivíduo *universal*, tal como é *imediatamente* – o indivíduo das figurações naturais –, não é a consciência mesma. Se tivesse de ser consciência não poderia incidir fora dele seu ser-aí como *indivíduo singular, orgânico, vivente.*

293 – [Wir sehen daher] Temos, pois, um silogismo, em que um dos extremos é a *vida universal como universal* ou como gênero; o outro extremo, porém, é a *mesma* vida universal, mas *como singular*, ou como indivíduo universal. O meio-termo é composto pelos dois extremos: um parece insinuar-se no meio-termo como universalidade *determinada* ou como espécie; e o segundo, como singularidade *propriamente dita* ou como *individualidade* singular. E porque esse silogismo pertence, em geral, ao lado da figuração, está compreendido sob ele o que se distingue como natureza inorgânica.

294 – [Indem nun das] Agora a vida universal, como *essência simples* do *gênero*, desenvolve de seu lado as diferenças do conceito e deve apresentá-las como uma série de determinidades simples; por isso, essa série é um sistema de diferenças postas indiferentemente, ou *uma série-numérica.* Anteriormente, o orgânico foi oposto, na forma da singularidade, a essa diferença, carente-de-essência, que não exprime nem contém a natureza vivente da própria singularidade; e o mesmo deve ser dito a respeito do inorgânico, segundo o seu ser-aí-completo, desenvolvido na multidão de suas propriedades. Mas agora é preciso considerar o indivíduo universal, não somente como livre de qualquer articulação do gênero, mas também de sua potência.

O gênero se divide em espécie segundo a *determinidade universal* do número, ou também pode tomar por base de sua divisão as determinidades singulares de seu ser-aí, por exemplo, a figura, a cor etc. Mas nessa calma tarefa, sofre violência por parte do indivíduo universal – *a Terra* –, que como negatividade universal faz valer, contra o sistematizar do gênero, as diferenças tais como a Terra tem em si, e cuja natureza, devido à substância a que pertencem, é diferente da natureza do gênero. Esse agir do gênero torna-se uma tarefa totalmente restringida, que o gênero só pode levar adiante dentro [do contexto] daqueles elementos possantes; e que, interrompida de todo modo por sua violência sem freio, torna-se cheia de lacunas e fracassos.

295 – [Es folgt hieraus] Em consequência disso, no ser-aí figurado, a razão só pode vir-a-ser para a observação *como vida em geral.* Uma vida, porém, que em seu diferenciar não tem em si efetivamente uma seriação e uma articulação racionais, e não é um sistema de figuras fundado em si mesmo.

[Suponhamos que], no silogismo da figuração orgânica, o meio-termo, em que recai a espécie, e sua efetividade enquanto individualidade singular, tivesse nele mesmo os extremos da universalidade interior e da individualidade universal. [Se assim fosse], esse meio-termo teria no *movimento* de sua efetividade a expressão e a natureza da universalidade, e seria o desenvolvimento sistematizando-se a si mesmo.

É desse modo que a *consciência,* entre o espírito universal e sua singularidade, ou consciência sensível, tem por meio-termo o sistema das figurações da consciência, como uma vida do espírito ordenando-se para [constituir] um todo: é o sistema considerado nesta obra, e que, como história do mundo, tem seu ser-aí objetivo. Mas a natureza orgânica não tem história: de seu universal – a vida precipita-se imediatamente na singularidade do ser-aí; e os momentos unificados nessa efetividade – a determinidade simples e a vitalidade singular – produzem o vir-a-ser apenas como o movimento contingente, no qual cada um desses momentos é ativo em sua parte, e no qual o todo é conservado. Porém, essa mobilidade é, para *si* mesma, limitada somente a seu [próprio] ponto, porque nele o todo não está presente; e não está presente porque aqui não está como todo *para si.*

296 – [Ausserdem also] Assim, a razão observadora só chega na natureza do orgânico à intuição de si mesma como vida universal em geral. Além disso, para a própria razão, a intuição do desenvolvimento e da realização dessa vida só é possível segundo sistemas diferenciados de uma maneira totalmente universal. A determinação ou essência desses sistemas não está no orgânico como tal, mas no indivíduo universal, e, *sob* essas diferenças [vindas] da Terra, a intuição do desenvolvimento e da realização dessa vida torna-se possível somente de acordo com as seriações que o gênero tenta [estabelecer].

297 – [Indem Also in seiner] A *universalidade da vida orgânica* em sua efetividade, sem a mediação verdadeira *para-si-essente*, deve, portanto, precipitar-se imediatamente no extremo da *singularidade*; entretanto, a consciência observadora só tem diante de si, como coisa, o *'visar'* [da natureza]. Embora a razão possa ter um interesse ocioso em observar esse *'visar'*, deve limitar-se ao descrever e ao narrar das intenções e caprichos da natureza. Essa liberdade, carente-de-espírito, do 'visar', na certa vai oferecer, seja como for, embriões de leis, traços de necessidade, alusões à ordem e à classificação, relações argutas e aparentes. Mas ao relacionar o orgânico com as diferenças *essentes* do inorgânico - elementos, zonas, climas - a observação, no que respeita à lei e à necessidade, não vai *além da grande influência.*

Mas há outro lado, em que a individualidade não tem a significação da Terra, mas a do *Uno imanente* à vida orgânica. Esse Uno, em unidade imediata com o universal, constitui o gênero –, mas um gênero cuja unidade simples só se determina como número e deixa livre, portanto, o fenômeno qualitativo. Nesse lado, pois, a observação não pode ir além das *indicações adequadas*, das *relações interessantes*, das *deferências ao conceito.* Mas tais *indicações* adequadas não são nenhum *saber da necessidade*; as relações interessantes ficam só no *interesse*, porém, o interesse ainda é só o 'visar' da razão. E as *deferências* do indivíduo para com o conceito são uma gentileza de criança, que, ao pretenderem ter algum valor em si e para si, são apenas infantis.

b – A OBSERVAÇÃO DA CONSCIÊNCIA-DE-SI EM SUA PUREZA E EM SUA REFERÊNCIA À EFETIVIDADE EXTERIOR: LEIS LÓGICAS E LEIS PSICOLÓGICAS

298 – [Die Naturbeobachtung] A observação da natureza encontra o conceito realizado na natureza inorgânica; [sob a forma de] leis cujos momentos são coisas que ao mesmo tempo se comportam como abstrações. Mas esse conceito não é uma simplicidade refletida em si mesma. Ao contrário, a vida da natureza orgânica é somente essa simplicidade em si mesma refletida. A oposição em si mesma, como oposição do universal e do singular, não se decompõe [nesses momentos] na essência dessa vida mesma. A essência não é o gênero que se separe e se mova em seu elemento carente-de-diferenças, e que ao mesmo tempo permaneça para si mesmo indiferenciado em sua oposição. A observação só encontra esse conceito livre, cuja universalidade contém em si mesma, de modo igualmente absoluto, a singularidade desenvolvida, só no próprio conceito existente como conceito, ou na consciência-de-si.

299 – [Indem sie sich] Retornando agora a si mesma, e dirigindo-se ao conceito que é efetivo enquanto livre, a observação encontra primeiro as *leis do pensar.* Essa singularidade – que nele mesmo é o pensar – é o movimento abstrato do negativo, movimento de todo retraído para dentro da simplicidade; e as leis ficam fora da realidade. Não têm nenhuma *realidade:* isso, em geral, não significa outra coisa que: "as leis são sem verdade". Mas se não devem ser a verdade *total,* que pelo menos sejam a verdade *formal.* Só que o puro formal sem realidade é o ente-de-razão, ou a abstração vazia, sem ter nela a cisão – que não seria outra coisa que o conteúdo.

De outro lado, essas leis são leis do puro pensar. Ora, o pensar é o universal em si, e, portanto, um saber que tem nele o ser, imediatamente; e no ser toda a realidade. Por isso, tais leis são conceitos absolutos, e são indivisamente as essencialidades tanto da forma quanto das coisas. Uma vez que a universalidade, movendo-se em si, é o conceito simples que é *cindido* – o conceito dessa maneira *tem conteúdo* em si, e justamente um que é todo o conteúdo; só não é um ser sensível. É um conteúdo que não está em contradição com a forma, nem, de modo algum, separado dela. Ao contrário: é essencialmente a própria forma, já que essa não é outra coisa que o universal separando-se em seus momentos puros.

300 – [Wie aber diese Form] Essa forma ou conteúdo – tal como é *para a observação* como observação – recebe a determinação de um conteúdo *achado,* dado; quer dizer, um conteúdo *apenas essente.* Torna-se um *calmo ser* de relações, um grande número de necessidades dissociadas, que como conteúdo *fixo* em si e para si devem ter verdade *em sua determinidade,* e assim são de fato subtraídas à forma.

Mas essa verdade absoluta de determinidades fixas, ou de muitas leis diversas, contradiz a unidade da consciência de si, ou seja, a unidade do pensar e da forma em geral. O que é enunciado como lei fixa e permanente em si pode ser somente como um momento da unidade refletindo-se em si, e surgir apenas como uma grandeza evanescente. Porém, quando essas leis são arrancadas, pela operação que as examina, a esse conjunto coeso do movimento e expostas isoladamente, o conteúdo não lhes vem a faltar, pois têm nelas um conteúdo determinado; o que lhes falta é antes a forma, que é sua essência.

De fato, essas leis não são a verdade do pensamento; não porque devam ser apenas formais, e não ter nenhum conteúdo, mas antes pela razão oposta: porque em sua determinidade - ou justamente *como um conteúdo* ao qual a forma foi subtraída - devem valer como algo de absoluto. Em sua verdade, como momentos evanescentes na unidade do pensar, deveriam ser tomadas como saber, ou como movimento pensante, mas não como *leis* do saber. Mas o observar não é o saber mesmo, e não o conhece; ao contrário, inverte a natureza do saber dando-lhe a figura do *ser*, isto é, só entende sua negatividade como *leis* do ser.

É bastante, neste ponto, ter indicado a partir da natureza universal da Coisa a nenhuma verdade das assim chamadas-leis-do-pensamento. Um desenvolvimento mais preciso pertence à filosofia especulativa, na qual essas leis se mostram como em verdade são, a saber, como momentos singulares evanescentes cuja verdade é tão somente o todo do movimento pensante: o próprio saber.

301 – [Diese negative Einheit] Essa unidade negativa do pensar é para si mesma, ou melhor, é o *ser-para-si-mesmo*, o princípio da individualidade; e é, em sua realidade, *consciência operante*. Pela natureza da Coisa, a consciência observadora será conduzida até essa [outra] consciência, como realidade daquelas leis. Mas porque esse nexo [entre as leis-de-pensar e a consciência operante] não é [evidente] para a consciência observadora, ela acredita que o pensar, em suas leis, fica de um lado, e que de outro recebe um outro ser naquilo que lhe é objeto agora, ou seja, na consciência operante. Essa consciência é para si de modo que suprassume o ser-Outro, e tem sua efetividade nessa intuição de si mesmo como o negativo.

302 – [Es eröffnet sich also] Abre-se, pois, *novo campo* para a observação na *efetividade operante da consciência.* A psicologia contém grande número de leis, segundo as quais o espírito se comporta diversamente para com os diversos modos de sua efetividade – enquanto essa efetividade é um *ser-outro encontrado.* Tal comportamento consiste, por uma parte, em acolher em si mesmo esses modos diversos, em *adaptar-se* ao que é assim encontrado: hábitos, costumes, modos de pensar, enquanto o espírito é neles objeto para si mesmo como efetividade. Mas, por outra parte, [esse comportamento consiste] em saber-se [atuando] espontaneamente frente a eles, a fim de retirar para si, dessa efetividade, só algo especial segundo a própria inclinação e paixão, e, portanto, em *adaptar o objetivo a si mesmo.* No primeiro caso, o espírito se comporta negativamente para consigo mesmo, enquanto singularidade; no outro caso, negativamente para consigo, enquanto universal.

Conforme o primeiro lado, a independência só confere ao encontrado a *forma* da individualidade consciente em geral, e, no que respeita o conteúdo, permanece no interior da efetividade universal encontrada. Mas, conforme o outro lado, a independência confere a essa efetividade ao menos uma modificação peculiar, que não contradiz seu conteúdo essencial, ou seja, uma modificação pela qual o indivíduo, como efetividade especial e como conteúdo peculiar, opõe-se àquela efetividade universal. Essa oposição vem a tornar-se crime quando o indivíduo suprassume essa efetividade de uma maneira apenas singular; ou vem a tornar-se um outro mundo – outro direito, outra lei e outros costumes, produzidos em lugar dos presentes – quando o indivíduo o faz de maneira universal e, portanto, para todos.

303 – [Die beobachtende Psychologie] A psicologia observadora enuncia, primeiro, suas percepções dos *modos universais* que se lhe apresentam na consciência ativa; encontra numerosas faculdades, inclinações e paixões. Ora, na enumeração de tal coleção não se deixa reprimir a lembrança da unidade da consciência de si; por isso a psicologia deve, ao menos, chegar até ao [ponto de] maravilhar-se de que possam estar juntas no espírito, como num saco, tantas coisas tão contingentes e heterogêneas, especialmente porque não se mostram como coisas mortas, mas como movimentos irrequietos.

304 – [In der Hererzählung] Na enumeração dessas diversas faculdades, a observação está no lado universal: a unidade dessas múltiplas capacidades é o lado oposto a essa universalidade: a individualidade *efetiva*.

Tem menos interesse do que descrever as espécies de insetos, musgos etc., isso de apreender as diferenças efetivas, de modo a descrever um homem como tendo mais inclinação a isso, e um outro, mais inclinação àquilo; que fulano tem mais inteligência que sicrano. De fato, espécies vegetais e animais dão à observação o direito de tomá-las assim, de modo singular e carente-de-conceito, pois pertencem essencialmente ao elemento da singularização contingente. Ao contrário, tomar a individualidade consciente de uma maneira carente-de-espírito, como fenômeno *singular essente*, tem a contradizê-lo [o fato de] que sua essência é o universal do espírito. Aliás, enquanto o apreender faz ao mesmo tempo a individualidade entrar na forma da universalidade, ele encontra a *lei* da *individualidade*; e parece então ter um fim racional e desempenhar uma tarefa necessária.

305 – [Die Momente, die] Os momentos constitutivos do conteúdo da lei são, de um lado, a própria individualidade, e, de outro, sua natureza inorgânica universal, ou seja, as circunstâncias, situações, hábitos, costumes, religião etc., que são "achados" e em função dos quais a individualidade determinada tem de ser concebida. Eles contêm o determinado como também o universal, e são ao mesmo tempo algo *presente* que se oferece à observação, e se exprime, de outro lado, na forma da individualidade.

306 – [Das Gesetz dieses] A lei dessas relações entre os dois lados deveria agora conter o tipo de efeito e de influência que essas circunstâncias determinadas exercem sobre a individualidade. Essa individualidade consiste justamente nisto: [1] em ser o *universal* e, portanto, em confluir de uma maneira tranquila imediata com esse universal que está *presente* como costumes, hábitos, etc.; [2] e, [ao mesmo tempo], em comportar-se como oposta a eles, e, portanto, em subvertê-los; [3] como também em comportar-se, em sua singularidade, com total indiferença a seu respeito; não os deixando agir sobre ela, nem sendo ativa contra eles.

Só da própria individualidade depende, pois, *o que* deve ter influência sobre ela, e *qual* influência isso deva ter – o que vem a dar exatamente no mesmo. Portanto, [dizer] que tal individualidade, *mediante* essa influência, se tornou esta *individualidade determinada* não significa outra coisa senão que *ela já era isso antes.* Circunstâncias, situações, costumes etc., que uma vez são indicados como *dados,* e outra vez são indicados *nesta individualidade determinada,* somente exprimem a essência indeterminada da individualidade – da qual não se trata aqui. O indivíduo não seria o que é se essas circunstâncias, maneiras de pensar, costumes, estado-do-mundo em geral, não tivessem sido; porque tal substância universal é tudo que se acha nesse estado-do-mundo.

Entretanto, para poder particularizar-se *neste* indivíduo – pois trata-se justamente de conceber um tal indivíduo –, o estado-do-mundo deveria particularizar-se em si e para si mesmo, e nessa determinidade, que teria a si conferido, deveria ter agido sobre um indivíduo: só assim teria feito dele este indivíduo determinado que é. Fosse o exterior constituído, em si e para si, tal como se manifesta na individualidade, essa seria bem compreensível a partir dele. Teríamos então uma dupla galeria de quadros, em que uma seria reflexo da outra; uma, a galeria da determinidade completa e da delimitação das circunstâncias exteriores; outra, a mesma galeria, mas traduzida nessa modalidade segundo a qual as circunstâncias estão dentro da essência consciente. Uma seria a superfície da esfera; sua essência consciente seria o centro que representaria em si a superfície.

307 – [Aber die Kügelfläche] Mas a superfície da esfera – o mundo do indivíduo – tem imediatamente a dupla significação de ser *mundo e situação em si e para si essentes,* e de ser *o mundo do indivíduo: ou* enquanto esse indivíduo, somente confluindo com ele, teria feito entrar em si o mundo tal como é, comportando-se a seu respeito somente como consciência formal; *ou então,* é o mundo do indivíduo enquanto o [dado] presente foi subvertido por ele.

Como, pois, a efetividade é susceptível de uma dupla significação em virtude dessa liberdade, então o mundo do indivíduo tem de ser concebido a partir do indivíduo mesmo. A *influência* da efetividade, que é representada como *essente* em si e para si, sobre o indivíduo, recebe através desse indivíduo o sentido absolutamente oposto: o indivíduo, ou *deixa correr* imperturbado o fluxo da efetividade que o influencia, ou então o interrompe e o inverte. Desse modo, porém, a *necessidade psicológica* torna-se uma palavra tão vazia, que se dá a possibilidade absoluta de que o indivíduo que teria tido aquela influência pudesse também não ter tido.

308 – [Es fällt hiermit] Desaparece, com isso, o *ser* que seria *em si e para si*, e que deveria formar um dos lados da lei, e precisamente o lado universal. A individualidade é o que é *seu* mundo como um mundo *seu:* é ela o círculo do seu agir, em que se apresentou como efetividade. É pura e simplesmente a unidade do *ser* enquanto *dado* e do *ser* enquanto *construído:* unidade em que os lados não incidem fora um do outro – como [ocorria] na representação da lei psicológica, em que um dos lados era o mundo *em si* como presente, e o outro, a individualidade como *para si essente*. Ou seja: se forem considerados esses lados, cada um para si, não se dá mais nenhuma necessidade, e nenhuma lei de sua relação mútua.

c – OBSERVAÇÃO DA RELAÇÃO DA CONSCIÊNCIA-DE-SI COM SUA EFETIVIDADE IMEDIATA: FISIOGNOMIA E FRENOLOGIA

309 – [Die psychologische] A observação psicológica não encontra nenhuma lei da relação da consciência-de-si para com a efetividade, ou com o mundo oposto a essa consciência de si. Devido à recíproca indiferença dos dois lados, a observação é relançada em direção à *determinidade peculiar* da individualidade real, que *é em si e para si*; ou que na sua mediação absoluta contém [como] abolida a oposição do *ser-para-si* e do *ser-em-si*. A individualidade é o objeto que agora veio-a-ser para a observação – ou o objeto ao qual a observação passa agora.

310 – [Das Individuum ist] O indivíduo é em si e para si: é *para si*, ou é um agir livre; mas também é *em si* ou tem ele mesmo um determinado ser *originário*. Uma determinidade que é segundo o conceito; [mas] que a psicologia queria encontrar fora do indivíduo. Portanto, surge, no *indivíduo mesmo*, a oposição que consiste em ser, de *dupla maneira*, tanto o movimento da consciência quanto o ser fixo da efetividade fenomenal – efetividade essa que no indivíduo é, imediatamente, *a sua*.

Esse ser – o *corpo* da individualidade determinada – é sua *originariedade*, o seu "não ter feito". Mas porque o indivíduo, ao mesmo tempo, é somente "o que tem feito", então o seu corpo é também a expressão de si mesmo, por ele *produzida:* é ao mesmo tempo um *signo* que não permaneceu uma Coisa imediata, mas no qual o indivíduo somente dá a conhecer o que é quando põe em obra sua natureza originária.

311 – [Betrachten wir die] Observando os momentos aqui presentes, tendo em vista a consideração anterior, aqui se nota uma figura humana universal, ou, ao menos, a figura universal de um clima, de um continente, de um povo, como antes [se notavam] a mesma cultura e os mesmos costumes universais. A isso se juntam as circunstâncias particulares e a situação dentro da efetividade universal: aqui essa efetividade particular está como a formação particular da figura do indivíduo.

De outra parte, como antes se opunham o agir livre do indivíduo e a efetividade como a *sua,* em contraste com a efetividade presente, aqui se tem a figura como expressão de *sua* efetivação posta por ele mesmo: os traços e as formas de sua essência autoativa *[selbsttätigen].* Mas a efetividade, tanto universal quanto particular, que a observação anteriormente encontrava fora do indivíduo, é aqui *a sua* efetividade, seu corpo congênito. É justamente nesse corpo que incide a expressão pertencente ao seu agir. Na consideração psicológica deveriam estar relacionadas entre si a efetividade em si e para si *essente,* e a individualidade determinada. Mas aqui a *individualidade* determinada *total* é objeto da observação, e cada lado de sua oposição é, por sua vez, esse todo. Ao todo exterior pertence, pois, não apenas o *ser originário,* o corpo congênito, mas igualmente sua formação; e essa pertence à atividade do interior. O corpo é a unidade do ser não formado e do ser formado, e é a efetividade do indivíduo penetrada pelo ser-para-si.

Esse todo abrange em si os lados fixos determinados e originários, e [também] os traços que somente surgem mediante o agir. Esse todo *é;* e este *ser* é a *expressão* do interior, do indivíduo posto como consciência e como movimento.

O *interior,* igualmente, não é mais autoatividade [*Selbsttätigkeit*] formal, carente de conteúdo ou indeterminada, cujo conteúdo e determinidade, como ocorria antes, se encontrassem nas circunstâncias exteriores. Agora é um caráter originário, determinado em si, cuja forma é somente a atividade. Vamos, portanto, considerar neste ponto a relação entre esses dois lados: veremos como deve ser determinada, e o que se há de entender sob essa *expressão* do interior no exterior.

312 – [Dies Äussere macht] Em primeiro lugar, esse exterior só torna o interior visível como órgão ou - em geral - faz do interior um ser para um outro, uma vez que o interior, enquanto está no órgão, é a *atividade* mesma. A boca que fala, a mão que trabalha- e também as pernas, se quiserem - são órgãos que efetivam e implementam, que têm neles o agir *como agir* ou o interior como tal. Todavia, a exterioridade que o exterior ganha mediante os órgãos é o ato, como uma efetividade separada do indivíduo. Linguagem e trabalho são exteriorizações nas quais o indivíduo não se conserva nem se possui mais em si mesmo; senão que nessas exteriorizações faz o interior sair totalmente de si, e o abandona a Outro.

Assim, tanto se pode dizer que essas exteriorizações exprimem demasiado o interior, como dizer que o exprimem demasiado pouco. *Demasiado* – porque o interior mesmo nelas irrompe, e não resta nenhuma oposição entre ele e suas exteriorizações, que não só fornecem uma *expressão* do interior, mas são imediatamente o interior mesmo. *Demasiado pouco* – porque o interior na linguagem e na ação se faz um Outro, abandona-se ao elemento da transmutação, que, subvertendo a palavra falada e o ato consumado, faz deles algo diverso do que são em si e para si, enquanto ações de um indivíduo determinado.

As obras, [frutos] das ações, perdem, por essa exterioridade [vinda] da ingerência de outros, o caráter de serem algo permanente em contraste com as outras individualidades. Mas, além disso, por se comportarem como um exterior separado e indiferente quanto ao interior que contém, as obras podem ser algo outro do que aparentam ser, e isso *por causa do próprio indivíduo*, que ou faz as obras com o intuito de darem a aparência de outra coisa do que em verdade são; ou porque é demasiado incompetente para se proporcionar esse lado exterior que propriamente queria, e para consolidá-lo de modo que sua obra não seja subvertida pelos outros.

Portanto, o agir, entendido como obra consumada, tem duas significações opostas: ou é a individualidade *interior*, e *não* sua *expres-*

são – ou então, como exterior, é uma efetividade *livre* do interior, e que é algo totalmente diverso do interior mesmo. Por causa dessa ambiguidade, devemos voltar-nos para o interior, a fim de ver como *é ainda no indivíduo mesmo*, mas de modo visível, ou exterior. No órgão, contudo, o interior está somente como *agir* imediato, que alcança sua exterioridade no ato, o qual representa - ou não, o interior. O órgão, considerado segundo essa oposição, não garante assim a expressão que é procurada.

313 – [Wenn nun die äussere] Ora bem, se a figura exterior, enquanto não é órgão ou não é *agir*, [tomada] pois como um todo em repouso, só pudesse exprimir a individualidade interior, ela nesse caso se comportaria como uma coisa subsistente, que em seu ser-aí passivo acolhesse tranquilamente o interior, como algo estranho, tornando-o assim o signo desse interior. Um signo [ou seja], uma expressão exterior contingente cujo lado *efetivo* seria para si carente-de-significado: uma linguagem cujos sons e combinações de sons não são a Coisa mesma, mas a ela vinculados através de livre-arbítrio, e para o qual seriam contingentes.

314 – [Eine solche willkürliche] Uma tal conexão arbitrária de elementos, sendo um exterior para o outro, não dá lei nenhuma. A fisiognomia, no entanto, se distingue de outras artes nocivas e estudos nada sadios, porque deve considerar a individualidade determinada na oposição *necessária* de um interior com um exterior; do caráter considerado como essência consciente, em oposição ao caráter visto como figura *essente*. Relaciona entre eles os dois momentos, de modo que se refiram um ao outro mediante seu conceito, e assim devam constituir o conteúdo de uma lei.

Ao contrário, na Astrologia, na Quiromancia e "ciências" semelhantes parece que só se refere exterior a exterior, uma certa coisa a outra que lhe é estranha. *Esta* constelação, no [instante do] nascimento, e - trazendo esse exterior mais para perto do corpo - *estas* linhas da mão, são momentos *exteriores* para a vida longa ou breve, e para o destino do homem singular, em geral. Como exterioridades, são indiferentes um ao outro e não têm, um para o outro, a necessidade que deve estar contida na relação de um *exterior* com um *interior*.

315 – [Die Hand freilich] A mão, certamente, não parece algo tão exterior para o destino, mas antes parece relacionar-se com ele como com um interior. Pois o destino, por sua vez, é só a manifestação do que a individualidade determinada é *em si* como determinidade interior originária.

Para saber agora o que essa determinidade é em si, o quiromante como o fisiognomista chegam aí por um caminho mais curto que o de Solon, por exemplo. Ele julgava que tal conhecimento só era possível pelo curso – e depois do curso – da vida inteira; considerava o fenômeno, mas os quiromantes e fisiognomistas consideram o *em-si.*

Contudo, é fácil ver que a mão deva apresentar o *em-si* da individualidade do ponto de vista do destino, pelo fato de ser ela, depois do órgão da linguagem, o melhor meio pelo qual o homem chega à [sua] manifestação e efetivação. Ela é o artista inspirado de sua felicidade: dela pode-se dizer que é o que o homem *faz,* porque na mão, como no órgão ativo de seu aperfeiçoar-se, o homem está presente como força animadora. Ora, como o homem é originariamente seu próprio destino, a mão exprimirá, portanto, esse em-si.

316 – [Aus dieses Bestimmung] Uma nova maneira de considerar o órgão, diversa da precedente, resulta dessa determinação de que o órgão da atividade é nele *tanto* um *ser* quanto o *agir* – ou de que no órgão o *ser-em-si* interior está *presente* e tem um *ser para* outro. Em geral, os órgãos mostraram que não podem ser tomados como *expressões* do interior, porque neles o agir está presente *como agir*, enquanto o agir como *ato é* somente exterior. Dessa maneira, interior e exterior incidem fora um do outro, são – ou podem ser – mutuamente estranhos. Segundo a determinação considerada, o órgão, por sua vez, deve ser tomado como *meio-termo* dos dois; pois justamente a *presença* nele do agir constitui ao mesmo tempo uma *exterioridade* desse agir, e, sem dúvida, uma exterioridade diversa da que é o ato, já que essa nova exterioridade fica para o indivíduo e no indivíduo.

Agora, esse meio-termo – e unidade do interior e do exterior – é antes de tudo exterior também. Mas, depois, essa exterioridade é acolhida igualmente no interior. Como exterioridade *simples,* ela está em contraste com a exterioridade dispersa; a qual, ou é só uma obra ou condição *singular*, contingente para a individualidade toda, ou então, como exterioridade *total*, é o destino despedaçado em uma quantidade de obras e de condições.

Por conseguinte, as *simples linhas da mão*, e igualmente o *timbre* e o *volume* da *voz*, como determinidade individual da *linguagem* – e também a própria linguagem enquanto recebe da mão uma existência mais fixa do que por meio da voz e se torna *escrita*, e na verdade, mais precisamente, *manuscrito* – tudo isso é expressão do interior. Desse modo, essa *expressão*, como *exterioridade simples*, se encontra mais uma vez defronte da *exterioridade multiforme* da ação e do destino, perante os quais se comporta como *interior*.

Tomemos primeiro como *interior*, como essência da ação e do destino, a natureza determinada e a particularidade congênita do indivíduo, junto com o que vieram a ser através da cultura. Nesse caso o indivíduo terá sua *manifestação* e exterioridade, *primeiro* na boca, na mão, na voz, na escrita a mão, não menos que nos outros órgãos e em suas determinidades permanentes. Só *depois* ele se exprimirá *mais* amplamente saindo para o exterior em sua efetividade no mundo.

317 – [Weil nun diese] Como agora esse meio-termo se determina como a exteriorização, a qual ao mesmo tempo foi reabsorvida para dentro do interior, seu ser-aí não está restringido ao órgão imediato do agir. Esse meio-termo é antes o movimento e a forma – que nada realizam – do rosto e da figura em geral. Esses traços e seus movimentos são, segundo esse conceito, um agir retido, que permanece no indivíduo, e segundo a relação do indivíduo com o agir efetivo são o próprio controlar-se e examinar-se do indivíduo: – *exteriorização* enquanto *reflexão sobre* a exteriorização efetiva.

O indivíduo, portanto, não fica mudo em seu agir exterior, ou em relação a ele; pois esse agir é ao mesmo tempo refletido, sobre si, e exterioriza esse ser-refletido sobre si. É o agir teórico – ou a linguagem do indivíduo consigo mesmo sobre seu agir –, que é também inteligível para outros, pois a própria linguagem é exteriorização.

318 – [An diesem Innern] Nesse interior, que permanece interior em sua exteriorização, é pois observado o ser-refletido do indivíduo, [a partir] de sua efetividade. Vejamos o que se passa com tal necessidade posta nessa unidade. Esse ser-refletido é, primeiro, diferente do ato mesmo e pode, assim, ser algo *outro*, e ser tomado por algo outro do que é; vê-se pela expressão do rosto se alguém é *sério* no que diz ou faz.

Inversamente, porém, o que deve ser a expressão do interior, é ao mesmo tempo expressão *essente*, e decai, por isso, na determinação do *ser* que é absolutamente contingente para a essência consciente-de-si. Portanto, é expressão, de certo, mas ao mesmo tempo é também apenas um *signo*, de forma que, para o conteúdo expresso, a constituição do que o exprimiu é de todo diferente. O interior, sem dúvida, nessa manifestação é um Invisível *visível*, mas sem ser ligado a ele: tanto pode estar numa manifestação como em outra; como outro interior pode estar na mesma manifestação. Lichtenberg diz com razão: "supondo que o fisiognomista tenha capturado uma só vez o homem, bastaria tomar uma resolução decidida para tornar-se de novo incompreensível por milênios"*.

Na relação precedente, as circunstâncias dadas eram um *essente*, do qual a individualidade tomava o que podia e queria; ora abandonando-se a ele, ora o subvertendo. Por esse motivo, tal *essente* não continha a necessidade e a essência da individualidade. De modo semelhante, aqui o ser aparente imediato da individualidade é um ser tal que ora exprime o ser-refletido a partir da efetividade, e o seu ser-dentro-de-si-mesmo; ora, para a individualidade é somente um signo, indiferente quanto ao significado; e que, portanto, na verdade nada significa. Tal signo é, para a individualidade, tanto seu rosto quanto sua máscara que pode retirar.

A individualização impregna sua figura, nela se move e fala; mas todo esse ser-aí transborda também como um ser indiferente em relação à vontade e à ação. A individualidade apaga nesse ser a significação que tinha antes: a de ter nela seu ser-refletido em si ou a essência verdadeira; e inversamente, põe antes sua verdadeira essência e sua vontade no *ato*.

319 – [Die Individualität] A individualidade *abandona aquele ser-refletido-em-si*, que está expresso nos *traços*, e *põe a própria essência na obra*. E nisso contradiz a relação que fora estabelecida pelo instinto-da-razão, que se põe a observar a individualidade cons-

---

*.Georg Christoph Lichtenberg, *Über Physiognomik*, Göttingen, 1778 (2. ed.), p. 35.

ciente-de-si para procurar o que deva ser nela o *interior* e o *exterior*. Esse ponto de vista nos leva ao pensamento típico que está na base da suposta *ciência* fisiognômica. A oposição a que chegou essa observação é, segundo a forma, a oposição do prático e do teórico - ambos postos justamente dentro da prática mesma - a oposição da individualidade efetivando-se no agir - tomando o agir no seu sentido mais geral - e a oposição da própria individualidade, enquanto, desprendendo-se desse agir, em si reflete e o agir é seu objeto.

O observar acolhe essa oposição segundo a mesma relação invertida em que essa oposição se determina no fenômeno. Para ele, o ato mesmo e a obra - seja a de linguagem, seja a de uma efetividade mais consolidada - valem como o *exterior inessencial*; enquanto o *ser-dentro-de-si* da individualidade vale como o *interior essencial*. Entre os dois lados que a consciência prática tem nela - a intenção e o ato; o *'visar'* sobre sua ação e a *ação* mesma -, a observação escolhe o primeiro como o verdadeiro interior. Esse deve ter sua exteriorização mais ou menos *inessencial* na operação, porém, na sua figura [corporal] tem sua exteriorização verdadeira.

Essa última exteriorização é a presença sensível imediata do espírito individual. A interioridade, que deva ser a verdadeira, é a peculiaridade da intenção e a singularidade do ser-para-si. Os dois constituem o espírito *'visado'*. O que o observar tem como seus objetos é, portanto, ser-aí *'visado'*; e por entre tais objetos procura leis.

320 – [Das unmittelbare Meinen] O 'visar' imediato sobre a presença 'visada' do espírito é a fisiognomia natural: o julgamento apressado sobre a natureza interior, sobre o caráter de sua figura, à primeira vista. O objeto desse 'visar' é de tal espécie, que está na sua essência ser em verdade outra coisa do que apenas ser sensível imediato. De certo, o que está presente é justamente esse ser-refletido-em-si no sensível, a partir do sensível; e o que é o objeto do observar é a visibilidade como visibilidade do invisível. Mas, a rigor, essa presença sensível imediata é a *efetividade* do espírito, tal como é somente para o 'visar'. Sob esse aspecto, o observar se ocupa com seu ser-aí 'visado', com a fisiognomia, a escrita a mão, o tom da voz, etc. Refere tal ser-aí justamente a tal *interior 'visado'*. Não é o assassino, o ladrão, que devem ser conhecidos, mas a *capacidade de ser isso*. A determinidade fixa e abstrata perde-se, assim, na determinidade concreta e indefinida do indivíduo *singular*, que requer agora descrições bem mais engenhosas que aquelas qualificações. Tais descrições engenhosas dizem mais que as qualificações de assassino, ladrão, bondoso, íntegro etc., mas ainda não dizem o bastante para o fim almejado, que é exprimir o ser 'visado' ou a individualidade singular. São tão insuficientes como as descrições da figura que não vão além de uma fronte achatada, um nariz comprido, etc.

Com efeito, a figura singular, como também a consciência-de-si singular, são inexprimíveis enquanto ser 'visado'. A ciência do conhecimento-do-homem, que focaliza o homem 'visado', como a fisiognomia que focaliza sua efetividade 'visada', e quer elevar a uma ciência os juízos carentes de consciência da fisiognomia natural, são por isso uma coisa sem pé nem cabeça, que não pode chegar a dizer o que 'visa' - porque somente 'visa' - e seu conteúdo é apenas algo 'visado'.

321 – [Die Gesetze, welche] As *leis* que essa ciência se propõe encontrar são relações entre esses dois lados 'visados', e por isso não podem ser senão um 'visar' vazio. Aliás, esse suposto saber, que pretende ocupar-se com a efetividade do espírito, tem precisamente por objeto o espírito, que elevando-se de seu ser-aí sensível se reflete em si mesmo; e o ser-aí determinado é, para o espírito, uma contingência indiferente. Por conseguinte, nas suas leis descobertas, ele deve saber imediatamente que nelas não se diz nada: só há puro falatório, ou somente *um 'visar' de si* – expressão que tem a verdade de enunciar como sendo o mesmo: dizer seu *'visar'* e não aduzir com isso a Coisa, mas só um 'visar' *de si.* Essas observações, por seu conteúdo, não ficam atrás de outra desse tipo: "Todas as vezes que há feira, chove", diz o vendedor. "E também toda a vez que estendo a roupa para secar", diz a lavadeira.

322 – [Lichtenberg, der das] Lichtenberg*, que assim caracteriza a observação fisiognômica, diz ainda: "Se alguém dissesse: 'ages na verdade como um homem honesto, mas vejo por teu aspecto que te forças, e que és um canalha no teu coração', não há dúvida que até a consumação dos séculos qualquer sujeito de brios responderia com um soco na cara." Uma tal réplica *acerta no alvo*, pois é a refutação

---

* Op. cit., p.6.

do primeiro pressuposto de tal ciência do 'visar', segundo a qual, justamente, a *efetividade* de um homem é seu rosto.

O *verdadeiro ser* do homem é, antes, *seu ato*; nele, a individualidade é *efetiva* e é ela que suprassume o 'visado' em seus dois lados. Primeiro, suprassume o 'visado' como ser corporal em repouso, pois a individualidade, antes, se apresenta na ação como essência *negativa* que apenas é enquanto suprassume o ser. Em seguida, o ato suprassume a inexprimibilidade do 'visar', igualmente no que se refere à individualidade consciente-de-si, que no 'visar' é uma individualidade infinitamente determinada e determinável. No ato consumado, essa falsa infinitude é aniquilada.

O ato é algo simplesmente determinado, um universal, algo a ser apreendido em sua abstração: é homicídio, furto ou benefício, ato heroico, etc. Pode-se *dizer* do ato que *ele é*. O ato *é* isto; e seu ser não é somente um signo, mas a Coisa mesma. O ato *é* isto, e o homem individual *é* o que o *ato é*. Na simplicidade *desse ser* o homem é para os outros homens uma essência universal *essente*, e deixa de ser algo apenas 'visado'. No ato, sem dúvida, o homem não está posto como espírito. Mas – pois que se trata de seu *ser* como *ser* –, *de um lado*, um ser duplicado está em confronto no ser da *figura* e no ser do *ato*; pois cada um deles pretende ser a efetividade humana. Contudo, há que afirmar só o ato como o *ser autêntico* do homem; e não sua figura – que deveria exprimir o que ele 'visa' por seus atos, ou o que se acredita ser ele capaz de fazer. *De outro*, porque são também opostas sua *obra* e sua *possibilidade* interior (capacidade, ou intenção), é somente a obra que se deve considerar como sua efetividade verdadeira, mesmo se o homem esteja iludido a seu respeito, e ao retornar a si mesmo de sua operação acredite que é nesse interior um outro do que [era] no *ato*.

A individualidade, confiando-se ao elemento objetivo, enquanto se torna obra, abandona-se, sem dúvida, a ela para ser alterada e subvertida. Mas o que constitui o caráter do ato é isto: ser ou um Ser efetivo que se conserva; ou apenas uma obra 'visada', que some na sua nulidade. A objetividade não altera o ato mesmo; somente mostra *o que* ele é, quer dizer, se *é* ou *não é nada*.

O desmembramento desse ser em intenções e semelhantes finezas, pelas quais o homem efetivo – isto é, seu ato –, deveria ser explicado retrocedendo de novo a um ser 'visado', deve-se abandonar à ociosidade do 'visar' - sejam quais forem as intenções que possa nutrir sobre sua efetividade. Essa ociosidade, pondo em obra sua sabedoria inoperante, quer negar ao agente o caráter da razão, e maltratá-lo a ponto de lhe explicar o ser, antes por sua figura e traços que por seu ato. Deve receber a réplica a que aludimos acima, que lhe prove não ser a figura o *Em-si*, mas antes um objeto para sentar a mão.

323 - [Sehen wir nun] Considerando agora o âmbito das relações em geral, nas quais a individualidade consciente-de-si pode ser observada, em ordem a seu exterior, resta ainda uma relação que a observação deve tomar por objeto. Na psicologia é a *efetividade* exterior das *coisas* que deve ter sua *contrapartida* consciente-de-si no espírito, e torná-lo concebível. Ao contrário, na fisiognomia, o espírito deve ser conhecido em seu *próprio* exterior como em um ser que seria a *linguagem* - a invisibilidade visível - de sua essência. Resta ainda a determinação do lado da efetividade segundo a qual a individualidade exprimiria a própria essência na sua imediatez puramente *aí-essente*, imediata e fixa.

Distingue-se, pois, da fisiognomia essa última relação por ser a presença *falante* do indivíduo, que em sua exteriorização *operante* apresenta a exteriorização que em si se *reflete* e *contempla*, ao mesmo tempo: que é movimento; [mas] os traços estáticos são essencialmente um ser mediatizado. Porém, na determinação ainda por examinar, o exterior é enfim uma efetividade completamente *estática*, que em si mesma não é um signo falante; mas que, separada do movimento consciente-de-si, se apresenta para si, e é como uma simples coisa.

324 - [Zunächst erhellt] Antes de tudo, é claro que a relação do interior com o exterior deve ser concebida como uma relação de *nexo causal*; pois a relação de um *em-si-essente* com outro *em-si-essente* - enquanto relação é necessária, é essa relação [de nexo causal].

325 - [Das nun die geistige] Para a individualidade espiritual exercer um efeito sobre um corpo, deve ser como causa, ela mesma corporal. Porém, o corpóreo, em que ela está como causa, é um órgão; não o órgão do agir sobre a efetividade exterior, e sim o do agir da essência consciente-de-si em si mesma, que só se exterioriza em relação ao seu corpo. Ora, não é fácil ver que órgãos podem ser esses.

Pensando somente nos órgãos em geral, estaria à mão, facilmente, o órgão do trabalho; e também o órgão da sexualidade etc. Só que tais órgãos devem ser considerados como instrumentos ou como partes, que o espírito tem por meio-termo; o espírito seria um dos extremos, e o outro extremo, a ele oposto, o *objeto* exterior. Mas aqui [na fisiognomia] se entende um órgão em que o indivíduo consciente-de-si se mantém como um extremo *para si*, perante sua própria efetividade a ele oposta: um órgão que, ao mesmo tempo, não é voltado para o exterior, mas refletido em sua ação; e em que o lado do *ser não é* um *ser para outro.*

Na relação fisiognômica, de certo, o órgão é também considerado como um ser-aí em si refletido e que fala sobre o agir. Mas esse ser é um ser objetivo; e o resultado da observação fisiognômica é que a consciência-de-si se defronta com essa sua efetividade exatamente como [o faria] com algo indiferente. Mas a indiferença aí desvanece, já que esse ser-refletido-em-si é ele mesmo *operante*; por isso obtém esse ser-aí uma relação necessária com ele. No entanto, para que seja operante sobre o ser-aí, deve também ter um ser, mas não propriamente um ser objetivo; e [além disso] tem de ser indicado como este órgão.

326 – [In gemeinen Leben] Na vida ordinária, a cólera, por exemplo, foi localizada no fígado, como certo agir interior. Platão* confere ao fígado função mais alta - ou a mais alta, segundo alguns: a profecia, ou seja, o dom de proferir o sagrado e o eterno de maneira irracional. Porém, o movimento que o indivíduo tem no fígado, no coração etc., não se pode considerar como movimento seu, de todo em si refletido; mas está nos órgãos antes como um movimento já plasmado no corpo, e um ser-aí animal voltado para fora, para a exterioridade.

327 – [Das Nervensystem] O *sistema nervoso*, ao contrário, é o repouso imediato do orgânico em seu movimento. Os *nervos* são também órgãos da consciência, submersa na sua direção para o exterior; mas o cérebro e a espinha dorsal podem ser considerados

* Timeu, 71 c-e.

como a presença imediata da consciência-de-si – presença que em si permanece, não é objetiva nem tende para o exterior. À medida que o momento do ser, que tem esse órgão, é um *ser para outro*, um *ser-aí*, [então] é ser morto, e não mais *presença da consciência-de-si. Porém, esse ser-dentro-de-si é*, segundo seu conceito, uma fluidez onde os círculos ali traçados imediatamente se dissolvem e nenhuma diferença pode exprimir-se como *essente*.

Entretanto, o espírito não é algo abstratamente simples, mas um sistema de movimentos, nos quais se distingue em momentos, embora permanecendo livre nessa distinção. Como organiza seu corpo, em geral, em diversas funções, destinando cada parte singular a uma só função, pode-se assim representar que o *ser* fluido de seu *ser-dentro-de-si* é algo organizado. E parece que assim deva ser representado, pois o ser refletido dentro de si do espírito no cérebro mesmo é de novo somente um meio-termo entre sua pura essência e sua organização corporal. Como um meio deve ter a natureza dos dois extremos, por isso tem, do lado do segundo extremo, também a organização *essente*.

328 – [Das geistig – organische] O ser espiritual orgânico possui ao mesmo tempo o lado necessário de um ser-aí subsistente em repouso; deve retroceder como extremo do ser-para-si, e ter defronte, como o outro extremo, o ser-aí em repouso. Esse é então o objeto sobre o qual atua como causa. Ora bem: se o cérebro e a medula são aquele *ser-para-si* corporal do espírito, então o crânio e a coluna vertebral são o outro extremo que dali se destaca: a saber, a coisa fixa e inerte.

Aliás, quem reflete sobre a localização própria do ser-aí do espírito, não o coloca nas costas, mas somente na cabeça. Podemos, pois, ao indagar sobre um saber como o que se apresenta aqui, contentar-nos com essa razão – que não é tão má, no caso – para limitar esse ser-aí ao crânio. Se a alguém ocorresse que as costas são o ser-aí do espírito porque, às vezes, saber e ação podem parcialmente lhe *entrar* ou *sair* por trás, isso não provaria que a medula fosse a sede do espírito, e o espinhaço o ser-aí onde imprime sua marca; porque provaria demasiado. Também se poderiam lembrar outros meios exteriores de atingir a atividade do espírito, para estimulá-la ou freá-la.

A coluna vertebral está, pois, excluída; *de* [pleno] *direito*, se quiserem. Pode-se *construir* uma doutrina de filosofia natural, tão boa quanto muitas outras, ainda excluindo que só o crânio contenha os *órgãos* do espírito. Com efeito, isso foi antes excluído do conceito dessa relação, motivo pelo qual o crânio era tomado como o lado do ser-aí. Embora não se deva recorrer ao *conceito* da Coisa, a experiência ensina que, se é com o olho como órgão que se vê, *não* é da mesma maneira que com o crânio se mata, rouba ou faz poesia etc. Para essa *significação* do crânio, da qual ainda se vai falar, é preciso abster-se de usar a expressão *órgão*.

Com efeito, embora se costume dizer que para os homens razoáveis não é a palavra mas a *Coisa* que importa, contudo, isso não dá licença para designar uma Coisa com um nome que não lhe convenha. Seria ao mesmo tempo incompetência e impostura; dando a entender e fingindo que não tem a palavra justa, esconder de si que lhe falta na realidade, a Coisa, isto é, o conceito: pois caso o possuísse, encontraria também a palavra justa.

O que foi determinado aqui, inicialmente, foi apenas isto: como o cérebro é a cabeça viva, o crânio é o "*caput mortuum*".

329 – [In diesem totem Sein] Nesse ser morto, pois, os movimentos espirituais e os modos determinados do cérebro deveriam dar-se sua representação de efetividade exterior, que aliás ainda está no indivíduo mesmo. Quanto à relação desses [movimentos e modos] com o crânio – que como ser morto não tem o espírito imanente em si mesmo –, primeiro se oferece a relação acima estabelecida. [Trata-se de] uma relação exterior e mecânica, em que os órgãos próprios – e esses estão no cérebro – aqui arredondam o crânio; ali o alargam ou achatam, ou ainda nele influem do modo como se queira representar. Sem dúvida, sendo o crânio uma parte do organismo, deve-se pensar que nele haja, como em qualquer osso, uma autoformação viva. Ora, considerando desse ângulo, é antes o crânio que pressiona o cérebro e lhe impõe uma delimitação exterior; o que bem pode fazer, por ser mais duro. Nesse caso, porém, subsistiria sempre a mesma relação na determinação da atividade mútua do crânio e do cérebro; pois, se o crânio é o determinante ou o determinado, isso em nada altera a conexão-causal em geral. Só que assim o crânio se tornaria o órgão imediato da consciência-de-si, pois nele, como *causa*, se encontraria o lado do *ser-para-si*.

Como, porém, o *ser-para-si*, como a *vitalidade orgânica* compete aos dois da mesma maneira, a conexão-causal entre o cérebro e o crânio incide, de fato, fora deles. Esse desenvolvimento dos dois se ligaria ao interior, e seria uma harmonia orgânica preestabelecida, que deixaria os dois livres, um quanto ao outro: cada um com sua própria *figura*, à qual a figura do outro não precisaria corresponder. Mas ainda: a figura e a qualidade seriam deixadas livres uma da outra, como o são a forma da uva e o gosto do vinho.

Mas à medida que a determinação do *ser-para-si* recai do lado do cérebro, e a do *ser-aí* do lado do crânio, é preciso *também* colocar no interior da unidade orgânica uma conexão-causal entre os dois lados, uma relação necessária deles como exteriores um ao outro, quer dizer, uma relação também exterior, através da qual cada um teria sua *figura* determinada pelo outro, reciprocamente.

330 – [In Ansehung der] Quanto à determinação em que um órgão da consciência-de-si seria causa ativa para o lado que o defronta, isso pode ser debatido de diversas maneiras: o assunto diz respeito à constituição de uma causa, considerada conforme seu ser-aí *indiferente*, sua figura e grandeza; uma causa, cujo interior e ser-para-si devem justamente ser algo tal que não interesse o ser-aí imediato.

A autoformação orgânica do crânio é, em primeiro lugar, indiferente quanto à influência mecânica [nele exercida]. A relação entre essas duas relações é exatamente essa indeterminidade e ilimitação – pois a primeira [a relação orgânica] é um referir-se de si a si mesmo. Em segundo lugar, admite-se que o cérebro acolha em si as diferenças do espírito como diferenças *essentes*, e que haja uma quantidade de órgãos interiores ocupando um espaço distinto. Ora, isso contradiz a natureza, que assigna um ser-aí próprio aos momentos do conceito, pondo a *simplicidade fluida* da vida orgânica *puramente* de um lado, e do *outro* a *articulação e a divisão* dessa vida em suas diferenças; de modo que as diferenças, como aqui se devem entender, se mostram como coisas anatômicas particulares.

Aliás, mesmo admitindo isso, ainda fica indeterminado: se um momento espiritual, conforme sua maior ou menor força – ou fraqueza – originária, deve possuir num caso um órgão cerebral *mais extenso* e no outro, um *mais reduzido*, ou se é justamente o inverso. Também fica indeterminado se o *aperfeiçoamento* do intelecto aumenta ou diminui o órgão; se o faz mais pesado e grosso, ou mais fino. Permanecendo indeterminada a constituição de uma causa, fica também indeterminada a maneira como ocorre sua influência sobre o crânio: se é um dilatar, ou um estreitar e contrair. Se tal influência foi determinada um tanto mais *especificamente* do que [falando em] um *"excitar"* - ainda assim fica indeterminado se isso ocorre inchando - à maneira de um emplastro de cantáride - ou encolhendo - como faz o vinagre.

Para todos esses pontos de vista podem-se aduzir razões plausíveis, porque a relação orgânica, que é bem mais compreensiva, permite tanto um como o outro, e é indiferente a todo esse entendimento.

331 - [Dem beobachtenden] No entanto, a consciência observadora não tem por que preocupar-se querendo determinar essa relação. Pois, além disso, o que está de um lado não é o cérebro como parte *animal*, mas o cérebro como *ser* da individualidade *consciente-de-si.*

Essa individualidade, como caráter permanente e como agir consciente que-se-move, *é para si* e *dentro de si*; frente a esse ser-para-si e dentro-de-si estão sua efetividade e seu ser-aí para Outro. O ser-para-si e dentro-de-si é a essência e o sujeito que têm no cérebro um ser, o qual é *subsumido sob essa essência* e que só recebe seu valor mediante a significação imanente. Mas o outro lado da individualidade consciente-de-si - o lado do ser-aí - é o ser como independente e como sujeito, ou como uma *coisa*, e precisamente um *osso*; a *efetividade e ser-aí do homem é sua caixa craniana.* É esta a relação e o entendimento que na consciência observadora têm os dois lados desse relacionamento.

332 - [Diesem ist es nun] A consciência observadora agora tem que ocupar-se com o relacionamento mais determinado desses lados. A caixa craniana tem, de certo, em geral, a significação de ser a efetividade imediata do espírito. Mas a variedade de aspectos do espírito dá a seu ser-aí uma variedade correspondente. O que se deve conseguir é a determinidade de significação dos lugares singulares em que esse ser-aí se divide: há que ver como esses lugares têm neles uma indicação dessa determinidade.

333 - [Der Schädelknochen] A caixa craniana não é nenhum órgão de atividade, nem tampouco um movimento que seja linguagem. Não se furta, nem se assassina com a caixa craniana etc.; e por semelhantes atos ela não se altera o mínimo que seja; e assim não se torna um gesto de linguagem. O crânio é um *essente* que não tem valor de um *signo.*

Os traços do rosto, o gesto, o tom - e também uma coluna, um marco numa ilha deserta - anunciam logo que se visa alguma outra coisa do que imediatamente *apenas são.* Dão-se logo a entender como signos porque têm neles uma determinidade que indica assim algo diverso, já que não lhes pertence peculiarmente. Também à vista de um crânio muitas coisas diversas podem ocorrer, como a Hamlet ao ver o crânio de Yorick*. Mas a caixa craniana, tomada por si, é uma coisa tão indiferente e anódina que nada há para ver ou 'visar' imediatamente, a não ser a própria. O crânio nos lembra, sem dúvida, o cérebro e sua determinidade, e também um crânio de outra conformação; mas não um movimento consciente. Porquanto não leva nele impressos uma mímica, um gesto, nem algo enfim que enuncie sua proveniência de um agir consciente-de-si. Ora, ele é essa efetividade que deveria representar, na individualidade, um outro lado tal que já não fosse um ser refletindo-se em si mesmo, mas um *ser* puramente *imediato.*

334 - [Da er ferner auch] Aliás, como o crânio não sente, parece que poderia resultar para ele significação mais precisa, no caso em que sensações determinadas fizessem conhecer por sua vizinhança que função se possa atribuir ao crânio mesmo. Pelo fato de um modo consciente do espírito ter seu sentimento numa certa região do crânio, esse lugar indicará de algum modo, na sua figura, esse modo do espírito e sua particularidade. Por exemplo: muita gente por ocasião de um pensar concentrado, ou mesmo em geral, ao *pensar,* se queixa de sentir uma tensão dolorosa em algum ponto da cabeça. Assim também [os atos de] *matar, roubar, fazer poesia* etc., poderiam ser acompanhados cada um de uma sensação própria, que além disso poderia ter sua localização particular.

Essa região do cérebro, que desse modo seria mais móvel e ativa, com verossimilhança plasmaria mais a região mais próxima do crânio; ou ainda, essa região, por simpatia ou por consenso, não ficaria

---

* SHAKESPEARE. *Hamlet,* ato 5, cena 1.

inerte, mas aumentaria ou diminuiria, ou se modelaria da maneira que fosse. Mas o que torna inverossímil essa hipótese é que o sentimento, em geral, é algo indeterminado; e o sentimento na cabeça, como centro, poderia ser o sentimento universal de todo o padecer. De tal modo que, junto com o prurido ou dor de cabeça do ladrão, do assassino, do poeta, misturam-se outros que não podem distinguir-se entre eles, nem distinguir-se dos que se chamam puramente corpóreos. Assim como não se pode diagnosticar a doença pelo sintoma da dor de cabeça, restringindo sua significação apenas ao corporal.

335 - [Es fällt in der Tat] De fato, de qualquer lado que se considere a Coisa, desaparece todo o relacionamento necessário entre os lados, como também qualquer indicação a seu respeito que fale por si mesma. Se o relacionamento tem de ocorrer, resta somente como necessária uma harmonia *carente-de-conceito,* livre e preestabelecida - das determinações correspondentes dos dois lados, pois um deles *deve ser efetividade carente-de-espírito, simples coisa.*

De um lado está, pois, uma quantidade de regiões inertes do crânio, e do outro uma quantidade de propriedades espirituais: o seu número e sua determinação vão depender do estado da psicologia. Quanto mais pobre a apresentação do espírito, tanto mais facilitada a tarefa por esse lado. Quanto menos numerosas, mais delimitadas, mais fixas e ossificadas as propriedades do espírito, tanto serão mais semelhantes e comparáveis às determinações do osso mesmo. Embora essa comparação seja muito facilitada pela pobreza da representação do espírito, há sempre dos dois lados um grande número de determinações; resta para a observação a total contingência de suas relações.

Se cada um dos filhos de Israel tirasse da areia do mar - à qual todos juntos deveriam corresponder - o grão de areia que simboliza*, grandes seriam a indiferença e o arbítrio do processo para atribuir a cada um seu grão. Mas não seriam maiores que os do processo que assignaria a toda capacidade da alma, a toda paixão, regiões correspondentes do crânio e conformações ósseas. E ainda deveriam ser levadas em conta todas as nuanças do caráter de que costumam falar a psicologia e o conhecimento mais refinado do homem.

---

* Gn 22,17.

O crânio do assassino tem isto –, que não é órgão, nem também signo, mas esta bossa. Ora, esse assassino tem uma porção de outras propriedades, como também outras bossas e junto com as bossas tem fossas também; pode-se fazer a escolha entre bossas e fossas. E sua disposição ao homicídio pode de novo ser referida a qualquer uma das bossas ou das fossas: e essas, por sua vez, a qualquer uma das propriedades do assassino – pois ele não é essa abstração de um assassino, nem tem *uma* única bossa e *uma* única fossa.

Por conseguinte, as observações estabelecidas sobre esse ponto têm o mesmo valor que as do vendedor e da lavadeira, quando um vai à feira e a outra vai estender roupa. Vendedor e lavadeira poderiam ainda fazer a observação de que chove sempre que este vizinho passa, ou quando se comeu porco assado. Como a chuva é indiferente a essas circunstâncias, assim é indiferente para a observação *esta* determinidade do espírito com respeito a *este* determinado ser do crânio. Com efeito, dos dois objetos dessa observação, um é um *seco ser para si*, uma propriedade ossificada do espírito; o outro é um seco *ser em si*. Uma coisa tão óssea, como são ambas, é perfeitamente indiferente a todo o resto. Para a grande bossa é exatamente tão indiferente ter na sua vizinhança um assassino, quanto ao assassino ter fossa por perto.

336 – [Es bleit allerdings] Aliás, resta sempre a *possibilidade* de uma bossa numa região qualquer estar unida a uma qualquer propriedade, paixão etc. *Pode-se representar* o assassino com uma grande bossa aqui, nesta região do crânio, e o ladrão com uma, ali. Desse lado, a frenologia é capaz de se estender muito mais, pois até agora parece limitar-se à ligação de uma bossa com uma propriedade *no mesmo indivíduo*, de modo que esse possua ambas. Mas já a frenologia natural – pois deve haver uma frenologia dessas, como há uma fisiognomia natural – ultrapassa esse limite. Não só acha que um homem finório tenha atrás da orelha uma bossa do tamanho de um punho, mas ainda representa que a esposa infiel possua protuberâncias na testa; não na sua, mas na do marido.

Também se pode *representar* com uma forte bossa, em algum ponto do crânio, quem vive sob o mesmo teto que o assassino – ou seu vizinho, ou num âmbito mais extenso, seus concidadãos. Do mesmo modo como se pode *representar* o besouro que depois de acariciado pelo caranguejo pula sobre o jumento, e depois etc. Mas quando a *possibilidade* não se toma no sentido de possibilidade de *representação*, mas no sentido de possibilidade *interior* ou possibilidade do *conceito*, então o objeto é uma efetividade tal que é – e deve ser – uma pura coisa, sem semelhante significação que só pode ter na representação.

337 – [Schreitet, ungeachtet] Apesar da indiferença dos dois lados, pode o observador aplicar-se a estabelecer relações, apoiando-se em parte no princípio universal da razão de que o *exterior é a expressão do interior*, e, de outro, ajudando-se da analogia com os crânios animais. Esses poderão certamente ter um caráter mais simples que os crânios humanos; ao mesmo tempo, mais difícil é dizer que caráter é esse, porque não é nada fácil um homem qualquer penetrar com sua representação na natureza de um animal. Então o observador encontra, para confirmar as leis que pretende ter descoberto, uma *excelente ajuda* numa diferença que neste ponto deve necessariamente nos ocorrer.

Há que admitir, pelo menos, que o *ser* do espírito não pode ser tomado como algo simplesmente inabalado e inabalável. O homem é livre; deve-se admitir que o *ser originário* são apenas *disposições* sobre as quais o homem pode muito, ou que precisam de circunstâncias favoráveis para se desenvolverem. Vale dizer: um ser *originário* do espírito há que ser precisamente enunciado também como algo tal, que não exista como ser.

[Suponhamos que] essas observações contradigam aquilo que a alguém ocorra afirmar como lei. Se fizer bom tempo em dia de feira, ou de lavar a roupa, o vendedor e a lavadeira podem dizer que, *a rigor*, deveria chover, e que em todo o caso *está presente* a disposição [do tempo] para a chuva. Dá-se o mesmo com as observações sobre o crânio. Este indivíduo *propriamente deveria* ser assim, como diz o crânio segundo a lei: tem uma *disposição originária* que *aliás* não se desenvolveu plenamente. Essa qualidade não está *presente*, mas *deveria* estar. A *lei* e o *dever-ser* se fundam sobre a observação da chuva efetiva, e do sentido efetivo que está nessa determinidade do crânio: porém, se a *efetividade* não está presente serve, igualmente bem, a *possibilidade vazia*.

Tal possibilidade, isto é, a não efetividade da lei estatuída, e, portanto, também observações que a contradizem, devem ocorrer necessariamente. E isso porque a liberdade do indivíduo e as circunstâncias favoráveis ao desenvolvimento são indiferentes quanto ao *ser* em geral [entendido] ou como interior originário, ou como exterior ossificado. E também porque o indivíduo pode ser ainda algo diverso do que é originariamente no interior, e, ainda mais, do que é como um osso.

338 – [Wir erhalten also] Estamos assim ante a possibilidade de que uma determinada bossa ou fossa do crânio seja tanto algo efetivo quanto uma *disposição* apenas, na verdade indeterminada, seja para o que for. Há possibilidade de que o crânio designe algo que não é efetivo. Vemos suceder como sempre, no caso de uma má desculpa: pode servir para refutar o que queria justificar. Vemos que, pela natureza da Coisa, o 'visar' é levado a dizer – mas de modo *carente de pensamento – o contrário* do que tem por seguro: – a dizer que por meio deste osso se indica qualquer coisa, mas que *também*, e igualmente, *nada* se indica.

339 – [Was der Meinung] Nessa desculpa, o que se oferece confusamente ao próprio 'visar' é o pensamento verdadeiro que justamente o destrói: [o pensamento] de que o *ser* como tal, em geral, não é a verdade do espírito. Como a disposição já é um *ser originário*, que nenhuma participação tem na atividade do espírito, também o osso, de seu lado, é algo exatamente assim. Sem a atividade espiritual, o *essente* é para a consciência uma coisa, e não sua essência; é tão pouco sua essência, que é, antes, o contrário: a consciência só é *efetiva* para si através da negação e da abolição de semelhante ser.

Sob esse aspecto, deve-se ver, como renegação total da razão, fazer passar um osso como o *ser-aí efetivo* da consciência. Ora, é isso que se faz quando se considera o crânio como o exterior do espírito, já que o exterior é justamente a efetividade *essente*. De nada serve *dizer* que desse exterior *apenas* se conclui o interior, o qual é *algo diverso*; que o exterior não é o interior mesmo, mas só sua *expressão*. Com efeito, em sua relação recíproca, do lado do interior recai a determinação da efetividade *que se pensa e é pensada*, mas do lado do exterior a determinação da *efetividade essente*. Assim, quando se diz a um homem: "Tu (teu interior) és isto *porque* teu osso é assim constituído", isso não significa outra coisa que: "Eu tomo um osso por *tua efetividade*".

A réplica a semelhante julgamento, mencionada a propósito da fisiognomia, deve servir aqui: um tapa pode mudar o aspecto das partes *moles,* e lhes imprimir um deslocamento, demonstrando somente que não são um verdadeiro *Em-si,* e ainda menos a efetividade do espírito. Aqui, a rigor, a réplica deveria ir até a quebrar o crânio de quem julga assim, para lhe mostrar, de uma maneira tão grossa como sua sabedoria, que um osso não é para o homem nada de *Em-si,* e muito menos *sua* verdadeira efetividade.

340 – [Das rohe Instinkt] O instinto tosco da razão consciente-de-si rejeitará, sem mais, uma tal frenologia. Rejeitará também esse outro instinto observador da razão, que chegando até o vislumbre do *conhecer* o entendeu de maneira carente-de-espírito: de que "o exterior é a expressão do interior". Mas às vezes, quanto pior é o pensamento, menos aparece onde está exatamente sua falha, e mais difícil é isolá-la. Diz-se que o pensamento é tanto pior quanto mais pura e vazia é a abstração que vale por sua essência. Porém, a oposição de que aqui se trata tem por membros a individualidade consciente-de-si, e a abstração da exterioridade totalmente convertida em coisa: aquele ser interior do espírito, entendido como um ser fixo, carente de espírito, oposto precisamente a tal ser.

Mas assim sendo, parece ter a razão observadora atingido sua culminância, a partir da qual deve abandonar-se a si mesma e fazer reviravolta. Com efeito, só o que é totalmente mau tem em si a necessidade imediata de se converter. Pode-se dizer assim do povo judaico que é e foi mais reprovado por se encontrar imediatamente defronte da porta da salvação. O que esse povo deveria ser em si e para si, essa essência ativa, ele não é para si, mas a transfere para além de si. Por essa extrusão, ele se *possibilita* um ser-aí superior, no qual vai poder recuperar seu objeto. Um ser-aí mais elevado do que teria, caso houvesse permanecido dentro da imediatez do ser.

Com efeito, o espírito é tanto maior quanto maior é a oposição da qual retorna a si mesmo. O espírito se faz essa oposição no suprassumir de sua unidade imediata, e na extrusão de seu ser-para-si. Só que se uma tal consciência não se reflete, o meio-termo onde permanece é o vazio sem salvação, pois o que deveria preenchê-lo tornou-se um extremo solidificado. Assim, essa última etapa da razão observadora é a pior de todas; mas, por isso, sua reversão é necessária.

341 – [Denn die Übersicht] Lançando um olhar retrospectivo sobre a série de relações consideradas até agora, e que constituem o conteúdo e o objeto da observação, vemos que:

[1] No *primeiro modo*, o *ser sensível desvanece* já na observação das relações da natureza inorgânica. Os momentos de suas relações apresentam-se como puras abstrações e como conceitos simples, que deveriam estar firmemente unidos ao ser-aí das coisas; mas esse se perdeu, de forma que o momento se mostra como puro movimento ou como universal. Esse processo livre, completo em si mesmo, conserva a significação de algo objetivo: mas agora vem à cena como um *Uno*. No processo do inorgânico, o Uno é o interior inexistente; e inversamente, o [processo] existente como Uno é o orgânico.

[2] O Uno, enquanto ser-para-si ou essência negativa, defronta o universal, esquiva-se dele, e permanece livre para si. Desse modo o conceito, realizado somente no elemento da singularização absoluta, não encontra na existência do orgânico sua expressão autêntica, que [seria] a de estar ali *como universal*; porém, permanece um exterior, ou - o que é o mesmo - um *interior* da natureza orgânica.

[3] O processo orgânico é livre somente *em si*, mas não *para si mesmo*; o ser-para-si de sua liberdade emerge no *fim*; *existe* como uma outra essência, como uma sabedoria sua consciente-de-si que está fora desse processo. Volta-se, pois, a razão observadora para essa sabedoria, para o espírito, para o conceito existindo como universalidade ou fim existindo como fim; de agora em diante sua própria essência é seu objeto.

342 – [Sie wendet sich] Volta-se primeiro [a razão observadora] para a pureza do objeto; mas sendo ela o apreender desse objeto como um objeto *essente*, movendo-se em suas diferenças - suas *leis do pensamento* se tornam relações do permanente com o permanente. Ora, como o conteúdo dessas leis são apenas momentos, elas se perdem no Uno da consciência-de-si.

Esse novo objeto, tomado igualmente como algo *essente*, *é* a consciência-de-si *singular e contingente*; mantém-se, pois, a observação dentro do espírito 'visado' e da relação contingente entre uma efetividade consciente e uma efetividade inconsciente. Em si mesmo, o [objeto em questão] é só a necessidade desse relacionamento; a observação, portanto, ainda o abraça mais estreitamente, e compara sua efetividade querente e operante com sua efetividade em si mesma refletida e contemplativa que por sua vez é também objetiva.

Embora esse exterior seja na verdade uma linguagem do indivíduo, que ele possui em si mesmo, é ao mesmo tempo, enquanto signo, algo indiferente ao conteúdo que deveria significar; como o que põe para si mesmo o signo é indiferente quanto a ele.

343 – [Von dieser wandelbaren] Por isso, a observação retrocede dessa linguagem mutável ao *ser* fixo e enuncia, segundo seu conceito próprio, que exterioridade - não como órgão, nem como linguagem, ou signo, mas como *coisa morta* - é a efetividade exterior e imediata do espírito. O que fora suprassumido pela primeiríssima observação da natureza inorgânica - a saber, que o conceito deveria estar presente como coisa - é restaurado por essa última modalidade da observação, que assim faz da efetividade do próprio espírito uma coisa, ou, exprimindo inversamente, dá ao ser morto a significação do espírito.

Sendo assim, a observação chegou ao ponto em que enuncia o que era nosso conceito sobre ela - a saber, que a *certeza* da razão busca a si mesma como efetividade objetiva. Certamente, com isso não se quer dizer que o espírito, representado por um crânio, seja enunciado como coisa. Nenhum materialismo - como se diz - está implicado nesse pensamento, ao contrário, o espírito deve ser algo diverso deste osso. Porém, [a expressão] "o espírito é", não significa senão que "o espírito é *uma coisa*".

Se o *ser* como tal - ou o ser-coisa - é atribuído como predicado ao espírito, a verdadeira expressão disso é, pois, que o espírito é algo como *um osso.* Portanto, deve ser visto como da maior importância que se tenha encontrado a verdadeira expressão de que do espírito foi dito simplesmente: "*ele é*". Aliás, quando se diz do espírito: "*ele é*", "tem *um ser*", "é uma *coisa*"; uma efetividade singular - não se 'visa' com isso algo que se possa ver ou tomar na mão, ou nele tropeçar etc. Contudo, se diz uma coisa dessas: o que na verdade é dito, se exprime [na proposição de] que "*o ser do espírito é um osso*".

344 – [Dies Resultat] Esse resultado tem agora uma dupla significação: primeiro sua significação verdadeira, enquanto é um complemento do resultado do movimento anterior da consciência-de-si. A consciência-de-si infeliz se extrusava de sua independência e lutava para converter seu *ser-para-si* numa *coisa.* Retrocedia, com isso, da consciência-de-si à consciência - isto é, à consciência para a qual o objeto é um *ser,* uma *coisa.* Mas o que é coisa é a consciência-de-si; ela é assim a unidade do Eu e do ser, a *categoria.* Quando o objeto é determinado desse modo para a consciência, *ela tem razão.* A consciência, como também a consciência-de-si, *é em si* propriamente razão: mas só pode dizer que *tem* razão a propósito da consciência para a qual o objeto se determinou como categoria. Contudo, é ainda diferente disso o saber [do] que é a razão.

A categoria que é a unidade *imediata* do *ser* e do *Seu* deve percorrer as duas formas; e a consciência observadora é justamente aquela à qual a categoria se apresenta sob a forma de *ser.* Em seu resultado, essa consciência enuncia como proposição aquilo de que é certeza inconsciente, a proposição que está contida no conceito da razão: é *o juízo infinito,* segundo o qual o *Si* é uma coisa - um juízo que se suprassume a si mesmo. Através desse resultado, pois, acrescenta-se à categoria esta determinação de que ela é essa oposição que se suprassume. A categoria *pura,* que para a consciência está na forma do *ser* ou da *imediatez,* é o objeto ainda *não mediatizado,* apenas *presente;* e a consciência é justamente assim um comportamento não imediatizado.

O momento daquele juízo infinito é a passagem da *imediatez* para a mediação ou *negatividade.* O objeto presente é, por conseguinte, determinado como um negativo; porém, a consciência é determinada como consciência-de-si perante ele. Ou seja: a categoria, que tinha percorrido a forma do *ser* no observar, é posta agora na forma do ser-para-si; a consciência já não quer *encontrar-se imediatamente,* mas produzir-se a si mesma mediante sua atividade. É *ela mesma* para si o fim de seu agir - como [antes] no observar só lidava com as coisas.

345 - [Die andere Bedeutung] A outra significação do resultado já foi considerada; é a do observar carente-de-conceito, que não sabe entender-se nem designar-se a não ser designando friamente um osso como *efetividade* de consciência-de-si. E um osso como se encontra enquanto coisa sensível, que ao mesmo tempo não perde sua objetividade para a consciência. Tal observar não possui nenhuma consciência clara do que diz, e não apreende sua proposição na determinidade de seu sujeito e predicado, e da relação dos dois; e menos ainda, no sentido do juízo infinito - que a si mesmo se dissolve - e no sentido do conceito.

Assim, por uma mais profunda consciência-de-si do espírito, que aqui aparece como uma certa honestidade natural, o observar prefere esconder de si mesmo a ignomínia de um pensamento nu, carente-de-conceito, que toma um osso pela efetividade da consciência-de-si. Maquia esse pensamento com a mesma carência-de-pensamento, misturando relações variadas de causa e efeito, de signo, de órgão etc., que aqui não têm nenhum sentido - dissimulando dessa maneira, por distinções que delas derivam, o chocante dessa proposição.

346 - [Gehirnfibern und dergleichen] Fibras cerebrais e coisas semelhantes, consideradas como o ser do espírito, já são uma efetividade pensada, apenas hipotética; mas não a efetividade *aí-essente*, sentida e vista: não são a efetividade verdadeira. Quando as fibras *aí estão*, quando se veem, são objetos mortos, e assim não valem mais como o ser do espírito. Mas a objetividade propriamente dita deve ser uma objetividade *imediata, sensível*, de modo que o espírito seja posto como efetivo nessa objetividade morta; pois o osso é o morto, enquanto está no próprio vivente.

O conceito dessa representação é que a razão *mesma é* para si *toda a coisidade*, inclusive a coisidade *puramente objetiva*. Mas a razão é isso no *conceito*, ou seja, somente o conceito é sua verdade. Quanto mais puro é o próprio conceito, mais se degrada em sua vã representação, se o seu conteúdo não for tomado como conceito, mas como representação. Quando o juízo que a si mesmo suprassume não é tomado com a consciência dessa infinidade que é a sua - mas como uma proposição permanente, e como um juízo em que sujeito e predicado valem cada um para si - então o Si é fixado como Si, e a coisa como coisa. Na verdade, um deve ser o outro.

A razão - essencialmente conceito - é cindida imediatamente em si mesma e em seu contrário; uma oposição que, justamente por isso, também é imediatamente suprassumida. Mas ao oferecer-se desse modo como sendo ela mesma e o seu contrário, é mantida firmemente no momento totalmente singular desse desintegrar-se, e apreendida irracionalmente. Quanto mais puros os seus momentos, tanto mais chocante é a manifestação desse conteúdo, o qual ou é somente para a consciência ou então é enunciado ingenuamente por ela.

A *profundeza* que o espírito tira do interior para fora, mas que só leva até sua *consciência representativa* e ali a larga, como também a *ignorância* de tal consciência sobre o que diz são a mesma conexão do sublime e do ínfimo, que no organismo vivo a natureza exprime ingenuamente, na combinação do órgão de sua maior perfeição - o da geração - com o aparelho urinário. O juízo infinito, como infinito, seria a perfeição da vida compreendendo-se a si mesma.

Mas a consciência da vida comporta-se como o urinar, ao permanecer na representação.

B - A EFETIVAÇÃO DA CONSCIÊNCIA-DE-SI RACIONAL ATRAVÉS DE SI MESMA

[A RAZÃO ATIVA]

347 - [Das Selbstbewusstsein] A consciência-de-si encontrou a coisa como a si, e a si como coisa, quer dizer: *é para ela* que essa consciência é *em si* efetividade objetiva. Não é mais a certeza *imediata* de ser toda a realidade; mas é uma certeza tal, que o imediato tem para ela a forma de um suprassumido, de modo que sua *objetividade* só vale como superfície, cujo interior e essência é a *própria consciência-de-si.*

Assim sendo, o objeto a que ela se refere positivamente é uma consciência-de-si; um objeto que está na forma da coisidade, isto é, um objeto *independente.* No entanto, a consciência-de-si tem a certeza de que esse objeto independente não lhe é nada de estranho, pois sabe que por ele é reconhecida *em si.* Ela então é o *espírito,* que tem a certeza de ter sua unidade consigo mesmo na duplicação de sua consciência-de-si e na independência das duas consciências-de-si [daí resultantes]. Essa certeza agora tem de elevar-se à verdade, para a consciência-de-si: o que para ela vale como *sendo em si,* e em sua certeza *interior,* deve entrar na sua consciência e vir-a-ser *para ela.*

348 – [Was die allgemeinen] Comparando o caminho até aqui percorrido, já se pode caracterizar as estações universais dessa efetivação em geral. A saber: assim como a razão observadora repetira no elemento da categoria o movimento da *consciência*, isto é, a certeza sensível, a percepção e o entendimento - assim também esta razão [ativa] percorrerá de novo o duplo movimento da *consciência-de-si*, e da independência passará à sua liberdade.

De início, essa razão ativa só está consciente de si mesma como de um indivíduo, e enquanto tal deve exigir e produzir sua efetividade em outro. Mas depois, ao elevar sua consciência à universalidade, torna-se razão *universal*, e o indivíduo é consciente de si como razão, como algo já reconhecido em si e para si, que unifica em sua pura consciência toda a consciência-de-si. É a essência espiritual simples que, ao chegar à consciência é, ao mesmo tempo, *substância real*; para dentro dela retornam, como a seu fundamento, todas as formas anteriores, que assim, em relação a ela, são momentos singulares simples de seu vir-a-ser. Os momentos se desprendem, sem dúvida, e aparentam formas próprias; mas, de fato, só têm *ser-aí* e *efetividade* sustidos pelo fundamento; e só têm *verdade* na medida que neles estão e permanecem.

349 – [Nehmen wir dieses] Tomemos em sua realidade essa meta [alcançada]: o *conceito*, que já surgiu para *nós* – isto é, a consciência-de-si reconhecida, que tem em outra consciência-de-si livre a certeza de si mesma, e aí precisamente encontra sua verdade. Destaquemos esse espírito ainda interior como substância já amadurecida em seu ser-aí. O que vemos patentear-se nesse conceito é o *reino da eticidade*.

Com efeito, esse reino não é outra coisa que a absoluta *unidade* espiritual dos indivíduos em sua *efetividade* independente. É uma consciência-de-si universal em si, que é tão efetiva em uma outra consciência, que essa tem perfeita independência - ou seja, é uma coisa para ela. [Tão efetiva] que justamente nessa independência está cônscia da sua *unidade* com a outra, e só nessa unidade com tal essência objetiva é consciência-de-si.

Essa *substância* ética, na *abstração da universalidade*, é apenas lei *pensada*; mas, não menos imediatamente, é a consciência-de-si efetiva ou o *etos*. Inversamente, a consciência *singular* só é esse

Uno *essente* porque em sua própria singularidade está cônscia da consciência universal, como de seu [próprio] ser: porque seu agir e seu ser aí são o etos universal.

350 – [In dem Leben] É na vida de um povo que o conceito da efetivação da razão consciente-de-si tem de fato sua realidade consumada: ao intuir, na independência do *Outro*, a perfeita *unidade* com ele; ou seja, ao ter por objeto, como meu *ser-para-mim*, essa livre *coisidade* de um outro, por mim descoberta – que é o negativo de mim mesmo.

A razão está presente como fluida *substância* universal, como imutável *coisidade* simples, que igualmente se refrata em múltiplas essências completamente independentes, como a luz nas estrelas, em seus inúmeros pontos rutilantes. Em seu absoluto ser-para-si, tais essências não só *em si* se dissolvem na substância independente simples, mas ainda são *para si mesmas*; cônscias de serem tais essências simples singulares, porque sacrificam sua singularidade e porque essa substância universal é sua alma e essência. Do mesmo modo, esse universal é, por sua vez, o *agir* dessas essências como singulares; ou a obra por elas produzida.

351 – [Das rein einzelne] O agir e o atarefar-se *puramente singulares* do indivíduo referem-se às necessidades que possui como ser-natural, quer dizer, como *singularidade essente.* Graças ao meio universal que sustem o indivíduo, graças à *força* de todo o povo, sucede que suas funções inferiores não sejam anuladas, mas tenham efetividade.

Na substância universal, porém, o indivíduo não só tem essa *forma* da *subsistência* de seu agir em geral, mas também *seu conteúdo.* O que ele faz, é o talento universal, o etos de todos. Esse conteúdo, enquanto se singulariza completamente, está em sua efetividade encerrado nos limites do agir de todos. O *trabalho* do indivíduo para [prover a] suas necessidades é tanto satisfação das necessidades alheias quanto das próprias; e o indivíduo só obtém a satisfação de suas necessidades mediante o trabalho dos outros.

Assim como o singular, em seu trabalho *singular,* já realiza *inconscientemente* um trabalho *universal,* assim também realiza agora o [trabalho] universal como seu objeto *consciente:* torna-se sua obra o todo *como todo*, pelo qual se sacrifica, e por isso mesmo dele se recebe de volta. Nada há aqui que não seja recíproco, nada em que a independência do indivíduo não se atribua sua significação *positiva* - a de ser para si - na dissolução de seu ser-para-si e na *negação* de si mesmo. Essa unidade do ser para outro - ou do fazer-se coisa - com o ser-para-si, essa substância universal fala sua *linguagem universal* nos costumes e nas leis de seu povo.

No entanto, essa imutável essência não é outra coisa que a expressão da individualidade singular que aparenta ser-lhe oposta. As leis exprimem o que cada indivíduo *é* e *faz*; o indivíduo não as conhece somente como sua coisidade objetiva *universal*, mas também nela se reconhece, ou: [conhece-a] como *singularizada* em sua própria individualidade, e na de cada um de seus concidadãos. Assim, no espírito universal, tem cada um a certeza de si mesmo - a certeza de não encontrar, na efetividade *essente*, outra coisa que a si mesmo. Cada um está tão certo dos outros quanto de si mesmo.

Vejo em todos eles que, para si mesmos, são apenas esta essência independente, como Eu sou. Neles vejo a livre unidade com os outros, de modo que essa unidade é através dos Outros como é através de mim.

Vejo-os como me vejo, e me vejo como os vejo.

352 – [In einem freien Volke] Por conseguinte, em um povo livre, a razão em verdade está efetivada: é o espírito vivo presente.

Nela, o indivíduo não apenas encontra sua determinação, isto é, sua essência universal e singular expressa e dada como coisidade, senão que ele mesmo é tal essência e alcançou também sua determinação. Por isso, os homens mais sábios da Antiguidade fizeram esta máxima: que *a sabedoria e a virtude consistem em viver de acordo com os costumes de seu povo.*

353 – [Aus diesen Glücke] Mas a consciência-de-si, que de início só era espírito *imediatamente* e *segundo o conceito*, saiu dessa felicidade que consiste em ter alcançado sua determinação e em viver nela. Ou, então: ainda não alcançou sua felicidade. Pode-se dizer igualmente uma coisa como a outra: [comecemos pela primeira alternativa].

354 – [Die Vernunft muss] A razão *tem de sair dessa felicidade*, pois somente *em si*, ou *imediatamente*, a vida de um povo livre é a *eticidade real.* Ou seja: é uma eticidade *essente*, e por isso esse espírito universal é, ele mesmo, um espírito singular. A totalidade dos costumes e das leis é uma substância ética *determinada*, que só se despoja da limitação no momento superior, a saber, na *consciência a respeito de sua essência.* Somente nesse conhecer tem sua verdade absoluta, mas não imediatamente em seu ser; pois, nesse, a substância ética é, por uma parte, uma substância limitada, e, por outra, é a limitação absoluta justamente porque o espírito está na forma de *ser.*

355 – [Ferner ist daher] Além disso, a consciência *singular*, tendo sua existência imediatamente na eticidade real ou no povo, é uma confiança maciça, para a qual o espírito ainda não se dissociou em seus momentos *abstratos*, e, portanto, essa consciência ainda não sabe que é a *pura singularidade para si.* Mas quando chega esse pensamento - como tem que ser - então essa unidade *imediata* com o espírito, ou seu *ser* nele, sua confiança está perdida. *Isolada* para si, agora a consciência singular é para si a essência; não mais o espírito universal.

O *momento dessa singularidade da consciência-de-si* está, sem dúvida, dentro do próprio espírito universal, mas somente como uma grandeza evanescente - a qual, do mesmo modo que surge para si, também se dissolve nele imediatamente; e chega à consciência como confiança apenas. Cada momento, sendo momento da essência, deve chegar a apresentar-se como essência. Ora, quando o momento é assim fixado, o indivíduo se enfrenta com as leis e os costumes; que são um pensamento sem essencialidade absoluta, uma teoria abstrata sem efetividade. Mas o indivíduo é para si, como este Eu, a verdade viva.

356 – [Oder das Selbstbewusstsein] Ou então [na outra alternativa] a consciência-de-si *ainda não alcançou essa felicidade* de ser substância ética, o espírito de um povo. Pois, ao retornar da observação, inicialmente o espírito enquanto tal ainda não se efetivou por si mesmo: foi posto somente como essência *interior* ou como abstração. Ou seja: de início, o espírito *é imediatamente* apenas. Mas sendo de modo imediato, o espírito é *singular*, é a consciência prática que avança para dentro do mundo por ela descoberto, a fim de duplicar-se nessa determinidade de um singular; para produzir-se como um isto, como uma réplica *essente* de si mesmo; para tornar-se consciente dessa unidade de sua efetividade com a essência objetiva.

A consciência tem a *certeza* dessa unidade; dá por válido que já está presente *em-si* essa unidade, ou essa harmonia de si e da coisidade. Mas [tem *certeza* também] que essa unidade só deve vir-a-ser *para essa consciência* mediante ela mesma, ou, que seu fazer é igualmente o *encontrar* dessa unidade. Ora, essa unidade se chama felicidade; por isso o indivíduo é enviado por seu espírito ao mundo *para buscar* sua *felicidade.*

357 – [Wenn also die] Para nós, a verdade dessa consciência-de-si racional é a substância ética; no entanto, para ela, aqui está somente o começo de sua experiência ética do mundo. Segundo a alternativa de que a consciência ainda não chegou à substância ética, esse movimento impele em sua direção. O que nessa substância se suprassume, são os momentos singulares que valem como isolados para a consciência-de-si. Têm a forma de um querer imediato, ou de um *impulso natural* que alcança sua satisfação; essa, por sua vez, é o conteúdo de um novo impulso. Porém, de acordo com a alternativa, de que a consciência de si perdeu a felicidade de estar na substância, estão esses impulsos naturais unidos à consciência de seu fim, como a verdadeira determinação e essencialidade. A substância ética é rebaixada a predicado carente-de-si, cujos sujeitos vivos são os indivíduos que através de si mesmos têm de implementar sua universalidade e, por própria conta, cuidar de sua determinação.

Na alternativa [de que o reino da eticidade está por alcançar], essas figuras da consciência são o vir-a-ser da substância ética e a antecedem. Na alternativa [de que esse reino já foi encontrado e perdido], tais figuras vêm depois, e revelam à consciência-de-si qual sua determinação. Na primeira alternativa, a imediatez ou a rudeza dos impulsos se perdem no movimento em que se põe à prova qual é a sua verdade; e seu conteúdo sobe a um nível superior. Mas na segunda alternativa, o que se perde é a falsa representação da consciência que coloca nesses impulsos sua determinação. Na primeira, o *fim* que os impulsos alcançam é a substância ética imediata; na segunda, porém, é a consciência dessa substância, e, justamente, uma consciência que sabe a substância como sua própria essência. Desse modo, seria esse movimento o vir-a-ser da moralidade: uma figura mais elevada que a anterior.

Essas figuras, porém, ao mesmo tempo só constituem *um* lado do vir-a-ser da moralidade - o que incide no *ser-para-si*, ou um lado em que a consciência suprassume os seus *fins*; não o aspecto conforme o qual a moralidade jorra da substância mesma. Como esses momentos não podem ainda ter a significação de serem erigidos em fim - em oposição à eticidade perdida - valem, pois, aqui segundo o seu conteúdo espontâneo, e o fim para o qual impelem é a substância ética.

Entretanto, por adequar-se melhor a nossos tempos a forma em que se manifestam quando a consciência, tendo perdido sua ética, de novo a procura repetindo aquelas formas - podem representar-se melhor tais momentos segundo os exprime essa alternativa.

358 - [Das Selbstbewusstein] A consciência-de-si, que de início é somente o conceito do espírito, toma esse caminho com a determinidade de ser para si a essência como espírito singular. Seu fim é, pois, dar-se a efetivação como espírito singular - e como singular, desfrutar-se nessa efetivação.

359 – [In der Bestimmung] Na determinação de ser, para si, a essência como algo *para-si-essente*, a consciência-de-si é *a negatividade* do Outro. Assim, ela mesma, em sua consciência, surge como o positivo em contraste com alguma coisa que sem dúvida *é*, mas que para ela tem a significação de algo não em si *essente*. Aparece a consciência cindida entre essa efetividade encontrada e o *fim* que implementa através do suprassumir da efetividade, e, antes, faz dele efetividade em lugar dessa.

Mas seu primeiro fim é seu *ser-para-si imediato* e abstrato, ou seja: é intuir-se como *este singular* em um outro, ou intuir outra consciência-de-si como a si mesma. A experiência do que é a verdade desse fim eleva mais alto a consciência-de-si. A partir de agora é fim para si, enquanto, ao mesmo tempo, é *universal* e tem a *lei imediatamente* nela. Mas no cumprimento dessa *lei* de seu *coração faz* a experiência de que a essência *singular* aqui não pode manter-se, já que o bem só pode efetuar-se através do sacrifício do singular; e a consciência-de-si torna-se *virtude*.

A experiência, que a virtude faz, só pode ser isto: seu fim já foi conseguido em si; a felicidade se encontra no agir, imediatamente; e o agir mesmo é o bem. O conceito de toda essa esfera, a saber, que a coisidade é o *ser-para-si* do espírito, vem-a-ser no seu movimento para a consciência-de-si. Por isso, quando encontrou esse conceito, ela é, para si, realidade, como individualidade que imediatamente se exprime, e não encontra mais nenhuma resistência em uma efetividade oposta; individualidade para a qual somente esse exprimir mesmo é objeto e fim.

a – O PRAZER E A NECESSIDADE

360 – [Das Selbstbewusstsein] A consciência-de-si que é para si, em geral, a *realidade*, tem nela mesma seu objeto. Mas o tem como um objeto que primeiro é *só para si*, e não é ainda *essente*. O *ser* a defronta como uma efetividade outra que a sua; e mediante a implementação de seu ser-para-si vai rumo ao [objetivo de] intuir-se como outra essência independente. Esse *primeiro fim* consiste em tornar-se consciente-de-si como essência singular em outra consciência-de-si, ou em reduzir essa outra a si mesma; ela tem a certeza que *em-si* esse outro já é ela mesma.

Na medida em que tal consciência se elevou da substância ética e do ser calmo do pensamento, ao seu *ser-para-si*, deixou para trás a lei do etos, e do ser-aí, os conhecimentos da observação e a teoria. Ficou tudo para trás – como uma sombra cinza evanescente. Com efeito, esse saber é, antes, o saber de algo que tem outro ser-para-si e outra efetividade que não os da consciência-de-si. Nele não penetrou o espírito da universalidade do saber e do agir, espírito de celeste aparência, em que silenciam a sensação e o gozo da singularidade, e sim o espírito da terra, para o qual somente o ser que é a efetividade da consciência singular vale como verdadeira efetividade. [Como o Dr. Fausto de Goethe],

> Despreza intelecto e ciência
> – supremos dons dos homens –
> entregou-se ao demônio
> e deve ir para o inferno.

361 – [Es stürzt also] Lança-se, pois, à vida e leva à plena realização a individualidade pura na qual emerge a consciência-de-si. Mais do que produzir para si sua felicidade, imediatamente a colhe e desfruta. As sombras da ciência, das leis e dos princípios que se interpõem entre ela e a sua própria efetividade, desvanecem como névoa sem-vida, incapaz de acolher a consciência-de-si com a certeza de sua realidade. Ela então toma a vida como se colhe um fruto maduro; e que, do modo como se oferece à mão, essa o agarra.

362 – [Sein Tun ist nur] Seu agir é um agir do *desejo* somente segundo um dos momentos. Não procede à eliminação da essência objetiva toda, mas só da forma de seu ser-outro ou de sua independência, que é uma aparência carente-de-essência; porque, *em-si*, o ser outro vale para a consciência-de-si, como a mesma essência; - ou como sua ipseidade [*Selbstheit*].

O elemento, em que o desejo e o seu oposto subsistem independentes e indiferentes um ao outro, é o *ser-aí vivo*. O gozo do desejo o suprassume na medida em que convém a seu objeto. Mas aqui o elemento que confere aos dois uma efetividade separada é, antes, a categoria: um ser que é essencialmente um *representado*. É, portanto, a *consciência* da independência [que os mantém separados] - seja a consciência somente natural seja a consciência cultivada em um sistema de leis.

Para a consciência-de-si, que sabe o Outro como *sua própria* ipseidade, tal separação não é em si. Chega, pois, ao gozo do *prazer*, à consciência de sua própria efetivação em uma consciência que se manifesta como independente, ou na intuição da unidade das duas consciências-de-si independentes. Alcança seu fim, mas ali experimenta justamente o que é a verdade desse fim. Concebe-se a si mesma como *esta* essência *singular para-si-essente*. Porém, a efetivação desse fim é por sua vez o suprassumir dele, já que a consciência-de-si não se torna objeto como *este singular*, mas sim como *unidade* de si mesma e de outra consciência-de-si - por isso, como singular suprassumido ou como *universal*.

363 – [Die genossene Lust] O prazer desfrutado possui, decerto, a significação positiva de ter vindo-a-ser para *si-mesmo* como consciência-de-si objetiva; mas, igualmente, a negativa de ter suprassumido a *si mesmo*. Ora, como a consciência-de-si só concebia sua efetivação naquela significação [positiva], sua experiência entra em sua consciência como contradição. Ali vê aniquilada pela *essência* negativa a efetividade, que alcançara, de sua singularidade; embora carente-de-efetividade, a essência negativa vazia a defronta e é a potência que a devora. Tal essência outra coisa não é que o *conceito* do que essa individualidade é em si; individualidade essa que ainda é a mais pobre figura do espírito que se efetiva, pois é somente, para si, a *abstração da razão*, ou a *imediatez* da *unidade* do *ser-para-si* e do *ser-em-si*; portanto, sua essência é só a categoria *abstrata*.

No entanto, não tem mais a forma do ser *simples imediato*, como [ocorria] no espírito observador, onde o *ser* abstrato - posto como algo estranho - é a *coisidade* em geral. Agora entraram nessa coisidade o ser-para-si e a mediação. Portanto, surge aqui a coisidade como o *círculo* cujo conteúdo é a pura relação desenvolvida das essencialidades simples. A efetivação, que essa individualidade conseguiu, não consiste, pois, em outra coisa que em ter projetado esse *círculo* de abstrações, desde o confinamento da simples consciência-de-si para dentro do elemento do *ser-para-ela*, ou da expansão objetiva.

O que se torna, pois, no prazer desfrutado, *objeto* da consciência-de-si como sua essência, é a expansão dessas essencialidades vazias - da pura unidade, da pura diferença e de sua relação. Além disso, o objeto que a individualidade experimenta como sua *essência* não tem conteúdo nenhum. É o que se chama *necessidade*; com efeito, necessidade, *destino* etc., são justamente uma coisa que ninguém sabe dizer *o que* faz, quais suas leis determinadas e seu conteúdo positivo. Porque é o conceito absoluto intuído como *ser*, a *relação* simples e vazia, mas irresistível e imperturbável, cuja obra é apenas o nada da singularidade.

A necessidade é essa *conexão firme*, porque as coisas conectadas são essencialidades puras, ou abstrações vazias: unidade, diferença e relação são categorias; cada uma delas nada é em si e para si, mas só em relação ao seu contrário; portanto, não podem separar-se uma da outra. É através de seu *conceito* que mutuamente se referem, pois as categorias são os conceitos puros mesmos: essa *relação absoluta* e esse movimento abstrato constituem a necessidade. A individualidade somente singular, que só tem, de início, o puro conceito de razão por seu conteúdo, em vez de precipitar-se da teoria morta para a vida, o que fez foi jogar-se na consciência de sua própria carência-de-vida, e só participa de si como necessidade vazia e alheia - como efetividade *morta*.

364 – [Der Übergang] A passagem se efetua da forma do *Uno* para a forma da *universalidade*; de uma abstração absoluta para outra; do fim do puro *ser-para-si*, que rejeitou a comunidade com *outros*, para o contrário *puro*, que é por isso o *ser-em-si* igualmente abstrato.

Isto se manifesta assim: o indivíduo somente foi ao chão, e a absoluta dureza da singularidade se espatifa em contato com a efetividade, igualmente dura, mas contínua.

Ora, enquanto o indivíduo como consciência é a unidade de si mesmo e de seu contrário, essa queda no chão é ainda para ele; como também seu fim e sua efetivação, e igualmente a contradição entre o que *para ele* era essência, e o que a essência é *em si*. O indivíduo experimenta o duplo sentido subjacente no que fazia, isto é: *ter levado* sua *vida*; levava a vida, mas o que encontrava era, antes, a morte.

365 – [Dieses Übergang] Essa *passagem* de seu ser vivo para a necessidade sem-vida se lhe manifesta, pois, como uma inversão, que por nada é mediatizada. O mediador deveria ser algo em que os dois lados fossem um [só] – portanto, a consciência que conhecesse um momento no outro: – seu fim e agir no destino, e seu destino no seu fim e agir; *sua essência própria* nessa *necessidade*. Porém, essa unidade é para essa consciência justamente o prazer mesmo, ou o sentimento *singular simples*. A passagem do momento desse seu fim ao momento de sua essência verdadeira é para ela um puro salto no oposto, pois esses momentos não estão contidos e ligados no sentimento, mas só no puro Si, que é um universal ou o pensar.

Assim, por meio da experiência – em que sua verdade deveria vir-a-ser para ela – a consciência tornou-se, antes, um enigma para si mesma: as consequências de seus atos não são, para ela, atos seus; o que lhe acontece não é, *para ela*, a experiência do que *é em si*; a passagem não é uma simples mudança-de-forma do mesmo conteúdo e essência, ora representado como essência e conteúdo da consciência, ora como objeto ou essência *intuída* de si mesma. A *necessidade abstrata* vale, portanto, como *potência da universalidade*, [uma potência] apenas negativa e não concebida, contra a qual a individualidade se despedaça.

366 – [Bis hierher] Até este ponto chega a manifestação dessa figura da consciência-de-si; o último momento de sua existência é o pensamento de sua perda na necessidade, ou o pensamento dela mesma como uma essência absolutamente *estranha* a si. A consciência-de-si, porém, sobreviveu, *em si*, a essa perda: pois essa necessidade ou a universalidade pura é *sua* essência *própria.* Essa reflexão da consciência sobre si mesma, [que faz] saber a necessidade *como Si*, é uma nova figura sua.

b – A LEI DO CORAÇÃO E O DELÍRIO DA PRESUNÇÃO

367 – [Was die Notwendigkeit] O que seja, na verdade, a necessidade na consciência-de-si, [aparece claro] nesta sua nova figura: a necessidade é a [própria] consciência-de-si, que nessa figura é para si como o necessário: sabe que tem em si *imediatamente* o *universal* ou a *lei.* A lei, devido a essa determinação de estar *imediatamente* no ser-para-si da consciência, chama-se *lei do coração.* Essa figura, enquanto *singularidade,* é para *si* essência – como a anterior; porém é mais rica, por ter a determinação pela qual seu *ser-para-si* vale como necessário ou universal.

368 – [Das Gesetz also] Assim, a lei, que é imediatamente a própria da consciência-de-si, ou um coração – mas um coração que tem nele uma lei –, é o *fim* que essa consciência vai efetivar. Resta ver se sua efetivação corresponde a tal conceito, e se nela a consciência-de-si experimentará essa lei sua como [sendo] a essência.

369 – [Diesem Herzen] Frente a esse coração está uma efetividade; pois dentro do coração a lei primeiro é somente *para si,* ainda não se efetivou, e por isso é também algo *outro* que o conceito. Determina-se esse Outro, portanto, como uma efetividade – que é o oposto do que se tem de efetivar – e sendo assim é a *contradição entre a lei e a singularidade.* De um lado, pois, essa efetividade é uma lei, pela qual a individualidade singular é oprimida: uma violenta ordem do mundo, que contradiz a lei do coração. De outro, é uma humanidade padecente sob essa ordem, que não segue a lei do coração, mas está submetida a uma necessidade estranha.

Para a figura atual da consciência, essa efetividade que se manifesta *perante* ela não é, evidentemente, outra coisa que a relação anterior, cindida entre a individualidade e a sua verdade; relação de uma necessidade atroz pela qual a individualidade é oprimida.

Para nós, o movimento precedente comparece ante essa nova figura; porque, em si, essa figura emergiu dele, o momento donde provém é necessário para ela. Manifesta-se, porém, esse momento como algo *encontrado*, enquanto ela não tem consciência nenhuma sobre sua *origem*. Para essa figura, a essência consiste antes em ser *para si* mesma; ou em ser o negativo contrastando com o Em-si positivo.

370 – [Diese dem Gesetze] Essa individualidade tende, pois, a suprassumir a necessidade que contradiz a lei do coração, como também o sofrimento por ela causado. Sendo assim, a individualidade já não é a frivolidade da figura anterior que somente queria o prazer singular; mas é a seriedade de um alto desígnio, que procura seu prazer na apresentação de sua própria essência *sublimada*, e na produção do *bem da humanidade*. O que a individualidade torna efetiva é a lei mesma, portanto, seu prazer é ao mesmo tempo prazer universal de todos os corações. As duas coisas lhe são *inseparáveis:* seu *prazer é* "o conforme-à-lei" e a efetivação da lei da humanidade universal, o preparo de seu prazer singular; porquanto, no seu interior, a individualidade e a necessidade são *imediatamente* um só, e a lei é lei do coração.

A individualidade ainda não se deslocou de seu posto, e a unidade das duas ainda não se efetuou através do movimento mediatizante entre elas, nem tampouco através da disciplina. A efetivação da essência imediata *indisciplinada* vale como a apresentação de uma excelência [do indivíduo] e como a produção do bem da humanidade.

371 – [Das Gesetz dagegen] Ao contrário, a lei que se opõe à lei do coração é separada do coração e livre para si. A humanidade que lhe pertence não vive na unidade bem-aventurada da lei com o coração, mas sim, ou na separação e no sofrimento atrozes; ou, pelo menos, na privação do gozo *de si mesma* – no *acatamento* da lei; e na privação de sua própria excelência - na *transgressão* da lei. Ora, como essa despótica ordem divina e humana está separada do coração, é para este uma *aparência*, que ainda deve perder o que lhe está associado; a saber, o poder e a efetividade.

Acidentalmente, pode ocorrer que essa ordem coincida no *conteúdo* com a lei do coração - que nesse caso poderá tolerá-la. Mas, para esse coração, a essência não é pura conformidade à lei como tal, e sim a consciência de *si mesma* que o coração nela encontra, [o fato de] que nela *se* satisfaz. Mas onde o conteúdo da necessidade nada é em si segundo seu conteúdo, e deve ceder à lei do coração.

372 – [Das individuum] O indivíduo *cumpre*, assim, a lei de seu coração: tornar-se *ordem universal*, e o prazer, uma efetividade em si e por si conforme à lei. Mas nessa efetivação, a lei de fato escapou do coração e tornou-se, imediatamente, apenas a relação que deveria ser suprassumida. Por essa efetivação, justamente, a lei do coração deixa de ser lei do *coração*. Nela recebe, com efeito, a forma do *ser*, e agora é *potência universal*, à qual *esse* coração é indiferente; de modo que o indivíduo, pelo fato de *estabelecer sua própria* ordem, não a encontra mais como sua. Com a efetivação de sua lei, ele não produz *sua* lei; pois embora, *em si*, seja a sua, para o indivíduo é uma efetivação estranha. O que ele faz é enredar-se na ordem efetiva, como numa superpotência estranha, que aliás não só lhe é estranha, mas inimiga.

O indivíduo, através de seu ato, põe-se no elemento - melhor, *como* o elemento - universal da efetividade *essente*. Seu ato deve, até mesmo pelo sentido [que lhe confere], ter o valor de uma ordem universal. Mas assim, o indivíduo *libertou-se* de si mesmo, cresce para si como universalidade, e se purifica da singularidade. O indivíduo - que só quer conhecer a universalidade sob a forma de seu imediato ser-para-si - não se reconhece nessa universalidade livre; e contudo, ao mesmo tempo, lhe pertence, pois ela é seu agir; agir que tem, pois, a significação pervertida de *contradizer* a ordem universal, já que seu ato deve ser ato de *seu* coração singular, e não efetividade universal livre. Mas, ao mesmo tempo, o indivíduo a *reconheceu* no ato, pois o agir tem o sentido de pôr sua essência como *efetividade livre*, quer dizer, reconhecer a efetividade como sua essência.

373 – [Das Individuum hat] Por meio do conceito de seu agir, o indivíduo determinou de maneira mais exata como é que se volta contra ele a universalidade efetiva - da qual ele se fez propriedade. Seu agir, como *efetividade*, pertence ao universal; mas seu conteúdo é a própria individualidade, querendo manter-se como este *singular*, oposto ao universal. Não se trata aqui do estabelecimento de qualquer lei determinada; porém, a unidade imediata do coração singular com a universalidade, é o pensamento que deve valer e ser erigido em lei: "que *todo coração* deve reconhecer-se *a si mesmo* no que é lei".

Mas só o coração deste indivíduo pôs sua efetividade no seu ato, que exprime seu *ser-para-si* ou seu *prazer.* O ato deve valer imediatamente como universal, quer dizer, é na verdade algo particular: da universalidade tem apenas a forma; seu conteúdo *particular* deve, *como tal,* valer por universal. Por isso os outros não encontram realizada nesse conteúdo a lei de seu coração, e sim a de *um outro.* Ora, de acordo com a lei universal, justamente - de que "cada um deve encontrar seu coração no que é lei" -, voltam-se contra a efetividade que *este* indivíduo propunha, assim como ele se voltava contra a dos outros. Por conseguinte, o indivíduo, como antes abominava somente a lei rígida, agora acha os corações dos próprios homens, contrários a suas excelentes intenções e dignos de abominação.

374 – [Weil dies Bewusstsein] Para essa consciência, a natureza da efetivação e da eficiência lhe é desconhecida, porque só conhece a universalidade como *imediata,* e a necessidade como necessidade do *coração.* Não sabe que essa efetivação como *essente* é antes, em sua verdade, o *universal em si* – no qual some a singularidade da consciência que a ele se confia, para ser *esta singularidade* imediata. Portanto, em lugar desse *Ser seu,* o que ela consegue é a alienação de *si mesma* no ser.

Mas aquilo em que a consciência não se reconhece já não é a necessidade morta, e sim a necessidade enquanto vivificada por meio da individualidade universal. Essa ordem divina e humana, que encontrou vigente, a consciência a tomou por uma efetividade morta. Nela, não teriam consciência de si mesmos, não somente ela - que se fixa como este coração para si *essente* oposto ao universal -, mas também os outros que a tal ordem pertencem. Mas antes, ela encontra essa ordem vivificada pela consciência de todos, e como lei de todos os corações. Faz a experiência de que a efetividade é uma ordem vivificada; e isso justamente porque ao mesmo tempo torna efetiva a lei de seu coração. Isso significa apenas que a individualidade se torna para si objeto como universal; um objeto, aliás, em que não se reconhece.

375 - *[Was also dieser]* Por conseguinte, o que para essa figura da consciência-de-si resulta como o verdadeiro de sua experiência

contradiz o que ela é *para si.* Mas o que é para si tem também, para tal figura, a forma da universalidade absoluta: é a lei do coração, que imediatamente é um só com a *consciência-de-si.* Ao mesmo tempo, a ordem viva e subsistente é também *sua própria* essência e obra; não produz outra coisa a não ser essa ordem, que está em unidade igualmente imediata com a consciência-de-si. Dessa maneira, é a uma essencialidade duplicada e oposta que essa consciência pertence – contraditória em si mesma e dilacerada no que tem de mais íntimo.

A lei *desse* coração é somente aquilo em que a consciência-de-si reconhece a si mesma. Porém, através da efetivação dessa lei, a ordem que vigora universalmente se lhe tornou sua própria *essência,* e sua própria *efetividade.* Portanto, o que se contradiz em sua consciência – a lei e o coração – estão ambos para ela na forma da essência e da sua própria efetividade.

376 – [Indem es dies] Quando enuncia esse momento de sua queda consciente e nisso o resultado de sua experiência, a consciência-de-si mostra-se como a subversão íntima de si mesma, como o desvario da consciência para a qual sua essência é imediatamente inessência, sua efetividade imediatamente inefetividade. O desvario não pode entender-se como se, em geral, algo inessencial fosse tido por essencial, algo inefetivo por efetivo; como se o que fosse para alguém essencial ou efetivo não o fosse para outrem; e como se a consciência da efetividade e da inefetividade – ou da essencialidade e da inessencialidade – incidissem fora uma da outra.

Se algo é de fato efetivo ou essencial para a consciência, em geral, mas não o é para mim, então, na consciência de seu nada, eu – já que sou a consciência em geral – tenho ao mesmo tempo a consciência de sua efetividade; ora, quando os dois [momentos] são fixados, isso forma uma unidade que é o desvario em geral. Contudo, nesse desvario, o que está desvairado para a consciência é apenas um *objeto*; não a consciência como tal, em si e para si mesma. Porém, no resultado da experiência que se revelou aqui, a consciência na sua lei está cônscia *de si mesma,* como este Efetivo; e, ao mesmo tempo, tornou-se cônscia de sua inefetividade, enquanto consciência-de-si, enquanto efetividade absoluta; porque essa mesma essencialidade, essa mesma efetividade se lhe *alienou.* Ou seja: os dois lados, segundo sua contradição, valem imediatamente como *sua essência* para essa consciência - que, portanto, está desvairada no seu mais íntimo.

377 - [Das Herzklopfen] O pulsar do coração pelo bem da humanidade desanda assim na fúria de uma presunção desvairada; no furor da consciência para preservar-se de sua destruição. Isso, porque ela projeta fora de si a perversão que é ela mesma, e se esforça por considerá-la e exprimi-la como um Outro. Então a consciência denuncia a ordem universal como uma perversão da lei do coração e da sua felicidade. Perversão inventada e exercida por sacerdotes fanáticos, por tiranos devassos com a ajuda de seus serviçais, que humilhando e oprimindo procuram ressarcir-se de sua própria humilhação.

Em seu desvario, a consciência denuncia a *individualidade* como fonte de seu desvario e perversão; mas uma individualidade *alheia* e *contingente.* Porém o coração, ou seja, a *singularidade - que pretende ser imediatamente universal - da consciência,* é a fonte mesma desse desvario e perversão. Seu agir só tem por resultado que essa contradição chegue à *sua* consciência.

Com efeito, o verdadeiro para ele é a lei do coração - algo meramente 'visado', que não suportou a luz do dia, como a ordem estabelecida; mas que, ao contrário, apenas exposto a essa luz, cai por terra. Essa lei, que é a sua, deveria ter efetividade; nesse caso, a lei, enquanto *efetividade,* enquanto *ordem vigente,* é para ela fim e essência. Mas também, imediatamente para ela a *efetividade* - precisamente a lei como *ordem vigente* - é, antes, o nada.

Do mesmo modo, sua *própria* efetividade - o *coração mesmo* como singularidade da consciência - é, para si, a essência. Ora, ele tem por fim pôr essa efetividade como *essente*; logo, a essência ou o fim enquanto lei é antes, para ele, imediatamente o seu Si como algo não singular, e por isso mesmo, como uma universalidade que o coração seria para sua consciência mesma.

Através do agir, esse seu conceito se torna seu objeto. Com efeito, o coração experimenta seu Si, antes como inefetivo - e a inefetividade como sua efetividade. Assim esse coração não é uma individualidade alheia e *contingente*; mas é justamente em si, sob todos os aspectos, pervertido e perversor.

378 – [Indem aber die] Aliás, se é perversa e perversiva a individualidade imediatamente universal, essa ordem universal – lei de todos os corações, ou seja, lei do pervertido – em si não é menos "o pervertido", como denunciava o desvario furioso.

De uma parte, na resistência que a lei de um coração encontra na lei dos outros singulares, a ordem universal demonstra ser a *lei* de todos os corações. As leis vigentes são defendidas contra a lei de um indivíduo, porque não são uma necessidade morta e vazia, carente de consciência, e sim a universalidade e a substância espirituais. Nelas vivem como indivíduos, e são conscientes de si mesmos, aqueles para quem essas leis têm sua efetividade. E isso de tal modo, que embora queixando-se dessa ordem como se contrariasse sua lei interior, e mantendo contra ela as suposições [*Meinungen*] do coração, de fato estão pelo coração ligados a ela, como à sua essência, e tudo perdem se lhes for retirada, ou se dela se excluírem eles mesmos. Como nisso justamente consistem a efetividade e o poder da ordem pública, essa ordem se manifesta como a essência universalmente vivificada, igual a si mesma; enquanto a individualidade [se mostra] como sua forma.

Porém, essa ordem é igualmente o "pervertido".

379 – [Denn darin, dass] Com efeito, por ser essa ordem a lei de todos os corações, e por serem todos os indivíduos imediatamente esse universal, ela é uma efetividade, a qual é somente a efetividade da individualidade *para si essente*, ou do coração.

A consciência, que estabelece a lei de seu coração, experimenta assim resistência da parte dos outros, pois tal lei contradiz as leis *igualmente singulares* de seus corações. Na sua resistência, nada mais fazem que estabelecer suas próprias leis e fazê-las vigorar. O *universal*, que está presente, é, portanto, apenas uma resistência universal, uma luta de todos contra todos, em que cada um faz valer sua singularidade própria, mas ao mesmo tempo não chega lá, porque sua singularidade experimenta a mesma resistência e por sua vez é dissolvida pelas outras individualidades.

O que parece ser *ordem* pública é assim essa beligerância geral, em que cada um arranca o que pode, exerce a justiça sobre a singularidade dos outros, consolida sua própria singularidade que igualmente desvanece por obra dos outros. Essa ordem é o *curso do mundo*, aparência de uma marcha constante, mas que é somente uma *universalidade 'visada'*, e cujo conteúdo é antes o jogo inessencial da consolidação das singularidades e da sua dissolução.

380 – [Betrachten wir] Consideremos os dois lados da ordem universal, contrastando um com o outro: a última universalidade tem por conteúdo a individualidade irrequieta, para o qual o 'visar' ou a singularidade é a lei - o Efetivo, Inefetivo; e o Inefetivo é o Efetivo. Mas é, ao mesmo tempo, o lado da *efetividade* da ordem, porquanto lhe pertence o *ser-para-si* da individualidade. O outro lado é o *universal* como essência *tranquila*, mas, por isso mesmo, um *interior* apenas; não que seja totalmente nada, mas também não é efetividade nenhuma: só mediante a suprassunção da individualidade - que se arrogou a efetividade - é que pode tornar-se efetiva.

Essa figura da consciência é a *virtude:* [consiste em] tornar-se certo de si na lei, no verdadeiro e no bem *em si*; e em saber, ao contrário, a individualidade como o pervertido e o perversor; e em ter, por isso, de sacrificar a singularidade da consciência.

c – A VIRTUDE E O CURSO-DO-MUNDO

381 – [In der ersten] Na primeira figura da razão ativa, a consciência-de-si-era, para si, pura individualidade, e frente a ela se postava a universalidade vazia. Na segunda figura, cada uma das duas partes continha os *dois* momentos - lei e individualidade: uma das partes, o coração, era sua unidade imediata, e a outra, sua oposição. Aqui, na relação entre a virtude e o curso-do-mundo, *os dois* membros são, cada um, unidade e oposição desses momentos, ou seja, são um movimento da lei e da individualidade - um em relação ao outro, mas em sentido oposto.

Para a consciência da virtude, a *lei* é o *essencial*, enquanto a individualidade é o que-deve-ser-suprassumido, tanto na sua consciência mesma quanto no curso-do-mundo. Nela, a individualidade própria deve disciplinar-se sob o universal, o verdadeiro e o bem em si. Porém, mesmo assim, fica ainda sendo consciência pessoal: a verdadeira disciplina é só o sacrifício da personalidade toda, como garantia de que a consciência de fato já não está presa a singularidades. Ao mesmo tempo, nesse sacrifício singular, é extirpada no *curso-do-mundo* a individualidade, por ser também um momento simples, comum aos dois [termos].

A individualidade se comporta no curso-do-mundo de maneira inversa da que tinha na consciência virtuosa, a saber: ela se faz essência, e em contrapartida subordina a si o que *em si* é bom e verdadeiro. Além do que, para a virtude, o curso-do-mundo não é somente esse universal *pervertido* pela *individualidade*; mas a *ordem* absoluta é igualmente um momento comum [aos dois termos]; só que no curso-do-mundo não está presente, para a consciência como *efetividade essente*, mas é sua *essência interior*. Portanto, essa ordem não tem de ser produzida só pela virtude, já que o produzir, enquanto *agir*, é consciência da individualidade; a qual deve, antes, ser suprassumida. Porém, com esse suprassumir, somente se dá espaço ao *Em-si* do curso do mundo, para que possa entrar na existência em si e para si.

382 – [Der allgemeine] O *conteúdo* universal do efetivo curso-do-mundo já se deu a ver: examinado mais de perto, não é outra coisa que os dois movimentos anteriores da consciência-de-si. Deles brotou a figura da virtude; posto que são sua origem, elas os têm diante de si; porém, empreende suprassumir sua origem, realizar-se ou vir-a-ser *para si*. O curso-do-mundo é, pois, de um lado, a individualidade singular que busca seu prazer e gozo; assim agindo, encontra sua ruína, e desse modo satisfaz o universal. Mas essa satisfação mesma – como aliás os outros momentos dessa relação – é uma figura e um movimento pervertidos do universal. A efetividade é somente a singularidade do prazer e do gozo, enquanto o universal é o seu oposto: uma necessidade que é apenas a figura vazia do universal, uma reação puramente negativa e um agir carente-de-conteúdo.

O outro momento do curso-do-mundo é o da individualidade que pretende ser lei em si e para si, e que nessa pretensão perturba a ordem estabelecida. Na verdade, a lei universal se mantém contra essa enfatuação, e não surge mais como algo oposto à consciência e vazio; nem como necessidade morta, mas sim como *necessidade na consciência mesma*. Porém, essa lei universal, quando existe como relação *consciente* da efetividade absolutamente contraditória, é o desvario; e quando é como efetividade *objetiva*, então é a perversidade em geral. Portanto, o universal se apresenta, de certo, nos dois lados, como a potência de seu movimento; mas a *existência* dessa potência é apenas a perversão universal.

383 – [Von der Tugend] Agora deve o universal *receber* da virtude sua verdadeira efetividade, mediante o suprassumir da individualidade - do princípio da perversão. O fim da virtude é, pois, reverter de novo o curso pervertido do mundo, e *trazer* à luz sua verdadeira essência. Primeiro, essa essência verdadeira está no curso-do-mundo somente como seu *Em-si*; não é ainda efetiva. Por isso a virtude nela *crê*, apenas. Procede a elevar essa fé ao contemplar, mas sem gozar dos frutos de seu trabalho e sacrifício. Com efeito: na medida em que a virtude é *individualidade*, ela é o *agir* da luta que trava com o curso-do-mundo; seu fim e sua verdadeira essência são o triunfo sobre a efetividade do curso do mundo: a existência assim efetuada do bem é desse modo a cessação de seu *agir*, ou da *consciência* da individualidade.

Como é que essa luta se sustenta; que experimenta nela a virtude; se, com o sacrifício que a virtude assume, o curso-do-mundo sucumbe e a virtude triunfa; são questões que se devem decidir pela natureza das *armas* vivas que os lutadores empunham. Com efeito, essas armas não são outra que a *essência* dos próprios lutadores, a qual só surge para ambos de modo recíproco. Ora, suas armas já se revelaram pelo que, em si, está presente nessa luta.

384 – [Das Allgemeine ist] O *universal*, para a consciência virtuosa, é verdadeiro *na fé*, ou *em si*; não é ainda uma universalidade efetiva, e sim, *abstrata:* está nessa consciência *como fim*, e no curso-do-mundo como *interior*. Para o curso do mundo, é justamente nessa determinação que o universal se apresenta também na virtude, pois essa apenas *quer* realizar o bem, e não o dá ainda como efetividade.

Pode-se também considerar essa determinidade de modo que o bem - enquanto surge na luta contra o curso-do-mundo - se apresente como sendo *para um outro*; como algo que não é *em si e para si mesmo*, pois, aliás, não pretenderia dar-se sua verdade mediante a subjugação de seu contrário. Dizer que o bem é só *para um outro* significa o mesmo já mostrado sobre o bem na consideração oposta: a saber, que o bem é uma *abstração* apenas, que só tem realidade na relação, e não em si e para si.

385 – [Das Gute oder Allgemeine] O bem ou o universal, tal como surge aqui, é o que se chama *dons, capacidades, forças.* É um modo de ser do espiritual em que é apresentado como um universal, o qual precisa do princípio da individualidade para sua vivificação e movimento, e tem sua *efetividade* nesse princípio. Por esse princípio – enquanto está na consciência da virtude – o universal é *bem aplicado*; mas enquanto está no curso-do-mundo, é *mal-empregado:* é um instrumento passivo, que, manobrado pela individualidade livre, é indiferente ao uso que faz dele. Pode também ser mal-empregado para a produção de uma efetividade que seja sua destruição: é uma matéria sem vida, privada da independência própria, que pode ser modelada de um jeito ou de outro, inclusive para sua destruição.

386 – [Indem dies Allgemeine] Como esse universal está igualmente à disposição tanto da consciência da virtude como do curso-do-mundo, pode-se questionar se a virtude assim armada vencerá o vício. As armas são as mesmas: são essas capacidades e forças. Sem dúvida, a virtude tem em reserva sua fé na unidade originária de seu fim com a essência do curso-do-mundo; no decorrer da luta, essa deve cair sobre a retaguarda do inimigo, e implementar *em si* o seu fim. Desse modo, para o cavaleiro [andante] da virtude, seu próprio *agir* e lutar são propriamente uma finta, que não *pode* levar a sério – já que empenha sua verdadeira valentia em que o bem seja *em si* e *para si* – isto é, que se cumpra por si mesmo. E também, uma finta que não *deve fazer* que seja levada a sério.

Com efeito, o que ele volta contra o inimigo, e encontra voltado contra si mesmo, o que expõe à deterioração e ao desgaste, tanto nele quanto no inimigo, não deve ser o bem mesmo, já que a luta é para sua preservação e cumprimento. O que se põe em risco nessa luta, são apenas dons e capacidades indiferentes. Esses porém, de fato, não são outra coisa que *precisamente* esse universal mesmo, carente-de-individualidade, que deve ser preservado e *efetivado* através da luta.

Entretanto, esse universal, ao mesmo tempo, *já* está imediatamente *efetivado* através do conceito mesmo da luta; é o *Em-si,* o *universal,* e sua efetivação significa unicamente que ele é *igualmente para um outro.* Os dois lados acima apresentados, segundo cada um dos quais o universal se tornava uma abstração, *já não são separados*: ao contrário, na luta e pela luta o bem é posto, a um só tempo, dos dois lados.

Mas a consciência virtuosa entra em luta contra o curso-do-mundo como contra um oposto ao bem. Ora, o que o curso-do-mundo oferece à consciência na luta, é o universal; e não só como um universal abstrato, mas como um universal vivificado pela individualidade, e *essente* para um outro: ou seja, o *bem efetivo.* Assim, onde quer que a virtude entre em contato com o curso-do-mundo, toca sempre posições que são a existência do bem mesmo, o qual, como o *Em-si* do curso-do-mundo, está inseparavelmente imbricado em todas as suas manifestações e tem seu ser-aí na efetividade do curso do mundo. Esse, portanto, é invulnerável para a virtude. Justamente tais existências do bem - e assim, relações invioláveis - são todos esses momentos que a virtude teria de atacar e de sacrificar.

Lutar, portanto, só pode ser um vacilar entre conservar e sacrificar - ou antes, não pode caber nem o sacrifício do próprio, nem o ferimento do estranho. Assemelha-se a virtude não só a um combatente, que na luta está todo ocupado em conservar sua espada sem mancha; e mais ainda: que entrou na luta para preservar as suas armas. Não só não pode fazer uso de suas próprias armas, como além disso deve manter intactas as do adversário, e protegê-las contra seu próprio ataque: porquanto são, todas, partes nobres do bem, pelo qual a virtude entrou na luta.

387 – [Diesem Feinde dagegen] Para esse inimigo, ao contrário, a essência não é o *Em-si,* mas a *individualidade.* Sua força é, pois, o princípio negativo, para o qual nada há de subsistente, nem de absolutamente sagrado, senão que arrisca e pode suportar a perda de toda e qualquer coisa. Por isso, a vitória é certa, tanto nela mesma como pela contradição em que se enreda o inimigo. O que para a virtude *é em si,* para o curso-do-mundo é apenas para *ele:* é livre de qualquer momento que seja sólido para a virtude, e ao qual ela esteja ligada.

O curso-do-mundo tem em seu poder tal momento, que lhe vale como um momento que tanto pode suprassumir como fazer subsistir; e assim tem em seu poder também o cavaleiro virtuoso, a ele vinculado. Não pode desembaraçar-se dele como de um manto que o envolvesse do exterior, e dele se libertar jogando-o atrás, já que esse momento é para ele a essência de que não se pode desfazer.

388 – [Was endlich den] Enfim, quanto à emboscada em que o *bom Em-si* deveria astutamente surpreender o curso-do-mundo pela retaguarda – tal esperança, em si, não vale nada. O curso-do-mundo é a consciência desperta, certa de si mesma, que não se deixa atacar por detrás, mas faz frente por todos os lados. Com efeito, o curso-do-mundo é tal que tudo é *para ele*, tudo está *diante dele*. Porém, o bom *Em-si* é *para* o seu inimigo; assim é na luta que acabamos de ver. Mas enquanto não é *para ele*, mas *em si*, é o instrumento passivo dos dons e capacidades, a matéria carente-de-efetividade; representado como ser-aí, seria uma consciência adormecida, que ficou para trás, não se sabe onde.

389 – [Die Tugend wird] Portanto, a virtude é vencida pelo curso-do-mundo, pois o seu fim de fato é a *essência* inefetiva abstrata, e porque, com vistas à efetividade, seu agir repousa em *diferenças* que só residem nas *palavras*. A virtude pretendia consistir em levar o bem à *efetividade* por meio do *sacrifício da individualidade*; ora, o lado da *efetividade* não é outro que o lado da *individualidade*. O bem deveria ser aquilo que é *em si*, e o que se põe em oposição ao que é; no entanto, o *Em-si*, segundo sua realidade e verdade, é o *ser mesmo*. Primeiro, o *Em-si* é a *abstração da essência* frente à efetividade; mas a abstração é justamente aquilo que não é verdadeiramente, porém, que é só *para a consciência*. Quer dizer: é o que se chama *efetivo*, pois efetivo é aquilo que essencialmente é *para um outro*, ou seja: é o *ser*. Entretanto, a consciência da virtude repousa nessa diferença do *Em-si* e do *ser* que não tem verdade nenhuma.

O curso-do-mundo deveria ser a perversão do bem, por ter a *individualidade* por seu princípio. Só que essa individualidade é o princípio da *efetividade*; pois é justamente a consciência por meio da qual o *em-si-essente* é também *para um outro*. O curso-do-mundo perverte o imutável; de fato, porém, o inverte do *nada da abstração* ao *ser da realidade*.

390 – [Der Weltlauf siegt] Assim, o curso-do-mundo triunfa sobre o que constitui a virtude em oposição a ele; triunfa sobre a virtude para a qual a abstração sem-essência é a essência. No entanto, não triunfa sobre algo real, mas sobre o produzir de diferenças que não são nenhumas; sobre discursos pomposos a respeito do bem supremo da humanidade, e de sua opressão; e a respeito do sacrifício pelo bem, e do mau uso dos dons. Semelhantes essências e fins ideais desmoronam como palavras ocas que exaltam o coração e deixam a razão vazia; edificam, mas nada constroem. Declamações que só enunciam este conteúdo determinado: o indivíduo que pretende agir por fins tão nobres e leva adiante discursos tão excelentes, vale para si como uma essência excelente. [Tudo isso não passa de] uma intumescência, que faz sua cabeça e a dos outros ficarem grandes, mas grandes por uma oca flatulência.

A virtude antiga tinha significação segura e determinada, porque tinha uma *base, rica-de-conteúdo,* na substância de um povo, e [se propunha] como fim, um *bem efetivo já existente.* Não se revoltava contra a efetividade como [se fosse] uma *perversão universal* e contra um *curso-do-mundo.* Mas a virtude de que se trata [aqui] é uma que está fora da substância, uma virtude carente-de-essência - uma virtude somente da representação e das palavras, privada daquele conteúdo [substancial].

O vazio dessa retórica em luta contra o curso-do-mundo se descobriria de imediato caso se devesse dizer o que sua retórica significa; por isso tal significado *é pressuposto como bem-conhecido.* A exigência de dizer esse bem-conhecido, ou seria atendida por uma nova torrente de retórica, ou então se lhe oporia o apelo ao coração que diz *interiormente* qual sua significação. Quer dizer: teria de confessar a impossibilidade de dizê-lo *de fato.*

A cultura de nossa época parece ter alcançado a certeza da nulidade dessa retórica [embora] de maneira inconsciente. De fato, parece haver desaparecido qualquer interesse por toda a massa daquele palavreado, e pelo modo de pavonear-se com ele; perda que se exprime no fato de que tudo isso só produz tédio.

391 – [Das Resultat also] Assim o resultado, que dessa oposição surge, consiste em desembaraçar-se a consciência como de um manto vazio, da representação de um bem *em si,* que não teria ainda efetividade nenhuma. Na sua luta, fez a experiência de que o curso-do-mundo não é tão mau como aparentava, já que sua efetividade é a efetividade do universal. Com essa experiência se descarta o meio de produzir o bem através do *sacrifício* da individualidade; pois a individualidade é precisamente a *efetivação* do *em-si-essente.*

A perversão deixa de ser vista como uma perversão do bem porque é, antes, a conversão do bem, [entendido] como um mero fim, em efetividade; o movimento da individualidade é a realidade do universal.

392 – [In der Tat ist] Mas de fato, por isso mesmo o que como *curso-do-mundo* defrontava a consciência do *em-si-essente*, é vencido e desvanece. O *ser-para-si* da individualidade ali se opunha à essência ou ao universal, e se manifestava como uma efetividade separada do *ser-em-si*. Mas, como se demonstrou que a efetividade está em unidade inseparável com o universal, então se demonstra que o *ser-para-si* do curso-do-mundo - tanto como o Em si da virtude - são apenas uma *maneira de ver*, e nada mais. A individualidade do curso-do-mundo pode bem supor que só age *para-si*, ou *por egoísmo*; ela é melhor do que imagina: seu agir é ao mesmo tempo um agir *universal em si-essente*.

Quando age por egoísmo, não sabe simplesmente o que faz. Quando assegura que todos os homens agem por egoísmo, apenas afirma que todos os homens não possuem nenhuma consciência do que seja o agir. Quando a individualidade age *para si*, então isso é justamente o surgimento para a efetividade do que era apenas *em-si-essente*. Portanto, o fim do *ser-para-si*, que se supõe oposto ao Em-si; suas espertezas vazias e também suas explicações sutis, que sabem detectar o egoísmo em toda a parte, igualmente desvaneceram - como o fim do *Em-si* e sua retórica.

393 – [Es ist also] O *agir e o atarefar-se da individualidade são, pois, fim em si mesmo. O uso das forças, o jogo de sua exteriorização, são* o que lhes confere vida, senão seriam o Em-si morto. O Em-si não é um universal irrealizado, inexistente e abstrato; mas ele mesmo é imediatamente essa presença e efetividade do processo da individualidade.

C - A INDIVIDUALIDADE QUE É PARA SI REAL EM SI E PARA SI MESMA

394 – [Das Selbstbewusstsein] A consciência-de-si agora captou o conceito de si, que antes era só o nosso a seu respeito - o conceito de ser, na certeza de si mesma, toda a realidade. Daqui em diante tem por fim e essência a interpenetração movente do universal - dons e capacidades - e da individualidade.

Os momentos singulares de sua implementação e interpenetração - *antes da unidade* na qual confluíram - são os fins considerados até aqui. Eles desvaneceram, como abstrações e quimeras que pertencem às primeiras figuras fátuas da consciência-de-si espiritual, e que só têm sua verdade no ser que pretendem o coração, a presunção e os discursos; e não, na razão. Agora a razão, certa de sua realidade em si e para si, já não busca produzir-se como *fim*, em *oposição* à efetividade imediatamente *essente*, mas tem por objeto de sua consciência a categoria como tal.

Isto significa que foi suprassumida a determinação da consciência-de-si *para si essente* ou *negativa*, na qual surgia a razão; aquela consciência-de-si *encontrava* uma efetividade que era o negativo seu, e só efetivava seu *fim* suprassumindo-a. Como, porém, o *fim* e o *ser-em-si* se mostraram o mesmo que o *ser-para-outro* e a *efetividade encontrada*, a verdade já não se separa da certeza: - quer o fim posto se tome como certeza de si mesmo, e sua efetivação como verdade; quer o fim se tome como verdade e a efetividade como certeza. Aliás, a essência, e o fim em si e para si mesmo, são a certeza da própria realidade imediata - a interpenetração do *ser-em-si* e do *ser-para-si*, do universal e da individualidade. O agir é, nele mesmo, sua verdade e efetividade. Para o agir é fim em si e para si mesmo, a *representação* ou a *expressão da individualidade*.

395 – [Mit diesem Begriffe] Com esse conceito, pois, a consciência-de-si retornou a si das determinações opostas que a categoria tinha para ela; e que sua atitude como observadora e depois como ativa tinha para com a categoria. Tem agora a pura categoria mesma por seu objeto; ou, é a pura categoria que veio-a-ser consciente de si mesma. Acertou as contas com suas figuras precedentes: jazem no esquecimento, atrás dela; não se deparam com a consciência-de-si como seu mundo encontrado, mas se desenvolvem apenas no interior dela como momentos transparentes. Entretanto, na sua consciência eles ainda se põem como um *movimento* que tem os momentos diferentes fora um do outro, que ainda não se recolheu à sua própria unidade substancial. Mas em *todos* os momentos, a consciência mantém firme a unidade do ser e do Si, unidade que é o *gênero* deles.

396 – [Das Bewusstsein] Assim despojou-se a consciência de toda a oposição e de todo o condicionamento de seu agir; sai fresca *de si,* não rumo a um *Outro,* mas rumo *a si mesma.* A *matéria* do operar e o *fim* do agir residem no próprio agir, já que a individualidade é, nela mesma, a efetividade. Por conseguinte, o agir tem o aspecto do movimento de um círculo que livre no vácuo se move em si mesmo, sem obstáculos; ora se amplia, ora se reduz, e, perfeitamente satisfeito, só brinca em si mesmo e consigo mesmo.

O elemento, em que a individualidade apresenta sua figura, tem o significado de um puro assumir dessa figura: é a luz do dia, em geral, onde a consciência quer mostrar-se. O agir nada altera, e não vai contra nada: é a pura forma de trasladar o *não tornar-se visto* para o *tornar-se visto.* O conteúdo, que é trazido à luz do dia e que se apresenta, é o mesmo que este agir já é em si. O agir *é em si*: eis sua forma como unidade *pensada*; o agir é *efetivo*: – eis sua forma como *unidade essente*; o agir é *conteúdo* somente nessa determinação da simplicidade, em contraste com a determinação de seu trasladar-se e de seu movimento.

a – O REINO ANIMAL DO ESPÍRITO E A IMPOSTURA – OU A COISA MESMA

397 – [Diese an sich reale] Essa individualidade em si real é, primeiro, uma individualidade *singular* e *determinada.* A realidade absoluta, tal como a individualidade se sabe, é, portanto –, como ela se torna consciente disso –, a [realidade] *universal* e *abstrata,* sem implementação nem conteúdo; apenas o pensamento vazio dessa categoria. Vejamos como este conceito da individualidade em si mesma real se determina em seus momentos, e como lhe entra na consciência o conceito [que forma] dela mesma.

398 – [Der Begriff dieser] O conceito dessa individualidade – de que ela, como tal, é para si mesma toda a realidade – inicialmente é *resultado.* A individualidade ainda não apresentou seu movimento e realidade, e aqui é posta *imediatamente* como *simples ser-em-si.* Mas a negatividade, que é o mesmo que aparece como movimento, está no *simples Em-si* como *determinidade*; e o *ser,* ou o simples Em-si, torna-se uma determinada esfera [do *essente*]. A individualidade entra em cena, pois, como natureza originária determinada:

como natureza originária, porque *é em si*; como originariamente *determinada*, porque o negativo está no *Em-si*; o qual, portanto, é uma qualidade. Seja como for, essa limitação do ser *não* pode *limitar o agir* da consciência, porque essa é aqui um perfeito *relacionar-se-de-si-consigo-mesma*; está suprassumida a relação para com o Outro, que a limitaria. A determinidade originária da natureza é, pois, somente princípio simples - um elemento universal transparente, onde a individualidade não só permanece livre e igual a si mesma, como também aí desenvolve sem entraves as suas diferenças; e na efetivação delas é pura ação recíproca consigo mesma.

É semelhante à vida animal indeterminada que infunde seu sopro de vida ao elemento da água, do ar, ou da terra - e na terra ainda a outros princípios mais determinados - e imerge nesses princípios todos os seus momentos; mas apesar dessa limitação do elemento mantém-nos em seu poder e mantém-se na sua unidade, permanecendo a mesma vida animal universal enquanto esta organização particular.

399 – [Diese bestimmte] Essa *natureza* originária determinada da consciência, que nela é livre e permanece inteiramente, manifesta-se como o próprio *conteúdo* imediato e único do que é o fim para o indivíduo. De certo, o conteúdo é *determinado*, mas só é *conteúdo* em geral enquanto consideramos isoladamente o *ser-em-si*. Mas, na verdade, o conteúdo é a realidade penetrada pela individualidade: a efetividade tal como a consciência tem em si enquanto singular, e que de início é posta, *como essente*, e não ainda como agente.

Mas para o agir, de um lado, essa determinidade não constitui uma limitação que ele queira superar, porquanto tal determinidade, considerada como qualidade *essente*, é a simples cor do elemento onde se move. De outro lado, porém, a negatividade só é a *determinidade* no ser. Mas o *agir* mesmo não é outra coisa que a negatividade; assim, na individualidade agente, a determinidade se dissolve na negatividade, em geral; ou no conjunto de toda a determinidade.

400 – [Die einfache ursprüngliche] No *agir* e na consciência do agir, a natureza originária simples alcança agora aquela diferença que corresponde ao agir. *Primeiro*, o agir está presente como objeto, e justamente como *objeto* que ainda pertence à consciência, [ou seja], como *fim.* Desse modo se opõe a uma efetividade presente. O *segundo* momento é o *movimento* do fim, representado como em repouso, a efetivação como relação do fim para com a efetividade inteiramente formal, que assim é a representação da *passagem* mesma, ou o *meio.* O *terceiro* momento afinal é o objeto – quando não é mais fim de que o agente está imediatamente cônscio como *seu,* mas quando vai para fora do agente e é *para ele,* como um *Outro.*

No entanto, segundo o conceito dessa esfera, esses diversos aspectos agora devem ser estabelecidos de tal forma que neles o conteúdo permaneça o mesmo; sem que nenhuma diferença se introduza, nem entre a individualidade e o ser em geral, nem entre o *fim* e a *individualidade* como *natureza originária,* ou entre ele e a efetividade presente; nem tampouco entre o meio e a efetividade como *fim* absoluto; nem entre a *efetividade efetuada* e o fim ou a natureza originária, ou o meio.

401 – [Fürs erste also] De início, a natureza originariamente determinada da individualidade, sua essência imediata, não está ainda posta como agente, e assim chama-se faculdade *especial,* talento, caráter etc. Essa colocação característica do espírito deve ser considerada como o único conteúdo do próprio fim, e, com absoluta exclusividade, como a realidade. Quem se representasse a consciência como ultrapassando esse conteúdo, e querendo levar à efetividade um outro conteúdo, representar-se-ia a consciência como um *nada* labutando rumo *ao nada.*

Além disso, essa essência originária não é só o conteúdo do fim, mas também é em si, a *efetividade* que aliás se manifesta como matéria *dada* do agir, como efetividade *encontrada* que deve formar-se no agir. O agir, precisamente, é só o puro trasladar da forma do Ser ainda não representado à forma do Ser representado. O ser-em-si daquela efetividade, oposta à consciência, afundou na pura aparência vazia. Essa consciência quando se determina a agir não se deixa induzir em erro pela aparência da efetividade presente; e também deve concentrar-se no conteúdo originário de sua essência, em vez de embaraçar-se em pensamentos e fins vazios.

Sem dúvida, esse conteúdo originário só é para a consciência *quando essa o efetivou;* está descartada, porém, a diferença entre uma coisa que é *para a consciência só dentro de si* e uma efetividade em si *essente* que está fora dela. Só que, para que seja *para a consciência* o que é *em si*, deve agir: ou seja, o agir é precisamente o vir-a-ser do espírito *como consciência*. Assim, a partir de sua efetividade, sabe o que é *em si*. O indivíduo não pode saber o que *ele é* antes de se ter levado à efetividade através do agir.

Mas com isso parece não poder determinar o *fim* de seu agir antes de ter agido; mas, ao mesmo tempo, o indivíduo, enquanto consciência, deve ter antes à sua frente a ação como *inteiramente sua*, isto é, como *fim*. Assim o indivíduo que vai agir parece encontrar-se em um círculo onde cada momento já pressupõe o outro, e desse modo não pode encontrar nenhum começo. Com efeito, *só a partir da ação* aprende a conhecer sua essência originária que deve ser seu fim; mas para agir deve possuir *antes o fim*. Mas, por isso mesmo, tem de começar *imediatamente*, e sejam quais forem as circunstâncias; sem mais ponderações sobre o *começo*, o *meio*, e o *fim*, deve passar à atividade, pois sua essência e sua natureza *em-si-essente* são princípio, meio e fim: tudo em um só. Como *começo*, essa natureza está presente nas *circunstâncias* do agir, e o *interesse* que o indivíduo encontra em algo já é a resposta dada à questão: se há de agir, e o que fazer aqui. Pois o que parece uma efetividade que foi encontrada, é em si sua natureza originária, que tem somente a aparência de um *ser*: uma aparência que reside no conceito do agir que se fraciona, mas que se exprime como *sua* natureza originária no *interesse* que encontra nessa efetividade. Igualmente, o *como* ou os *meios* estão determinados, em si e para si. O *talento*, do mesmo modo, não é outra coisa que a individualidade originária determinada que se considera como *meio interior*, ou como *passagem* do fim à efetividade. Mas o meio *efetivo*, a passagem real, são a unidade do talento e da natureza da Coisa, presente no interesse. No meio, o talento representa o lado do agir; o interesse, o do conteúdo; ambos são a individualidade mesma, enquanto interpenetração do ser e do agir.

Assim, o que está presente são as *circunstâncias* encontradas, que *em si* constituem a natureza originária do indivíduo; em seguida, o interesse, que põe as [circunstâncias] como coisa *sua*, ou como *fim*; e, por último, a conjunção e a suprassunção dessa oposição no *meio*. Essa conjunção incide ainda no interior da consciência, e o todo que se acaba de considerar é um dos lados de uma oposição. Essa aparência de oposição, que ainda resta, é suprassumida através da própria *passagem*, ou do *meio*, por ser esse a *unidade* do exterior e do interior: o contrário da determinidade, que possui como meio *interior*. O meio suprassume, pois, essa determinidade e se põe a si mesmo - essa unidade do agir e do ser - igualmente como um *exterior*, como a individualidade mesma que-veio-a-ser efetiva; isto é: posta *para si mesma* como *essente*. Dessa maneira a ação em sua totalidade não sai fora de si mesma, nem como *circunstâncias*, nem como *fim*, nem como *meio*, nem como *obra*.

402 – [Mit dem Werke] No entanto, com a obra, parece introduzir-se a diferença das naturezas originárias; a obra é algo *determinado*, do mesmo modo que a natureza originária que ela exprime. Com efeito, ao ser deixado em liberdade pelo agir - como efetividade *essente* - a negatividade está na obra como qualidade. Mas, em confronto com ela, a consciência se determina como o que inclui em si a determinidade como negatividade em *geral*, como agir: a consciência é, portanto, o universal em contraste com aquela determinidade da obra.

Pode então *compará-la* com outras obras, e daí apreender as individualidades mesmas como *diferentes:* pode entender o indivíduo que abarca mais amplamente em sua obra, por ter mais forte energia na vontade ou possuir natureza mais rica, isto é, cuja determinidade originária é menos limitada. Inversamente, pode entender uma outra natureza como mais fraca e mais pobre.

403 – [Gegen diesen] Em contraste com essa diferença inessencial de *grandeza*, o *bem* e o *mal* exprimiriam uma diferença absoluta; mas aqui essa não encontra espaço. O que for tomado como bem ou como mal é igualmente um agir e empreender; um apresentar-se e exprimir-se de uma individualidade. Portanto, tudo é bom: não seria possível dizer com exatidão o que deveria ser o mal. O que se denominaria "uma obra má" é, de fato, a vida individual de determinada natureza que nela se efetiva; vida que seria rebaixada à obra má só através de um pensamento comparativo - aliás vazio, porque passa por cima da essência da obra, que consiste em ser um autoexprimir-se da individualidade; e porque busca na obra e dela exige ninguém sabe o quê.

O pensamento comparativo só poderia levar em conta a diferença acima exposta; mas essa, como diferença de grandeza, é, em si, diferença inessencial: especialmente aqui, porque diversas obras e individualidades seriam comparadas entre si. Ora, as individualidades são indiferentes umas às outras: cada uma só se refere a si mesma. Só a natureza originária é o *Em-si*, ou o que poderia pôr-se na base como padrão de medida para o julgamento sobre a obra e vice-versa. Mas as duas coisas se correspondem mutuamente: nada é para a individualidade que não seja *por meio* dela, ou seja, não há nenhuma *efetividade* que não seja sua natureza e seu agir; e nenhum agir, nem Em-si da individualidade, que não seja efetivo. Unicamente esses momentos devem ser comparados.

404 – [Es findet daher] Portanto, não tem cabimento em geral nem *exaltação*, nem *lamentação*, nem arrependimento. Coisas como essas procedem de um pensamento que imagina um outro *conteúdo* e um outro *Em-si*, diverso da natureza originária do indivíduo e de sua atualização que se dá na efetividade. Seja o que for que ele faça, ou que lhe aconteça, foi ele quem fez, e isto é ele: o indivíduo só pode ter a consciência do simples traslado de *si mesmo* da noite da possibilidade para o dia da presença; do *Em-si abstrato* para a significação do Ser *efetivo*. E pode ter esta certeza: o que vem a seu encontro na luz do dia é o mesmo que jazia adormecido na noite.

Decerto, a consciência dessa unidade é também uma comparação; mas o que se compara tem só a *aparência* de oposição: uma aparência de forma que não passa de aparência para a consciência-de-si da razão, [certa de] que a individualidade é nela a efetividade. Assim o indivíduo, porque sabe que em sua efetividade nada pode encontrar a não ser a unidade dela com o próprio indivíduo, ou somente a certeza de si mesmo em sua verdade; e porque desse modo alcança sempre o seu fim, *só sente em si alegria.*

405 – [Dies ist der Begriff] Este é o conceito que forma sobre si a consciência certa de si como absoluta interpenetração da individualidade e do ser. Vejamos se tal conceito se confirma na experiência, e se sua realidade lhe corresponde.

A obra é a realidade que a consciência se dá. Nela, o indivíduo é para a consciência o que é *em si*, de modo que a consciência *para a qual* ele vem-a-ser na obra não é a consciência particular, mas sim a *universal.* Na obra em geral, a consciência se transferiu para o elemento da universalidade: para o espaço, sem-determinidade, do ser. A consciência que se retira de sua obra é de fato a consciência universal – porque nessa oposição se torna a *negatividade absoluta,* ou o agir – em contraste com sua obra, que é *determinada.* A consciência, pois, se ultrapassa enquanto obra, e ela própria é o espaço sem-determinidade, que não se encontra preenchido por sua obra. Se antes sua unidade se mantinha no conceito, isso sucedia justamente porque a obra tinha sido suprassumida como obra *essente.* Mas a obra tem de *ser,* resta a examinar como no seu *ser* a individualidade manterá sua universalidade e saberá como satisfazer-se.

Antes de mais nada, há que considerar para si a obra que-veio-a-ser. Recebeu nela a natureza toda da individualidade; portanto, seu próprio *ser é* um agir em que todas as diferenças se interpenetram e dissolvem. A obra é assim lançada para fora em um *subsistir* no qual a *determinidade* da natureza originária se retorna contra as outras naturezas determinadas, nas quais interfere e que interferem nela; e nesse movimento universal se perde como momento evanescente.

No *âmbito do conceito* da "individualidade real em si e para si" são iguais entre si todos os momentos: circunstâncias, fim, meio e efetivação; e a natureza determinada originária só vale como elemento universal. Na *obra,* ao contrário – porque esse elemento universal se torna ser objetivo –, sua *determinidade* enquanto tal vem à luz do dia e é em sua dissolução que encontra sua verdade. Assim se apresenta essa dissolução, vista mais de perto: o indivíduo, como *este* indivíduo, veio-a-ser nessa determinidade efetivo para si; determinidade que não é só o conteúdo da efetividade, mas também sua forma. Ou seja, a efetividade como tal, em geral, é justamente essa determinidade, de ser oposta à consciência-de-si. Por esse lado se revela como uma *efetividade alheia* apenas *encontrada,* que desvaneceu do conceito.

A obra é: quer dizer, é para outras individualidades; é como uma efetividade que lhes é alheia. As outras individualidades devem pôr *sua* própria obra em lugar dela, para obterem a consciência de *sua* unidade com a efetividade, através do *seu* agir. Dito de outro modo: *seu* interesse por aquela obra, posta através de *sua* natureza originária, é outra coisa que o interesse *peculiar* dessa obra, que por isso se mudou em algo diverso. Em geral, a obra é assim algo de efêmero, que se extingue pelo contrajogo de outras forças e de outros interesses, e que representa a realidade da individualidade mais como evanescente do que como implementada.

406 – [Es entsteht den] Assim surge para a consciência, em sua obra, a oposição entre o agir e o ser: oposição que nas figuras anteriores da consciência era ao mesmo tempo o *começo* do agir, mas aqui é somente o *resultado*. De fato, porém, a oposição constituía igualmente o fundamento, quando a consciência como individualidade *em si* real passava a agir; porque era pressuposto do agir a *natureza originária determinada*, enquanto o *Em-si*; e o puro implementar pelo implementar a tinha por *conteúdo*. Ora, o puro agir é a forma *igual a si mesma*, à qual, portanto, a *determinidade* da natureza originária é desigual.

Nesse ponto como em outros, não importa qual dos termos se chama *conceito*, e qual se chama *realidade:* a natureza originária é o *pensado*, ou o *Em-si*, em contraste com o agir no qual tem primeiro a sua realidade. Ou seja: a natureza originária é o *ser*, quer da individualidade como tal quer da individualidade como obra; o agir, porém, é o *conceito* originário, como absoluta passagem ou como o *vir-a-ser*. A consciência experimenta em sua obra essa *inadequação* do conceito e da realidade que em sua essência reside; pois na obra a consciência vem-a-ser para si mesma tal como é em verdade, e desvanece o conceito vazio [que tinha] de si mesma.

407 – [In diesem Grundwiderspruche] Nessa contradição fundamental da obra - que é a verdade desta "individualidade real em si e para si" - emergem de novo todos os lados da individualidade como lados contraditórios; quer dizer, a obra, como conteúdo da individualidade toda, transferida do *agir* – que é a unidade negativa que mantém prisioneiros todos os momentos - para o ser, deixa agora livres estes momentos, que no elemento da subsistência se tornam indiferentes uns aos outros. Conceito e realidade separam-se, pois, como fim e como o que é *essencialidade originária*. É contingente que o fim tenha essência verdadeira, ou que o Em-si seja erigido em fim. Igualmente, conceito e realidade se dissociam um do outro como *passagem* à efetividade e como *fim*; ou seja, é contingente a escolha do *meio* que *exprime* o fim. E finalmente, o *agir* do indivíduo é ainda contingente com referência à efetividade em geral – tenham ou não em si uma unidade esses momentos interiores em conjunto. A *fortuna* decide tanto *por* um fim maldeterminado, e por um meio mal-escolhido, como decide *contra* eles.

408 – [Wenn nun hiermit] Surge agora para a consciência em sua obra a oposição entre o querer e o implementar, entre o fim e o meio, e também dessa interioridade em seu conjunto e da própria efetividade – que em geral recolhe *em si a contingência de seu* agir. No entanto, estão presentes também a *unidade* e a *necessidade* do agir: um lado atropela outro, e a *experiência* da *contingência do agir é* apenas uma *experiência contingente.*

A *necessidade* do agir consiste em que o *fim é* pura e simplesmente referido à *efetividade,* e essa unidade é o conceito do agir: age-se porque o agir é em si e para si mesmo a essência da efetividade. Decerto, na obra ressalta a contingência que tem o *Ser-implementado* em contraste com o *querer* e o *efetuar,* tal experiência, que parece valer como a verdade, contradiz aquele conceito da ação. Contudo, se consideramos o conteúdo dessa experiência em sua plenitude, tal conteúdo é a *obra evanescente.* O que se *mantém* não é o desvanecer, pois o desvanecer é por sua vez efetivo, vinculado à obra, e com ela também desvanece. O *negativo soçobra* com o *positivo,* do *qual é a negação.*

409 – [Dies Verschwinden] Esse desvanecer do desvanecer reside no conceito da mesma "individualidade em si real", pois aquilo onde a obra desvanece – ou que desvanece na obra – é a *efetividade objetiva* que devia proporcionar, à chamada experiência, sua supremacia sobre o conceito que a individualidade tem de si mesma. Mas a efetividade objetiva é um momento que na própria consciência não tem mais verdade em si: a verdade consiste somente na unidade da consciência com o agir, e a *obra verdadeira é* somente essa unidade do *agir* e do *ser,* do *querer* e do *implementar.*

Portanto, para a consciência, em virtude da certeza que está no fundamento do seu agir, a própria efetividade *oposta* a essa certeza é também algo que só é *para a consciência.* A oposição já não pode apresentar-se nessa forma de seu *Ser-para-si,* em contraste com a *efetividade,* para a consciência que a si retornou como consciência-de-si, pois para ela toda a oposição desvaneceu. No entanto, a oposição e a negatividade, que vêm à cena na obra, não afetam apenas o conteúdo da obra, *ou* ainda o conteúdo da consciência, mas a efetividade como tal; e com isso afetam a oposição presente só nessa efetividade e por meio dela, e o desvanecer da obra.

Assim a consciência reflete dessa maneira em si, a partir de sua obra efêmera, e afirma seu conceito e sua *certeza* como o *essente* e o *permanente* em contraste com a experiência da *contingência* do agir. Experimenta de fato seu conceito no qual a efetividade é só um momento: algo que é *para a consciência*, e não o em-si-e-para-si. Experimenta a efetividade como momento evanescente, que, portanto, só vale para a consciência como *ser* em geral, cuja universalidade é uma só e a mesma coisa com o agir.

Esta unidade é a obra verdadeira, e a obra verdadeira é a *Coisa mesma*, a qual pura e simplesmente se afirma e é experimentada como o que permanece, independente da Coisa que é a *contingência* do agir individual enquanto tal, das circunstâncias, do meio e da efetividade.

410 – [Die Sache selbst] A *Coisa mesma* só se opõe a esses momentos enquanto [se supõe que] devem ser válidos isoladamente, pois ela é essencialmente sua unidade, como interpenetração da efetividade e da individualidade. Sendo um agir - e como agir, *puro agir* em geral - é *também, por isso mesmo, agir deste indivíduo.* E sendo esse agir como ainda lhe pertencendo, em oposição à efetividade, [isto é] como *fim*, também é a passagem dessa determinidade à oposta: e, enfim, é uma *efetividade* que está presente *para a consciência.*

A *Coisa mesma* exprime, pois, a essencialidade *espiritual*, em que todos esses momentos estão suprassumidos como válidos para si; nela, portanto, só valem como universais. Ali, a certeza de si mesma é para a consciência uma essência objetiva - *uma Coisa*, objeto engendrado pela consciência-de-si como *seu*, mas que nem por isso (deixa de ser objeto livre e autêntico. A *coisa* [*Ding*] da certeza sensível da percepção tem agora, para a consciência-de-si, sua significação unicamente através dela: nisso reside a diferença entre uma coisa [*Ding*] e a Coisa [*Sache*]. Aqui se fará o percurso de um movimento correspondente ao da certeza sensível e da percepção.

411 – [In der Sache] Por conseguinte, na Coisa mesma, enquanto interpenetração que se tornou objetiva da individualidade e da objetividade mesma, veio a ser para a consciência-de-si seu verdadeiro conceito de si, ou chegou à consciência de sua substância ao mesmo tempo a consciência-de-si, como é aqui, é a consciência de uma substância; consciência que recém-veio a ser e, portanto, é imediata.

Essa é a maneira determinada como a essência espiritual aqui se faz presente, sem ter ainda completado seu desenvolvimento de substância verdadeiramente real. A *Coisa mesma* nessa consciência imediata da substância possui a forma de *essência simples,* que como universal contém em si seus diferentes momentos, aos quais pertence; mas também é de novo indiferente para com eles, enquanto momentos determinados; é livre para si e vale com esta Coisa mesma *simples e abstrata: vale como a essência.*

Os diferentes momentos da determinidade originária ou da *Coisa deste* indivíduo, de seu fim, dos meios, do próprio agir e da efetividade – são para essa consciência momentos singulares os quais pode deixar de lado e abandonar pela *Coisa mesma*; mas de outro lado, todos só têm por essência a Coisa mesma de modo que se encontre *em* cada um deles, como universal *abstrato, e* possa ser seu *predicado.* Ela mesma ainda não é o sujeito, pois como sujeito valem aqueles momentos por se situarem do lado da *singularidade* em geral, enquanto a Coisa mesma é por ora apenas o simplesmente Universal. Ela é o *gênero* que se encontra em todos esses momentos como em suas *espécies* e é também livre em relação a eles.

412 – [Das Bewusstsein] Chama-se consciência *honesta* a que chegou a esse idealismo que a *Coisa mesma* exprime e que de outra parte possui nela o verdadeiro como essa universalidade formal. A consciência honesta tem de agir na Coisa mesma, sempre e exclusivamente; por isso se atarefa nos diferentes momentos ou espécies dela. Quando não a alcança em alguns de seus momentos ou de seus significados, então por isso mesmo dela se apossa em outro, de forma que sempre obtém de fato essa satisfação que segundo seu conceito lhe pertence. Haja o que houver, a consciência honesta vai sempre implementar e atingir a *Coisa mesma,* já que é o predicado de todos esses momentos como este gênero *universal.*

413 – [Bringt es einen] Se a consciência não leva um *fim* à *efetividade,* pelo menos o *quis*; isto é: faz de conta que o *fim* como fim, o *puro agir* que nada opera, são a *Coisa mesma*. Pode dizer assim, para se consolar, que sempre alguma coisa foi *feita* ou *posta em movimento*. Porquanto, o próprio universal contém subsumidos o negativo ou o desvanecer, também é ainda um agir *seu* que a obra se aniquile: ela solicitou os outros a isso, e ainda encontra satisfação no *desvanecer* de sua efetividade. É como meninos maus, que recebendo uma palmada se alegram a *si mesmos*, por terem sido precisamente a causa do castigo.

Caso a consciência honesta *não tenha sequer tentado, e nada feito* em absoluto para executar a Coisa mesma - é que não teve *possibilidade* de fazê-lo. A *Coisa mesma é* para ela, justamente, a *unidade* de sua *decisão* e da *realidade:* a consciência afirma que a efetividade não seria outra coisa senão *o que lhe é possível*. Finalmente, se em geral algo interessante se fez sem seu concurso, então essa *efetividade* para ela é a Coisa mesma, justamente pelo interesse que ali encontra, embora não a tenha produzido. Se é uma sorte que lhe acontece pessoalmente, a ela se apega, como se fosse *ação* e *mérito* seus. Então, se é um acontecimento mundial, com o qual não tem nada que ver, também o faz seu; e um *interesse ineficaz* vale como *partido* que tomou pró ou contra, que *combateu* ou *apoiou*.

414 – [Die Ehrlichkeit] De fato, a honestidade dessa consciência, bem como a satisfação que goza de toda maneira, consistem manifestamente em não *trazer para um confronto* seus pensamentos que tem sobre a Coisa mesma. Para ela, a *Coisa mesma é* tanto Coisa *sua* como absolutamente *obra nenhuma*; ou seja, é o *puro agir*, ou o *fim vazio*, ou ainda, uma *efetividade desativada*. Faz sujeito desse predicado uma significação depois da outra, e as esquece sucessivamente. Agora, no simples *ter querido* ou, ainda, *não ter-podido*, a Coisa mesma tem a significação de *fim vazio*, e de unidade *pensada* do querer e do implementar.

O consolo pelo fracasso do fim, pois pelo menos *foi querido*, pelo menos foi *puramente agido* – como também a satisfação de ter dado aos outros algo para fazerem, fazem do *puro agir* ou de uma obra totalmente má, a essência: porque se deve chamar uma obra má a que não é absolutamente nenhuma. Afinal, se num golpe de sorte a consciência honesta se *encontra* com a efetividade, toma esse ser sem ação pela Coisa mesma.

415 – [Die Wahrheit] Porém, a verdade dessa honestidade é não ser tão honesta como parece. Com efeito, não pode ser tão carente-de-pensamento a ponto de deixar caírem fora um do outro esses momentos diversos; mas deve ter a consciência imediata de sua oposição, já que se referem pura e simplesmente um ao outro.

O *puro* agir é essencialmente o agir *deste* indivíduo, e esse agir também essencialmente uma *efetividade* ou uma Coisa. Inversamente, a *efetividade* só é essencialmente como agir *seu*, tanto como *agir em geral*, e seu agir é ao mesmo tempo, só como agir em geral, e assim é também efetividade. Quando, pois, parece ao indivíduo que só lida com a *Coisa mesma* como *efetividade abstrata*, acontece que também está lidando com ela como agir *seu*. Mas igualmente, quando o indivíduo quer lidar exclusivamente com o *agir* e o *atarefar-se*, não está tomando isso a sério, mas de fato lida com *uma Coisa* e com a Coisa como *a sua*. Quando enfim parece querer só a *sua* Coisa e o *seu* agir, novamente está lidando com a *Coisa em geral* ou com a efetividade permanente em si e para si.

416 – [Wie die Sache] A Coisa mesma e seus momentos aqui aparecem como *conteúdo*; mas também, com igual necessidade, estão [presentes] na consciência *como formas*. Surgem como conteúdo apenas para desvanecer e cada um cede o lugar a outro. Devem, pois, estar presentes na determinidade de *suprassumidos*; aliás, assim são aspectos da própria consciência. A *Coisa mesma* está presente como o *Em-si* ou como *reflexão* da consciência *em si* mesma; porém, a *suplantação* dos momentos, uns pelos outros, assim se expressa na consciência: nela os momentos não são postos em si, mas somente para um *Outro*.

Um dos momentos do conteúdo é trazido pela consciência à luz, e *apresentado aos outros*; mas a consciência, ao mesmo tempo, reflete fora dele sobre si mesma, e o oposto também está presente nela: a consciência o retém para si como o seu. Ao mesmo tempo, não há um desses momentos que *apenas* se limite a projetar-se para o exterior, enquanto o outro ficaria retido só no interior; mas a consciência os alterna porque ora de um ora de outro momento, deve fazer o essencial para si e para os outros.

O *todo é* interpenetração semovente da individualidade e do universal; mas como este todo está presente para a consciência só como essência *simples*, e assim, como abstração *da Coisa mesma*, os momentos do todo caem fora da Coisa e fora um do outro; como momentos dissociados. O *todo como tal só* será apresentado exaustivamente por meio da alternância dissociadora do projetar-para-fora e do guardar-para-si. E porque nessa alternância a consciência tem um momento para si - como um momento essencial em sua reflexão -, mas tem outro momento que é só exteriormente, *nela e* para os *outros*; - por isso surge um jogo de individualidades, uma com a outra, jogo em que se enganam e se encontram enganadas umas pelas outras, como se enganam a si mesmas.

417 - [Eine Individualität] A individualidade, pois, parte para executar algo: parece assim ter convertido algo *em Coisa*. Age a individualidade, e no agir vem-a-ser para outros, e lhe parece que está lidando com a *efetividade*. Então os outros tomam o agir daquela individualidade como um interesse pela Coisa enquanto tal, e em vista do fim de que a *Coisa seja em si implementada*, não importa se pela primeira individualidade ou por eles. Assim, quando mostram esta Coisa já por eles efetuada ou, quando não, lhe oferecem e prestam ajuda, eis que aquela consciência já saiu do ponto onde pensam que está. O que lhe interessa na Coisa *é seu* agir e atarefar-se; e quando os outros se dão conta que era isso a *Coisa mesma*, se sentem também ludibriados. Mas, de fato, sua precipitação mesma em vir ajudar não era outra coisa que a vontade de ver e de mostrar o *seu* agir, e a *Coisa mesma*. Isto é: queriam enganar os outros, do mesmo modo como lamentam ter sido enganados.

Como agora se patenteou que o *próprio agir* e *atarefar-se* - o jogo de *suas forças* - valem pela Coisa mesma, a consciência parece pôr sua essência em movimento, *para si* e não para os outros - apenas preocupada com o agir como o *seu* e não como um agir dos outros; por isso deixa os outros em paz na Coisa *deles*. Só que eles se enganam mais uma vez: a consciência já está fora de onde eles pensam que está. Já não se ocupa da Coisa como *desta sua Coisa singular*, mas dela se ocupa como *Coisa*, como universal que é para todos. Intromete-se então no agir e na obra deles; e, se já não pode tomar-lhes das mãos, ao menos se interessa por isso, ocupando-se em proferir julgamentos. Imprime na obra dos outros a marca de sua aprovação e de seu louvor, pois, no seu entender, não está louvando somente a obra mesma, mas também *sua própria* magnanimidade e moderação – em não ter danificado a obra como obra, nem sequer com suas críticas.

Quando demonstra interesse pela *obra, é a si mesma* que nela se deleita. Também a *obra* por ela criticada é bem-vinda, justamente por esse desfrute de *seu próprio* agir que proporciona à consciência. Mas os que se sentem – ou se mostram – ludibriados por essa intromissão, o que queriam era enganar de igual maneira. Fazem de conta que seu agir e afã é algo só para eles, onde somente têm por fim a *si* e a sua *própria essência.* Só que, enquanto algo fazem, e com isso se expõem e mostram à luz do dia, contradizem imediatamente por seu ato a pretensão de excluir a própria luz do dia, a consciência universal e a participação de todos. A efetivação é, antes, uma exposição do Seu no elemento universal, onde vem-a-ser – e tem de vir-a-ser – a *Coisa* de todos.

418 – [Es ist also] É também um engano de si mesmo e dos outros [supor] que se lida só com a *pura Coisa.* Uma consciência que descobre uma Coisa, faz, antes, a experiência de que os outros vêm voando como moscas para o leite fresco posto à mesa; querem ver-se mexendo nele. Mas também, por seu lado, experimentam nessa consciência que ela não trata a Coisa como objeto, e sim como algo *seu.* Ao contrário, se o que deve ser essencial é só o *agir mesmo,* o uso das forças e capacidades, ou o exprimir-se desta individualidade – então ambos os lados fazem a experiência de que *todos* se agitam e se têm por convidados. Em lugar do *puro* agir ou de um agir *singular* e característico, se oferece algo que é igualmente *para outros,* ou *uma Coisa mesma.* Nos dois casos sucede o mesmo, e só tem significação diferente e contraste com o que era aceito e devia valer.

A consciência experimenta os dois lados como momentos igualmente essenciais, e aí [também experimenta] o que é a *natureza da Coisa mesma.*

A Coisa mesma não é somente uma Coisa oposta ao agir em geral e ao agir singular; nem um agir que se opusesse à subsistência e que fosse o gênero livre de seus momentos – que constituiriam as suas *espécies.* A Coisa mesma é uma *essência* cujo *ser é* o *agir* do indivíduo *singular* e de todos os indivíduos e cujo agir é imediatamente *para outros,* ou uma *Coisa*; e que só é Coisa como *agir* de *todos e de cada um.* É a essência que é a essência de todas as essências: a *essência espiritual.*

A consciência experimenta que nenhum daqueles momentos é *sujeito*; mas que, ao contrário, se dissolve na *Coisa mesma universal.* Os momentos da individualidade, que para essa consciência carente-de-pensamento valiam sucessivamente como sujeito, se agrupam na individualidade simples, que, sendo *esta*, é ao mesmo tempo imediatamente universal. A Coisa mesma perde, assim, a condição de predicado e a determinidade de universal abstrato e sem-vida; ela é, antes, a substância impregnada pela individualidade; o sujeito, em que a individualidade está tanto como ela mesma, ou como *esta*, quanto como de *todos* os indivíduos; o universal, que só é um *ser* como este agir de todos e de cada um; uma efetividade, porque *esta* consciência a sabe como sua efetividade singular e como efetividade de todos.

A pura *Coisa mesma* é o que acima se determinava como *categoria:* o ser que é Eu, ou o Eu que é ser, mas como *pensar* que ainda se distingue da *consciência-de-si efetiva.* Porém, os momentos da consciência-de-si efetiva - enquanto os denominamos conteúdo, fim, agir e efetividade seus - ou os chamamos sua forma e ser-para-si e ser para outro - põem-se aqui como um só com a própria categoria simples; que é, portanto, ao mesmo tempo, todo conteúdo.

b - A RAZÃO LEGISLADORA

419 - [Das geistige Wesen] A essência espiritual no seu ser simples é *pura consciência e esta* consciência-de-si. A natureza originariamente *determinada* do indivíduo perdeu seu significado positivo, de ser *em-si* o elemento e o fim de sua atividade: é apenas um momento suprassumido, e o indivíduo é um *Si*, como Si universal. Inversamente, a *Coisa mesma formal* tem sua implementação na individualidade agente que se diferencia em si mesma, pois suas diferenças constituem o *conteúdo* daquele universal. A categoria é em *si*, como o universal da *pura consciência.* É também *para si*, pois o *Si* da consciência é também um momento seu. A categoria é o *ser* absoluto, porquanto aquela universalidade é a simples *igualdade-consigo-mesmo do ser.*

420 – [Was also dem] Assim, o que é objeto para a consciência tem a significação de ser o *verdadeiro.* O *verdadeiro é e vale* no sentido de *ser, e* de *valer em si* e *para si mesmo:* é a *Coisa absoluta* que já não sofre a oposição entre a certeza e a verdade, entre o universal e o singular, entre o fim e sua realidade. Ao contrário; seu ser-aí é a *efetividade* e o *agir* da consciência-de-si; essa Coisa é, portanto, a *substância ética,* e sua consciência, consciência *ética.*

Seu objeto vale também para ela como o *verdadeiro,* porque reúne a consciência-de-si e o ser em uma unidade. Vale como o *absoluto,* pois a consciência-de-si não pode nem quer mais ultrapassar este objeto, porque ali está junto a si mesma: não *pode,* porque ele é todo o seu ser e todo o seu poder; não *quer,* porque ele é o Si ou o querer desse Si. É o objeto *real* nele mesmo como objeto, por ter nele a diferença da consciência. Divide-se em "massas" que são as *leis determinadas* da essência absoluta. Porém, são massas que não ofuscam o conceito, pois nele permanecem incluídos os momentos do ser e da pura consciência e do Si – uma unidade que constitui a essência dessas "massas", e que nessa diferença faz que os momentos não se separem mais um do outro.

421 – [Diese Gesetze] Essas leis ou massas da substância ética são imediatamente reconhecidas. Não é possível indagar sobre sua origem e justificação, nem ir à busca de um Outro: pois um outro que a essência *em si e para si essente,* seria somente a própria consciência-de-si. Mas a consciência-de-si não é outra coisa que essa essência, pois ela mesma é o ser-para-si dessa essência, a qual por isso mesmo é a verdade, por ser tanto o *Si* da consciência quanto seu *Em-si,* ou pura consciência.

422 – [Indem das] Enquanto a consciência-de-si se sabe como momento do *ser-para-si* dessa substância, então exprime nela o ser-aí da lei, de tal forma que a *sã razão* sabe imediatamente o que *é justo e bom.* Tão *imediatamente* ela o *sabe,* como imediatamente para ela também é *válido,* e imediatamente diz: isto *é* justo e bom. E diz precisamente: *isto,* pois, são leis *determinadas*; é a Coisa mesma implementada, cheia de conteúdo.

423 – [Was sich so] O que assim imediatamente se dá, deve também ser imediatamente aceito e considerado. Há que ver como estão constituídos na *certeza* ética imediata, o ser que ela exprime, ou as "massas" imediatamente *essentes* da essência ética - como na certeza sensível [se tinha que ver] o que ela enunciava imediatamente como *essente.*

Os exemplos de algumas dessas leis vão demonstrar isso; enquanto nós as tomamos na forma de máximas da sã razão *que sabe,* não há por que aduzir logo no início o momento que deve nelas valer, quando consideradas como leis éticas *imediatas.*

424 - [Jeder soll die] "Cada um deve falar a verdade". Nesse dever que se enuncia como incondicionado vai-se logo admitir a condição: "*se* souber a verdade". O mandamento, pois, será agora assim enunciado: *Cada um deve falar a verdade, sempre segundo seu conhecimento e convicção* a respeito dela. A sã razão, justamente essa consciência ética que sabe imediatamente o que é justo e bom, explicará também que essa condição já estava de tal modo unida à sua máxima universal que ela sempre assim *entendeu* aquele mandamento. Mas dessa maneira admite que, de fato, ao enunciar a máxima já a infringe, imediatamente. *Dizia:* "cada um deve falar a verdade"; mas entendia: "de acordo com seu conhecimento e convicção sobre ela". Isto é, *falava uma coisa e entendia outra*; ora, falar diversamente do que se entende, significa não falar a verdade. Uma vez corrigida a inverdade ou a inabilidade, a máxima agora assim se exprime: "*Cada um deve falar a verdade conforme o conhecimento e a convicção que dela tenha em cada caso*". Mas, com isso, *a necessidade universal,* o válido *em si* que a máxima queria enunciar, se inverte antes numa completa *contingência.*

Com efeito: que a verdade deva ser dita, depende de uma contingência: se é que eu conheço; se é que estou convencido a respeito. [Assim] não se enuncia nada mais do que isto: que se deve dizer o verdadeiro e o falso misturados, conforme suceda que alguém os conheça, entenda ou conceba. Essa *contingência do conteúdo* tem a *universalidade* só na *forma de uma proposição* sob a qual se expressa; porém, como máxima ética promete um *conteúdo* universal e necessário e assim contradiz a si mesma pela contingência do conteúdo. Finalmente, se a máxima for corrigida [dizendo] que se deve evitar a contingência do conhecimento e da convicção acerca da verdade, e que a verdade *deve* também ser *conhecida* – isso seria um mandamento que contradiz frontalmente o ponto de partida. Primeiro, a sã razão devia ter *imediatamente* a capacidade de enunciar a verdade; mas agora se diz que *devia* sabê-la. Quer dizer: a sã razão não sabe exprimi-la imediatamente.

Considerando do lado do *conteúdo*, esse então é descartado na exigência de que se deve conhecer a verdade, posto que tal exigência se refere ao *saber em geral:* "deve-se saber". Portanto, o que é exigido é algo que está, antes, livre de todo conteúdo determinado. Ora, o que estava em questão aqui era um conteúdo *determinado, uma diferença* na substância ética. Só que essa determinação *imediata* da substância ética é um conteúdo que se manifesta como uma completa contingência; e ao ser elevado à universalidade e à necessidade - de modo que o *saber* seja enunciado como lei - antes desvanece.

425 - [Ein anderes berühmtes] Outro mandamento famoso é: "*Ama o próximo como a ti mesmo*". É dirigido ao indivíduo em relação aos indivíduos; a relação é *afirmada como do singular* para com o *singular*, ou como uma relação de sentimento. O amor ativo - pois o inativo não tem ser nenhum e, portanto, não está em questão - visa afastar o mal de um homem e lhe *trazer o* bem. Para esse efeito é preciso distinguir o que é o mal para o homem, e qual é o bem apropriado contra esse mal; e em geral, o que é seu bem-estar. Quer dizer: devo amar o próximo com *inteligência*; um amor ininteligente talvez lhe faria mais dano que o ódio.

Mas o bem-estar essencial e inteligente é, em sua figura mais rica e mais importante, o agir inteligente universal do Estado. Comparado com esse agir, o agir do indivíduo como indivíduo é, em geral, algo tão insignificante que quase não vale a pena falar dele. Aliás, aquele agir é de tão grande potência que se o agir singular se lhe quisesse opor - ou ser exclusivamente para si no delito, ou então por amor a outrem - defraudando o universal quanto ao direito e à parte que lhe cabe no singular, isso seria totalmente inútil e irresistivelmente destruído.

Resta ao bem-fazer, que é sentimento, apenas a significação de um agir inteiramente singular: uma assistência que é tão contingente quanto momentânea. O acaso não só determina a ocasião da obra, mas determina também se é uma *obra* em geral, se ela não volta a dissolver-se logo, e mesmo a converter-se em mal. Assim, esse agir em benefício dos outros, que se enuncia como *necessário*, é de tal modo constituído que talvez possa existir, talvez não; e que, se a ocasião se *oferece* fortuitamente, pode ser uma obra, talvez boa, talvez não.

Com isso essa lei tem um conteúdo tão pouco universal quanto a primeira já analisada, e não exprime algo *em si e para si* – como deveria, enquanto lei ética absoluta. Vale dizer: tais leis ficam somente no *dever-ser*, mas não têm nenhuma *efetividade:* não são *leis*, mas apenas *mandamentos.*

426 – [Es erhellt] De fato, porém, fica evidente, pela natureza da Coisa mesma, que é preciso renunciar a um *conteúdo* absoluto universal, por ser *inadequada* à substância simples – e esta é sua essência: ser simples – qualquer *determinidade* que nela se ponha. O mandamento em sua "absoluteza" simples exprime um *ser ético imediato.* A diferença que nele se mostra é uma determinidade e, portanto, um conteúdo que se encontra *sob* a absoluta universalidade desse ser simples.

Já que se deve renunciar assim a um conteúdo absoluto, somente pode convir ao mandamento a *universalidade formal*, isto é, que não se contradiga; pois a universalidade sem-conteúdo é a *universalidade formal, e* um conteúdo absoluto significa, por sua vez, uma diferença que não é nenhuma, ou seja: a carência-de-conteúdo.

427 – [Was dem Gesetzgeben] O que resta à razão legisladora, portanto, é a *pura forma da universalidade*, ou, de fato, a *tautologia* da consciência que se opõe ao conteúdo, e que não é um *saber* do *conteúdo essente* ou autêntico, mas um saber da *essência* – ou da igualdade-consigo-mesmo do conteúdo.

428 – [Das sittliche Wesen] A essência ética, portanto, não é um conteúdo – ela mesma e imediatamente –, mas apenas um padrão de medida para estabelecer se um conteúdo é capaz de ser lei ou não, na medida em que não se contradiz a si mesmo. A razão legisladora é rebaixada à razão *examinadora.*

c – A RAZÃO EXAMINANDO AS LEIS

429 – [Ein Unterschied] Uma diferença na substância ética simples é, para ela, uma contingência, que vimos no mandamento determinado produzir-se como contingência do saber, da efetividade e do agir. A *comparação* entre esse ser simples e a determinidade que não lhe correspondia era em nós que se dava. A substância simples aí se mostrou universalidade formal ou pura *consciência,* a qual, livre de conteúdo, a ele se opõe; e que é um *saber* sobre ele como conteúdo determinado. Dessa maneira, a determinidade fica sendo o que era a *Coisa mesma.* Porém, na consciência, ela é um Outro; isto é: não é mais o gênero inerte e carente-de-pensamento, mas se refere ao particular, e vale como sua potência e sua verdade.

Essa consciência parece ser, de início, o mesmo examinar que antes éramos nós. Seu agir, parece, não pode ser outro que o já acontecido: uma comparação do universal com o determinado, donde resultaria, como antes, sua inadequação. Mas a relação do conteúdo para com o universal aqui é diversa; pois o universal adquiriu outra significação - a de universalidade *formal.* O conteúdo determinado é capaz dessa universalidade porque nela vem-a-ser considerado só em relação a si mesmo.

No nosso examinar, a compacta substância universal estava frente à determinidade que se desenvolvia como contingência da consciência na qual a substância entrava. Aqui desvaneceu um dos membros da comparação: o universal já não é a substância *essente* e *válida,* ou o justo em si e para si; mas é o simples saber ou forma que compara um conteúdo somente consigo mesmo e o observa, [a ver] se é uma tautologia.

As leis não são mais dadas, e sim *examinadas.* E as leis *já* foram dadas, para a consciência examinadora, que acolhe seu *conteúdo* simplesmente como é, sem entrar na consideração da singularidade e da contingência que aderiam à sua efetividade, como aliás fizemos nós. A consciência examinadora fica no mandamento como mandamento, e procede com respeito a ele de modo igualmente simples, como é simples seu padrão de medida.

430 – [Dies Prüfen reicht] Mas por essa razão é que o examinar não vai longe, porque justamente o padrão de medida é a tautologia: indiferente ao conteúdo, acolhe em si tanto este conteúdo quanto o oposto.

Suponhamos esta questão: Em si e para si deve ser lei que haja *propriedade*; *em si e para si,* não por sua utilidade para outros fins. A essencialidade ética consiste precisamente nisto: que a lei seja igual só a si mesma, e que, mediante essa igualdade consigo, seja, portanto, fundada na sua própria essência; não seja algo condicionado. A propriedade em si e para si não se contradiz; é uma determinidade *isolada*, ou posta [como] igual só a si mesma. A não propriedade, as coisas sem dono, ou a comunhão de bens também não se contradizem. É uma *determinidade simples* – um *pensamento formal* como o seu conteúdo, a propriedade - que algo a ninguém pertença; ou esteja à disposição de quem primeiro se apossar dele; ou pertença a todos em conjunto ou a cada um segundo as próprias necessidades ou em partes iguais.

Sem dúvida, se a coisa sem dono vem a ser considerada como um *objeto necessário da necessidade*, então é necessário que se torne a posse de um singular qualquer; e seria contraditório erigir, antes, em lei a liberdade da coisa. Mas por falta-de-dono da coisa não se entende uma absoluta falta-de-dono mas sim que a coisa deve *aceder à posse* de acordo com a *necessidade* do singular; não para ficar guardada, de certo, mas para ser imediatamente usada.

Entretanto, prover à necessidade única e exclusivamente segundo a contingência, contradiz a natureza da essência consciente - a única de que se fala aqui. Pois a essência consciente deve representar-se sua necessidade sob a forma da *universalidade:* prover a sua existência toda, e se proporcionar um bem permanente. Assim, pois, não está em consonância consigo mesmo o pensamento de que uma coisa se torna casualmente posse da primeira pessoa viva que se apresente, de acordo com suas necessidades.

Na comunidade de bens (onde se proveria as necessidades de maneira universal e constante), ou cada um participa dos bens *quanto precisar*, e assim se contradizem mutuamente essa desigualdade e a essência da consciência cujo princípio é a *igualdade* dos indivíduos singulares; ou então a partilha *igual* se faria conforme o último princípio, e assim a cota de participação não tem relação com a necessidade; relação, aliás, que só é o seu conceito.

431 – [Allein wenn] Mas, se desta maneira a não propriedade se mostra contraditória, isso só acontece por não ter sido deixada como determinidade *simples*. Dá-se o mesmo com a propriedade quando dissolvida em momentos. A coisa singular, que é propriedade minha, vale por isso como algo *universal, consolidado, permanente.* Ora, isto contradiz sua natureza, que consiste em ser utilizada e em *desvanecer.* Ao mesmo tempo vale como o *Meu:* todos os outros o reconhecem e dele se excluem.

Mas, em ser eu reconhecido reside, antes, minha igualdade com os outros, que é o contrário da exclusão. O que possuo é uma *coisa,* isto é, um ser para outros em geral, totalmente universal e sem a determinidade de ser só para mim; que *Eu* a possua, contradiz a sua coisidade universal. Portanto, propriedade se contradiz por todos os lados, tal como não propriedade: cada uma tem em si esses momentos da singularidade e da universalidade, que são opostos e se contradizem.

No entanto, cada uma dessas determinidades representadas como *simples,* como propriedade e não propriedade, sem ulterior desenvolvimento, é uma determinidade tão *simples* quanto a outra; quer dizer, não contraditória.

O padrão de medida da lei, que a razão tem em si mesma, se ajusta igualmente bem a tudo, e assim, de fato, não é um padrão de medida. Seria aliás estranho se a tautologia, o princípio de contradição - que é reconhecido só como princípio formal no conhecimento da verdade teórica, isto é, como algo de todo indiferente à verdade e à inverdade - *devesse ser mais* para o conhecimento da *verdade* prática.

432 - [In den beiden] Nos dois momentos, até agora considerados, da implementação da essência espiritual antes vazia, se suprassumiu o pôr de determinidades imediatas na substância ética, e em seguida o saber a seu respeito, [examinando] se são leis. O resultado disso parece ser o seguinte: não têm cabimento nem leis determinadas, nem um saber dessas leis. Só a substância é a *consciência* de si mesma como *essencialidade* absoluta, a qual, portanto, não pode abdicar nem da *diferença* nela [presente], nem do *saber* a seu respeito. Se o legislar e o examinar-leis demonstraram não serem nada, isto significa que ambos, tomados singular e isoladamente, são *momentos* precários da consciência ética. O movimento, em que surgem, tem o sentido formal de que a substância ética, através desse movimento, se apresenta como consciência.

433 – [Insofern diese] Podem-se considerar esses dois momentos como formas da *honestidade*, enquanto determinações mais precisas da consciência da *Coisa mesma*. A honestidade que em outros casos se ocupava com seus momentos formais, aqui lida com um conteúdo *de-dever-ser* – o conteúdo do bem e do justo – e com o examinar de tal verdade sólida, entendendo possuir na sã razão e no discernimento inteligente o que faz a força e a validez desses mandamentos.

434 – [Ohne diese Ehrlichkeit] Sem esta honestidade, porém, as leis não valem como *essência* da *consciência*; nem vale tampouco o exame das leis como um agir *de dentro* da consciência. No entanto, esses momentos, ao surgirem cada um para si, *imediatamente* como uma *efetividade*, um deles exprime um pôr e um ser, sem validez, de leis efetivas; e o outro exprime uma libertação dessas leis que também não é válida. Como lei determinada, a lei tem um conteúdo contingente; o que tem aqui a significação de ser lei de uma consciência singular com um conteúdo arbitrário. Esse legislar imediato é também a insolência tirânica que faz do arbítrio a lei, e faz da eticidade a obediência ao arbítrio: obediência a leis que são *somente* "leis", mas que não são, ao mesmo tempo, *mandamentos*. Do mesmo modo, o segundo momento, enquanto isolado, significa o examinar das leis, o mover do inabalável e a temeridade do saber que à força de raciocínios se liberta das leis absolutas e as toma por um arbítrio estranho ao saber.

435 – [In beiden Formen] Nas duas formas, esses momentos são uma atitude negativa para com a substância, ou para com a real essência espiritual. Ou seja: neles não tem a substância ainda sua realidade, mas a consciência ainda a contém sob a forma de sua própria imediatez. A substância é apenas um *querer* e um *saber* deste indivíduo e o *dever* de um mandamento sem efetividade e de um saber da universalidade formal. Mas quando esses modos se suprassumem, a consciência retornou ao universal e aquelas oposições desvaneceram. A essência espiritual é, pois, substância efetiva, porque esses modos não valem como singulares, mas somente como suprassumidos; e a unidade, onde são momentos apenas, é o Si da consciência, que posta de agora em diante na essência espiritual faz com que esta seja efetiva, plena e consciente-de-si.

436 – [Das geistige Wesen] Por isso, a essência espiritual, em primeiro lugar, é para a consciência como lei *em si essente*: foi suprassumida a universalidade do examinar, que era formal, não *em si essente*. Em segundo lugar, é uma lei eterna, que não tem seu fundamento na *vontade deste indivíduo*, mas que é em si e para si; a absoluta *vontade pura de todos*, que tem a forma do *ser* imediato. Não é tampouco um *mandamento* que só *deva* ser, mas que é e vale; é o Eu universal da categoria, que é imediatamente a efetividade e o mundo é somente essa efetividade.

Mas porque essa lei *essente* vale pura e simplesmente, a obediência da consciência-de-si não é serviço a um senhor, cujas ordens fossem um arbítrio, e nelas a consciência não se reconhece. Ao contrário: as leis são pensamentos de sua própria consciência absoluta, que ela mesma *tem* imediatamente. Não é que *creia* nelas, pois a fé contempla também a essência, mas uma essência estranha.

A consciência-de-si ética faz *imediatamente* um só com a essência por meio da *universalidade* do seu Si; a fé, ao contrário, principia de uma consciência *singular*, é o movimento dessa consciência tendendo sempre rumo a essa unidade, sem atingir a presença de sua essência. A consciência ética, ao contrário, se suprassumiu enquanto singular, levou a cabo essa mediação; e somente porque a levou a cabo, é consciência-de-si imediata da substância ética.

437 – [Der Unterschied des] A diferença entre a consciência-de-si e a essência é, assim, perfeitamente transparente. Por isso, as *diferenças na essência* não são determinidades contingentes. Ao contrário: por causa da unidade da essência e da consciência-de-si – da qual somente poderia vir a desigualdade – elas são as "massas" em que se articula a unidade, impregnando-as de sua própria vida: espíritos inconsúteis, e a si mesmos claros, figuras celestes sem mácula que conservam em suas diferenças a inocência intacta e a harmonia de sua essência.

A consciência-de-si é igualmente *relação* simples e clara com essas leis. Elas *são*, e nada mais: é o que constitui a consciência de sua relação. Para a *Antígona* de Sófocles, valem como direito divino *não escrito e infalível*.

> "Não é de hoje, nem de ontem, mas de sempre
> Que vive esse direito e ninguém sabe
> Quando foi que surgiu e apareceu"*.

* Sófocles, Antígona, versos 456-457.

As leis *são.* Se indago seu nascimento, e as limito ao ponto de sua origem, já passei além delas: pois então sou eu o universal, e elas, o condicionado e o limitado. Se devem legitimar-se dos olhos de minha inteligência, já pus em movimento seu ser-em-si, inabalável, e as considero como algo que para mim talvez seja verdadeiro, talvez não seja. Ora, a disposição ética consiste precisamente em ater-se firmemente ao que é justo, e em abster-se de tudo o que possa mover, abalar e desviar o justo.

Se um depósito for feito a meus cuidados, *é* propriedade de outrem, e eu o reconheço, *porque assim é,* e me mantenho inflexível nessa atitude. Se retiver para mim o depósito, não incorro absolutamente em nenhuma contradição, segundo o princípio de meu examinar, a tautologia. Com efeito, já não o considero como propriedade alheia; ora, reter algo, que não considero propriedade de outro, é perfeitamente consequente.

A mudança do *ponto de vista* não é contradição, pois o que está em questão não é o ponto de vista, mas o objeto, o conteúdo, que não deve contradizer-se.

Quando dou um presente, posso mudar o ponto de vista de que algo é minha propriedade, pelo ponto de vista de que é propriedade de outrem, sem tornar-me por isso culpado de contradição; do mesmo modo, também posso seguir o caminho inverso.

Portanto, não é porque encontro algo não contraditório que isso é justo: mas é justo porque é o justo. Algo é propriedade de outrem: isso constitui o *fundamento.* Não tenho que raciocinar a propósito, nem perquirir ou descobrir toda a sorte de pensamentos, correlações, considerandos; nem cogitar em estatuir leis ou examiná-las. Por tais movimentos de meus pensamentos, eu subverteria aquela relação já que de fato poderia a meu bel-prazer fazer que seu contrário fosse conforme a meu saber tautológico e indeterminado e erigi-lo em lei.

Entretanto, é determinado, *em si e para si,* se é esta determinação ou a oposta que é o justo. Eu poderia erigir para mim a lei que quisesse, ou então nenhuma; mas quando começo a examinar, já estou num caminho não ético. Quando para mim o justo é *em si* e *para si,* então estou dentro da substância ética, que é assim a *essência* da consciência-de-si; mas essa é *sua efetividade* e *seu ser-aí*; seu *Si* e sua *vontade.*

VI
O espírito

438 – [Die Vernunft ist] A razão é espírito quando a certeza de ser toda a realidade se eleva à verdade, e [quando] é consciente de si mesma como de seu mundo e do mundo como de si mesma. O vir-a-ser do espírito, mostrou-o o movimento imediatamente anterior, no qual o objeto da consciência – a categoria pura – se elevou ao conceito da razão.

Na razão *observadora*, a pura unidade do *Eu* e do *ser*, do *ser-para-si* e do *ser-em-si*, é determinada como *Em-si* ou como *ser*, e a consciência da razão *se encontra*. Mas a verdade do observar é antes o suprassumir desse instinto que encontra imediatamente, desse ser-aí carente-de-consciência. [Na razão ativa], a *categoria intuída*, a *coisa encontrada*, entram na consciência como o *ser-para-si* do Eu, que agora se sabe como Si na essência objetiva. Contudo, a determinação da categoria como ser-para-si – o oposto ao ser-em-si – é também unilateral, e é um momento que suprassume a si mesmo. Por isso [na individualidade para si real], a categoria é determinada, para a consciência, tal como é na sua verdade universal: como essência *em* si e *para* si *essente*.

Essa determinação, ainda *abstrata*, que constitui a *Coisa mesma*, é só a *essência espiritual*; e sua consciência é um saber formal a seu respeito, vagueando em torno do conteúdo diversificado dessa essência. De fato, essa consciência difere ainda da substância como algo singular; ora estatui leis arbitrárias, ora acredita ter em seu saber as leis tais como são em si e para si; e se tem como potência que as julga. Ou então, considerada do lado da substância, é a essência espiritual *em-si* e *para-si-essente* que ainda não é a *consciência* de si mesma. Entretanto, a essência *em-si-e-para-si-essente*, que ao mesmo tempo é para si efetiva como consciência, e que se representa a si mesma para si, é *o espírito*.

439 - [Sein geistiges Wesen] Sua *essência* espiritual já foi designada como *substância ética*; o espírito, porém, é *a efetividade ética*. O espírito é o *Si* da consciência efetiva, à qual o espírito se contrapõe - ou melhor, que se contrapõe a si mesma - como *mundo* efetivo objetivo. Mas esse mundo perdeu também para o Si toda a significação de algo estranho, assim como o Si perdeu toda a significação de um ser-para-si separado do mundo - fosse dependente ou independente dele. O espírito é a *substância* e a essência universal, igual a si mesma e permanente: o inabalável e irredutível *fundamento* e *ponto de partida* do agir de todos, seu *fim* e sua *meta*, como [também] o *Em-si* pensado de toda a consciência-de-si.

Essa substância é igualmente a *obra* universal que, mediante o *agir* de todos e de cada um, se engendra como sua unidade e igualdade, pois ela é o *ser-para-si*, o Si, o agir. Como *substância*, o espírito é *igualdade-consigo-mesmo*, justa e imutável; mas como *ser-para-si*, é a essência que se dissolveu, a essência bondosa que se sacrifica. Nela cada um executa sua própria obra, despedaça o ser universal e dele toma para si sua parte. Tal dissolução e singularização da essência é precisamente o *momento* do agir e do Si de tons. E o movimento e a alma da substância, e a essência universal efetuada. Ora, justamente por isso - porque é o ser dissolvido no Si - não é a essência morta, mas a essência *efetiva* e *viva*.

440 - [Der Geist ist hiemit] Por conseguinte, o espírito é a essência absoluta real que a si mesma se sustém. São abstrações suas, todas as figuras da consciência até aqui [consideradas]; elas consistem em que o espírito se analisa, distingue seus momentos, e se demora nos momentos singulares. Esse [ato de] isolar tais momentos tem o espírito por *pressuposto* e por *subsistência*; ou seja, só existe no espírito, que é a existência. Assim isolados, têm a aparência de *serem*, como tais: mas são apenas momentos ou grandezas evanescentes - como mostrou sua processão e retorno a seu fundamento e essência; essência que é justamente esse movimento de dissolução desses momentos.

Aqui, onde se põe o espírito - ou a reflexão dos momentos sobre si mesmos -, pode nossa reflexão a seu respeito recordar brevemente que, por esse lado, eram eles: consciência, consciência-de-si e razão. [1] O espírito é, pois, *consciência* em geral - que em si compreende certeza sensível, percepção e o entendimento –, quando na análise de si mesmo retém o momento segundo o qual é, para ele, a efetividade *essente objetiva*, e abstrai de que essa efetividade seja seu próprio ser-para-si. [2] Ao contrário, quando fixa o outro momento da análise, segundo o qual seu objeto é seu *ser-para-si*, então o espírito é consciência-de-si. [3] Mas, como consciência imediata do *ser-em-si-e-para-si* – como unidade da consciência e da consciência-de-si –, o espírito é a consciência que *tem razão*; que, como o *ter* indica, possui o objeto como determinado *em si* racionalmente, ou seja, pelo valor da categoria; porém, de tal modo que o objeto ainda não tem para a consciência o valor da categoria. O espírito é a consciência tal como acabamos de considerar. [4] Essa razão, que o espírito *tem*, é enfim intuída por ele como razão que *é*; ou como a razão que no espírito é *efetiva*, e que é seu mundo, assim o espírito é em sua verdade; ele *é* o espírito, é a essência *ética efetiva*.

441– [Der Geist ist das sittliche] O espírito é a *vida ética* de um *povo*, enquanto é a *verdade imediata:* o indivíduo que é um mundo. O espírito deve avançar até à consciência do que ele é imediatamente; deve suprassumir a bela vida ética, e atingir, através de uma série de figuras, o saber de si mesmo. São figuras, porém, que diferem das anteriores por serem os espíritos reais, efetividades propriamente ditas; e [serem] em vez de figuras apenas da consciência, figuras de um mundo.

442 – [Die lebendige sittliche] O mundo *ético vivo* é o espírito em sua *verdade*; assim que o espírito chega ao *saber* abstrato de sua essência, a eticidade decai na universalidade formal do direito. O espírito, doravante cindido em si mesmo, inscreve em seu elemento objetivo, como em uma efetividade rígida, um dos seus mundos – *o reino da cultura* – e, em contraste com ele, no elemento do pensamento, *o mundo da fé – o reino da essência.*

No entanto, os dois mundos, apreendidos pelo espírito, que dessa perda retorna a si mesmo – apreendidos pelo conceito – são embaralhados e revolucionados pela [pura] *inteligência* e por sua difusão, o *iluminismo.* O reino dividido e distendido entre o *aquém* e o *além* retorna à consciência-de-si, que agora na *moralidade* se apreende como essencialidade, e apreende a essência como Si efetivo. Já não coloca fora de si seu *mundo* e o *fundamento* dele, mas faz que dentro de si tudo se extinga; e, como *boa-consciência,* é o espírito *certo de* si mesmo.

443 - [Die sittliche Welt] O mundo ético - o mundo cindido entre o aquém e o além - bem como a visão moral do mundo - são assim os espíritos, cujo movimento e retorno ao simples Si *para-si-essente* do espírito vai desenvolver-se. Surgirá, como meta e resultado deles, a consciência-de-si efetiva do espírito absoluto.

A - O ESPÍRITO VERDADEIRO. A ETICIDADE

444 - [Der Geist ist] O espírito, em sua verdade simples, é consciência, e põe seus momentos fora um do outro. A *ação* o divide em substância e [em] consciência da substância, e divide tanto a substância quanto a consciência. A substância, como *essência* universal e *fim,* contrapõe-se a si mesma como à efetividade *singularizada.* O meio-termo infinito é a consciência-de-si, que [sendo] *em si* unidade de si e da substância, torna-se agora, *para si,* o que unifica a essência universal e sua efetividade singularizada: eleva à essência sua efetividade e opera eticamente; faz a essência descer à efetividade, e implementa o fim, isto é, a substância somente pensada; produz a unidade de seu Si e da substância como *obra sua* e, portanto, como *efetividade.*

445 - [In dem Auseinandertreten] No dissociar-se da consciência [em seus momentos], a substância simples conservou, por um lado, a oposição frente à consciência-de-si, e por outro apresenta nela mesma a natureza da consciência - de diferenciar-se em si mesma, como um mundo organizado em suas massas. A substância se divide, assim, em uma essência ética diferenciada: em uma lei humana e uma lei divina.

Do mesmo modo, a consciência-de-si, que se lhe contrapõe, atribui-se, segundo sua essência, uma dessas potências; e como saber [se cinde] na ignorância do que faz e no saber a respeito disso: um saber que é, por isso, enganoso. A consciência-de-si experimenta assim, em seu ato, tanto a contradição daquelas *potências* em que a substância se divide, e sua mútua destruição, como [também] a contradição entre seu saber sobre a eticidade da sua ação, e o que é ético em si e para si; e [aí] encontra *sua própria* ruína. De fato, porém, a substância ética, mediante esse movimento, veio-a-ser a *consciência-de-si efetiva*; ou seja, *este* Si se tornou algo *em-si-e-para-si-essente*. Mas nisso, precisamente, a eticidade foi por terra.

a – O MUNDO ÉTICO. A LEI HUMANA E A LEI DIVINA, O HOMEM E A MULHER

446 – [Die einfache Substanz] A substância simples do espírito se divide como consciência. Ou seja: assim como a consciência do ser sensível abstrato passa à percepção, assim também a certeza imediata do ser ético real; e como, para a percepção sensível, o ser simples se torna uma coisa de propriedades múltiplas, assim para a percepção ética, o caso do agir é uma efetividade de múltiplas relações éticas.

Contudo, como para a percepção sensível a supérflua multiplicidade das propriedades se condensa na oposição essencial entre singularidade e universalidade – com maior razão para a percepção ética, que é a consciência substancial e purificada –, a multiplicidade dos momentos éticos se torna a dualidade de uma lei da singularidade e de uma lei da universalidade. Porém, cada uma dessas massas da substância permanece [sendo] o espírito todo. Se, na percepção sensível, as coisas não têm outra substância a não ser as duas determinações de singularidade e universalidade, aqui essas determinações exprimem apenas a oposição superficial recíproca dos dois lados.

447 – [Die Einzelheit hat] A singularidade tem, na essência que nós aqui consideramos, a significação da *consciência-de-si* em geral, e não de uma consciência singular contingente. Assim, a substância ética é nessa determinação a substância *efetiva*, o espírito absoluto *realizado* na multiplicidade da *consciência aí-essente*. O espírito é a *comunidade*, que *para nós*, ao entrarmos na figuração prática da razão em geral, era a essência absoluta; e que aqui emergiu em sua verdade *para si* mesmo, como essência ética consciente, e como *essência para a* consciência, que nós temos por objeto. É o espírito que é *para si* enquanto se mantém no *reflexo dos indivíduos*, e que é *em si* – ou substância –, enquanto os contém em si mesmo. Como *substância efetiva*, o espírito é *um povo*; como consciência *efetiva*, é *cidadão* do povo.

Essa consciência tem sua *essência* no espírito simples, e tem a certeza de si mesma na *efetividade* desse espírito, no povo total, e aí tem imediatamente sua *verdade*; assim, não em algo que não é efetivo; mas em um espírito que *existe* e *vigora*.

448– [Dieser Geist kann] Esse espírito pode chamar-se a lei humana, por ser essencialmente na forma da *efetividade consciente dela mesma*. Na forma da universalidade, é a lei *conhecida* e o costume *corrente*. Na forma da singularidade, é a certeza efetiva de si mesmo no *indivíduo* em geral. A certeza de si, como *individualidade simples*, é o espírito como governo. Sua verdade é a *vigência* manifesta, exposta à luz do dia - uma *existência* que para a certeza imediata emerge na forma do ser-aí deixado em liberdade.

449 – [Dieser sittlichen Macht] Contudo, uma outra potência se contrapõe a essa potência ética e [a essa] manifestabilidade: [é] a *lei divina*. Com efeito, o *poder* ético do *Estado* tem, como *movimento* do *agir consciente* de si, sua oposição na *essência simples e imediata* da eticidade. Como *universalidade efetiva*, o poder do Estado é uma força [voltada] contra o ser-para-si individual; e como efetividade em geral, encontra ainda um outro que ele [mesmo] na essência *interior*.

450 – [Es ist schon erinnert] Como já lembramos, cada um dos opostos modos de existir da substância ética a contém inteira, e [também] todos os momentos de seu conteúdo. Se a comunidade é, pois, a substância ética como agir efetivo consciente de si, então o outro lado tem a forma da substância imediata ou *essente*. Assim, essa última é, de uma parte, o conceito interior, ou a possibilidade universal da eticidade em geral; mas, de outra parte, tem nela igualmente o momento da consciência-de-si. Esse momento que exprime a eticidade nesse elemento da *imediatez*, ou do *ser*; ou que exprime uma consciência *imediata* de si, tanto como de essência quanto como deste Si em um Outro, quer dizer, uma comunidade *ética natural* – é a *família*.

A família, como o conceito *carente-de-consciência*, e ainda interior, se contrapõe à efetividade consciente de si; como o *elemento* da efetividade do povo, se contrapõe ao povo mesmo; como ser ético *imediato* se contrapõe à eticidade que se forma e se sustém mediante o *trabalho* em prol do universal: os *Penates* se contrapõem ao espírito universal.

451 – [Ob sich aber wohl] Embora o *ser ético* da família se determine como *imediato*, no entanto, a família não está no interior de sua essência *ética enquanto ela* é o comportamento *da natureza* de seus membros, ou o relacionamento desses é a relação *imediata* de [membros] *efetivos singulares.* Com efeito, o ético é em si *universal*, e essa relação da natureza é essencialmente também um espírito; e somente é ético enquanto essência espiritual. Vejamos em que consiste sua eticidade característica.

Em primeiro lugar, por ser o ético o universal em si, o relacionamento ético dos membros da família não é o relacionamento da sensibilidade, ou a relação do amor. O ético parece agora que deve ser colocado na relação do membro *singular* da família para com a família *toda*, como para com a substância, de forma que seu agir e efetividade só tenham a família por fim e conteúdo. Mas o fim consciente, que tem o *agir* desse todo, na medida em que concerne esse próprio todo, é também o singular. A aquisição e conservação do poder e riqueza, por um lado, só dizem respeito à necessidade, e pertencem ao desejo. Por outro lado, em sua determinação mais alta, se tornam algo apenas mediato.

Essa determinação não incide no interior da família mesma, mas se abre ao verdadeiramente universal, à comunidade. Quanto à família, é antes negativa e consiste em pôr o Singular fora da família, em subjugar sua naturalidade e singularidade, e em educá-la para a *virtude*, para a vida no – e para o – universal.

O fim *positivo* peculiar da família é o Singular como tal. Ora, para que essa relação seja ética, nem o que age, nem aquele a quem a ação se dirige, podem apresentar-se segundo uma *contingência* – como seria o caso em uma ajuda ou serviço eventual. O conteúdo da ação ética deve ser substancial, ou seja, completo e universal; por isso ela só pode relacionar-se com o Singular *total*, ou com ele como universal. E também não se trata de algo como uma *prestação* de serviço, que lhe proporcione a completa felicidade: – isso seria apenas uma *representação*, pois tal serviço, como ação imediata e efetiva, só produz nele algo singular. Nem [se trata] de um serviço, como a educação, que efetivamente tome o Singular, enquanto totalidade, por objeto e em uma *série* de procedimentos cuidadosos o produza como obra sua. Nesse caso, excetuando o fim negativo em relação à família, a *ação efetiva* só tem um conteúdo limitado. Enfim, ainda menos [se trata de algo] como um socorro, pelo qual em verdade o Singular todo seja alvo, pois o socorro mesmo é um ato totalmente acidental, cuja ocasião é uma efetividade qualquer, que pode ser ou não ser.

Por conseguinte, a ação que abarca a existência toda do parente consanguíneo, [é a que] o tem por objeto e conteúdo: não o cidadão, pois esse não pertence à família, nem o [menino] que deve tornar-se cidadão, e *deixar* de contar como *este Singular*; e sim *este* Singular que pertence à família, porém, tomado como uma essência *universal*, subtraída à efetividade sensível, isto é, singular. Essa ação já não concerne *o vivo*, mas sim o *morto:* aquele que da longa série de seu ser-aí disperso, se recolheu em uma figuração acabada, e se elevou da inquietação da vida contingente à quietude da universalidade. Já que somente como cidadão ele é *efetivo* e *substancial*, o Singular, enquanto não é cidadão e pertence à família, é apenas a sombra *inefetiva* sem medula.

452 – [Diese Allgemeinheit, zu] Essa universalidade que o Singular como *tal* alcança, é o *puro ser*, a *morte:* é o *ser-que-veio-a-ser*, *natural* e *imediato*, e não o *agir* de uma *consciência*. O dever do membro-da-família é, por isso, acrescentar esse lado, de forma que seu *ser* último, esse ser *universal*, não pertença só à natureza, nem permaneça algo irracional; mas seja um *agido*, e nele seja afirmado o direito da consciência. Ou seja: como, na verdade, a quietude e a universalidade da essência consciente de si não pertencem à natureza, o significado da ação é que seja descartada a aparência de um tal agir que a natureza se arroga, e a verdade se estabeleça. O que a natureza faz no Singular é o lado segundo o qual seu vir-a-ser em direção ao universal se apresenta como o movimento de um *essente*. Esse movimento recai, sem dúvida, no interior da comunidade ética, e a tem como fim: a morte é a consumação e o trabalho supremo, que o indivíduo como tal empreende pela comunidade. Mas enquanto o indivíduo é essencialmente *singular*, é acidental que sua morte estivesse imediatamente conexa com seu trabalho pelo universal e fosse seu resultado. Se a morte em parte foi tal resultado, a morte é a negatividade *natural*, o movimento do Singular como *essente*; nesse movimento a consciência não retorna a si mesma, nem se torna consciência-de-si. Ou seja: sendo o movimento do *essente* um movimento tal que o *essente* é suprassumido e atinge o *ser-para-si* – a morte é o lado da cisão, em que o ser-para-si alcançado é um Outro que o *essente*, que iniciou o movimento.

Porque a eticidade é o espírito em sua verdade *imediata*, os lados, em que a consciência do espírito se dissocia, incidem também nessa forma da *imediatez*; e a singularidade passa àquela negatividade *abstrata* que, sem consolo nem reconciliação *em si mesma*, deve *essencialmente* recebê-los mediante uma *ação exterior* e *efetiva*. Assim, a consanguinidade completa o movimento natural abstrato, por acrescentar o movimento da consciência, interromper a obra da natureza e arrancar da destruição o consanguíneo. Ou melhor, já que é necessária a destruição – seu vir-a-ser o puro ser – a consanguinidade toma sobre si o ato da destruição.

Acontece, por isso, que também o ser *morto*, o *ser* universal, se torne um [ser] retornado a si, um *ser-para-si* ou que a pura singularidade *singular*, carente-de-forças, seja elevada à *individualidade universal*. O morto, por ter libertado seu *ser* de seu *agir*, ou do Uno negativo – é a singularidade vazia, apenas um passivo *ser para Outro*, abandonado a toda a individualidade irracional inferior e às forças da matéria abstrata. Agora elas são mais poderosas que o morto: a primeira, em razão da vida que possui, e as outras, por causa de sua natureza negativa.

A família afasta do morto esse agir que o profana, [o agir] dos desejos inconscientes e das essências abstratas; põe o seu agir no lugar [do agir deles] e faz o parente desposar o seio da terra, a individualidade elementar imperecível. Desse modo, torna-o sócio de uma comunidade que, antes, mantém subjugadas e prisioneiras as forças das matérias singulares e as vitalidades inferiores, que queriam desencadear-se contra o morto e destruí-lo.

453 – [Diese letzte Pflicht] Esse último dever constitui assim a lei *divina* perfeita, ou a *ação* ética positiva para com o Singular. Qualquer outra relação para com ele – que não fique no amor, mas seja ética – pertence à lei humana, e tem a significação negativa de elevar o Singular acima da inclusão na comunidade natural, a que pertence enquanto *efetivo*. Embora o direito humano já tenha por conteúdo e potência a substância ética efetiva consciente-de-si – o povo todo - e o direito divino, a lei ética divina, por sua vez [tenham por conteúdo e potência] o Singular que está além da efetividade, nem por isso o Singular é sem potência. Sua potência é o puro *Universal abstrato*, o indivíduo *elementar* que, como é o fundamento da individualidade, reconduz à pura abstração - como à sua essência - a individualidade que se desprende do elemento e constitui a efetividade, consciente-de-si, do povo. Adiante se desenvolverá mais amplamente como é que essa potência se apresenta no povo mesmo.

454 – [Es gibt nun] Ora bem, em uma lei como na outra há *diferenças* e *graus*. Com efeito, por terem em si as duas essências o momento da consciência, dentro delas mesmas a diferença se desdobra, constituindo seu movimento e sua vida peculiar. A consideração dessas diferenças indica a maneira da *atividade* e da *consciência-de-si* das duas *essências universais* do mundo ético, como também seu *nexo* e a *passagem* de uma para a outra.

455 – [Das Gemeinwesen das] A *comunidade* – a lei do alto que vigora manifestamente à luz do dia - tem sua vitalidade efetiva no *Governo*, como [o lugar] onde ela é indivíduo. O Governo é o espírito *efetivo, refletido sobre si*, o *Si* simples da substância ética total. Sem dúvida, essa força simples permite à essência expandir-se na organização de seus membros e atribuir, a cada parte, subsistência e ser-para-si próprio. O espírito tem aí sua *realidade* ou seu *ser-aí*, e a família é o *elemento* dessa realidade. Mas, ao mesmo tempo, o espírito é a força do todo que congrega de novo essas partes no Uno negativo, dá-lhes o sentimento de sua dependência e as conserva na consciência de ter sua vida somente no todo.

Pode assim a comunidade organizar-se, de um lado, nos sistemas da independência pessoal e da propriedade, do direito pessoal e do direito real. Igualmente, as modalidades do trabalho podem articular-se e tornar-se associações independentes, para os fins, inicialmente singulares, da obtenção e do gozo [de bens]. O espírito da universal-associação é a *simplicidade* e a essência *negativa* desses sistemas que se isolam.

Para não deixar que se enraízem e endureçam nesse isolar-se, e que por isso o todo se desagregue e o espírito se evapore, o governo deve, de tempos em tempos, sacudi-los em seu íntimo pelas guerras, e com isso lhes ferir e perturbar a ordem rotineira e o direito à independência. Quanto aos indivíduos, que afundados ali se desprendem do todo e aspiram ao *ser-para-si* inviolável, e à segurança da pessoa, o Governo, no trabalho que lhes impõe, deve dar-lhes a sentir seu senhor: a morte. Por essa dissolução da forma da subsistência, o espírito impede o soçobrar do ser-aí ético no natural; preserva o Si de sua consciência e o eleva à *liberdade* e à sua *força.*

A essência negativa se mostra como a *potência* peculiar da comunidade, e como a *força* de sua autoconservação. A comunidade encontra assim a verdade e o reforço de seu poder na essência da *lei divina*, e no *reino subterrâneo.*

456 – [Das göttliche Gesetz] A lei divina que reina na família possui, de seu lado, também diferenças em si [mesma], cujo relacionamento constitui o movimento vivo de sua efetividade. Mas entre as três relações – homem e mulher, pais e filhos, irmão e irmã – em primeiro lugar a *relação* do *homem* e da *mulher* é o *imediato* reconhecer-se de uma consciência na outra, e o conhecer do mútuo ser-reconhecido. Esse reconhecer-se, por ser o *natural* e não o ético, é apenas a *representação* e a *imagem* do espírito, e não o espírito efetivo mesmo.

Mas a representação ou a imagem tem sua efetividade em um Outro que ela. Essa relação não tem, pois, sua efetividade nela mesma, mas na criança: em um Outro, cujo vir-a-ser é a relação mesma, e no qual a relação desvanece. Essa mudança das gerações, que se sucedem, tem sua base permanente no povo.

A piedade mútua do marido e da mulher está, pois, misturada com uma relação natural, e com [a] sensibilidade; e sua relação não tem em si mesma seu retorno a si. O mesmo [ocorre] com a segunda relação, a *piedade* recíproca dos *pais* e dos *filhos.* A piedade dos pais para com seus filhos está justamente afetada por essa emoção de ter no Outro a consciência de sua efetividade, e de ver o [seu] ser-para-si vir-a-ser nele, sem [poder] recuperá-lo; senão que permanece uma efetividade alheia, peculiar. Inversamente, a piedade dos filhos para com os pais é afetada pela emoção de ter o vir-a-ser de si mesmo – ou o Em-si – em um outro Evanescente, e de só alcançar o ser-para-si e a própria consciência-de-si através da separação da origem – uma separação em que essa origem se esgota.

457 – [Diese beiden Verhältnisse] Essas duas relações permanecem no interior da transição e da desigualdade dos lados que lhes são assignados. Mas a relação sem mistura encontra lugar entre *irmão* e *irmã.* São o mesmo sangue, o qual, porém, neles chegou à sua *quietude* e *equilíbrio.* Por isso não se desejam um ao outro; não deram nem receberam mutuamente esse ser-para-si, mas são individualidade livre um em relação ao outro.

O feminino tem, pois, como irmã, o mais elevado *pressentimento* da essência ética; mas não chega à *consciência* e à efetividade da mesma, uma vez que a lei da família é a essência *interior, em-si-essente* que não está exposta à luz da consciência, mas permanece [como] sentimento interior e [como] o divino subtraído à efetividade. O feminino está ligado a esses *Penates,* e neles intui, de uma parte, sua substância universal, mas, de outra parte, sua singularidade; de tal maneira, porém, que essa relação da singularidade não seja, ao mesmo tempo, a [relação] natural do prazer.

Como *filha,* a mulher deve ver agora os pais desvanecerem com emoção natural e tranquilidade ética - pois só às custas dessa relação chega ao *ser-para-si* de que é capaz; assim, não intui nos pais seu ser-para-si de maneira positiva. Porém, as relações da *mãe* e da *esposa* têm a singularidade; de uma parte, como algo natural que pertence ao prazer; de outra parte, como algo negativo, que neles só enxerga seu desvanecer; e por isso mesmo, de outra parte como algo contingente, que pode ser substituído por um outro.

No lar da eticidade, aquilo em que se baseiam as relações da mulher não é *este* marido, nem *este* filho, mas *um marido, filhos em geral;* [sua base] não é a sensibilidade, mas o universal. A diferença da eticidade da mulher em relação à do homem consiste justamente em que a mulher, em sua determinação para a singularidade e no seu prazer, permanece imediatamente universal e alheia à singularidade do desejo. No homem, ao contrário, esses dois lados se separam um do outro, e enquanto ele como cidadão possui a força *consciente-de-si* da *universalidade,* adquire com isso o direito ao *desejo.* Assim, enquanto nessa relação da mulher a singularidade está mesclada, sua eticidade não é pura; mas na medida em que a eticidade é pura, a singularidade é *indiferente,* e a mulher carece do momento de se reconhecer como *este* Si no Outro.

Porém, o irmão é para a irmã a essência igual e tranquila, em geral. O reconhecimento dela está nele, puro e sem mistura de relação natural. A indiferença da singularidade e a sua contingência ética não estão, pois, presentes nessa relação. Mas o momento do *Si singular*, que reconhece e é reconhecido, pode afirmar aqui o seu direito, porque está unido ao equilíbrio-do-sangue e à relação carente-de-desejo. Por isso, a perda do irmão é irreparável para a irmã; e seu dever para com ele, o dever supremo.

458 – [Dies Verhältnis ist] Essa relação é, ao mesmo tempo, o limite em que a família, circunscrita a si mesma, se dissolve e vai para fora de si. O irmão é o lado segundo o qual o espírito da família se torna a individualidade que se volta para Outro e passa à consciência da universalidade. O irmão abandona essa eticidade da família - *imediata elementar* e por isso propriamente *negativa* - a fim de conquistar e produzir a eticidade efetiva, consciente de si mesma.

459 – [Es geht aus dem] O irmão passa da lei divina, em cuja esfera vivia, à lei humana. A irmã, porém, se torna - ou a mulher permanece - a dona da casa, e a guardiã da lei divina. Dessa maneira, os dois sexos ultrapassam sua essência natural e entram em cena em sua significação ética, como diversidades que dividem entre si as diferenças que a substância ética se confere. Essas duas essências *universais* do mundo ético têm, pois, sua determinada *individualidade* nas consciências-de-si diferenciadas *por natureza* – já que o espírito ético é a unidade *imediata* da substância com a consciência-de-si: uma *imediatez*, portanto, que se manifesta ao mesmo tempo como o ser-aí de uma diferença natural, segundo o lado da realidade e da diferença.

Esse é o lado que na figura da "Individualidade para si mesma real" [V,C] se mostrava no conceito da essência espiritual como *natureza originariamente determinada.* Perde esse momento a indeterminidade que ainda possuía ali, e também a diversidade contingente das disposições e capacidades. É agora a oposição determinada dos dois sexos, cuja naturalidade recebe ao mesmo tempo a significação de sua determinação ética.

460 – [Der Unterschied der] No entanto, a diferença dos sexos e de seu conteúdo ético permanece na unidade da substância, e seu movimento é justamente o constante vir-a-ser da mesma substância. Pelo espírito da família, o homem é enviado à comunidade e nela encontra sua essência consciente-de-si. Como desse modo a família possui na comunidade sua universal substância e subsistência, assim, inversamente, a comunidade tem na família o elemento formal de sua efetividade; e na lei divina, sua força e legitimação.

Nenhuma das duas leis é unicamente em si e para si. A lei humana, em seu movimento vital, procede da lei divina; a lei vigente sobre a terra, da lei subterrânea; a lei consciente, da inconsciente; a mediação, da imediatez: - e cada uma retorna, igualmente, ao [ponto] donde procede. A potência subterrânea, ao contrário, tem sobre a terra sua *efetividade:* mediante a consciência torna-se ser-aí e atividade.

461 - [Die allgemeinen sittlichen] As essências éticas universais, são, assim, a substância como consciência universal e a substância como consciência singular; elas têm o povo e a família por sua efetividade universal, mas têm o homem e a mulher por seu Si natural e individualidade atuante. Nós vemos, nesse conteúdo do mundo ético, atingidos os fins que se propunham as anteriores figuras da consciência, carentes-de-substância. O que a razão aprendia somente como objeto, tornou-se consciência-de-si, e o que esta só tinha dentro dela mesma, está presente como verdadeira efetividade. O que a observação sabia como um *achado*, em que o Si não tinha nenhuma parte, aqui é [um] costume encontrado, mas [também] uma efetividade que ao mesmo tempo é ato e obra de quem a encontra.

O Singular, que busca o prazer *do gozo de sua singularidade*, encontra-o na família; e a necessidade, em que o prazer desaparece, é sua própria consciência-de-si como de cidadão de seu povo. Ou seja: é saber a *lei do coração* [V,B,b] como lei de todos os corações, e a consciência do Si como a ordem universal reconhecida; é a *virtude* [V,B,c] que goza dos frutos de seu sacrifício, que realiza o que tem em mira, isto é, elevar a essência à presença efetiva, e seu gozo é essa vida universal. Enfim, a consciência *da Coisa mesma* é satisfeita na substância real, que de modo positivo contém e retém os momentos abstratos daquela categoria vazia [V,C,a]. A Coisa mesma encontra nas potências éticas um conteúdo autêntico, que tomou o lugar dos mandamentos carentes-de-substância, que a sã-razão pretendia dar e saber. Possui assim um critério, cheio de conteúdo para o exame, não das leis, mas do que foi feito [não das normas, mas das ações] [V,C,b e c].

462 – [Das Ganze ist] O todo é um equilíbrio estável de todas as partes, e cada parte é um espírito [semelhante ao] indígena, que não procura sua satisfação fora de si - mas a possui dentro de si, pelo motivo de que ele mesmo está nesse equilíbrio com o todo. Por isso, esse equilíbrio na verdade só pode ser vivo, por surgir nele a desigualdade e ser reconduzida à igualdade pela *justiça*. Porém, a justiça nem é uma essência estranha que se encontre no além; nem tampouco é a efetividade - indigna dela - de uma recíproca impostura, perfídia, ingratidão, etc., que executasse a sentença à maneira de um acaso irrefletido, como um nexo irracional e [como] uma ação ou omissão destituída de consciência. Ao contrário: como justiça do direito *humano*, que reconduz ao universal o ser-para-si que saiu do equilíbrio - isto é, a independência dos estamentos e dos indivíduos - [a justiça] é o governo do povo, que é a individualidade presente a si da essência universal, e a própria vontade, consciente-de-si, de todos.

Mas a justiça, que reconduz ao equilíbrio o universal que se torna prepotente sobre o Singular, é igualmente o espírito simples de quem sofreu o agravo. [Esse espírito] não está cindido em alguém que foi agravado, e em uma essência situada no além: ele mesmo é essa potência subterrânea, e é *sua Erínie* a que exerce a vingança. Com efeito, sua individualidade, seu sangue, continua vivendo na casa: sua substância tem uma efetividade perene. O agravo que no reino da eticidade pode ser infligido ao Singular é somente este: que alguma coisa simplesmente lhe *aconteça*. A potência que inflige esse agravo à consciência - de fazer dela uma pura coisa - é a natureza; é a universalidade - não da *comunidade*, mas a universalidade *abstrata do ser*, e na reparação do agravo infligido, a singularidade não se volta contra a comunidade - pois não foi dela que sofreu [o agravo] - mas contra o ser. Como vimos, a consciência do sangue do indivíduo repara esse agravo, de modo que aquilo que *aconteceu* se torne antes uma *obra*; para que o *ser*, o *derradeiro* [estado], seja algo *querido* e, portanto, agradável.

463 – [Das sittliche Reich] Dessa maneira, o reino ético é, em sua *subsistência*, um mundo imaculado, que não é manchado por nenhuma cisão. Seu movimento é igualmente um tranquilo vir-a-ser -

de uma potência sua para a outra - de modo que cada uma receba e produza a outra. Nós o vemos, de certo, dividir-se em duas essências, e em sua [respectiva] efetividade; mas sua oposição é, antes, a confirmação de uma pela outra. O ponto onde imediatamente se tocam como efetivas - seu meio-termo e elemento - é sua imediata interpenetração. Um extremo - o espírito universal consciente-de-si - é concluído com seu outro extremo, sua força e seu elemento, [ou seja,] com o espírito *carente-de-consciência*, mediante a *individualidade* do *homem*. Ao contrário, é na mulher que a lei *divina* tem sua individualização, ou seja, é nela que o espírito, *carente-de-consciência*, do Singular tem seu ser-aí. Mediante a mulher, como *meio-termo*, esse espírito emerge da inefetividade para a efetividade: do que-não-sabe e que-não-é-sabido, para o reino consciente. A união do homem e da mulher constitui o meio-termo ativo do todo, o elemento, que, cindido nestes extremos da lei divina e da lei humana, é igualmente sua unificação imediata; que faz, daqueles dois primeiros silogismos, um mesmo silogismo e que unifica em *um só* os movimentos opostos: - o movimento descendente da efetividade para a inefetividade, da lei humana que se organiza em membros independentes, para o perigo e prova da morte; e o movimento ascendente da lei do mundo subterrâneo para a efetividade da luz do dia e para o ser-aí consciente. O primeiro desses movimentos compete ao homem; o segundo à mulher.

b - A AÇÃO ÉTICA. O SABER HUMANO E O DIVINO, A CULPA E O DESTINO

464 - [Wie aber in diesem] Porém, a consciência-de-si ainda não surgiu em seu direito como *individualidade singular*, devido ao modo como a oposição está constituída nesse reino [ético]: nele a individualidade, por um lado, só tem valor como *vontade universal*; por outro, como *sangue* da família: *este Singular* só vale como *sombra inefetiva*. *Nenhum ato* foi ainda cometido; ora, o ato é o *Si efetivo*.

O ato perturba a calma organização do mundo ético, e seu tranquilo movimento. O que aparece no mundo ético como ordem e harmonia de suas duas essências - uma das quais confirma e completa a outra - torna-se através do ato uma transição de *opostos*, em que cada qual se mostra mais como anulação de si mesmo e do outro do que como sua confirmação. Transforma-se no movimento negativo – ou na eterna necessidade do *destino* assustador, que devora no abismo de sua *simplicidade* tanto a lei divina quanto a lei humana, como também as duas consciências-de-si em que essas duas potências têm seu ser-aí. Para nós, essa necessidade vem a dar no *absoluto ser-para-si* da consciência-de-si puramente singular.

465 – [Der Grund, von dem] O *fundamento* – do qual e sobre o qual esse movimento procede – é o reino da eticidade; mas a *atividade* desse movimento é a consciência-de-si. Como consciência *ética*, ela é a *pura orientação simples* para a essencialidade ética, ou seja, o *dever*. Nela não existe nenhum arbítrio, e também nenhum conflito, nenhuma indecisão, já que foram abandonados o legislar e o examinar das leis; ao contrário, a essencialidade ética é para essa consciência algo imediato, inabalável e imune à contradição. Por conseguinte, não se oferece o triste espetáculo de uma colisão da paixão com o dever, e ainda menos o [espetáculo] cômico de uma colisão de dever contra dever; uma colisão que segundo o conteúdo equivale à [colisão] entre paixão e dever, pois a paixão é também capaz de ser representada como dever. Com efeito, o dever, quando a consciência se retira de sua essencialidade substancial imediata para dentro de si mesma, torna-se o Universal-formal em que se adapta igualmente bem qualquer conteúdo, como se mostrou acima. Porém, é cômica a colisão de deveres, por exprimir a contradição, e justamente a contradição de um *Absoluto oposto:* assim exprime um absoluto e imediatamente, a nulidade desse suposto absoluto, ou dever.

A consciência ética, porém, sabe o que tem de fazer e está decidida a pertencer seja à lei divina, seja à lei humana. Essa imediatez de sua decisão é um *ser-em-si* e tem, por isso, ao mesmo tempo a significação de um ser natural, como vimos. O que assigna um sexo a uma lei e o outro sexo a outra, é a natureza, e não a contingência das circunstâncias ou da escolha. Ou, inversamente: as duas potências éticas se conferem, nos dois sexos, seu ser-aí individual e sua efetivação.

466 – [Hiedurch nun, dass] Ora, como de uma parte a eticidade consiste nessa *decisão* imediata, e assim para a consciência, só *uma* lei é a essência; e como de outra parte as potências éticas são efetivas no *Si* da consciência, [por isso] recebem elas a significação de se *excluírem* e de se *oporem:* na consciência-de-si elas são *para si*, assim como no *reino* da eticidade são apenas *em-si.*

A consciência ética, porque está *decidida* por uma [só] dessas potências, é essencialmente *caráter.* Não é [válida] para a consciência a igual *essencialidade* de ambas: a oposição se manifesta, por isso, como uma colisão *infeliz* do dever somente com a *efetividade* carente-de-direito. A consciência ética está, como consciência-de-si, nessa oposição; e como tal empreende submeter, pela força à lei a que pertence, essa efetividade oposta; ou então burlá-la. Como vê o direito somente de seu lado, e, do outro, o agravo, a consciência que pertence à lei divina enxerga, do outro lado, a *violência* humana contingente. Mas a consciência, que pertence à lei humana, vê no lado oposto a obstinação e a *desobediência* do ser-para-si interior. Os mandamentos do governo são, com efeito, o sentido público universal, exposto à luz do dia; mas a vontade da outra lei é o sentido subterrâneo, enclausurado no interior, que em seu ser-aí se manifesta como vontade da singularidade, e que, em contradição com a primeira lei, é o delito.

467 – [Es entsteht hiedurch] Surge assim na consciência a oposição entre o *sabido* e o *não sabido*, como também na substância a oposição entre o *consciente* e o *carente-de-consciência* – o direito absoluto da *consciência-de-si* ética entra em conflito com o *direito* divino da *essência.* A efetividade objetiva, como tal, tem essência para a consciência-de-si como consciência; mas segundo sua substância essa consciência-de-si é a unidade de si e desse oposto, e a consciência-de-si ética é a consciência da substância. O objeto, enquanto oposto à consciência-de-si, perdeu por isso completamente a significação de ter essência para si.

Como desvaneceram, há muito, as esferas em que o objeto é apenas uma *coisa*, assim também desvaneceram as esferas em que a consciência solidifica algo de si, e faz, de um momento singular, a essência. Contra tal unilateralidade tem a efetividade uma força própria: alia-se à verdade contra a consciência, e lhe mostra enfim o que é a verdade. Mas a consciência ética bebeu, da taça da substância absoluta, o olvido de toda a unilateralidade do ser-para-si, de seus fins e conceitos peculiares; e por isso afogou, ao mesmo tempo, nessa água do Estige toda essencialidade própria e significação independente da efetividade objetiva. É, portanto, seu direito absoluto que, agindo conforme a lei ética, não encontre outra coisa nessa efetivação que o cumprimento dessa lei mesma, e o ato não mostre outra coisa senão o agir ético.

O ético, enquanto *essência* absoluta e ao mesmo tempo *potência* absoluta, não pode sofrer perversão de seu conteúdo. Fosse apenas a *essência* absoluta sem a potência, poderia experimentar uma perversão por parte da individualidade; mas essa, como consciência ética, com o abandonar de seu ser-para-si unilateral, renunciou ao perverter. Inversamente, a simples potência seria pervertida pela essência, caso fosse ainda um tal ser-para-si. Graças a essa unidade, a individualidade é pura forma da substância, que é o conteúdo; e o agir é o passar do pensamento à efetividade, somente como o movimento de uma oposição carente-de-essência, cujos momentos não possuem conteúdo e essencialidade [que sejam] particulares e distintos entre si. O direito absoluto da consciência ética consiste, pois, nisto: que o *ato* – a *figura* de sua *efetividade* – não seja outra coisa senão o que ela *sabe.*

468 – [Aber das sittliche] Mas a essência ética cindiu-se em duas leis; e a consciência enquanto [esse] comportar-se indiviso para com a lei – é assignada a uma delas somente. Assim como essa consciência *simples* insiste no direito absoluto de que se *manifeste* a ela, enquanto consciência ética, a essência tal como é *em si,* assim também essa essência insiste no direito de sua *realidade,* isto é, no direito de ser dúplice. Ao mesmo tempo, porém, esse direito da essência não se contrapõe à consciência-de-si, como se a essência estivesse alhures; mas é a própria essência da consciência-de-si. Só nela tem seu ser-aí e sua potência; e sua oposição é o *ato* da *consciência-de-si.* Pois ela, justamente, quando se sabe como Si, e parte para o ato, ergue-se da *imediatez simples* e põe ela mesma a *cisão.* Abandona mediante o ato a determinidade da eticidade – a de ser a certeza simples da verdade imediata – e põe a separação de si mesma: em si, como o-que-é-atuante, e na efetividade oposta que é, para ela, negativa. Assim, pelo ato, a consciência-de-si torna-se *culpa.* Com efeito, ela é seu *agir,* e o agir é sua mais própria essência. A *culpa* recebe também a significação de *delito,* pois a consciência-de-si, como simples consciência ética, consagrou-se a uma lei, mas renegou a outra e a violou mediante seu ato.

A *culpa* não é uma essência indiferente e ambígua, [de forma] que o ato, tal como *efetivamente* se expõe à luz do dia, pudesse ser o *agir* do seu Si; ou então não ser, como se o agir pudesse estar vinculado a algo exterior e contingente, que não lhe pertencesse; e assim, por esse lado, o agir fosse inocente. Ao contrário: o agir mesmo é essa cisão, [que consiste em] pôr-se para si mesmo e a isso contrapor uma efetividade exterior estranha. Depende do próprio agir - e é resultado dele - que uma tal efetividade exista.

Inocente, portanto, é só o não agir - como o ser de uma pedra; nem mesmo o ser de uma criança [é inocente]. No entanto, conforme o conteúdo, a *ação* ética tem nela o momento do delito, porque não suprassume a repartição *natural* das duas leis entre os dois sexos: ao contrário, como orientação *indivisa* para a lei, permanece dentro da *imediatez natural*, e enquanto agir faz dessa unilateralidade, a culpa. [Essa culpa consiste] em escolher só um dos lados da essência, e em comportar-se negativamente para com o outro; quer dizer, em violá-lo. Adiante se exporá com mais precisão onde incidem na vida ética universal a culpa e o crime, o agir e o operar. É imediatamente claro que não é *este Singular* que opera e que é culpado, pois como *este* Si é apenas sombra inefetiva, ou seja, só é como Si universal, e a individualidade é puramente o momento *formal* do *agir* em geral, sendo seu conteúdo as leis e os costumes, que, determinadamente para o Singular, são os de seu estamento. É a substância como gênero, o qual, através de sua determinidade, se torna espécie, sem dúvida; mas a espécie continua sendo, ao mesmo tempo, o universal do gênero.

Dentro do povo, a consciência-de-si desce do universal somente até a particularidade, e não até à individualidade singular, que põe no agir da consciência-de-si, um Si exclusivo, uma efetividade negativa de si mesma. Contudo, na base de seu operar, está a firme confiança no todo, à qual nada de alheio se mistura: nem medo nem hostilidade.

469 – [Die entwickelte Natur] A consciência-de-si ética experimenta agora, no seu ato, a natureza desenvolvida do operar *efetivo*;

quer se tenha dedicado à lei divina, quer à lei humana. A lei que é para ela manifesta uniu-se na essência com a lei oposta. A essência é a unidade de ambas, mas o ato só realizou uma, em contraposição à outra. Entretanto, por estar unida com ela na essência, o cumprimento de uma evoca a outra, e a evoca como uma essência violada, e agora hostil, reclamando vingança; a isso o ato a reduziu. Ao operar só se expõe à luz do dia um lado da decisão, em geral. Mas a decisão é, *em si,* o negativo, ao qual se contrapõe um Outro, um estranho para ele, que é o saber.

A efetividade, pois, guarda oculto nela o outro lado, estranho ao saber, e não se mostra à consciência tal como é em si e para si. Ao filho, o pai não se mostra no ofensor que ele fere, nem a mãe na rainha que toma por esposa*. Desse modo, está à espreita da consciência-de-si ética uma potência avessa-à-luz que, quando o fato ocorreu, irrompe, e a colhe em flagrante. Com efeito, o ato consumado é a oposição suprassumida do Si que-sabe e da efetividade que se lhe contrapõe. Quem opera, [Édipo,] não pode renegar o delito e sua culpa. O ato é isto: mover o imóvel, e produzir o que antes só estava encerrado na possibilidade; e com isso, unir o inconsciente ao consciente, o não *essente* ao ser. Nessa verdade, o ato surge assim à luz do dia – como algo em que está unido um elemento consciente a um inconsciente, o próprio a um estranho: como a essência dividida; a consciência lhe experimenta o outro lado, e o experimenta também como lado seu, mas como potência violada por ela e provocada de modo hostil.

470 – [Es kann sein, dass] Pode ser que o direito, que se mantinha à espreita, não esteja presente para a *consciência* operante em sua figura peculiar; mas somente esteja *em si,* na culpa interior da decisão e do operar. Porém, a consciência ética é mais completa, sua culpa mais pura, quando *conhece antecipadamente* a lei e a potência que se lhe opõem, quando as toma por violência e injustiça, por uma contingência ética; e como Antígona, comete o delito sabendo o que faz.

O ato consumado inverte o ponto de vista da consciência; a *implementação* enuncia, por si mesma, que o que é *ético* deve ser *efetivo,* pois a *efetividade* do fim é o fim do agir. O agir enuncia jus-

---

* Alusão a Édipo.

tamente a *unidade* da *efetividade* e da *substância*; que a efetividade não é contingente para a essência, mas que, em união com ela, não é assignada a nenhum direito que não seja o direito verdadeiro. Devido a essa efetividade, e em virtude do seu agir, a consciência ética deve reconhecer seu oposto como efetividade sua; deve reconhecer sua culpa: "Porque sofremos, reconhecemos ter errado"**.

471 – [Dies Anerkennen drückt] Esse reconhecer exprime a cisão suprassumida do *fim* ético e da *efetividade*; exprime o retorno à *disposição* ética, que sabe nada ter valor a não ser o direito. Desse modo, porém, a ação abandona seu *caráter* e a *efetividade* do seu Si, e foi à ruína. Seu *ser* consiste nisto: em pertencer à sua lei ética como à sua substância. Ora, no reconhecer do oposto, deixou essa lei de ser sua substância; e em lugar de sua efetividade, o que alcançou foi a inefetividade, a "disposição".

Sem dúvida, a substância se manifesta *na* individualidade, como seu *pathos*, e a individualidade [se manifesta] como o que vivifica a substância, - e por isso está acima dela. Mas é um *pathos* que ao mesmo tempo é seu caráter; a individualidade ética, imediatamente e em si, é um [só] com esse seu universal; só nele tem sua existência, e não é capaz de sobreviver à ruína que essa potência ética sofre por causa da oposta.

472 – [Sie hat aber dabei] Mas, com isso, tem ela a certeza de que aquela individualidade, cujo *pathos* é essa potência oposta, *não sofre um mal maior do que infligiu.* O movimento dessas potências éticas, uma em relação à outra, e das individualidades que as põem em vida e ação, só atinge seu *verdadeiro fim* ao sofrerem ambos os lados a mesma ruína. Com efeito, nenhuma dessas potências tem sobre a outra a vantagem de ser um momento *mais essencial* da substância. A igual essencialidade e a subsistência indiferente das duas - uma ao lado da outra - constituem seu ser carente-de-si. No *ato* são como "essência-do-Si" [*Selbstwesen*], mas uma diferente "essência-do-Si", - o que contradiz a unidade do Si, e constitui sua carência-de-direito e sua necessária ruína.

O *caráter*, igualmente, de uma parte pertence, segundo seu *pathos* ou substância, somente a uma dessas potências. Mas de ou-

** Sófocles, Antígona, V, 926.

tra parte, segundo o lado do saber, tanto um caráter como o outro está cindido em um consciente e um inconsciente. Cada um deles – enquanto provoca essa oposição, e enquanto mediante o ato tanto o saber como o não saber são obra sua – põe-se nessa [situação de] culpa que o consome. A vitória de uma potência e de seu caráter, e a derrota do outro lado, seriam assim apenas a parte e a obra incompleta, que avança sem cessar para o equilíbrio de ambas as potências. Só na submissão igual dos dois lados o direito absoluto se cumpre e a substância ética emerge como a potência negativa que devora os dois lados – ou como o *destino* justo e todo-poderoso.

473 – [Werden beide Mächte] Tomando-se as duas potências segundo o seu conteúdo determinado e segundo a individualização deste conteúdo, o quadro de seu conflito configurado se apresenta, pelo seu lado formal, como o conflito da ordem ética e da consciência-de-si com a natureza carente-de-consciência e com uma contingência presente graças a essa natureza. Essa contingência tem um direito contra a consciência-de-si, por ser essa consciência somente o espírito *verdadeiro*, por estar somente em unidade *imediata* com sua substância. Segundo o seu conteúdo, [esse quadro se apresenta] como a discrepância entre a lei divina e a lei humana.

O jovem sai da essência carente-de-consciência do espírito-da-família, e se torna a individualidade da comunidade. Mas que ele ainda pertença à natureza da qual se arranca, [isto] se evidencia pelo fato de vir à cena sob a figura contingente de dois irmãos, que com igual direito se apoderam da comunidade. A desigualdade de um nascimento anterior ou posterior, como diferença da natureza, não tem *para eles*, que entram na essência ética, nenhuma significação. Mas o Governo, como a alma simples, ou o Si do espírito do povo, não tolera uma dualidade da individualidade. À necessidade ética dessa unidade se contrapõe a natureza, enquanto [é] a casualidade de serem mais de um.

Esses dois irmãos são, pois, desunidos, e seu igual direito ao poder do Estado os destrói a ambos, que têm igual falta-de-direito [*Unrecht*]. Considerando do ponto de vista humano, quem cometeu o crime foi o que, não estando *na posse* [do poder], atacou a comunidade à cabeça da qual estava o outro. Ao contrário, quem tem o direito de seu lado é o que soube tomar o outro somente como *Singular*, destacado da comunidade; e que nessa [situação de] impotência o baniu: agrediu só o indivíduo como tal, não a comunidade, não a essência do direito humano. A comunidade, atacada e defendida pela singularidade vazia, se mantém; e os irmãos encontram ambos sua mútua destruição, através um do outro. Pois a individualidade que em *seu ser-para-si* põe em perigo o todo, expulsou-se a si mesma da comunidade e em si se dissolveu.

Entretanto, a comunidade honrará aquele que se encontrava de seu lado; mas o Governo, a simplicidade restaurada do Si da comunidade, punirá, privando-o das honras finais, o outro que já proclamava sua destruição sobre os muros da cidade. Quem vem profanar o espírito supremo da consciência - espírito da comunidade - deve ser despojado da honra devida à sua essência inteira e acabada: da honra devida ao espírito separado.

474 - [Aber wenn so das] Mas se assim o universal apara de leve o puro vértice de sua pirâmide, e obtém *a vitória* sobre o princípio rebelde da singularidade - a família - com isso somente entrou em *conflito* com a lei divina; o espírito consciente de si mesmo somente entrou em *luta* com o espírito carente-de-consciência. Com efeito, esse espírito é a outra potência essencial, que por isso não [foi] destruída pela primeira, e [sim] apenas ofendida. No entanto, contra a lei que tem-a-força e que vigora à luz do dia, só encontra ajuda, para sua execução *efetiva*, em uma sombra exangue. Portanto, como lei da fraqueza e da obscuridade, logo sucumbe ante a lei do dia e da força, pois o seu poder vigora sob a terra, e não sobre ela.

Só que o efetivo, que retirou ao interior sua honra e potência, assim fazendo consumiu a sua essência. O espírito manifesto tem a raiz de sua força no mundo subterrâneo. A *certeza* do povo, que é certa de si mesma e que se garante, só tem a *verdade* de seu juramento - que reúne a todos em um só - na substância de todos, carente-de-consciência e muda: nas águas do olvido. Por isso, a plena realização do espírito manifesto se muda em seu contrário: o espírito experimenta que seu supremo direito é o supremo agravo; sua vitória é, antes, sua própria ruína. O morto, cujo direito foi lesado, sabe pois encontrar instrumentos para sua vingança, que são [dotados] de efetividade e violência iguais às da potência que o ofendeu. Essas potências são outras comunidades, cujos altares os cães e as aves poluíram com o cadáver, o qual não foi elevado à universalidade carente-de-consciência por sua devida restituição ao indivíduo elementar, mas ficou sobre a terra, no reino da efetividade; e agora recebe, como força da lei divina, uma universalidade efetiva consciente-de-si. Essas potências se tornam hostis e devastam a comunidade que desonrou e despedaçou sua força - a piedade da família.

475 - [In dieser Vorstellung] Nessa representação, o movimento da lei humana e da lei divina encontra a expressão de sua necessidade em indivíduos em que o universal se manifesta como um *pathos*, e a atividade do movimento, como [um] agir *individual*, que dá um semblante de contingência à necessidade desse movimento. Ora, a individualidade e o agir constituem o princípio da singularidade em geral; princípio que em sua pura universalidade foi chamado lei divina interior. Como movimento da comunidade patente, tem a lei divina não apenas aquela eficácia subterrânea ou exterior em seu ser-aí, mas tem igualmente patente, no povo efetivo, um efetivo ser-aí e movimento. Tomado dessa forma, o que fora representado como simples movimento do *pathos* individualizado recebe um outro aspecto: o delito e a destruição da comunidade motivada por ele recebem a forma peculiar de seu ser-aí.

A lei humana assim, em seu ser-aí universal, é a comunidade; em sua atividade em geral, é a virilidade; em sua atividade efetiva, é o Governo. Ela *é, se move* e *se conserva* porque consome em si mesma o separatismo dos *Penates*, ou a singularização independente em famílias que a feminilidade preside, e as conserva dissolvidas na continuidade de sua fluidez. Mas a família é, ao mesmo tempo, seu elemento em geral: a base universal ativadora da consciência singular. Quando a comunidade só se proporciona sua subsistência mediante a destruição da felicidade-familiar, e da dissolução da consciência-de-si na consciência universal, ela está produzindo, para si mesma, seu inimigo interior naquilo que reprime, e que lhe é ao mesmo tempo essencial - na feminilidade em geral. Essa feminilidade - a eterna ironia da comunidade - muda por suas intrigas o fim universal do Governo em um fim-privado, transforma sua atividade universal em uma obra deste indivíduo determinado, e perverte a propriedade universal do Estado em patrimônio e adorno da família. Assim faz da sabedoria séria da idade madura um objeto de zombaria para a petulância da idade imatura, e de desprezo para seu entusiasmo; [essa idade madura] que morta para a singularidade, para o prazer e o gozo - como também para a atividade efetiva - só pensa no universal e só dele cuida.

De um modo geral, a mulher erige a força da juventude como o que tem valor [exclusivo]: o vigor do filho, no qual a mãe gerou seu senhor; o do irmão, em que a irmã encontra o homem como o seu igual: o do jovem, graças ao qual a filha, subtraída à sua dependência, obtém o prazer e a dignidade da esposa.

No entanto, a comunidade só se pode manter através da repressão desse espírito da singularidade; e na verdade a comunidade igualmente o produz, por ser momento essencial: na verdade, o produz mediante a ação repressiva contra ele, como um princípio hostil. Mas esse princípio de nada seria capaz - já que separando-se do fim universal é apenas o mal e o nulo em si - se a própria comunidade não reconhecesse como *força* do todo, a força da juventude; a virilidade que ainda imatura permanece dentro da singularidade.

Com efeito, a comunidade é um povo; ela mesma é individualidade e essencialmente só é assim para *si*, enquanto *outras individualidades* são *para ela*; enquanto as *exclui* de si e se sabe independente delas. O lado negativo da comunidade que reprime *para dentro* a singularização dos indivíduos, mas que *para fora* é espontaneamente ativo, [*selbsttätig*] possui suas armas na individualidade. A guerra é o espírito e a forma em que o momento essencial da substância ética - *a liberdade* absoluta da *essência-do-Si* [*Selbstwesen*] ética em relação a todo o ser-aí - está presente na efetividade e preservação daquela substância. Enquanto, por um lado, a guerra faz sentir a força do negativo aos *sistemas* singulares da propriedade e da independência pessoal, como também à própria *personalidade* singular, e, por outro, justamente essa essência negativa se enaltece na guerra como o-que-mantém o todo; o jovem corajoso, no qual a feminilidade encontra seu prazer - o princípio da corrução [que era] reprimido - brilha à luz do dia, e é o que tem valor. Agora, o que decide sobre o ser-aí da essência ética e sobre a necessidade espiritual, é a força da natureza, e o que aparece como acaso da sorte. Porque o ser-aí da essência ética [agora] repousa na força e na fortuna, assim *já está decidido* que a essência ética foi por terra.

Como anteriormente só os *Penates* desabaram no espírito do povo, agora são os espíritos *vivos* dos povos que, através de sua individualidade, desmoronam em uma comunidade *universal*, cuja *universalidade simples* é sem-espírito e morta, e cuja vitalidade é o indivíduo *singular*, enquanto Singular. A figura ética do espírito desvaneceu, e surge uma outra em seu lugar.

476 – [Dieser Untergang der] Esse colapso da substância ética e sua passagem para uma outra figura são determinados pelo fato de ser a consciência ética, de modo essencial, orientada *imediatamente* para a lei. Nessa determinação da imediatez está implicado que a natureza, em geral, intervenha na operação da eticidade. Sua efetividade revela somente a contradição e o gérmen da corrução que a bela unanimidade e o equilíbrio tranquilo do espírito ético continham, justamente nessa tranquilidade e beleza; pois a imediatez tem a significação contraditória de ser a quietude inconsciente da natureza, e a irrequieta quietude, consciente-de-si, do espírito.

Por causa dessa naturalidade, o povo ético em geral é uma individualidade determinada pela natureza – e, por isso, limitada – e assim encontra sua suprassunção em uma outra. Quando, porém, desvanece essa determinidade – que posta no ser-aí é limitação, mas é igualmente o negativo em geral e o Si da individualidade – estão perdidas a vida do espírito e essa substância, consciente dela mesma, em todos. A substância emerge neles como uma *universalidade formal:* já não está imanente neles como espírito vivo, mas a solidez simples de sua individualidade explodiu em uma multidão de pontos.

c – O ESTADO DE DIREITO

477 – [Die allgemeine Einheit] A unidade universal, a que retorna a unidade imediata viva da individualidade e da substância, é a comunidade carente-de-espírito, que deixou de ser a substância dos indivíduos, ela mesma carente-de-consciência. Os indivíduos têm valor nela segundo o seu ser-para-si singular como "essências-do-Si" e substâncias. O universal, estilhaçado nos átomos dos indivíduos absolutamente múltiplos – esse espírito morto –, é uma *igualdade* na qual *todos* valem como *cada um*, como *pessoas*.

O que no mundo da eticidade tinha o nome de lei divina oculta, de fato emergiu de seu interior para a efetividade. Naquele mundo, o *Singular* somente tinha valor e era efetivo como o *sangue* universal da *família*. Enquanto *este* Singular era o espírito separado, *carente-de-Si*; mas agora saiu de sua inefetividade. Uma vez que a substância ética é apenas o espírito *verdadeiro*, retorna o Singular à *certeza* de si mesmo; ele é essa substância enquanto universal *positivo*, mas sua efetividade consiste em ser o *Si negativo* universal.

Nós vimos as potências e as figuras do mundo ético naufragarem na necessidade simples do *destino* vazio. Essa potência do mundo ético é a substância refletindo-se em sua simplicidade; porém, a essência absoluta que reflete sobre si mesma - justamente aquela necessidade do destino vazio - não é outra coisa que o *Eu* da consciência-de-si.

478 – [Dieses gilt hiemit] Esse Eu, por isso, agora tem valor como essência *em si e para si essente*. Esse *Ser-reconhecido* é sua substancialidade, que por sua vez é a *universalidade abstrata*, pois seu conteúdo é *esse Si rígido*, e não o Si que se dissolveu na substância.

479 – [Die Persönlichkeit ist] Assim, a personalidade saiu, nessa altura, da vida da substância ética: é a independência, *efetivamente em vigor*, da consciência. *O pensamento inefetivo* da independência, que vem-a-ser para si mediante a *renúncia* à *efetividade*, foi anteriormente encontrado como consciência-de-si *estoica* [IV,B]. Como ela procedia da "Dominação e Servidão" [IV,A], [entendida] como ser-aí imediato da *consciência-de-si*, assim também a personalidade provinha do *espírito* imediato, que é a vontade universal dominadora de todos, e igualmente sua obediência servidora.

O que para o estoicismo era o *Em-si* apenas na *abstração*, agora é *mundo efetivo*. O estoicismo não é outra coisa senão a consciência que leva à sua forma abstrata o princípio do Estado-de-Direito, a independência carente-de-espírito. Por sua fuga da *efetividade*, a consciência estoica só alcançava o pensamento da independência; ela é absolutamente para *si*, porque não vincula sua essência a um ser-aí qualquer; mas, abandona qualquer ser-aí, e coloca sua essência somente na unidade do puro pensar. Da mesma maneira, o direito da pessoa não está ligado nem a um ser-aí mais rico ou mais poderoso do indivíduo como um tal indivíduo, nem ainda a um espírito vivo universal; mas antes ao puro Uno de sua efetividade abstrata – ou a ele enquanto consciência-de-si em geral.

480 – [Wie nun die] Como agora a independência *abstrata* do estoicismo apresentava [o processo de] sua efetivação, assim também essa última [forma de independência, a pessoa] vai recapitular o movimento da independência estoica. A consciência estoica vem a dar na confusão cética da consciência, em um palavreado do negativo que vagueia informe de uma contingência do ser e do pensamento para outra. Dissolve-as, de certo, na independência absoluta, mas, ao mesmo tempo, as reproduz; e, de fato, é apenas a contradição entre a dependência e a independência da consciência.

Do mesmo modo, a independência pessoal do *direito* é, antes, essa igual confusão universal e dissolução recíproca. Pois, o que vigora como essência absoluta é a consciência-de-si como o puro *Uno vazio* da pessoa. Em contraste com essa universalidade vazia, a substância tem a forma da *plenitude* e do *conteúdo*; e agora esse conteúdo é completamente deixado livre e desordenado, já que não está presente o espírito que o subjugava e mantinha coeso em sua unidade.

Portanto, em sua *realidade*, esse Uno vazio da pessoa é um ser-aí contingente, e um mover e agir carentes-de-essência, que não chegam a consistência alguma. Como o ceticismo, assim o formalismo do direito, sem conteúdo próprio, por seu conceito [mesmo] encontra uma subsistência multiforme – a posse – e como o ceticismo, lhe imprime a mesma universalidade abstrata, pela qual a posse recebe o nome de *propriedade.* Mas no ceticismo, a efetividade assim determinada se chama *aparência* em geral, e tem apenas um valor negativo; enquanto no direito, tem um valor positivo. Esse valor negativo consiste em que o efetivo tenha a significação do Si enquanto pensar, enquanto universal *em si.* Ao contrário, o valor positivo consiste em que o efetivo seja o *"Meu" na* significação da categoria, como uma vigência *reconhecida* e *efetiva.*

Os dois são o mesmo *universal abstrato:* o conteúdo efetivo ou a *determinidade* do "Meu" – quer se trate agora de uma posse exterior, ou então da riqueza ou da pobreza interiores do espírito e do caráter - não está contido nessa forma vazia, e não lhe diz respeito. O conteúdo efetivo pertence, assim, a uma *potência própria*, que é algo diverso do Universal-formal; [potência] que é o acaso e o arbítrio. Por isso, a consciência do direito experimenta, antes, em sua própria vigência efetiva, a perda de sua realidade, e sua inessencialidade completa; e designar um indivíduo como uma *pessoa* é expressão de desprezo.

481 - [Die freie Macht] A livre potência do conteúdo determina-se de modo que a dispersão na *pluralidade* absoluta dos átomos pessoais, pela natureza dessa determinidade, é recolhida ao mesmo tempo em *um só* ponto, a eles estranho e igualmente carente-de-espírito. Esse ponto, de um lado, tal como a rigidez da personalidade daqueles átomos, é efetividade puramente singular; mas em oposição à sua singularidade vazia, tem para eles, ao mesmo tempo, a significação de todo o conteúdo, e, por isso, da essência real. E a potência universal e a efetividade absoluta, em contraste com a efetividade daqueles [átomos pessoais] que se presume absoluta, mas que é, em si, carente-de-essência.

Esse senhor do mundo é, para si, dessa maneira a pessoa absoluta, que ao mesmo tempo abarca em si todo o ser-aí, e para cuja consciência não existe espírito mais elevado. É pessoa, mas a pessoa solitária que se contrapõe a *todos*. Esses "todos" constituem a universalidade vigente da pessoa, pois o singular como tal só é verdadeiro como multiplicidade universal da singularidade; separado dela, o Si solitário é, de fato, o Si inefetivo carente-de-força.

Ao mesmo tempo, é a consciência do conteúdo que se pôs em oposição àquela personalidade universal. Porém, esse conteúdo, liberado de sua potência negativa, é o caos das potências espirituais, que desencadeadas como essências elementares em selvagem orgia se lançam umas contra as outras, frenéticas e arrasadoras. Sua consciência-de-si, carente-de-forças, é o dique impotente e a arena de seu tumulto. Sabendo-se assim como o compêndio de todas essas potências efetivas, esse senhor do mundo é a consciência-de-si descomunal que se sabe como deus efetivo. Mas como é apenas o Si formal - que não é capaz de domar essas potências - seu movimento e gozo de si mesmo é também uma orgia colossal.

482 – [Der Herr der Welt] O senhor do mundo tem a consciência efetiva do que ele é – [a saber] a potência universal da efetividade – na violência destruidora que exerce contra o Si de seus súditos, que se lhe contrapõe. Com efeito, sua potência não é a *união* do espírito na qual as pessoas reconheçam sua própria consciência-de-si; enquanto pessoas, são antes para si, e excluem a continuidade com outras, da absoluta rigidez de sua atomicidade. Estão assim em uma relação unicamente negativa, seja umas com as outras, seja para com o senhor do mundo, o qual é seu [nexo de] relacionamento, ou sua continuidade. Enquanto tal continuidade, o senhor do mundo é a essência e o conteúdo do formalismo das pessoas; conteúdo, porém, que lhes é estranho, e essência que lhes é hostil; pois, antes, suprime o que para elas tem valor como essência: o ser-para-si vazio de conteúdo, e, enquanto continuidade de suas personalidades, precisamente as destrói.

A personalidade do direito, quando nela se faz vigente o conteúdo que lhe é estranho – e [aliás] se faz vigente nela por ser sua realidade – experimenta, antes, sua carência-de-substância. Em contrapartida, o [fato de] socavar arrasadoramente esse terreno sem-essência, proporciona a si mesmo a consciência de sua onipotência; mas esse Si é puro [ato de] devastar, e, por conseguinte, está somente fora de si, ou melhor, é o [mesmo que] jogar-fora sua consciência-de-si.

483 – [So ist die Seite] Assim, está constituído o lado em que a consciência-de-si é *efetiva,* como essência absoluta. Mas a *consciência, recambiada* dessa efetividade *a si* mesma, pensa essa sua inessencialidade. Vimos antes a independência estoica do puro pensar atravessar o ceticismo e encontrar sua verdade na consciência infeliz: – a verdade sobre o que constituía seu ser-em-si-e-para-si. Se esse saber só aparecia então como ponto de vista unilateral da consciência como consciência, agora se patenteou sua verdade *efetiva.* Essa verdade consiste em que a *vigência universal* da consciência-de-si é a realidade que dela se alienou. Essa *vigência* é a efetividade universal do Si; mas uma efetividade que é também imediatamente a *perversão:* é a perda de sua essência.

A efetividade do Si, que não estava presente no mundo ético, foi conseguida por seu retornar à *pessoa.* O que no mundo ético estava unido, emerge agora desenvolvido, mas alienado de si mesmo.

B - O ESPÍRITO ALIENADO DE SI MESMO. A CULTURA

484 - [Die sittliche Substanz] A substância ética mantinha a oposição encerrada em sua consciência simples; e a consciência, em unidade imediata com sua essência. Por conseguinte, a essência tem a determinidade simples do *ser* para a consciência, que está imediatamente orientada para a essência e constitui seus *costumes*. Nem a consciência conta por *este Si exclusivo*, nem a substância tem a significação de um ser-aí excluído desse Si - esse ser-aí com o qual o Si só pudesse formar uma unidade mediante a alienação de si mesmo, e ao mesmo tempo tivesse de produzir a substância.

Mas aquele espírito, cujo Si é o absolutamente discreto, tem seu conteúdo como uma efetividade igualmente rígida, frente a ele; e o mundo tem aqui a determinação de ser algo exterior, o negativo da consciência-de-si. Contudo, esse mundo é essência espiritual, é em si a compenetração do ser e da individualidade. Seu ser-aí é a *obra* da consciência-de-si, mas é igualmente uma efetividade imediatamente presente, e estranha a ela; tem um ser peculiar e a consciência-de-si ali não se reconhece.

Tal efetividade é a essência exterior e o livre conteúdo do direito; mas essa efetividade exterior, que o senhor do mundo do direito abrange dentro de si, não é só essa essência elementar que está presente, de maneira contingente, ao Si; mas é seu trabalho, não trabalho positivo, e sim negativo. Adquire seu ser-aí pela *própria* extrusão e desessenciamento da consciência-de-si, que na devastação imperante no mundo do direito parece impor-lhe a violência externa dos elementos desencadeados. Esses elementos são, para si, somente o puro devastar e a dissolução deles mesmos; e, contudo, essa dissolução - essa sua essência negativa - é precisamente o Si: que é seu sujeito, seu agir e vir-a-ser. Ora, esse agir e vir-a-ser, mediante os quais a substância se torna efetiva, é a alienação da personalidade; com efeito, o Si vigente em si e para si, *imediatamente*, isto é, *sem alienação*, é [um Si] sem substância, e joguete daqueles elementos tumultuosos. *Sua* substância é, pois, sua extrusão mesma, e a extrusão é a substância, ou seja, as potências espirituais que se ordenam para [constituírem] um mundo e por isso se mantêm.

485 – [Die Substanz ist] A substância, dessa maneira, é *espírito*, *unidade* consciente-de-si do Si e da essência; mas os dois têm também, um para o outro, o significado da alienação. O espírito é *consciência* de uma efetividade objetiva e livre para si. Contrapõe-se, porém, a essa consciência aquela unidade do Si e da essência; – à consciência *efetiva* se contrapõe a *consciência pura*.

De um lado, graças a sua extrusão, a consciência-de-si efetiva passa ao mundo efetivo; e vice-versa, o mundo efetivo a ela. Mas, de outro, suprassume-se justamente essa efetividade – tanto a pessoa quanto a objetividade: elas são [assim] puramente universais. Essa sua alienação é a *consciência pura* ou a *essência*. A presença tem imediatamente a oposição em seu *além*, que é seu pensar e ser-pensado; como o além tem seu oposto no aquém, que é sua efetividade, alienada dele.

486 – [Dieser Geist bildet] Portanto, esse espírito não constrói para si apenas *um* mundo, mas um mundo duplo, separado e oposto. O mundo do espírito ético é sua própria *presença*; e por isso cada potência dele está nessa unidade, e na medida em que as duas potências se distinguem está em equilíbrio com o todo. Nada tem [ali] a significação de um negativo da consciência-de-si; mesmo o espírito que partiu está presente no *sangue* dos parentes, no *Si* da família; e a *potência* universal do Governo é a *vontade*, o Si do povo.

Aqui, porém, o presente significa apenas uma *efetividade* puramente objetiva, que tem sua consciência além. Cada momento singular, como *essência*, recebe de um Outro essa consciência, e com isto a efetividade; e na medida em que é efetivo, sua essência é algo Outro que sua efetividade. Não há nada que tenha um espírito nele mesmo fundado e imanente, mas [tudo] está fora de si em um estranho: o equilíbrio do todo não é a unidade em si mesma permanente, ou a placidez dessa unidade em si mesma retornada, senão que repousa na alienação do [seu] oposto. Por conseguinte, o todo, como cada momento singular, é uma realidade alienada de si mesma; ele se rompe em um reino onde a *consciência-de-si é efetiva*, como também seu objeto; e em outro reino, o da *pura* consciência, que [está] além do primeiro, não tem presença efetiva, mas reside na *fé*.

Assim como agora o mundo ético, a partir da separação entre lei divina e lei humana, e de suas figuras; e sua consciência, a partir de sua separação entre saber e ignorância, retornam a seu destino, ao *Si* enquanto potência *negativa* dessa oposição, assim também vão retornar ao *Si* esses dois reinos do espírito alienado de si mesmo. Mas, se aquele era o primeiro Si imediatamente em vigor - a *pessoa* singular -, este segundo, que a si retorna de sua extrusão, será o *Si universal*, a consciência que capta o *conceito*; e esses mundos espirituais, cujos momentos se afirmam todos como uma efetividade fixa e uma subsistência não espiritual, vão dissolver-se na *pura inteligência*. Essa, como o Si que se *apreende* a si mesmo, consuma a cultura: nada apreende senão o Si, e tudo apreende como o Si, quer dizer, tudo *conceitua*; suprime toda a objetividade e transmuda todo o *ser-em-si* em um *ser-para-si*. Voltada contra a fé, como reino da *essência* estranho e situado além, é o *Iluminismo*. O Iluminismo leva a cabo a alienação, inclusive naquele reino onde se refugia o espírito alienado de si, como na consciência da quietude igual a si mesma. Perturba-lhe a ordem doméstica que o espírito administra no mundo da fé, introduzindo ali instrumentos do mundo do aquém, que o espírito não pode renegar como propriedade sua, já que sua consciência igualmente pertence a esse mundo.

Nessa tarefa negativa, a pura inteligência se realiza a si mesma, ao mesmo tempo, e produz seu objeto próprio - a *essência absoluta* incognoscível e o *útil*. Como a efetividade perdeu assim toda a substancialidade, e nela nada mais é *em si*, então ruiu tanto o reino da fé quanto o do mundo real. Essa revolução produz a *liberdade absoluta*; com ela, o espírito, antes alienado, retornou completamente a si; abandona essa terra da cultura e passa para outra - para a terra da *consciência moral*.

1 - O MUNDO DO ESPÍRITO ALIENADO DE SI

487 - [Die Welt dieses Geistes] O mundo desse espírito se desagrega em um mundo duplo: o primeiro é o mundo da efetividade ou o da alienação do espírito; o segundo, o mundo que o espírito, elevando-se sobre o anterior, constrói para si no éter da pura consciência. Este mundo, *oposto* àquela alienação, por isso mesmo não é livre dela, mas é antes somente a outra forma da alienação, que consiste precisamente em ter a consciência em dois mundos diversos, e que abarca ambos. O que aqui se considera não é, portanto, a consciência-de-si da essência absoluta, tal como é *em si* e *para si*; nem é a religião, mas a *fé*, enquanto é a *fuga* do mundo efetivo, e assim não é *em si* e *para si*. Essa fuga do reino da presença é, pois, imediatamente nela mesma uma dupla [fuga]. A pura consciência é o elemento no qual o espírito se eleva, mas não é só o elemento da *fé*, senão também o do *conceito*. Os dois entram em cena juntos e simultaneamente: e a fé é considerada somente em oposição ao conceito.

a – A CULTURA E O SEU REINO DA EFETIVIDADE

488 – [Der Geist dieser Welt] O espírito desse mundo é a *essência* espiritual, impregnada de uma consciência-*de-si*, que se sabe imediatamente presente como *esta* consciência-de-si *para si essente*, e que sabe a *essência* como uma efetividade contraposta a si. Mas o ser-aí desse mundo, como também a efetividade da consciência-de-si, descança no movimento pelo qual a consciência-de-si se extrusa de sua personalidade e assim produz o seu mundo; frente a ele se comporta como se fosse um mundo estranho, do qual devesse agora apoderar-se. Mas a renúncia de seu ser-para-si é ela mesma a produção da efetividade, da qual assim se apodera imediatamente pela renúncia.

Em outras palavras, a consciência-de-si só é *algo*, só tem *realidade*, na medida em que se aliena a si mesma: com isso se põe como universal, e essa sua universalidade é sua vigência e efetividade. Essa *igualdade* com todos não é, portanto, aquela igualdade do direito; não é aquele imediato ser-reconhecido e estar-em-vigor da consciência-de-si, pelo [simples] fato de que ela *é*; mas [se] ela vigora, é por se ter tornado conforme ao universal através da mediação alienadora. A universalidade carente-de-espírito, do direito, acolhe dentro de si e legitima qualquer modalidade do caráter como também do ser-aí; mas a universalidade que aqui vigora é a universalidade *que-veio-a-ser*, e que é, por isso, *efetiva*.

489 – [Wodurch also das] É, portanto, mediante a *cultura* que o indivíduo tem aqui vigência e efetividade. A verdadeira *natureza originária* do indivíduo, e [sua] substância, é o espírito da *alienação* do ser *natural*. Essa extrusão é, por isso, tanto o *fim*, como o *ser-aí* do indivíduo; é, ao mesmo tempo, o *meio* ou a *passagem*, seja da *substância pensada* para a *efetividade*, como inversamente da *individualidade determinada* para a *essencialidade*. Essa individualidade se forma para [ser] o que é *em si*, e só desse modo *é em si* e tem um ser-aí efetivo; tanto tem de cultura quanto tem de efetividade e poder. Embora o Si se saiba aqui efetivo como *este* [Si], contudo sua efetividade consiste somente no suprassumir do Si natural: a natureza *determinada* originária se reduz, portanto, à diferença *inessencial* de grandeza, a uma maior ou menor energia da vontade. Mas o fim e conteúdo da vontade pertencem unicamente à substância universal mesma e só podem ser um universal. A particularidade de uma natureza, que se torna fim e conteúdo, é algo *impotente e inefetivo:* é uma *espécie* que se esfalfa, vã e ridiculamente, para pôr-se à obra: é a contradição de atribuir ao particular a efetividade que é imediatamente o universal. Portanto, se a individualidade for posta erroneamente na *particularidade* da natureza e do caráter, não se encontram no mundo real nem individualidades nem caracteres, mas indivíduos que têm um ser-aí igual, uns em relação aos outros. Aquela suposta individualidade só é justamente o ser-aí *'visado'*, que não logra estabilidade nesse mundo, onde só alcança efetividade o que-se-extrusa-a-si-mesmo, e, portanto, só o universal.

O *'visado'* vale pelo que é: por uma espécie. Espécie [*Art*, em alemão] não é exatamente o mesmo que *espèce* [em francês], "o mais terrível de todos os apodos, por designar a mediocridade e exprimir o mais alto grau de desprezo"*. *"Espécie"* [*Art*] e *'bom em sua espécie'* são expressões que em alemão dão a esse significado um matiz honesto, como se não houvesse conotação pejorativa; ou como se essas expressões de fato não incluíssem ainda em si a consciência do que é espécie, e do que é cultura e efetividade.

490 – [Was in Beziehung] O que se manifesta em relação ao indivíduo singular como sua cultura é o momento essencial da *substância* mesma, isto é, o passar imediato de sua universalidade pensada à efetividade; ou é a alma simples da substância, por onde o *Em-si* é algo *reconhecido* e *ser-aí*. O movimento da individualidade que se cultiva é, pois, imediatamente, o vir-a-ser dessa individualidade como essência objetiva universal, quer dizer, como o vir-a-ser do mundo

---

* DIDEROT. *Le Neveu de Rameau*. In: Oeuvres, La Pleiade, p. 490.

efetivo. Esse, embora tenha vindo-a-ser por meio da individualidade, é para a consciência-de-si algo imediatamente alienado e tem para ela a forma de uma efetividade inabalável. Mas, ao mesmo tempo, certa de que esse mundo é sua substância, procede a apoderar-se dele: é pela cultura que obtém tal poder sobre o mundo. Vista desse ângulo, a cultura aparece como fazendo a consciência-de-si ajustar-se à efetividade, e quanto lhe permite a energia do caráter e do talento originários.

O que se manifesta aqui como a força do indivíduo - que tem a substância subjugada e por isso suprassumida - é o mesmo que a efetivação da substância. Com efeito, a força do indivíduo consiste em ajustar-se à substância, quer dizer, em extrusar-se de seu si, e pôr-se assim como substância *essente* objetiva. A cultura e a efetividade própria do indivíduo é, portanto, a efetivação da substância mesma.

491 – [Das Selbst ist sich] O Si só é efetivo para si como *suprassumido*. Portanto, o Si não constitui para ele a unidade da *consciência* de si mesmo e do objeto; mas o objeto é para o Si o seu negativo. Assim, mediante o Si, enquanto alma, a substância é plasmada em seus momentos, de tal modo que um oposto vivifica o outro; e cada um, através de sua alienação, dá subsistência ao outro, e dele igualmente a recebe. Ao mesmo tempo, cada momento tem sua determinidade como uma vigência imutável, e como uma firme efetividade, frente ao Outro. O pensar fixa essa diferença da maneira mais universal mediante a oposição absoluta do *bom* e do *mau* que, evitando-se [mutuamente], não podem de forma alguma vir-a-ser o mesmo. Porém, esse ser fixo tem por sua alma a passagem imediata ao oposto: o ser-aí é, antes, a inversão de toda a determinidade na sua oposta, e só essa alienação é a essência e o sustentáculo do todo. Resta a considerar esse movimento efetivante, e a vivificação [*Begeistung*] dos momentos: a alienação se alienará a si mesma, e, através dela, o todo se recuperará em seu conceito.

492 – [Zuerst ist die einfache] Deve-se considerar primeiro a própria substância simples na organização imediata de seus momentos *aí-essentes* ainda não vivificados. Ora, a natureza se desdobra em seus elementos universais, onde o ar é a essência *permanente*, puramente universal e translúcida; a água, ao contrário, a essência sempre *sacrificada*; o *fogo*, a unidade *animadora* deles que tanto anula sempre sua oposição quanto cinde nela sua simplicidade; a *terra*, enfim, é o *nó sólido* dessa articulação, e o *sujeito* dessas essências como de seu processo, seu sair e seu retornar. Pois, assim também a *essência* interior, ou o espírito simples da efetividade consciente-de-si, se desdobra como um mundo em massas universais semelhantes, mas espirituais. A primeira massa é a essência espiritual, *em si universal igual a si mesma.* A segunda, a essência *para-si-essente*, que se tornou *desigual* em si mesma, que se *sacrifica e se entrega.* A *terceira*, [a essência] que enquanto consciência-de-si é sujeito e tem imediatamente nela mesma a força do fogo. Na primeira essência, é consciente-de-si como *ser-em-si*, mas na segunda possui o vir-a-ser do *ser-para-si* mediante o sacrifício do universal. Porém, o espírito mesmo é o *ser-em-si-e-para-si* do todo, que se *divide* na substância como permanente e na substância como a que se sacrifica, e que igualmente a *recobra*, mais uma vez, em sua unidade, tanto como a chama que devora e consome a substância quanto como a sua figura permanente.

Nós vemos que essas essências correspondem à comunidade e à família do mundo ético, mas sem possuir o espírito doméstico que elas têm: ao contrário, se o destino é algo estranho para esse espírito, aqui a consciência-de-si *é* e *se sabe* como a potência efetiva de tais essências.

493 – [Dieser Glieder sind] Devemos considerar esses membros como são representados - quer no interior da pura consciência, enquanto *pensamentos* ou essências *em-si-essentes*; - quer na consciência efetiva, enquanto essências *objetivas.* A primeira essência, naquela forma da simplicidade como a essência *igual a si mesma*, imediata e imutável de toda a consciência, é o *bem:* a independente potência espiritual do *Em-si*, ao lado do qual o movimento da conciência para-si-essente é apenas incidental. A segunda essência, ao contrário, é a essência espiritual *passiva*, ou seja, o universal enquanto se entrega e faz os indivíduos tomarem nele consciência de sua singularidade: é a essência nula, o *mal.*

Esse absoluto dissolver-se da essência é, por sua vez, permanente. Enquanto a primeira essência é base, ponto de partida e resultado dos indivíduos, que são aí puramente universais, a segunda, ao contrário, de uma parte é o *ser para Outro* que se sacrifica, e de outra parte – e por isso mesmo – seu incessante retorno a si mesmo como algo *singular*, e seu permanente *vir-a-ser-para-si*.

494 – [Aber diese einfachen] Mas esses *pensamentos* simples do *bem* e do *mal* são também imediatamente alienados de si: são *efetivos*, e estão na consciência efetiva como momentos *objetivos*. Desse modo, a primeira essência é o *poder-do-Estado*, e a segunda, é a *riqueza*.

O poder-do-Estado é tanto a *substância* simples quanto a *obra* universal, a absoluta *Coisa mesma*, na qual é enunciada aos indivíduos sua *essência* – e sua singularidade só é pura e simplesmente a consciência de sua *universalidade*. Igualmente, o poder-do-Estado é a obra e o *resultado* simples em que desvanece [o fato de], que se origina do agir dos indivíduos; ele permanece a absoluta base e subsistência de todo o seu agir. Essa etérea substância *simples* de sua vida, por essa determinação de sua inalterável igualdade-consigo-mesma, é *ser*, e, portanto, é somente *ser para Outro*. É assim, em si, imediatamente o oposto de si mesma, a *riqueza*. Embora a riqueza seja, sem dúvida, o passivo ou nulo, mesmo assim é essência espiritual universal: tanto é o *resultado* que constantemente *vem a ser* do *trabalho* e do *agir de todos*, como por sua vez se dissolve no *gozo* de todos. De certo, no gozo a individualidade vem-a-ser *para-si*, ou seja, como individualidade *singular*; mas esse gozo mesmo é resultado do agir universal; como inversamente a riqueza produz o trabalho universal e o gozo de todos. O *efetivo* tem, pura e simplesmente, a significação espiritual de ser imediatamente universal. Nesse momento cada Singular supõe, sem dúvida, agir *por egoísmo*, pois é esse o momento em que se dá a consciência de ser para si, e por isso não toma esse momento como algo espiritual. Aliás, visto somente por fora, assim se mostra esse momento: no seu gozo, cada um dá a gozar a todos, e em seu trabalho, tanto trabalha para todos como trabalha para si e todos trabalham para ele. Portanto, seu *ser-para-si* é, em si, *universal*: o interesse pessoal é só algo 'visado' que não pode tornar efetivo o que 'visa', isto é, fazer alguma coisa que não redunde em benefício de todos.

495 – [In diesen beiden] Nessas duas potências espirituais a consciência-de-si reconhece, pois, sua substância, seu conteúdo e seu fim; nelas intui sua dupla-essência: em uma das potências, seu *ser-em-si*; na outra, seu *ser-para-si*. Mas a consciência-de-si, enquanto espírito, é ao mesmo tempo a *unidade* negativa de sua subsistência, e da separação da individualidade e do universal, ou da efetividade e do Si. Soberania e riqueza são, portanto, presentes ao indivíduo como objetos, quer dizer, como [coisas] tais de que ele se sabe *livre* e supõe que pode optar entre elas, ou mesmo não escolher nenhuma das duas. O indivíduo, como esta consciência livre e *pura*, contrapõe-se à essência como a algo que é somente *para ele.* Tem então a essência como *essência* dentro de si mesma. Nessa pura consciência, os momentos da substância para ele não são poder-do-Estado e riqueza, mas sim os pensamentos de *bem* e de *mal.*

No entanto, a consciência-de-si é, além disso, a relação de sua pura consciência com sua consciência efetiva, a relação do pensado com a essência objetiva: é essencialmente o *juízo.* Na verdade, para os dois lados da essência efetiva, já resultou através de suas determinações qual é o bom e qual é o mau: o bom é o poder do Estado, o mau é a riqueza. Contudo, esse primeiro juízo não pode ser considerado um juízo espiritual, pois nele um lado se determinou somente como o *em-si-essente* ou o positivo, e o outro só como o *para-si-essente,* e o negativo. Mas como essências espirituais são, cada um, a compenetração de ambos os momentos, e assim não se esgotam naquelas determinações. A consciência-de-si que com eles se relaciona é *em-si* e *para-si*; tem, portanto, de relacionar-se com cada um deles de uma dupla maneira, pela qual se patenteará sua natureza, [que consiste em] serem determinações alienadas para si mesmas.

496 – [Dem Selbstbewusstsein ist] Agora, para a consciência-de-si, é *bom* e *em si* aquele objeto no qual encontra a si mesma; e mau, objeto em que encontra o contrário de si. O *bem* é a *igualdade* da realidade objetiva com ela; o *mal,* porém, é sua *desigualdade.* Ao esmo tempo, o que é bom e mau *para ela,* é bom e mau *em si*; pois a consciência é justamente aquilo em que os dois momentos do *ser-em-si e* do *ser-para-si* são o mesmo: – ela é o espírito efetivo das essências objetivas, e o juízo é a demonstração de seu poder sobre elas, que *faz* delas o que são *em si.* Seu critério e sua verdade não é como elas são em si mesmas imediatamente o *igual e* o *desigual,* quer dizer, o Em-si e o Para-si abstratos, mas sim o que são na relação do espírito para com elas: sua igualdade ou desigualdade com o espírito.

A *relação* do espírito para com essas essências – que postas primeiro como *objetos* se convertem *graças a ele* no *Em-si* – torna-se, ao mesmo tempo, sua *reflexão sobre si mesmas*, mediante a qual adquirem um ser espiritual efetivo e se põe em evidência o que é *seu espírito.* Mas como sua primeira *determinação imediata* se distingue da *relação* do espírito para com elas, assim também o terceiro momento – o seu próprio espírito – se distinguirá do segundo. Antes de tudo, o *segundo Em-si* dessas essências, que surge através da relação do espírito com elas, tem já que resultar [como sendo] outro que o Em-si *imediato*; pois essa *mediação* do espírito antes põe em movimento a determinidade *imediata e* a converte em algo diverso.

497 – [Hiernach findet nun] Por conseguinte, a consciência *em si e para si essente* encontra, de certo, no *poder-do-Estado* sua *simples essência* e *subsistir* em geral, mas não sua *individualidade* como tal. Encontra nele, sem dúvida, seu *ser-em-si,* mas não seu *ser-para-si*; ou melhor, encontra nele o agir, como agir singular renegado e submetido à obediência. Frente a esse poder, assim, o indivíduo se reflete sobre si mesmo. O poder-do-Estado é, para ele, a potência opressora, e o *mal*; porque, em lugar de ser o igual, é simplesmente o desigual [em relação] à individualidade. A *riqueza,* ao contrário, é o *bem:* tende ao gozo universal, a todos se entrega e lhes proporciona a consciência de seu Si. A riqueza *em si* é a beneficência universal; se nega algum benefício, ou se não é complacente para qualquer necessidade, isso é uma contingência que em nada prejudica sua essência necessária universal, que consiste em comunicar-se a todos os Singulares, e em ser doadora de mil mãos.

498 – [Diese beiden Urteile] Esses dois juízos dão aos pensamentos de bem e mal um conteúdo contrário ao que tinham para nós. Mas inicialmente a consciência-de-si se relacionou apenas de forma incompleta com seus objetos, a saber, somente segundo o critério do *ser-para-si.* Contudo, a consciência é também essência *em-si-essente,* e deve tomar igualmente como critério esse lado, por meio do qual, somente, se completa o juízo espiritual. Segundo esse lado o *poder-do-Estado* exprime para a consciência sua *essência.* Esse poder, de uma parte, é lei estável e, de outra parte, é governo e mandamento que ordena os movimentos singulares do agir universal. Um [lado] é a própria substância simples; o outro, o agir dessa substância que vivifica e conserva a si mesma e a todos. Aí o indivíduo encontra, pois, seu fundamento e sua essência declarados, organizados e ativados. Ao contrário, no gozo da *riqueza*, o indivíduo não experimenta sua essência universal, mas adquire somente a consciência transitória e o gozo de si mesmo como uma *singularidade para-si-essente*, e como *desigualdade* em relação à sua essência. Neste ponto os conceitos de *bem* e *mal* assumem, portanto, um conteúdo oposto ao precedente.

499 – [Diese beiden Weisen] Essas duas maneiras do julgar encontram, cada qual, uma *igualdade* e uma *desigualdade*. A primeira consciência julgadora acha o poder-do-Estado *desigual*, e gozo da riqueza, *igual* a ela: ao contrário, a segunda acha o poder-do-Estado igual, e o gozo da riqueza *desigual* a ela. Trata-se de um duplo *achar-igual* e de um duplo *achar-desigual:* o que está presente é uma relação oposta entre as duas essencialidades reais.

Nós devemos julgar esse próprio julgar diversificado, e para isso temos que aplicar o critério estabelecido. Assim a relação *que encontra-igualdade* da consciência, é o *bem*; a que *encontra-desigualdade*, é o *mal*; e essas duas modalidades da relação devem ser retidas, daqui em diante, como *figuras diversas da consciência*. Porque se relaciona de maneiras diversas, a consciência cai sob a determinação da diversidade de ser boa ou má: e não porque tenha como princípio seja o *ser-para-si*, seja o puro *ser-em-si*; já que os dois são momentos igualmente essenciais. O duplo julgar acima considerado apresentava separados os princípios, e por isso continha somente modos *abstratos* do *julgar*. A consciência efetiva possui nela os dois princípios, e a diferença só recai em sua *essência*, a saber, na *relação* de si mesma com o real.

500 – [Die Weise dieser] Essa relação assume duas modalidades opostas: uma, é atitude frente ao poder-do-Estado e à riqueza, como a algo *igual*; a outra, como a algo *desigual*. A consciência da relação que encontra-igualdade é a consciência *nobre*. No poder público considera o igual a si mesma; [vê] que nele tem sua *essência simples* e a ativação dessa essência, e se coloca no serviço da obediência efetiva como [no serviço] do respeito interior para com essa essência. Dá-se o mesmo com a riqueza, que lhe proporciona a consciência de seu outro lado essencial – o do *ser-para-si*. Por isso a consciência nobre a considera igualmente como *essência* em relação a si, e reconhece por benfeitor quem lhe dá acesso ao gozo da riqueza; e se tem como obrigada à gratidão.

501 – [Das Bewusstsein der] Ao contrário, a consciência da outra relação é a consciência *vil*, que sustenta a *desigualdade* com as duas essencialidades. Assim, vê na soberania uma algema e opressão do *ser-para-si*; e por isso odeia o soberano, só obedece com perfídia, e está sempre disposta à rebelião. Na riqueza, pela qual obtém o gozo de seu ser-para-si, também só vê a desigualdade, a saber, a desigualdade com a *essência* permanente. Através dela, como chega somente à consciência da singularidade e do gozo efêmero, ama a riqueza, mas a despreza; e com o desvanecer do gozo, considera como desvanecida também sua relação para com o rico [benfeitor].

502 – [Diese Beziehungen drücken] Tais relações agora exprimem unicamente o *juízo*, a determinação do que são as duas essências enquanto *objetos* para a consciência – [mas] não ainda enquanto *em si* e *para si*. A reflexão que é representada no juízo, de um lado é somente *para nós* um pôr de uma como da outra determinação, e, portanto, um igual suprassumir de ambas: não é ainda a reflexão delas para a consciência mesma. De outro lado, só imediatamente *são essências:* nem *vieram-a-ser* isso, nem são nelas, consciências-*de-si*. Não é ainda seu princípio vivificante, aquilo para o que são: são predicados, que ainda não são, eles mesmos, sujeito. Devido a essa separação, também o todo do juízo espiritual ainda reside, separadamente, em duas consciências, cada uma delas sujeita a uma determinação unilateral.

Como inicialmente se elevava ao *juízo*, que é a relação de ambos, a *indiferença* dos dois lados da alienação – de um lado, o *Em-si* da consciência pura, isto é, dos *pensamentos* determinados de bem e mal; e de outro lado, seu *ser-aí*, como poder-do-Estado e riqueza – assim essa relação exterior deve elevar-se à unidade interior, ou como relação do pensar, elevar-se à efetividade; e deve surgir o espírito das duas formas de juízo. Isso ocorre quando o *juízo* se torna *silogismo:* torna-se movimento mediatizante em que surgem a necessidade e o meio-termo das duas partes do juízo.

503 – [Das edelmütige Bewusstsein] A consciência nobre se encontra assim no juízo frente ao poder-do-Estado, de modo que esse não é ainda um Si, na verdade, mas apenas a substância universal; mas a consciência nobre está consciente de que essa substância é sua *essência*, fim e conteúdo absoluto. Dessa maneira relacionando-se positivamente com ela, comporta-se negativamente para com os seus próprios fins, para com seu conteúdo particular e ser-aí, e os faz desvanecer. A consciência nobre é o heroísmo do *serviço:* – a *virtude* que sacrifica o ser singular ao universal, e por isso leva o universal ao ser-aí; - a *pessoa* que renuncia à posse e ao gozo de si mesma, que age e que é efetiva para o poder vigente.

504 – [Durch diese Bewegung] Mediante esse movimento, o universal é concluído com o ser-aí, em geral; como [também] a consciência *aí-essente*, mediante essa extrusão, se forma para a essencialidade. A consciência, em cujo serviço se aliena, é sua [própria] consciência submersa no ser-aí. Ora, o *ser* alienado de si é o *Em-si*; assim a consciência consegue, mediante essa cultura, o respeito a si mesma, e o respeito junto aos outros.

Mas o poder-do-Estado, que de início era somente o universal *pensado* – o *Em-si* –, torna-se justamente por esse movimento o universal *essente*, a potência efetiva. Potência que só é tal na efetiva obediência, que obtém por meio do *juízo* da consciência-de-si, [declarando] que o poder-do-Estado é a *essência*; e por meio do livre sacrifício de si a esse poder. Tal agir, que conclui a essência junto com o Si, produz a *dupla* efetividade: [produz a] si, como o que tem efetividade *verdadeira*, e o poder-do-Estado, como o *verdadeiro* que *tem vigência.*

505 – [Diese ist aber durch] No entanto, mediante essa alienação, o poder-do-Estado ainda não é uma consciência-de-si que se sabe como poder-do-Estado: é apenas sua lei ou seu *Em-si* que tem vigência. Não possui ainda nenhuma *vontade particular*, pois a consciência-de-si servidora ainda não extrusou seu puro Si, e assim vivificou [*begeistet*] o poder-do-Estado, mas só [o vivificou] com o seu ser: só lhe sacrificou seu *ser-aí*, mas não seu *ser-em-si.*

Essa consciência-de-si tem valor como consciência que é conforme à *essência*; é reconhecida graças ao seu *ser-em-si.* Os outros nela encontram sua *essência* ativada, mas não seu ser-para-si; encontram implementado seu pensar, ou pura consciência, mas não sua individualidade. Portanto, tem valor no *pensamento* deles, e desfruta da *honra.* É o *orgulhoso* vassalo, que desempenha sua atividade em prol do poder-do-Estado, na medida em que esse poder não é vontade própria, mas vontade *essencial;* – vassalo que só tem valor para si nessa *honra,* no representar *essencial* da opinião pública, não na opinião *agradecida* da individualidade [do monarca] que ele não ajudou a elevar-se a seu *ser-para-si.* Sua *linguagem,* caso se referisse à vontade própria do poder do Estado, o qual ainda não veio-a-ser, seria o *conselho,* que ele dá para o bem-maior universal.

506 – [Die Staatsmacht ist] Assim, o poder-do-Estado ainda está sem-vontade frente ao conselho. Não decide entre as diversas opiniões sobre o bem-maior universal; não é ainda *Governo,* e, portanto, na verdade nem é ainda efetivo poder-do-Estado.

O *ser-para-si,* a *vontade,* que como vontade ainda não foi sacrificada, é o espírito interior separatista dos estamentos, que se reserva seu bem *particular,* em contraste com seu discurso sobre o bem *universal,* e tende a fazer dessa retórica do bem universal um sucedâneo para o agir. O sacrifício do ser-aí, que ocorre no serviço, na verdade só é completo quando chega até à morte; mas o perigo superado da própria morte - a que se sobreviveu - deixa como resíduo um determinado ser-aí e com isso um *particular Para-si* que torna ambíguo e suspeito o conselho para o bem universal; e que de fato se reserva, contra o poder-do-Estado, a opinião própria e a vontade particular. Em consequência, ainda se comporta desigualmente para com o poder-do-Estado, e recai sob a determinação da consciência vil, [que é] estar sempre disposta à rebelião.

507 – [Dieser Widerspruch, den] Essa contradição, que o *ser-para-si* tem de suprassumir, contém nessa forma, de pôr-se na desigualdade do ser-para-si frente à universalidade do poder-do-Estado, ao mesmo tempo a forma, de que aquela extrusão do ser-aí - em que ela se completa, isto é, na morte - é ela mesma uma extrusão *essente,* e não uma [extrusão] que retorna à consciência. Aliás, tampouco a consciência lhe sobrevive, nem é *em si* e *para si,* mas passa somente ao seu contrário não reconciliado.

O verdadeiro sacrifício do *ser-para-si* só é, pois, o sacrifício em que ele se abandona tão completamente como na morte, porém, mantendo-se igualmente nessa extrusão: assim se torna efetivo como o que é em si, como unidade idêntica de si mesmo, e de si como o oposto. Porque o espírito interior posto à parte - o Si como tal - emerge e se aliena, o poder-do-Estado é erigido ao mesmo tempo em [um] Si próprio; assim como, sem essa alienação, as ações da honra, da consciência nobre e os conselhos de seu discernimento permaneceriam algo ambíguo que manteria ainda aquela cilada à parte - da intenção particular e da vontade própria.

508 - [Diese Entfremdung aber] Contudo, essa alienação somente ocorre na *linguagem* que se apresenta aqui em sua significação característica. No mundo da eticidade, [como] *lei* e *mandamento*; no mundo da efetividade, [como] conselho apenas - a linguagem tem por conteúdo a *essência*, e é a forma desse conteúdo. Aqui, porém, recebe por conteúdo a forma mesma que é a linguagem, e tem valor como *linguagem:* é a força do falar como um [falar] tal que desempenha o que é para desempenhar. Com efeito, a linguagem é o *ser-aí* do puro Si, como Si; pela linguagem entra na existência a *singularidade para si essente* da consciência-de-si como tal, de forma que ela é *para os outros.* O *Eu*, como este *puro* Eu, não está *aí* de outra maneira: em qualquer outra exteriorização está imerso em uma efetividade e em uma figura da qual pode retirar-se; é refletido sobre si mesmo a partir de sua ação, como também de sua expressão fisiognômica, deixando jazer inanimado um tal ser-aí imperfeito no qual está sempre tanto demasiado, como demasiado pouco.

Mas a linguagem contém o Eu em sua pureza; só expressa o *Eu*, o Eu mesmo. Esse *ser-aí* do Eu é, como *ser-aí*, uma objetividade que contém a verdadeira natureza dele. O *Eu* é *este* Eu, mas é igualmente o Eu *universal.* Seu aparecer também é imediatamente a extrusão e o desvanecer *deste* Eu, e por isso seu permanecer em sua universalidade. O *Eu* que se expressa é *escutado:* é um contágio, no qual passou imediatamente à unidade com aqueles para os quais "está-aí", e é consciência-de-si universal.

Em ser *escutado*, nisso *expira* imediatamente seu *ser-aí* mesmo: esse seu ser-outro retornou a si, e justamente isso é seu ser-aí como [um] *agora* consciente-de-si: já que está aí, não [mais] estar-aí, - e através desse desvanecer, estar aí. Assim, esse desvanecer é ele mesmo, imediatamente, seu permanecer; é seu próprio saber de si, e seu saber de si como de alguém que passou para outro Si, que foi escutado e é universal.

509 – [Der Geist erhält] O espírito obtém aqui essa efetividade, porque os extremos, cuja *unidade* constitui, têm de modo igualmente imediato a determinação de serem para si efetividades próprias. Sua unidade se rompe em lados rígidos, - cada um dos quais é para o outro [um] objeto efetivo excluído dele. Surge, pois, a unidade como um *meio-termo*, que é excluído e diferenciado da efetividade separada dos lados; ela mesma tem, por isso, uma objetividade efetiva distinta de seus lados, e é *para eles*, quer dizer, é algo *aí-essente*. A *substância espiritual* enquanto tal só entra na existência quando ganhou, como seus lados, tais consciências-de-si, que sabem este puro Si como efetividade que *tem valor imediatamente*; e que assim sabem de modo igualmente imediato que isso só é através da *mediação* alienadora. Mediante aquele saber, os momentos são purificados até [se tornarem] a categoria que se sabe a si mesma, e por isso, até o ponto de serem momentos do espírito; através dessa [mediação alienadora] o espírito entra no ser-aí como espiritualidade.

O espírito é, desse modo, o meio-termo, que pressupõe aqueles extremos, e é produzido pelo ser-aí deles; mas é igualmente o todo espiritual que irrompe entre os extremos, que neles se fraciona, e só através desse contato produz cada um deles para [formarem] o todo em seu princípio. O fato de que os dois extremos já estejam *em si* suprassumidos e dissociados faz surgir sua unidade, a qual é o movimento que conclui os dois conjuntamente, permutando suas determinações, e na verdade concluindo-as juntas *em cada extremo*. Essa mediação põe assim o *conceito* de cada um dos dois extremos em sua efetividade, ou seja, eleva ao seu *espírito* o que cada um é *em si*.

510 – [Die beiden Extreme] Os dois extremos - o poder do Estado e a consciência nobre - são dissociados por essa última: o poder-do-Estado divide-se no universal abstrato, ao qual se obedece, e na vontade *para-si-essente*, que aliás ainda não se ajusta ao universal. A consciência nobre se divide na obediência do ser-aí suprassumido, ou seja, no *ser-em-si* do amor-próprio e da honra - e no puro ser-para-si ainda não suprassumido, na vontade que ainda permanece à espreita, [sem renunciar à sua independência]. Os dois momentos, em que os dois lados chegaram à pureza, sendo por isso os momentos da linguagem, são o *universal abstrato* que se chama bem-maior comum, e o puro *Si* que no serviço renuncia à sua consciência submersa no múltiplo ser-aí. No conceito, os dois são o mesmo; já que o puro Si é precisamente o universal abstrato, e, portanto, é sua unidade posta como meio-termo. Mas o *Si* só é efetivo no extremo da consciência, enquanto o *Em-si* só o é no extremo do poder-do-Estado. Falta à consciência isto: que o poder-do-Estado tenha passado para ela não apenas como *honra*, mas efetivamente; e falta ao poder-do-Estado que se lhe obedeça não só como ao chamado bem-maior comum, mas como a [uma] vontade; por outra, que ele seja o *Si* que-decide.

A unidade do conceito em que reside ainda o poder-do-Estado, e no qual a consciência alcançou sua pureza, torna-se efetiva nesse *movimento mediatizante* cujo ser-aí simples, como *meio-termo*, é a linguagem. Contudo, essa unidade não tem ainda como um dos seus lados os dois Si presentes como *Si*. Com efeito, o poder-do-Estado só é vivificado [convertendo-se] em um Si; portanto, essa linguagem não é ainda o espírito tal como ele plenamente se sabe e se exprime.

511 – [Das edelmütige Bewusstsein] A consciência nobre, por ser o extremo do Si, manifesta-se como aquilo donde procede a *linguagem*, mediante a qual os lados da relação se configuram em totalidades animadas. O heroísmo do serviço silencioso torna-se o *heroísmo da lisonja*. Essa reflexão falante, do serviço, constitui o meio-termo espiritual que se dissocia, e que reflete não só sobre si mesmo seu próprio extremo, mas também o extremo do poder universal sobre ele mesmo; fazendo esse poder, que é somente *em si*, tornar-se um *ser-para-si*, tornar-se a singularidade da consciência-de-si. Desse modo ela se torna o espírito desse poder, [que é] ser um *monarca ilimitado*. *Ilimitado:* [porque] a linguagem da lisonja eleva o poder à sua *universalidade* purificada; como produto da linguagem, o momento do ser-aí elevado à pureza do espírito é uma purificada igualdade-consigo-mesmo. *Monarca:* [porque] a linguagem leva igualmente a *singularidade* a seu cúmulo. Desse ponto de vista da simples unidade espiritual, aquilo de que a consciência nobre se extrusa, é o puro *Em-si de seu pensar*, seu Eu mesmo. Mais precisamente: a linguagem eleva a singularidade – que aliás seria apenas algo *'visado'* – à sua pureza *aí-essente*, ao dar ao monarca o *nome* próprio. Pois é no nome somente que a diferença do Singular não é [apenas] *'visada'* por todos os outros, mas é feita efetiva por todos. No nome, o Singular *conta* como puramente singular, não mais em sua consciência somente, mas na consciência de todos. Portanto, graças ao nome, o monarca é completamente separado de todos, posto à parte e isolado; no nome, o monarca é o átomo que nada pode comunicar de sua essência, e que não tem igual a si.

O nome do monarca é, por isso, a reflexão-sobre-si, ou a *efetividade*, que o poder universal tem *nele mesmo*; graças ao nome, esse poder é o *monarca*. Inversamente, ele, *este Singular*, sabe por isso a si, *este Singular*, como o poder universal: - porque os nobres não se postam ao redor do trono só para o serviço do poder-do-Estado, mas também como *ornamentação*; e para *dizerem* sempre a quem se senta no trono o que ele *é*.

512 – [Die Sprache ihres] Desse modo a linguagem do seu elogio é o espírito que no *poder mesmo do Estado* concluiu juntamente os dois extremos; reflete o poder abstrato sobre si, e lhe dá o momento do outro extremo - o *ser-para-si* que quer e que decide; e com isso [lhe confere] a existência consciente-de-si. Ou seja, por meio disso, a consciência-de-si *singular, efetiva*, chega *a saber-se certa* [de si] como o poder. E o ponto do Si, aonde confluíram os múltiplos pontos, mediante a extrusão da *certeza interior*.

Como, porém, esse espírito próprio do poder-do-Estado consiste em ter sua efetividade e seu alimento no sacrifício do agir e do pensar da consciência nobre, esse poder é a *independência alienada* de si [mesma]. A consciência nobre, [que é] o extremo do *ser-para-si*, recupera o extremo da *universalidade efetiva* em troca da universalidade do pensar, que ela extrusou de si: o poder-do-Estado *transferiu-se* para a consciência nobre. Somente nela a força do Estado se torna verdadeiramente ativa. Em seu *ser-para-si* deixa de ser a *essência inerte*, como aparecia enquanto extremo do ser-em-si abstrato.

Considerado *em-si, o poder-do-Estado refletido sobre si*, ou o [fato de] ter-se tornado espírito, não significa outra coisa senão que esse poder se tornou *momento da consciência-de-si*; quer dizer, só é como *suprassumido*. Por isso é agora a essência, como uma essência cujo espírito é ser sacrificado e entregue; ou seja, existe como *riqueza*. Na verdade, o poder-do-Estado ao mesmo tempo continua subsistindo como uma efetividade, em contraste com a riqueza, na qual se transforma sempre, segundo o conceito. Mas é uma efetividade, cujo conceito é precisamente esse movimento de passar ao seu contrário - a extrusão do poder - através do serviço e da homenagem pelos quais vem-a-ser.

Assim, pelo aviltamento da consciência nobre, o *Si* peculiar - que é a vontade do poder-do-Estado - se torna para si a universalidade que-se-extrusa, em uma completa singularidade e contingência, que se abandona a qualquer vontade mais poderosa. O que resta a esse Si, de sua independência *universalmente* reconhecida e incomunicável, é o nome vazio.

513 - [Wenn also das edelmütige] Assim, embora a consciência nobre se tenha determinado como a que se comporta de uma maneira *igual* para com o poder universal, sua verdade é, antes, conservar para si, no serviço que presta, seu próprio ser-para-si; e ser, contudo, na renúncia peculiar de sua personalidade, o efetivo suprassumir e dilacerar da substância universal. Seu espírito é a relação da completa desigualdade: de uma parte, é reter na sua honra a vontade própria, e, de outra parte, no abandonar dessa vontade, por um lado alienar-se de seu interior e converter-se na suprema desigualdade consigo mesmo; e, por outro, submeter a si desse modo a substância universal e torná-la completamente desigual consigo mesma.

É evidente que com isso desvaneceu a determinidade que tinha no *juízo* contra o que se chamava consciência vil; e, por conseguinte, ela também desvaneceu. A consciência vil alcançou seu fim, a saber: levar o poder universal a [ficar] sob o ser-para-si.

514 - [So durch die] Assim enriquecida por meio do poder universal, a consciência-de-si existe como *benefício universal*, ou seja, é a *riqueza*, que de novo é objeto para a consciência. Com efeito, a riqueza é na verdade para a consciência o universal subjugado, mas que ainda não retornou absolutamente ao Si, mediante esse primeiro suprassumir. O *Si* não *se* tem ainda *como Si*, por objeto, e sim a *essência universal suprassumida*. Como esse objeto somente veio-a-ser, é posta a relação *imediata* da consciência com ele. A consciência, portanto, ainda não apresentou sua desigualdade para com o objeto: é a consciência nobre, que conserva seu ser-para-si no universal que-se-tornou inessencial; por isso o reconhece, e é agradecida para com o benfeitor.

515 – [Der Reichtum hat] A riqueza já possui nela mesma o momento do ser-para-si. Não é o universal, carente-de-si, do poder-do-Estado, nem a espontânea natureza inorgânica do espírito; mas é o poder, tal como se sustenta em si mesmo por meio da vontade, contra quem quiser apoderar-se dele para seu bel-prazer. Ora, como a riqueza só tem a forma da essência, [então] esse ser-para-si unilateral – que não é *em si*, mas é antes, o Em-si suprassumido – é o retorno inessencial do indivíduo a si mesmo no gozo da riqueza. Assim a riqueza precisa, ela mesma, da vivificação; e o movimento de sua reflexão consiste em que a riqueza – que é só para si – se torne um *ser-em-si-e-para-si*; que ela, que é a essência suprassumida, se torne essência; desse modo recebe nela mesma seu próprio espírito. Como acima já foi analisada a forma desse movimento, aqui é suficiente determinar-lhe o conteúdo.

516 – [Das edelmütige Bewusstsein] Assim, a consciência nobre não se relaciona aqui com o objeto enquanto essência em geral; ao contrário, o que é um estranho para ela, é o próprio *ser-para-si*. Ela *encontra* seu Si como tal, alienado, como uma efetividade fixa objetiva, que deve receber de um outro ser-para-si fixo. Seu objeto é o ser-para-si, e, portanto, o [que é] *seu*; mas, por ser objeto, é ao mesmo tempo imediatamente uma efetividade alheia que é ser-para-si próprio, vontade própria. Quer dizer: vê o seu Si em poder de uma vontade alheia, da qual depende conceder-lhe o seu Si.

517 – [Von jeder einzelnen] A consciência-de-si pode abstrair de cada lado singular, e por isso, seja qual for a sujeição em que se encontre com respeito a um deles, mantém seu ser-reconhecido e [seu] *valer-em-si* como de essência para si *essente*. Aqui, porém, ela se vê, do lado de sua mais própria *efetividade* pura – ou de seu Eu –, fora de si e pertencente a um Outro. Vê sua *personalidade*, como tal, dependendo da personalidade contingente de um Outro; do acaso de um instante, de um capricho, ou aliás de uma circunstância indiferente.

No Estado-de-direito, o que está sob o poder da essência objetiva aparece como um *conteúdo contingente*, do qual se pode abstrair; e o poder não afeta o *Si* como *tal*: mas o Si é, antes, reconhecido.

Porém, aqui o Si vê a certeza de si, enquanto tal, ser o mais inessencial; e a personalidade pura, ser a aboluta impessoalidade. Por isso, o espírito de sua gratidão é o sentimento tanto dessa abjeção mais profunda, como também da mais profunda revolta. Ao ver-se o puro Eu mesmo, fora de si e dilacerado, nesse dilaceramento ao mesmo tempo se desintegrou e foi por terra tudo o que tem continuidade e universalidade - o que se chama lei, bom e justo. Dissolveu-se tudo o que é igual, pois o que está presente é a mais *pura desigualdade*, a absoluta inessencialidade do absolutamente essencial, o ser-fora-de-si do ser-para-si. O puro Eu mesmo está absolutamente dilacerado.

518 – [Wenn also von dem] Assim, embora essa consciência recupere, da riqueza, a objetividade do ser-para-si e a suprassuma, contudo segundo o seu conceito não é só incompleta - como a reflexão precedente - mas [também] insatisfeita para si mesma. A reflexão, na qual o Si se recebe como algo objetivo, é a contradição imediata posta no puro Eu mesmo. Mas, como Si, essa consciência está imediatamente, ao mesmo tempo, acima dessa contradição: é a absoluta elasticidade que suprassume de novo esse Ser-suprassumido do Si: que rejeita essa rejeição na qual seu ser-para-si se tornaria como um estranho para ela; e revoltada contra esse receber-se a si mesma [como objeto], ela é *para si* no [ato mesmo de] *receber.*

519 – [Indem also das] Como o comportamento dessa consciência está, assim, vinculado ao dilaceramento absoluto, descarta-se em seu espírito a diferença de ser ela determinada como consciência nobre em oposição à consciência *vil*; e ambas são o mesmo. O espírito da riqueza benfeitora pode, aliás, ser diferenciado do espírito da consciência que recebe o benefício, e tem de ser considerado à parte. A riqueza era o ser-para-si carente-de-essência, a essência que se entregava. Mas, por meio de sua comunicação, se torna um *Em-si.* Enquanto cumpre sua destinação - [que é] sacrificar-se - suprassume a singularidade de gozar só para si, e como singularidade suprassumida é *universalidade* ou *essência.*

O que a riqueza comunica, o que dá aos outros, é o *ser-para-si.* Mas não se dá como uma natureza carente-de-si, como aquela condição de vida que espontaneamente se entrega; e sim, como essência consciente-de-si que é dona de si mesma: não é a potência inorgânica do elemento, que é conhecida pela consciência que recebe, como em si transitória, mas é a potência sobre o Si, que se sabe *autônoma* e *arbitrária,* e ao mesmo tempo sabe que aquilo, que outorga, é o Si de um outro.

A riqueza comparte, assim, a abjeção com o seu cliente; mas a arrogância toma o lugar da revolta. Com efeito, por um lado ela sabe, como o cliente, o *ser-para-si* como uma *coisa* contingente; mas ela mesma é essa contingência, em cujo poder está a personalidade. Nessa arrogância - que acredita ter ganho um Eu-mesmo alheio em troca de um almoço, e ter assim obtido a submissão de sua mais íntima essência - ela passa por alto a revolta interior do outro: não leva em conta o rompimento completo de todas as cadeias, esse puro dilaceramento, para o qual - já que se lhe tornou completamente desigual a *igualdade-consigo-mesmo* do ser-para-si - todo o igual, toda a subsistência se dilacerou. Por isso, se dilacerou, sobretudo, a opinião e o ponto de vista do benfeitor. A riqueza está agora, imediatamente, diante desse abismo mais íntimo; diante dessa profundeza sem-fundo onde desvanece toda a firmeza e substância; e nessa profundeza nada enxerga senão uma coisa vulgar, um jogo de seu capricho, um acidente de seu arbítrio. Seu espírito é ser a opinião - totalmente vazia-de-essência - a superfície que o espírito abandonou.

520 - [Wie das Selbstbewusstsein] Como a consciência-de-si tinha sua linguagem frente ao poder-do-Estado, ou seja, o espírito surgia entre esses extremos como meio-termo efetivo, assim também possui sua linguagem frente à riqueza; mais ainda: sua revolta tem sua [própria] linguagem. A linguagem que dá à riqueza a consciência de sua essencialidade, e com isso dela se apodera, é igualmente a linguagem da lisonja; mas da [lisonja] ignóbil. Com efeito, o que exprime como essência, sabe que é a essência que se entrega, que não é *em si essente.* Porém, a linguagem da lisonja - como antes já lembramos - é o espírito ainda unilateral. Pois, na verdade, seus momentos são: o *Si,* que foi refinado mediante a cultura do serviço até a pura existência; e o *ser-em-si* do poder. Mas ainda não está, na consciência dessa linguagem, o puro conceito no qual são o mesmo o simples *Si* e o *Em-si:* aquele puro Eu, e esta pura essência, ou puro pensar. Essa unidade dos dois lados, entre os quais ocorre a ação-recíproca, não está na consciência dessa linguagem; para ela, o objeto ainda é o *Em-si* em oposição ao Si, ou seja, seu *objeto* não é para ela, ao mesmo tempo, seu próprio *Si* como tal.

Mas a linguagem do dilaceramento é a linguagem perfeita, e o verdadeiro espírito existente de todo esse mundo da cultura. Essa consciência-de-si, à qual pertence a revolta que rejeita sua rejeição, é imediatamente a absoluta igualdade-consigo-mesma no dilaceramento absoluto - a mediação pura da pura consciência-de-si consigo mesma. Ela é a igualdade do juízo idêntico em que uma só e a mesma personalidade é tanto sujeito quanto predicado. Mas esse juízo idêntico é, ao mesmo tempo, o juízo infinito; pois essa personalidade está absolutamente cindida, e o sujeito e o predicado são pura e simplesmente *Essentes indiferentes,* que nada têm a ver um com o outro, sem unidade necessária, a ponto de cada um ser a potência de uma personalidade própria.

O *ser-para-si* tem *seu ser-para-si* por objeto, como algo simplesmente *Outro*; e ao mesmo tempo, de modo igualmente imediato, como *si mesmo*; [tem por objeto a] si como um Outro, não que esse tenha um outro conteúdo, mas o conteúdo é o mesmo Si na forma de absoluta oposição, e de um ser-aí indiferente completamente próprio. Assim está aqui presente o espírito desse mundo real da cultura: espírito *consciente* de si em sua verdade e *[consciente]* de seu *conceito.*

521 - [Er ist diese absolute] Esse espírito é esta absoluta e universal inversão e alienação da efetividade e do pensamento: a *pura cultura.* O que no mundo da cultura se experimenta é que não têm verdade nem as *essências efetivas* do poder e da riqueza, nem seus *conceitos* determinados, bem e mal, ou a consciência do bem e do mal, a consciência nobre e a consciência vil; senão que todos esses momentos se invertem, antes, um no outro, e cada um é o contrário de si mesmo. O poder universal que é a *substância,* enquanto chega à sua espiritualidade própria através do princípio da individualidade, recebe nele seu próprio Si apenas como o nome; e enquanto poder *efetivo,* é antes a essência impotente que se sacrifica a si mesma. Mas tal essência, carente-de-si e abandonada - ou seja, o Si tornado coisa -, é antes o retorno da essência a si mesma: é o *ser-para-si, essente-para-si,* a existência do espírito.

Os *pensamentos* dessas essências, do *bem* e do *mal,* invertem-se também nesse movimento: o que é determinado como bom, é mau; o que é determinado como mau, é bom. A consciência de cada um desses momentos, julgada como consciência nobre ou vil, são consciências que em sua verdade são antes o inverso do que devem ser tais determinações: tanto a nobre é vil e abjeta como a abjeção se muda na nobreza da liberdade mais aprimorada da consciência-de-si. Do mesmo modo, considerado formalmente, tudo é *para fora* o inverso do que é para *si*, em compensação, o que é para si, não o é em verdade, e sim algo outro do que pretende ser: o ser-para-si é antes a perda de si mesmo, e a alienação de si é antes a preservação de si mesmo. Assim, o que ocorre é isto: todos esses momentos exercem uma justiça universal reciprocamente; cada um tanto se aliena em si mesmo quanto se configura no seu contrário, e dessa maneira o inverte.

No entanto, o espírito verdadeiro é justamente essa unidade dos absolutamente separados; na verdade o espírito, como seu meio-termo, chega à existência precisamente pela *livre efetividade* desses extremos *carentes-de-si*. Seu ser-aí é o *falar* universal e o *julgar* dilacerante, em que se dissolvem todos aqueles momentos que devem vigorar como essências e membros efetivos do todo; e é também esse jogo consigo mesmo, de dissolver-se. Esse julgar e falar é pois o verdadeiro e incoercível, enquanto tudo subjuga; é aquilo que só *verdadeiramente* conta nesse mundo real.

Cada parte desse mundo chega, pois, ao resultado de que seu espírito seja enunciado, ou seja, que se fale dela com espírito, e se diga o que ela é. A consciência honrada toma cada momento por uma essência permanente; e é inculta carência-de-pensamento não saber que ela também faz o inverso. A consciência dilacerada, ao contrário, é a consciência da inversão - e, na verdade, da inversão absoluta; nela, o conceito é o que domina, e que concentra os pensamentos amplamente dispersos para a consciência honrada. Por isso, a linguagem da consciência dilacerada é rica-de-espírito.

522 - [Der Inhalt der Rede] O conteúdo do discurso que o espírito profere de si mesmo e sobre si mesmo é, assim, a inversão de todos os conceitos e realidades, o engano universal de si mesmo e dos outros. Justamente por isso, o descaramento de enunciar essa impostura é a maior verdade. Esse discurso é [como] a extravagância do músico que "amontoava e misturava trinta árias - italianas, francesas, trágicas, cômicas - de todo tipo. Ora com voz grave descia até às profundezas, ora esganiçando falsetes rasgava a altura dos ares, adotando tons sucessivos: furioso, calmo, imperioso e brincalhão"*. Para a consciência tranquila, que põe honestamente a melodia do bem e do verdadeiro na igualdade dos tons - isto é, em *uma* nota [só] - aparece esse discurso como "uma mixórdia de sabedoria e loucura, uma mescla de sagacidade e baixeza, de ideias tanto corretas como falsas: uma inversão completa do sentimento: tanto descaramento completo quanto total franqueza e verdade. Não pode renunciar a passar por todos esses tons, percorrendo de cima a baixo toda essa escala de sentimentos, do mais profundo desprezo e repúdio até à admiração e emoção mais sublimes. Nestes sentimentos deve haver um matiz de ridículo que os desnatura; [mas] aqueles sentimentos devem ter, em sua própria fraqueza, um traço de reconciliação, e, em sua estremecedora profundidade, o impulso todo-poderoso que restitui o espírito a si mesmo"**.

523 – [Betrachten wir der Rede] Considerando agora, em contraste com o discurso dessa confusão, [aliás] clara para si mesma, o discurso daquela *consciência simples* do verdadeiro e do bem, [vemos que] só pode ser monossilábico, frente à eloquência, óbvia e consciente-de-si, do espírito da cultura. Nada pode dizer-lhe que ele mesmo não saiba e não diga. Se for além de seu monossilabismo, por isso diz o mesmo que o espírito da cultura enuncia, e ainda comete a tolice de acreditar que diz algo de novo e de diverso. Até mesmo suas sílabas, *"vergonhoso", "vil", já* são essa tolice, pois o espírito as diz, de si mesmo.

Se esse espírito inverte em seu discurso tudo quanto é monótono - porque esse igual a si é só uma abstração, mas em sua efetividade é a inversão em si mesma; e se, ao contrário, a consciência reta toma sob sua proteção o bem e o nobre, isto é, o que se mantém igual em sua exteriorização do único modo possível aqui, a saber, sem perder seu valor por estar *enredado* no mal ou *misturado* com ele; pois é isso sua *condição* e *necessidade* e nisso consiste a *sabedoria* da natureza; então essa consciência, enquanto supõe contradizer o conteúdo do discurso do espírito, apenas o resumiu de uma maneira trivial, carente-de-pensamento. Ao fazer do *contrário* do nobre e do

* DIDEROT. Op. cit., p. 484-485.

** Ibid.

bem a *condição* e a *necessidade* do nobre e do bem, acredita dizer outra coisa que isto: o Suposto nobre e bom é, em sua essência, o contrário de si mesmo, assim como, inversamente, o mal é o excelente.

524 – [Ersetzt das einfache] A consciência simples compensa esse pensamento carente-de-espírito através da *efetividade* do excelente, ilustrando-o com o *exemplo* de um caso fictício, ou de uma anedota verdadeira; mostra, desse modo, que o excelente não é uma palavra vazia, mas que está *presente.* Assim se contrapõe a efetividade *universal* do agir invertido a todo o mundo real, no qual aquele exemplo constitui apenas algo totalmente singularizado, uma *"espécie".* Ora, apresentar o ser-aí do bem e do nobre somente como uma anedota singular - fictícia ou verídica - é o mais duro que dele se pode dizer.

Enfim, se a consciência simples exige a dissolução de todo esse mundo da inversão, não pode exigir do *indivíduo* o afastamento dele, pois Diógenes no [seu] tonel está condicionado por esse mundo; e, a exigência [feita] ao Singular, é justamente o que tem valor de mal, a saber: cuidar *de si* enquanto *Singular.* Porém, dirigida à *individualidade* universal, a exigência desse afastamento não pode ter a significação de que a razão abandone de novo a culta consciência espiritual a que chegou, que deixe a extensa riqueza de seus momentos afundar de volta na simplicidade do coração natural, ou então recair na selvageria e na vizinhança da consciência animal - a que chamam natureza e inocência. Ao contrário: a exigência dessa dissolução só pode dirigir-se ao *espírito* mesmo da cultura, para que de sua confusão retorne a si como *espírito* e atinja uma consciência ainda mais alta.

525 – [In der Tat aber] De fato, porém, o espírito já levou a cabo isso, em si mesmo. O dilaceramento da consciência - que é consciente dele mesmo e que se enuncia - é o riso sarcástico sobre o ser-aí como também sobre a confusão do todo, e sobre si mesmo; e é, ao mesmo tempo, o eco que ainda se escuta, de toda essa confusão. Essa vaidade - que escuta a si mesma - de toda a efetividade e de todo o conceito determinado, é a reflexão duplicada do mundo real sobre si mesmo: uma vez *neste Si* da consciência, enquanto *este* [Si]; outra vez na pura *universalidade* do Si, ou no pensamento. Sob o primeiro aspecto, o espírito que chegou a si dirigia seu olhar para o mundo da efetividade, e ainda o tinha por seu fim e conteúdo imediato.

Sob o segundo aspecto, porém, seu olhar de uma parte se dirigia apenas a si, e negativamente ao mundo, e de outra parte se afastava do mundo e se voltava para o céu; e o além do mundo era seu objeto.

526 – [In jener Seite] No primeiro aspecto do retorno ao Si, a *vaidade* de todas as *coisas* é sua *própria vaidade*, ou seja, ele [mesmo] *é* vão. E o Si *para-si-essente*, que não só sabe julgar e palrar sobre tudo, mas que também sabe dizer com riqueza de espírito tanto as essências fixas da efetividade quanto as determinações fixas que o juízo põe. Sabe dizê-las em sua *contradição*, e essa contradição é sua verdade.

Considerado segundo a forma, o Si sabe tudo [como] alienado de si mesmo: o *ser-para-si* separado de *ser-em-si*; o 'visado' e o fim, separados da verdade; e o *ser para outro*, por sua vez, [separado] de ambos; o pretexto separado do 'visar' autêntico e da verdadeira Coisa e intenção. Sabe assim exprimir corretamente cada momento em contraste com o outro – em geral, a inversão de todos os momentos. Sabe melhor que o próprio o que é cada um, seja ele determinado como queira. Enquanto conhece o substancial pelo lado da *desunião* e do *conflito* – que o Si unifica dentro de si –, mas não o conhece pelo lado dessa união, sabe muito bem *julgar* o substancial, mas perdeu a capacidade de *compreendê-lo*. Essa vaidade necessita, pois, da vaidade de todas as coisas para se proporcionar, a partir delas, a consciência do Si: ela mesma, portanto, produz essa vaidade e é a alma que a sustém.

Poder e riqueza são os mais altos fins de seu esforço. Sabe que mediante a renúncia e o sacrifício se cultiva para [ser] o universal; alcança a posse do universal, e nessa posse tem a valorização universal; pois poder e riqueza são as potências efetivas reconhecidas. Mas essa sua valorização é vã, ela mesma: e justamente enquanto [o Si] se apodera do poder e da riqueza, sabe que não são essências-do-Si [*Selbstwesen*]; mas antes, que o Si é a potência de ambos, enquanto poder e riqueza são [coisas] vãs. Que assim na sua posse mesma o Si esteja fora e acima deles, representa-o na linguagem espirituosa, que é por isso o mais alto interesse e a verdade do todo; nessa linguagem *este Si*, como Si puro – que não pertence às determinações efetivas nem às determinações pensadas – torna-se o Si espiritual, verdadeiramente válido universalmente.

Esse Si *é* a natureza de todas as relações, que se dilacera a si mesma, e o dilacerar consciente delas. Mas só como consciência-de-si revoltada sabe seu próprio dilaceramento e nesse saber do dilaceramento, imediatamente se elevou acima do mesmo. Naquela vaidade todo o conteúdo se torna um Negativo, que não se pode mais compreender positivamente. O objeto positivo é só o *puro Eu mesmo,* e a consciência dilacerada é, *em si,* essa pura igualdade-consigo-mesma dessa consciência-de-si que a si retornou.

b – A FÉ E A PURA INTELIGÊNCIA

527 – [Der Geist der Entfremdung] O espírito da alienação de si mesmo tem seu ser-aí no mundo da cultura; porém, quando esse todo se alienou de si mesmo, para além dele está o mundo inefetivo da *pura consciência* ou do *pensar.* Seu conteúdo é o puramente pensado, e o pensar, seu elemento absoluto. Mas enquanto o pensar é inicialmente o *elemento* desse mundo, a consciência apenas *tem* esses pensamentos, mas ainda não os *pensa* – ou não sabe que são pensamentos; senão que para ela estão na forma da *representação.* Com efeito, ela sai da efetividade para a pura consciência; contudo, ela mesma está ainda, em geral, na esfera e determinidade da efetividade.

A consciência dilacerada é *em si* apenas a *igualdade-consigo-mesma* da pura consciência – [só] para nós, mas não para si mesma. Assim é somente a elevação *imediata,* ainda não implementada dentro de si, e possui seu princípio oposto pelo qual é condicionada, ainda dentro de si, sem se ter ainda assenhoreado dele pelo movimento mediatizado. Portanto, para ela, a essência do seu pensamento não vale como *essência* só na forma do Em-si abstrato, mas na forma de um *Efetivo-comum,* de uma efetividade que foi apenas alçada a outro elemento, sem ter nele perdido a determinidade de uma efetividade não pensada.

Há que distinguir essencialmente tal essência do *Em-si,* que é a essência da consciência *estoica,* para a qual só valia a *forma do pensamento* enquanto tal, que tem um conteúdo qualquer a ele estranho, e tomado da efetividade. Mas, para a consciência aqui considerada, o que vale não é a *forma do pensamento.* Diferencia-se também do *Em-si* da consciência virtuosa, para a qual a essência está, decerto, em relação com a efetividade; para a qual é essência da efetividade mesma – mas é somente essência inefetiva. Para a consciência de que falamos, a essência, [embora] esteja além da efetividade, vale, contudo, como essência efetiva. Igualmente, o justo e o bem em si, da razão legisladora, e o universal da consciência que-examina-as-leis, não têm a determinação da efetividade.

Portanto, se dentro do próprio mundo da cultura o puro pensar se situava como um dos lados da alienação – a saber, como critério do abstrato bem-e-mal no juízo – [agora] tendo atravessado o movimento do todo, se enriquece com o momento da efetividade e, portanto, [com o momento] do conteúdo. Mas essa efetividade da essência, ao mesmo tempo, é apenas uma efetividade da *pura* consciência, não da consciência *efetiva*. Embora elevada ao elemento do pensar não vale ainda para essa consciência como um pensamento, mas para ela, antes está além de sua efetividade própria, pois é a fuga dessa efetividade.

528 – [Wie hier der Religion] Como aqui a *religião* – pois é claro que dela se trata – surge como a fé do mundo da cultura; ainda não surge como é *em si* e *para si*. Ela já nos apareceu em outras determinidades, a saber, como *consciência infeliz* – como figura do movimento, carente-de-substância, da consciência mesma. Também na substância ética a religião aparecia como fé no mundo subterrâneo; mas a consciência do espírito que-partiu não é propriamente *fé*, nem a essência é posta no elemento da pura consciência, além do efetivo; ao contrário, ela mesma tem uma presença imediata: seu elemento é a família.

Aqui, porém, a religião, por uma parte, emergiu da *substância* e é sua pura consciência; por outra parte, essa pura consciência é alienada de sua consciência efetiva: a *essência* é alienada de seu *ser-aí*. Assim, não é mais, certamente, o movimento carente-de-substância da consciência, mas tem ainda a determinidade da oposição frente à efetividade como *esta* efetividade em geral, e frente à efetividade da consciência-de-si em particular. Portanto, é essencialmente apenas uma *fé*.

529 – [Dies reine Bewusstsein] Essa *pura consciência* da essência absoluta é uma consciência *alienada*. Resta examinar mais de perto como se determina aquilo de que ela é o Outro, pois a pura consciência só deve ser examinada em conexão com esse Outro. Primeiro, essa pura consciência parece apenas ter o *mundo* da efetividade em contraposição consigo. Mas enquanto é fuga desse mundo - e, portanto, é a *determinidade* da *oposição* - tem esse mundo nela: a pura consciência é, pois, essencialmente alienada de si nela mesma, e a fé só constitui um de seus lados. O outro lado já surgiu ao mesmo tempo para nós. A pura consciência é justamente a reflexão a partir do mundo da cultura, de modo que a substância desse mundo, bem como as 'massas' em que se articula, se mostram como são em si: como essencialidades *espirituais*, como movimentos absolutamente irrequietos, ou determinações que imediatamente se suprassumem em seu contrário. Sua essência, a consciência simples, é assim a simplicidade da *diferença absoluta*, que imediatamente não é diferença nenhuma. Por isso, sua essência é o puro *ser-para-si*; não como *deste singular*, mas [como] o Si *universal* em si enquanto movimento irrequieto que toma de assalto e penetra a *essência tranquila* da *Coisa*. Assim, há nele a certeza que se sabe imediatamente como verdade: o puro pensar como *conceito absoluto*, presente na potência de sua *negatividade*, que elimina toda a essência objetiva - que devesse estar contraposta à consciência - e faz dela um ser da consciência.

Essa pura consciência é, ao mesmo tempo, igualmente *simples*, pois justamente sua diferença não é diferença nenhuma. Mas, como essa forma da simples reflexão-sobre-si, ela é o elemento da fé em que o espírito tem a determinidade da *universalidade positiva*, do *ser-em-si* em contraposição àquele ser-para-si da consciência-de-si. Reprimido de novo para dentro de si, a partir do mundo carente-de-essência que somente se dissolve, o espírito segundo sua verdade é, em uma unidade indivisa, tanto o *movimento absoluto* e a *negatividade* de seu aparecer quanto sua essência *satisfeita* em si mesma, e sua *quietude* positiva*.

Entretanto, de modo geral subjazendo à determinidade da *alienação*, esses dois momentos se separam um do outro como uma consciência duplicada. A primeira consciência é a *pura inteligência* como o *processo* espiritual que se concentra na consciência-de-*si*; processo que tem, frente a si, a consciência do positivo, a forma da objetividade ou do representar, e se lhe contrapõe; mas seu objeto próprio é só o *puro Eu*.

---

* Cf. prefácio, § 47.

Inversamente, a consciência simples do positivo, ou a quieta igualdade-consigo-mesmo, tem por objeto a *essência* interior como essência. Portanto, a pura inteligência, de início não tem conteúdo em si mesma, porque é o ser-para-si negativo; ao contrário, pertence à fé o conteúdo sem inteligência. Se a inteligência não sai da consciência-de-si, a fé possui, na verdade, seu conteúdo igualmente no elemento da pura consciência-de-si; mas no *pensar*, não no *conceituar: na pura consciência, não na pura consciência-de-si.* Por isso, a fé, decerto, é pura consciência da *essência*, isto é, do *interior simples*, e assim *é* pensar: - o momento-principal na natureza da fé, que é habitualmente descurado. A *imediatez*, com que a essência está na fé, baseia-se nisto: em que seu objeto é *essência*, quer dizer, *puro pensamento*.

Entretanto, essa *imediatez*, enquanto o pensar entra na consciência - ou a pura consciência entra na consciência-de-si -, adquire a significação de um *ser objetivo*, que se situa além da consciência-de-si. Através dessa significação, que recebe na *consciência* a imediatez e a simplicidade do *puro pensar*, é que a *essência* da fé decai do pensar para a *representação* e se torna um mundo suprassensível, que seja essencialmente um *Outro* da consciência-de-si. Inversamente, na pura inteligência, a passagem do puro pensar para a consciência tem a determinação oposta: a objetividade possui a significação de um conteúdo, somente negativo, que se suprassume e que retorna ao Si. Quer dizer: só o Si é propriamente o objeto para si mesmo; ou seja, o objeto só tem verdade na medida em que tem a forma do Si.

530 – [Wie der Glauben] Como a fé e a pura inteligência pertencem conjuntamente ao elemento da consciência pura, as duas são também conjuntamente o retorno a partir do mundo efetivo da cultura. Apresentam-se, por isso, segundo três aspectos: 1º) cada uma delas, fora de toda a relação, é *em si e para si*; 2º) cada qual se refere ao mundo *efetivo*, oposto à pura consciência; 3º) cada uma delas se refere à outra, no interior da pura consciência.

531 – [Die Seite des] [1º] O aspecto do *ser-em-si-e-para-si* na consciência *crente* é seu objeto absoluto, cujo conteúdo e determinação já se deram a conhecer. Com efeito, segundo o conceito da fé, o objeto absoluto não é outra coisa que o mundo real elevado à universalidade da pura consciência. Portanto, a articulação do mundo real também constitui a organização do mundo da fé - só que neste último as partes em sua espiritualização não se alienam, mas são essências em si e para si *essentes*: são espíritos que a si retornaram e junto a si mesmos permanecem. Por conseguinte, só para nós o movimento de seu transitar é uma alienação da determinidade em que essas partes existem em sua diferença; só para nós são uma série *necessária*. Para a fé, ao contrário, sua diferença é uma tranquila diversidade; e seu movimento, um *acontecer*.

532 – [Sie nach der aüsseren] Para designar brevemente essas partes, segundo a determinação exterior de sua forma, assim como no mundo da cultura o primeiro era o poder-do-Estado ou o bem, assim também o primeiro aqui é a *essência absoluta*, o espírito *essente-em-si-e-para-si*, enquanto é a *substância* eterna simples. Porém na realização de seu conceito – que é ser espírito – ela se transmuta no *ser para Outro:* sua igualdade-consigo-mesma se torna a essência absoluta *efetiva* que se *sacrifica:* torna-se o *Si*, mas o Si perecível. Por isso, o terceiro é o retorno desse Si alienado e da substância humilhada à sua simplicidade primeira. Só dessa maneira a substância é representada como espírito.

533 – [Diese unterschiedenen Wesen] Essas essências distintas, que a si retornaram da vicissitude do mundo efetivo, através do pensar, são os espíritos eternos imutáveis, cujo ser é pensar a unidade que eles constituem. Embora assim retiradas da consciência-de-si, tais essências nela se reintroduzem; fosse imutável a essência, na forma da primeira substância simples, permaneceria então estranha à consciência-de-si. Mas a extrusão dessa substância, e, em seguida, seu espírito, têm o momento da efetividade na consciência-de-si; e deste modo se fazem compartícipes da consciência crente, ou seja: a consciência crente pertence ao mundo real.

534 – [Nach diesen zweiten] [2º] Conforme essa segunda relação, a consciência crente tem, por um lado, sua efetividade no mundo real da cultura e constitui seu espírito e seu ser-aí, como já vimos. Mas, por outro, defronta-se com essa sua efetividade como [sendo] uma coisa vã, e é movimento de suprassumi-la. Não consiste esse movimento em uma consciência rica-de-espírito, a respeito da perversão do mundo real; pois a consciência crente é a consciência simples que tem em conta de vaidoso o rico-de-espírito, porque esse tem ainda, por seu fim, o mundo real.

Contudo, ao calmo reino do seu pensar contrapõe-se a efetividade como um ser-aí carente-de-espírito, que por isso se deve subjugar de uma maneira exterior. Essa obediência do serviço e do louvor [divinos] faz surgir, pelo suprassumir do saber e do agir sensíveis, a consciência da unidade com a essência *essente-em-si-e-para-si*, embora não como unidade efetiva intuída; mas esse serviço [divino] é somente o contínuo [processo de] produzir, que não alcança completamente seu fim no [tempo] presente. A comunidade, esta alcança-o, pois ela é a consciência de si universal. Mas para a consciência-de-si singular, o reino do puro pensar permanece necessariamente um além de sua efetividade. Ou então, quando esse além entrou na efetividade mediante a extrusão da essência eterna, é uma efetividade sensível não conceituada. Mas uma efetividade sensível permanece indiferente à outra, e o além só recebeu a mais a determinação do distanciamento no espaço e no tempo. Porém, o conceito, a efetividade a si mesma presente do espírito, permanece na consciência crente [como] o *interior* que é tudo e que efetua - mas que não se põe, ele mesmo, em evidência.

535 - [In der reinen Einsicht] [3º] No entanto, na *pura inteligência*, o conceito é o unicamente efetivo. Esse terceiro aspecto da fé - o de ser objeto para a pura inteligência - é a relação peculiar em que a fé aqui se apresenta. A pura inteligência, por sua vez, deve ser considerada também [sob três aspectos]: [A] - primeiro, em si e para si; [B] - segundo, na relação para com o mundo efetivo, enquanto se acha ainda presente de modo positivo, isto é, como consciência vã; [C] - terceiro, na sua relação com a fé.

536 - [Was die reine Einsicht] [A] - Já vimos o que a pura inteligência é em si e para si. Como a fé é a pura *consciência* calma do espírito, enquanto da *essência*, assim a pura inteligência é sua *consciência-de-si:* sabe, portanto, a essência não como *essência*, mas como *Si* absoluto. Assim, procede a suprassumir toda a independência *outra* que a da consciência-de-si - seja do efetivo, seja do *em-si-essente* - e convertê-la em *conceito*. A pura inteligência não é só a certeza da razão consciente-de-si, de ser toda a verdade; mas [também] *sabe* que ela é isso.

537 - [Wie aber der Begriff] [B] - O conceito da pura inteligência, embora [já] tenha surgido, ainda não está *realizado*. Por isso, sua consciência ainda aparece como uma consciência *singular* e *con-*

tingente; e o que para ela é essência, [aparece] como *fim* a efetivar. Ela tem somente a *intenção* de tornar *universal a pura inteligência*, isto é, de transformar tudo o que é efetivo em conceito – e em um só conceito –, em toda a consciência-de-si. A intenção é *pura*, pois tem por conteúdo a pura inteligência; e essa inteligência é também *pura*, pois seu conteúdo é somente o conceito absoluto, que não tem oposição em um objeto, nem é limitado nele mesmo. No conceito ilimitado residem imediatamente os dois aspectos: – tudo o que é objetivo tem somente a significação do *ser-para-si*, [isto é], da consciência-de-si; – e essa tem a significação de um *universal*, [ou] a pura inteligência se torna propriedade de toda consciência-de-si.

Esse segundo aspecto da intenção é o resultado da cultura, na medida em que nela foram por terra tanto as diferenças do espírito objetivo, as partes e as determinações-de-juízo de seu mundo, como também as diferenças que se manifestam enquanto naturezas originariamente determinadas. Gênio, talento, capacidades particulares em geral, pertencem ao mundo da efetividade, na medida em que esse mundo ainda possui o aspecto de ser o "reino animal do espírito" [cf. V,C,a] que no meio da recíproca violência e contusão, a si mesmo combate e engana-se [tomando] por essências do mundo real.

Certamente, as diferenças não têm lugar nesse mundo como "espécies" honestas; nem se contenta a individualidade com a *Coisa mesma* inefetiva, nem tem conteúdo *particular* e fins próprios. Mas a individualidade só conta como algo universalmente válido, isto é, como algo cultivado; a diferença se reduz à menor ou maior energia: uma diferença de *grandeza* – que é a diferença inessencial. Contudo, essa última diversidade foi por terra porque a diferença no dilaceramento completo da consciência se transformou em uma diferença absolutamente qualitativa. Aqui, o que é o Outro para o Eu, é só o Eu mesmo. Nesse juízo infinito se elimina toda a unilateralidade e peculiaridade do ser-para-si originário: o Si se sabe, como puro Si, ser seu objeto; e essa igualdade absoluta dos dois lados é o elemento da pura inteligência.

Por conseguinte, a pura inteligência é a *essência* simples indiferenciada em si, e é igualmente a *obra* universal e a posse universal. Nessa substância espiritual *simples*, a consciência-de-si também se dá e se conserva em todo o objeto, a consciência *desta* sua *singularida-*

de ou do *agir*, como inversamente, sua individualidade é aí *igual a si mesma* e universal. Essa pura inteligência é, assim, o espírito que clama para todas as consciências: *"Sede para vós mesmas* o que sois todas *em vós mesmas: sede racionais"*.

Portanto, a consciência, fazendo-se desse modo igual ao-que-opera, e que é julgado por ela, é reconhecida por esse como lhe sendo idêntica. O que-opera encontra-se não só apreendido por aquela consciência como um estranho e desigual a ela, mas antes acha a consciência igual a ele por sua própria estrutura. Contemplando essa igualdade e *proclamando-a, confessa-se* a ela, e espera igualmente que o Outro, como se colocou, de fato, no mesmo nível que ela, repita também sua *fala*, exprima nela sua igualdade; e que se produza o ser-aí reconhecente. Sua confissão não é uma humilhação, vexame, aviltamento perante o Outro, uma vez que esse declarar não é a declaração unilateral, pela qual pusesse sua *desigualdade* com o Outro; ao contrário, a consciência operante só se declara por causa da intuição da igualdade do Outro com ela; de sua parte enuncia sua igualdade na confissão, e a enuncia porque a linguagem é o *ser-aí* do espírito como Si imediato. Espera assim que o Outro contribua com o seu para esse ser-aí.

2 - O ILUMINISMO

538 – [Der eigentümliche Gegenstand] O objeto peculiar contra o qual a pura inteligência dirige a força do conceito é a fé, enquanto forma da pura consciência que se lhe contrapõe no mesmo elemento [do pensamento puro]. Mas a pura inteligência tem também relacionamento com o mundo efetivo; pois, como a fé, é retorno à pura consciência a partir dele. Devemos ver primeiro como sua atividade se constitui, frente às intenções impuras e às intelecções pervertidas do mundo efetivo.

539 – [Oben wurde schon] Já foi acima mencionada a consciência tranquila que enfrenta esse turbilhão que dentro de si se dissolve e de novo se produz: ela constitui o lado da intenção e inteligência puras. Mas nessa tranquila consciência não incide, como vimos, nenhuma *inteligência particular* sobre o mundo da cultura: é antes esse próprio mundo que tem o mais dolorido sentimento e a mais verdadeira inteligência sobre si mesmo – o sentimento de ser a dissolução de tudo que se consolida, de ser desconjuntado [no suplício] da roda através de todos os momentos de seu ser-aí, e triturado em todos os seus ossos. É também a linguagem desse sentimento, e é o discurso espirituoso que julga todos os aspectos de sua condição.

Não pode, pois, a pura inteligência ter aqui atividade e conteúdo próprios; e assim, só [pode] comportar-se como o *apreender* fiel e formal dessa própria inteligência espirituosa a respeito do mundo e de sua linguagem. Ora, sendo essa linguagem dispersa, e o juízo, uma tagarelice do momento – que logo se esquece de novo, e que só é um todo para uma terceira consciência –, essa só pode diferenciar-se como *pura* inteligência quando reúne em uma imagem universal aqueles traços que se dispersam, e então faz deles uma só inteligência de todos.

540 – [Sie wird durch] A inteligência, por esse meio simples, levará à dissolução a balbúrdia deste mundo. Com efeito, [do exposto] resultou que nem as "massas" nem os conceitos e individualidades determinados são a essência dessa efetividade, mas que ela tem sua substância e seu suporte unicamente no espírito, que existe como julgar e discutir; e que só o interesse em ter um conteúdo para esse raciocinar e tagarelar mantém o todo e as "massas" de sua articulação.

Nessa linguagem da inteligência, sua consciência-de-si ainda é, para si, um *para-si-essente: este singular.* Mas a vaidade do conteúdo é, ao mesmo tempo, a vaidade do Si que sabe que o conteúdo é vão. Agora, quando a consciência que apreende tranquilamente, de toda essa tagarelice espirituosa da vaidade, toma e compila em uma Coletânea* as versões mais pertinentes e penetrantes da Coisa – a alma que ainda mantinha o todo, essa vaidade dos juízos espirituosos, vai por terra com o que resta da vaidade do ser-aí.

A Coletânea mostra à maioria que há uma perspicácia melhor que a sua; ou, pelo menos, mostra a todos que há uma perspicácia mais variada que a deles, um melhor saber e um ajuizar em geral, como algo universal e agora universalmente conhecido. Com isso se elimina o único interesse que ainda estava presente, e a inteligência singular se dissolve na inteligência universal.

---

* Hegel parece referir-se à *Enciclopédia* de Diderot (1751-1772).

Entretanto, acima do saber vão, o saber da essência ainda se mantém firme; e a pura inteligência só se manifesta em sua atividade peculiar na medida em que se contrapõe à fé.

a - A LUTA DO ILUMINISMO CONTRA A SUPERSTIÇÃO

541 - [Die verschiedenen Weisen] As diversas modalidades do comportamento negativo da consciência - de uma parte, o ceticismo; de outra, o idealismo teórico e prático - são figuras secundárias em relação à da *pura inteligência* e de sua expansão, o *Iluminismo.* Com efeito, a pura inteligência nasceu da substância, sabe como absoluto o puro Si, da consciência, e entra em disputa com a pura consciência da essência absoluta de toda a efetividade.

Enquanto fé e inteligência são a mesma pura consciência, embora opostas segundo a forma, a essência se opõe à fé enquanto *pensamento*, não enquanto *conceito*; e, portanto, é algo pura e simplesmente oposto à consciência-de-si. Mas, para a pura inteligência, a essência é o *Si:* e assim, fé e inteligência são pura e simplesmente o negativo uma da outra. Tal como surgem frente a frente, corresponde à fé todo o *conteúdo*, pois em seu elemento tranquilo do pensar cada momento ganha subsistência; mas a pura inteligência é de início sem conteúdo; é, antes, o desvanecer do conteúdo. No entanto, através do movimento negativo contra o negativo seu, vai realizar-se e proporcionar-se um conteúdo.

542 - [Sie weiss den Glauben] A pura inteligência sabe a fé como o oposto a ela, à razão e à verdade. Como para ela, a fé em geral é um tecido de superstições, preconceitos e erros, assim para ela a consciência desse conteúdo se organiza em um reino de erro. Nesse reino, de um lado a falsa intelecção, como a *"massa" geral* da consciência, é imediata, espontânea e sem reflexão sobre si mesma; mas tem nela também o momento da reflexão sobre si, ou da consciência-de-si, separado da espontaneidade; - como uma inteligência e má intenção que permanecem para si no fundo da consciência, e pelas quais aquele momento [da reflexão sobre si] é perturbado.

Aquela massa é a vítima da impostura de um *sacerdócio* que leva a termo sua vaidade ciumenta de permanecer só na posse da inteligência, como também em seus próprios interesses egoísticos e que, ao mesmo tempo, conspira com o *despotismo.* O despotismo é a unidade sintética, carente-de-conceito, do reino real e desse reino ideal; – uma essência inconsistente e peregrina. [Como tal], está situado acima da má inteligência da multidão e da má intenção dos sacerdotes, e ainda unifica ambas em si: extrai da estupidez e confusão do povo, por intermédio do sacerdócio impostor – e desprezando a ambos – a vantagem da dominação tranquila e da implementação de seus desejos e caprichos; mas é, ao mesmo tempo, o mesmo embotamento da inteligência: igual superstição e erro.

543 – [Gegen diese drei] O Iluminismo não enfrenta indistintamente esses três lados do inimigo [clero, déspota e povo]. Com efeito, sendo sua essência inteligência pura – o que é *universal* em si e para si –, sua verdadeira relação com o outro extremo é aquela em que o Iluminismo se dirige ao [que há de] *comum* e *igual* em ambos.

O lado da *singularidade,* que se isola da consciência espontânea universal, é seu oposto, que ele não pode imediatamente afetar. A vontade do sacerdócio embusteiro e do déspota opressor não é, pois, objeto imediato do agir do Iluminismo, mas sim a inteligência, carente-de-vontade, que não se singulariza em um ser-para-si; é o *conceito* da consciência-de-si racional, que tem na massa seu ser-aí, embora não esteja nela presente como conceito. Mas quando a pura inteligência faz sair dos preconceitos e erros, essa inteligência honesta e sua essência espontânea, arranca das mãos da má intenção a realidade e o poder de seu engano, cujo reino tem seu *território* e *material* na consciência carente-de-conceito da massa comum; [como] o *ser-para-si* tem sua *substância,* em geral, na consciência *simples.*

544 – [Die Beziegung der reinen] A relação da pura inteligência com a consciência espontânea da essência absoluta tem agora duplo aspecto. Por um lado, é *em si,* o mesmo que ela; mas, por outro, a consciência espontânea deixa que a essência absoluta – e também suas partes – fiquem à vontade e se deem subsistência no elemento simples do seu pensar. Só deixa que sejam válidas como seu *Em-si* e portanto de modo objetivo; mas nega seu *ser-para-si* nesse Em-si. Segundo o primeiro aspecto, na medida em que, para a pura inteligência, essa fé é *em si* a pura consciência-de-si, e isso deve tornar-se só *para si* – a pura inteligência tem assim nesse conceito de fé o elemento onde se realiza, em lugar da falsa inteligência.

545 - [Von dieser Seite] Segundo esse aspecto - no qual as duas são essencialmente o mesmo, e a relação da pura inteligência tem lugar através do mesmo elemento e nele -, sua comunicação é uma comunicação *imediata*; e seu dar e receber, um fluxo-recíproco ininterrupto. Aliás, sejam quais forem as estacas fincadas na consciência, ela é *em si* essa simplicidade em que tudo se dissolve, esquece e descontrai; e que, por isso, é absolutamente receptiva ao conceito. Por esse motivo, a comunicação da pura inteligência deve comparar-se a uma expansão tranquila, ou ao *difundir-se*, como o de um vapor na atmosfera sem obstáculos. É uma infecção penetrante, que no elemento indiferente onde se insinua não se faz notar antes como oposto, e por isso não pode ser debelada. Só quando a infecção se alastrou *é* [patente] *para a consciência*, que se lhe abandonara despreocupadamente.

Pois o que a consciência recebia em si era, na verdade, a essência simples, igual a ela e igual a si mesma; mas, ao mesmo tempo, era a simplicidade da *negatividade* em si refletida, que mais tarde, também por sua natureza, se desdobra como oposto, e por meio disso relembra à consciência sua anterior maneira-de-ser. Essa simplicidade é o conceito, que é saber simples que se sabe, e ao mesmo tempo sabe o seu contrário; mas sabe esse contrário nele como suprassumido. Por conseguinte, assim que a pura inteligência é [patente] para a consciência, já se alastrou: a luta contra ela denuncia a infecção [já] ocorrida. É tarde demais, e qualquer remédio só piora a doença que atacou a medula da vida espiritual, a saber, a consciência em seu conceito - ou sua pura essência mesma: portanto, não há nela força que possa vencer a doença. Como ela está na essência mesma, podem-se reprimir suas manifestações isoladas, e atenuar-lhe os sintomas superficiais. O que é muitíssimo vantajoso para a doença, pois então não dissipa a força inutilmente, nem se mostra indigna de sua essência - o que é o caso, quando irrompe em sintomas ou erupções isoladas contra o conteúdo da fé, e contra sua conexão com a efetividade exterior.

Mas agora ela se infiltra - espírito invisível e imperceptível - através das partes nobres de lado a lado, e logo se apodera radicalmente de todas as vísceras e membros do ídolo carente-de-consciência, e, "*uma bela manhã*, dá uma cotovelada no tipo, e - bumba! - o ídolo está no chão"*. *Numa bela manhã*, cujo meio-dia não é sangrento, se a infecção penetrou todos os órgãos da vida espiritual. Só a memória conserva - como uma história acontecida não se sabe como - a modalidade morta da figura precedente do espírito. E, dessa maneira, a nova serpente da sabedoria, erigida para a adoração, apenas se despojou, sem dor, de uma pele murcha.

546 - [Aber dieses stumme] Contudo, esse tecer silencioso e incessante do espírito no interior simples da consciência, que a si mesmo oculta seu agir, é só *um* lado da realização da inteligência pura. Sua difusão não consiste somente em que o igual ande junto com o igual; e sua efetivação não é apenas uma expansão sem-obstáculos. Mas o agir da essência negativa é também essencialmente um movimento desenvolvido que se diferencia em si mesmo; que como agir consciente deve expor seus momentos em um ser-aí patente e determinado, e deve apresentar-se como um grande fragor e uma luta violenta com o oposto enquanto tal.

547 - [Es ist daher zu sehen] Por conseguinte, há que ver como se comportam *negativamente* a *inteligência* e a *intenção puras* frente ao outro seu oposto, que encontram. A intelecção e a intenção puras, que se comportam negativamente, só podem ser o negativo de si mesmas - já que seu conceito é toda a essencialidade, e nada há fora delas. Torna-se, pois, como intelecção o negativo da pura inteligência: torna-se inverdade e desrazão; e como intenção, torna-se o negativo da intenção pura: mentira e desonestidade do fim.

548 - [In diesen Wiederspruch] A pura inteligência enreda-se nessa contradição, porque se empenha na luta supondo combater algo *outro*. Não passa de uma suposição; pois sua essência, como negatividade absoluta, consiste em ter o ser-outro nela mesma. O conceito absoluto é a categoria; o que significa que o saber e o *objeto* do saber são o mesmo. Assim, o que a pura inteligência enuncia como o seu Outro - como erro ou mentira - não pode ser outra coisa que ela mesma: só pode condenar o que ela *é*. O que não é racional não tem *verdade*; ou seja, o que não é concebido, não *é*. Portanto, quando a razão fala de um *Outro* que ela, de fato, só fala de si mesma; assim não sai de si.

---

* DIDEROT. Op. cit., p. 484.

Por conseguinte, essa luta com o oposto assume em si a significação de ser sua [própria] *efetivação*. Essa, com efeito, consiste precisamente no movimento de desenvolver os momentos e de recuperá-los em si mesma. Uma parte desse movimento é a diferenciação, em que a inteligência conceituante se contrapõe a si mesma como *objeto*; enquanto se demora nesse momento, aliena-se de si mesma. Como pura inteligência, carece de qualquer *conteúdo*; o movimento de sua realização consiste em que *ela mesma* venha-a-ser para si como conteúdo - já que um outro não pode tornar-se seu conteúdo, pois ela é a consciência-de-si da categoria. Mas enquanto ela no seu oposto sabe o conteúdo só como *conteúdo* - e não ainda como si mesma - está se desconhecendo nele. Sua implementação tem, pois, o sentido de reconhecer como seu o conteúdo que inicialmente para ela era objetivo. Mas assim, seu resultado não será nem o restabelecimento dos erros que combate, nem apenas seu conceito primeiro, e sim uma inteligência que reconhece a absoluta negação de si mesma como sua própria efetividade - e que a reconhece como a si mesma, ou seja, como seu conceito reconhecedor de si mesmo.

Essa natureza da luta do Iluminismo contra os erros - que consiste em combater-se a si mesmo neles, e em condenar neles o que afirma - é *para nós*; ou seja, é o que o Iluminismo e sua luta são *em si*. Mas o primeiro lado desse combate, a impureza [contraída] por acolher o comportamento negativo em sua *pureza* igual-a-si-mesma, é a maneira como o Iluminismo é *objeto para a fé*; que assim o experimenta como mentira, desrazão e má intenção; da mesma forma como a fé para ele é erro e preconceito. No que concerne o seu conteúdo, o Iluminismo é, antes de tudo, a inteligência vazia, cujo conteúdo se manifesta como um Outro: *encontra*, portanto, nessa figura, em que o conteúdo não é ainda o seu, o seu conteúdo como um ser-aí totalmente independente dele: encontra-o na fé.

549 – [Die Aufklärung] O Iluminismo assim apreende seu objeto primeiramente e em geral, tomando-o como *pura inteligência*, e desse modo o declara - não reconhecendo [nele] a si mesmo - como um erro. Na *inteligência* como tal, a consciência apreende um objeto de maneira que se converte em essência da consciência, ou seja, [um objeto] que a consciência penetra e no qual se mantém, fica junto de si, e presente a si mesma; e sendo assim a consciência o movimento do objeto, ela o produz. O Iluminismo acertadamente enuncia a fé como uma consciência desse tipo, ao dizer que é um ser de sua própria consciência - seu próprio pensamento, um produto da consciência - aquilo que para a fé é a essência absoluta. Com isso declara a fé como sendo um erro, e uma ficção poética sobre o mesmo que o Iluminismo é.

Querendo ensinar à fé a nova sabedoria, o Iluminismo com isso nada lhe diz de novo, porque para a fé seu objeto é também justamente isto: pura essência de sua própria consciência. Assim ela não se põe [como] perdida e negada no objeto, mas antes a ele se fia, quer dizer, encontra-se precisamente *no objeto como esta* consciência, ou como consciência-de-si. Eu confio naquele cuja *certeza de si mesmo* é para mim, a *certeza de mim* mesmo: conheço meu ser-para-mim nele, conheço que ele o reconhece, e que para ele é fim e essência. Mas confiança é a fé: porque sua consciência se *refere* de modo *imediato* a seu objeto, e assim também intui que é *um só* com seu objeto, e que é nele. Além disso, já que para mim é objeto aquilo em que reconheço a mim mesmo, eu estou nele para mim ao mesmo tempo, em geral, como *outra* consciência-de-si, isto é, como uma consciência-de-si que no objeto se alienou de sua singularidade particular, ou seja, de sua naturalidade e contingência; embora, por uma parte, ali permaneça, consciência-de-si, e, por outra, seja ali justamente consciência *essencial*, como o é a pura inteligência.

No conceito da inteligência está compreendido não só que a consciência se conheça a si mesma no seu objeto intuído e nele *imediatamente* se possua, sem primeiro abandonar o [objeto] pensado, e retornar dele a si mesma, - mas também que a consciência seja consciente de si mesma como movimento *mediatizante*, ou de si como [sendo] o *agir* ou o produzir; desse modo é [patente] *para ela* no pensamento essa unidade de si mesma como [unidade] do *Si* e do objeto.

Ora, também a fé é justamente uma tal consciência. A *obediência e o agir* são um momento necessário, mediante o qual se estabelece na essência absoluta a certeza do ser. Sem dúvida, esse agir da fé não se manifesta como se a essência absoluta mesma fosse produzida desse modo. Mas a essência absoluta da fé essencialmente não é a essência *abstrata* que se encontre além da consciência crente; é, sim, o espírito da comunidade, é a unidade da essência abstrata e da consciência-de-si. Que a essência absoluta seja o espírito da comunidade, nisso está implícito que o agir da comunidade é um momento essencial: ele *só* é *mediante o produzir* da consciência - ou melhor, não é sem ser produzido pela consciência. Com efeito, por essencial que seja o produzir, é igualmente essencial que não seja o fundamento único da essência, mas apenas um momento. A essência é ao mesmo tempo em si e para si mesma.

550 – [Von der andern Seite] De um lado, o conceito da pura inteligência é, para si mesmo, um *Outro* que seu objeto: pois é exatamente essa determinação negativa que constitui o objeto. Do outro, a pura inteligência exprime também assim a essência da fé, como algo *estranho* à consciência-de-si, que não é *sua* essência, senão que toma seu lugar; - como um bebê trocado no berço por ela. Mas aqui o Iluminismo é completamente insensato: a fé experimenta-o como um discurso que não sabe o que diz, não compreende o assunto quando fala de impostura dos sacerdotes e de ilusão do povo. Fala disso como se por um passe de mágica dos sacerdotes prestidigitadores deslizasse sorrateiramente para dentro da consciência algo absolutamente *estranho* e *Outro* em lugar da essência; e diz ao mesmo tempo que se trata de uma essência da consciência que nela crê, confia nela e procura fazê-la propícia. Quer dizer: a consciência intui nela tanto sua pura essência quanto *sua individualidade* singular e universal; e mediante seu agir produz essa unidade de si mesma com a sua essência. O Iluminismo enuncia imediatamente como [sendo] *o mais próprio* da consciência o que enuncia como algo a ela *estranho*. Como pode, assim, falar de impostura e de ilusão? Ao expressar *de modo imediato* a respeito da fé o contrário do que afirma dela, o Iluminismo se mostra à fé, antes, como a *mentira* consciente. Como pode dar-se impostura e ilusão ali, onde a consciência tem imediatamente em sua verdade a *certeza de si mesma*? Onde ela possui a *si mesma* no seu objeto, porque nele tanto se encontra como se produz? A diferença não existe mais, nem mesmo nas palavras.

Quando foi formulada a pergunta geral* "*se era permitido enganar um povo*", a resposta, de fato, deveria ser que a questão estava malcolocada, porque é *impossível* enganar um povo nesse terreno.

---

* Concurso aberto em 1778 por Frederico, o Grande, em Berlim.

Sem dúvida, é possível em algum caso vender latão por ouro, passar dinheiro falso por verdadeiro; pode ser que muitos aceitem uma batalha perdida como ganha; é possível conseguir que se acredite por algum tempo em outras mentiras sobre coisas sensíveis e acontecimentos isolados. Porém, no saber da essência, em que a consciência tem a *certeza* imediata *de si mesma*, está descartado completamente o pensamento do engano.

551 – [Sehen wir weiter] Vejamos agora como a fé experimenta o Iluminismo nos *diferentes* momentos de sua consciência, a que o ponto de vista anterior se referia apenas de modo geral. São esses momentos: [1º] – o puro pensamento, ou, enquanto objeto, a *essência absoluta* em si e para si mesma. Em seguida, [2º] – sua *relação* – enquanto é um *saber* – para com essa essência: o *fundamento de sua fé*; e por último, [3º] – a relação da consciência crente com a essência em seu agir, ou *seu serviço* [divino]. Assim como na fé a pura inteligência em geral se tinha desconhecido e negado, assim também nesses momentos se comportará de modo igualmente invertido.

552 – [Die reine Einsicht] [1º] – A pura inteligência se comporta negativamente em relação *à essência absoluta* da consciência crente. Essa essência é puro *pensar*, e o puro pensar é posto dentro de si mesmo como objeto ou como a *essência*. Na consciência crente, esse *Em-si* do pensamento recebe ao mesmo tempo, para a consciência para si *essente*, a forma – mas só a forma vazia – da objetividade. Esse Em-si está na determinação de um *representado*. Mas para a pura inteligência, enquanto é a pura consciência segundo o lado do *Si para si essente*, o *Outro* aparece como um *negativo* da *consciência-de-si*. Por sua vez, esse Outro poderia ser tomado seja como o puro *Em-si* do pensar, seja como o *ser* da certeza sensível. Mas, como é ao mesmo tempo para o *Si* – e esse, como *Si* que tem um objeto, é consciência efetiva –, assim o seu mais peculiar objeto como tal é uma *coisa ordinária essente* da *certeza sensível*. Esse seu objeto se lhe manifesta na *representação* da fé.

A pura inteligência condena essa representação, e nela condena seu próprio objeto. Mas nisso já comete contra a fé a injustiça de lhe apreender o objeto como se fosse o seu próprio. Diz, por isso, da fé que sua essência absoluta é um pedaço de pedra, um toco de madeira, que tem olhos e não vê; ou ainda, um pouco de pão que brotou do campo, foi elaborado pelo homem e é restituído ao campo. Ou, seja qual for a forma como a fé antropomorfize a essência e a torne objetiva e representável para si.

553 – [Die Aufklärung, die] O Iluminismo, que se faz passar como puro, reduz neste ponto o que para o espírito é vida eterna e Espírito Santo, a uma *coisa perecível* efetiva, e o contamina com o enfoque, em si nulo, da certeza sensível, que não tem nada a ver com a fé adoradora; é pura mentira atribuir isso à fé. O que a fé adora não é para ela em absoluto, nem pedra ou madeira ou pão, nem qualquer outra coisa sensível temporal. Se ocorre ao Iluminismo dizer que o objeto da fé é isso *também*, ou mesmo que é isso em si e em verdade, [precisa notar] que a fé, de um lado, conhece igualmente *aquele também*, mas para ela está fora de sua adoração; porém, de outro, coisas como pedra, etc., em geral para ela nada são *em si*; para ela só é em si a essência do puro pensar.

554 – [Das zweite Moment] [2º] O *segundo momento* é a relação da fé, como consciência *que-sabe*, para com essa essência. Para a fé, como pura consciência pensante, essa essência é imediata; mas a pura consciência é igualmente relação *mediatizada* da certeza com a verdade; relação que constitui o *fundamento* da *fé*. Para o Iluminismo, esse fundamento se torna um *saber* contingente *de* eventos *contingentes*. Ora, o fundamento do saber é o universal *que-sabe*, e em sua verdade é o *espírito* absoluto - que na pura consciência abstrata, ou no pensar enquanto tal, é somente a *essência* absoluta; porém, como consciência-de-si, é o *saber* de si.

A pura inteligência põe igualmente como negativo da consciência-de-si esse universal que-sabe, *o espírito simples que se sabe a si mesmo*. Ela é, de certo, o *puro* pensar mediatizado, isto é, o pensar que se mediatiza consigo mesmo: é o puro saber. Mas, enquanto é *pura inteligência, puro saber*, que ainda não se sabe a si mesmo - ou seja, esse puro movimento mediatizante ainda não é para ela - esse movimento, como tudo o que ela é, se lhe manifesta como um Outro. Portanto, concebida em sua efetivação, desenvolve esse momento que lhe é essencial; contudo ele se lhe manifesta como pertencente à fé; e em sua determinidade de lhe ser algo exterior, como um saber contingente de histórias efetivas realmente banais.

Neste ponto a pura inteligência inventa, a propósito da *fé religiosa,* que sua certeza se funda em alguns *testemunhos históricos singulares,* que considerados como testemunhos históricos não forneceriam, sem dúvida, o grau de certeza sobre o seu conteúdo que nos dão os jornais sobre um evento qualquer. Além disso [inventa] que sua certeza se baseia sobre o acaso da *conservação* desses testemunhos - de um lado, pela preservação dos códices, e, de outro, pela competência e honestidade dos copistas; e finalmente pela correta compreensão do sentido das palavras e letras mortas. Mas, de fato, a fé não pretende vincular sua certeza a tais testemunhos e contingências. Em sua certeza, a fé é relação espontânea para com seu objeto absoluto, um puro saber desse objeto que não mistura com sua consciência da essência absoluta caracteres, códices e copistas: e por isso não se mediatiza através de coisas dessa espécie.

Ao contrário, a consciência crente é o fundamento - que se mediatiza a si mesmo - de seu saber: é o espírito mesmo, que é testemunho de si, tanto no *interior* da consciência *singular* quanto por meio da *presença universal* da fé de todos nele. Se a fé pretende também dar-se a partir do histórico aquela maneira de fundamentação ou pelo menos de confirmação de seu conteúdo - de que fala o Iluminismo -, e seriamente supõe e age como se dependesse disso, é que já se deixou seduzir pelo Iluminismo. Seus esforços para se fundar, ou se consolidar dessa maneira, são somente sinais que dá de sua contaminação.

555 – [Noch ist die dritte] [3º] - Resta ainda o terceiro lado, a *relação da consciência para com a essência absoluta,* como um *agir.* Esse agir é o suprassumir da particularidade do indivíduo, ou do modo natural de seu ser para si, do qual lhe provém a certeza de ser a pura consciência-de-si, conforme seu agir; quer dizer, como consciência singular, *para-si-essente,* de ser uma só coisa com a essência. Como no agir se distinguem *conformidade ao fim* e *fim,* e também a pura intenção se *comporta negativamente* em relação a esse agir - e como nos outros momentos a si mesma se renega - a pura inteligência, com respeito à *conformidade-ao-fim,* deve apresentar-se como *não entendimento.* Enquanto a inteligência está unida com a intenção, a consonância do fim com o meio lhe aparece como Outro; - ou melhor, como o contrário. Porém, com respeito ao *fim,* a pura inteligência deve fazer do mal, do gozo e da posse o [seu] fim, e desse modo manifestar-se como a intenção mais impura; – enquanto igualmente a pura intenção, como Outro, é intenção impura.

556 – [Hiernach sehen wir] De acordo com isso, vemos que o Iluminismo, quanto à *conformidade com o fim*, acha insensato que o indivíduo crente se atribua a consciência superior de não estar preso ao gozo e ao prazer naturais, que se abstenha *efetivamente* de ambos, e demonstre *através do ato* que o desprezo [que tem] deles não *mente*, mas é um desprezo *verdadeiro*. O Iluminismo acha igualmente insensato que o indivíduo, por renunciar à sua propriedade, se exima de sua determinidade de ser absolutamente singular, excluindo todas as outras singularidades, e possuindo sua propriedade. Com isso mostra que *na verdade* não toma a sério seu isolar-se, mas que se elevou acima da necessidade natural, que é singularizar-se e negar, nessa singularização absoluta do ser para si, os outros como uma mesma coisa *consigo*.

A pura inteligência acha as duas coisas tanto não conformes-ao-fim quanto injustas. Acha *não conforme-ao-fim* renunciar ao prazer e abdicar da posse para mostrar-se livre do prazer e da posse; [assim] seria declarado, ao contrário, como louco quem para comer lançasse mão dos meios para comer efetivamente. Acha também *injusto* abster-se da comida: não, renunciar à manteiga e aos ovos por dinheiro, ou ao dinheiro por ovos e manteiga: [mas] renunciar à comida sem adquirir nada de volta. Quer dizer, declara a comida ou a posse de tais coisas um fim-em-si-mesmo, e nisso se mostra de fato uma intenção muito impura, que se ocupa de modo totalmente essencial com tal gozo e posse. De novo, também afirma, como intenção pura, a necessidade da elevação por cima da existência natural e da avidez pelos meios de subsistência: mas acha insensato e injusto que essa elevação se demonstre *através do ato*. Ou seja: na verdade, essa pura intenção é impostura, que simula e reclama uma elevação *interior*; mas declara como supérfluo, insensato e injusto tomá-la a sério, *pô-la efetivamente em obra*, e *demonstrar sua verdade*. Assim, tanto se nega como pura inteligência, porque renega o agir imediatamente conforme-ao-fim, como [também se nega] enquanto pura intenção, porque renega a intenção de mostrar-se liberada dos fins da singularidade.

557 – [So gibt die Aufklärung] Assim o Iluminismo se dá a experimentar à fé. Apresenta-se sob esse aspecto feio, porque precisamente por sua relação com um Outro assume uma *realidade negativa,* ou seja, apresenta-se como o contrário de si mesmo; mas é preciso que a pura inteligência e intenção assumam essa relação, já que ela é sua efetivação. Essa efetivação se manifestava de início como realidade negativa. Talvez sua *realidade positiva* seja melhor constituída: vejamos como se comporta. Quando são banidos todos os preconceitos e superstições, então surge a pergunta: *e agora, que resta? Que verdade o Iluminismo difundiu em lugar dos preconceitos e superstições*?

O Iluminismo já expressou esse conteúdo positivo em sua extirpação do erro, pois aquela alienação dele mesmo é igualmente sua realidade positiva. Naquilo, que para a fé é espírito absoluto, o Iluminismo interpreta, como coisas singulares efetivas, o que aí mesmo descobre [na forma] de *determinação* como [por exemplo] madeira, pedra, etc. Ao conceber em geral *toda a determinidade,* isto é, todo o conteúdo e sua implementação, dessa maneira, como uma *finitude,* como *essência e representação humana,* a essência absoluta torna-se para ele um *vazio,* a que não se podem atribuir determinações nem predicados.

Um tal conúbio [entre a essência absoluta e a representaçao humana] seria, em si, condenável; pois é justamente nele que foram engendrados os monstros da superstição. A razão, a *pura inteligência,* certamente não é vazia, ela mesma, porque o seu negativo é *para ela,* e é o seu conteúdo; mas ela é rica, embora somente em singularidade e limitação. Não permitir que nada semelhante aconteça à essência absoluta, nem que lhe seja atribuído, é a conduta circunspecta da inteligência que sabe pôr em seu lugar a si mesma e a sua riqueza de finitude, e tratar dignamente o absoluto.

558 – [Diesem leeren Wesen] Como *segundo momento* da verdade positiva do Iluminismo está, em contraste com essa essência vazia, a *singularidade* em geral - da consciência e de todo o ser - excluída de uma essência absoluta, como *absoluto ser-em-si-e-para-si.* A consciência que na sua efetividade primeira de todas era *certeza sensível* e *'visar',* aqui retorna do caminho completo de sua experiência e é, de novo, um saber *do puramente negativo de si mesma,* ou das *coisas sensíveis* - quer dizer, *essentes* - que se contrapõem indiferentemente ao seu *ser-para-si.* Porém, aqui ela já não é consciência natural *imediata*, mas *veio-a-ser* para si tal [consciência].

Inicialmente abandonada a toda confusão, em que se emaranhava por seu desdobramento, ela foi agora reconduzida, mediante a pura inteligência, à sua figura primeira; e a *experimentou* como *resultado. Fundada* sobre a inteligência da nulidade de todas as outras figuras da consciência, e assim, de todo o Além da certeza sensível, essa certeza sensível já não é mais um 'visar' [*Meinung*] mas antes, a verdade absoluta. Sem dúvida, essa nulidade de tudo o que ultrapassa a certeza sensível é somente uma prova negativa dessa verdade; contudo não é capaz de outra prova, pois a verdade positiva da certeza sensível é, nela mesma, justamente o ser-para-si *não mediatizado* do conceito mesmo, enquanto objeto, e de certo na forma do ser-outro. [Com efeito] para cada consciência é *absolutamente certo* que ela *é*, e [há] *outras coisas efetivas* fora dela; e que em seu ser *natural* ela, como também essas coisas, *é em si e para si*, ou é *absoluta.*

559 – [Das dritte Moment] O terceiro momento da verdade do Iluminismo, enfim, é a relação da essência singular para com a essência absoluta, a relação dos dois primeiros momentos. A inteligência, como pura inteligência do *igual* e do *ilimitado*, *ultrapassa* também o *desigual*, a saber, a efetividade finita, ou [ultrapassa] a si mesma como simples ser-outro: tem o *vazio* como sendo o além desse [ser-outro] com o qual relaciona, assim, a efetividade sensível. Na determinação dessa *relação*, os dois lados não entram como *conteúdo*, pois um deles é o vazio, e assim um conteúdo só está presente pelo outro lado, [que é] a efetividade sensível. Mas a *forma* dessa *relação*, para cuja determinação contribui o lado do *Em-si*, pode ser modelada à vontade, pois a forma é o *negativo em si*, e por isso o oposto a si: é tanto ser como nada; tanto *Em-si* como o *contrário*; ou, o que vem a dar no mesmo, a relação da *efetividade* com o *Em-si*, enquanto *além*, é tanto um *negar* quanto um *pôr* dessa efetividade.

A efetividade finita, portanto, pode, a rigor, ser tomada como melhor convenha. Assim, o sensível agora é referido *positivamente* ao absoluto como ao *Em-si*, e a efetividade sensível é, ela mesma, *em si*; o absoluto a faz, a sustem e cuida dela. Por sua vez, a realidade sensível é referida ao absoluto como ao seu contrário, como a seu *não-ser*; segundo essa relação, ela não é em si, mas é somente *para um Outro*. Se na anterior figura da consciência os *conceitos* da oposição se determinavam como *bem* e *mal*, agora, ao contrário, se tornam para a pura inteligência as abstrações [ainda] mais puras, do *ser-em-si* e do *ser-para-um-Outro*.

560 – [Beide Betrachtungsweisen] Ora, os dois modos de considerar a relação do finito para com o Em-si – tanto o positivo quanto o negativo –, de fato, são igualmente necessários; e assim, tudo tanto é *em si* como é *para um Outro*, ou seja: tudo é *útil*. Tudo se entrega a outros: ora se deixa utilizar por outros e é *para eles*; ora se põe em guarda de novo, e, por assim dizer, se torna arisco frente ao Outro: é para si, e por sua vez utiliza o Outro.

Daí resulta para o homem, enquanto é a coisa *consciente* dessa relação, sua essência e sua posição. O homem, tal como é imediatamente, como consciência natural, é, *em si, bom*; como Singular é *absoluto* e o Outro é *para ele*. E na verdade, já que os momentos têm a significação da universalidade para ele, como o animal consciente-de-si – *tudo* é para o seu prazer e recreação; o homem, tal como saiu das mãos de Deus, circula nesse mundo como em um jardim por ele plantado. Deve também ter colhido [os frutos] da árvore do conhecimento do bem e do mal. Possui assim uma utilidade que o distingue de todo o resto, pois, por coincidência, sua natureza boa em si é *também* constituída de tal modo que o excesso do deleite lhe faça mal, ou antes, sua singularidade tenha *também seu além* nela: pode ir além de si mesma e destruir-se.

Ao contrário, a razão é para o homem um meio útil de restringir adequadamente esse ultrapassar, ou melhor, de se preservar a si mesmo nesse ultrapassar sobre o determinado, pois isso é a força da consciência. O gozo da essência consciente, em si *universal*, não deve ser quanto à variedade e à duração algo determinado, mas universal. A medida tem, por isso, a determinação de impedir que o prazer seja interrompido em sua variedade e duração. Isso significa que a determinação da medida é a desmedida.

Como tudo é útil ao homem, assim também o homem é útil a tudo: sua vocação é igualmente fazer-se um membro útil à comunidade e universalmente prestativo. Na medida em que cuida de si, na mesma exata medida deve dedicar-se aos outros; e quanto se dedica tanto vela por si mesmo: uma mão lava a outra. Onde quer que se encontre, está no lugar certo; utiliza os outros e é utilizado.

561 – [Anderes ist auf] As coisas são úteis umas às outras de outras maneiras, mas têm todas essa reciprocidade útil por sua essência, a saber, relacionar-se com o absoluto de dupla maneira: [uma] a positiva, mediante a qual elas são *em si e para si* mesmas; [outra] a negativa, pela qual são *para outras. A relação* para com a essência absoluta, ou a religião, é portanto, entre todas as utilidades, a mais-útil-de-todas, pois é a *pura utilidade mesma:* é esse subsistir de todas as coisas, ou seu *ser-em-si-e-para-si;* e o cair de todas as coisas, ou seu *ser-para-outro.*

562 – [Dem Glauben freilich] Com certeza, é uma abominação para a fé esse resultado positivo do Iluminismo, tanto como sua relação negativa para com ela. Para a fé é absolutamente abominável essa inteligência da essência absoluta que nela nada vê, a não ser justamente a essência absoluta, ou o *"être suprême"* ou o *vazio;* – essa *intenção* de que tudo, em seu ser-aí imediato, é *em-si* ou bom; – ou enfim, o conceito da utilidade expressando exaustivamente a *relação* do ser consciente singular com a essência absoluta: a *religião.* Essa *sabedoria* própria do Iluminismo aparece-lhe, necessariamente, como a *banalidade* mesma, e ao mesmo tempo como a *confissão* da banalidade. Com efeito, ela consiste em nada saber da *essência absoluta* ou – o que é o mesmo – só saber a seu respeito esta verdade, de todo banal, de que ela justamente é só a essência absoluta; e inversamente em saber somente da finitude, e em sabê-la certamente como o verdadeiro; e esse saber da finitude como o verdadeiro, como o supremo saber.

563 – [Der Glauben hat das] A fé tem o direito divino, o direito da absoluta *igualdade-consigo-mesma* ou do puro pensar, contra o Iluminismo; e sofre de sua parte agravo completo, pois ele distorce a fé em todos os seus momentos e faz deles uma outra coisa do que são na fé. Mas o Iluminismo tem contra a fé – e como sua verdade – somente um direito humano; pois o agravo que comete é o direito da *desigualdade,* e consiste no inverter e no alterar – um direito que pertence à natureza da *consciência-de-si,* em contraposição à essência simples ou ao *pensar.*

Ora, enquanto o direito do Iluminismo é o direito da consciência-de-si, o Iluminismo não apenas manterá *também* o seu direito - de forma que dois direitos iguais do espírito se defrontem mutuamente, sem que um deles possa contentar o outro - senão que pretenderá o direito absoluto, porque a consciência-de-si é a negatividade do conceito, que não só é *para si* mas ainda invade o terreno de seu contrário; e a própria fé, por ser consciência, não poderá recusar-lhe seu direito.

564 – [Denn die Aufklärung] Com efeito, o Iluminismo procede contra a consciência crente [arguindo] não com princípios peculiares, mas com princípios que a mesma fé tem nela. Somente lhe apresenta reunidos seus *próprios pensamentos*, que nela incidiam carentes-de-consciência e dissociados; apenas lhe recorda, a propósito de *uma* das suas modalidades, as *outras* que ela *também* tem, mas sempre esquece uma quando está com a outra. Em contraste com a fé, mostra-se como pura inteligência, justamente porque, por ocasião de um momento *determinado*, vê o todo e assim evoca o *oposto* que se refere àquele momento; e invertendo um no outro, produz a essência negativa dos dois pensamentos - *o conceito*. O Iluminismo aparece ante a fé como deturpação e mentira, porque indica o *ser-outro* de seus momentos; parece-lhe, com isso, fazer deles imediatamente outra coisa do que são em sua singularidade. Mas esse *Outro* é igualmente essencial, e, na verdade, está presente na própria consciência crente - só que ela não pensa nisso, mas o tem em um lugar qualquer; portanto, nem é estranho à fé, nem pode ser desmentido por ela.

565 – [Die Aufklärung selbst] Contudo, o próprio Iluminismo, que recorda à fé o oposto de seus momentos separados, é igualmente pouco iluminado sobre si mesmo. Comporta-se de modo puramente *negativo* para com a fé, na medida em que exclui da sua pureza o conteúdo da fé, e o toma por negativo dele mesmo. Portanto, nem reconhece a si mesmo nesse negativo - no conteúdo da fé; nem tampouco reúne, por esse motivo, os dois pensamentos: o pensamento que traz, e o que aduz contra ele.

Enquanto não reconhece que é imediatamente seu próprio pensamento o que condena na fé, o Iluminismo está na oposição dos dois momentos: só reconhece um deles, a saber, sempre o que é oposto à fé; mas dele separa o outro, justamente como faz a fé. Portanto, não produz a unidade de ambos como unidade dos mesmos - isto é, o conceito; mas o conceito lhe *surge* por si mesmo, ou seja, o Iluminismo só encontra o conceito como um *dado*.

Em si, pois, é justamente isto a realização da pura inteligência: que ela, cuja essência é o conceito, se torna primeiro para si mesma como um absolutamente Outro, e se renega, já que a oposição do conceito é a oposição absoluta; e desse ser-outro vem para si mesma, ou para seu conceito. Mas o Iluminismo *é* somente esse movimento: a atividade, ainda carente-de-consciência, do puro conceito. Embora essa atividade chegue a si mesma como objeto, toma-o por um *Outro*; também não conhece a natureza do conceito, a saber, que o não diferente é o que se separa absolutamente.

Assim, contra a fé, a inteligência é a *força* do conceito, enquanto é o movimento e o relacionar-se dos momentos que estão dissociados um do outro na consciência da fé; um relacionar-se em que vem à luz a contradição dos momentos. Repousa nisso o *direito* absoluto do ascendente que a pura inteligência exerce sobre a fé; mas a *efetividade*, à qual a inteligência conduz esse ascendente, está justamente em que a própria consciência crente é o conceito, e, portanto, ela mesma reconhece o oposto que a pura inteligência lhe põe diante. A pura inteligência mantém [seu] direito contra a consciência crente, pelo motivo de que faz valer nela o que lhe é necessário, e o que nela mesma possui.

566 – [Zuerst behauptet die] O Iluminismo afirma primeiro que o momento do conceito é um *agir* da *consciência*; afirma *contra* a fé que a essência absoluta da fé é essência da *sua* consciência, enquanto um Si; ou, que é *produzida* por meio da consciência.

Para a consciência crente, sua essência absoluta, assim como é para ela *Em-si*, ao mesmo tempo não é como uma coisa estranha, que nela estivesse sem se saber como e donde [viera]; ao contrário, sua confiança consiste precisamente em *encontrar-se* nela como *esta* consciência pessoal; e sua obediência e seu serviço consistem em produzi-la como *sua* essência absoluta através de seu *agir*. Neste ponto o Iluminismo, a rigor, só isso recorda à fé, quando ela exprime puramente o *Em-si* da essência absoluta para *além* do *agir* da consciência. Mas quando o Iluminismo, na verdade, aduz perante a unilateralidade da fé o momento oposto, o do *agir* da fé em contraste com o *ser* – no qual a fé pensa aqui unicamente, mas sem compatibilizar seus pensamentos –, então o Iluminismo isola o momento do agir, e declara [a respeito] do *Em-si* da fé que este é *apenas* um *produto* da consciência. Mas o agir isolado, oposto ao *Em-si*, é um agir contingente, e enquanto agir representativo é um fabricar de ficções – de representações que não são nada *em si*. É assim que considera o conteúdo da fé.

Mas, em sentido inverso, a pura inteligência diz também o contrário. Quando ela afirma o momento do *ser-outro* que o conceito tem nele mesmo, enuncia a essência da fé como uma essência que *nada tem a ver* com a consciência: está *além* dela e lhe é estranha e desconhecida. O mesmo se dá com a fé. De um lado, confia em sua essência e ali possui a *certeza de si mesma*; de outro lado, ela é inescrutável em seus caminhos, e inacessível em seu ser.

567 – [Ferner behauptet die] Além disso, o Iluminismo afirma contra a consciência crente, neste ponto, algo correto – que essa mesma lhe concede –, quando o Iluminismo considera o objeto da adoração da consciência crente como pedra, madeira, ou aliás como uma determinidade antropomórfica finita. Pois como a consciência crente é essa consciência cindida, ao ter um *além* da *efetividade* e um puro *aquém* desse *além*, está, de fato, presente nela *também* este ponto de vista da coisa sensível, segundo o qual a coisa sensível tem valor *em si e para si*. Entretanto, a consciência crente não compatibiliza esses dois pensamentos do *essente-em-si e para-si*, que para ela ora é a *pura essência* ora uma *coisa sensível* banal.

Mesmo sua consciência pura está afetada por esse último ponto de vista; pois as diferenças de seu reino suprassensível – porque este carece do conceito – são uma série de *figuras* independentes, e seu movimento, um *acontecer*; isto é, só existem na *representação* e tem nelas o modo do ser sensível. O Iluminismo, de seu lado, isola assim a *efetividade*, como uma essência abandonada pelo espírito, e a determinidade, como uma finitude inabalável, que não seria no movimento espiritual da essência mesma, um *momento:* não um nada, nem tampouco um algo *essente* em si e para si, mas sim um evanescente.

568 – [Es ist klar, dass] É claro que ocorre o mesmo com o *fundamento* do *saber.* A própria consciência crente reconhece um *saber* contingente; pois ela tem um relacionamento com [as] contingências, e a essência absoluta mesma está para ela na forma de uma efetividade comum representada. Por isso, a consciência crente é *também* uma certeza que não possui a verdade nela mesma, e se confessa como uma tal consciência inessencial, aquém do espírito que a si mesmo se certifica e verifica. Mas ela esquece esse momento, no seu saber espiritual imediato da essência absoluta.

No entanto o Iluminismo, que lhe recorda isso, por sua vez *somente* pensa no saber contingente e esquece o Outro. Pensa apenas na mediação que se estabelece através de um terceiro *estranho,* e não na mediação na qual o imediato é para si mesmo um terceiro, através do qual se mediatiza com o Outro, a saber, *consigo mesmo.*

569 – [Endlich findet sie] Enfim, em seu ponto de vista sobre o *agir* da fé, o Iluminismo acha injusto, e não conforme-ao-fim, o rejeitar do gozo e da posse. No que toca à injustiça, tem o acordo da consciência crente que reconhece essa efetividade de possuir, conservar e gozar a propriedade. Na defesa da propriedade se comporta de modo tanto mais egoístico e obstinado, e se entrega a seu gozo de maneira tanto mais brutal quanto seu agir religioso, renunciando à posse e ao gozo, incide para além dessa efetividade e por esse lado lhe resgata a liberdade.

Esse serviço [divino] do sacrifício de impulsos e gozos naturais não tem, de fato, nenhuma verdade devido a essa oposição: a retenção tem lugar *ao lado* do sacrifício; esse é um *símbolo* apenas, que cumpre o sacrifício efetivo só em pequena parte, e, portanto, de fato, somente o *representa.*

570 – [In Ansehung der] Do ponto de vista da *conformidade-ao-fim,* o Iluminismo considera inepto o rejeitar de *um* bem, para saber e mostrar-se liberado *do* bem; a renúncia a *um* gozo para se saber e mostrar livre *do* gozo. A própria consciência crente compreende o agir absoluto como um *agir* universal; não só o operar de sua essência absoluta como seu objeto, é para ela um operar universal, mas também a consciência singular deve demonstrar-se liberada total e universalmente de sua essência sensível.

Ora, o rejeitar de um bem *singular*, ou o renunciar a um gozo *singular*, não é essa operação *universal*. E como na operação, essencialmente o *fim*, que é universal, e a *execução*, que é um singular, deveriam apresentar-se perante a consciência em sua incompatibilidade, a ação se mostra como um operar em que a consciência não tem parte alguma, e por isso esse operar se mostra propriamente como demasiado *ingênuo*, para ser uma operação. É demasiado ingênuo jejuar para libertar-se do prazer da comida; demasiado ingênuo extirpar *do corpo* outros prazeres, como Orígenes, para mostrar que foram abolidos. A ação mesma mostra-se como um agir *externo* e *singular*; mas o desejo mostra-se *intimamente* enraizado, e algo *universal*: seu prazer não desvanece nem com o instrumento, nem por meio da abstenção singular.

571 – [Die Aufklärung aber] Neste ponto o Iluminismo isola de seu lado o *interior*, o *inefetivo*, em contraste com a efetividade – como antes retinha a exterioridade da coisidade em contraste com a interioridade da fé, em sua intuição e em seu fervor. Ele põe o essencial na *intenção*, no *pensamento*, e com isso dispensa o implementar efetivo da libertação dos fins naturais. Essa interioridade, ao contrário, é o [elemento] formal que tem a sua implementação nos impulsos naturais, que são justificados precisamente por serem interiores, por pertencerem ao ser *universal*, à natureza.

572 – [Die Aufklärung hat also] Portanto, o Iluminismo tem um poder irresistível sobre a fé, porque se encontram na consciência mesma da fé os momentos que ele estabelece como válidos. Observando mais de perto o efeito dessa força, seu comportamento em relação à fé parece dilacerar a *bela* unidade da *confiança* e da *certeza* imediata, poluir sua consciência espiritual mediante os pensamentos baixos da efetividade *sensível*, destruir-lhe o ânimo *seguro* e *tranquilo* em sua submissão, por meio da vaidade do entendimento e da própria vontade e desempenho. Mas, de fato, o Iluminismo introduz, antes, a suprassunção da *separação carente-de-pensamento*, ou melhor, *carente-de-conceito*, que está presente na fé.

A consciência crente emprega dois pesos e duas medidas, tem dois tipos de olhos e de ouvidos, dois tipos de língua e de linguagem; tem duplicadas todas as representações, sem pôr em confronto essa ambiguidade. Ou seja: a fé vive em percepções de dois tipos: – uma, a percepção da consciência *adormecida*, que vive puramente em pensamentos carentes-de-conceito; outra, a da consciência *desperta*, que vive puramente na efetividade sensível; cada uma leva seu próprio teor de vida.

O Iluminismo ilumina aquele mundo celestial com as representações do mundo sensível, e lhe faz ver essa finitude que a fé não pode desmentir, pois a fé é consciência-de-si, e, portanto, é a unidade a que pertencem os dois tipos de representações e onde não estão dissociadas uma da outra; com efeito, pertencem ao mesmo Si *simples* e indivisível, ao qual a fé passou.

573 - [Der Glaube hat] Por conseguinte, *a fé perdeu o conteúdo que preenchia seu elemento*; e colapsa em um surdo tecer do espírito dentro dele mesmo. Foi expulsa de seu reino, ou esse reino foi posto a saque; enquanto a consciência desperta monopolizou toda a diferenciação e expansão do mesmo, reivindicou e restituiu à terra todas as partes como propriedade dela. Mas a fé nem por isso se dá por satisfeita, pois, mediante essa iluminação, por toda a parte só veio à luz a essência singular, de modo que só interessa ao espírito a efetividade carente-de-essência, e a finitude por ele abandonada.

A fé é uma *pura aspiração*, por ser sem conteúdo e não poder ficar nesse vazio; ou porque, ao ultrapassar por sobre o finito, só encontra o vazio. Sua verdade é um *Além* vazio, para o qual não se pode achar mais nenhum conteúdo adequado, já que tudo se transmudou diversamente.

Por isso, a fé tornou-se, de fato, a mesma coisa que o Iluminismo, a saber, a consciência da relação do finito *essente* em si com o absoluto sem-predicados, desconhecido e incognoscível; só *que ele* é o Iluminismo *satisfeito*, mas *ela* é o Iluminismo *insatisfeito*. Contudo, vai-se mostrar no Iluminismo se ele pode permanecer na sua satisfação: está à sua espreita aquela aspiração do espírito sombrio que lamenta a perda de seu mundo espiritual. O próprio Iluminismo tem nele essa mácula da aspiração insatisfeita: - como *puro objeto*, em sua essência absoluta *vazia*; - como *agir* e *movimento*, no *ir além* de sua essência singular rumo ao além não preenchido; - e como *objeto preenchido* na *carência-de-si* do útil. O Iluminismo irá suprassumir essa mácula; do exame mais acurado do resultado positivo, que é a verdade do Iluminismo, mostrar-se-á que, em si, essa mácula já está ali suprassumida.

b – A VERDADE DO ILUMINISMO

574 – [Das dumpfe, nichts mehr] Assim, o surdo tecer do espírito, que nada mais em si distingue, adentrou-se em si mesmo, para além da consciência; e essa, ao contrário, tornou-se clara. O primeiro momento dessa clareza é determinado em sua necessidade e condição porque se efetiva a pura inteligência – ou a inteligência que *em si* é conceito; isso ela faz quando põe em si o ser-outro ou a determinidade. Dessa maneira, é pura inteligência negativa, isto é, negação do conceito; negação que também é pura. Desse modo, veio-a-ser a *pura coisa*, a essência absoluta, que aliás não tem determinação ulterior alguma.

Determinando isso mais de perto: a pura inteligência, como conceito absoluto, é um diferenciar de diferenças que já não são tais; de abstrações ou puros conceitos, que já não se sustentam a si mesmos, mas que só têm apoio e diferenciação mediante o *todo do movimento*. Esse diferenciar do não diferente consiste precisamente em que o conceito absoluto faz de si mesmo seu *objeto*, e se contrapõe como a essência àquele *movimento*. Por isso, lhe falta o lado em que as abstrações ou diferenças se *mantêm-separadas-umas-das-outras* e assim se torna o *puro pensar* como *pura coisa*.

Portanto, é isso justamente aquele tecer do espírito dentro de si mesmo – [tecer] surdo e carente-de-consciência em que afundou a fé ao perder seu conteúdo diferenciado. E, ao mesmo tempo, é aquele *movimento* da consciência-de-si, para o qual ela deve ser o além absolutamente estranho. Com efeito, uma vez que essa pura consciência-de-si é o movimento em conceitos puros, em diferenças que não são tais, ela de fato colapsa no tecer carente-de-consciência, isto é, no puro *sentir* ou na pura *coisidade*.

Mas o conceito alienado de si mesmo, por ainda se manter aqui no nível dessa alienação, não reconhece essa *igual essência* dos dois lados – do movimento da consciência-de-si e de sua essência absoluta; não conhece a *igual essência* deles, que é, de fato, a substância e subsistência desses lados. E por não reconhecer essa unidade, a essência para ele só conta na forma do além objetivo; no entanto, a consciência diferenciadora, que tem dessa maneira o Em-si fora dela, conta como uma consciência finita.

575 – [Über jenes absolute] A propósito daquela essência absoluta, o próprio Iluminismo entra consigo mesmo no conflito, que antes tinha com a fé; e divide-se em dois partidos. Um partido se comprova como vencedor somente porque se decompõe em dois partidos: pois nisso mostra possuir nele mesmo o princípio que combatia, e com isso ter suprassumido a unilateralidade em que anteriormente se apresentava. O interesse que se dividia entre ele e o outro, agora recai nele totalmente; e esquece o outro, já que encontra nele mesmo a oposição que o preocupava. Mas ao mesmo tempo a oposição se elevou ao elemento superior vitorioso, em que se apresenta purificada. Assim que a divisão nascida em um partido, e que parece uma desgraça, se mostra antes sua fortuna.

576 – [Das reine Wesen] A pura essência mesma não tem diferença nela; por conseguinte, a diferença lhe advém pelo fato de surgirem *para a consciência* duas puras essências tais; ou então, uma dupla consciência da mesma essência. A pura essência absoluta está somente no puro pensar; melhor, é o puro pensar mesmo. Assim está pura e simplesmente *além* do finito, da consciência-*de-si*, e é só a essência negativa. Mas dessa maneira é precisamente o *ser*, o negativo da consciência-de-si. Como *negativo* seu, é *também* relativo a ela: é o *ser exterior*, que referido à consciência-de-si, dentro da qual recaem as diferenças e determinações, recebe nela as diferenças de ser saboreado, visto, etc.; – e a relação é a certeza *sensível* e a percepção.

577 – [Wird von diesem] Partindo-se desse *ser sensível*, para o qual passa necessariamente aquele além negativo, mas abstraindo desses modos determinados da relação da consciência, resta assim a pura *matéria* como surdo tecer e mover dentro de si mesmo. É essencial aqui considerar que a *pura matéria* é só o que fica *de resto* se *abstraímos* do ver, tocar, gostar, etc. O que se enxerga, apalpa e saboreia, etc., não é a *matéria*, e sim, a cor, uma pedra, um sal, etc. A matéria é antes a *pura abstração*; e desse modo está presente a *pura essência do pensar*, ou o puro pensar mesmo, como o absoluto sem-predicados, não diferenciado e não determinado em si.

578 – [Die eine Aufklärung] Um dos Iluminismos denomina essência absoluta esse absoluto sem-predicados que está no pensar, para além da consciência efetiva e do qual se partiu; o outro, o chama *matéria*. Se se distinguissem como *natureza* e espírito ou *Deus*, então faltaria ao tecer carente-de-consciência dentro de si mesmo, para ser natureza, a riqueza da vida desenvolvida; e faltaria ao espírito ou Deus a consciência que em si mesma se diferencia. Os dois são pura e simplesmente o mesmo conceito, como vimos. A diferença não reside na Coisa, mas puramente apenas nos diversos pontos de partida das duas culturas, e no fato de que cada uma se fixa em um ponto próprio no movimento do pensar. Se fossem mais adiante, teriam de se encontrar, e de reconhecer como o mesmo, o que para um – como ele pretende – é uma abominação; e para o outro, uma loucura.

Com efeito, para um Iluminismo a essência absoluta está em seu puro pensar; ou seja, imediatamente para a pura consciência, fora da consciência finita, é o Além *negativo* da mesma. Se ele refletisse em que, de uma parte, aquela imediatez simples do pensar não é outra coisa que o *puro ser*, e de outra parte, aquilo que é *negativo* para a consciência, ao mesmo tempo a ela se refere; e [enfim] que no juízo negativo, o "*é*" – a cópula – reúne os dois termos separados, então se manifestaria a relação desse Além na determinação de um *essente exterior* à consciência e, portanto, como o mesmo que se chama *pura matéria*: e seria recuperado o momento, que falta, da *presença*.

O outro Iluminismo parte do ser sensível, e logo *abstrai* da relação sensível do gostar, do ver, etc., e faz disso o puro *Em-si*, a *matéria absoluta*, o que não é tocado nem saboreado. Desse modo, tornou-se esse ser o Simples sem-predicados, a essência da *consciência pura: é* o puro conceito como *em si essente*, ou o *puro pensar dentro de si mesmo*. Em sua consciência, essa inteligência não dá o passo [em sentido] oposto: do *essente* que é *puramente essente*, ao *pensado*, que é o mesmo que o puramente *essente*; ou seja, [não dá] o passo do puro Positivo ao puro Negativo. Ora, enquanto o positivo só é *pura* e simplesmente por meio da negação, ao invés o *puramente* negativo, enquanto puro, é igual a si dentro de si mesmo; e, justamente por isso, é positivo.

Em outras palavras: os dois Iluminismos não chegaram ao conceito da metafísica cartesiana, de que o *ser* e o *pensar* são *em si* o mesmo; nem ao pensamento de que o *ser, o puro ser*, não é uma *efetividade concreta*, mas a *pura abstração*; e inversamente, o puro pensar, a igualdade consigo mesmo ou a essência, é por uma parte o *negativo* da consciência-de-si, e, por conseguinte, *ser*; por outra parte, como simplicidade imediata, também não é outra coisa que o *ser*: o *pensar* é *coisidade*, ou *coisidade* é *pensar*.

579 – [Das Wesen hat hier] A essência tem aqui a *cisão* nela de tal modo que se presta a dois tipos de considerações: por um lado, a essência deve ter nela mesma a diferença; por outro lado, os dois modos de considerar convergem, justamente nisso, em um só. Com efeito, os momentos abstratos do puro ser e do negativo, pelos quais eles se distinguem, são reunidos depois no objeto desses modos de considerar.

O universal, que lhes é comum, é a abstração do puro estremecer em si mesmo, ou do puro pensar-a-si-mesmo. Esse movimento simples de rotação deve desdobrar-se, pois ele mesmo só é movimento enquanto diferencia seus momentos. A diferenciação dos momentos deixa atrás o imóvel, como a casca vazia do puro *ser*, que não é mais pensar efetivo, nem vida em si mesmo: porque essa diferenciação é, enquanto diferença, todo o conteúdo. Mas, ao colocar-se *fora* daquela *unidade*, é por isso a alternância – *que a si mesma não retorna* – dos momentos do *ser-em-si*, do *ser-para-um-Outro*, e do *ser-para-si*; é a efetividade, tal como é objeto para a consciência efetiva da inteligência pura: – *a utilidade*.

580 – [So schlecht die] A utilidade, por pior que possa parecer à fé ou à sentimentalidade, ou ainda à abstração que se denomina especulação e que se fixa o *Em-si*, mesmo assim é nela que a pura inteligência consuma sua realização, e é *objeto* para si mesma; – objeto que agora não renega mais, e que também não tem para ela o valor de vazio ou de puro Além. Com efeito, a pura inteligência, como vimos, é o próprio conceito *essente*, ou a pura personalidade igual a si mesma, que de tal modo se diferencia em si, que cada um dos [termos] distintos é, por sua vez, puro conceito, quer dizer, que é imediatamente não diferente. É a simples consciência-de-si pura que tanto é *para si* quanto é *em si*, em uma unidade imediata.

Seu *ser-em-si* não é, portanto, *ser* permanente, mas deixa imediatamente de ser algo, em sua diferença; ora, um tal ser que imediatamente não tem firmeza, não é *em si*, mas essencialmente *para um Outro*, que é a potência que o absorve. Contudo, esse segundo momento oposto ao primeiro, ao *ser-em-si*, desvanece tão imediatamente quanto o primeiro: ou melhor, como *ser só para Outro* é, antes, o *desvanec*er mesmo, e o que está *posto* é o *ser-retorna-do-a-si-mesmo*, o *ser-para-si*. Mas esse ser-para-si simples é, antes, como a igualdade-consigo-mesmo, *um ser; ou por isso, [um ser] para um Outro*.

O útil exprime essa natureza da pura inteligência no *desdobramento de seus momentos*, ou seja, exprime-a *como objeto*. O útil é algo subsistente *em si*, ou coisa; esse ser-em-si, ao mesmo tempo, é apenas puro momento; assim ele é absolutamente *para um Outro*, mas é tanto para um Outro somente quanto é em si. Esses momentos opostos retornaram à unidade inseparável do ser-para-si. Mas se o útil exprime bem o conceito da pura inteligência, não é, contudo, a inteligência como tal, e sim enquanto *representação* ou enquanto seu *objeto*. O útil é apenas a alternância incessante daqueles momentos, um dos quais, na verdade, é o próprio ser-retornado-a-si-mesmo, mas só como *ser-para-si*, isto é, como um momento abstrato, que aparece de um lado em contraste com os outros momentos. O útil mesmo não é a essência negativa, de ter em si esses momentos em sua oposição ao mesmo tempo *indivisos* sob *um só e o mesmo aspecto*, ou como um *pensar* em si, como são enquanto pura inteligência. Embora haja no útil o momento do *ser-para-si*, não é de modo que se *sobreponha* aos outros momentos – ao *Em-si* e ao *ser-para-outro* – e por isso, seja o *Si*.

A pura inteligência tem assim no útil seu próprio conceito, em seus momentos *puros*, por *objeto*. Ela é a consciência dessa *metafísica*, mas ainda não é seu conceituar, não chegou ainda à *unidade* do *ser* e do *conceito* mesmo. Porque o útil tem ainda a forma de um objeto para ela, a inteligência na verdade não tem mais um mundo *essente* em si e para si; contudo, tem ainda um mundo que ela diferencia de si. Quando, porém, chegam as oposições ao ápice do conceito, a fase seguinte será aquela em que colidem uma com a outra, e em que o Iluminismo saboreia o fruto de seus atos.

581 – [Den erreichten Gegenstand] Considerando o objeto alcançado em relação a toda essa esfera, [vê-se que] o mundo efetivo da cultura se resumiu na *vaidade* da consciência-de-si: – no *ser-para-si* que tem ainda por seu conteúdo a confusão daquele mundo, e ainda é o conceito *singular*, não o *universal* para si. Mas esse conceito, retornado a si, é a *pura inteligência* - a consciência pura como o puro *Si*, ou a negatividade; assim como a fé é exatamente o mesmo que o *puro pensar* ou a positividade. A fé tem naquele Si o momento que a leva à perfeição; mas perecendo por causa dessa plenitude, é agora na pura inteligência que nós vemos os dois momentos: - [um] como a essência absoluta que é puramente *pensada*, ou o negativo; e [o outro] como *matéria*, que é o *essente* positivo.

Ainda falta à perfeição da fé aquela *efetividade* da consciência-de-si, que pertence à consciência *vaidosa:* - o mundo, do qual o pensar se elevava a si mesmo. Na utilidade alcança-se isso que falta, na medida em que a pura inteligência atinge aí a objetividade positiva: por isso a utilidade é consciência efetiva satisfeita em si mesma. Essa objetividade constitui agora o seu *mundo:* tornou-se a verdade de todo o mundo anterior, tanto ideal como real. O primeiro mundo do espírito é o reino expandido de seu ser-aí que se dispersa, e da *certeza* singularizada de si mesmo; tal como a natureza dispersa sua vida em figuras infinitamente diversas, sem que o *gênero* delas esteja presente. O segundo mundo contém o *gênero* e é reino do *ser-em-si* ou da *verdade*, oposto àquela certeza. Mas o terceiro mundo, o *útil*, é a *verdade* que é igualmente a *certeza* de si mesma.

Ao reino da verdade da *fé*, falta-lhe o princípio da *efetividade* ou da certeza de si mesmo como deste *Singular.* À efetividade ou à certeza de si mesmo como este Singular, falta-lhe o *Em-si.* No objeto da pura inteligência estão os dois mundos reunidos. O útil é o objeto na medida em que o penetra o olhar da consciência-de-si, e a *certeza singular* de si mesmo tem nele seu gozo - seu *ser-para-si.* A consciência-de-si penetra o objeto, e essa inteligência [penetrante] contém a *verdadeira* essência do objeto - que é ser “algo penetrado-pelo-olhar” ou ser *para um Outro.* Assim, a inteligência mesma é o *saber verdadeiro*, e a consciência-de-si tem de modo igualmente imediato a certeza universal de si mesma; tem sua *consciência pura* nessa relação em que se reúnem assim tanto *verdade* quanto presença e *efetividade.* Estão reconciliados os dois mundos, e o céu baixou e se transplantou para a terra.

3 - A LIBERDADE ABSOLUTA E O TERROR

582 – [Das Bewusstsein hat] Na utilidade, a consciência encontrou seu conceito. Mas ele, de um lado, é ainda *objeto*, e de outro, e por isso mesmo, é ainda *fim*, em cuja posse a consciência ainda não se encontra imediatamente. A utilidade é ainda predicado do objeto; não é ela mesma, sujeito; ou seja, não é sua *efetividade* única e imediata. É o mesmo que antes já aparecia: que o *ser-para-si* ainda não se mostrava como a substância dos demais momentos, de modo que o útil não fosse imediatamente outra coisa que o Si da consciência, e que ela assim estivesse em sua posse. No entanto, já aconteceu em si essa revogação da forma da objetividade do útil; e dessa revolução interior surge [agora] a revolução efetiva da efetividade - a nova figura da consciência, a *liberdade absoluta.*

583 – [Es ist nämlich] De fato, o que está presente não é mais que uma vazia aparência de objetividade, separando da posse a consciência-de-si. Com efeito, de um lado, retornou a essa determinação simples - como a seu fundamento e espírito - em geral toda a subsistência e vigência dos membros determinados da organização do mundo efetivo e do mundo da fé. De outro lado, porém, essa determinação simples nada mais tem de próprio para si; é antes pura metafísica, puro conceito ou saber da consciência-de-si.

Sobre o *ser-em-si-e-para-si* do útil como objeto, a consciência sabe de certo que seu *ser-em-si* é essencialmente *ser para Outro*; o *ser-em-si* como o *carente-de-si* é na verdade o passivo, ou o que é para um outro Si. Mas o objeto é para a consciência nessa forma abstrata do *puro ser-em-si*, pois é *puro ato de intelecção* [*Einsehen*] cujas diferenças estão na pura forma dos conceitos.

No entanto, o *ser-para-si* ao qual retorna o ser para Outro - o Si - não é um Si diverso do Eu, um Si próprio daquilo que se chama objeto; porque a consciência, como pura inteligência, não é um Si *singular* ao qual o objeto igualmente se contraponha como Si *próprio*; senão que é o puro conceito - o contemplar-se do Si no Si, o absoluto ver-se a *si mesmo* em dobro. A certeza de si é o sujeito universal, e seu conceito que-sabe é a essência de toda a efetividade.

Assim, se o útil era só a alternância dos momentos que não retornavam à sua própria *unidade*, e por isso era ainda objeto para o saber, [agora] deixa de ser isso: pois o saber mesmo é o movimento daqueles momentos abstratos: - é o Si universal, tanto o seu Si como o Si do objeto; e, enquanto universal, é a unidade, que a si retorna, desse movimento.

584 – [Hiemit ist der Geist] O espírito assim está presente como *liberdade absoluta*; é a consciência-de-si que se compreende de modo que sua certeza de si mesma é a essência de todas as "massas" espirituais, quer do mundo real, quer do suprassensível; ou, inversamente, de modo que a essência e a efetividade são o saber da consciência sobre si mesma. Ela é consciente de sua pura personalidade, e nela de toda a realidade espiritual: e toda a realidade é só espiritual. Para ela, o mundo é simplesmente sua vontade, e essa é vontade universal. E, sem dúvida, não é o pensamento vazio da vontade que se põe no assentimento tácito ou representado, mas é a vontade realmente universal, vontade de todos os *Singulares* enquanto tais.

Com efeito, a vontade é em si a consciência da personalidade, ou de um 'Cada qual', e deve ser como esta vontade efetiva autêntica, como essência consciente-*de-si*, de toda e cada uma personalidade, de modo que cada uma sempre indivisamente faça tudo; e o que surge como o agir do todo é o agir imediato e consciente de um *'cada qual'*.

585 – [Diese ungeteilte Substanz] Essa substância indivisa da *liberdade absoluta* se eleva ao trono do mundo sem que poder algum lhe possa opor resistência. Por ser só a consciência, na verdade, o elemento em que as essências espirituais ou potências têm sua substância, colapsou todo o seu sistema que se organizava e mantinha pela repartição em 'massas' enquanto a consciência singular compreende o objeto de modo a não ter outra essência que a própria consciência-de-si, ou seja, [enquanto compreende] que o objeto é absolutamente o conceito.

[Ora,] o que fazia do conceito um *objeto essente* era sua diferenciação em "massas" *subsistentes* separadas; quando, porém, o objeto se torna conceito, nada mais de subsistente nele existe: a negatividade penetrou todos os seus momentos. Ele entra na existência de modo que cada consciência singular se eleva da esfera à qual era alocada, não encontra mais nessa 'massa' particujar sua essência e sua obra; ao contrário, compreende seu Si como o *conceito* da vontade, e todas as 'massas' como essência dessa vontade; e, por conseguinte, também só pode efetivar-se em um trabalho que seja trabalho total.

Nessa liberdade absoluta são assim eliminados todos os 'estados' que são as potências espirituais, em que o todo se organiza. A consciência singular, que pertencia a algum órgão desses, e no seu âmbito queria e realizava, suprimiu suas barreiras: seu fim, é o fim universal; sua linguagem, a lei universal; sua obra, a obra universal.

586 – [Der Gegenstande und der] O objeto e a *diferença* perderam aqui a significação da *utilidade,* que era o predicado de todo o ser real. A consciência não inicia seu movimento no objeto como em *algo estranho,* do qual retornasse a si mesma, mas para ela o objeto é a consciência mesma; assim a oposição consiste só na diferença entre a consciência *singular* e a *universal.* Ora, a consciência singular é imediatamente para si aquilo mesmo que de oposição tinha apenas *a aparência:* é consciência e vontade universal. O *além* dessa sua efetividade adeja sobre o cadáver da independência desvanecida do ser real ou do ser acreditado [pela fé], apenas como a exalação de um gás insípido, do vazio *ser supremo* [*être suprême*].

587 – [Es ist nach Aufhebung] Depois da suprassunção das "massas" espirituais distintas e da vida limitada dos indivíduos, como de seus dois mundos, só se acha presente, portanto, o movimento da consciência-de-si universal dentro de si mesma, como uma ação recíproca da consciência na forma da *universalidade,* e da consciência *pessoal.* A vontade universal se adentra *em si,* e é a vontade *singular,* a que se contrapõem a lei e a obra universal. Mas essa consciência *singular* é, por igual, imediatamente cônscia de si mesma como vontade universal: é consciente de que seu objeto é lei dada por ela, e obra por ela realizada. Assim, ao passar à atividade e ao criar objetividade, nada faz de singular, mas somente leis e atos-de-Estado.

588 – [Diese Bewegung ist] Esse movimento é, portanto, a ação recíproca da consciência consigo mesma, em que a consciência nada abandona na figura de um *objeto livre* que a ela se contraponha. Daí se segue que não pode chegar a nenhuma obra positiva – nem às obras universais da linguagem, nem às da efetividade, e nem a leis e instituições universais da liberdade *consciente*, nem aos feitos e às obras da liberdade *querente*. A obra à qual poderia chegar a liberdade, que toma *consciência* de si, consistiria em fazer-se *objeto* e *ser permanente* como substância *universal*. Esse ser-outro seria a diferença na liberdade, segundo a qual ela se distinguiria em "massas" espirituais subsistentes, e nos membros dos diversos poderes. Essas massas seriam: de uma parte, as *coisas-de-pensamento* de um *poder* separado em legislativo, judiciário e executivo; de outra parte, porém, as *essências reais* que se encontravam no mundo real da cultura, e que para uma observação mais atenta do conteúdo do agir universal seriam as "massas" particulares do trabalho, que serão posteriormente diferenciadas como "estados" mais específicos.

A liberdade universal, que dessa maneira se dissociaria em seus membros e por isso mesmo se converteria em substância *essente*, seria assim livre da individualidade singular, e repartiria a *multidão* dos *indivíduos* entre seus diversos segmentos. Mas o agir e o ser da personalidade se encontrariam desse modo limitados a um ramo do todo, a uma espécie do agir e do ser. A personalidade, posta no elemento do *ser*, obteria a significação de uma personalidade *determinada*; deixaria de ser uma consciência-de-si universal, na verdade. Ora, essa consciência-de-si não deixa que a defraudem na [sua] *efetividade* pela *representação* da obediência sob leis *dadas por ela mesma*, que lhe assignariam uma parte [no todo]; nem por sua *representação* no legislar e no agir universal; nem pela efetividade que consiste em dar ela *mesma* a lei, e em desempenhar não uma obra singular, mas o universal *mesmo*. Com efeito, onde o Si é somente *representado* e *por procuração*, não é *efetivo*: onde é *por procuração*, o Si não é.

589 – [Wie in diesem] Como nessa *obra universal* da liberdade absoluta a consciência-de-si singular não se encontra enquanto substância aí-*essente*, tampouco ela se encontra nos *atos* peculiares e nas ações *individuais* de sua vontade. Para que o universal chegue a um ato, precisa que se concentre no uno da individualidade, e ponha no topo uma consciência-de-si singular; pois a vontade universal só é uma vontade *efetiva* em um Si que é uno. Mas dessa maneira, *todos os outros singulares* estão excluídos da *totalidade* desse ato, e nele só têm uma participação limitada; de modo que o ato não seria ato da *efetiva* consciência-de-si *universal*. Assim a liberdade universal não pode produzir nenhuma obra nem ato positivo; resta-lhe somente o *agir negativo*; é apenas a *fúria* do desvanecer.

590 – [Aber die höchste] Mas a efetividade suprema, e a mais oposta à liberdade universal, ou melhor, o único objeto que ainda vem-a-ser para ela, é a liberdade e singularidade da própria consciência-de-si efetiva. Com efeito, essa universalidade que não se deixa chegar à realidade da articulação orgânica, e que tem por fim manter-se na continuidade indivisa, ao mesmo tempo se distingue dentro de si por ser movimento ou consciência em geral. De certo, em virtude de sua própria abstração, divide-se em extremos igualmente abstratos: na universalidade fria, simples e inflexível, e na rigidez dura, discreta e absoluta, e pontilhismo egoísta, da consciência-de-si efetiva. Depois que levou a cabo a destruição da organização real, e agora subsiste para si, é isso seu único objeto – um objeto que não tem nenhum outro conteúdo, posse, ser-aí e expansão exterior, mas que é somente este saber de si como um Si singular, absolutamente puro e livre. Esse objeto, no que pode ser captado, é só seu ser-aí *abstrato* em geral.

Por conseguinte, a relação entre esses dois termos, já que são indivisa e absolutamente para-si, e assim não podem destacar parte alguma para o meio-termo através do qual se enlacem – é a pura negação totalmente *não mediatizada*; e na verdade é a negação do singular como *essente* no universal. A única obra e ato da liberdade universal são, portanto, a *morte*, e sem dúvida uma *morte* que não tem alcance interior nem preenchimento, pois o que é negado é o ponto não preenchido do Si absolutamente livre; é assim a morte mais fria, mais rasteira: sem mais significação do que cortar uma cabeça de couve ou beber um gole de água.

591 – [In der Plattheit] Na banalidade dessa sílaba [*Tot/mort*] consiste a sabedoria do governo; o entendimento, da vontade universal, de fazer-se cumprida. O governo não é outra coisa, ele mesmo, que um ponto que-se-fixa, ou a individualidade da vontade universal. O governo, um querer e executar que procede de um ponto, ao mesmo tempo quer e executa uma determinada ordenação e ação. Assim fazendo, exclui por um lado os demais indivíduos de seu ato, e, por outro, se constitui como um governo que é uma vontade determinada, e, por isso, oposta à vontade universal; não pode, pois, apresentar-se de outro modo senão como uma *facção.* O que se chama governo é apenas a facção *vitoriosa,* e no fato mesmo de ser facção reside a necessidade de sua queda, [ou] inversamente, o fato de ser governo o torna facção e culpado.

Se a vontade universal se atém ao agir efetivo do governo como a um crime cometido contra ela, o governo ao contrário nada tem de determinado ou externo por onde se manifestasse a culpa da vontade que se lhe opõe; porquanto, frente a ele, como vontade universal efetiva, só está a pura vontade inefetiva, a *intenção. Ser suspeito* toma o lugar – ou tem a significação e o efeito – de *ser culpado*; e a reação externa contra essa efetividade, que reside no interior simples da intenção, consiste na destruição pura e simples desse Si *essente,* do qual aliás nada se pode retirar senão apenas seu próprio ser.

592 – [In diesem ihrem] A liberdade absoluta torna-se objeto para si mesma nessa sua *obra* peculiar, e a consciência-de-si experimenta o que *é* essa liberdade. *Em-si,* ela é precisamente essa *consciência-de-si abstrata,* que elimina dentro de si toda a diferença e toda a subsistência da diferença. Como tal, ela é objeto para si mesma: o *terror* da morte é a intuição dessa sua essência negativa. Mas a consciência-de-si absolutamente livre acha essa sua realidade de todo diversa da que era seu conceito sobre ela mesma, a saber, que a vontade universal seria apenas a essência *positiva* da personalidade, e que essa saberia que estava só de modo positivo, ou conservada, na vontade universal. Mas aqui a passagem absoluta de uma essência para a outra está presente, em sua efetividade, a essa consciência-de-si, que como pura inteligência separa pura e simplesmente sua essência positiva e [sua essência] negativa – o absoluto sem-predicados como puro *pensar* e como *pura* matéria.

A vontade universal, como consciência-de-si efetiva absolutamente *positiva,* por ser essa efetividade consciente-de-si *erigida* em *puro* pensar ou em matéria *abstrata,* se transforma na essência *negativa,* e se revela ser desse modo o *suprassumir* do *pensar-se-a-si-mesmo,* ou da consciência-de-si.

593 – [Die absolute Freiheit] A liberdade absoluta assim tem nela, como *pura* igualdade-consigo-mesma da vontade universal, a *negação* e por isso a *diferença* em geral; e, por sua vez, a desenvolve como diferença *efetiva*. Com efeito, a pura *negatividade* tem na vontade universal igual-a-si-mesma o *elemento* do *subsistir* ou a *substância* onde se realizam seus momentos; tem a matéria que pode converter em sua determinidade. E na medida em que essa substância se mostrou como o negativo para a consciência singular, forma-se assim de novo a organização das "massas" espirituais, entre as quais se reparte a multidão das consciências individuais. Essas consciências, que sentiram o temor de seu senhor absoluto – a morte –, resignam-se novamente à negação e à diferença, enquadram-se nas "massas" e voltam a uma obra dividida e limitada; mas assim retornam à sua efetividade substancial.

594 – [Der Geist wäre aus] Desse tumulto seria o espírito relançado ao seu ponto de partida, ao mundo ético e ao mundo real da cultura, que se teria apenas refrescado e rejuvenescido pelo temor do Senhor, que penetrou de novo nas almas. O espírito deveria percorrer de novo esse ciclo da necessidade, e repeti-lo sem cessar, se o resultado fosse somente a compenetração efetiva da consciência-de-si e da substância. [Seria] uma compenetração em que a consciência de si, que experimentou contra ela a força negativa de sua essência universal, não quereria saber-se nem encontrar-se como este particular, mas só como universal; portanto, também poderia arcar com a efetividade objetiva do espírito universal, a qual a exclui enquanto particular.

No entanto, na liberdade absoluta não estavam em interação, um com o outro, nem a consciência que está imersa no ser-aí multiforme ou que estabelece para si determinados fins e pensamentos; nem um mundo vigente *exterior*, quer da efetividade, quer do pensar. Ao contrário, o mundo estava pura e simplesmente na forma da consciência, como vontade universal; e a consciência, do mesmo modo, estava retirada de todo o ser-aí, de todo o fim particular ou juízo multiforme, e condensada no Si simples.

A cultura, que a consciência-de-si alcança na interação com aquela essência, é por isso a suprema e a última: [consiste em] ver sua pura efetividade simples desvanecer imediatamente e passar ao nada vazio. No próprio mundo da cultura, a consciência-de-si não chega a intuir sua negação ou alienação nessa forma da pura abstração;

mas sua negação é a negação repleta [de conteúdo], seja a honra ou a riqueza que obtém em lugar do Si, do qual ela se alienou; seja a linguagem do espírito e da inteligência que a consciência dilacerada adquire; ou o céu da fé, ou o útil do Iluminismo.

Todas essas determinações estão perdidas na perda que o Si experimenta na liberdade absoluta: sua negação é a morte, carente-de-sentido, o puro terror do negativo, que nele nada tem de positivo, nada que dê conteúdo. Mas, ao mesmo tempo, essa negação em sua efetividade não é algo *estranho.* Não é a *necessidade* universal situada no além, onde o mundo ético soçobra; nem é a contingência singular da posse privada, ou do capricho do possuidor, do qual a consciência dilacerada se vê dependente: ao contrário, é a *vontade universal,* que nessa sua última abstração nada tem de positivo, e que, por isso, nada pode retribuir pelo sacrifício. Mas por isso mesmo, a vontade universal forma imediatamente uma unidade com a consciência-de-si, ou seja: é o puramente positivo, porque é o puramente negativo; e a morte sem-sentido, a negatividade do Si não preenchida transforma-se, no conceito interior, em absoluta positividade.

Para a consciência, sua unidade imediata com a vontade universal, sua exigência de saber-se como este ponto determinado na vontade universal, converte-se na experiência absolutamente oposta. O que nessa experiência desvanece para ela, é o *ser* abstrato, ou a imediatez do ponto carente-de-substância; essa imediatez que desvaneceu, é a vontade universal mesma, tal como ela agora se sabe, enquanto é *imediatez suprassumida,* enquanto é puro saber ou vontade pura. Desse modo, a consciência sabe a vontade pura como a si mesma, e se sabe como essência, mas não como a essência *imediatamente essente*; não a vontade como governo revolucionário, ou como anarquia que se esforça por estabelecer a anarquia; nem a si mesma como centro dessa facção ou da oposta. Mas a *vontade universal* é o seu *puro saber* e *querer*; e a *consciência* é a vontade universal, como este saber e querer. Aqui ela não se perde a si mesma, pois o puro saber e querer são muito mais ela mesma que o ponto atômico da consciência. Portanto, ela é a interação do puro saber consigo mesmo; o puro *saber* como *essência* é a vontade universal, mas essa essência é o puro saber, simplesmente.

Assim, a consciência-de-si é o puro saber da essência como do puro saber. Além disso, como *Si singular*, é somente a forma do sujeito ou do agir efetivo, que é conhecida por ela como *forma*. Do mesmo modo, para ela, a efetividade *objetiva, o ser*, é pura e simplesmente a forma carente-de-consciência, pois essa efetividade seria o não conhecido; ora, esse puro saber sabe o saber como a essência.

595 – [Die absolute Freiheit] A liberdade absoluta conciliou assim a oposição entre a vontade universal e a singular, consigo mesma; o espírito alienado de si, levado até o cúmulo de sua oposição, em que são ainda diferentes o puro querer e o puro querente, reduz tal oposição a uma forma transparente, e nela encontra-se a si mesmo.

Como o reino do mundo efetivo passa ao reino da fé e da inteligência, assim também a liberdade absoluta passa de sua efetividade que a si mesma se destrói, para uma outra terra do espírito consciente-de-si; e ali, nessa inefetividade, ela tem o valor de verdadeiro. No pensamento do verdadeiro o espírito se reconforta, na medida em que o *espírito é pensamento*, e pensamento permanece; e sabe que esse ser, encerrado na consciência-de-si, é a essência perfeita e completa. Surgiu a nova figura do *espírito moral*.

C – O ESPÍRITO CERTO DE SI MESMO. A MORALIDADE

596 – [Die sittliche Welt] O mundo ético mostrava, como seu destino e sua verdade, o espírito que nele só tinha partido, – o Si singular. Já aquela *pessoa do direito* tem sua substância e seu conteúdo fora dela. O movimento do mundo da cultura e da fé suprassume essa abstração da pessoa, e por meio da completa alienação, por meio da suprema abstração a substância se torna, para o Si do espírito, primeiro a *vontade universal*, e finalmente sua propriedade. Parece assim que afinal o saber se tornou aqui perfeitamente igual à sua verdade, já que essa verdade é esse saber mesmo, e desvaneceu toda a oposição dos dois lados. Na verdade, [isso se deu] não *para nós* ou *em si*, mas para a própria consciência-de-si. É que a consciência-de-si obteve o domínio sobre a oposição da consciência mesma. Essa repousa na oposição entre a certeza de si mesma e o objeto, mas agora o objeto para ela mesma é a certeza de si, o saber; assim como a certeza de si mesma, enquanto tal, não tem mais fins próprios, assim também não está mais na determinidade, mas é puro saber.

597 – [Das Wissen des] O saber da consciência-de-si é, portanto, para ela, a *substância* mesma. Para ela, a substância é em uma unidade indivisível tanto *imediata*, quanto absolutamente *mediatizada.* É *imediata* como consciência ética, sabe e cumpre ela mesma o dever, e lhe pertence como à sua natureza. Mas não é *caráter* como a consciência ética, que em razão de sua imediatez é um espírito determinado, só pertence a *uma* das essencialidades éticas, e tem o lado *de não saber.* É *mediação absoluta*, como a consciência que se cultiva e a consciência crente; pois é essencialmente o movimento do Si: suprassumir a abstração do *ser-aí imediato*, e tornar-se algo universal; mas [isso não se dá] nem por meio da pura alienação e [pelo] dilaceramento de seu Si e da efetividade, nem pela [sua] fuga. Ao contrário, essa consciência está *imediatamente presente* em sua substância, pois ela é seu saber, é a pura certeza intuída de si mesma; e justamente *essa imediatez*, que é sua própria efetividade, é toda a efetividade; porque o imediato é o *ser* mesmo; e enquanto pura imediatez, clarificada pela negatividade absoluta, é o puro *ser*, é o *ser* em geral ou *todo* o ser.

598 – [Das absolute Wesen] A essência absoluta não se esgota, pois, na determinação de ser a simples *essência* do *pensar*, mas é toda a *efetividade*; e essa efetividade só existe como saber. O que a consciência não soubesse, não teria sentido; nem pode ser um poder para ela. Na sua vontade sabedora, recolheu-se toda a objetividade, e [todo o] mundo. É absolutamente livre porque sabe sua liberdade, e precisamente esse saber de sua liberdade é sua substância e fim e conteúdo único.

a – A VISÃO MORAL DO MUNDO

599 – [Das Selbstbewusstsein] A consciência-de-si sabe o dever como a essência absoluta. Só está ligada pelo dever, e essa substância é sua própria consciência pura, para a qual o dever não pode assumir a forma de algo estranho. Mas encerrada desse modo em si mesma, a consciência-de-si moral ainda não é posta nem considerada como *consciência.* O objeto [ainda] é o saber imediato; e tão puramente penetrado pelo Si, não é objeto. Mas [sendo] essencialmente a mediação e negatividade, essa consciência-de-si tem em seu conceito a relação para com um *ser-outro,* e é consciência. Para ela esse ser-outro, de um lado, é uma efetividade completamente *privada-de-significação,* pois o dever constitui seu único e essencial fim e objeto. Mas, porque essa consciência está tão perfeitamente encerrada em si mesma, comporta-se, em relação a esse ser-outro, de modo perfeitamente livre e indiferente; e de outro lado, o ser-aí é por isso um ser-aí completamente abandonado pela consciência-de-si, referindo-se igualmente só a si mesmo. Quanto mais livre se torna a consciência-de-si tanto mais livre também o objeto negativo de sua consciência. Por esse motivo, ele é um mundo perfeito dentro de si, [que chegou] à própria individualidade; é um Todo autônomo de leis peculiares, como também um curso independente e [uma] efetivação livre dessas leis. É uma *natureza* em geral, cujas leis e também o seu agir, só a ela mesma pertencem, como a uma essência que não se preocupa com a consciência-de-si moral, como esta [tampouco] se preocupa com ela.

600 – [Von dieser Bestimmung] A partir dessa determinação forma-se uma visão moral do mundo, que consiste na *relação* entre o ser-em-si-e-para-si *moral* e o ser-em-si-e-para-si *natural.* Serve de fundamento a essa relação não só a total *indiferença* e *independência* própria da *natureza,* e dos fins e atividade *morais* reciprocamente, mas também, de outra parte, a consciência da exclusiva essencialidade do dever, e da completa dependência e inessencialidade da natureza. A visão moral do mundo contém o desenvolvimento dos momentos que estão presentes nessa relação de pressupostos tão completamente conflitivos.

601 – [Zuerst also ist] Assim, primeiro se pressupõe a consciência moral em geral. O dever, para ela, vale como essência: para ela, que é *efetiva* e *ativa,* e cumpre o dever em sua efetividade e [em seu] ato. Mas ao mesmo tempo, para essa consciência moral existe a liberdade pressuposta da natureza, ou seja, ela *experimenta* que a natureza não se importa com lhe dar a consciência da unidade de sua efetividade com a dela; e assim, *talvez* a deixe ser *feliz, talvez não.*

A consciência não moral, ao contrário, talvez ache casualmente sua efetivação onde a consciência moral só encontra *ocasião* para o agir, mas não vê que por meio do seu agir possa lhe advir a felicidade da realização e o gozo do desempenho. Por isso encontra, antes, motivo para lamentar-se sobre tal estado da inadequação sua e do ser-aí, e sobre a injustiça que a restringe a ter seu objeto apenas como *puro dever*; e lhe nega ver efetivados esse objeto e a *si* [mesma].

602 – [Das moralische Bewusstsein] A consciência moral não pode renunciar à felicidade, nem descartar de seu fim absoluto esse momento. O fim, enunciado como *puro dever*, implica essencialmente nele que contém esta consciência *singular*. A *convicção individual*, e o saber a seu respeito, constituem um momento absoluto da moralidade. Esse momento no *fim* que se tornou *objetivo*, no dever *cumprido*, é a consciência *singular* que se intui como efetivada; ou seja, é o *gozo*. O gozo, por isso, reside no conceito da moralidade; de certo, não imediatamente, da moralidade considerada como *disposição*, [mas] só no conceito de sua *efetivação*.

Ora, dessa maneira, o gozo também reside nela como *disposição*, porque a moralidade tende a não permanecer disposição, em oposição ao operar; mas a *agir*, ou a efetivar-se. O fim como o todo, expresso com a consciência de seus momentos, consiste, pois, em que o dever cumprido seja tanto pura ação moral quanto individualidade realizada; e que a *natureza*, como o lado da *singularidade*, em contraste com o fim abstrato, seja *um* com o fim. Por necessária que seja a experiência da desarmonia dos dois lados – porque a natureza é livre – mesmo assim, só o dever é o essencial; e a natureza, em contraste com ele, é algo carente-de-si. Aquele *fim* total, que a harmonia constitui, contém em si a efetividade mesma. Ao mesmo tempo, é o *pensamento* da *efetividade*. A harmonia da moralidade e da natureza, ou harmonia da moralidade e da felicidade – pois a natureza só é tomada em consideração enquanto a consciência experimenta sua unidade com ela – [essa harmonia] é *pensada* como algo necessariamente *essente*, ou seja, é *postulada*. Com efeito, *exigir* significa que se pensa algo *essente* que ainda não é efetivo: uma necessidade não do *conceito* como conceito, mas do ser. Contudo, a necessidade é ao mesmo tempo, essencialmente, a relação através do conceito. O *ser* exigido não pertence assim ao representar da consciência contingente, senão que reside no conceito da moralidade mesma, cujo verdadeiro conteúdo é a *unidade* da consciência *pura* e da consciência *singular*. A essa última compete que essa unidade seja *para ela* como uma efetividade; o que no *conteúdo* do fim é felicidade, mas, na sua *forma*, é ser-aí em geral. Esse ser-aí exigido, ou a unidade dos dois, não é por isso um desejo, ou - considerado como fim - não é um fim cuja obtenção seria ainda incerta, mas é uma exigência da razão; ou seja, é imediata certeza e pressuposição da razão mesma.

603 – [Jene erste Erfahrung] Aquela primeira experiência e esse postulado não são os únicos, mas abre-se um ciclo inteiro de postulados. É que a natureza não somente é essa modalidade *exterior* totalmente livre, na qual a consciência teria de realizar seu fim, como em um puro objeto. *Nela mesma*, a consciência é essencialmente uma consciência *para a qual* existe esse outro Efetivo livre; quer dizer, ela mesma é algo contingente e natural. Essa natureza - que para a consciência é a sua - é a *sensibilidade*, que na figura do *querer* como *impulsos* e *inclinações* tem para si essencialidade *determinada* própria, ou *fins singulares*; assim é oposta à vontade pura e a seu fim puro. Mas em contraste com essa oposição, [o que é] a essência para a consciência pura é, antes, a relação da sensibilidade com ela: a unidade absoluta da consciência com a sensibilidade. Os dois [termos], o puro pensar e a sensibilidade da consciência, são *em si uma consciência*; e o puro pensar é precisamente aquilo para o qual e no qual existe essa unidade pura; mas para ela, como consciencia, é a oposição de si mesma e dos impulsos.

Nesse conflito entre a razão e a sensibilidade, a essência, para a razão, é que o conflito se resolva; e que emerja, como *resultado*, a unidade dos dois - que não é a unidade *originária* em que ambos estão em um indivíduo só, mas uma unidade que procede da *conhecida* oposição dos dois. Tal unidade somente é a moralidade *efetiva* porque nela está contida a oposição pela qual o Si é consciência - ou só agora é efetivo; e de fato, é Si e ao mesmo tempo, [é um] universal. Ou seja, está aí expressa aquela *mediação* que, como vimos, é essencial à moralidade. Como, entre os dois momentos da oposição, a sensibilidade é simplesmente o *ser-outro* ou o negativo - e ao contrário, o puro pensar do dever é a essência da qual nada se pode abandonar - parece que a unidade resultante só pode efetuar-se mediante o suprassumir da sensibilidade. Ora, como ela mesma é um momento desse vir-a-ser – o momento da *efetividade* – assim há que contentar-se por enquanto, no que respeita à unidade, com a expressão de que "a sensibilidade é *conforme* à moralidade".

Essa unidade é igualmente um *ser postulado*; ela não *é aí*, pois o que *é aí* é a consciência, ou a oposição da sensibilidade e da consciência pura. Mas, ao mesmo tempo, não é um Em-si como o primeiro postulado, em que a natureza livre constitui um lado, e a sua harmonia com a consciência moral incide, portanto, fora dela. Aqui, ao contrário, a natureza é a que se encontra na consciência mesma; e trata-se aqui da moralidade enquanto tal, de uma harmonia que é a própria do Si operante. A consciência mesma tem, pois, de efetuar essa harmonia, e de fazer sempre progressos na moralidade. Mas a *perfeição* dessa harmonia tem de ser *remetida* ao *infinito*, pois se ela efetivamente ocorresse, a consciência moral se suprimiria.

Com efeito, a *moralidade* só é *consciência* moral enquanto essência negativa, para cujo dever puro a sensibilidade tem apenas uma significação *negativa*, é só *"não conforme"*. Na harmonia, porém, a *moralidade* desvanece como *consciência* ou [como] sua *efetividade*; assim como na consciência moral ou na efetividade, sua *harmonia* desvanece. A perfeição, portanto, não há que atingi-la efetivamente, mas só há que pensá-la como uma *tarefa absoluta*, isto é, como uma tal que permanece tarefa, pura e simplesmente. No entanto, há que pensar, ao mesmo tempo, o conteúdo dessa tarefa como um conteúdo que simplesmente deva *ser*, e que não permaneça tarefa; quer se represente ou não, nessa meta, a consciência totalmente abolida. O que ocorre de fato, não se consegue distinguir nos longes obscuros da infinitude - para onde se deve protelar, por esse motivo, a obtenção da meta.

Deve-se dizer que, a rigor, a representação determinada não deve interessar nem ser procurada, pois isso leva a contradições: uma tarefa que deve permanecer tarefa e, contudo, ser cumprida; uma moralidade que não deve mais ser consciência, não deve mais ser efetiva. Pela consideração de que a moralidade consumada encerra uma contradição, se lesaria a santidade da essencialidade moral, e o dever absoluto pareceria como algo inefetivo.

604 – [Das erste Postulat] O primeiro postulado era a harmonia da moralidade e da natureza objetiva, o fim-último do *mundo*;

o segundo era a harmonia da moralidade e da vontade sensível, o fim-último da *consciência-de-si* como tal. O primeiro era, pois, a harmonia na forma do *ser-em-si*, o segundo na forma do *ser-para-si*. Mas o que une, como meio-termo, esses dois fins-últimos extremos que são pensados, é o movimento do agir *efetivo* mesmo. Esses fins são harmonias cujos momentos em sua diferenciação abstrata não se tornaram ainda objetos; isso acontece na efetividade, em que os dois lados surgem na [sua] consciência propriamente dita, cada um como o *outro* do outro. Os postulados que assim se originam, como antes só continham harmonias *em si essentes* separadas das harmonias *para si essentes*, agora contêm harmonias *em si e para si essentes*.

605 – [Das moralische Bewusstsein] A consciência moral, como *simples saber* e *querer* do *puro* dever, refere-se no agir ao objeto oposto à sua simplicidade, à efetividade do *caso multiforme*, e tem, por isso, um *relacionamento* moral multiforme. Surgem aqui, segundo o conteúdo, as leis *múltiplas*, em geral; e segundo a forma, as potências contraditórias da consciência-que-sabe e do carente-de-consciência.

Em primeiro lugar, no que se refere aos *múltiplos deveres*, para a consciência moral só tem valor neles o *dever puro*. Os *deveres múltiplos*, como múltiplos, são *determinados*, e por isso, como tais, nada são de sagrado para a consciência moral. Mas ao mesmo tempo, por meio do conceito do *agir*, que inclui em si uma efetividade multiforme e, portanto, uma relação moral multiforme, *necessariamente*, esses deveres devem ser considerados como *essentes* em si e para si. Como além disso os deveres só podem existir dentro de uma *consciência* moral, eles subsistem ao mesmo tempo, em uma consciência diversa daquela para a qual só o puro dever, como puro, é em si e para si sagrado.

606 – [Es ist also postuliert] Postula-se assim que seja uma *outra* consciência, que os consagre; ou que os saiba e queira como deveres. A primeira consciência contém o dever puro, *indiferente* a todo o *conteúdo determinado*; e o dever é somente essa indiferença para com o conteúdo. Mas a outra consciência contém a relação igualmente essencial para com o agir e a *necessidade* do conteúdo *determinado*. Como os deveres têm valor para essa consciência como deveres *determinados*, por isso o conteúdo lhe é tão essencial quanto a forma, graças à qual o conteúdo é dever. Por conseguinte, essa consciência é uma consciência em que o universal e o particular são simplesmente um; e seu conceito é, assim, o mesmo que o conceito da harmonia da moralidade e da felicidade.

Com efeito, essa oposição exprime igualmente a separação da consciência moral, *igual a si mesma*, e da efetividade, que, como *ser multiforme*, colide com a essência simples do dever. Mas se o primeiro postulado só exprime a harmonia *essente* da moralidade e da natureza, porque ali a natureza é o negativo da consciência-de-si, é o momento do *ser*; – agora, ao contrário, esse *Em-si* é posto essencialmente como consciência, porque agora o *essente* tem a forma do *conteúdo* do *dever*, ou seja, é a *determinidade* no *dever determinado*. O Em-si, portanto, é a unidade desses termos que como *essencialidades simples* são essencialidades do pensar e, por isso, só estão em uma consciência. Essa consciência, de agora em diante, é assim um senhor e soberano do mundo que produz a harmonia da moralidade e da felicidade, e que ao mesmo tempo consagra os deveres como *múltiplos*. Isso significa que, para a consciência do *dever puro*, o dever determinado não pode ser imediatamente sagrado; mas porque, em virtude do agir efetivo - que é um agir determinado - é igualmente *necessário*, então essa necessidade incide fora daquela consciência, em uma outra: que desse modo é a mediadora entre o dever determinado e o dever puro, e a razão de que o dever determinado tenha valor também.

607 – [In der wirklichen] Entretanto, na ação efetiva a consciência se comporta como este Si, como uma consciência completamente singular: está dirigida à efetividade enquanto tal, e tem-na por fim, pois quer implementá-la. O *dever em geral* recai assim fora dela, em uma outra essência, que é a consciência e o sagrado legislador do dever puro. Para a consciência atuante, justamente porque é atuante, tem valor imediatamente o Outro do dever puro; assim, esse é conteúdo de uma outra consciência, e só mediatamente - a saber, nessa consciência - é sagrado para a consciência atuante.

608 – [Weil es hiermit] Por estar estabelecido, desse modo, que o valor do dever, como algo sagrado *em si e para si*, incide fora da consciência efetiva, essa se encontra em geral de um lado, como consciência moral *imperfeita*. Assim como, segundo seu *saber*, ela se conhece como uma consciência cujo saber e convicção são imperfeitos e contingentes, assim também, segundo seu *querer*, se sabe como uma consciência cujos fins estão afetados pela sensibilidade. Portanto, devido a sua indignidade, não pode considerar a felicidade como necessária, mas como algo contingente; – e esperá-la somente da graça.

609 – [Ob aber schon] Embora sua efetividade seja imperfeita, contudo, o dever vale como a essência para o seu *puro* querer e saber. No conceito, enquanto oposto à realidade, ou no pensar, a consciência moral é, assim, perfeita. Ora, a essência absoluta é precisamente esse [ser] pensado e postulado além da efetividade; é pois, o pensamento no qual o saber e querer moralmente imperfeitos contam como perfeitos; e por isso também, ao tomá-los como plenamente válidos, outorga a felicidade conforme a dignidade, quer dizer, conforme o *mérito* que lhes é *atribuído.*

610 – [Die Weltanschauung] Nesse ponto, a visão moral do mundo está consumada. De fato, no conceito da consciência-de-si moral estão postos em *uma* unidade os dois lados, dever puro e efetividade; e por isso, um como o outro, não como *essente* em si e para si, mas como *momento* ou como suprassumido. Isso vem-a-ser para a consciência na última parte da visão moral do mundo, a saber, a consciência põe o dever puro em uma outra essência, diversa do que ela mesma é; quer dizer, põe-no, de uma parte, como algo *representado,* e de outra parte como algo que não tem valor em si e para si; ao contrário, o não moral [é que] antes é valorizado como perfeito. Do mesmo modo, ela se põe a si mesma como uma consciência cuja efetividade – que não é conforme ao dever – é suprassumida; e como *suprassumida,* ou na *representação* da essência absoluta, já não contradiz a moralidade.

611 – [Für das moralische] Todavia, para a consciência moral mesma, sua visão moral do mundo não tem a significação de que a consciência desenvolva nessa última seu próprio conceito, e o converta em objeto para si. Não tem consciência nem dessa oposição segundo a forma, nem também da oposição segundo o conteúdo. Não correlaciona nem compara os termos dessa oposição, mas avança em seu desenvolvimento, sem ser o *conceito* que mantém unidos os momentos. Pois a consciência moral só sabe a *pura essência,* ou o objeto, na medida em que é *dever,* na medida em que é objeto *abstrato* de sua consciência pura, como puro saber ou como si mesma. Comporta-se assim só pensando, [e] não conceituando. Por isso, ainda não lhe é transparente o objeto de sua consciência *efetiva*; ainda não é o conceito absoluto, o único que compreende o *ser-outro* como tal, ou que compreende seu contrário absoluto como a si mesmo.

Para a consciência moral, sua efetividade própria, assim como toda a efetividade objetiva, na verdade conta como o *inessencial*; mas sua liberdade é a liberdade do puro pensar, e ao mesmo tempo, em contraposição com ela, surgiu a natureza como algo igualmente livre. Como na consciência moral estão da mesma maneira as duas coisas - a *liberdade do ser* e a inclusão desse ser na consciência -, seu objeto vem-a-ser como um objeto *essente, que ao mesmo tempo* é apenas *pensado*. Na última parte de sua visão moral do mundo, o conteúdo é essencialmente posto de modo que seu *ser* é um ser *representado*, e essa união do ser e do pensamento é enunciada como o que ela é de fato: [como] o *representar*.

612 - [Indem wir die moralische] Considerando a visão moral do mundo de modo que essa modalidade objetiva não seja outra coisa que o conceito da própria consciência-de-si moral, que ela faz objetivo para si, resulta uma nova figura de sua apresentação mediante essa consciência sobre a forma de sua origem. Com efeito, o primeiro [ponto] donde se parte, é a *efetiva* consciência-de-si moral, ou seja, que *há uma consciência moral*. Pois o conceito põe a consciência moral na determinação de que para ela, em geral, toda a efetividade só tem essência na medida em que é conforme ao dever, e [o conceito] põe essa essência como saber, isto é, em unidade imediata com o Si efetivo; por isso, essa unidade é ela mesma efetiva, *é* uma efetiva consciência moral.

Agora como consciência, ela se representa seu conteúdo como objeto, quer dizer, como *fim-último do mundo*, como harmonia da moralidade e de toda a efetividade. Mas, enquanto representa essa unidade como *objeto*, e ainda não é o conceito que tem poder sobre o objeto como tal, para ela essa unidade é um Negativo da consciência-de-si, ou seja, recai fora dela, como um além de sua efetividade, mas ao mesmo tempo como um além que é *também* como *essente*, embora somente pensado.

613 – [Was ihm, das als] O que lhe resta, pois, a essa consciência-de-si que como tal é um *Outro* que seu objeto, é a não harmonia de sua consciência-do-dever com a efetividade: e na verdade, com sua própria efetividade. Por isso, a proposição agora se enuncia assim: "*não há* consciência-de-si *efetiva moralmente perfeita*". Ora, como o moral em geral só é enquanto perfeito, pois o dever é o *puro Em-si* sem mescla, e a moralidade consiste somente na adequação com esse Puro; - logo, essa segunda proposição significa em geral que *não existe o moralmente efetivo.*

614 – [Indem es aber] Mas como, em terceiro lugar, a consciência moral é um Si, então é *em si* a unidade do dever e da efetividade; essa unidade, portanto, se lhe torna objeto, como a moralidade perfeita; - mas como um *além* de sua efetividade que, não obstante, deve ser efetivo.

615 – [In diesem Ziele] Nessa meta [final] da unidade sintética das duas primeiras proposições, tanto a efetividade consciente-de-si quanto o dever são postos somente como momentos suprassumidos; pois nenhum é singular. Mas eles, em cuja determinação essencial está serem *livres um do outro*, assim na unidade não são mais livres um do outro: cada um é, portanto, suprassumido. Por isso, segundo o conteúdo, tornam-se, como tais, objeto em que cada um *vale pelo outro*; e segundo a forma [isso se dá] de modo que essa permuta dos mesmos, ao mesmo tempo, é só *representada.* Em outros termos: o que é *efetivamente não* moral, por ser igualmente puro pensar e elevado sobre sua efetividade, contudo na representação é moral, e aceito como plenamente válido. Portanto, a primeira proposição "que *há* uma consciência moral" é restabelecida, mas unida com uma segunda, "que não *há* consciência moral"; quer dizer, *há* uma, mas só na representação. Ou seja: não *há* consciência moral, na verdade; mas, por uma outra consciência, se faz contar como se fosse.

b – A DISSIMULAÇÃO

616 – [In der moralischen] Na visão moral do mundo vemos, de uma parte, a consciência *mesma criar* seu objeto *conscientemente*; vemos que ela nem encontra seu objeto como algo estranho, nem tampouco o objeto vem-a-ser para ela de modo inconsciente. Ao contrário, a consciência procede em toda a parte segundo um fundamento, a partir do qual se põe a *essência objetiva*. Sabe a essência, pois, como a si mesma, porque se sabe como o [princípio] *ativo* que a produz. Por isso, parece chegar aqui à sua quietude e satisfação que só pode encontrar onde não precisa mais ir além de seu objeto, porque o objeto não vai mais além dela. Mas, por outro lado, a consciência mesma antes põe o objeto *fora de si*, como um além de si. Porém, esse em-si-e-para-si-*essente* é igualmente posto como um ser que não é livre da consciência-de-si, mas [que existe] em função dela e por meio dela.

617 – [Die moralische Weltanschauung] Portanto, a visão moral do mundo não é, de fato, outra coisa que o aprimoramento dessa contradição fundamental em seus diversos aspectos; para usar uma expressão kantiana, que aqui se ajusta ao máximo, é *"um ninho inteiro"* de contradições carentes-de-pensamento. A consciência se comporta assim nesse desenvolvimento: fixa um momento e daí passa imediatamente a outro, e suprassume o primeiro; mal, porém, acaba de *estabelecer* esse segundo, *também* o *dissimula* de novo e faz, antes, o contrário ser a essência.

Ao mesmo tempo, a consciência é *também* consciente de sua contradição e [de seu] *dissimular*, pois passa de um momento *imediatamente*, em *relação com esse momento mesmo*, ao oposto; *porque* um momento não tem realidade para ela, põe precisamente esse momento como *real*, ou, o que é mesmo: para afirmar *um momento* como em si *essente*, afirma o oposto como o momento em-si-*essente*. Com isso, confessa que, de fato, não toma a sério nenhum deles. É o que vamos ver mais de perto nos momentos desse movimento desvairado.

618 - [Lassen wir die] Deixemos de lado, por ora, a hipótese de que há uma consciência moral efetiva, pois essa hipótese não se faz imediatamente em relação com algo precedente. Voltemo-nos para a harmonia da moralidade e da natureza - o primeiro postulado. A harmonia deve ser *em si* [e] não para a consciência efetiva, não [deve ser] presente; ao contrário, o presente é antes apenas a contradição das duas, [natureza e moralidade]. No presente, a *moralidade* se toma como *dada*, e a efetividade é posta de tal modo que não esteja em harmonia com ela. Mas a consciência moral *efetiva* é uma consciência *atuante:* nisso consiste justamente a efetividade de sua moralidade. Contudo, no *operar* mesmo, aquela posição é imediatamente dissimulada; pois o operar não é outra coisa que a efetivação do fim moral interior, não é outra coisa que a produção de uma efetividade *determinada* através do *fim*; ou a harmonia entre o fim moral e a efetividade mesma.

Ao mesmo tempo, o desempenho da ação é para a consciência; é a *presença* dessa unidade da efetividade e do fim. E porque, na ação consumada, a consciência se efetiva como esse Singular, ou intui o ser-aí retornado a si – e nisso consiste o gozo – [segue-se] que na efetividade do fim moral está também contida, ao mesmo tempo, aquela forma de efetividade que se denomina gozo e felicidade. Assim, o agir desempenha de fato, imediatamente, o que era proposto [como] não tendo lugar, e [que] deveria ser apenas um postulado, só [um] além. Logo, a consciência exprime, através do ato, que não toma a sério o postular, já que o sentido do agir consiste, antes, em fazer aceder à presença o que não deveria estar na presença. E como a harmonia é postulada por motivo do agir – o que por meio do agir deve tornar-se *efetivo*, tem de ser *em si*, aliás a efetividade não seria possível – então a conexão do agir e do postulado é constituída de modo que por motivo do agir – isto é, da harmonia *efetiva* do fim e da efetividade – essa harmonia é posta como *não efetiva*, como *além*.

619 – [Indem gehandelt wird] Quando *se age*, portanto, não se toma a sério a *inadequação* entre o fim e a efetividade em geral; pelo contrário, o *agir* mesmo parece ser coisa séria. Mas de fato, a ação efetiva é só a ação da consciência *singular*, assim ela mesma é apenas algo de singular, e a obra, contingente. No entanto, o fim da razão, como fim universal que tudo abrange, não é nada menos que o mundo inteiro: um fim-último que vai muito além do conteúdo dessa ação singular, e por isso em geral deve colocar-se além e acima de toda a ação efetiva. Porque se deve executar o bem-maior universal, nada de bom se faz. Mas de fato, a *nulidade* do agir efetivo e a *realidade* só do fim *total* – que agora são propostos – são também dissimulados novamente por todos os lados.

A ação moral não é algo de contingente e limitado, pois tem o *dever* puro por sua essência. Esse dever constitui o único fim total, e a ação portanto, como efetivação sua, é a implementação do fim total absoluto, a despeito de qualquer limitação do conteúdo. Em outras palavras: se a efetividade for tomada, por sua vez, como natureza que tem suas leis *próprias*, e é oposta ao dever puro, de modo que o dever não pode assim realizar nela sua lei, [então] - enquanto o dever como tal é a essência - de fato *não se trata do cumprimento* do dever puro, que é o fim total; pois o cumprimento teria antes por fim não o dever puro, mas o seu oposto: a *efetividade*. Mas [a proposição de] que "não se trata da efetividade", é por sua vez dissimulada; porque, segundo o conceito do agir moral, o dever puro é essencialmente consciência *ativa*. Assim, de toda maneira, deve-se agir: o dever absoluto deve ser expresso na natureza inteira, e a lei-moral tornar-se lei-natural.

620 – [Lassen wir also] Admitamos, pois, que esse *bem supremo* vale como a essência; então é a consciência que não leva a sério a moralidade em geral. Com efeito, nesse bem supremo a natureza não tem uma outra lei da que tem a moralidade. Com isso é excluída a ação moral mesma, pois o agir só é na hipótese de um Negativo a ser suprassumido por meio da ação. Ora, se a natureza é [já] conforme à lei ética, essa lei seria violada pelo agir, pelo suprassumir do *essente*.

Assim, na hipótese acima, admite-se como essencial uma situação em que o agir moral é supérfluo, e não encontra absolutamente lugar. O postulado da harmonia entre a moralidade e a efetividade - uma harmonia que é posta pelo conceito do agir moral, [que consiste] em levar a acordo os dois termos - segundo esse aspecto também se exprime assim: "porque o agir moral é o fim absoluto, o fim absoluto é que não se dê de modo algum o agir moral".

621 – [Stellen wir diese] Confrontando esses momentos, através dos quais a consciência se dissimulava em sua representação moral, é claro que a consciência suprassume cada um de novo em seu contrário. Ela parte de que *para ela* a moralidade e a efetividade não se harmonizam. Mas a consciência não toma isso a sério, porque na ação existe *para ela* a presença dessa harmonia. Mas também não leva a sério esse *agir*, por ser algo de singular; enquanto ela tem um fim tão alto, *o bem supremo*. De novo, porém, isso é apenas uma dissimulação da Coisa, porque assim estariam excluídos todo o agir e toda a moralidade. Ou seja: a consciência não leva propriamente a sério o agir *moral*, senão que o mais desejável, o absoluto, é que o bem supremo seja levado a termo, e o agir moral seja supérfluo.

622 – [Von diesem Resultate] A partir desse resultado, a consciência moral deve dissimular-se mais em seu movimento contraditório, e dissimular de novo necessariamente o *suprimir* do operar moral. A moralidade é o Em-si; e, para que ela tenha lugar, o fim último do mundo pode não ser levado a termo, mas a consciência moral deve ser *para si* e encontrar uma *natureza* que lhe seja *oposta.* Ora, a consciência moral deve ser cabalmente realizada nela mesma. Isso conduz ao segundo postulado, da harmonia dela e da natureza que está na consciência imediatamente – a sensibilidade.

A consciência-de-si moral estabelece seu fim como puro, como independente dos impulsos e inclinações, a ponto de ter eliminado dentro de si os fins da sensibilidade. Mas ela distorce mais uma vez essa proposta supressão da essência sensível. A consciência-de-si opera: leva seu fim à efetividade; e a sensibilidade consciente-de-si, que deveria ser suprimida, é justamente esse meio-termo entre a pura consciência e a efetividade: – é o instrumento, ou o órgão, da consciência pura para a sua efetivação, e o que se chamou impulso, tendência. Portanto, não leva a sério o suprimir das inclinações e impulsos, pois precisamente eles [é que] são a *consciência-de-si que se efetiva.* Mas tampouco devem ser *reprimidos,* e sim apenas ser *conformes* à razão. Aliás, lhe são conformes, pois o *agir* moral não é outra coisa que a consciência que se efetiva, e que assim dá a si própria a figura de um *impulso:* quer dizer, é imediatamente a harmonia presente do impulso e da moralidade.

De fato, porém, o impulso não é só essa figura vazia que pudesse ter em si uma outra mola que o próprio impulso, e ser impelido por ela. Pois a sensibilidade é uma natureza, que tem em si mesma suas próprias leis e molas de arranque, e por isso não pode a moralidade levar a sério isso de ser a mola impulsionadora dos impulsos, o ângulo de inclinação das inclinações. Com efeito, como elas têm sua própria determinidade fixa e seu conteúdo peculiar, seria antes a consciência, à qual deveriam conformar-se, [que seria] conforme a elas: uma conformidade que a consciência-de-si moral se proíbe. Assim, a harmonia dos dois [termos] é apenas *em si* e *postulada.*

Na ação moral foi, há pouco, estabelecida a harmonia *presente* da moralidade e da sensibilidade, mas *agora* isso *é* dissimulado: a harmonia se encontra além da consciência em uns longes nebulosos onde nada mais se pode distinguir nem conceber com exatidão, já que não teve êxito o conceituar dessa unidade que nós tentamos há pouco. Mas no Em-si dessa harmonia, a consciência em geral renuncia a si mesma. Esse Em-si é sua perfeição moral, em que cessou o conflito entre a moralidade e a sensibilidade, e em que a sensibilidade se conformou com a moralidade de uma maneira que não se pode compreender.

Por isso, essa perfeição é de novo somente uma dissimulação da Coisa, pelo motivo de que, de fato, a *moralidade* nela renunciaria, antes, a si mesma: pois ela é apenas consciência do fim absoluto como *puro*, portanto, em *oposição* a todos os outros fins. Igualmente, a moralidade é a *atividade* desse fim puro, enquanto é consciente de se elevar acima da sensibilidade, e consciente da intromissão da sensibilidade, e de sua oposição e luta contra ela. A consciência mesma declara imediatamente que não leva a sério a perfeição moral, ao dissimulá-la para a *infinitude*; isto é, ao afirmar que a perfeição nunca é perfeita.

623 – [Vielmehr ist ihm] Assim, o que é válido para a consciência é, antes, somente esse estado-intermédio da imperfeição; um estado que, não obstante, deve ser pelo menos um *progredir* para a perfeição. Mas também não pode ser isso, pois um progredir na moralidade seria antes um avançar para a sua ruína. A meta seria, pois, o nada antes mencionado; ou o suprimir da moralidade e da consciência mesma. Ora, aproximar-se sempre mais e mais do nada significa *diminuir*. Além disso, em geral, tanto *progredir* como *diminuir* suporiam diferenças de *grandeza* na moralidade; ora, de tais diferenças não se poderia falar na moralidade. Nela, enquanto consciência para a qual o fim moral é o dever *puro*, não há que pensar em uma diversidade em geral, e muito menos nas diversidades superficiais da grandeza: só há *uma* virtude, só *um* dever puro, só *uma* moralidade.

624 – [Indem es also] Como, portanto, não toma a sério a perfeição moral, mas antes o estado-intermédio – isso é, como acima discutimos, a não moralidade –, assim retornamos de um outro lado ao conteúdo do primeiro postulado. É que não se vê como se poderia exigir para essa consciência moral a felicidade por causa de seu *merecimento*. Ela é consciente de sua imperfeição, e, portanto, não pode, de fato, exigir a felicidade como mérito, nem como algo de que fosse digna; mas somente esperá-la de uma livre graça. Quer dizer: pode ansiar pela felicidade como *tal*, em si e para si, mas não pode esperá-la com base no motivo absoluto do mérito, e sim esperá-la por sorte ou arbítrio. A não moralidade aqui exprime exatamente o que ela é: que não se trata da moralidade, mas da felicidade em si e para si, sem referência à moralidade.

625 – [Durch diese zweite] Por esse segundo lado da visão moral do mundo, exclui-se também a outra afirmação do primeiro [lado] em que se pressupunha a desarmonia entre a moralidade e a felicidade. E que se pretende ter sido efetuada a experiência de que neste [mundo] presente muitas vezes as coisas vão mal para o [indivíduo] moral, e, ao contrário, com frequência vão bem para o imoral. Contudo, o estado-intermédio da moralidade imperfeita, que se apresentou como o essencial, mostra claramente que essa percepção e pretendida experiência é apenas uma dissimulação da Coisa. Com efeito, já que a moralidade é incompleta, - isto é, a moralidade, de fato, *não* é - que pode ser na experiência [o sentido] de que as coisas lhe vão mal?

Como ao mesmo tempo se patenteou tratar-se da felicidade em si e para si, é evidente que no julgamento de que tudo vai bem para o [indivíduo] imoral não se supunha que houvesse aqui uma injustiça. A designação de um indivíduo como um indivíduo imoral, já que a moralidade em geral é imperfeita, está *em si* excluída; tem, pois, só um fundamento arbitrário. Por isso, o sentido e conteúdo do juízo da experiência é apenas este: que a felicidade em si e para si não deveria caber a certa gente; quer dizer, é a *inveja* que se cobre com o manto da moralidade. Mas a razão pela qual a felicidade, assim chamada, deva ser concedida a outros, é a boa amizade, que a eles e a si mesma *concede* e *deseja* essa graça, isto é, essa sorte.

626 – [Die Moralität also] Na consciência moral, portanto, a moralidade é imperfeita: é isso que agora se estabelece. Ora, a essência da moralidade é ser somente o *puro perfeito*; por isso a moralidade imperfeita é impura, ou seja, ela é imoralidade. A moralidade mesma está assim em uma essência outra que na consciência efetiva: é ela um sagrado legislador moral. A moralidade *imperfeita* na consciência, que é o fundamento desse postular, tem *antes de tudo* a significação de que a moralidade, enquanto é posta na consciência como *efetiva*, está na relação com um *Outro* - com um ser-aí; assim recebe nela o ser-outro ou a diferença, donde nasce uma múltipla diversidade de mandamentos morais. Mas ao mesmo tempo, a consciência-de-si moral tem esses *múltiplos* deveres por inessenciais, pois só se trata de *um* dever puro, e *para* ela os outros enquanto são deveres *determinados* não têm verdade alguma. Assim só podem ter sua verdade em um Outro; e, por meio de um sagrado legislador, são sagrados - o que não são para a consciência moral.

Mas, novamente, isso é apenas uma dissimulação da Coisa. Com efeito, a consciência-de-si moral é, para si, o absoluto; e dever é pura e simplesmente o que *ela sabe* como dever. Ora, ela só sabe como dever o dever puro: o que não lhe é sagrado, não é sagrado em si; e o que em si não é sagrado, não pode ser consagrado pela essência sagrada. Por isso, para a consciência moral, também em geral não é sério fazer que algo seja consagrado *por uma outra* consciência que não seja ela; pois para ela só é sagrado simplesmente, o que é sagrado por *ela* e *nela mesma*. Assim tampouco é sério [dizer] que essa outra essência seja uma essência sagrada, porque nela deveria chegar à essencialidade o que para a consciência moral - isto é, em si - não tem essencialidade.

627 – [Wenn das heilige] Se a essência sagrada fosse postulada de modo que nela tivesse sua validade o dever não como dever puro, mas como uma multiplicidade de deveres *determinados*, seria preciso dissimulá-la de novo, e a outra essência só seria sagrada na medida em que nela só tivesse validade *o dever puro*. De fato, o dever puro também só tem validade em uma outra essência, não na consciência moral. Embora pareça que nela só vale a moralidade pura, contudo, deve-se pôr, de outro modo, a consciência moral, pois é, ao mesmo tempo, consciência natural. A moralidade está nela afetada e condicionada pela sensibilidade; assim, não é em si e para si, mas uma contingência da *vontade* livre. No entanto, é nela, como *vontade* pura, uma contingência do *saber*; portanto, *em si e para si* a moralidade está em uma outra essência.

628 – [Dieses Wesen ist] Assim essa essência é aqui a moralidade puramente perfeita, já que a moralidade não está nela em relação com a natureza e a sensibilidade. Só a *realidade* do dever puro é sua *efetivação* na natureza e na sensibilidade. A consciência moral coloca sua imperfeição no fato de ter nela a moralidade uma relação *positiva* com a natureza e a sensibilidade, já que para a consciência moral conta, como um momento essencial da moralidade, que tenha com elas uma relação única e exclusivamente *negativa*. Ao contrário, a pura essência moral, porque está acima do conflito com a natureza e sensibilidade, não está em uma relação *negativa* para com elas. De fato, só lhe resta assim a relação *positiva* com a natureza e sensibilidade, isto é, justamente aquilo que há pouco contava como o imperfeito, como o imoral.

Entretanto, a *moralidade pura*, de todo separada da efetividade, a ponto de não ter mais nenhuma relação positiva com ela, seria uma abstração carente-de-consciência e inefetiva, na qual estaria pura e simplesmente abolido o conceito da moralidade: o de ser o pensar do dever puro, e uma vontade e agir. Essa essência, tão puramente moral, é, portanto, novamente uma dissimulação da Coisa, e deve-se rejeitar.

629 – [In diesem rein] Contudo, nessa essência puramente moral, aproximam-se os momentos da contradição, em que vagueia esse representar sintético; e os *"também"* opostos, que esse representar - sem compatibilizar esses seus pensamentos - faz que se sucedam uns aos outros. Faz um contrário ser sempre substituído pelo outro, a tal ponto que a consciência deve aqui abandonar sua visão moral do mundo e refluir para dentro de si mesma.

630 – [Es erkennt seine] A consciência moral conhece, portanto, sua moralidade como não perfeita, porque está afetada de uma sensibilidade e natureza que lhe é oposta; que, por um lado, turva a moralidade mesma como tal, e, de outro, faz surgir uma multidão de deveres. Por eles, no caso concreto do agir efetivo, a consciência cai em perplexidade, pois cada caso é a concreção de muitas relações morais; como um objeto da percepção em geral é uma coisa de muitas propriedades. Ora, enquanto o dever *determinado* é fim, tem um conteúdo - e seu *conteúdo* é uma parte do fim, e a moralidade não é pura. Logo, a moralidade tem sua *realidade* em uma outra essência. Mas essa realidade não significa outra coisa senão que a moralidade aqui seja *em si* e *para si: para si*, isto é, que a moralidade seja uma *consciência*; *em si*, isto é, que tenha *ser-aí* e *efetividade*.

Naquela primeira consciência imperfeita, a moralidade não se realizava; ali ela era o *Em-si*, no sentido de uma *coisa-de-pensamento*, por se achar associada com a natureza e a sensibilidade, com a efetividade do ser e da consciência, efetividade que constituía seu conteúdo; ora, natureza e sensibilidade são o moralmente nulo. Na segunda consciência, a moralidade está presente como *perfeita*, e não como uma coisa-de-pensamento irrealizada. Mas essa perfeição consiste, precisamente, em que a moralidade em uma *consciência* tenha *efetividade*, assim como *efetividade livre*, ser-aí em geral; - que não seja o vazio, mas o repleto, o cheio-de-conteúdo. Isso significa que a perfeição da moralidade [agora] está posta em que esteja presente nela, e dentro dela, o que há pouco era determinado como o moralmente nulo. A moralidade deve, a um tempo, só ter valor exclusivamente como inefetiva coisa-de-pensamento da pura abstração; mas igualmente não deve ter valor dessa maneira. Sua verdade deve consistir em ser oposta à efetividade, e totalmente livre dela e vazia; e ali, de novo, ser efetividade.

631 - [Der Synkretismus dieser] O sincretismo dessas contradições, que está analisado na visão moral do mundo, colapsa dentro de si; porquanto a distinção em que repousa - pela qual algo necessariamente deveria ser pensado e posto, e não obstante seria ao mesmo tempo inessencial - torna-se uma distinção que já não reside sequer nas palavras. No fim, o que se põe como algo diferente, seja como o nulo, seja como o real, é uma só e a mesma coisa: o ser-aí e a efetividade. E o que deve ser absolutamente só como o *além* do ser efetivo e da consciência - e também estar só na consciência, e como um além ser o nulo - é o dever puro, e o saber do dever como da essência. A consciência que faz essa distinção - que não é distinção - e declara que a efetividade é ao mesmo tempo o nulo e o real, e que a moralidade pura é tanto a verdadeira essência como algo carente-de-essência, [agora] exprime juntos os pensamentos que antes separava. Ela mesma proclama que não toma a sério essa determinação e dissociação dos momentos do *Si* e do *Em-si*, mas que antes guarda encerrado no Si da consciência-de-si o que enuncia como o *essente* absoluto fora da consciência; e o que enuncia como absolutamente *pensado* ou *Em-si* absoluto, justamente por isso, o toma como algo que não tem verdade.

Para a consciência vem-a-ser [claro] que o dissociar desses momentos é uma dissimulação; e que seria uma *hipocrisia* se ela, apesar disso, neles persistisse. Contudo, como pura consciência-de-si moral, recua com horror para dentro de si, [fugindo] desse desacordo de seu *representar* com aquilo que é sua *essência*; dessa inverdade, que enuncia como verdadeiro o que para ela conta como não verdadeiro. É a "boa-consciência" pura [*Gewissen*] que repudia uma tal representação moral do mundo: é, *dentro de si mesmo*, o espírito simples, certo de si, que sem a mediação daquelas representações opera de modo imediato conscienciosamente, e tem sua verdade nessa imediatez.

Mas se esse mundo da dissimulação não é outra coisa que o desenvolvimento da consciência-de-si moral em seus momentos, e por isso é sua *realidade*, ela não vai tornar-se, segundo sua essência, nada diverso pelo fato de seu retornar a si; seu retornar a si é antes somente sua *consciência alcançada* de que sua verdade é uma pretensa verdade. A consciência *deveria* ainda sempre *fazê-la passar* por *sua* verdade, já que tem de se expressar e apresentar como representação objetiva; mas *saberia* que é uma dissimulação apenas. Isso seria, de fato, a hipocrisia, e aquele *repudiar* de tal dissimulação já seria a primeira exteriorização da hipocrisia.

c – A BOA CONSCIÊNCIA – A BELA ALMA, O MAL E O SEU PERDÃO

632 – [Die Antinomie der] A antinomia da visão moral do mundo - de que há uma consciência moral, e de que não há; ou de que a vigência do dever está além da consciência, e inversamente, que só nela tem lugar - essa antinomia se condensava na representação de que a consciência não moral vale por consciência moral, seu saber e querer contingentes são aceitos como ponderáveis, e a felicidade é concedida à consciência por [uma] graça. Essa representação que a si mesma contradiz, a consciência-de-si moral não a tomava sobre si, mas a transferia para uma outra essência que ela. Mas esse transpor-para-fora de si mesma, daquilo que deve pensar como necessário, é tanto a contradição segundo a forma quanto a primeira é a contradição segundo o conteúdo.

Entretanto, porque o que se manifesta como contraditório - e em cuja separação e dissolução reiterada se debate a visão moral do mundo - é em si exatamente o mesmo, a saber, o dever puro como o *puro saber* não é outra coisa que o *Si* da consciência, e o Si da consciência é o *ser* e [a] *efetividade*. Igualmente, o que deve ser além da consciência *efetiva*, não é outra coisa que o puro pensar; é assim, de fato, o Si. Desse modo, *para nós* ou *em si*, a consciência-de-si retorna a si, e sabe como a si mesma aquela essência na qual o *efetivo* é ao mesmo tempo *saber puro* e *dever puro*. A consciência é para si mesma o que é plenamente-válido em sua contingência, o que sabe sua singularidade como puro saber e agir, como a verdadeira efetividade e harmonia.

633 - [Dies Selbst des] Esse *Si da boa-consciência*, o espírito imediatamente certo de si mesmo como da verdade absoluta e do ser, é o *terceiro Si*, que para nós veio-a-ser [a partir] do terceiro mundo do espírito. Deve ser comparado brevemente com os anteriores.

[1º] - A totalidade ou efetividade, que se apresenta como a verdade do mundo ético, é o Si da *pessoa*. Seu ser-aí é o *ser-reconhecido*. Como a pessoa é o Si vazio-de-substância, esse seu ser-aí é igualmente a efetividade abstrata: a pessoa *vale* e de certo, imediatamente; o Si é o ponto que repousa imediatamente no elemento do seu ser. Não se separa de sua universalidade; por isso, a universalidade e o Si não estão mutuamente em movimento e relação. No Si, o universal está sem diferenciação: nem é conteúdo do Si, nem é o Si preenchido por si mesmo.

[2º] - *O segundo Si* é o mundo da cultura, chegado à sua verdade, ou o espírito da cisão restituído a si mesmo: a liberdade absoluta. Nesse Si dissocia-se aquela primeira unidade imediata da singularidade e da universalidade. O universal, que igualmente permanece essência puramente espiritual - o ser-reconhecido, ou universal vontade e saber -, é *objeto* e conteúdo do Si e sua efetividade universal. Contudo, ele não tem a forma do ser-aí [que está] livre do Si. Nesse Si, o universal não chega, pois, a nenhuma implementação e a nenhum conteúdo positivo; não chega a mundo algum.

[3º] - A consciência-de-si moral deixa livre certamente sua universalidade, de modo a tornar-se uma natureza própria, e igualmente a retém dentro de si como suprassumida. Mas ela é somente o jogo dissimulado da alternância dessas duas determinações. [É] como boa-consciência [que] tem primeiro em sua *certeza-de-si-mesma o conteúdo* para o dever anteriormente vazio, assim como para o direito vazio e [para] a vazia vontade universal; e como essa certeza-de-si é igualmente o *imediato*, [nela, a consciência-de-si moral tem] o ser-aí mesmo.

634 – [Zu dieser seiner] Chegada, pois, a essa sua verdade, a consciência-de-si moral abandona, ou melhor, suprassume dentro de si mesma, a separação donde nascera a dissimulação; a separação do *em-si* e do *Si*, do dever puro como puro *fim*, e da *efetividade* como uma natureza e sensibilidade oposta ao puro fim. Retornada desse modo a si mesma, é o espírito moral *concreto*, que na consciência do dever puro não adota para si um padrão-de-medida vazio, que fosse oposto à consciência efetiva. Ao contrário: o dever puro, tanto como a natureza a ele oposta, são momentos suprassumidos. O espírito moral é, em unidade imediata, essência *moral que-se-efetiva*; e a ação é figura moral imediatamente *concreta*.

635 – [Es ist ein Fall] Seja dado um caso do agir: trata-se de uma efetividade objetiva para a consciência que-sabe. Esta, como boa consciência, conhece o caso de uma maneira concreta imediata; e ao mesmo tempo o caso é só como ela o sabe. Contingente é o saber, na medida em que é um outro que o objeto; mas o espírito certo de si mesmo não é mais um tal saber contingente, nem o produzir de pensamentos dentro de si, dos quais seria diferente a efetividade. Ao contrário: como foi suprassumida a separação do *Em-si* e do *Si*, o caso, na *certeza* sensível do saber, é imediatamente como é *em si* e só é *em si* como é nesse saber.

O agir como efetivação é, por isso, a forma pura da vontade: a simples conversão da efetividade – como um caso *essente* – em uma efetividade *efetuada*, [*getane*] e do simples modo do saber *objetivo*, no modo do saber da *efetividade* como algo produzido pela consciência. Assim como a certeza sensível é imediatamente assumida – ou melhor, convertida – no Em-si do espírito, assim também essa conversão é simples e não mediatizada: [é] uma passagem através do puro conceito sem alteração do conteúdo; conteúdo determinado pelo interesse da consciência que-sabe a seu respeito.

Além do mais, a boa-consciência não discrimina em deveres diferentes as circunstâncias do caso. Não se comporta como *meio universal positivo* onde os múltiplos deveres recebessem uma substancialidade inabalável, cada um para si; de modo que *ou* não fosse absolutamente possível ter-se agido - pois cada caso concreto contém a opção em geral, e como caso moral, a oposição de deveres; e assim na determinação do agir, *um* lado, *um* dever, seria sempre violado; - *ou* que, agindo-se, ocorresse efetivamente a violação de um dos deveres opostos.

A boa-consciência é, antes, o Uno negativo ou o Si absoluto, que elimina essas diferentes substâncias morais: é simples agir de-acordo-com-o-dever, que não cumpre este ou aquele dever, mas que sabe e faz o [que é no caso] direito concreto. Por isso, em geral, ela é somente o *agir* moral como agir, para o qual se transferiu a anterior consciência inoperante da moralidade. A figura concreta do ato pode ser analisada pela consciência diferenciadora em diversas propriedades; isto é, aqui, em diversas relações morais. Cada uma delas tanto pode ser declarada por absolutamente válida - como deve ser, se tem de ser dever - quanto também ser comparada e comprovada. Na simples ação moral da boa-consciência os deveres estão de tal modo entulhados que todas essas essências singulares são *demolidas* imediatamente; e na certeza inabalável da boa-consciência não tem absolutamente lugar, dar uma sacudidela no dever para testá-lo.

636 – [Ebensowenig ist im] Tampouco se encontra na boa-consciência a incerteza oscilante da consciência, que ora põe a assim chamada moralidade pura fora de si, em uma outra essência sagrada - e a si mesma se avalia como não sagrada - ora torna a colocar dentro de si a pureza moral, e transfere para a outra essência a união do sensível com o moral.

637 – [Es entsagt allen] A boa-consciência renuncia a todas essas colocações e dissimulações da visão moral do mundo, ao renunciar à consciência que apreende como contraditórios o dever e a efetividade. Segundo essa última consciência, eu ajo moralmente quando para mim estou *consciente* de cumprir só o dever puro e não *outra coisa* qualquer; quer dizer, de fato, *quando eu não* ajo. Mas quando ajo efetivamente, eu sou consciente de um *outro*, de uma *efetividade* que está presente, e de uma que quero produzir. Tenho um *determinado* fim e cumpro um dever *determinado*; nisso já há algo *outro* que o dever puro, o qual somente deveria ser colimado.

A boa-consciência, ao contrário, é a consciência de que, se a consciência moral enuncia o *dever puro* como essência de seu agir, esse puro fim é uma dissimulação da Coisa; pois a Coisa mesma é que o dever puro consista na abstração vazia do puro pensar, e que só tenha sua realidade e conteúdo em uma efetividade determinada - uma efetividade que é a efetividade da consciência mesma, e da consciência não como uma coisa-de-pensamento, mas como um Singular. A boa-consciência tem *para si mesma* sua verdade na *certeza imediata* de si mesma. Essa concreta certeza *imediata* de si mesma é a essência; se for considerada segundo a oposição da consciência, é a própria *singularidade* imediata, o conteúdo do agir moral e sua *forma* é precisamente esse Si como puro movimento, quer dizer, como o *saber* ou como a *convicção própria*.

638 – [Dies in seiner] Se for considerada mais de perto em sua unidade e na significação dos momentos, [vemos que] a consciência moral só se apreendeu como o *Em-si* ou *essência*; mas como boa-consciência apreende seu *ser-para-si* ou o seu *Si*. A contradição da visão moral do mundo *se dissolve*; isto é, a diferença, que lhe serve de base, se revela não ser diferença alguma, e colapsa na pura negatividade. Ora, essa negatividade é justamente o *Si*; um simples *Si* que tanto é saber *puro* quanto é saber de si como *desta* consciência *singular*. Esse Si constitui, portanto, o conteúdo da essência antes vazia, pois é o Si *efetivo*, que não tem mais a significação de ser uma natureza estranha à essência e independente nas leis próprias. Como o negativo, é a *diferença* da pura essência - um conteúdo, e na verdade um conteúdo que é válido em si e para si.

639 – [Ferner ist dies Selbst] Além do mais, esse Si - como puro saber igual a si mesmo - é algo *pura e simplesmente universal*, de modo que precisamente esse saber, *como seu próprio* saber, como convicção, é o *dever*. O dever já não é o universal que se contrapõe ao Si; ao contrário, sabe-se não ter nenhuma validade nessa separação. Agora é a lei que é por causa do Si, e não o Si por causa da lei. Contudo, a lei e o dever têm, por isso, não só a significação do *ser-para-si*, mas também a do *ser-em-si*: pois esse saber, em razão de sua igualdade-consigo-mesmo, é justamente o *Em-si*. Dentro da consciência, esse *Em-si* se separa também daquela unidade imediata com o ser-para-si; contrapondo-se assim, ele é *ser, ser para Outro.*

Agora o dever justamente se sabe, como dever abandonado pelo Si, que é um momento apenas. De sua significação, [que era] ser a *essência absoluta,* decaiu até [o ponto] do ser que não é Si, nem é *para si,* e, portanto, é *ser para Outro.* Mas esse *ser para Outro* permanece, por isso mesmo, momento essencial; porque o Si, como consciência, constitui a oposição do ser-para-si e do ser para Outro, e agora o dever é nele algo imediatamente *efetivo,* e não mais simplesmente a pura consciência abstrata.

640 – [Dies Sein für Anderes] Esse *ser para Outro* é assim a substância *em-si-essente,* distinta do Si. A boa-consciência não abandonou o dever puro ou o *Em-si abstrato,* mas o dever puro é o momento essencial, o de relacionar-se, como *universalidade,* com os outros. A boa-consciência é o elemento comum das consciências de si; elemento que é a substância em que o ato tem *subsistência* e *efetividade*: o momento do *tornar-se reconhecido* pelos outros. A consciência-de-si moral não tem esse momento do ser-reconhecido, da *consciência pura* que *é-aí*; e por isso, em geral não é operante, não é efetivante. Para a consciência-de-si moral seu *Em-si,* ou é a essência *inefetiva* abstrata, ou é o *ser* como uma *efetividade,* que não é espiritual. Ao contrário, a *efetividade essente* da boa-consciência é uma efetividade que é [um] Si, quer dizer, um ser-aí consciente de si, o elemento espiritual do tornar-se-reconhecido.

Portanto, o agir é somente o trasladar de seu conteúdo *singular* para o elemento *objetivo,* onde o conteúdo é universal e reconhecido: e isso justamente - o fato de ser reconhecido - faz que a ação seja efetividade. Reconhecida, e portanto efetiva, é a ação porque a efetividade *aí-essente* se vincula imediatamente com a convicção ou [com] o saber; ou seja, o saber de seu fim é imediatamente o elemento do ser-aí, o universal reconhecer. Com efeito, a *essência* da ação, o dever, consiste na *convicção* da boa-consciência a seu respeito: essa convicção é justamente o próprio *Em-si*: é a *consciência-de-si, em si universal,* ou o *ser-reconhecido* e por conseguinte, a efetividade. O que-é-feito com a convicção do dever é assim imediatamente algo que tem consistência e ser-aí.

Assim, não se fala mais aqui de uma boa intenção que não se efetua, ou de que as coisas vão mal para quem é bom. Ao contrário, o que é sabido como dever se cumpre e chega à efetividade, pois justamente o que-é-conforme-ao-dever é o universal de todas as consciências-de-si: o reconhecido, e, portanto, o *essente*. Mas tomado isoladamente e só, sem o conteúdo do Si, esse dever é o *ser-para-outro*, o transparente, que tem só a significação da essencialidade carente-de-conteúdo em geral.

641 – [Sehen wir auf die] Voltando a examinar a esfera com a qual surgia a *realidade espiritual* em geral, [vemos que] o conceito era: "o expressar da individualidade, o *em-si-e-para-si*". Mas a figura que exprimia imediatamente esse conceito era a *consciência honesta* que se afanava em torno da *Coisa mesma abstrata*. Essa *Coisa mesma* era ali *predicado*; mas na boa-consciência, pela primeira vez é *sujeito*, que tem postos nele todos os momentos da consciência, e para o qual estes momentos todos: – substancialidade em geral, ser-aí exterior e essência do pensar – estão contidos nessa sua certeza de si mesmo.

Na eticidade, a *Coisa mesma* tem a substancialidade em geral; na cultura, seu ser-aí exterior; na moralidade, a essencialidade do pensar, sabedora de si mesma; e na boa-consciência, ela é o sujeito que sabe esses momentos nele mesmo. Se a consciência honesta só abraça sempre a *Coisa mesma vazia*, a boa-consciência, ao contrário, consegue-a em seu pleno desempenho, que lhe confere por meio de si mesma. A boa consciência é esse poder, porque sabe os momentos da consciência como *momentos*; e os domina, como sua essência negativa.

642 – [Das Gewissen in Beziehung] Consideremos a boa-consciência em relação às determinações singulares da oposição que se manifesta no agir, e sua consciência sobre a natureza dessas determinações. Primeiro, ela se comporta como *sabedora* em relação à *efetividade* do *caso* em que se tem de agir. Na medida em que o momento da *universalidade* pertence a esse saber, compete ao saber do agir consciencioso abarcar de maneira irrestrita a efetividade que tem diante, e assim conhecer exatamente e ponderar as circunstâncias do caso. Ora, esse saber, porque *conhece* a universalidade como um momento, é um saber dessas circunstâncias que é consciente de não abarcá-las; ou seja, de não ser consciencioso neste ponto.

A relação verdadeiramente universal e pura do saber seria uma relação com algo não *oposto*, [uma relação] consigo mesmo; mas o *agir*, pela oposição que nele é essencial, relaciona-se com um Negativo da consciência, com uma efetividade *em si essente*. Em contraste com a simplicidade da consciência pura, com o *Outro* absoluto ou a variedade multiforme *em si*, essa efetividade é uma pluralidade absoluta de circunstâncias que se divide e estende até o infinito: - para trás em suas condições, para o lado em seus concomitantes, para a frente, em suas consequências.

A consciência conscienciosa é consciente dessa natureza da Coisa, e de sua relação com ela; sabe que não conhece, conforme essa universalidade exigida, o caso em que opera, e que é nula sua pretensão de [ter] essa ponderação conscienciosa de todas as circunstâncias. No entanto, não está de todo ausente esse conhecimento e avaliação de todas as circunstâncias; mas só está presente como *momento*, como algo que só é para *outros*; e seu saber imperfeito, porque é *seu* saber, é valorizado como saber suficiente completo.

643 – [Auf gleiche Weise] Da mesma maneira se passam as coisas com a universalidade da *essência*, ou com a determinação do conteúdo através da consciência pura. Passando ao agir, a boa-consciência se relaciona com os múltiplos lados do caso. O caso se desdobra em muitos, e igualmente a relação da consciência pura com ele [se desdobra]; e desse modo, a multiplicidade do caso é uma multiplicidade de *deveres*. Sabe a boa-consciência que tem de optar e decidir entre deveres, porquanto nenhum deles é absoluto em sua determinidade ou em seu conteúdo, mas somente o *dever puro*. Mas esse abstrato adquiriu em sua realidade a significação do Eu consciente-de-si. O espírito certo de si mesmo repousa, como boa-consciência, dentro de si; e sua universalidade *real*, ou seu dever, repousa em sua pura *convicção* do dever. Essa pura convicção é, como tal, tão vazia quanto o *dever* puro: puro no sentido de que nada nele - nenhum conteúdo determinado - é *dever*. Mas, agir é preciso: algo tem de ser *determinado* pelo indivíduo; e o espírito certo de si mesmo, no qual o Em-si adquiriu a significação do Eu consciente-de-si, sabe que tem essa determinação e esse conteúdo na *certeza* imediata de si mesmo. Essa é, como determinação e conteúdo, a consciência *natural*, isto é, os impulsos e as inclinações.

A boa-consciência não reconhece conteúdo algum como absoluto para ela, porque é a absoluta negatividade de tudo que é determinado. *De si mesma*, ela determina; mas o círculo do Si, em que incide a determinidade como tal, é a assim chamada sensibilidade: para ter um conteúdo [derivado] da certeza imediata de si mesmo, nada se encontra à mão a não ser a sensibilidade. Tudo o que nas figuras precedentes se apresentava como bem ou mal, como lei e direito, é um *Outro* que a certeza imediata de si mesmo; é um *universal* que agora é um ser para Outro; ou, considerando de outro modo, um objeto que, mediatizando a consciência consigo mesma, se introduz entre ela e sua própria verdade; e que antes a separe de si, do que seja sua imediatez. Mas, para a boa-consciência, a certeza de si mesma é a pura verdade imediata; e, portanto, essa verdade é sua certeza imediata de si mesma representada como *conteúdo*, quer dizer, em geral, é a arbitrariedade do Singular e a contingência de seu ser-aí natural carente-de-consciência.

644 – [Dieser Inhalt gilt] Esse conteúdo ao mesmo tempo vale como *essencialidade* moral ou como *dever*. Porque, como já resultou do examinar das leis, o dever puro é de todo indiferente a qualquer conteúdo, e suporta qualquer conteúdo. Aqui o puro dever tem ao mesmo tempo a forma essencial do *ser-para-si*, e essa forma da convicção individual não é outra coisa que a consciência da vacuidade do dever puro, e de que o dever puro é só um momento; que sua substancialidade é um predicado que tem seu sujeito no indivíduo, cujo arbítrio lhe dá o conteúdo. Pode associar a essa forma qualquer conteúdo, e vincular-lhe sua consciênciosidade.

Um indivíduo aumenta sua propriedade de uma certa maneira. É dever que cada um cuide de sua conservação própria, como também de sua família, e não menos [que cuide] da *possibilidade* de tornar-se útil a seu próximo e de fazer bem aos necessitados. Está consciente o indivíduo de que isso é dever, pois esse conteúdo está contido imediatamente na certeza de si mesmo; além disso, percebe que cumpre esse dever neste caso. Outros, talvez, considerem como impostura essa maneira correta [de proceder]; é que *eles* se atêm a outros aspectos do caso concreto, enquanto *ele* [o proprietário] mantém com firmeza este aspecto, por estar consciente da ampliação da propriedade como puro dever. Assim, o que outros chamam prepotência e injustiça cumpre o dever de afirmar sua independência perante os outros; o que chamam covardia, [cumpre] o dever de se preservar a vida e a possibilidade de ser útil ao próximo; porém, o que eles chamam valentia, viola, antes, ambos os deveres.

Entretanto, não se permite à covardia ser tão desastrada a ponto de não saber que a conservação da vida e a possibilidade de ser útil aos outros são deveres; [ser tão inepta para] não estar *convencida* da conformidade de seu agir com o dever, e ignorar que no *saber* consiste a conformidade-ao-dever; aliás a covardia cometeria a inépcia de ser imoral. Porque a moralidade reside na consciência de ter cumprido o dever, essa não faltará ao agir que chamam covardia, nem tampouco ao que chamam valentia. O abstrato, que se denomina dever, é capaz [de receber] tanto este conteúdo como qualquer conteúdo. O agir, portanto, sabe o que faz como dever; e enquanto o sabe, e [enquanto] a convicção do dever é a própria conformidade-com-o-dever, então é reconhecido pelos outros; por isso a ação tem valor e ser-aí efetivo.

645 – [Gegen diese Freiheit] Frente a essa liberdade que introduz, no meio passivo universal do puro dever e saber, qualquer conteúdo, tanto serve um como qualquer outro; não adianta afirmar que um outro conteúdo deveria ser introduzido: pois, seja qual for, terá nele a *mácula da determinidade,* da qual o saber puro está livre, e que tanto pode rejeitar como acolher. Todo o conteúdo, por ser um conteúdo determinado, está na mesma linha que o outro, embora pareça ter justamente o caráter de que o particular esteja nele suprassumido.

Quando no caso efetivo o dever se cinde na *oposição* em geral, e por isso na oposição da *singularidade* e *universalidade,* pode parecer que aquele dever, cujo conteúdo é o universal mesmo, possua imediatamente nele a natureza do dever puro. Com isso, forma e conteúdo se ajustariam totalmente de modo que, por exemplo, a ação pelo bem-maior universal seria preferível à ação pelo individual. Só que esse dever universal é o que está *presente,* em geral, como substância *essente* em si e para si; como direito e lei, e o que tem valor, *independentemente* do saber e da convicção como também do interesse imediato do Singular. É, pois, justamente aquilo contra cuja *forma* está dirigida a moralidade em geral. Mas no que concerne ao seu *conteúdo*, é também um conteúdo *determinado*, na medida em que o bem-maior universal é *oposto* ao bem *singular*. Sua lei é por isso uma lei da qual se sabe totalmente livre a boa-consciência, [que] se concede a autorização absoluta de lhe acrescentar ou retirar, de negligenciar ou de cumprir.

Então, além disso, aquela distinção do dever - para com o Singular, para com o universal - nada tem de rígido, segundo a natureza da oposição em geral. Mas antes, o que o Singular faz para si, redunda em benefício para o universal: quanto mais cuidou de si tanto maior é não só sua *possibilidade* de ser proveitoso aos *outros*, mas [também] sua *efetividade* mesma é somente isto: ser e viver em coesão com os outros. Seu gozo singular tem por isso essencialmente a significação de entregar aos outros o que é seu, e de ajudá-los na obtenção de seu [próprio] gozo. No cumprimento do dever para com o Singular - portanto para consigo - cumpre-se assim também o dever para com o universal.

A *ponderação* e a *comparação* dos deveres, que aqui se introduzam, levariam ao cálculo da vantagem que o universal teria de uma ação. Ora, a moralidade, de uma parte, ficaria assim à mercê da necessária *contingência* da *intelecção*; e de outra parte, a essência da boa-consciência é precisamente *eliminar* esse *calcular* e ponderar, e decidir por si mesma, sem tais motivos.

646 – [Auf diese Weise] Dessa maneira, a boa-consciência opera e se mantém assim na unidade do *ser-em-si* e do *ser-para-si*, na unidade do puro pensar e da individualidade: é o espírito certo de si mesmo que tem nele mesmo sua verdade, no seu Si, no seu saber; e neste, como no saber do dever. Esse espírito aí se mantém justamente porque o que na ação é algo *positivo* – tanto o conteúdo como a forma do dever, e o saber a seu respeito - pertencem ao Si, à certeza de si; mas o que, como [um] *Em-si próprio*, quer *contrapor-se* ao Si, conta como algo não verdadeiro, só como suprassumido, só como momento.

Portanto, o que conta não é o *saber universal* em geral, mas *seu conhecimento* das circunstâncias. No dever, como *ser-em-si* universal, o Si introduz o conteúdo, que extrai de sua individualidade natural; pois é o conteúdo presente nele mesmo. Esse conteúdo se torna, através do meio universal em que está, o *dever* que ele pratica;

e por isso mesmo, o puro dever vazio é posto como algo suprassumido ou como momento. Esse conteúdo é o seu vazio suprassumido, ou o [seu] preenchimento.

Mas a boa-consciência está igualmente livre de qualquer conteúdo em geral: ela se absolve de qualquer dever determinado que deva ter o valor de lei. Na força da certeza de si mesma, tem a majestade da 'autarquia' absoluta - [o poder] de atar e desatar. Essa *autodeterminação* é, pois, imediatamente o que é pura e simplesmente conforme-ao-dever. O dever é o saber mesmo; essa simples "ipseidade" [*Selbstheit*], porém, é o Em-si, pois o Em-si é a pura igualdade-consigo-mesmo, e ela está nessa consciência.

647 – [Dies reine Wissen] Esse saber puro é imediatamente *ser para Outro*, pois como pura igualdade-consigo-mesmo é a *imediatez* ou o ser. Esse ser, porém, é ao mesmo tempo o puro universal, a "ipseidade" de todos; ou seja, o agir é reconhecido, e por isso efetivo. Esse ser é o elemento por meio do qual a boa-consciência está imediatamente em relação de igualdade com todas as consciências-de-si; e o significado dessa relação não é a lei carente-de-si, mas o Si da boa-consciência.

648 – [Darin aber, dass] No entanto, porque o justo que a boa-consciência pratica é ao mesmo tempo *ser-para-outro*, parece que uma desigualdade a atinge. O dever que cumpre é um conteúdo *determinado*; na verdade, esse conteúdo é o *Si* da consciência e nisso é seu *saber* de si, sua *igualdade* consigo mesmo. Mas [uma vez] consumada, posta no meio universal *do ser*, essa igualdade não é mais saber, não é mais esse diferenciar que suprassume também imediatamente suas diferenças. Ao contrário: no *ser* a diferença é posta subsistindo, e a ação é uma ação *determinada*, desigual com o elemento da consciência-de-si de todos, e assim, não necessariamente reconhecida.

Os dois lados, a boa-consciência operante e a consciência universal, que reconhece essa operação como dever, são igualmente *livres* da determinidade desse agir. Em razão dessa liberdade, a relação no meio comum de sua conexão é, antes, uma relação de perfeita desigualdade; por esse motivo, a consciência para a qual a ação existe se encontra em uma completa incerteza sobre o espírito operante certo de si mesmo. O espírito age: põe uma determinidade como *essente*. Os outros se atêm a esse *ser* como à verdade do espírito, e nele são certos de si mesmos; o espírito exprimiu ali o *que* para ele conta como dever. Só que ele é livre de um dever *determinado* qualquer; está fora do lugar onde os outros acreditam que ele esteja efetivamente; e esse meio do ser mesmo, e o dever como em si *essente*, valem para ele apenas como momento. Assim, o que põe diante deles, também de novo dissimula, ou melhor, [já] o dissimulou imediatamente. Com efeito, sua efetividade não é para ele esse dever e determinação que externou, mas o dever e determinação que tem na absoluta certeza de si mesmo.

649 – [Sie wissen also] Assim, os outros não sabem se essa consciência é moralmente boa ou má; ou, antes, não só não podem saber, mas ainda devem tomá-la por má. Pois, como a consciência está livre da *determinidade* do dever – e do dever como *em si essente* – também eles são igualmente livres. Eles mesmos sabem dissimular o que aquela consciência lhes coloca diante: é algo pelo qual só está expresso o Si de um outro, não o seu próprio. Não só se sabem livres disso, senão que devem dissolvê-lo em sua própria consciência, reduzir a nada pelo julgar e explicar, a fim de preservar o seu Si.

650 – [Allein die Handlung] Contudo, a ação da boa-consciência não é apenas essa *determinação* do ser, abandonada pelo puro Si. O que deve ser valorizado e reconhecido como dever, só o é mediante o saber e a convicção a seu respeito como dever, mediante o saber de si mesmo no ato. Se o ato deixa de ter nele esse Si, deixa de ser o que unicamente é sua essência. Seu ser-aí, abandonado por essa consciência, seria uma efetividade ordinária, e a ação se nos revelaria como um implementar de seu prazer e desejo. O que deve *ser aí* é, neste ponto, sua essencialidade apenas, porque é *sabida* como individualidade que se expressa a si mesma – e esse *ser-sabido* é aquilo que é reconhecido, e o que *como tal* deve ter *ser-aí*.

651 – [Das Selbst tritt] O Si entra no ser-aí *como Si*; o espírito certo de si mesmo existe, como tal, para outros: não é sua ação *imediata* o que é válido e efetivo; não é o *determinado* nem o *em-si-essente* que é reconhecido; mas só o *Si* que-se-sabe, como tal. O elemento da subsistência é a consciência-de-si universal; o que entra nesse elemento não pode ser o *efeito* da ação, [pois] a ação aí não se sustém, nem ganha permanência. Ao contrário, é somente a consciência-de-si que é o reconhecido e que ganha a efetividade.

652 – [Wir sehen hiermit] Vemos assim a *linguagem* novamente como o ser-aí do espírito. A linguagem é a consciência-de-si *essente para outros,* que está imediatamente *presente como tal* e que é universal como *esta* consciência-de-Si. E o Si separando-se de si mesmo que como puro "Eu = Eu" se torna objetivo e nessa objetividade tanto se mantém como *este* Si quanto se aglutina imediatamente com os outros e é a consciência-de-si deles. Tanto se percebe como é percebido pelos outros, e o perceber é justamente o *ser-aí que se-tornou Si.*

653 – [Der Inhalt, den die] O conteúdo, que a linguagem aqui adquiriu, não é mais o Si perverso e pervertedor e dilacerado do mundo da cultura; mas é o espírito que retornou a si, certo de si e certo de sua verdade em seu Si – ou do seu reconhecer – e reconhecido como esse saber.

A linguagem do espírito ético é a lei e o simples mandamento, e a lamentação que é mais uma lágrima [derramada] sobre a necessidade. Ao contrário, a consciência moral é ainda *muda,* fechada em si no seu íntimo, pois nela o Si não tem ainda ser-aí, mas o ser-aí e o *Si* estão somente em relação exterior recíproca. No entanto, a linguagem surge apenas como o meio-termo entre consciências-de-si independentes e reconhecidas; o *Si aí-essente* é o ser-reconhecido, imediatamente universal, múltiplo e [contudo] simples nessa multiplicidade. O conteúdo da linguagem da boa-consciência é o *Si, sabedor de si como essência.* A linguagem exprime somente isso; e esse exprimir é a verdadeira efetividade do agir e a validade da ação.

A consciência exprime sua *convicção:* é só nessa convicção que a ação é dever. Também só *vale* como dever porque a convicção é *expressa.* Com efeito, a consciência-de-si universal é livre da ação *determinada apenas essente*; esta, como *ser-aí,* não vale para a consciência-de-si, e sim, a *convicção* de que a mesma ação é dever, e essa convicção é efetiva na linguagem. Efetivar a ação não significa, aqui, trasladar seu conteúdo da forma do *fim* ou do *ser-para-si* para a forma da efetividade *abstrata*; mas da forma da imediata *certeza* de si mesmo – que sabe como essência seu saber ou ser-para-si – para a forma da *asseveração* de que a consciência está convencida do dever e sabe, *de si mesma,* como boa-consciência, o dever. Assim essa asseveração assevera que a consciência está convencida que sua convicção é a essência.

654 – [Ob die Versicherung] Perante a boa-consciência, não têm sentido questões ou dúvidas [como estas]: – se é *verdadeira* a asseveração de agir por convicção do dever; se é *efetivamente* o dever o que foi feito. Naquela questão "se a *asseveração é verdadeira*" estaria pressuposto que a intenção interior é diversa da que foi manifestada, isto é, que o querer do Si singular possa separar-se do dever, da vontade da consciência universal e pura. Essa última residiria nas palavras, enquanto a primeira seria propriamente a verdadeira mola da ação. Só que essa diferença entre a consciência universal e o Si singular é justamente o que se suprassumiu; e o seu suprassumir é a boa-consciência. O saber imediato do Si, certo de si, é lei e dever: sua intenção, por ser sua intenção, é o justo. Só se exige que o saiba, e que diga essa convicção de que seu saber-e-querer é o justo.

O enunciar dessa asseveração suprassume em si mesmo a forma de sua particularidade; reconhece nisso a *necessária universalidade do Si.* Ao chamar-se *boa-consciência* [*Gewissen*], chama-se puro saber [*Wissen*] de si mesma, e puro querer abstrato. Quer dizer: chama-se um universal saber-e-querer, que reconhece os Outros, lhes é *igual:* pois eles são justamente esse puro saber-se e querer-se, e o que, por isso, é também reconhecido por eles. A essência do justo reside no querer do Si certo de si, nesse saber de que o Si é a essência. Portanto, quem diz que age assim de boa-consciência, diz a verdade, pois sua boa-consciência é o Si sabedor e querente. Mas é essencial que o *diga,* já que esse Si deve ser, ao mesmo tempo, Si *universal.* Ele não é universal no *conteúdo* da ação, pois esse é em si indiferente, devido à sua *determinidade;* mas a universalidade reside na forma da mesma ação. É essa forma que se deve pôr como efetiva: ela é o *Si,* que como tal é efetivo na linguagem, que se declara como o verdadeiro e por isso mesmo reconhece todos os Si, e é reconhecido por eles.

655 – [Das Gewissen also] Assim, a boa-consciência, na majestade de sua elevação sobre a lei determinada e sobre qualquer conteúdo do dever, põe o conteúdo que lhe apraz em seu saber-e-querer: é a genialidade moral, que sabe a voz interior de seu saber imediato como [sendo] a voz divina, e enquanto nesse saber sabe de modo igualmente imediato o ser-aí: é a criatividade divina, que tem em seu conceito a vitalidade. É igualmente serviço divino em si mesma, porque seu agir é o contemplar dessa sua própria divindade.

656 – [Dieser einsame Gottesdienst] Esse serviço divino solitário é ao mesmo tempo essencialmente o serviço divino de uma *comunidade*, e o puro interior *saber-se e* perceber-se a si mesmo passa a [ser] momento da *consciência*. A contemplação de si é seu ser-aí *objetivo*, e esse elemento objetivo é o enunciar de seu saber-e-querer, como de um *universal*. Por meio desse enunciar, o Si se torna algo vigente, e a ação torna-se ato efetuante. A efetividade e a subsistência de seu agir são a consciência-de-si universal; mas o enunciar da boa-consciência põe a certeza de si mesma como Si puro e por isso, como Si universal. Os outros valorizam a ação por causa desse discurso, no qual o Si é expresso e reconhecido como a essência.

Assim, o espírito e a substância de sua união é mútua asseveração de sua consciencïosidade, de suas boas intenções, o jubilar-se por essa pureza recíproca e o deleitar-se com a sublimidade do saber e enunciar, do guardar e cultivar tal excelência. Na medida em que essa boa-consciência ainda distingue sua consciência *abstrata* de sua *consciência-de-si*, tem sua vida somente *recôndita* em Deus. Na verdade, Deus está *imediatamente* presente ao seu espírito e coração, ao seu Si: mas o revelado, sua consciência efetiva e o movimento mediatizante da mesma, são para ela uma outra coisa que aquele Interior recôndito e a imediatez da essência presente.

Contudo, na realização plena da boa-consciência, suprassume-se a diferença entre sua consciência abstrata e sua consciência-de-si. Ela sabe que a consciência *abstrata* é precisamente *este Si*, este ser-para-si certo de si; [sabe] que na *imediatez* da *relação* do Si com o Em-si – o qual posto fora do Si é a essência abstrata e o recôndito para ela – *é suprassumida* justamente a *diversidade*. Com efeito, aquela relação em que os [termos] relacionados não são, um para o Outro, uma só e a mesma coisa, mas um *Outro, e* somente são Um em um terceiro – é uma relação *mediatizante*. Ao contrário, a relação *imediata*, de fato, não significa outra coisa que a unidade. A consciência, elevada acima da carência-de-pensamento – que é manter ainda como diferenças essas diferenças que não são tais – sabe a imediatez da presença da essência como sendo nela unidade da essência e do seu

Si. Assim, sabe o seu Si como o Em-si vivente, e sabe esse seu saber como a religião. A religião, como saber intuído ou *aí-essente*, é o falar da comunidade sobre o seu espírito.

657 – [Wir sehen hiermit] Vemos assim aqui a consciência-de-si retornada ao seu mais íntimo, para o qual desvanece toda a exterioridade como tal; retornada à intuição do "Eu = Eu", em que esse Eu é toda a essencialidade e ser-aí. A consciência-de-si afunda nesse conceito de si mesma, por ser impelida ao ápice de seus extremos. Sem dúvida [isso se dá] de modo que os diversos momentos, pelos quais ela é real, ou é ainda consciência, não são *para nós* esses puros extremos; ao contrário, o que ela é para si, e o que para ela é *em si*, e o que para ela é *ser-aí*, se volatiliza em abstrações, que para a consciência não têm mais nenhuma firmeza, nenhuma substância; e tudo o que até agora era essência para a consciência, retrocedeu nessas abstrações.

A consciência, refinada até essa pureza, é a sua figura mais pobre; e a pobreza, que constitui seu único patrimônio, ela mesma é um desvanecer; essa absoluta *certeza* em que a substância se dissolveu, é a absoluta *inverdade*, que colapsa dentro de si; é a *consciência-de-si* absoluta em que a *consciência* afunda.

658 – [Dies Versinken innerhalb] Considerando esse afundar dentro de si mesma, [vê-se que] a *substância em-si-essente* é para a consciência o *saber* como *seu* saber. Como consciência, está dividida na oposição de si e do objeto que para ela é a essência; mas esse objeto é, a rigor, o perfeitamente translúcido - é o *seu Si*; e sua consciência é apenas o saber de si. Toda a vida, toda a essencialidade espiritual retornaram a esse Si, e perderam sua diversidade em relação ao Eu-Mesmo. Os momentos da consciência são, pois, essas abstrações extremas. Nenhuma delas fica estável, mas [cada uma] se perde na outra e a engendra. É a alternância da consciência infeliz consigo, mas que ocorre [agora] para a consciência mesma no interior de si; e está consciente de ser o conceito da razão, que a consciência infeliz é somente *em si*. A certeza absoluta de si mesma muda-se assim para ela, como consciência, imediatamente em um som que esmaece na objetividade do seu ser-para-si. Mas esse mundo criado é sua *fala*, que ela escutou de modo igualmente imediato, e cujo eco apenas lhe retorna.

Portanto, esse retorno não significa que a consciência ali esteja *em si* e *para si*, pois a essência para ela não é um *Em-si*, mas ela mesmo; tampouco tem ser-aí, porque o objetivo não chega a ponto de ser um negativo do Si efetivo, assim como este não chega à efetividade. Falta-lhe a força da extrusão, a força para se fazer coisa e para suportar o ser. Vive na angústia de manchar a magnificência de seu interior por meio da ação e do ser-aí; para preservar a pureza de seu coração, evita o contato da efetividade, e permanece na obstinada impotência: - de renunciar a seu Si, aguçado até a última abstração; - de se conferir substancialidade, ou transmudar seu pensar em ser; - e de confiar-se à diferença absoluta.

O objeto vazio, que para si produz, enche-o assim com a consciência de sua vacuidade; seu agir *é* o anelo que somente se perde no converter de si mesmo em objeto carente-de-essência. Ultrapassando essa perda e tornando a cair em si, encontra-se somente como perdido. Nessa transparente pureza de seus momentos arde, infeliz, uma assim-chamada *bela alma* consumindo-se a si mesma, e se evapora como uma nuvem informe que no ar se dissolve.

659 – [Dies stille Zusammenfliessen] Esse silencioso confluir das essencialidades inconsistentes da vida que-se-evaporou deve, porém, tomar-se ainda na outra significação: - a da *efetividade* da boa-consciência e na *manifestação* do movimento desta; a boa-consciência deve ser considerada como operando. O momento *objetivo* nessa consciência determinou-se acima como consciência universal; o saber que se sabe a si mesmo é, como *este* Si [particular], distinto de outros Si; a linguagem em que todos mutuamente se reconhecem como agindo conscienciosamente - essa igualdade universal - decai na desigualdade do ser-para-si singular; cada consciência igualmente se reflete simplesmente em si mesma [a partir] de sua universalidade. Desse modo, entra em cena necessariamente a oposição da singularidade frente aos outros singulares e frente ao universal; há que considerar essa relação e seu movimento. Em outras palavras, essa universalidade e o dever têm a significação absolutamente oposta à da *singularidade* determinada, que se separa do universal; para ela, o dever puro é apenas a universalidade que aparece na *superfície* e se volta para fora; o dever reside unicamente nas palavras, e conta como um ser para outro.

A boa-consciência, que de início só *negativamente* se orientava contra o dever como *este dever determinado e dado,* [agora] se sabe livre dele. Mas ao preencher o dever vazio com um conteúdo *determinado,* [extraído] *de si mesma,* tem a consciência positiva de que, como *este* Si, faz para si o conteúdo. Seu puro Si, como saber vazio, é algo privado-de-conteúdo e determinação. O conteúdo que a boa-consciência lhe dá é tomado do seu Si, *como este* determinado Si; [é tirado] de si como individualidade natural; e, no falar sobre a conscienciosidade de seu agir, é bem consciente de seu puro Si. Contudo, no *fim* de seu agir - como [num] conteúdo efetivo - é consciente de si como este Singular particular, e da oposição entre o que é para si e o que é para outro; da oposição entre a universalidade ou o dever, e o seu ser-refletido [a partir] da universalidade ou dever.

660 – [Wenn sich so der] Se assim se exprime em seu interior a oposição em que a boa-consciência entra como *operando,* essa oposição é, ao mesmo tempo, a desigualdade segundo o exterior, no elemento do ser-aí: - a desigualdade de sua singularidade particular em relação a outro Singular. Sua particularidade consiste nisto: os dois momentos constitutivos de sua consciência - o Si e o Em-si - são *desiguais em valor,* na verdade, valem na consciência com a determinação de que a certeza de si mesmo é a essência, em contraposição *ao Em-si* ou ao *universal,* que só vale como momento. Contrapõe-se assim a essa determinação interior o elemento do ser-aí, ou a consciência universal para a qual, antes, a universalidade - o dever - é a essência; e ao contrário, a singularidade, que em contraste com o universal é para si, só vale como momento suprassumido. Para esse ater-se com firmeza ao dever, a primeira consciência conta como *o mal,* por ser a desigualdade de seu *ser-dentro-de-si* em relação ao universal; e enquanto ela exprime ao mesmo tempo seu agir como igualdade consigo mesma, como dever e conscienciosidade, [essa consciência] conta como *hipocrisia.*

661 – [Die Bewegung dieses] O *movimento* dessa oposição é, em primeiro lugar, o estabelecimento formal da igualdade entre o que é o mal dentro de si, e o que ele declara. É preciso que venha à luz que ele é mau, e, desse modo, seu ser-aí se torne igual à essência: a *hipocrisia* deve ser *desmascarada.* Esse retorno à igualdade, da desigualdade presente na hipocrisia, já não ocorreu porque a hipocrisia - como se costuma dizer - demonstra seu respeito pelo dever e pela virtude, justamente ao tomar-lhes a *aparência* e usá-la como máscara para sua própria consciência, e não menos para a consciência alheia: nesse reconhecimento do oposto estariam contidas em si a igualdade e a concordância.

Contudo, a hipocrisia ao mesmo tempo está fora igualmente desse reconhecer da linguagem, e refletida sobre si mesma; e no fato de utilizar o *em-si-essente* só como um *ser-para-outro*, está antes contido o seu próprio desprezo do *em-si-essente*, e a exposição para todos de sua carência-de-essência. Com efeito, o que se deixa utilizar como um instrumento externo, mostra-se como uma coisa que não tem peso próprio em si mesma.

662 - [Auch kommt diese] A essa igualdade também não se chega mediante a persistência unilateral da má consciência em si [mesma], nem mediante o juízo do universal. Se a má consciência renega-se frente à consciência do dever, e afirma, como um agir conforme à lei interior e à boa-consciência, o que essa declara como maldade, como desigualdade absoluta em relação ao universal - mesmo assim permanece ainda, nessa afirmação unilateral da igualdade, sua desigualdade com o Outro: porque ele não acredita nela nem a reconhece. Ou então, porque o persistir unilateral em *um* extremo dissolve-se a si mesmo, o mal se confessaria certamente como mal; mas nisso se suprassumiria *imediatamente* - e não seria hipocrisia, nem se desmascararia como tal.

O mal confessa-se, de fato, como mal pela afirmação de que opera segundo *sua* interior lei e boa-consciência, em oposição ao universal reconhecido. Com efeito, se essa lei e boa-consciência não fosse a lei de sua *singularidade* e *arbitrariedade*, não seria algo de interior, de próprio; mas o universalmente reconhecido. Portanto, quem diz que age contra os outros segundo *sua* lei e boa-consciência, diz, de fato, que os maltrata. Contudo, a boa-consciência *efetiva* não é esse persistir no saber-e-querer, que se opõe ao universal; mas o universal é o elemento de seu *ser-aí* e sua linguagem exprime seu agir como o dever *reconhecido*.

663 - [Ebensowenig ist das] Mas tampouco o persistir da consciência universal em seu juízo é desmascaramento e dissolução da hipocrisia. Ao denunciar a hipocrisia como má, baixa, etc., a consciência universal apela nesses juízos para a *sua* [própria] lei, como a *má* consciência para a lei [que é] *sua*. Pois uma entra em oposição com a outra, e por isso [se mostra] como uma lei particular. Não tem, pois, nenhuma vantagem sobre a outra, mas antes a legitima; e esse zelo faz precisamente o contrário do que imagina fazer, isto é, mostrar como algo *não reconhecido* o que chama verdadeiro dever e que deve ser reconhecido *universalmente*. Assim fazendo, confere à outra o igual direito do ser-para-si.

664 – [Dies Urteil aber] Entretanto, esse juízo moral tem ao mesmo tempo um outro lado, pelo qual se torna a introdução ao desenlace da oposição existente. A consciência do *universal* não se comporta como uma consciência *efetiva* e *operante* contra a primeira consciência, pois esta é antes o efetivo. Comporta-se, porém, em oposição a ela como algo que não ficou retido na oposição da singularidade e da universalidade que se introduz no agir. Permanece na universalidade do *pensamento*, comporta-se como consciência *que-apreende*, e sua primeira ação é somente o juízo. Mediante esse juízo, como já se observou, ela se coloca *ao lado* da primeira; e esta, *graças a essa igualdade*, chega à contemplação de si mesma nessa outra consciência.

Pois a consciência do dever se comporta como *apreendente, passivamente*. Mas por isso está em contradição consigo, enquanto vontade absoluta do dever; em contradição consigo, [enquanto é] o que se determina pura e simplesmente por si mesmo. Ela se preservou bem na pureza, por *não operar*, é a hipocrisia que quer que se tome por ato *efetivo* o julgar, e demonstra a retidão pelo proclamar de excelentes intenções, em vez de mostrá-la pela ação. Ela é assim constituída em tudo e por tudo, como aquela consciência que se critica por colocar o dever somente em seu discurso. Em ambas, o lado da efetividade é igualmente diverso do discurso: em uma, pelo *fim egoístico* da ação; na outra, pela *ausência* do *agir* em geral. A necessidade do agir reside no próprio falar do dever, pois dever sem ato não possui absolutamente nenhuma significação.

665 – [Das Urteilen] Mas o julgar deve ser considerado também como uma ação positiva do pensamento, e tem um conteúdo positivo. Por esse lado, se torna ainda mais completa a contradição que está presente na consciência apreendente, e sua igualdade com a primeira consciência. A consciência operante exprime como dever esse seu agir determinado, e a consciência judicante não pode desmenti-la nisto, porque o dever mesmo é a forma carente-de-conteúdo e capaz de qualquer conteúdo. Por outras palavras: a ação concreta, em si mesma diversa em sua multilateralidade, contém nela tanto o lado universal, que é aquele que se tomou por dever, como o lado particular, que constitui a quota-parte e o interesse do indivíduo [na ação]. A consciência judicante agora não se situa naquele lado do dever, nem no saber do operante pelo motivo de que seja esse seu dever, a condição e o estatuto de sua efetividade. Ao contrário, ela se atém ao outro lado, joga a ação para o interior, e a explica por sua *intenção* - que é diferente da ação mesma - e por sua *motivação* egoística.

Como toda a ação é susceptível de ser considerada em sua conformidade-com-o-dever, assim também é susceptível dessa outra consideração da *particularidade*; porque, como ação, é a efetividade do indivíduo. Esse juízo coloca, pois, a ação fora de seu ser-aí, e a reflete no interior ou na forma da particularidade própria. Se a ação vai acompanhada pela fama, o juízo sabe esse interior como ambição de glória, etc. Se a ação se ajustar, em geral, à condição do indivíduo sem ir além dela, e for de tal modo constituída que a individualidade não assuma o *status* como uma determinação externa, suspensa a ela, mas preencha por si mesma essa universalidade mostrando-se, por isso mesmo, capaz de algo mais elevado, então o juízo saberá o interior dela como cobiça da honra, etc. Como na ação, em geral, o operante alcança a intuição de *si mesmo* na objetividade, ou o sentimento de si mesmo em seu ser-aí, e assim chega ao gozo - do mesmo modo, o juízo sabe o interior como impulso para a felicidade própria, mesmo que ela só consista na vaidade moral interior, no gozo da consciência da própria excelência, e na prelibação da esperança de uma felicidade futura.

Nenhuma ação pode escapar a tal julgar, porque o dever pelo dever - esse fim puro - é o inefetivo; no agir da individualidade [é que] tem sua efetividade, e por isso a ação possui nela o lado da particularidade. Ninguém é herói para seu criado-de-quarto; não porque o herói não seja um herói, mas porque o criado-de-quarto é criado-de-quarto, com quem o herói nada tem a ver enquanto herói, mas [só] enquanto homem que come, bebe e se veste; quer dizer, em geral, como homem privado, na singularidade da necessidade e da representação. Do mesmo modo, para o julgamento não há ação em que ele não possa contrapor o lado da singularidade e da individualidade, ao lado universal da ação, e desempenhar para com aquele-que-age o [papel de] criado-de-quarto da moralidade.

666 – [Dies beurteilende] Essa consciência judicante é, ela mesma, *vil*, porque divide a ação, produz e fixa sua desigualdade consigo mesma. Além disso, é *hipocrisia*, porque não faz passar tal julgar por uma *outra maneira* de ser mau, e sim pela *consciência reta* da ação. Nessa sua inefetividade e vaidade do saber-bem e saber-melhor, coloca-se a si mesma acima dos fatos desdenhados, e quer que suas palavras inoperantes sejam tomadas por uma *efetividade* excelente.

Portanto, a consciência, fazendo-se desse modo igual ao-que-opera, e que é julgado por ela, é reconhecida por esse como lhe sendo idêntica. O que-opera encontra-se não só apreendido por aquela consciência como um estranho e desigual a ela, mas antes acha a consciência igual a ele por sua própria estrutura. Contemplando essa igualdade e *proclamando-a, confessa-se* a ela, e espera igualmente que o Outro, como se colocou de fato no mesmo nível que ela, repita também sua *fala*, exprima nela sua igualdade; e que se produza o ser-aí reconhecente. Sua confissão não é uma humilhação, vexame, aviltamento perante o Outro, uma vez que esse declarar não é a declaração unilateral, pela qual pusesse sua *desigualdade* com o Outro; ao contrário, a consciência operante só se declara por causa da intuição da igualdade do Outro com ela; de sua parte enuncia sua igualdade na confissão, e a enuncia porque a linguagem é o *ser-aí* do espírito como Si imediato. Espera assim que o Outro contribua com o seu para esse ser-aí.

667 – [Allein auf das] Mas à confissão do malvado: "Sou eu [quem fez] isto", não se segue essa réplica da igual confissão. Não era isso o que a consciência judicante entendia; muito pelo contrário. Ela repele de si essa solidariedade; é o coração duro, que é para si, e rejeita a continuidade com o Outro. Assim, a cena se inverte. A consciência que se confessava vê-se rejeitada, e vê na injustiça o Outro, que se recusa a sair de seu interior para o ser-aí do discurso, e que opõe a beleza de sua alma ao malvado; mas à confissão opõe o "pescoço duro" do caráter sempre igual a si mesmo, e o mutismo de guardar-se para si mesmo e não se rebaixar perante um outro.

Aqui se dá a suprema revolta do espírito certo de si mesmo; pois ele se contempla como esse *simples saber do Si* no Outro; e na verdade, de modo que a figura extrema desse Outro não seja, como na riqueza, o carente-de-essência, não seja uma coisa; - ao contrário o que se contrapõe [aqui] ao espírito é o pensamento, o saber mesmo. [Ora,] é essa a continuidade absolutamente fluida do puro *saber*, que se recusa a estabelecer sua comunicação com ele; - com ele, que em sua confissão já tinha renunciado ao *ser-para-si separado*, e se pusera como particularidade suprassumida, e, portanto, como a continuidade com o Outro, como Universal.

Contudo, o Outro retém *nele mesmo* seu ser-para-si que não se comunica; e no penitente retém justamente o mesmo que, aliás, já foi por este rejeitado. Mostra-se, assim, como consciência abandonada pelo espírito, e que renega o espírito; já que não reconhece que o espírito, na certeza absoluta de si mesmo, é o senhor de todo o ato e efetividade, e [que] pode rejeitá-los e fazê-los não acontecidos. Ao mesmo tempo, não reconhece a contradição, que comete, não deixando que a rejeição ocorrida no discurso conte pelo verdadeiro rejeitar, enquanto ela mesma tem a certeza de seu espírito, não em uma ação efetiva, e sim em seu interior; e tem o ser-aí desse interior no *discurso* de seu julgamento. Portanto, é ela mesma que impede o retorno do Outro, desde o ato ao ser-aí espiritual do discurso, e à igualdade do espírito: e por essa dureza produz a desigualdade que ainda está presente.

668 – [Insofern nun der] Agora, enquanto o espírito, certo de si mesmo como bela alma, não possuir a força da extrusão do saber de si mesmo que se mantém em si, não pode alcançar a igualdade com a consciência rejeitada, e sim, tampouco, a unidade contemplada dele mesmo no Outro, nem o ser-aí. Portanto, a igualdade só se efetua negativamente, como um ser carente-de-espírito. A bela alma, carente-de-efetividade, vive na contradição entre seu puro Si e a necessidade que ele tem de extrusar-se para [tornar-se] ser e converter-se em efetividade, na *imediatez* dessa oposição consolidada; uma imediatez que é só o meio-termo e a reconciliação da oposição elevada à sua abstração pura, e que é o puro ser ou o vazio nada.

Essa bela alma portanto, como consciência dessa contradição de sua imediatez não reconciliada, é transtornada até à loucura, e definha em tísica nostálgica. Com isso abandona, de fato, o duro obstinar-se do *seu ser-para-si*; mas produz somente a *unidade* – carente-de-espírito – do ser.

669 – [Die wahre, nämlich] A igualação verdadeira, isto é, *consciente-de-si* e *aí-essente*, já está contida, segundo sua necessidade, no que precede. O romper do coração duro e sua elevação à universalidade é o mesmo movimento que estava expresso na consciência que se confessava. As feridas do espírito curam sem deixar cicatrizes. O fato não é o imperecível, mas é reabsorvido pelo espírito dentro de si; o que desvanece imediatamente é o lado da singularidade presente no fato – seja como intenção, seja como negatividade e limitação *aí-essente* do fato. O *Si* efetivante – a forma da sua ação – é só um momento do todo, e igualmente o saber que pelo juízo determina e que fixa a distinção entre o lado singular e o universal do agir. Aquele malvado põe essa extrusão de si, ou se põe como momento, [ao ser] atraído, para o ser-aí que se confessa, pela visão de si mesmo no Outro. Mas para esse Outro deve romper-se seu juízo unilateral e não reconhecido, assim como para o primeiro [o que deve romper-se é] seu ser-aí unilateral e não reconhecido. Como um demonstra a potência do espírito sobre sua efetividade, assim o outro [demonstra] a potência sobre seu conceito determinado.

670 – [Dieses entsagt aber] Aliás, esse [que ouve a confissão] renuncia ao pensamento divisor e à dureza do ser-para-si que se lhe aferra, porque de fato, se contempla no primeiro [que se confessa]. Esse que se desfaz de sua efetividade, e se torna [um] *este suprassumido*, apresenta-se assim, de fato, como universal. De sua efetividade exterior retorna a si como essência: por isso a consciência universal nele se reconhece a si mesma.

O perdão, que concede à primeira [consciência], é a renúncia a si mesma – à sua essência *inefetiva*, à qual equipara a outra consciência que era o agir *efetivo*. [Agora] reconhece como bem o que era chamado mal, pela determinação que o agir recebia no pensamento; ou, melhor dito, abandona [tanto] essa diferença do pensamento determinado como seu juízo determinante *para-si-essente*, assim como a outra consciência abandona o determinar, *para-si-essente*, da ação.

A palavra da reconciliação é o espírito *aí-essente*, que contempla o puro saber de si mesmo, como da essência *universal* em seu contrário, - no puro saber de si como *singularidade* absolutamente *essente* dentro de si: um recíproco reconhecer, que é o espírito *absoluto*.

671 - [Er tritt ins Dasein] O espírito absoluto só entra no ser-aí no ponto culminante, onde seu puro saber de si mesmo é a oposição e permuta consigo mesmo. Sabendo que seu *puro saber* é a *essência* abstrata, ele é esse dever que-sabe: em absoluta oposição com o saber que sabe ser ele [próprio] a essência, como singularidade absoluta do Si. O primeiro saber é a continuidade pura do universal: ele sabe que a individualidade, sabedora de si como a essência, é o nulo, é o *mal*. Ao contrário, o segundo saber é a discrição absoluta, que sabe a si mesma absoluta em seu puro Uno, e sabe aquele universal como o inefetivo, [como] o que é só *para Outros*. Os dois lados são refinados até essa pureza, onde neles não há mais nenhum ser-aí carente-de-Si, nenhum negativo da consciência; mas um lado, o dever, é o caráter - que permanece igual a si - do seu saber-de-si-mesmo; o outro é o mal, que tem igualmente seu fim em seu *ser-dentro-de-si*, e sua efetividade em seu discurso. O conteúdo desse discurso é a substância do seu subsistir; o discurso é a asseveração da certeza do espírito dentro de si mesmo.

Os dois espíritos certos de si mesmos não têm outro fim que seu puro Si, nem outra realidade e ser-aí a não ser, justamente, esse puro Si. Mas ainda são diversos; e a diversidade é a diversidade absoluta, por estar posta no elemento do puro conceito. Aliás, não é uma diversidade só para nós, senão para os conceitos mesmos que estão nessa oposição. Com efeito, esses conceitos são na verdade reciprocamente *determinados*, mas ao mesmo tempo universais em si, de sorte que enchem todo o âmbito do Si; e esse Si não tem outro conteúdo senão sua determinidade, que nem vai além dele, nem é mais restrita que ele. Pois uma das determinações - o absolutamente universal - é tanto o puro saber-se-a-si-mesmo quanto a outra é a absoluta discrição da singularidade: e ambas são somente esse puro saber-se. As duas determinidades são, assim, os conceitos puros que-sabem, cuja determinidade mesma é imediatamente *saber*, ou cujo *relacionamento* e oposição é o Eu. Por isso elas são, uma para a outra, esses absolutamente Opostos: é o perfeitamente *interior*, que dessa maneira se contrapõe a si mesmo e entra no ser-aí: [as duas determinidades] constituem o *puro saber* que mediante essa oposição é posto como *consciência.* Mas não é ainda *consciência-de-si*: obtém essa efetivação no movimento dessa oposição. Com efeito, essa oposição é antes a *continuidade indiscreta* e *igualdade* do "Eu = Eu", e cada Eu *para si,* justamente se suprassume em si mesmo, por meio da contradição de sua pura universalidade, que ao mesmo tempo ainda resiste à sua igualdade com o outro, e dali se separa.

Mediante tal extrusão, esse saber cindido em seu ser-aí retorna à unidade do Si; é o Eu *efetivo,* o saber universal *de si mesmo* em seu *Contrário absoluto,* no saber *essente-dentro-de-si,* que devido à pureza de seu isolado ser-dentro-de-si é ele mesmo o perfeitamente universal. O *sim* da reconciliação – no qual os dois Eus abdicam de seu *ser-aí* oposto – é o ser-aí do *Eu* expandindo-se em dualidade, e que aí permanece igual a si; e que em sua completa extrusão e [em seu perfeito] contrário, tem a certeza de si mesmo: é o deus que se manifesta no meio daqueles que se sabem como [sendo] o puro saber.

VII
A religião

672 – [In den bisherigen] Nas figuras até agora [vistas], que se distinguiam em geral como *consciência, consciência-de-si, razão* e *espírito,* decerto já se apresentou também a *religião* como *consciência da essência absoluta* em geral – mas só do *ponto de vista da consciência,* que é consciente da essência absoluta. Contudo, naquelas formas não aparecia a essência absoluta *em si e para si* mesma, não aparecia a consciência-de-si do espírito.

673 – [Schon das Bewusstsein] Já a *consciência* enquanto é *entendimento* se torna consciência do *suprassensível,* ou do *interior* do ser-aí objetivo. Mas o suprassensível, eterno – ou como aliás queiram chamá-lo –, é *carente-de-si:* é apenas inicialmente o *universal* que ainda está muito longe de ser o espírito que se sabe como espírito.

Depois, era a *consciência-de-si,* que na figura da consciência *infeliz* tem sua implementação; – [era] somente a *dor* do espírito lutando por chegar de novo à objetividade, mas sem consegui-la. A unidade da consciência-de-si *singular* e de sua *essência* imutável, a que se dirige, permanece, portanto, um *além* da consciência infeliz. O ser-aí imediato da *razão,* que para nós brota dessa dor, e suas figuras peculiares, não têm religião: porque sua consciência-de-si *se* sabe – ou se busca – no *imediato* Presente.

674 – [Hingegen in der] No mundo ético, ao contrário, víamos uma religião, e, na verdade, a *religião do mundo ctônico.* Essa religião é a crença na noite do *destino,* assustadora e desconhecida, e na Eumênide do *espírito que-partiu.* Aquela [crença] é a negatividade pura sob a forma da universalidade; esta [Eumênide] é a negatividade na forma da singularidade. A essência absoluta, nessa última forma, é, sem dúvida, o *Si,* e [algo] *presente* – como o Si não existe de outra maneira; - só que o Si *singular* é *esta* sombra singular, que separou de si a universalidade que é o destino. Na verdade, é sombra, [um] *Este suprassumido* e, por isso, Si universal; mas aquela significação negativa ainda não se mudou nessa significação positiva, e, por isso, ao mesmo tempo, o Si suprassumido ainda significa, imediatamente, esse particular e carente-de-essência. Mas o destino, sem o Si, permanece a noite carente-de-consciência que não chega à distinção dentro dela, nem à clareza do saber-de-si-mesma.

675 – [Dieser Glaube an das] Essa crença no nada da necessidade e no mundo ctônico torna-se a *crença* no *céu*, uma vez que o Si separado tem de unir-se à sua universalidade, nela desdobrar o que contém, e assim vir-a-ser claro a si [mesmo]. Tínhamos, porém, visto que esse *reino* da fé somente no elemento do pensar desdobrava seu conteúdo sem o conceito e por isso soçobrava em seu destino, a saber, na *religião do Iluminismo*. Nessa religião se reinstaura o Além suprassensível do entendimento, mas de modo que a consciência-de-si fica satisfeita [no] aquém, e não sabe nem como Si, nem como potência o além suprassensível, o [Além] *vazio* que não há que reconhecer nem temer.

676 – [In der Religion] Enfim, na religião da moralidade, se estabelece de novo que a essência absoluta é um conteúdo positivo; no entanto, esse conteúdo está unido à negatividade do Iluminismo. É ele um *ser*, que igualmente retornou ao Si, e aí permanece encerrado; e é um *conteúdo diferenciado* cujas partes são negadas tão imediatamente como são estabelecidas. Contudo, o destino no qual sucumbe esse movimento contraditório, é o Si consciente de si como [sendo] o destino da *essencialidade* e [da] *efetividade.*

677 – [Der sich selbst wissende] Na religião, o espírito sabedor de si mesmo é imediatamente sua própria *consciência-de-si* pura. As figuras do espírito que foram consideradas, [A] - o espírito verdadeiro, [B] - o espírito alienado de si mesmo, e [C] - o espírito certo de si mesmo, - constituem, em conjunto, o espírito em sua *consciência* o qual, confrontando-se ao seu mundo, nele não se reconhece. Mas na boa-consciência, o espírito submete a si tanto seu mundo objetivo em geral quanto também sua representação e seus conceitos determinados; e é consciência-de-si *essente* junto de si. Nela o espírito, *representado como objeto*, tem para si a significação de ser o espírito universal, que em si contém toda a essência e toda a efetividade. Contudo, o espírito não está na forma de livre efetividade ou da natureza que se manifesta de modo independente. Tem, sem dúvida, *figura* ou a forma do ser, enquanto é *objeto* da sua consciência; mas como esta na religião está posta na determinação essencial de ser consciência-*de-si*, é a figura perfeitamente translúcida para si mesma; e a efetividade que o espírito contém está nele encerrada - ou está suprassumida nele - justamente na maneira como dizemos *"toda a efetividade"*: trata-se da efetividade universal *pensada*.

678 – [Indem also in der] Assim, enquanto na religião a determinação da consciência peculiar do espírito não tem a forma do livre *ser-outro*, seu *ser-aí* é distinto de sua *consciência-de-si*, e sua efetividade peculiar incide fora da religião. É, na verdade, *um* [só] o espírito de ambas, mas sua consciência não abarca a ambas de uma vez; - e a religião aparece como uma parte do ser-aí, e do agir e ocupar-se - sendo sua outra parte a vida em seu mundo efetivo.

Como nós agora sabemos que o espírito no seu mundo, e o espírito consciente de si como espírito - ou o espírito na religião - são o mesmo, a perfeição da religião consiste em que os dois espíritos se tornem iguais um ao outro; não apenas que a efetividade seja compreendida pela religião, mas inversamente, que o espírito - como espírito consciente de si - se torne efetivo e *objeto de sua consciência*.

Na medida em que o espírito na religião se representa para ele mesmo, ele é certamente consciência, e a efetividade incluída na religião é a figura e a roupagem de sua representação. Mas nessa representação não se atribui à efetividade seu pleno direito, a saber, o direito de não ser roupagem apenas, e sim um ser-aí livre independente. Inversamente, por lhe faltar sua perfeição em si mesma, é uma figura *determinada*, que não atinge o que deve apresentar: isto é, o espírito consciente de si mesmo.

Para poder exprimir o espírito consciente de si, sua figura não deveria ser outra coisa que ele; e ele deveria manifestar-se, ou ser efetivo, tal como é em sua essência. Só assim também seria alcançado o que parece ser a exigência do contrário; a saber, que o *objeto* de sua consciência tenha ao mesmo tempo a forma de efetividade livre. Mas só o espírito, que para si é objeto como espírito absoluto, tanto é para si uma efetividade livre quanto aí permanece consciente de si mesmo.

679 – [Indem zunächst das] [1º] – Como primeiro se distinguem a consciência-de-si e a consciência propriamente dita – *a religião* e o espírito em seu [próprio] mundo, ou o *ser-aí* do espírito – assim este ser-aí consiste na totalidade do espírito enquanto expõe a si seus momentos como dissociando-se uns dos outros e cada um para si.

[2º] – Ora, [estes] momentos são: a *consciência*, a *consciência-de-si*, a *razão* e o *espírito*, quer dizer, o espírito como espírito imediato, que não é ainda a consciência do espírito. Sua totalidade *tomada em conjunto* constitui o espírito em seu ser-aí mundano, em geral; o espírito como tal contém as figuras precedentes nas determinações gerais, nos momentos acima designados. A religião pressupõe todo o curso desses momentos, e é a totalidade *simples* ou o Si absoluto dos mesmos. De resto, não há que representar no tempo o curso desses momentos em referência à religião. Só está no tempo o espírito total; e as figuras que são figuras do *espírito* total, como tal, se apresentam em uma sucessão [temporal] porque somente o todo tem efetividade propriamente dita, e por isso tem a forma da pura liberdade perante o Outro – forma que se exprime como tempo. Porém, os *momentos* do todo – consciência, consciência-de-si, razão e espírito –, por serem momentos, não têm ser-aí distinto um do outro.

[3º] – Em terceiro lugar, assim como o espírito se distinguia de seus momentos, ainda se deve distinguir, desses momentos mesmos, sua determinação singularizada. Nós vimos, sem dúvida, cada um daqueles momentos diferenciar-se nele mesmo em um curso próprio, e em figuras diversas; como por ex. na consciência se distinguia a certeza sensível e a percepção. Esses últimos lados se separam um do outro no tempo, e pertencem a um *todo particular*. Com efeito, o espírito desce de sua *universalidade* através da *determinação* para a *singularidade*. A determinação ou meio-termo é *consciência*, *consciência-de-si*, etc. A *singularidade*, contudo, constituem-na as figuras desses momentos; elas apresentam, pois, o espírito em sua singularidade ou *efetividade*, e se distinguem no tempo; mas de tal modo que a figura seguinte contém nela as anteriores.

680 – [Wenn daher die] Portanto, se a religião é a perfeição do espírito, ao qual seus momentos singulares - consciência, consciência-de-si, razão e espírito - *retornam* e *retornaram* como ao seu *fundamento*, eles em conjunto constituem a *efetividade aí-essente* do espírito total, que *é* somente como o movimento que diferencia esses seus lados e a si retorna. O vir-a-ser *da religião em geral* está contido no movimento dos momentos universais.

Ora, como cada um desses atributos foi apresentado não apenas como se determina em geral, mas como é *em si e para si* – quer dizer, como ele segue seu curso dentro de si mesmo como [um] todo - e por isso o que surge aqui não é somente o vir-a-ser da religião *em geral*; mas aqueles processos completos dos lados singulares contêm, ao mesmo tempo, as *determinidades da religião* mesma.

O espírito total, o espírito da religião, é por sua vez o movimento desde sua imediatez até alcançar o *saber* do que ele é *em si* ou imediatamente; e [o movimento] de conseguir que a *figura*, em que o espírito aparece para sua consciência, seja perfeitamente igual à sua essência, e que ele se contemple tal como é. Nesse vir-a-ser, o espírito está assim em figuras *determinadas*, que constituem as diferenças desse movimento; ao mesmo tempo, a religião determinada tem por isso igualmente um espírito *efetivo determinado*. Se portanto ao espírito que-se-sabe pertencem, em geral, consciência, consciência-de-si, razão e espírito, assim pertencem às figuras *determinadas* do espírito que-se-sabe as formas *determinadas* que dentro da consciência, [da] consciência-de-si, da razão e do espírito, se desenvolveram em cada qual de modo particular. A figura *determinada* da religião extrai para seu espírito efetivo, das figuras de cada um de seus momentos, aquela que lhe corresponde. A determinidade *única* da religião penetra por todos os lados de seu ser-aí efetivo, e lhes imprime esse caráter comum.

681 – [Auf diese Weise] Dessa maneira, agora se ordenam as figuras que tinham surgido até aqui, diversamente de como apareciam em sua série. Sobre esse ponto precisa antes fazer notar brevemente o indispensável. Na série considerada, cada momento aprofundando-se em si mesmo se modelava, dentro de seu princípio peculiar, em um todo; e o conhecer era a profundeza - ou o espírito - em que possuíam sua substância os momentos que para si não tinham subsistência alguma.

No entanto, a partir de agora, essa substância se fez patente: ela é a profundeza do espírito certo de si mesmo, que não permite ao princípio singular isolar-se e fazer-se um todo dentro de si mesmo: ao contrário, reunindo e mantendo juntos todos esses momentos dentro de si, avança em toda essa riqueza de seu espírito efetivo, e todos os seus momentos particulares tomam e recebem em comum dentro de si a igual determinidade do todo. Esse espírito certo de si mesmo, e seu movimento, é sua verdadeira efetividade e o *ser em si e para si* que a cada Singular corresponde.

Se assim a série *única* até aqui considerada, no seu desenrolar marcava nela com nós os retrocessos, mas retomava desses nós a marcha única para a frente, agora é como se estivesse quebrada nesses nós – os momentos universais – e rompida em muitas linhas. Essas linhas, reunidas em um único feixe, se juntam simetricamente, de modo que coincidam as diferenças homólogas em que se moldou, dentro de si, cada linha particular.

Aliás, é por si mesmo evidente, do conjunto da exposição, segundo a qual se há de entender aqui a coordenação das direções gerais, que se torna supérfluo fazer a observação de que essas diferenças essencialmente só devem ser tomadas como momentos do vir-a-ser, e não como partes. No espírito efetivo, são atributos de sua substância; mas na religião são antes somente predicados do sujeito. Igualmente, *em si* ou *para nós*, certamente estão contidas todas as formas em geral no espírito e em cada espírito; mas no que se refere à efetividade do espírito, só importa saber qual é, em sua *consciência*, a determinidade na qual ele exprime o seu Si; ou em que figura o espírito sabe sua essência.

682 – [Der Unterschied, der] A distinção que foi feita entre o espírito *efetivo* e o que se sabe como espírito, ou entre si mesmo como consciência e como consciência-de-si, está suprassumida no espírito que se sabe segundo sua verdade: sua consciência e sua consciência-de-si estão igualadas. Como porém a religião é aqui somente *imediata*, essa diferença ainda não retornou ao espírito. O que está posto é só o *conceito* da religião; conceito em que a essência é a *consciência-de-si*, que é para si toda a verdade e contém nessa verdade toda a efetividade. Essa consciência-de-si tem, como consciência, a si [mesma] por objeto. O espírito, que só se sabe *imediatamente*, é

assim para si o espírito na *forma da imediatez*; e a determinidade da figura em que aparece para si, é a do *ser*.

Na verdade, esse ser não é *preenchido* nem com a sensação nem com a matéria multiforme, nem com quaisquer outros unilaterais momentos, fins e determinações; senão que é preenchido com o espírito e é conhecido de si mesmo como [sendo] toda a verdade e efetividade. Tal *preenchimento*, dessa maneira, não é igual à sua *figura:* o espírito, como essência, não é igual à sua consciência. Só como espírito absoluto ele é efetivo, enquanto para si está também em sua verdade, como está na *certeza de si mesmo*, ou seja: os extremos em que se divide como consciência estão um para o outro na figura-de-espírito.

A figuração, que o espírito assume como objeto de sua consciência, fica preenchida pela certeza do espírito como pela [sua] substância; mediante esse conteúdo desvanece o degradar-se do objeto na pura objetividade, na forma da negatividade da consciência-de-si. A unidade imediata do espírito consigo mesmo é a base, ou pura consciência, no *interior* da qual a consciência se dissocia [em sujeito e objeto]. Dessa maneira, encerrado em sua pura consciência-de-si, o espírito não existe na religião como o criador de uma *natureza* em geral; mas o que produz nesse movimento são suas figuras como espíritos, que em conjunto constituem a plenitude de sua manifestação. Esse movimento mesmo é o vir-a-ser de sua completa efetividade, através de seus lados singulares, ou seja, através de suas efetividades incompletas.

683 – [Die erste Wirklichkeit] A *primeira* efetividade do espírito é o conceito da religião mesma, ou a *religião* como *imediata*, e, portanto, *natural*; nela o espírito se sabe como seu próprio objeto em figura natural ou imediata. Mas a *segunda* efetividade é necessariamente aquela em que o espírito se sabe na figura da naturalidade suprassumida, ou seja, na figura do *Si*. Assim, essa efetividade é a *religião da arte*; pois a figura se eleva à forma do *Si*, por meio do *produzir* da consciência, de modo que essa contempla em seu objeto o seu agir ou o Si. A *terceira* efetividade, enfim, suprassume a unilateralidade das duas primeiras: o *Si* é tanto um *imediato* quanto a *imediatez* é *Si*. Se na primeira efetividade o espírito está, em geral, na forma da consciência; na segunda, na forma da consciência-de-si;

então na terceira está na forma da unidade de ambas: tem a figura do *ser-em-si-e-para-si*; e assim, enquanto está representado como é em si e para si, é a *religião revelada.*

Mas embora o espírito certamente alcance na religião revelada sua *figura* verdadeira, justamente sua *figura* mesma e a *representação* ainda são o lado não superado, do qual o espírito deve passar ao *conceito*, para nele dissolver totalmente a forma da objetividade: - nele que inclui dentro de si igualmente esse seu contrário. É então que o espírito abarcou o conceito de si mesmo, como nós somente o tínhamos inicialmente captado; e sua figura - ou o elemento de seu ser-aí - enquanto é o conceito, é o espírito mesmo.

A - A RELIGIÃO NATURAL

684 – [Der den Geist] O espírito, que-sabe o espírito, é consciência de si mesmo, e é para si na forma de [algo] objetivo; ele *é* – e ao mesmo tempo, é o *ser-para-si. O espírito é para si,* é o lado da consciência-de-si, e na verdade, em contraste com o lado de sua consciência, ou com o lado do referir-se a si como *objeto.* Está na sua consciência a oposição e, por isso, a *determinidade* da figura em que o espírito se manifesta e se sabe. Nessa consideração da religião só se trata dessa determinação, pois já se produziu sua essência não figurada ou seu conceito puro. Porém, a diferença entre a consciência e consciência-de-si recai, ao mesmo tempo, no interior dessa última: a figura da religião não contém o ser-aí do espírito, nem enquanto ele é natureza, livre do pensamento, nem enquanto é pensamento, livre do ser-aí; mas essa figura é o ser-aí mantido no pensar, assim como é um Pensado que para si "é-aí".

Distingue-se uma religião de outra de acordo com a *determinidade* dessa figura em que o espírito se sabe. Mas ao mesmo tempo é mister notar que a exposição desse seu saber sobre si, conforme essa *determinidade singular*, de fato, não esgota o todo de uma religião efetiva. A série das diversas religiões, que vão produzir-se, só apresenta igualmente de novo os diversos lados de uma única religião, e na verdade, de *cada* religião *singular*; e em cada [religião] ocorrem as representações que parecem distinguir uma religião efetiva de

uma outra. Aliás, deve-se considerar ao mesmo tempo a diversidade também como uma diversidade da religião.

Enquanto, pois, o espírito se encontra na diferença entre a sua consciência e a sua consciência-de-si, o movimento tem a meta de suprassumir essa diferença-capital e de dar à figura, que é objeto da consciência, a forma da consciência-de-si. Mas essa diferença não está suprassumida já pelo fato de que as figuras, que aquela consciência contém, tenham também nelas o momento do Si, e o deus seja *representado* como *consciência-de-si*. O Si *representado* não é o *efetivo*. Para que o Si, como qualquer determinação mais precisa da figura, pertença na verdade a essa forma [da consciência de si], por uma parte deve ser posta nela mediante o agir da consciência-de-si; por outra parte, a determinação inferior deve mostrar-se suprassumida e conceituada pela determinação superior. Com efeito, o representado só deixa de ser representado e [de ser] estranho a seu saber, quando o Si o produziu, e assim contempla a determinação do objeto como a *sua* determinação; – portanto, se contempla no objeto.

Por meio dessa atividade, a determinação inferior ao mesmo tempo se desvaneceu; porque o agir é o negativo, que se realiza às custas de um outro. Na medida em que a determinação inferior ainda ocorre, é que se retirou para a inessencialidade; assim como, inversamente, onde a inferior ainda predomina, e contudo a superior também ocorre, uma determinação carente-de-si ocupa o lugar junto da outra. Quando, pois, as diversas representações, dentro de uma religião singular, apresentam na verdade o movimento completo de suas formas, o caráter de cada uma é determinado pela unidade peculiar da consciência e da consciência-de-si; isto é, porque a consciência-de-si abarca dentro de si a determinação do objeto da consciência, ela através do seu agir se apropria completamente dessa determinação, e a sabe como a essencial, em contraste com as outras [determinações].

A verdade da fé, em uma determinação do espírito religioso, mostra-se no fato de que o espírito *efetivo* é assim constituído como a figura na qual ele se contempla na religião; como, por exemplo, a encarnação de Deus que tem lugar na religião oriental, não tem verdade, porque seu espírito efetivo é sem essa reconciliação. Não tem aqui cabimento retroceder da totalidade da determinação para

a determinação singular, e mostrar em que figura, no interior dessa totalidade, e de sua religião particular, está contida a plenitude das demais. A forma superior, reinstalada sob uma forma inferior, perde sua significação para o espírito consciente-de-si: pertence só superficialmente a ele e à sua representação. Deve, portanto, ser considerada em sua significação peculiar e ali, onde é o princípio dessa religião particular e confirmada por seu espírito efetivo.

a – A LUMINOSIDADE

685 – [Der Geist, als das] O espírito como a *essência* que é *consciência-de-si,* ou a essência consciente-de-si que é toda a verdade e sabe toda a efetividade como a si mesma, em contraste com a realidade que o espírito se confere no movimento de sua consciência, é apenas o *seu conceito.* Esse conceito, em relação ao dia dessa [plena] expansão, é a noite de sua essência: em relação ao ser-aí de seus momentos como figuras independentes, é o mistério criador de seu nascimento. Esse mistério tem em si mesmo sua revelação; pois o ser-aí tem nesse conceito sua necessidade, por ser o espírito que se sabe: portanto tem em sua essência o momento de ser consciência e de representar-se objetivamente. É o puro Eu que em sua extrusão tem em si, como em *objeto universal,* a certeza de si mesmo; ou seja, esse objeto é para o Eu a interpenetração de todo o pensar e de toda a efetividade.

686 – [In der unmittelbaren] Na primeira cisão imediata do espírito absoluto que se sabe, sua figura tem aquela determinação que convém à *consciência imediata,* ou seja, à certeza sensível. O espírito se contempla na forma do *ser* – contudo não na forma do ser carente-de-espírito, preenchido com determinações contingentes da sensibilidade [e] que pertence à certeza sensível; mas é o ser preenchido pelo espírito. Ele encerra igualmente dentro de si a forma que aparecia na *consciência-de-si* imediata: a forma do *senhor* ante a consciência-de-si do espírito que se retira de seu objeto.

Esse *ser,* que é preenchido pelo conceito do espírito, é assim a *figura* da relação *simples* do espírito para consigo mesmo, ou a figura da "carência-de-figura". Devido a essa determinação, ela é a pura *luminosidade* do raiar do sol, que tudo contém e [tudo] preenche, e que se conserva em sua substancialidade sem-forma. Seu ser-outro

é o negativo igualmente simples - as *trevas*. Os movimentos de sua própria extrusão, suas criações no elemento sem-resistência de seu ser-outro, são efusões de luz. São em sua simplicidade, ao mesmo tempo, seu vir-a-ser-para-si e retorno [a partir] do seu ser-aí: são torrentes de fogo que devoram a figuração. A diferença, que essa essência se dá, propaga-se de certo na substância do seu ser-aí, e modela-se nas formas da natureza; mas a simplicidade essencial do seu pensar vagueia nelas sem consistência e sem inteligência - amplia seus limites até o incomensurável e dissolve, em sua sublimidade, sua beleza exaltada até o esplendor.

687 - [Der Inhalt, den dies] O conteúdo que esse puro *ser* desenvolve - ou seja, seu perceber - é, portanto, um jogo carente-de-essência naquela substância, que apenas *vem à tona*, sem *ir a fundo* dentro de si mesmo, sem tornar-se sujeito e sem consolidar suas diferenças por meio do Si. Suas determinações são atributos apenas, que não adquirem independência, mas que só permanecem [como] nomes do Uno plurinominal. Encontra-se revestido esse Uno com as forças multiformes do ser-aí, e com as figuras da efetividade, como com um ornamento carente-de-Si: são somente mensageiros de seu poder, privados de vontade própria; [são] visões de sua glória, e vozes de sua louvação.

688 - [Dies taumelnde Leben] No entanto, essa vida vacilante deve determinar-se como *ser-para-si*, e dar consistência às suas figuras evanescentes. O *ser imediato*, em que essa vida se contrapõe à sua consciência, é ele mesmo a potência *negativa* que dissolve suas diferenças: é pois, em verdade, o *Si*; e o espírito, portanto, passa a saber-se na forma do Si. A pura luz refrata sua simplicidade como uma infinidade de formas separadas, e se oferece por vítima ao ser-para-si, de modo que o Singular tome subsistância em sua substância.

b - A PLANTA E O ANIMAL

689 - [Der selbstbewusste Geist] O espírito consciente-de-si, que a si retornou [a partir] da essência carente-de-figura - ou que elevou sua imediatez até o Si em geral -, determina sua simplicidade como uma múltipla variedade do ser-para-si; e é a religião da *percepção* espiritual em que o espírito se desagrega na pluralidade inumerável de espíritos, mais fracos e mais fortes, mais ricos e mais pobres.

Esse panteísmo, de início a *tranquila* subsistência desses átomos-de-espírito, converte-se no movimento *agressivo* dentro de si mesmo. A inocência da *religião das flores,* que é somente a representação carente-de-si do Si, passa à seriedade da vida guerreira, à culpabilidade da *religião dos animais;* a tranquilidade e impotência da individualidade contemplativa passam ao ser-para-si destruidor. De nada serve ter retirado, às coisas da percepção, *a morte da abstração,* e tê-las elevado à essência da percepção espiritual; a animação desse reino-dos-espíritos tem nela essa morte, pela determinidade e a negatividade que invadem sua inocente indiferença. Por meio delas, a dispersão em uma multiplicidade de tranquilas figuras vegetais torna-se um movimento agressivo, em que as faz inchar o ódio de seu ser-para-si.

A consciência-de-si *efetiva* desse espírito disperso é uma multidão de espíritos-de-povos, isolados e insociáveis, que em seu ódio se combatem até à morte e se tornam conscientes de figuras animais determinadas como de sua essência, porque não são outra coisa que espíritos animais, vidas animais que se isolam conscientes delas sem universalidade.

690 – [In diesem Hasse] Mas nesse ódio desgasta-se a determinidade do ser-para-si puramente negativo, e, através desse movimento do conceito, o espírito entra em uma outra figura. O *ser-para-si suprassumido* é a *forma do objeto* que foi produzido por meio do Si; ou melhor: é o Si produzido, desgastando-se: quer dizer, convertendo-se em coisa. Acima desses espíritos animais que só [se] dilaceram, o artesão mantém sua superioridade; sua ação não é apenas negativa, mas sim tranquila e positiva.

Assim, a consciência do espírito é agora o movimento que está acima e além do *ser-aí* imediato, como do *ser-para-si* abstrato. Enquanto o Em-si, por meio da oposição, é rebaixado a uma determinidade, ele não é mais a forma própria do espírito absoluto, mas uma efetividade, que sua consciência encontra oposta a si como o ser-aí ordinário – e que suprassume. Ao mesmo tempo [essa consciência] não é só o ser-para-si que-suprassume, mas produz também sua representação – o ser-para-si que é externado na forma de um objeto. Contudo, esse produzir ainda não é o perfeito, mas uma atividade condicionada e o formar de um [material já] dado.

c – O ARTESÃO

691 – [Der Geist erscheint] Assim o espírito aqui se manifesta como o *artesão*, e seu agir, por meio do qual se produz a si mesmo como objeto – embora ainda não tenha captado o pensamento de si –, é um trabalhar instintivo, como as abelhas fabricam seus favos.

692 – [Die erste Form] A primeira forma, por ser a imediata, é a forma abstrata do entendimento, e a obra não está ainda, nela mesma, preenchida pelo espírito. Os cristais das pirâmides e dos obeliscos, simples combinações de linhas retas com superfícies planas e proporções iguais das partes – em que é eliminada a incomensurabilidade da curva – [tais] são os trabalhos desse artesão da rigorosa forma. Devido à mera inteligibilidade da forma, ela não é sua significação nela mesma; não é o Si espiritual. As obras, assim, só recebem o espírito; ou o espírito em si, como um espírito estranho e separado, que abandonou sua compenetração viva com a efetividade, e [como é] ele mesmo morto, se aloja nesses cristais desprovidos de vida; ou então, as obras se referem externamente ao espírito; – como a um espírito que "é-aí" exteriormente, e não como espírito; como à luz nascente que projeta sobre as obras sua significação.

693 – [Die Trennung, von] A divisão, de que parte o espírito do artesão – a do *ser-em-si*, que se converte no material que ele elabora, e do *ser-para-si*, que é o *lado* da consciência-de-si que trabalha – essa divisão em sua obra se tornou objetiva. Seu esforço ulterior deve tender a suprassumir essa separação da alma e do corpo; a revestir e a modelar a alma nela mesma; e, por sua vez, a infundir alma no corpo. Os dois lados, ao serem aproximados um do outro, conservam com isso respectivamente a determinidade do espírito representado, e do envoltório que o reveste: sua unidade consigo mesmo contém essa oposição da singularidade e universalidade.

Enquanto a obra se aproxima de si mesma em seus lados, com isso sucede ao mesmo tempo também outra coisa; aproxima-se da consciência-de-si que trabalha, e esta chega na obra ao saber de si, tal como é em si e para si. Mas desse modo a obra só constitui o lado abstrato da *atividade* do espírito, que em si mesmo não sabe ainda o seu conteúdo; mas sabe-o em sua obra, que é uma coisa. O próprio artesão – o espírito total – não se manifestou ainda; mas é a ainda íntima e recôndita essência, que só se faz presente como todo, cindida na consciência-de-si ativa e em seu objeto produzido.

694 – [Die umgebende Behausung] Portanto, a morada circundante, a efetividade externa, que só agora foi elevada à forma abstrata do entendimento, o artesão a elabora em uma forma que-tem-mais-alma. Para isso, serve-se da vida vegetal, que não é mais sagrada, como [o era] para o débil panteísmo anterior; mas que é tomada pelo artesão, que se apreende como a essência para si *essente*, como algo utilizável; e é reduzida ao aspecto exterior e à decoração. Mas não se utiliza inalterada, senão que o artesão da forma consciente-de-si elimina, ao mesmo tempo, a efemeridade que a existência imediata dessa vida tem nela, e aproxima suas formas orgânicas das formas mais rigorosas e mais universais do pensamento. Ao ser deixada em liberdade, a forma orgânica continua propagando-se na particularidade – mas ao ser por um lado subjugada à forma do pensamento, eleva, por outro, a curvas animadas essas figuras retilíneas e planas: uma combinação que se torna a raiz da livre arquitetura.

695 – [Diese Wohnung, die] Essa morada – o lado do *elemento universal*, ou da natureza inorgânica do espírito – agora encerra dentro de si também uma figura da *singularidade*, que aproxima da efetividade o espírito antes separado do ser-aí, interior ou exterior a ele; e assim fazendo, torna a obra mais igual à consciência-de-si ativa. O artesão recorre inicialmente à forma do *ser-para-si* em geral, à *figura-animal*. Mas na vida animal o artesão não é mais imediatamente consciente de si, o que demonstra ao constituir-se frente a essa vida como a força que a produz, e ao saber-se nela como em obra *sua*; por isso a figura-animal é ao mesmo tempo uma figura suprassumida, e se torna o hieroglifo de uma outra significação: a de um pensamento. Por conseguinte, ela não é mais usada só e inteiramente pelo artesão, mas combinada com a figura do pensamento, com a figura humana.

No entanto, falta à obra ainda a figura e ser-aí em que o Si existe como Si: ainda lhe falta exprimir nela mesma que encerra dentro de si uma significação interior; falta-lhe a linguagem, o elemento em que está presente o sentido mesmo que [a] preenche. Portanto a obra, embora se tenha purificado totalmente do [elemento] animal, e só traga nela a figura da consciência-de-si, é ainda a figura muda que necessita do raio do sol nascente para ter som, que, produzido pela luz, ainda é somente ressonância, e não linguagem: denota apenas um Si exterior, não o Si interior.

696 – [Diesem äusseren Selbst] A esse Si exterior da figura se contrapõe a outra figura, que sinaliza ter nela um *interior.* A natureza, que retorna à sua essência, rebaixa sua múltipla variedade viva, que se individualiza e se perde em seu movimento, a um habitáculo inessencial, que é a *coberta do interior.* Esse interior é ainda, de início, a escuridão simples, o imoto, a pedra negra e informe*.

697 – [Beide Darstellungen] As duas apresentações contêm a *inferioridade* e o *ser-aí* – os dois momentos do espírito; e as duas apresentações contêm, ao mesmo tempo, os dois momentos em relação oposta: tanto o Si como interior quanto o Si como exterior. Há que unificar as duas [apresentações]. A alma da estátua de forma humana ainda não deriva do interior; não é ainda a linguagem, o ser-aí que nele mesmo é interior. O interior do ser-aí multiforme é ainda algo mudo, que não se diferencia dentro de si mesmo; e algo ainda separado de seu exterior, a que todas as diferenças pertencem. O artesão unifica, pois, os dois momentos da combinação da figura natural e da figura consciente-de-si. Essas essências ambíguas, para si mesmas enigmáticas – o consciente lutando com o inconsciente, o interior simples com o exterior multiforme; a obscuridade do pensamento juntando-se com a clareza da expressão – [todos eles] irrompem na linguagem de uma sabedoria profunda, difícil de entender.

698 – [In diesem Werke] Nessa obra cessa o trabalho instintivo que, em contraste com a consciência-de-si, produzia a obra carente-de-consciência; pois nesse trabalho se contrapõe à atividade do artesão – que constitui a consciência-de-si – um interior igualmente consciente-de-si que se expressa. No seu ofício, o artesão galgou por seu esforço até à cisão de sua consciência, onde o espírito se encontra com o espírito. Nessa unidade do espírito consciente-de-si consigo mesmo, na medida em que o espírito é para si figura e objeto de sua consciência, se purificam, pois, suas combinações com o modo carente-de-consciência da figura imediata da natureza. Esses monstros – na figura, fala e ação – se dissolvem em uma figuração

---

* Alusão à Kaaba, de Meca.

espiritual: em um exterior que se recolhe em si; em um interior que se exterioriza [a partir] de si e em si mesmo; no pensamento, que é claro ser-aí que se engendra e mantém sua figura conforme a ele. O espírito é *artista.*

B - A RELIGIÃO DA ARTE

699 – [Der Geist hat seine] O espírito elevou sua figura, na qual é [presente] para sua consciência, à forma da consciência mesma; e produz para si uma tal forma. O artesão abandonou o trabalho *sintético*, o *combinar* de formas heterogêneas do pensamento e do [objeto] natural: quando a figura adquiriu a forma da atividade consciente-de-si, o artesão se tornou trabalhador espiritual.

700 – [Fragen wir danach] Se indagamos, por conseguinte, qual é o espírito *efetivo* que na religião da arte tem a consciência de sua essência absoluta, resulta que é o espírito *ético* ou o espírito *verdadeiro.* Ele não é só a substância universal de todos os Singulares; mas enquanto esta tem para a consciência efetiva a figura da consciência, isso significa que a substância, que tem individualização, é conhecida pelos Singulares como [sendo] sua própria essência e obra. A substância não é desse modo, para eles, a luminosidade, em cuja unidade o ser-para-si da consciência-de-si só está contido negativamente, só de maneira transitória, e nela contempla o senhor de sua efetividade; nem é o incessante entre-devorar-se de povos que se odeiam; nem sua subjugação a [um sistema de] castas, constituindo em conjunto a aparência da organização de um todo perfeito, mas a que falta a liberdade universal dos indivíduos. Ao contrário, esse [espírito] é o povo livre, no qual os costumes constituem a substância de todos, e cuja efetividade e ser-aí, todo e cada Singular sabe como sua vontade e seu ato.

701 – [Die Religion des] No entanto, a religião do espírito ético é a elevação desse espírito por sobre sua efetividade, o retornar *desde sua verdade* ao puro *saber de si mesmo.* Enquanto o povo ético vive na imediata unidade com sua substância, e não tem nele o princípio da singularidade pura da consciência-de-si, sua religião só aparece em sua perfeição no *separar-se* de sua *subsistência.* Com efeito, a *efetividade* da substância ética repousa, por um lado, em sua tranquila *imutabilidade*, em contraste com o movimento absoluto da consciência-de-si; e por isso, no fato de que esta ainda não retornou a si de seus costumes imperturbados, e de sua sólida confiança. Por outro lado, na organização da consciência-de-si [repousa] em uma pluralidade de direitos e deveres, como também na repartição nas "massas" dos estamentos, e do agir particular deles que coopera para [formar] o todo. Por isso [a substância ética repousa] em que o Singular esteja satisfeito com a limitação de seu ser-aí, e ainda não tenha captado o pensamento sem-limites de seu livre Si. Mas aquela tranquila confiança *imediata* da substância retrocede à confiança *em si* e à *certeza de si mesmo*. E a pluralidade de direitos e deveres, assim como o agir limitado, são o mesmo movimento dialético do ético que a pluralidade das coisas e de suas determinações. É um movimento que só encontra sua quietude e estabilidade na simplicidade do espírito certo de si.

A consumação da eticidade [ao converter-se] na livre-consciência-de-si, e o destino do mundo ético são, portanto, a individualidade que se adentrou em si, a absoluta leveza do espírito ético, que dissolve dentro de si todas as diferenças fixas de sua subsistência, e as massas de sua articulação orgânica; espírito que plenamente seguro de si chegou à alegria sem-limites e ao mais livre gozo de si mesmo. Essa certeza simples do espírito dentro de si é algo ambíguo, por ser [tanto] calma subsistência e verdade firme quanto inquietude absoluta e o perecer da eticidade. Mas [é] nessa última [alternativa que] ela se converte, pois a verdade do espírito ético ainda é, somente, essa substancial essência e confiança, na qual o Si não se sabe como singularidade livre, e que assim perece nessa interioridade - ou no libertar-se - do Si.

Assim, ao romper-se a confiança, ao quebrar-se por dentro a substância do povo, o espírito, que era o meio-termo dos extremos inconsistentes, passa agora para o extremo da consciência-de-si que se apreende como essência. Essa consciência-de-si é o espírito certo dentro de si, que chora a perda de seu mundo; e agora, da pureza do Si, produz sua essência, elevada acima da efetividade.

702 - [In solche Epoche] Em tal época surge a arte absoluta. Antes, a arte é o trabalho instintivo que, submerso no ser-aí, trabalha para dentro e para fora dele; não tem na eticidade livre sua substância, e por isso também não possui a livre atividade espiritual com respeito ao Si que trabalha. Mais tarde, o espírito transcende a arte para atingir sua suprema apresentação, a saber, não ser apenas a *substância* que nasceu do Si, mas ser, em sua apresentação como objeto, *este Si*: não só engendrar-se de seu conceito, mas ter seu conceito mesmo por figura, de modo que o conceito e a obra de arte produzida se saibam mutuamente como uma só e a mesma coisa.

703 – [Indem also die] Assim, enquanto a substância retornou de seu ser-aí à sua pura consciência-de-si, é esse o lado do conceito ou da *atividade*, com que o espírito se produz como objeto. Atividade que é a forma pura; porque o Singular na obediência e serviço éticos tanto desgastou todo ser-aí carente-de-consciência, e [toda a] determinação fixa, como a substância mesma se tornou essa essência fluida. Essa forma é a noite em que a substância foi traída e se transformou em sujeito; e dessa noite da pura certeza de si mesmo é que ressuscita o espírito ético, como a figura que se libertou da natureza e de seu ser-aí imediato.

704 – [Die Existenz des] A *existência* do conceito puro, para a qual o espírito fugiu de seu corpo, é um indivíduo que o espírito escolheu para receptáculo de sua dor. Nele, o espírito está como seu universal e sua potência, da qual sofre violência; como seu *pathos*, ao qual, entregue e abandonada, sua consciência-de-si perdeu a liberdade. Mas aquela potência positiva da universalidade é subjugada pelo puro Si do indivíduo, como a potência negativa. Essa atividade pura, consciente de sua força imperdível, luta com a essência não figurada; assenhoreando-se dela, fez do *pathos* sua matéria, e se deu o conteúdo dela. Essa unidade emerge como obra: [é] o espírito universal individualizado e representado.

a – A OBRA DE ARTE ABSTRATA

705 – [Das erste Kunstwerk] A primeira obra de arte, como obra imediata, é a obra abstrata e singular. Por um lado, tem de mover-se [saindo] do modo imediato e objetivo em direção da consciência-de-si; enquanto essa, por outro, procede a suprassumir no culto a diferença que primeiro ela se atribui em relação a seu espírito, e a produzir, assim, a obra de arte nela mesma vivificada.

706 - [Die erste Weise] O primeiro modo, em que o espírito artístico afasta ao máximo uma da outra, sua figura [plástica] e sua consciência ativa, é o modo imediato [em] que aquela figura *"é-aí"* como *coisa* em geral. A figura se cinde nela, na distinção entre a singularidade que a figura do Si possui, e a universalidade que apresenta a essência inorgânica em relação à figura, como seu ambiente e morada. Graças à elevação do todo ao conceito puro, essa figura ganha sua forma pura que compete ao espírito. Não é o cristal [forma característica] do entendimento, que aloja o morto ou é iluminado pela alma que-está-fora; nem é a combinação - que primeiro resultou da planta - das formas da natureza e do pensamento, cuja atividade aqui é ainda uma *imitação*. Mas o conceito despoja aquilo que da raiz, da ramaria e da folhagem está ainda aderente às formas, e as purifica em imagens onde o retilíneo e plano do cristal é elevado a proporções incomensuráveis; a ponto que a animação do orgânico é acolhida na forma abstrata do entendimento, e ao mesmo tempo é preservada para o entendimento sua essência, [que é] a incomensurabilidade.

707 - [Der inwohnende Gott] Contudo, o deus que mora dentro é a pedra negra, extraída da ganga-animal e penetrada pela luz da consciência. A figura humana despoja-se da figura animal com que estava mesclada; o animal é para o deus apenas uma roupagem contingente; passa ao lado de sua figura verdadeira, e não vale mais por si mesmo, mas foi rebaixado à significação de um Outro; a mero símbolo. Por isso mesmo, a figura do deus se despoja, em si mesma, também da penúria das condições naturais do ser-aí, e sinaliza as disposições interiores da vida orgânica, fundidas em sua superfície e só pertencentes a esta.

A *essência* do deus é aliás a unidade do ser-aí universal da natureza e do espírito consciente-de-si, que em sua efetividade se manifesta contrapondo-se ao primeiro. Ao mesmo tempo, é antes de tudo uma figura singular; seu ser-aí é um dos elementos da natureza, como sua efetividade consciente-de-si é um singular *espírito-de-povo*. Mas o ser-aí universal da natureza é nessa unidade o elemento refletido no espírito, a natureza transfigurada pelo pensamento, unida com a vida consciente-de-si. A figura dos deuses tem, pois, o seu elemento-de-natureza como um elemento suprassumido, como uma obscura reminiscência dentro dela. A essência caótica e a luta confusa do livre ser-aí dos elementos - o reino a-ético dos Titãs - são vencidos e expulsos para a orla da efetividade que se tornou clara a si [mesma], para os turvos confins do mundo que no espírito se encontra e se acalma.

Essas divindades antigas, em que primeiro se particulariza a luminosidade acasalando-se com as trevas - o Céu, a Terra, o Oceano, o Sol, o Fogo cego e tifônico da Terra, etc. -, são suplantadas por figuras que nelas ainda possuem apenas o eco apagado que recorda aqueles Titãs; mas já não são essências-da-natureza, e sim claros espíritos éticos dos povos conscientes-de-si mesmos.

708 – [Diese einfache Gestalt] Assim, essa figura simples aboliu em si e recolheu, na individualidade tranquila, a inquietude da singularização infinita: tanto da figura enquanto elemento da natureza - o qual só se comporta de modo necessário como essência universal, mas [se comporta] de modo contingente em seu ser-aí e movimento - quanto dela enquanto povo que, disperso nas massas particulares do agir e nos pontos individuais da consciência-de-si, tem um ser-aí multiforme de sentido e de agir. Portanto, o momento da inquietude se contrapõe a essa individualidade tranquila: a ela - [que é] *a essência* - se contrapõe a *consciência-de-si* que, como lugar de nascimento da mesma, nada reteve para si senão o [fato de] ser *atividade pura.*

O que pertence à substância, o artista deu-o inteiramente à sua obra: porém a si mesmo, como a uma individualidade determinada, não deu efetividade em sua obra: só lhe poderia conferir a perfeição caso se extrusasse de sua particularidade, se desencarnasse e se elevasse à abstração do agir puro. Nessa primeira produção imediata, ainda não se reunificou a separação entre a obra e sua atividade consciente-de-si; portanto a obra não é para si algo efetivamente vivificado, mas é [um] *todo* somente junto com seu *vir-a-ser.* O que é comum na obra de arte - ser gerada dentro da consciência e elaborada por mãos humanas - é o momento do conceito existente como conceito, que se contrapõe à obra.

Ora, se esse conceito - como artista ou como espectador - for bastante desinteressado para declarar a obra de arte absolutamente inspirada nela mesma; e para esquecer a si, o autor ou contemplador, deve-se contra isso sustentar o conceito do espírito, que não pode prescindir do momento de ser consciente de si mesmo. Mas esse momento se contrapõe à obra, porque nessa sua primeira cisão o conceito dá aos dois lados suas determinações abstratas recíprocas do *agir* e do *ser-coisa*; não ocorreu ainda seu retorno à unidade donde eles provêm.

709 – [Der Künstler erfährt] O artista experimenta assim, em sua obra, que não produziu *nenhuma* essência *igual a ele*. Sem dúvida, de sua obra lhe retorna uma consciência, já que um público maravilhado o honra como o espírito que é sua essência. Mas essa inspiração, ao restituir-lhe sua consciência-de-si somente como admiração, é antes uma confissão feita ao artista de que essa inspiração não se iguala a ele. Enquanto a obra retorna ao artista como alegria em geral, o artista nela não encontra nem a dor de sua formação e criação, nem o esforço de seu trabalho. Pode também o público julgar ainda a obra, ou lhe oferecer sacrifícios; pode colocar nela, seja de que maneira for, sua consciência. Se o público se põe, com seu conhecimento, acima da obra, sabe o artista quanto seu *ato* vale mais que o entender e o falar do público. Se [ao contrário] se põe *abaixo* da obra, e nela reconhece sua *essência* que o domina, o artista se sabe como o senhor dessa essência.

710 – [Das Kunstwerk erfordert] A obra de arte requer, pois, um outro elemento de seu ser-aí; o deus exige uma outra saída [*Hervorgang*] que essa, em que da profundeza de sua noite criadora desaba no contrário – na exterioridade, na determinação da *coisa* carente-de--consciência-de-si. Esse elemento superior é a *linguagem* – um ser-aí que é a existência imediatamente consciente-de-si. Como a consciência-de-si *singular* "é-aí" na linguagem, ela está igualmente presente como um contágio *universal*: a completa particularização do ser-para-si é, ao mesmo tempo, a fluidez e a unidade universalmente compartilhada dos muitos Si: é a alma existente como alma.

Assim o deus, que tem a linguagem por elemento de sua figura, é a obra de arte nela mesma inspirada, que tem imediatamente dentro de seu ser-aí a pura atividade que se lhe contrapunha; – a ele que existia como coisa. Ou seja, a consciência-de-si permanece imediatamente junto a si no objetivar-se de sua essência. Estando assim, dentro de sua essência, junto a si mesma, é *puro pensar*; ou é a devoção cuja *inferioridade* tem ao mesmo tempo seu *ser-aí* no hino. O hino conserva dentro dele a singularidade da consciência-de-si; e essa singularidade, ao ser escutada, "é-aí" ao mesmo tempo como universal. A devoção, que em todos se acende, é a correnteza espiritual, que na multiplicidade das consciências-de-si é cônscia de si como de um igual *agir* de todos, e como de um *ser simples.* O espírito, como essa consciência-de-si universal de todos, tem em *uma* unidade sua pura interioridade, como também o ser para Outros e o ser-para-si dos Singulares.

711 – [Diese Sprache unterscheidet] Essa linguagem se distingue de uma outra linguagem do deus que não é a linguagem da consciência universal. O *oráculo,* seja do deus da religião-da-arte, seja do deus das religiões anteriores, é a sua primeira linguagem necessária. Com efeito, reside em seu *conceito* que o deus é tanto a essência da natureza quanto a do espírito, e, portanto, tem um ser-aí não só natural, mas também espiritual. Na medida em que esse momento reside somente em seu *conceito* e ainda não está realizado na religião, a linguagem para a consciência-de-si religiosa é linguagem de uma consciência-de-si *estranha.* A consciência-de-si alheia à sua comunidade ainda não *"é-aí",* tal como o exige seu conceito. O Si é o ser-para-si simples, e por isso é pura e simplesmente ser-para-si *universal*; mas aquele, que se separou da consciência-de-si da comunidade, é apenas um Si *singular.*

O conteúdo dessa linguagem própria e singular resulta da universal determinidade, em que o espírito absoluto é posto em sua religião em geral. Assim o espírito universal do raiar-do-sol, que ainda não particularizou seu ser-aí, enuncia sobre a essência proposições igualmente simples e universais, cujo conteúdo substancial é sublime em sua verdade simples; mas, graças a essa universalidade, parece ao mesmo tempo trivial para a consciência-de-si que se cultiva [ainda] mais.

712 – [Das weiter gebildete] O Si mais amplamente cultivado, que se eleva ao *ser-para-si,* é o senhor [que impera] sobre o puro *pathos* da substância, sobre a objetividade da luminosidade [do sol] nascente. E sabe aquela simplicidade da verdade como o *em-si-essente,* que não tem a forma do ser-aí contingente por meio de uma linguagem estranha; [sabe-a,] ao contrário como a *lei segura e não* *escrita dos deuses, que vive eternamente, e da qual ninguém sabe quando apareceu**.

Como a verdade universal, que foi revelada pela luminosidade, aqui se retirou ao interior ou ao [mundo] inferior, e por isso se subtraiu à forma do fenômeno contingente, assim ao contrário na religião-da-arte - porque a figura do deus assumiu a consciência e com isso a singularidade em geral - a linguagem própria do deus, que é o espírito do povo ético, é o oráculo, o qual conhece a situação particular desse povo e dá a conhecer o que é útil a respeito. Contudo, as verdades universais por serem conhecidas como o *em-si-essente*, reivindica-as para si o *pensar que-sabe*, e a linguagem delas não lhe é mais uma linguagem estranha, mas a [sua] própria.

Assim como aquele sábio da Antiguidade [Sócrates] buscava, em seu próprio pensar, o que era bom e belo, e, pelo contrário, deixava ao demônio saber o mau conteúdo contingente do conhecimento - se era bom para ele frequentar esta ou aquela pessoa; ou se era bom para um conhecido fazer esta viagem, e coisas insignificantes parecidas; - igualmente, a consciência universal tira o saber, a respeito do contingente, dos pássaros, das árvores, ou da terra em fermentação, cujo vapor arrebata à consciência-de-si sua [capacidade de] reflexão. Com efeito, o contingente é o irrefletido e estranho; e a consciência ética se deixa também assim determinar quanto a isso de uma maneira irrefletida e estranha, como por meio de um jogo de dados.

Se o Singular se determinar por seu entendimento, e escolher com ponderação o que lhe for útil, então, como fundamento dessa autodeterminação está a determinidade do caráter particular. [Ora], essa determinidade mesma é algo contingente, e aquele saber do entendimento [sobre] o que é útil ao Singular, é portanto um saber do mesmo tipo que o daqueles oráculos ou da loteria. Somente quem interroga o oráculo ou a loteria exprime com isso a disposição ética da indiferença para com o contingente; enquanto, pelo contrário, o outro trata o que é em si contingente como o interesse essencial de seu pensar e saber. No entanto, o superior a ambos é, na verdade, fazer da ponderação o oráculo do agir contingente, mas saber [tam-

* SÓFOCLES. *Antígona*, verso 456.

bém] essa mesma ação ponderada como algo contingente, devido a seu lado da relação ao particular e à sua utilidade.

713 – [Das wahre selbstbewusste] O verdadeiro ser-aí consciente-de-si, que o espírito recebe da linguagem – que não é a linguagem da consciência-de-si estranha e, portanto, contingente, não universal – é a obra de arte que acima vimos: [o hino]. Ele está em contraste com o caráter-de-coisa [*Dinglichen*] da estátua. Como a estátua é um ser-aí estático, o hino é o ser-aí evanescente; como nesse ser-aí estático a objetividade deixada livre carece do Si imediato próprio, assim no hino, ao contrário, fica a objetividade demasiado encerrada no Si, chega demasiado pouco à figuração; e, tal como o tempo, imediatamente já não "é-aí" quando "é-aí".

714 – [Die Bewegung beider] O culto combina o movimento de dois lados, em que abandonam mutuamente sua determinação diferente, a figura divina *movida* no puro elemento sensível da consciência-de-si, e a figura divina *em-repouso* no elemento da coisidade; e [assim] chega ao ser-aí a unidade que é o conceito da essência divina. No culto, o Si se proporciona a consciência da descida da essência divina desde o seu além até ele; desse modo, a essência divina que anteriormente é o inefetivo e somente objetivo, adquire a efetividade própria da consciência-de-si.

715 – [Dieser Begriff des] Esse conceito do culto já está, em si, contido e presente no caudal do canto dos hinos. Essa devoção é a pura satisfação imediata do Si, por si e dentro de si mesmo. É a alma purificada, que nessa pureza é imediatamente apenas essência e um [só] com a essência. Graças à sua abstração, essa alma não é a consciência que distingue de si seu objeto; e assim, é somente a noite de seu ser-aí, e o *lugar preparado* de sua figura. Portanto, o *culto abstrato* eleva o Si a ser esse puro *elemento divino*. A alma cumpre essa purificação conscientemente; contudo, não é ainda o Si que descendo a suas profundezas se sabe como o mal; mas é um *essente*, uma alma que purifica sua exterioridade com abluções, que a cobre de vestes brancas; que faz sua interioridade percorrer o caminho imaginado dos trabalhos, penas e recompensas: – o caminho da cultura em geral que extrusa a particularidade. Através desse caminho, a alma alcança as moradas e a comunidade da beatitude.

716 – [Dieser Kultus ist nur] De início, esse culto é somente *um* desempenhar *secreto*, isto é, apenas representado e inefetivo; deve ser ação *efetiva*, [pois] uma ação inefetiva se contradiz a si mesma. *A consciência propriamente dita* se eleva, desse modo, à sua consciência-de-si *pura*. Nela, a essência tem a significação de um objeto livre; o qual, através do culto efetivo, retorna ao Si, e na medida em que esse objeto tem na consciência pura a significação da essência pura que reside além da efetividade, essa essência desce de sua universalidade através dessa mediação até à singularidade, e se conclui assim com a efetividade.

717 – [Wie beide Seiten] Deste modo se determina como entram em ação os dois lados: para o lado consciente-de-si, enquanto é consciência *efetiva*, a essência se apresenta como a *natureza efetiva*; de uma parte, a natureza pertence à consciência como posse e propriedade [sua], e vale como o ser-aí não *em-si-essente*; por outra parte, a natureza é *sua própria* efetividade imediata e singularidade, que pela consciência é igualmente considerada como inessência e suprassumida.

Mas, ao mesmo tempo, aquela natureza exterior tem para sua consciência *pura* a significação *oposta*, isto é, a de ser a essência *em-si-essente*, perante a qual o Si sacrifica sua inessencialidade; assim como, inversamente, ele sacrifica a si mesmo o lado inessencial da natureza. A ação é assim movimento espiritual porque é esse [processo] bilateral [de] suprassumir a abstração da *essência*, tal como a devoção determina o objeto, e convertê-lo em efetivo; e de elevar o *efetivo*, tal como o agente determina seu objeto e a si mesmo, à universalidade e dentro da universalidade.

718 – [Die Handlung des] A ação do culto mesmo começa, pois, como o puro *abandono* de uma posse, que o dono aparentemente descura como de todo inútil para ele ou faz evolar-se em fumaça. Nisso renuncia, perante a essência de sua consciência pura, à posse e ao direito de propriedade, e ao seu gozo: renuncia à personalidade e ao retorno do agir ao Si, e faz refletir a ação antes no universal ou na essência que em si mesmo. Inversamente, porém, a *essência essente* nisso também vai por terra. O animal que é sacrificado é o *símbolo* de um deus; os frutos que se comem são os *próprios* Ceres e Baco, *vivos*. Morrem no animal as potências do direito de cima, que têm sangue e vida efetiva; mas em Ceres e Baco, morrem as potências do direito de baixo, que [embora] incruento possui misterioso e astuto poder.

Enquanto é *agir*, o sacrifício da substância divina pertence ao lado consciente-de-si; para que seja possível esse agir, a essência deve *em si* já ter sacrificado a si mesma. Ela já o fez, quando se conferiu *ser-aí*, e se converteu no *animal singular e* no *fruto*. Essa renúncia, que assim a essência já consumou *em si*, o Si operante apresenta no ser-aí, e para a sua consciência; e substitui essa efetividade imediata da essência pela efetividade superior, a saber, pela *efetividade de si mesmo*. Com efeito, a unidade produzida - que é o resultado de [terem sido] suprassumidas a singularidade e a separação dos dois lados - não é o destino apenas negativo, senão que tem significação positiva.

Somente à abstrata essência ctônica [é que] se abandona completamente o que lhe é sacrificado, e por isso a reflexão da posse e do ser-para-si sobre o universal se caracteriza como distinta do Si como tal. Mas isso, ao mesmo tempo, é só uma *parte* insignificante, e o outro sacrificar é apenas a destruição do que não tem serventia; é, antes, a preparação do que foi sacrificado para o banquete: - uma festa que defrauda a ação de seu significado negativo. O sacrificante retém, naquele primeiro sacrifício, a maior parte; e guarda, desse outro, o que é útil ao *seu gozo*. Esse gozo é a potência negativa que suprassume tanto a *essência* quanto a *singularidade*; e ao mesmo tempo, é a efetividade positiva, na qual o ser-aí *objetivo* da essência é transformado no ser-aí *consciente-de-si*; e o Si tem a consciência de sua unidade com a essência.

719 – [Dieser Kultus ist] Aliás esse culto é, na verdade, uma ação efetiva; contudo, sua significação só reside mais na devoção; o que pertence à devoção não é produzido objetivamente, assim como no *gozo* o resultado se defrauda de seu ser-aí. Portanto, o culto vai mais longe e compensa tal deficiência dando à sua devoção uma *subsistência objetiva*, por ser o culto o trabalho coletivo ou singular, que cada um pode desempenhar, e que produz a morada e o adorno do deus para honrá-lo.

Desse modo, se suprassume por um lado a objetividade da estátua, pois através dessa consagração de suas oferendas e trabalhos, o trabalhador torna o deus benévolo a si, e contempla seu Si como pertencendo ao deus. Por outro lado, também esse agir não é o trabalho singular do artista, mas essa particularidade é dissolvida na universalidade. No entanto, o que se produz não é só a honra do deus, e a bênção de sua graça não se derrama apenas na *representação* sobre o trabalhador; mas o trabalho tem uma significação inversa à primeira [que era a] da extrusão e da honra alheia.

As moradas e os pórticos do deus são para uso do homem; os tesouros neles guardados são, em caso de necessidade, os seus. A honra que o deus desfruta em seus ornamentos, é a honra do povo magnânimo e artisticamente talentoso. Na festa, o povo adorna igualmente suas próprias residências, suas vestes e também suas cerimônias, com graciosas decorações. Recebe, dessa maneira, por seus dons a recompensa do deus agradecido, e as provas de sua benevolência, na qual se uniu ao deus por meio de seu trabalho - não na esperança e em uma efetividade futura; mas tem imediatamente o gozo de sua própria riqueza e magnificência, nas honras tributadas e na apresentação dos dons.

b – A OBRA DE ARTE VIVA

720 – [Das Volk, das in] O povo, que no culto da religião da arte se aproxima do seu deus, é o povo ético que sabe seu Estado e as atuações do Estado como a vontade e o desempenho de si mesmo. Esse espírito, que contrasta com o povo consciente de si, não é, pois, a luminosidade, que, [sendo] carente-de-si, não contém em si a certeza dos Singulares, mas, antes, é apenas sua essência universal, e a potência do senhor, onde os Singulares desvanecem. O culto da religião dessa essência simples e sem figura, em geral só dá a seus fiéis este retorno: de serem o povo do seu deus. Só lhes assegura sua subsistência e substância simples em geral, mas não seu ser efetivo, que antes é rejeitado. Pois veneram seu deus como a profundeza vazia, não como espírito.

De outra parte, contudo, o culto da religião-da-arte carece dessa abstrata *simplicidade* da essência, e, portanto, da *profundeza* da mesma. Mas a *essência*, que é *imediatamente unida ao Si*, é *em si* o espírito e a *verdade que-sabe*: – embora ainda não seja a verdade [que é] sabida, ou que se sabe a si mesma em sua profundeza. Portanto, já que a essência aqui tem nela o Si, sua manifestação é benévola para a consciência, que no culto recebe não só a justificação universal de sua subsistência, mas também seu ser-aí consciente nele mesmo; assim como, inversamente, a essência não tem efetividade carente-de-si em um povo rejeitado, cuja substância só é reconhecida - e sim no povo, cujo *Si* é reconhecido dentro de sua substância.

721 - [Aus dem Kultus] Por conseguinte, do culto procede a consciência-de-si satisfeita em sua essência, e o deus se aloja nela como em sua morada. Essa *morada* é para si a noite da substância, ou a pura individualidade da substância; porém, já não é a tensa individualidade do artista, que ainda não se reconciliou com sua essência que se torna *objetiva*, mas é a noite tranquilizada que, sem de nada ter falta, tem nela o seu *pathos* porque retorna da contemplação, [ou] da *objetividade suprassumida.* Esse *pathos* é, para si, a essência do raiar-do-sol mas [que] de agora em diante *declinou* dentro de si: e tem em si mesmo o seu ocaso - a consciência-de-si - e com isso, ser-aí e efetividade.

Neste ponto, essa essência [já] tem percorrido o movimento de sua efetivação. Descendo de sua pura essencialidade até uma objetiva força-da-natureza e a suas exteriorizações, é um ser-aí para o Outro: para o Si pelo qual é consumida. A silenciosa essência da natureza carente-de-si atinge em seu fruto o patamar em que, preparando a si mesma para ser servida e digerida, se oferece à vida que-tem-forma-de-Si. Na utilidade de poder ser comida e bebida, atinge sua mais alta perfeição, pois aí ela é a possibilidade de uma existência superior, e entra em contato com o ser-aí espiritual. De uma parte, o espírito da terra, em sua metamorfose, desenvolveu-se até à substância silenciosamente poderosa, e, por outra, até a fermentação espiritual; [ou seja] ali se desenvolveu no princípio feminino da nutrição, e aqui no espírito masculino da força, que se propele, do ser-aí consciente-de-si.

722 - [In diesem Genusse] Assim, aquela luminosidade nascente revela nesse gozo o que ela é: o gozo é o seu mistério. Pois o místico não é o ocultamento de um segredo ou ignorância, mas consiste em que o Si se sabe um só com a essência; e esta é, assim, revelada. Só o Si é manifesto a si mesmo, ou seja, o que é manifesto, só é tal na certeza imediata de si. Nessa certeza, porém, a essência simples é posta mediante o culto. E como coisa que se pode usar não tem somente o ser-aí, que é visto, cheirado, saboreado; mas é também objeto do desejo, e pelo gozo efetivo torna-se uma só Coisa com o Si; e desse modo, perfeitamente desvelada nele e para ele manifesta. O que se diz ser manifesto à razão, ao coração, de fato é ainda secreto, por faltar-lhe ainda a certeza efetiva do ser-aí imediato, tanto a certeza objetiva, como a certeza gozosa; que na religião, porém, não é só a imediata, carente-de-pensamento, mas é, ao mesmo tempo, a certeza que sabe puramente o Si.

723 – [Was hiermit durch] O que desse modo, mediante o culto, se tornou manifesto ao espírito consciente de si nele mesmo, é a essência simples: por um lado, como o movimento de emergir de seu segredo noturno à consciência, para ser sua substância que nutre em silêncio, mas, por outro, também, como o movimento de perder-se de novo na noite ctônica, no Si, e de demorar-se sobre [a terra] apenas como silenciosa saudade-materna. Mas o ímpeto mais forte é a plurinominal luminosidade do [sol] nascente, e sua vida tumultuosa, que abandonada igualmente por seu ser abstrato, se concentra primeiro no ser-aí objetivo do fruto, e depois, ao entregar-se à consciência-de-si, nela atinge sua verdadeira efetividade; agora vagueia de um lado para o outro, como uma horda de mulheres frenéticas: delírio indômito da natureza em figura consciente-de-si.

724 – [Noch ist aber] Entretanto, o que se desvela à consciência é ainda somente o espírito absoluto, que é essa essência simples – e não o espírito como é nele mesmo; ou seja, é somente o espírito *imediato*, o espírito da natureza. Sua vida consciente-de-si é, portanto, apenas o mistério do pão e do vinho – de Ceres e de Baco – e não o mistério dos outros deuses verdadeiramente superiores, cuja individualidade encerra em si, como momento essencial, a consciência-de-si como tal. Portanto, ainda não se lhe sacrificou o espírito, como espírito *consciente-de-si*; e o mistério do pão e do vinho não é ainda mistério da carne e do sangue.

725 – [Diese unbefestigte Taumel] Essa embriaguez desenfreada do deus deve acalmar-se [convertendo-se] em *objeto*, e o entusiasmo que não chegou a [ser] consciência, deve produzir uma obra que se lhe contraponha, como a estátua ao entusiasmo do artista precedente: como uma obra igualmente perfeita, na verdade, mas não como um Si carente-de-vida nele, senão como um Si *vivente*. Um tal culto é a festa que o homem se dá em sua própria honra, embora ainda não coloque em um culto, como esse, a significação da essência absoluta; pois ao homem só a *essência* se manifestou, não ainda o espírito: não como uma essência tal que *essencialmente* assume a figura humana. Mas esse culto lança o fundamento para tal revelação, e desdobra, um a um, seus momentos. Aqui [é] o momento *abstrato* da *corporeidade* viva da essência, como anteriormente a unidade dos dois no devaneio carente-de-consciência. O homem coloca, pois, no lugar da estátua, a si mesmo como figura produzida e elaborada para o *movimento* perfeitamente livre; assim como a estátua é a *quietude* perfeitamente livre.

Se cada Singular sabe apresentar-se pelo menos como portador-de-tocha, acima deles um se eleva, que é o movimento figurado, a serena elaboração e força fluida de todos os membros: uma obra de arte inspirada e viva, que une a potência com sua beleza, e à qual são atribuídos, como prêmio de seu vigor, os ornatos com que se honrava a estátua; – e a honra de ser, no meio de seu povo, a mais alta apresentação corpórea da sua essência, em vez do deus de pedra.

726 – [In den beiden] Nas duas apresentações que acabamos de ver está presente a unidade da consciência-de-si e da essência espiritual; mas falta-lhes ainda seu equilíbrio. No entusiasmo báquico, está o Si fora de si, enquanto na bela corporeidade [está fora de si] a essência espiritual. Aquele embotamento da consciência e seu balbuciar selvagem devem ser acolhidos no claro ser-aí da corporeidade, cuja clareza carente-de-espírito deve ser acolhida na interioridade do entusiasmo báquico. O elemento perfeito em que tanto a interioridade é exterior como a exterioridade é interior, é, mais uma vez, a linguagem; mas não é a linguagem do oráculo, de todo contingente e singular em seu conteúdo; nem o hino, ainda emocional e louvando somente o deus singular; nem o balbuciar, carente-de-conteúdo, do frenesi báquico.

A linguagem, entretanto, ganhou seu conteúdo claro e universal: – seu conteúdo *claro* porque o artista, [a partir] do seu primeiro entusiasmo totalmente substancial, se elaborou até [alcançar] a figura, que é um ser-aí próprio e convivial, penetrado em todos os seus movimentos pela alma consciente-de-si; – seu conteúdo *universal* porque nessa festa, que é a glória do homem, desvanece a unilateralidade da estátua que contém somente um espírito-nacional, um caráter determinado da divindade. O belo ginasta é, na verdade, a glória de seu povo particular, mas é [também] uma singularidade corpórea na qual desapareceram a minuciosidade e o rigor da significação, e o caráter interior do espírito que sustém a vida particular, as disposições, as necessidades e os costumes de seu povo. Nessa extrusão para a corporeidade perfeita, o espírito depôs as impressões particulares, e as ressonâncias da natureza, que ele encerrava dentro de si como o espírito efetivo do povo. Por conseguinte, seu povo não está mais consciente nele de sua particularidade, mas antes, da abdicação dessa particularidade; está consciente da universalidade de seu ser-aí humano.

c – A OBRA DE ARTE ESPIRITUAL

727 – [Die Voksgeister, die] Os espíritos-dos-povos, que se tornam conscientes da figura de sua essência em um animal particular, confluem em um [espírito]; assim reúnem-se os peculiares belos espíritos-dos-povos em um único Panteão, cujo elemento e morada é a linguagem. A pura contemplação de si mesmo como de *humanidade universal* tem na efetividade do espírito do povo a forma de unir-se com os outros, com os quais pela [própria] natureza constitui *uma* nação, para uma empresa comum; para tal obra forma um povo-integrado e por isso um céu-coletivo.

Essa universalidade a que o espírito chega em seu ser-aí é, contudo, somente a universalidade primeira, que deriva inicialmente da individualidade do [mundo] ético; não ultrapassou ainda sua imediatez, nem formou *um* Estado [a partir] dessas tribos. A eticidade do espírito efetivo do povo repousa por um lado sobre a confiança imediata dos Singulares no todo do seu povo, e por outro lado sobre a parte imediata que todos tomam, apesar da diferença de estamentos, nas decisões e ações do Governo. Essa liberdade de participação de todos e de cada um é *provisoriamente* posta de lado na união que não constitui, de início, uma ordem permanente, mas que se efetua apenas para uma ação comum. Portanto, essa primeira comunidade é mais um agrupamento de individualidades que o domínio do pensamento abstrato que tivesse espoliado os Singulares de sua participação consciente na vontade e ato do todo.

728 – [Die Versammlung der] O agrupamento dos espíritos-dos-povos constitui um ciclo de figuras que agora abarca toda a natureza, como também todo o mundo ético. Aliás, esses estão sob a *hegemonia* de um, mais que sob sua *soberania.* São, para si, as substâncias universais daquilo que a essência *consciente-de-si em si* é e faz; mas ela constitui a força, e inicialmente ao menos o centro em torno do qual se atarefam aquelas essências universais, mas [centro] que no começo parece só unir seus empreendimentos de forma contingente. Mas é o retorno da essência divina à consciência-de-si o que já contém o motivo por que ela forma o centro daquelas forças divinas, e de início oculta a unidade essencial sob a forma de uma relação externa amistosa dos dois mundos.

729 – [Dieselbe Allgemeinheit, welche] Essa mesma universalidade, que corresponde a esse conteúdo, tem necessariamente também a forma da consciência, sob a qual [forma] aparece. Não é mais o agir efetivo do culto, mas um agir que na verdade ainda não se elevou ao conceito mas só à *representação,* à conexão sintética do ser-aí consciente-de-si com o ser-aí exterior. A *linguagem* – o ser-aí dessa representação – é a primeira linguagem: a *epopeia* como tal, que contém o conteúdo universal, ao menos como *totalidade* do mundo, embora não como *universalidade* do *pensamento.*

O *aedo é* o Singular e o efetivo, pelo qual esse mundo é engendrado e mantido como por seu sujeito. Seu *pathos* não é a força atordoante da natureza, e sim a Mnemósina, despertar da consciência e a interioridade que veio-a-ser, a recordação da essência anteriormente imediata. O aedo é o órgão evanescente em seu conteúdo; seu próprio ser não conta, mas sua Musa, seu canto universal. No entanto, o que está presente de fato é o silogismo em que o extremo da universalidade, o mundo dos deuses, através do meio-termo da particularidade está unido com a singularidade; com o aedo. O meio-termo é o povo em seus heróis, que são homens singulares como o aedo, mas apenas *representados* e por isso, ao mesmo tempo, *universais*; como [o são] o livre extremo da universalidade, os deuses.

730 – [In diesem Epos] Apresenta-se nessa epopeia, portanto, à consciência em geral o que no culto se efetua *em si;* a relação do divino com o humano. O conteúdo é uma *operação* da essência consciente-de-si mesma. O *operar* perturba a quietude da substância, e excita a essência de modo que sua simplicidade se divide e é aberta no mundo múltiplo das forças naturais e éticas. A ação é a violação da terra tranquila; é a fenda, que vivificada pelo sangue evoca os espíritos que partiram; os quais, sedentos de vida, a conseguem no agir da consciência-de-si.

A tarefa sobre a qual se aplica o esforço universal possui os dois lados: - o lado *do-Si* [*selbstische*], em que a tarefa é cumprida por um conjunto de povos efetivos e de individualidades que se encontram à sua testa; e o lado *universal*, com a tarefa a ser cumprida por suas potências substanciais. Porém, a *relação* entre os dois lados se determinou precedentemente assim: é a união *sintética* do universal e do singular, ou seja, é o *representar*. Dessa determinidade depende o juízo [que se faz] desse mundo.

A relação dos dois é, assim, uma mistura que divide de maneira inconsequente a unidade do agir, e lança superfluamente a ação de um lado para outro. As potências universais têm nelas [mesmas] a figura da individualidade e, por isso, o princípio da ação: seu efetuar se mostra, portanto, como um agir totalmente oriundo delas, tão livre quanto o agir dos homens. Por conseguinte, tanto os deuses, como os homens, faziam uma só e a mesma coisa. A seriedade daquelas potências [divinas] é uma ridícula superfluidade, já que estas [potências, as humanas] são, de fato, a força da individualidade operante; e o tenso esforço e trabalho desta individualidade [humana] é uma fadiga igualmente inútil, porque [são] antes os deuses [que] dirigem tudo.

Os mortais efêmeros [*übertägigen*] - que são o nada - ao mesmo tempo, são o *Si* poderoso que submete a si as essências universais, ofende os deuses e lhes proporciona, em geral, a efetividade e um interesse do agir. Assim como, inversamente, essas impotentes universalidades, que se nutrem das dádivas dos homens e só graças a esses têm o que fazer, são a essência natural e a matéria de todos os acontecimentos, e igualmente a matéria ética e o *pathos* do agir. Se suas naturezas elementares só são levadas à efetividade e ao relacionamento ativo por meio do livre Si da individualidade - elas são igualmente o universal que se retira dessa união, permanece irrestritamente em sua determinação e através da incoercível elasticidade da sua unidade extingue o pontilhismo do elemento ativo e suas figurações: mantém-se puro e dissolve todo o individual em sua fluidez.

731 – [Wie sie mit der] Assim como os deuses recaem nessa relação contraditória com a natureza do-Si [*selbstischen*], [que lhes é] oposta, assim também conflita sua universalidade com sua própria determinação, e sua relação com os outros deuses.

Os deuses são os belos indivíduos eternos que, repousando em seu próprio ser-aí, são imunes à caducidade e à violência alheia. Ao mesmo tempo, contudo, são elementos *determinados*, deuses *particulares*, que assim se relacionam com outros. Mas a relação com outros, que segundo sua [natureza de] oposição é um conflito com eles, é um cômico esquecimento-de-si-mesma de sua natureza eterna. A determinidade tem raízes na subsistência divina e possui, em sua limitação, a independência da individualidade total; por essa independência, seus caracteres ao mesmo tempo perdem a nitidez da peculiaridade e se misturam na sua ambiguidade. Um fim [qualquer] da atividade e sua atividade mesma – porque é dirigida contra um Outro, e por isso contra uma força divina invencível – é uma fanfarronice vazia e contingente, que igualmente se esfuma, e que transforma a aparente seriedade da ação em um jogo sem perigo, seguro de si mesmo, sem resultado e sem êxito.

Mas se na natureza de sua divindade o negativo ou a determinidade dessa natureza só se manifesta como a inconsequência de sua atividade e a contradição do fim e do resultado; e se aquela segurança independente mantém a preponderância sobre o determinado, então, justamente por isso, a *pura força* do *negativo* se lhe contrapõe, e na verdade como sua última potência contra a qual nada podem [fazer] os deuses. Eles são o universal e o positivo em contraste com o *Si singular* dos mortais, que não pode resistir contra sua força [divina]. Mas o *Si universal* paira com igual liberdade sobre eles, e sobre esse mundo total da representação, ao qual todo o conteúdo pertence, como o *Vazio, carente-de-conceito, da necessidade,* um acontecer ante o qual os deuses se comportam como carentes-de-si e angustiados, porque essas naturezas *determinadas* não se encontram em tal pureza.

732 – [Diese Notwendigkeit aber] Contudo, essa necessidade é a *unidade do conceito,* a que se acha submetida a substancialidade contraditória dos momentos singulares, na qual se ordena a inconsequência e a contingência de seu agir; e o jogo de suas ações adquire nelas mesmas sua seriedade e valor. O conteúdo do mundo da representação desenvolve para si sem restrições seu movimento no *meio-termo*, reunido em torno da individualidade de um herói, que no entanto, em sua força e beleza, sente sua vida quebrada, e se entristece encarando uma morte prematura. Com efeito, a *singularidade, em si firme e efetiva*, é excluída na extremidade, e cindida em seus momentos, que ainda não se encontraram nem unificaram. Um [momento], o Singular, o Inefetivo *abstrato*, é a necessidade que não participa da vida do meio-termo; como aliás tampouco participa o outro [momento], o Singular efetivo - o aedo - que se conserva fora dela e perece em sua apresentação. Os dois extremos devem aproximar-se do conteúdo; um, a necessidade, tem de preencher-se com o conteúdo; o outro, a linguagem do aedo, deve participar dele; e o conteúdo, anteriormente abandonado a si mesmo, deve receber nele a certeza e a firme determinação do negativo.

733 - [Diese höhere Sprache] Essa linguagem superior, a *tragédia*, abarca assim mais estreitamente a dispersão dos momentos do mundo essencial e do mundo operante. *Conforme a natureza do conceito*, a *substância* do divino dissocia-se em suas figuras, e seu *movimento* está igualmente em conformidade com o seu conceito. No que concerne a forma, ao penetrar o seu conteúdo, a linguagem deixa de ser narrativa, assim como o conteúdo deixa de ser um [conteúdo] representado. É o herói mesmo quem fala, e a representação mostra ao ouvinte - que ao mesmo tempo é espectador - homens *conscientes-de-si*, que *sabem* e sabem *dizer* seu direito e seu fim; a força e a vontade de sua determinidade. São eles artistas que não exprimem o *exterior* de suas decisões e empreendimentos de modo inconsciente, natural e ingênuo, como [o faz] a linguagem que acompanha na vida efetiva o agir rotineiro; mas exteriorizam a essência interior, demonstram o direito de seu agir; e afirmam refletidamente e exprimem determinadamente, em sua individualidade universal, o *pathos* a que pertencem - livre das circunstâncias casuais e do particularismo das personalidades.

O *ser-aí* desses caracteres são enfim homens *efetivos*, que assumem os personagens dos heróis, e os apresentam em linguagem efetiva, não narrativa, mas própria. Como é essencial à estátua ser obra de mãos humanas, assim é essencial o ator à sua máscara: - não como uma condição externa de que a consideração artística deva abstrair. Ou seja: quando se diz que a consideração artística deve absolutamente abstrair da máscara, com isso se diz justamente que a arte ainda não contém nela o verdadeiro e próprio Si.

734 – [Der allgemeine Boden] O terreno universal em que avança o movimento dessas figuras produzidas [a partir] do conceito é a consciência da primeira linguagem representativa, e de seu conteúdo carente-de-si e entregue à desagregação. É o povo comum, em geral, cuja sabedoria encontra expressão no *coro dos Anciãos.* O povo tem seu representante nessa fraqueza, já que ele mesmo constitui apenas o material positivo e passivo da individualidade do governo que se lhe contrapõe. Faltando-lhe a força do negativo, não tem condições de concentrar e de dominar a riqueza e a plenitude variegada da vida divina, mas deixa dispersar os momentos, e em seus hinos de adoração exalta cada momento singular como um deus independente; ora um, ora outro. Porém, quando se dá conta da seriedade do conceito – como ele avança sobre essas figuras, despedaçando-as; quando chega a ver como se saem mal esses deuses venerados que se aventuram nesse terreno onde impera o conceito, [então] o coro mesmo não é a potência negativa que intervém atuando. Ao contrário: mantém-se no pensamento carente-de-si, dessa potência, na consciência do *destino estranho*; e produz o vão desejo do sossego, e o débil discurso do apaziguamento. No *temor* das potências superiores, que são os braços imediatos da substância, no temor do conflito mútuo entre elas, e do Si simples da necessidade, que tanto esmaga os deuses como os viventes que lhes estão unidos – no *com-padecer* com eles, que ao mesmo tempo sabe serem o mesmo consigo – só há para o coro o temor inoperante desse movimento, o pesar igualmente desamparado; e como fim, a paz vazia da capitulação ante a necessidade, cuja obra não é entendida em si mesma como a necessária ação do caráter nem como o agir da essência absoluta.

735 – [Auf diesem zuschauenden] Perante essa consciência espectadora [do coro] como terreno indiferente do representar, o espírito não aparece em sua multiplicidade dispersa, mas no desdobramento simples do conceito. A substância do espírito mostra-se, pois, somente desmembrada em suas duas potências extremas. Essas essências *universais* elementares são, ao mesmo tempo, *individuali-*

dades conscientes-de-si: – heróis que põem sua consciência em uma dessas potências, nela possuem a determinidade do caráter, e constituem sua ativação e efetividade. Essa individualização universal desce ainda, como já se mencionou, à efetividade imediata do autêntico ser-aí [do ator] e se apresenta a uma multidão de espectadores que têm no coro sua cópia, ou melhor, sua própria representação exprimindo-se [a si mesma].

736 – [Der Inhalt und] O conteúdo e o movimento do espírito, que aqui é objeto para si, já foram considerados como natureza e realização da substância ética. Na sua religião, [o espírito] alcança a consciência sobre si, ou seja, apresenta-se à sua consciência em sua forma mais pura e figura mais simples. Se portanto a substância ética, mediante seu conceito e segundo seu *conteúdo*, se dividia nas duas potências que foram determinadas como direito *divino* e direito *humano*, do mundo subterrâneo e do mundo de cima – aquele era a *família*, e este, o *poder do Estado*; o primeiro deles era o caráter *feminino*, e o segundo, o *masculino* – então o círculo dos deuses, anteriormente multiforme e vacilante em suas determinações, se restringe às potências que mediante essa determinação se aproximam da individualidade propriamente dita. Com efeito, a precedente dispersão do todo em forças múltiplas e abstratas, que aparecem hipostasiadas, [*substantiiert*] é a *dissolução* do *sujeito*, que as concebe somente como *momentos* dentro de seu Si, e por isso a individualidade é apenas a forma superficial dessas essências. Inversamente, uma distinção de *caracteres*, mais precisa que a já mencionada, deve ser atribuída à personalidade contingente e em si exterior.

737 – [Zugleich teilt sich] Ao mesmo tempo, a essência se divide segundo sua *forma* ou segundo o *saber*. O espírito *operante* se contrapõe, como consciência, ao objeto sobre o qual é ativo e que por isso é determinado como o negativo daquele-que-sabe: o operante se encontra, desse modo, na oposição do saber e não saber. Deriva seu fim de seu caráter, e o sabe como a essencialidade ética; mas, pela determinidade do caráter, sabe somente uma potência da substância, e a outra está oculta para ele. A efetividade presente é, pois, *em si* uma coisa, e para a consciência, outra. O direito de cima e o de baixo adquirem respectivamente a significação da potência que-sabe e que se manifesta à consciência, e [a significação] da potência que se esconde e espreita na emboscada. Uma é o *lado da luz*, o deus do oráculo, que, segundo o seu momento natural brotando do sol que tudo ilumina, sabe e revela tudo: *Febo*, e *Zeus*, que é seu pai. Mas os mandamentos desse deus verídico e seus avisos daquilo que *é*, são antes enganadores.

Com efeito esse saber é, em seu conceito imediatamente, o não saber, porque no agir a *consciência* é, em si mesma, essa oposição. Aquele que era capaz de decifrar o enigma da Esfinge, [Édipo] como o que era confiante de modo infantil [Orestes] são enviados à sua perdição pelo [oráculo] que o deus lhes revela. Essa sacerdotisa, por cuja boca fala [Apolo,] o deus formoso, não é diferente das [bruxas,] irmãs ambíguas que impelem [Macbeth] ao crime por suas promessas; e, na ambiguidade do que dão como segurança, enganam quem se deixa levar pelo sentido manifesto. Portanto [Hamlet,] a consciência mais pura do que a última a qual crê nas bruxas, e mais prudente e melhor fundamentada que a primeira, confiante na sacerdotisa e no deus formoso, hesita em vingar-se [com base] na revelação feita pelo espírito mesmo de seu pai sobre o crime que o matou; e estabelece ainda outras provas, pelo motivo de que esse espírito revelador poderia também ser o demônio.

738 – [Dies Misstrauen ist] É fundamentada essa desconfiança, porque a consciência sabedora se situa na oposição entre a certeza de si mesma e a essência objetiva. O direito do ético – de que a efetividade *em si* nada é em oposição à lei absoluta – experimenta que seu saber é unilateral; que sua lei é apenas lei de seu caráter; que captou somente uma potência da substância. A ação mesma é essa inversão do *sabido* em seu *contrário*, o *ser*; é a inversão do direito do caráter e do saber, no direito do oposto, com o qual aquele está unido na essência da substância: [inversão nas Fúrias ou] nas Erínias da outra potência e do outro caráter, hostilmente excitadas. Esse direito *ctônico* senta-se com *Zeus* no trono, e goza de igual consideração junto com o deus que se revela e que sabe.

739 – [Auf diese drei Wesen] A essas três essências o mundo dos deuses do coro é limitado pela individualidade operante. A primeira é a *sub*stância, que tanto é a potência do lar e o espírito da piedade-familiar como é a potência universal do Estado e do Governo. Enquanto essa diferença pertence à substância enquanto tal, não se individualiza para a representação em duas figuras distintas, senão que tem na efetividade os dois personagens de seus caracteres. Ao contrário, a diferença entre saber e não saber incide em *cada uma* das *consciências-de-si efetivas*, e somente na abstração, no elemento da universalidade, se reparte em duas figuras individuais.

Com efeito, o Si do herói só tem ser-aí como consciência total, e é, portanto, essencialmente a diferença *total* que pertence à forma; mas sua substância é determinada, e lhe pertence apenas um lado da diferença do conteúdo. Portanto, os dois lados da consciência, que na efetividade não têm individualidade separada - cada um a própria -, recebem, na *representação*, cada lado sua figura peculiar; uma figura é a do deus manifestante; a outra, a figura da Erínia que se conserva oculta. De uma parte, ambas gozam de honra igual; de outra parte, a *figura* da *substância*, Zeus, é a necessidade da *relação* mútua das duas. A substância é a relação pela qual o saber é para si, mas tem no simples sua verdade; a diferença, mediante a qual existe a consciência efetiva, tem seu fundamento na essência interior que destrói essa diferença; - a *segurança* clara para si mesma, da *certeza*, tem sua confirmação no *olvido*.

740 – [Das Bewusstsein schloss] Por meio do agir, a consciência tornou patente essa oposição: agindo conforme o saber revelado, experimenta o logro de tal saber; e dedicando-se, segundo o conteúdo, a *um* atributo da substância, ofendeu o outro e desse modo lhe deu direito contra si. Seguindo o deus que-sabe, [o que] antes apreendeu [foi] o não revelado, e é castigada por ter confiado no saber cuja ambiguidade - pois esta é sua natureza - deveria estar presente também *para essa consciência*, e servir-lhe de *advertência*. O frenesi da sacerdotisa, a figura desumana das bruxas, a voz da árvore, do pássaro, o sonho, etc., não são modos em que a verdade apareça, mas sinais de advertência do embuste, da irreflexão, da singularidade e contingência do saber. Ou - o que é o mesmo - a potência oposta, ofendida pela consciência, está presente como lei promulgada e direito vigente: seja a lei da família, ou do Estado. A consciência seguiu, ao contrário, o próprio saber, e ocultou a si mesma o [que era] manifesto.

Entretanto, a verdade das potências do conteúdo e da consciência, que se enfrentam uma à outra, é o resultado de que ambas têm igual direito, e por isso em sua oposição - que o agir produz - têm a mesma falta-de-direito. O movimento do agir mostra sua unidade no ocaso mútuo das duas potências, e dos [dois] caracteres conscientes-de-si. A reconciliação da oposição consigo é o *Letes* do *mundo inferior*, na morte - ou o *Letes* do *mundo superior* como absolvição - não da culpa, pois essa, a consciência, não pode desmentir, uma vez que agiu - mas do crime, e de seu aplacamento expiatório. Os dois são o *olvido*, o ser-desvanecido da efetividade e do agir das potências da substância - de suas individualidades - e das potências do pensamento abstrato do bem e do mal. Com efeito, nenhuma delas é para si a essência, senão que a essência é o repouso do todo dentro de si mesmo, a unidade imóvel do destino, o tranquilo ser-aí, e por isso [é] a inatividade e falta-de-vitalidade da família e do Governo; [é] a honra igual, e, portanto, a inefetividade indiferente de Apolo e da Erínia, e o retorno de seu entusiasmo e atividade ao Zeus simples.

741 – [Dieses Schicksal vollendet] Esse destino completa o despovoamento do céu - a combinação, carente-de-pensamento, da individualidade e da essência - uma combinação pela qual o agir da essência aparece como um agir inconsequente, casual, indigno de si; pois a individualidade, só superficialmente unida à essência, é a individualidade inessencial.

O banimento de tais representações carentes-de-essência, que foi exigido por filósofos da Antiguidade, começa assim já na tragédia em geral, enquanto nela a divisão da substância está dominada pelo conceito, e com isso a individualidade é a individualidade essencial, e as determinações são os caracteres absolutos. A consciência-de-si que é representada na tragédia, desse modo só conhece e reconhece *um* poder supremo, [Zeus] e a esse Zeus, só como o poder do Estado ou do lar; e na oposição do saber, só como o pai do saber do particular, [saber] que se converte em figura; e como o Zeus do juramento e da Erínia - o Zeus do universal [do] interior que habita no recôndito. Ao contrário, os momentos que ulteriormente se dispersam do conceito para a representação, e que o coro acentua um depois do outro, não são o *pathos* do herói, mas nele se rebaixam ao nível da paixão: - a momentos contingentes e carentes-de-essência que embora o coro, carente-de-si, os exalte, no entanto, não são capazes de constituir o caráter dos heróis nem de ser enunciados e respeitados por eles como sua essência.

742 – [Aber auch die Personen] Aliás, também os personagens da essência divina mesma, como os caracteres de sua substância, confluem na simplicidade do que-carece-de-consciência. Em contraste com a consciência-de-si, essa necessidade tem a determinação de ser a potência negativa de todas as figuras que aparecem, de não se reconhecer a si mesma nessa potência, mas antes de perecer nela. O Si aparece somente como assignado aos *caracteres*, e não como o meio-termo do movimento. Contudo, a consciência-de-si, a *certeza* simples de si, de fato é a potência negativa, a unidade de Zeus, da essência *substancial* e da necessidade *abstrata*; é a unidade espiritual a que tudo retorna.

Pelo fato de que a consciência-de-si efetiva se distingue ainda da substância e do destino, *por uma parte* é o coro, ou antes, o público espectador, que esse movimento da vida divina enche de terror, como algo *estranho*; ou em que esse movimento, como algo próximo, só produz a emoção do *com-padecer* inativo. Por outra parte, na medida em que a consciência coopera [nesse movimento] e pertence aos caracteres, essa união é uma união externa, uma *hipocrisia*, porque ainda não se deu a verdadeira unificação: a do Si, do destino e da substância. O herói, que aparece frente ao espectador, se dissocia em sua máscara e no ator - no personagem e no Si efetivo.

743 – [Das Selbstbewusstsein der] A consciência-de-si dos heróis deve sair de sua máscara, e apresentar-se tal como ela se sabe: - como o destino tanto dos deuses do coro, quanto das potências absolutas mesmas; e [então] não está mais separada do coro, da consciência universal.

744 – [Die Komödie hat also] Por conseguinte, a *comédia* tem antes de tudo o aspecto de que [nela] a consciência-de-si efetiva se apresenta como o destino dos deuses. Essas essências elementares, como *momentos universais*, não são um Si, nem são efetivas. Embora estejam dotadas da forma da individualidade, essa forma lhes é apenas atribuída, e não lhes compete em si e para si: o Si efetivo não tem, por sua substância e conteúdo, um tal momento abstrato. Ele, o sujeito, está, pois, elevado acima de um tal momento, como acima de uma propriedade singular; e revestido dessa máscara, exprime a ironia de tal propriedade querer ser alguma coisa para si. O pretender à universal essencialidade é delatado no Si: ele se mostra aprisionado em uma efetividade, e faz cair a máscara, justamente quando quer ser algo de justo. O Si, entrando em cena, aqui na sua significação de efetivo, representa com a máscara, uma vez que a pôs para desempenhar seu personagem; mas logo torna a sair dessa aparência e se apresenta em sua própria nudez e condição costumeira, que mostra não ser diferente do Si próprio: - do ator como igualmente do espectador.

745 - [Diese allgemeine Auflösung] Essa dissolução universal da essencialidade figurada em geral na sua individualidade torna-se mais séria em seu conteúdo e por isso mais ambiciosa e mais amarga na medida em que o conteúdo adquire sua significação mais séria e mais necessária. A substância divina reúne em si a significação da essencialidade natural e da [essencialidade] ética.

No que concerne o [elemento] natural, a consciência-de-si efetiva, já no emprego desse para seu adorno, morada, etc., e no banquete [que faz] de sua vítima, mostra-se como o destino ao qual foi revelado o segredo de sua relação com a autoessencialidade da natureza. No mistério do pão e vinho, apropria-se dela, junto com a significação da essência interior; e na comédia, tem a consciência da ironia dessa significação em geral. Ora, na medida em que essa significação contém a essencialidade ética, ela é, por uma parte, o povo em seus dois aspectos: do Estado - ou *"demos"* propriamente dito - e da singularidade-da-família; mas, de outra parte, é o puro saber consciente-de-si, ou o pensar racional do universal.

Aquele *"demos"*, a massa universal, que se sabe como senhor e governante, e igualmente como entendimento e inteligência que exigem respeito, se constrange e se engana pela particularidade de sua efetividade; e apresenta o contraste ridículo entre sua opinião sobre si e seu imediato ser-aí; entre sua necessidade e [sua] contingência, entre sua universalidade e [sua] banalidade. Se o princípio de sua singularidade, separado do universal, emerge na figura peculiar da efetividade e abertamente usurpa e controla a comunidade, de que é o mal secreto, descobre-se então imediatamente o contraste entre o universal, como uma teoria, e aquilo em torno de que se tem de agir na prática. Ressalta a completa emancipação dos fins da singularidade imediata, em relação à ordem universal; e o desprezo que a singularidade tem por essa ordem.

746 – [Das vernünftige Denken] O *pensar* racional liberta a essência divina de sua figura contingente, e em contraste com a sabedoria carente-de-conceito do coro - que aduz máximas éticas de todo o tipo e faz vigorar uma multidão de leis e conceitos determinados de deveres e direitos - eleva-os às ideias simples do *belo* e *bom*. O movimento dessa abstração é a consciência da dialética, que essas máximas e leis nelas possuem, e por isso a consciência do desvanecer da validade absoluta sob a qual apareciam antes. Enquanto desvanece a determinação contingente e a individualidade superficial - que a representação atribui às essencialidades divinas - elas, segundo seu lado *natural*, só têm ainda a nudez de seu ser-aí imediato: são nuvens, uma névoa evanescente como aquelas representações.

Segundo a sua essencialidade *pensada*, tornaram-se pensamentos *simples* do *belo* e *do bem*, e suportam ser preenchidos por qualquer conteúdo. A força do saber dialético abandona as leis e máximas determinadas do agir ao prazer e à leviandade da juventude - por isso mesmo - transviada; e fornece armas para ilusão, à ansiedade e preocupação da velhice que se restringe à singularidade da vida. Os pensamentos puros do belo e do bem, mediante a libertação da opinião que contém tanto sua determinidade, enquanto conteúdo, como sua determinidade absoluta - [que é] o manter-se firme da consciência [nessa determinidade] -, apresentam esse espetáculo cômico de se tornarem vazios, e, justamente por isso, joguete da opinião e do capricho da individualidade contingente.

747 – [Hier ist also das] Aqui, portanto, se reúne com a consciência-de-si o destino - antes carente-de-consciência - que consistia no vazio repouso e olvido, e era separado da consciência-de-si. O *Si Singular* é a força negativa pela qual e na qual desvanecem os deuses, assim como seus momentos - a natureza aí-*essente* e os pensamentos de suas determinações. Ao mesmo tempo, o Si singular não é a vacuidade do desvanecer, mas se conserva nessa nulidade mesma: está junto a si, e é a única efetividade.

A religião da arte consumou-se nesse Si, e retornou completamente para dentro de si. Por ser a consciência singular na certeza de si mesma, que se apresenta como essa potência absoluta, perdeu a forma de algo *representado, separado* da *consciência* em geral e a ela estranho, como eram a estátua e também a bela corporeidade viva ou o conteúdo da epopeia e as potências e personagens da tragédia. A unidade tampouco é a unidade *carente-de-consciência* do culto e dos mistérios, mas o Si peculiar do ator coincide com seu personagem; assim como o espectador se sente perfeitamente em casa no que lhe é representado, e vê a si mesmo representando [em cena]. O que esta consciência-de-si intui é que nela, o que assume frente a ela a forma da essencialidade, antes se dissolve e se abandona em seu pensar, ser-aí e agir; é o retorno de todo o universal à certeza de si mesmo, e, por conseguinte, essa completa ausência de temor e de essência, de tudo o que é estranho. É um bem-estar e um abandonar-se ao bem-estar da consciência, como não se encontram mais fora dessa comédia.

C - A RELIGIÃO MANIFESTA

748 – [Durch die Religion] O espírito avançou da forma da *substância* à forma do *sujeito* através da religião da arte, pois ela *produz* a figura do espírito e assim põe nela o agir ou a consciência-de-si - que na substância aterradora só desvanece, e que na confiança não se apreende a si mesma. Essa encarnação [*Menschwerdung*] da essência divina começa na estátua, que só tem nela a figura *externa* do Si, enquanto o *interior* - sua atividade - incide fora dela. No culto, porém, os dois lados tornaram-se um; no resultado da religião da arte, essa unidade em sua plenitude passou também, ao mesmo tempo, ao extremo do Si. No espírito, que é totalmente certo de si na singularidade da consciência, toda a essencialidade soçobrou. A proposição que enuncia essa leveza soa assim: *o Si é a essência absoluta.* A essência, que era substância, e em que o Si era a acidentalidade, afundou até ao [nível do] predicado, e o espírito perdeu sua *consciência nessa consciência-de-si,* à qual nada se contrapõe na forma da essência.

749 – [Dieser Satz: das Selbst] Esta proposição: *"o Si é a essência absoluta"* pertence, como é evidente, ao espírito efetivo, ao não religioso. Convém lembrar qual a figura do espírito que exprime o Si. Ela deve conter ao mesmo tempo o movimento e sua inversão, que degrada o Si a predicado e eleva a substância a sujeito. Desse modo, não é que a proposição invertida faça *em si* ou *para nós,* da substância, sujeito; ou, o que é o mesmo, reinstaure a substância de modo que a consciência do espírito seja retrotraída a seu começo, à religião natural; ao contrário, essa inversão é produzida *para a consciência-de-si* e *através dela* mesma.

A consciência-de-si, ao abandonar-se conscientemente, conserva-se em sua extrusão, e permanece o sujeito da substância; mas, justamente ao extrusar-se desse modo, tem ao mesmo tempo a consciência da substância. Ou seja: ao *produzir* mediante seu sacrifício a substância como sujeito, o sujeito permanece seu próprio Si. Se nas duas proposições - na primeira, a da substancialidade, o sujeito somente desvanece; na segunda, a substância é somente predicado, e assim ambos os lados estão presentes em cada proposição com a desigualdade oposta do valor - consegue-se, desse modo, que se produza a união e a interpenetração das duas naturezas, em que as duas, com igual valor, tanto são *essenciais*, como também são *momentos* apenas. Por isso, o espírito é tanto *consciência* de si - de si como sua substância objetiva - quanto é consciência-de-si simples que permanece dentro de si.

750 – [Die Religion der Kunst] A religião da arte pertence ao espírito ético, que mais acima vimos perecer no *Estado de Direito*, isto é, na proposição: *"o Si como tal, a pessoa abstrata é a essência absoluta"*. Na vida ética, o Si submergiu no espírito do seu povo, é a universalidade *preenchida* [de conteúdo]. Mas a *singularidade simples* se eleva desse conteúdo, e sua leveza a purifica [convertendo-a] na pessoa, na universalidade abstrata do direito. Nessa [pessoa de direito] se perdeu a *realidade* do espírito ético: os espíritos, carentes-de-conteúdo, de povos-individuais, são reunidos em *um* panteão; não em um panteão da representação, cuja forma impotente "deixa fazer" a cada um, e sim no panteão da universalidade abstrata, do pensamento puro que os desincorpora e confere ao Si carente-de-espírito - à pessoa singular - o ser-em-si e para-si.

751 – [Aber dies Selbst] No entanto, este Si, por seu esvaziamento, libertou o conteúdo: a consciência só é essência *dentro de si*; seu *ser-aí* próprio, o jurídico "ser-reconhecido" da pessoa, é a abstração não preenchida; portanto, antes possui somente o pensamento de si mesma, ou seja, tal como *"é-aí"*, e tal como se sabe como objeto, é a [consciência] *inefetiva*. Por conseguinte, é somente a *independência* estoica *do pensar*; e esta, atravessando o movimento da consciência cética, encontra sua verdade naquela figura que foi denominada a *consciência-de-si infeliz.*

752 – [Dieses weiss, welche] Sabe essa consciência qual a situação da vigência efetiva da pessoa abstrata, e também de sua vigência no pensamento puro. Sabe que uma tal vigência é antes a completa perdição; ela mesma é essa sua perdição consciente, e a extrusão de seu saber de si.

Nós vemos que essa consciência infeliz constitui o reverso e o complemento da consciência completamente feliz dentro de si – da consciência cômica. A essência divina toda retorna para essa última consciência, ou seja, ela é a perfeita *extrusão da substância.* Ao contrário, a consciência infeliz é o destino trágico da *certeza de si mesmo,* que deve ser em si e para si. É a consciência da perda de toda a *essencialidade nessa certeza* de si; e justamente da perda desse saber de si – da substância como do Si. É a dor que se expressa na dura palavra: *Deus morreu.*

753 – [In dem Rechtszustande] Assim, no Estado de Direito, o mundo ético e sua religião soçobraram na consciência cômica; e a consciência infeliz é o saber dessa perda *total.* Para ela, está perdida tanto a autovalorização de sua personalidade imediata quanto de sua personalidade mediatizada, da personalidade *pensada.* Emudeceu tanto a confiança nas leis eternas dos deuses, como nos oráculos que tratavam de conhecer o particular. As estátuas são agora cadáveres cuja alma vivificante escapou, como os hinos são palavras cuja fé escapou; as mesas dos deuses ficaram sem comida e bebida espirituais, e de seus jogos e festas já não retorna à consciência sua unidade jubilosa com a essência. Falta à obra das musas a força do espírito, [esse espírito] para o qual, do esmagamento dos deuses e dos homens, surgira a certeza de si mesmo. São agora o que são para nós: belos frutos caídos da árvore, que um destino amigo nos estende, como uma donzela que oferece frutos. Não há a vida efetiva de seu ser-aí, nem a árvore que os carregou, nem a terra e os elementos que constituíam sua substância, nem o clima que constituía sua determinidade, nem a alternância das estações que presidiam o processo de seu vir-a-ser.

Assim, o destino nos entrega, com as obras daquela arte, não o seu mundo nem a primavera e o verão da vida ética, em que elas floresceram e amadureceram, mas somente a recordação velada dessa efetividade. Nosso agir, no gozo dessas [obras de arte], não é, pois, o agir do serviço divino, em que se faria presente à nossa consciência sua perfeita verdade que a cumularia; ao contrário, é o agir externo que limpa esses frutos de algumas gotas de chuva ou grãos de areia. Em lugar dos elementos interiores da efetividade do ético, que os rodeia, engendra e vivifica, [esse agir] constrói uma prolixa armação dos elementos mortos de sua existência externa - da linguagem, do histórico, etc. - não para viver dentro deles, mas somente para representá-los dentro de si.

Entretanto, a donzela que oferece os frutos colhidos é mais que a natureza que imediatamente os apresentava - a natureza diversificada em suas condições e elementos, a árvore, o ar, a luz, etc.; porque a donzela reúne, em uma forma superior, tudo isso no brilho do olhar consciente-de-si, e no gesto de oferecer. Assim, o espírito do destino que nos oferece essas obras de arte é mais que a vida ética e a efetividade daquele povo, pois é a *re-cordação* [*er-inneren*, reviver no íntimo] do espírito ainda *exteriorizado* nelas; é o espírito do destino trágico que reúne todos esses deuses individuais e atributos da substância no Panteão uno: no espírito consciente de si como espírito.

754 – [Alie Bedingungen seines] Estão dadas todas as condições de seu nascimento, e essa totalidade de suas condições constitui o *vir-a-ser*, o *conceito* ou nascer *em-si-essente* do conceito. O círculo das produções da arte abrange as formas das extrusões da substância absoluta, a qual está na forma da individualidade, [a] - como uma coisa, como objeto *essente* da consciência sensível; [b] - como a linguagem pura, ou o vir-a-ser da figura, cujo ser-aí não sai do Si, e é objeto puramente *evanescente*; [c] - como *unidade* imediata com a *consciência-de-si* universal, em sua inspiração, e como unidade mediatizada no agir do culto; [d] - como a bela *corporeidade do-Si*, e, finalmente, [e] - como o ser-aí sublimado na *representação*, e sua expansão em um mundo que afinal se concentra na universalidade, que é, igualmente, [f] - a *pura certeza de si mesmo.*

Essas formas, e, do outro lado, o *mundo* da *pessoa* e do direito; a selvageria destruidora dos elementos do conteúdo, deixados soltos; igualmente a pessoa *pensada* do estoicismo, e a inquietude incansável da consciência cética - [todas elas] constituem a periferia das figuras, que aguardando e apinhando-se rodeiam o berço do espírito que-se-torna consciência-de-si. A dor e a saudade da consciência infeliz, que as impregnam todas, é o seu centro; e a dor de parto comum de seu nascimento – a simplicidade do conceito puro, que contém aquelas figuras como momentos seus.

755 – [Er hat die zwei] O espírito tem nele os dois lados que foram acima representados como as duas proposições inversas; – um lado, é que a *substância* se extrusa de si mesma, e se torna consciência-de-si; o outro, ao contrário, é que a *consciência-de-si* se extrusa de si, e se converte em coisidade ou em Si universal. Vieram desse modo os lados um ao encontro do outro, e assim se produziu sua verdadeira unificação. A extrusão da substância, seu converter-se em consciência-de-si, exprime a passagem ao oposto: a passagem, carente-de-consciência, da *necessidade*; ou seja, exprime que a substância é *em si* consciência-de-si. Inversamente, a extrusão da consciência-de-si exprime que ela é *em-si* a essência universal, ou – porque o Si é o puro ser-para-si, que em seu contrário permanece junto a si – [exprime] que é *para o Si* que a substância é consciência-de-si, e justamente por isso é espírito.

Desse espírito, que abandonou a forma da substância e entra no ser-aí na figura da consciência-de-si, pode-se dizer – caso se prefira utilizar relações tomadas da geração natural – que o espírito tem uma mãe *efetiva*, mas um pai *em-si-essente*. Com efeito, a *efetividade* ou a consciência-de-si, e o *Em-si* como a substância, são os seus dois momentos, pela extrusão mútua dos quais – tornando-se cada um deles o outro – o espírito entra no ser-aí como sua unidade.

756 – [Insofern das Selbstbewusstsein] Na medida em que a consciência-de-si unilateralmente só apreende *sua própria* extrusão – quando para ela seu objeto já é tanto ser quanto Si, e ela sabe todo o ser-aí como essência espiritual – contudo, nem por isso o espírito verdadeiro ainda veio-a-ser para ela. Quer dizer: na medida em que, em si, o ser em geral ou a substância, de seu lado, igualmente não se extrusou dele mesmo, e se converteu em consciência-de-si. Porque então todo o ser-aí só é essência espiritual *do ponto de vista da consciência*, e não em si mesmo. Dessa maneira, o espírito está no ser-aí só [como] *imaginário:* esse imaginar é a *fantasmagoria*, que impinge tanto à natureza quanto à história, tanto ao mundo quanto às representações míticas das religiões do passado, um sentido interior diverso do que apresentavam imediatamente à consciência em sua manifestação; no caso das religiões, um sentido diverso do que nelas sabia a consciência-de-si, cujas religiões eram. Contudo, essa significação é uma que se tomou emprestada, e uma roupagem que não cobre a nudez do fenômeno, e não ganha para si fé e veneração, mas que permanece a noite turva e o próprio arrebatamento da consciência.

757 – [Dass diese Bedeutung] Para que essa significação do objetivo não seja, assim, pura fantasia, deve ser *em si*; quer dizer: em *primeiro lugar*, brotar do *conceito* para a consciência, e surgir na sua necessidade. Para nós, desse modo o espírito que se sabe a si mesmo nasceu, através do conhecer da *consciência imediata*, ou da consciência do objeto *essente*, através de seu necessário movimento. Em *segundo lugar*, esse conceito, que como conceito imediato tinha também a figura da *imediatez* para sua consciência, deu a si mesmo a forma da consciência-de-si *em si*, isto é, justamente segundo a necessidade do conceito, como o *ser* ou a *imediatez*, que é o objeto carente-de-conteúdo da consciência sensível – [esse conceito] extrusa-se de si e se torna [o] Eu para a consciência.

Entretanto, o *Em-si imediato* ou a *necessidade essente* mesma se diferenciam do *Em-si pensante* ou do *conhecer* da *necessidade*. Mas é uma diferença que ao mesmo tempo não reside fora do conceito, porque a *unidade simples* do conceito é o próprio *ser imediato*. O conceito tanto é o que se extrusa, ou o vir-a-ser da *necessidade intuída*, quanto o que nessa necessidade está junto a si, e que a conhece e a conceitua. O *Em-si imediato* do espírito, que se confere a figura da consciência-de-si, não designa outra coisa senão o que o efetivo espírito-do-mundo chegou a esse saber de si; só então esse saber entra também na sua consciência e como verdade. Como isso ocorreu, já se expôs mais acima.

758 – [Dies, dass der absolute] Que o espírito absoluto se tenha dado a figura da consciência-de-si *em-si*, e, portanto, também para sua *consciência*, isso agora aparece assim: a *fé do mundo* é [crer] que espírito *"é-aí"* como uma consciência-de-si, quer dizer, como um homem efetivo; que o espírito é para a certeza imediata; que a consciência crente *vê* e *toca* e *ouve* esta divindade*. Assim, essa consciência-de-si não é fantasia, mas é *efetivamente no crente.*

A consciência então não sai do *seu* interior, do pensamento, concluindo *dentro de si* o pensamento de Deus juntamente com o ser-aí; ao contrário, sai do ser-aí presente imediato, e reconhece a Deus nele.

O momento do *ser imediato* está presente no conteúdo do conceito de modo que o espírito religioso, no retorno de toda a essencialidade à consciência, se tornou um Si positivo *simples,* assim como o espírito efetivo, como tal, na consciência infeliz se tornou justamente essa *simples* negatividade consciente-de-si. O Si do espírito *aí-es*sente tem, por isso, a forma da perfeita imediatez; não se põe nem como pensado ou representado, nem como produzido – como é o caso do Si imediato, quer na religião natural, quer na religião-da-arte. Ao contrário, esse Deus vem-a-ser imediatamente como Si, como um efetivo homem singular, sensivelmente intuído; só assim ele *é* consciência-de-si.

759 – [Diese Menschwerdung des] Essa encarnação da essência divina, ou [o fato de] que ela tem essencial e imediatamente a figura da consciência-de-si, é o conteúdo simples da religião absoluta. Nela, a essência é sabida como espírito; vale dizer, essa religião é sua consciência, sobre si mesma, de ser espírito. Com efeito, o espírito é o saber de si mesmo em sua extrusão: é a essência que é o movimento de preservar no seu ser-outro a igualdade consigo mesma. Ora, isso é a substância, na medida em que ela, em sua acidentalidade, é igualmente refletida sobre si, [e] não, ao contrário, como indiferente a algo inessencial, e que por isso se encontrasse em algo estranho; senão que ali [nos seus acidentes] a substância está *dentro de si,* isto é, enquanto a substância é *sujeito* ou *Si.*

Por conseguinte, a essência divina é *revelada* nessa religião. O seu ser-revelado consiste manifestamente em que se sabe o que ela é. Mas ela é conhecida justamente enquanto é conhecida como espírito – como essência que é essencialmente *consciência-de-si.* Para a *con*sciência há então algo oculto em seu objeto, se esse objeto é um *Outro* ou um *estranho* para ela, e se não sabe esse objeto como a *si mesma.* Esse ser-oculto cessa quando é objeto da consciência

* Cf. 1ª epístola de João 1,1.

a essência absoluta como espírito, porque assim o objeto está em sua relação com a consciência como [um] Si. Em outras palavras: a consciência se sabe imediatamente nele, ou seja, a consciência é manifesta a si no objeto. Ela mesma só é manifesta a si na certeza própria de si; [ora], aquele objeto é o *Si*; mas o Si não é algo estranho, e sim a unidade inseparável consigo, o universal imediato. E o puro conceito, o puro pensar ou o *ser-para-si*; o *ser* imediato, e, por isso, o *ser para Outro* e, como esse *ser para Outro*, imediatamente retornado a si e junto a si mesmo; é, assim, o que só e verdadeiramente é revelado.

O bondoso, o justo, o santo, o criador do céu e da terra, etc., são *predicados* de um sujeito: - momentos universais que têm neste ponto seu apoio, e que somente são no retornar da consciência para o pensar. Enquanto *eles* são conhecidos, ainda não está manifesto o *sujeito* mesmo, seu fundamento e essência; e igualmente, [esses predicados] são as *determinações* do universal, não *este universal* mesmo. O *sujeito* mesmo, e por isso também *este universal puro*, é revelado como *Si*, porque ele é precisamente esse interior refletido sobre si, que "é-aí" imediatamente e que é a certeza própria daquele Si, para o qual "é-aí". Ora, "ser o revelado segundo o seu *conceito*" é assim a verdadeira figura do espírito; e essa sua figura, o conceito, é igualmente apenas sua essência e substância. O espírito é conhecido como consciência-de-si, e é imediatamente revelado a esta por ser ela mesma. A natureza divina é o mesmo que a humana, e é essa unidade que é intuída.

760 – [Hier also ist in] Por conseguinte, aqui a consciência ou a maneira como a essência é para a consciência mesma - sua figura - é, de fato, igual à sua consciência-de-si. Essa figura é, ela mesma, uma consciência-de-si; é por isso, ao mesmo tempo, objeto *essente*, e esse *ser* tem também imediatamente a significação do *pensar puro*, da essência absoluta. A essência absoluta, que como uma consciência-de-si efetiva "é-aí", parece ter *descido* de sua simplicidade eterna; mas de fato, assim só alcançou sua essência *suprema*.

Com efeito, o conceito da essência, só quando atingiu sua pureza simples, é a *abstração* absoluta, que é o *puro pensar*, e por isso é a pura singularidade do Si; assim como, devido à sua simplicidade, é o *imediato* ou *ser*. O que se denomina consciência sensível é justamente essa *abstração* pura: é esse pensar, para o qual o *ser* é o *imediato*. O ínfimo é, ao mesmo tempo, o supremo; o manifesto, que aparece completamente na *superfície*, é justamente nisso o *mais profundo*. Que a essência suprema seja vista, ouvida, etc., como uma consciência-de-si *essente*, isso é, pois, de fato, a plena realização de seu conceito; e por meio dessa realização plena a essência "é-aí" tão imediatamente como ela é essência.

761 – [Dies unmittelbare Dasein] Esse ser-aí imediato não é só e simplesmente consciência imediata, mas ao mesmo tempo é consciência religiosa. A imediatez tem inseparavelmente a significação, não só de uma consciência-de-si *essente*, mas também da *essência* puramente pensada ou absoluta. A consciência religiosa é, para si, consciente daquilo que para nós somos conscientes em nosso conceito: de que o *ser* é *essência*. Essa *unidade* do ser e essência, do *pensar* que é imediatamente *ser-aí* – do mesmo modo que ela é o *pensamento* dessa consciência religiosa ou seu saber *mediatizado*, assim também é seu saber *imediato*. Com efeito, essa unidade do ser e pensar é a consciência-de-si, e ela mesma *"é-aí"*; ou seja, a unidade *pensada* tem ao mesmo tempo essa figura do que ela é.

Deus é assim *revelado* aqui como Ele é: *Ele é aí* assim como Ele *é em si*; Ele "é-aí" como espírito. Deus só é acessível no puro saber especulativo, e é somente nesse saber, e só é esse saber mesmo, porque Deus é o espírito, e esse saber especulativo é o saber da religião revelada. Um saber que sabe Deus como *pensar*, ou pura essência, e esse pensar como ser e como ser-aí, e o ser-aí como a negatividade de si mesmo; por isso, como Si – este Si, e Si universal. [É] justamente isso [o que] sabe a religião manifesta.

As esperanças e expectativas do mundo precedente impeliam somente a esta revelação: a contemplar o que é a essência absoluta, e a encontrar-se nela a si mesmo. Essa alegria vem-a-ser para a consciência-de-si, e abrange o mundo inteiro para se contemplar na essência absoluta, pois ela é espírito, é o movimento simples desses momentos puros, que exprime isto mesmo: que a essência é sabida como espírito somente quando é contemplada como consciência-de-si *imediata*.

762 – [Dieser Begriff des] Esse conceito do espírito que sabe a si mesmo como espírito, é ele mesmo o conceito imediato, e ainda não desenvolvido. A essência é espírito, ou seja, é aparecida, é manifesta. Esse primeiro ser manifesto é, por sua vez, *imediato*; ora, a imediatez é igualmente mediação pura ou pensar; logo, deve apresentar isso nela mesma, como tal.

Considerando este ponto mais precisamente: o espírito, na imediatez da consciência-de-si, é *esta* consciência-de-si *singular* oposta à *universal*; é Uno exclusivo que tem a forma, ainda não dissolvida, de um *Outro sensível* para a consciência para *a qual "é-aí"*. Esse [Outro] não sabe ainda o espírito como [sendo] o seu, ou seja: o espírito, enquanto é este Si *singular*, ainda não "é-aí" igualmente como Si universal, como todo Si. Em outras palavras, a figura não tem ainda a forma do *conceito*, isto é, do Si universal, do Si que em sua imediata efetividade é também Si suprassumido, é pensar, é universalidade, sem perder na universalidade a efetividade.

No entanto, a forma mais próxima - e ela mesma imediata - dessa universalidade já não é a forma *do pensar* mesmo, *do conceito como conceito*, mas a universalidade da efetividade, a "todidade" dos Si, e a promoção do ser-aí à representação. Como sempre, e para aduzir um exemplo determinado, o *isto sensível* suprassumido é primeiro a coisa da *percepção*; não ainda o *universal* do entendimento.

763 - [Dieser einzelne Mensch] Este homem singular, portanto, como o homem que a essência absoluta se revelou ser, consuma nele enquanto Singular o movimento do *ser sensível*. Ele é o deus *imediatamente* presente: assim, o seu *ser* passou para o *ter sido*. A consciência, para a qual ele tem essa presença sensível, deixa de vê-lo, de ouvi-lo; ela o *tinha* visto e ouvido - e só porque o *tinha* visto e ouvido, torna-se ela mesma consciência espiritual. Ou seja: como antes ele nasceu para ela como *ser-aí sensível*, agora ressurge *no espírito*.

Com efeito, como uma consciência que o vê e ouve sensivelmente, ela mesma é apenas consciência imediata, que não suprassumiu a desigualdade da objetividade, nem a recuperou no puro pensar, senão que sabe como o espírito este Singular objetivo, mas não a si mesma. No desvanecer do ser-aí imediato do que é conhecido como essência absoluta, o imediato recebe seu momento negativo; o espírito permanece [o] Si imediato da efetividade, mas como *a consciên-*

cia-de-si universal da comunidade; [consciência-de-si] que em sua própria substância repousa, assim como esta é sujeito universal na consciência-de-si. O que constitui o todo completo desse espírito não é o Singular [só], mas sim o Singular junto com a consciência da comunidade e o que ele é para a comunidade.

764 – [Vergangenheit und Entfernung] Contudo, *passado* e *distanciamento* são apenas a forma imperfeita segundo a qual o modo imediato é mediatizado, ou posto universalmente. Só superficialmente esse modo está imerso no elemento do pensar, nele se conserva *como* uma modalidade sensível, e não faz um com a natureza do pensar mesmo. Só existe elevado ao *representar*, já que este é a união sintética da imediatez sensível e de sua universalidade, ou do pensar.

765 – [Diese Form des] Essa *forma do representar* constitui a determinidade em que o espírito se torna consciente de si nessa sua comunidade. Ainda não é a consciência-de-si do espírito, que avançou até o seu conceito como conceito: a mediação é ainda imperfeita. Há assim nessa união do ser e pensar o defeito de estar a essência espiritual ainda afetada por uma cisão, não reconciliada, em um aquém e além. O *conteúdo* é o verdadeiro, mas todos os seus momentos, postos no elemento do representar, têm o caráter de não serem conceituados, mas de aparecerem como lados totalmente independentes, que se relacionam *exteriormente* um com o outro. Para que o verdadeiro conteúdo receba também sua verdadeira forma para a consciência, faz-se mister a mais alta formação [cultural] dessa consciência: há que elevar ao conceito sua intuição da substância absoluta, igualar, *para ela mesma*, sua consciência com sua consciência-de-si: – como para nós, ou *em si*, [já] ocorreu.

766 – [Dieser Inhalt ist] Esse conteúdo tem de considerar-se na maneira como é em sua consciência. O espírito absoluto é *conteúdo:* assim é, na figura de sua *verdade.* Ora, sua verdade é não apenas ser a substância da comunidade ou o *em-si* da mesma, nem ainda somente sair dessa interioridade para a objetividade do representar; – mas é tornar-se o Si efetivo, refletir-se dentro de si, e ser sujeito. É isso portanto o movimento que desempenha em sua comunidade, ou seja: é isso a sua vida.

O que seja *em si e para si* esse espírito que se revela, não se patenteia por desembaraçar, de algum modo, sua rica vida na comunidade, ou por se reduzir a seu fio primitivo - por exemplo, às representações da comunidade primitiva imperfeita, ou mesmo ao que o homem efetivo tenha dito. Na base dessa volta-às-origens reside o instinto de ir ao conceito; mas ela confunde a *origem, como o ser-aí imediato* da primeira manifestação, com a *simplicidade* do *conceito*. Devido a esse empobrecimento da vida do espírito, devido a esse remover da representação da comunidade e de seu agir sobre sua representação, surge, pois, em vez do conceito, antes a mera exterioridade e singularidade, a maneira histórica da revelação imediata, e a recordação, carente-de-espírito, de uma figura singular "visada" e de seu passado.

767 – [Der Geist ist Inhalt] O espírito é conteúdo de sua consciência, inicialmente na forma da *substância pura*; ou, é conteúdo de sua consciência pura. Esse elemento do pensar é o movimento que desce ao ser-aí ou à singularidade. O meio-termo entre eles é sua união sintética, a consciência do tornar-se-Outro, ou o representar como tal.

O terceiro [momento] é o retorno [a partir] da representação e do ser-outro, ou o elemento da consciência-de-si mesma. Esses três *momentos* constituem o espírito: seu dissociar-se dentro da representação consiste em serem de uma maneira *determinada*; mas essa determinidade não é outra coisa que um dos seus momentos. Seu movimento desenvolvido é, pois, o movimento de expandir sua natureza em cada um de seus momentos, como em um elemento: e enquanto cada um desses círculos se completa dentro de si, essa sua pura reflexão-dentro-de-si é, ao mesmo tempo, a passagem para o outro [círculo].

A *representação* constitui o meio-termo entre o puro pensar e a consciência-de-si como tal, e é somente *uma* das determinidades. Mas, ao mesmo tempo, como se mostrou, seu caráter de ser a união sintética se estende por todos esses elementos, e é sua determinidade comum.

768 – [Der Inhalt selbst] O conteúdo mesmo, que temos a considerar, já apareceu em parte como a representação da consciência *infeliz*, e da consciência *crente*. Mas na primeira, [aparecia] na determinação de um conteúdo que foi *produzido* da *consciência* e *almejado* por ela, no qual o espírito não pode saciar-se nem encontrar repouso, porque ainda não é seu conteúdo *em si* ou como sua *substância.* Ao contrário, na consciência crente, o conteúdo foi considerado como a *essência*, carente-de-si, do mundo, ou como o conteúdo essencialmente *objetivo* do representar: um representar que foge à efetividade em geral, e, portanto, não tem a *certeza da consciência-de-si.* Essa certeza se separa de seu conteúdo, de uma parte, como vaidade do saber, e de outra como inteligência pura. A consciência da comunidade, pelo contrário, tem esse conteúdo por sua *substância*; como também esse conteúdo é a *certeza* que tem de seu próprio espírito.

769 – [Der Geist zuerst] O espírito, representado primeiro como substância no *elemento do puro pensar*, é por isso, imediatamente, a *essência* eterna, simples e igual a si mesma, mas que não tem essa *significação* abstrata da essência, e sim a significação do espírito absoluto. Porém, o espírito consiste em ser, não significação, não o interior, mas o efetivo. Portanto, a eterna essência simples seria espírito somente segundo uma palavra vazia, se permanecesse na representação e na expressão da eterna essência simples. Mas a essência simples, por ser a abstração, de fato é o *negativo em si mesmo*, e, na verdade, a negatividade do pensar, ou a negatividade como ela é em si na *essência.* Quer dizer: a essência simples é a *diferença* absoluta de si, ou seu puro tornar-se-Outro. Como *essência*, é somente *em-si* ou para nós; mas enquanto essa pureza é precisamente a abstração ou a negatividade, ela é *para si mesma*, ou seja, é o *Si*, o *conceito.*

A essência eterna é, portanto, *objetiva*: e enquanto a representação apreende e exprime como um *acontecer* a *necessidade*, acima mencionada, do conceito, deve dizer-se que a essência eterna engendra para si um Outro. Contudo, nesse ser-outro retorna também imediatamente a si; porque a diferença é a diferença *em si*; isto é, ela imediatamente é diferente só de si mesma, e assim, é a unidade que a si mesma retornou.

770 – [Es unterscheiden sich] Portanto, distinguem-se os três momentos: [1] – o da *essência*; [2] – o do *ser-para-si* que é o ser-outro da essência, e para o qual é a essência; [3] – o do *ser-para-si*, ou do saber a si mesmo *no Outro.* A essência só contempla a si mesma em seu ser-para-si; nessa extrusão está somente junto de si. O ser-para-si que se exclui da essência é o *saber de si mesma da essência*; é o Verbo que, pronunciado, deixa atrás o pronunciante extrusado e esvaziado; mas também é ouvido de modo não menos imediato; e o ser-aí do Verbo é somente esse ouvir-se a si mesmo. Assim as diferenças que se fazem dissolvem-se tão imediatamente quanto são feitas, e tão imediatamente se fazem quanto se dissolvem. O verdadeiro e efetivo é justamente esse movimento que gira dentro de si.

771 – [Diese Bewegung in sich] Esse movimento dentro de si mesmo exprime a essência absoluta como *espírito*; a essência absoluta, que não é apreendida como espírito, é só o vazio abstrato; – assim como o espírito que não é compreendido como esse movimento, é apenas uma palavra vazia. Enquanto seus *momentos* são captados em sua pureza, são os conceitos sem-repouso, que somente são, sendo seu contrário em si mesmos, e tendo seu repouso no todo.

No entanto, o *representar* da comunidade não é esse pensamento *conceituante*; mas tem o conteúdo sem sua necessidade, e em lugar das formas do conceito leva, para o reino da consciência pura, as relações naturais de Pai e Filho. Ao comportar-se, desse modo, *representando-se* no pensar mesmo, certamente a essência lhe é revelada; mas, de uma parte, os momentos dela devido a essa representação sintética dissociam-se um do outro, a ponto de não se relacionarem mutuamente por meio de seu próprio conceito; de outra parte, essa [consciência] se retira desse seu objeto puro, e se lhe refere apenas exteriormente. O objeto lhe é revelado por algo estranho, e nesse pensamento do espírito não reconhece a si mesma, não reconhece a natureza da consciência-de-si pura.

Como acima foi lembrado, a propósito de outro aspecto, esse processo de ultrapassar deve ser considerado como um urgir do conceito, enquanto se deve ultrapassar a forma do representar e daquelas relações derivadas do natural; e assim, especialmente, se deve ultrapassar esse tomar os momentos do movimento – que é o espírito – como substâncias isoladas e inabaláveis, ou sujeitos; em vez de tomá-las por momentos transitórios. Mas, por ser apenas instinto, ele se desconhece; joga fora, com a forma, também o conteúdo, e – o que é o mesmo – rebaixa-o a uma representação histórica, e a uma herança da tradição. Aqui, só se retém o puro exterior da fé, e, por isso, como algo morto, carente-de-conhecimento; mas seu interior desvaneceu, pois esse [interior] seria o conceito que se sabe como conceito.

772 – [Der absolute Geist] O espírito absoluto, representado na pura essência, não é de certo a pura essência *abstrata*; mas antes, essa, justamente por ser só [um] momento do espírito, afundou até o [nível de] elemento. Porém a apresentação do espírito nesse elemento tem em si, quanto à forma, o mesmo defeito que a essência como essência. A essência é o abstrato, e, por isso, o negativo da sua simplicidade: é um Outro. Igualmente, o *espírito* no elemento da essência é *a forma* da *unidade simples*, que por isso, também essencialmente, é um vir-a-ser-Outro. Ou, o que é o mesmo, a relação da essência eterna com seu ser-para-si é a [relação] imediatamente simples do puro pensar. Nesse *simples* contemplar a si mesmo no Outro, portanto, não é posto o *ser-outro*, como tal; ele é a diferença que no pensar puro imediatamente *não é diferença alguma:* é um reconhecer *do amor*, em que os dois não se *opõem* segundo sua essência. O espírito que é enunciado no elemento do puro pensar, é ele mesmo essencialmente isto: não estar só nesse elemento, mas ser *Efetivo*, pois em seu conceito reside o próprio *ser-outro*; quer dizer, o suprassumir do puro conceito somente pensado.

773 – [Das Element des] O elemento do puro pensar, porque é o elemento abstrato, é ele mesmo antes o *Outro* de sua simplicidade, e, portanto, passa para o elemento particular do *representar*; – o elemento em que os momentos do conceito puro tanto adquirem um em relação ao outro, um ser-aí *substancial*, como são *sujeitos*, que não têm para um terceiro a indiferença recíproca do ser; mas refletidos sobre si mesmos, se separam e se contrapõem, um em relação ao outro.

774 – [Der also nur ewige] Assim, o espírito somente eterno ou abstrato torna-se para si *um Outro*, ou seja, entra no ser-aí e [entra] imediatamente no *ser-aí imediato. Cria*, portanto, um mundo. Esse *criar* é a palavra da representação para o *conceito* mesmo, segundo o seu movimento absoluto, ou para [significar] que o Simples enunciado como absoluto, ou o pensar puro, por ser o abstrato, é antes o negativo; e assim é o oposto a si, ou *Outro*. Ou então, para dizer o mesmo ainda de outra forma, porque o que é posto como *essência*, é a imediatez *simples* ou o *ser*; porém como imediatez ou ser carece do Si, e assim privado de inferioridade é *passivo* ou *ser para Outro*.

Esse *ser para Outro* ao mesmo tempo é *um mundo*: o espírito na determinação do *ser para Outro* é a tranquila subsistência dos momentos antes incluídos no pensar puro, portanto, a dissolução de sua universalidade simples e dissociação dela em sua própria particularidade.

775 – [Die Welt ist aber] Entretanto, o mundo não é apenas esse espírito jogado fora e disperso na totalidade e na respectiva ordem exterior; mas, por ser essencialmente o Si simples, está igualmente esse Si presente no mundo: o *espírito aí-essente*, que é o Si singular, que possui a consciência, e se distingue de si como Outro ou como mundo. Como esse Si singular só foi posto imediatamente, ainda não é o *espírito para si*; portanto, não *é como* espírito; pode chamar-se *inocente*, mas *bom* mesmo, não pode. Para que de fato seja Si e espírito, deve também, antes de tudo, tornar-se primeiro para si mesmo um Outro, assim como a essência eterna se apresenta como o movimento de ser igual a si mesma no seu ser-outro. Por ser determinado esse espírito como só imediatamente *aí-essente*, ou como disperso na variedade de sua consciência, seu tornar-se-Outro é o adentrar-se-em-si do saber em geral.

O ser-aí imediato se converte no pensamento, ou a consciência apenas sensível na consciência do pensamento. Na verdade, porque é o pensamento derivado da imediatez - ou é pensamento *condicionado* –, não é o saber puro, mas o pensamento que nele tem o ser-outro; e portanto o pensamento, a si mesmo oposto, do *bem* e do *mal*. O homem é representado assim: *aconteceu* – como algo não necessário - que perdeu a forma da igualdade-consigo-mesmo, por colher o fruto da árvore do conhecimento do *bem* e do *mal*; e foi expulso do estado da consciência inocente, da natureza que se oferecia sem trabalho, e do paraíso - do jardim dos animais.

776 – [Indem dies Insichgehen] Ao determinar-se imediatamente esse adentrar-se em si da consciência *aí-essente* como o *tornar-se-desigual* a si mesma, o *mal* aparece como o primeiro ser-aí da consciência adentrada em si; e porque os pensamentos do *bem* e do *mal* são pura e simplesmente opostos, e ainda não se resolveu essa oposição - essencialmente essa consciência é só o mal. Mas ao mesmo tempo, justamente por causa dessa oposição, está também presente a consciência *boa*, em contraste com ela, e [também] sua relação recíproca.

Na medida em que o ser-aí imediato se transmuda no *pensamento*, o *ser-dentro-de-si* é, de um lado, pensar, e, de outro, fica assim determinado com mais rigor o momento do *tornar-se-Outro* da essência; então, o tornar-se-mau pode ser deslocado bem atrás para fora do mundo *aí-essente*, já no primeiro reino do pensar. Pode-se dizer, assim, que o filho primogênito da luz, como o que se adentrou em si, seja o que se precipitou; mas logo em seu lugar um outro filho foi gerado. Tais formas [de expressão] como *precipitar-se*, assim como *filho*, pertencem simplesmente à representação, não ao conceito; além disso, rebaixam ou deslocam para o representar os momentos do conceito invertendo-os; ou transferem o representar para o reino do pensamento.

É igualmente indiferente coordenar na essência eterna, sob o pensamento simples do *ser-outro*, ainda uma multiplicidade de outras figuras; e transferir para elas o *adentrar-se-em-si*. Essa coordenação deve, por isso, ser ao mesmo tempo aprovada; porque graças a isso, este momento do *ser-outro* exprime ao mesmo tempo, como deve, a diversidade: e de certo, não como pluralidade em geral, mas como diversidade determinada. E, desse modo, uma parte – o filho – é o simples que sabe a si mesmo como essência; a outra parte, porém, é a extrusão do ser-para-si, que vive somente no louvor da essência. Então, pode ser também situada nessa parte de novo a recuperação do ser-aí extrusado, e o adentrar-se em si do mal.

Na medida em que o ser-outro se divide em dois, o espírito seria expresso mais determinadamente em seus momentos – e se fossem eles contados – como "quadrunidade"; ou então, já que a multiplicidade se divide de novo em duas partes – a saber, na que permaneceu-boa e na que se tornou-má – como "quinunidade". Mas pode-se considerar em geral como inútil *contar* os momentos; de um lado, porque o indiferenciado mesmo é igualmente apenas *um*, a saber, precisamente o *pensamento* da diferença, que é só *um* pensamento, assim como ele é *esse* [termo] diferenciado, o segundo em oposição ao primeiro. Mas, por outro lado, porque o pensamento que abrange o múltiplo no Uno deve ser dissolvido [a partir] de sua universalidade, e diferenciado em mais de três ou quatro distintos, sua universalidade frente à absoluta determinidade do Uno abstrato, do princípio do número, aparece como indeterminidade em relação ao número mesmo. Desse modo, seria possível falar somente de *números* em geral, isto é, não de uma *cifra* de diferenças. Assim, aqui é de todo supérfluo, em geral, pensar no número e em contar; como também, aliás, a simples diferença de grandeza e quantidade é carente-de-conceito e nada diz.

777 – [Das Gute und das Böse] O bem e o *mal* eram as determinadas diferenças do pensamento que se apresentavam. Por não ter sido resolvida ainda sua oposição, e se representarem como essências do pensamento, cada uma das quais é independente para si, então é o homem o Si carente-de-essência e o terreno sintético de seu ser-aí e de sua luta. Mas essas potências universais igualmente pertencem ao Si; ou seja, o Si é efetividade delas. Acontece, pois, segundo esse momento – como o mal não é outra coisa que o adentrar-se-em-si do ser-aí natural do espírito – que o bem, inversamente, entra na efetividade e aparece como uma consciência *aí-essente*.

O que foi esboçado apenas de modo geral no espírito puramente pensado, como o tornar-se-Outro da essência divina, aqui se aproxima de sua realização para o representar; realização que consiste, para ela, na auto-humilhação da essência divina, que faz renúncia à sua abstração e inefetividade. O representar toma o outro lado, o mal, como um acontecer alheio à essência divina. Captar o mal nessa essência mesma, *como a sua cólera*, é o esforço extremo e mais árduo do representar em conflito consigo mesmo; – esforço que, por carecer de conceito, permanece infrutífero.

778 – [Die Entfremdung des] A alienação da essência divina se coloca, pois, em sua dupla modalidade: o Si do espírito e seu pensamento simples são os dois momentos cuja unidade absoluta é o espírito mesmo; sua alienação consiste em se dissociarem esses momentos e em terem um valor desigual, um em relação ao outro. Tal desigualdade é por isso desigualdade dupla: e surgem duas uniões, cujos momentos comuns são os indicados. Em uma delas a *essência divina* conta como o essencial, enquanto o ser-aí natural e o Si contam como o inessencial e o que se-deve-suprassumir. Ao contrário, na outra união, o *ser-para-si* conta como o essencial, e o Divino simples como o inessencial. Seu meio-termo, ainda vazio, é o *ser-aí* em geral, a simples comunidade de seus dois momentos.

779 – [Die Auflösung dieses] A solução dessa oposição não sucede pela luta desses dois momentos que são representados como essências separadas e independentes. Sua *independência* faz que *em si*, mediante seu conceito, cada um deva dissolver-se nele mesmo. A luta só recai onde os dois deixam de ser essa combinação de pensamento e de ser-aí independente; e onde se contrapõem, um ao outro, somente como pensamentos. Pois só então, como conceitos determinados, estão essencialmente só na relação de opostos; ao contrário, como independentes, têm sua essencialidade fora da oposição: seu movimento é, assim, o movimento próprio e livre, deles mesmos.

Como assim o movimento dos dois é o movimento *em si* - porque neles mesmos tem de ser considerado -, assim também o que começa o movimento é aquele que é determinado como o em-si-*essente*, em contraste com o outro. Representa-se isso como um agir voluntário; mas a necessidade de sua extrusão se baseia no conceito de que o *em-si-essente* - que só na oposição é assim determinado - por isso mesmo não tem subsistência verdadeira. Por conseguinte, o momento para o qual conta como essência, não o ser-para-si mas o simples, é o momento que se extrusa a si mesmo, vai à morte e por isso reconcilia a essência absoluta consigo mesmo.

Com efeito, nesse movimento ele se apresenta como *espírito*. A essência abstrata se alienou, tem ser-aí natural e efetividade própria-do-Si [*selbstiche*]. Esse seu ser-outro - ou sua presença sensível - se retoma por meio do segundo tornar-se-outro, e é posto como suprassumido, como *universal*. Mediante isso, a essência veio-a-ser para si mesma nessa presença sensível; o ser-aí imediato da efetividade deixou de ser estranho ou exterior a ela, por ser suprassumido, universal. Esta [sua] morte é, portanto, seu ressurgir como espírito.

780 – [Die aufgehobene unmittelbare] A presença imediata suprassumida da essência consciente-de-si é essa essência como consciência-de-si universal. Esse conceito do Si singular suprassumido - que é a essência absoluta - exprime por isso, imediatamente, a constituição de uma comunidade que, tendo-se demorado até então no representar, agora a si retorna como ao Si; e o espírito passa assim do segundo elemento de sua determinação - do representar - ao *terceiro*, que é a consciência-de-si como tal.

Considerando ainda a maneira como esse representar se comporta em seu desenvolvimento, vemos primeiro que se exprime isto: "a essência divina assume a natureza humana". Aí já está *enunciado* que *em si* as duas não estão separadas. Como também [ao dizer] que a essência divina se extrusa a si mesma *do [seu] princípio*, que seu ser-aí se adentra em si e se torna mau, não está expresso, mas aí está *implícito* que *em si* esse ser-aí mau não lhe é algo alheio. A essência absoluta só teria um nome vazio se houvesse em verdade um *Outro* para ela, se houvesse uma *queda* [a partir] dela. O momento do *ser-dentro-de-si* constitui, antes, o momento essencial do *Si* do espírito.

[Ora] que o *ser-dentro-de-si* e por isso a *efetividade* pertençam à essência mesma - isso, que para nós é conceito e, enquanto é conceito, aparece à consciência representativa como um *acontecer* inconcebível: o *Em-si* assume para ela a forma do *ser indiferente*. Mas o pensamento de que não estão separados aqueles dois momentos que parecem evitar-se - o da essência absoluta e do Si *para-si-essente* - manifesta-se *também* a esse representar, pois ele possui o conteúdo verdadeiro; mas só mais tarde se manifesta, na extrusão da essência divina que se faz carne. Tal representação, que desse modo é ainda *imediata*, e portanto não espiritual, ou que primeiro sabe a figura humana da essência [divina] só como figura particular, e ainda não universal, torna-se espiritual para essa consciência no movimento da essência figurada; [movimento que é] sacrificar de novo seu ser-aí imediato, e retornar à essência. A essência só como *reflet*ida sobre si é o espírito.

Portanto, está aí representada a *reconciliação* da essência divina com o *Outro* em geral, e precisamente com o *pensamento* desse Outro, com o *mal*. Se essa reconciliação, segundo o seu *conceito*, for enunciada de modo que consista em que o *mal em si* é o mesmo que o *bem*, ou ainda, em que a essência divina é a *mesma coisa* que a natureza em toda a sua amplitude, assim como a natureza separada da essência divina é apenas o *nada*; - isso deve ser visto como uma maneira não espiritual de expressar-se, que necessariamente deve suscitar mal-entendidos. Enquanto o mal é o *mesmo* que o bem, justamente o mal não é o mal, nem o bem é o bem, mas ambos antes estão suprassumidos: o mal em geral é o ser-para-si essente-dentro-de-si; e o bem, é o Simples carente-de-Si. Ao serem os dois assim enunciados segundo seu conceito, é evidente ao mesmo tempo sua unidade; pois o ser-para-si, *essente*-dentro-de-si, é o saber simples; e o Simples, carente-de-Si, é igualmente o puro ser-para-si, *essente* dentro de si.

Portanto, assim como deve ser dito que o bem e o mal, segundo seu conceito – isto é, enquanto não são o bem e o mal –, são a *mesma coisa*; assim também deve dizer-se que *não* são o mesmo, e sim pura e simplesmente *diversos*; porque o ser-para-si simples, ou ainda, o puro saber, são de igual maneira a negatividade pura ou a diferença absoluta neles mesmos. Só essas duas proposições tornam completo o todo; e à afirmação e asseveração da primeira deve fazer frente, com igual obstinação, o manter-se firme na outra. Ao terem as duas o mesmo direito, ambas se acham igualmente sem-direito, e sua falta-de-direito consiste em tomar tais formas abstratas, como o *mesmo* e *não o mesmo*, a *identidade* e a *não identidade*, por algo verdadeiro, sólido, efetivo; e em apoiar-se nessas formas. Não tem verdade nem uma nem outra; mas o que tem verdade é justamente o movimento delas, em que o Mesmo simples é a abstração, e, por isso, a diferença absoluta; mas esta, como diferença em si, é diferente de si mesma e, assim, é a igualdade-consigo-mesma.

Ora, é exatamente isso o que ocorre com a *mesmeidade* da essência divina, e da natureza em geral, e da natureza humana em particular: aquela é a natureza enquanto não é essência; a outra, é divina segundo sua essência: mas o espírito, no qual os dois lados abstratos são postos como são em verdade – a saber, como *suprassumidos* –, é um "pôr" que não pode ser expresso mediante o juízo e por sua cópula, o *'é'* carente-de-espírito. Igualmente a natureza *nada é, fora* de sua essência; mas este nada também *é*: é a abstração absoluta, e assim o puro pensar, ou ser-dentro-de-si; e, com o momento de sua oposição à unidade espiritual, é o *mal*. A dificuldade que se encontra nesses conceitos é somente o [fato de] manter-se no *"é"* e o esquecer do pensar, no qual os momentos tanto *são* como *não são*: apenas são o movimento que o espírito é.

Essa unidade espiritual – ou a unidade em que as diferenças só são como momentos ou como suprassumidas – é o que nessa reconciliação veio-a-ser para a consciência representativa; e enquanto essa unidade é a universalidade da consciência-de-si, deixou esta de ser representativa; o movimento retornou à consciência-de-si.

781 – [Der Geist ist also] O espírito, assim, é posto no terceiro elemento, na consciência-de-si universal. Ele é sua *comunidade.* O movimento da comunidade, enquanto consciência-de-si que se diferencia de sua representação, consiste em *produzir* o que *em si* [já] veio-a-ser. O homem divino morto ou Deus humano, é *em si,* a consciência-de-si universal; ele tem de tornar-se isso *para esta consciência-de-si.* Ou seja, enquanto ela constitui *um* lado da oposição da representação – a saber, o [lado] mau, para o qual contam como essência o ser-aí natural e o ser-para-si singular – esse lado, que como independente ainda não é representado como momento, deve por sua independência elevar-se ao espírito, em si mesmo e para si mesmo; ou, deve apresentar nele o movimento do espírito.

782 – [Sie ist der natürliche] Esse lado é o *espírito natural*: o Si tem de retirar-se dessa naturalidade e adentrar-se em si – o que significa tornar-se *mau.* Ora, esse lado já é *em si* mau; o adentrar-se em si consiste em *convencer-se* de que o ser-aí natural é o *mal.* Incidem na consciência representativa tanto o *aí-essente* "fazer-se mau" e o "ser-mau" do mundo, com a *aí-essente* reconciliação da essência absoluta. Mas na *consciência-de-si,* como tal, esse representado só recai segundo a forma, como momento suprassumido; pois o *Si* é o negativo, portanto é o *saber*: – um saber, que é um puro agir da consciência dentro de si mesma.

Esse momento do *negativo* deve exprimir-se igualmente no conteúdo. É que, enquanto a essência *em si já* se reconciliou consigo, e é unidade espiritual, na qual as partes da representação são *suprassumidas* ou *momentos* – isso se exprime de modo que cada parte da representação recebe aqui a significação *oposta* à que tinha antes. Por isso, cada significação se perfaz na outra, e só assim o conteúdo é um conteúdo espiritual; enquanto a determinidade é também o seu oposto, é consumada a unidade no ser-outro: o espiritual. Foi assim que antes se unificaram para nós ou *em si* as significações opostas, e se suprassumiram [até] mesmo as formas abstratas do *mesmo* e do *não mesmo*; da *identidade* e da *não identidade.*

783 – [Wenn also in dem] Se assim, na consciência representativa, o *interiorizar-se* da consciência-de-si natural era o *mal aí-essente,* [então] o *interiorizar-se* no elemento da consciência-de-si é o *saber* sobre *o mal,* como um mal que *em si* está no ser-aí. Assim, esse saber é evidentemente um vir-a-ser do mal, mas só [um] vir-a-ser do *pensamento do mal; e* é por isso reconhecido como o primeiro momento da reconciliação. Pois, como um retornar a si desde a imediatez da natureza, que é determinada como o mal, [esse saber] é um desistir dessa imediatez e um morrer ao pecado. Não é o ser-aí natural, como tal, que é abandonado pela consciência, mas um ser natural que é ao mesmo tempo sabido como mal.

O movimento imediato do *adentrar-se-em-si* é também um movimento mediatizado: pressupõe-se a si mesmo, ou seja, é seu próprio fundamento. O fundamento do adentrar-se-em-si é que a natureza, em si, nela já se adentrou: e, por causa do mal, o homem deve adentrar-se-em-si; ora, o *mal* é ele mesmo o adentrar-se-em-si. Esse primeiro movimento é, por isso mesmo, somente o conceito imediato ou seu *conceito simples*; porque é o mesmo que seu fundamento. O movimento - ou o tornar-se-Outro - deve, portanto, aparecer ainda em sua forma mais peculiar.

784 – [Ausser dieser Unmittelbarkeit] Além dessa imediatez, é, portanto, necessária a *mediação* da representação. *Em-si* o *saber* da natureza, como do ser-aí não verdadeiro do espírito, e essa universalidade do Si, que-veio-a-ser dentro de si, são a reconciliação do espírito consigo mesmo. Esse *Em-si,* para a consciência-de-si não conceituante, recebe a forma de algo *essente* e que lhe é *representado.* Assim, para ela, o conceituar não é um compreender desse conceito, que sabe a naturalidade suprassumida como universal, e, portanto, como reconciliada consigo mesma; mas é um compreender daquela *representação* de que a essência divina se reconciliou com seu ser-aí por meio do *acontecer* da própria extrusão da essência divina, por meio de sua acontecida encarnação e de sua morte.

O compreender dessa representação exprime agora mais precisamente o que antes era denominado nela o ressurgir espiritual, ou o converter-se de sua consciência-de-si singular na universal ou na comunidade. A *morte* do homem divino, *como morte,* é a negatividade *abstrata,* o resultado imediato do movimento, que só se consuma na universalidade *natural.* A morte perde essa significação natural na consciência-de-si espiritual, ou seja, torna-se seu conceito indicado acima: a morte daquilo que imediatamente significa, do não ser *deste Singular* se transfigura na *universalidade* do espírito, que vive em sua comunidade, e nela cada dia morre e ressuscita.

785 – [Dasjenige, was dem] O que pertence ao elemento da *representação* – isto é, que o espírito absoluto, como *um* espírito *singular,* ou melhor, um *particular,* representa em seu ser-aí a natureza do espírito - aqui se transfere, pois, à própria consciência-de-si, ao saber que se preserva em seu *ser-outro.* Essa consciência, portanto, não *morre* efetivamente - como se representa que o ser *particular* morreu *efetivamente* –, mas sua particularidade morre em sua universalidade; quer dizer, morre em seu *saber,* que é a essência reconciliando-se consigo.

Assim, o *elemento,* imediatamente anterior, do *representar é* posto aqui como suprassumido; ou seja, retornou ao Si, ao seu conceito: o que nele era *essente* apenas, converteu-se no sujeito. Por isso mesmo, também o *primeiro elemento,* o *pensar puro* e o espírito eterno nele, já não estão além da consciência representativa, nem do Si, mas o retorno do todo a si mesmo é justamente isto: conter dentro de si todos os momentos. A morte do mediador, apreendida pelo Si, é o suprassumir de sua *objetividade* ou de seu *ser-para-si particular.* Esse ser-para-si *particular* tornou-se consciência-de-si universal.

De outro lado o *universal* tornou-se, por isso mesmo, consciência-de-si; e o espírito puro ou inefetivo do mero pensar tornou-se *efetivo.* A morte do mediador não é só a morte do seu *lado natural,* ou de seu ser-para-si particular; não morre somente o invólucro já morto, despojado da essência, mas morre também a *abstração* da essência divina. Com efeito, o mediador, na medida em que sua morte ainda não consumou a reconciliação, é o unilateral, que sabe o simples do pensar como a *essência,* em oposição à efetividade: esse extremo do Si não tem ainda valor igual à essência; isto, o Si só o tem no espírito. A morte dessa representação contém, pois, ao mesmo tempo, a morte da *abstração da essência divina,* que não é posta como Si.

A morte é o sentimento dolorido da consciência infeliz, de que *Deus mesmo morreu.* Essa dura expressão do simples saber de si mais íntimo, o retorno da consciência às profundezas da noite do "Eu = Eu", que nada mais distingue nem sabe fora dela. Assim, esse sentimento é de fato a perda da *substância* e de seu contrapor-se à consciência; mas é, ao mesmo tempo, a pura *subjetividade* da substância, ou a pura certeza de si mesma que faltava à substância - seja enquanto objeto, seja enquanto o imediato, seja enquanto pura essência. Esse saber é, pois, a animação pela qual a substância se tornou sujeito. Morreu sua abstração e carência-de-vida, e assim a substância se tornou consciência-de-si simples e universal.

786 – [So ist also der Geist] O espírito é, desse modo, o espírito que se sabe a *si mesmo*: ele *se* sabe; o que para ele é objeto, *é.* Ou seja, sua representação é o verdadeiro *conteúdo* absoluto; exprime, como vimos, o espírito mesmo. Ao mesmo tempo, não é somente *conteúdo* da consciência-de-si, nem é somente objeto *para ela,* mas é também *espírito efetivo.* O espírito é isso, ao percorrer os três elementos de sua natureza - esse movimento através de si mesmo [que] constitui sua efetividade: [1] o que se move é ele; [2] ele é o sujeito do movimento, e [3] ele é igualmente *o mover* mesmo, ou a substância através da qual passa o sujeito.

O conceito de espírito já tinha vindo-a-ser para nós, ao entrarmos na religião; - a saber, como o movimento do espírito certo de si mesmo que perdoa o malvado e com isso se despoja, ao mesmo tempo, de sua própria simplicidade e dura imutabilidade, - ou seja, [como] o movimento em que o absolutamente *oposto* se reconhece como o *mesmo,* e esse reconhecer irrompe como o "sim" entre esses extremos. [É] esse conceito [que] intui a consciência religiosa, à qual se revelou a essência absoluta: suprassume a *distinção* entre seu *Si* e seu [objeto] *intuído*; e como é sujeito, assim também é substância, e portanto ela mesma *é* o espírito: justamente porque é, e enquanto é, esse movimento.

787 – [Vollendet aber ist] Essa comunidade, porém, ainda não está consumada nessa sua consciência-de-si: seu conteúdo, para ela, está em geral na forma do *representar,* e a *espiritualidade* efetiva dessa comunidade - seu retorno desde seu representar - tem também essa cisão ainda nela, tal como estava afetado de cisão o próprio elemento do pensar puro. Ela não tem ainda a consciência sobre o que ela é; é a consciência-de-si espiritual, que não é, como esta consciência-de-si, objeto para si. Ou seja, não se abre à consciência de si mesma, mas, na medida em que é consciência, tem essas representações que foram consideradas.

Nós vemos a consciência-de-si *interiorizar-se* no seu último ponto de reversão e chegar ao *saber do ser-dentro-de-si*; nós a vemos extrusar seu ser-aí natural e adquirir a pura negatividade. Mas a significação *positiva* – a saber, que essa negatividade ou *interioridade* pura do *saber* é igualmente a *essência igual-a-si-mesma*, ou seja, que a substância conseguiu neste ponto ser a consciência-de-si absoluta - isso para a consciência piedosa é um *outro*. Ela apreende este lado - de que o puro interiorizar-se do saber é *em si* a simplicidade absoluta, ou a substância - como a representação de algo que não é assim segundo o *conceito*, mas como a operação de uma satisfação *alheia*. Ou seja: para tal consciência, não é [claro] que essas profundezas do Si sejam a força pela qual a *essência abstrata* se faz descer de sua abstração, e é elevada ao Si pelo poder dessa pura devoção.

O agir do Si conserva, pois, essa significação negativa em contraste com a consciência devota; porque de seu lado a extrusão da substância é, para essa consciência, um *Em-si* que ela igualmente não apreende nem conceitua, ou que não encontra em *seu* agir como tal. Ao efetuar-se *em si* essa unidade da essência e do Si, a consciência tem ainda também essa *representação* de sua reconciliação, mas como representação. Obtém a satisfação ao acrescentar *exteriormente*, à sua pura negatividade, a significação positiva da unidade de si com a essência: assim sua satisfação fica afetada pela oposição de um além. Sua própria reconciliação entra, pois, como um *longe* na sua consciência; como um longe do *futuro*, assim como a reconciliação, que o outro *Si* realizou, aparece como um longe do *passado*. Como o homem divino *singular*, tem um pai *em-si-essente*, e somente uma mãe *efetiva*, assim o homem divino universal - a comunidade - tem por seu pai o *próprio agir* e *saber*, e, por sua mãe, o *amor eterno* que ela apenas *sente*, mas que não contempla em sua consciência como *objeto* imediato efetivo.

Por conseguinte, sua reconciliação está em seu coração, mas ainda cindida com sua consciência; e ainda está rompida sua efetividade. O que entra em sua consciência como o *Em-si,* ou como o lado da *pura mediação,* é a reconciliação residente além. Mas o que nela entra como *presente,* como o lado da *imediatez* e do *ser-aí,* é o mundo, que ainda tem de aguardar sua transfiguração. Certamente *em si,* o mundo está reconciliado com a essência; e da *essência,* sabe-se bem que não conhece mais o objeto como alienado de si, mas como igual a si no seu amor. Mas, para a consciência-de-si, essa presença imediata não tem ainda figura-de-espírito. Assim está o espírito da comunidade, em sua consciência imediata, separado de sua consciência religiosa, que na verdade declara que essas consciências não estão separadas *em si.* Mas é um *Em-si* que não se realizou, ou que ainda não se tornou igualmente ser-para-si absoluto.

VIII
O saber absoluto

788 – [Der Geist der] O espírito da religião manifesta ainda não ultrapassou sua consciência como tal; - ou, o que é o mesmo - sua consciência-de-si efetiva não é o objeto de sua consciência. Esse espírito em geral, e os momentos que nele se distinguem, incidem no representar e na forma da objetividade. O *conteúdo* do representar é o espírito absoluto, e o que resta ainda a fazer é só o suprassumir dessa mera forma [da objetividade], ou melhor, já que ela pertence *à consciência como tal,* sua verdade deve já ter-se mostrado nas figuras da consciência.

Essa superação do objeto da consciência não se deve tomar como algo unilateral, em que o objeto se mostrasse como retornado ao Si; mas, de modo mais determinado, em que o objeto como tal se mostrasse ao Si como evanescente. Melhor ainda, [toma-se de modo] que é a extrusão da consciência-de-si que põe a coisidade, e que essa extrusão não tem só a significação negativa, mas a positiva; não só para nós ou em si, mas para ela mesma. *Para a consciência-de-si,* o negativo do objeto, ou o suprassumir do objeto a si mesmo, tem significação positiva; ou seja, ela *sabe* essa nulidade do objeto, de uma parte, porque se extrusa a si mesma, pois, nessa extrusão, *se* põe como objeto, ou põe o objeto como a si mesma em razão da inseparável unidade do *ser-para-si.* De outra parte, aí reside ao mesmo tempo esse outro momento, que a consciência-de-si também tenha igualmente suprassumido e recuperado dentro de si essa extrusão e objetividade: assim está junto de si no *seu* ser-outro como tal.

E isso o movimento da *consciência,* e nesse movimento ela é a totalidade de seus momentos. A consciência deve igualmente relacionar-se com o objeto segundo a totalidade de suas determinações, e deve tê-lo apreendido conforme cada uma delas. Essa totalidade de suas determinações faz do *objeto em si* a essência espiritual; e isso ele se torna em verdade para a consciência, mediante o apreender de cada determinação sua singular como o Si, ou pelo relacionamento espiritual para com elas, acima mencionado.

789 – [Der Gegenstand ist] O objeto é assim, de uma parte, ser *imediato*, ou uma coisa em geral, o que corresponde à consciência imediata. De outra parte é um *tornar-se outro* de si, sua relação ou ser *Para outro* e *ser-para-si*: a determinidade – o que corresponde à *percepção*. [E ainda] por outra parte, é essência ou é como universal, o que corresponde ao entendimento. Enquanto todo, o objeto é silogismo ou o movimento do universal, através da determinação, para a singularidade – como é também o movimento inverso da singularidade, através da singularidade como suprassumida, ou da determinação, para o universal.

A consciência, portanto, deve saber o objeto como a si mesma, segundo essas três determinações. Contudo, não se fala aqui do saber como conceituar puro do objeto, mas esse saber deve ser indicado somente em seu vir-a-ser ou em seus momentos, segundo o lado que pertence à consciência como tal; e os momentos do conceito propriamente dito, ou do saber puro, devem ser indicados na forma de figurações da consciência. Por isso, na consciência como tal, ainda não aparece o objeto como a essencialidade espiritual, do modo como acima foi expressa por nós; e o comportar-se da consciência para com ele não é a consideração do objeto nessa totalidade; como tal, nem em sua pura forma-de-conceito; mas é, de uma parte, a figura da consciência em geral, e, de outra, um [certo] número de tais figuras, que *nós* reunimos, e nas quais a totalidade dos momentos do objeto e do comportamento da consciência só se pode mostrar dissolvida nos momentos dessa totalidade.

790 – [Es ist hiermit für] Por isso, a propósito desse aspecto do apreender do objeto, tal como é na figura da consciência, há que rememorar somente as figuras anteriores da consciência que já foram encontradas. Assim, do ponto de vista do objeto [que] enquanto imediato é um *ser indiferente*, vimos a razão observadora *buscar* e *encontrar* a si mesma nessa coisa indiferente. Quer dizer: vimos [essa razão] ser para si tão consciente de seu agir como algo exterior, quanto é consciente do objeto só como objeto imediato.

Vimos também em seu ponto culminante declarar sua determinação no juízo infinito de que *"o ser do Eu é uma coisa"*. E na verdade, uma coisa sensível imediata; se o Eu se denomina *alma*, também assim é representado, sem dúvida, como coisa; mas, de fato, como um ser invisível, insensível, etc., portanto, não como ser imediato, nem como o que se entende ao falar de "uma coisa". Aquele juízo, tomado assim como imediatamente soa, é carente-de-espírito; ou melhor, é a própria carência-de-espírito. Mas quanto ao seu conceito, é de fato o mais rico-de-espírito; e esse seu *interior*, que nele ainda não está *disponível*, é o que exprimem os dois outros momentos [que passamos] a considerar.

791 – [Das Ding ist Ich] A coisa é Eu: de fato, nesse juízo infinito a coisa está suprassumida: a coisa nada é em si; só tem significação na relação, somente *mediante o Eu*, e mediante *sua referência* ao Eu. Para a consciência, apresentou-se esse momento na pura inteligência e no Iluminismo. As coisas são pura e simplesmente *úteis*, e só segundo sua utilidade há que considerá-las. A consciência-de-si *cultivada* – que percorreu o mundo do espírito alienado de si, produziu por sua extrusão a coisa como a si mesma: portanto, conserva-se ainda a si mesma na coisa e sabe a falta-de-independência da coisa, ou sabe que a coisa é *essencialmente* apenas *ser-para-outro*; ou, para exprimir perfeitamente a *relação* – isto é, o que constitui aqui somente a natureza do objeto – a coisa para ela vale como algo *para-si-essente*. Ela enuncia a certeza sensível como verdade absoluta, mas esse mesmo *ser-para-si* como momento que apenas desvanece e passa ao seu contrário: ao ser que ao outro se abandona.

792 – [Hierin ist aber] Mas a essa altura, o saber da coisa ainda não chegou à perfeição: a coisa deve ser conhecida não somente segundo a imediatez do ser e segundo a determinidade, mas também como *essência* ou *interior*: como o Si. Isso está presente na *consciência-de-si moral*. Ela sabe seu saber como a *absoluta essencialidade*, ou seja, sabe o *ser* pura e simplesmente como a pura verdade ou [o puro] saber, e nada mais *é* que essa vontade e saber somente. A uma outra consciência [que não à consciência moral] compete só o ser inessencial, isto é, não *essente-em-si*; só sua casca vazia. A consciência moral, enquanto em sua representação-do-mundo, desprende do Si o *ser-aí*, ela igualmente o recupera dentro de si mesma. Como boa-consciência, enfim, não é mais esse colocar e deslocar, alternadamente, do ser-aí e do Si; mas sabe que seu *ser-aí*, como tal, é a pura certeza de si mesma: o elemento objetivo, para o qual se traslada enquanto operante, não é outra coisa que o puro saber do Si sobre si mesmo.

793 – [Dies sind die Momente] Esses são os momentos dos quais se compõe a reconciliação do espírito com sua própria consciência. Para si, os momentos são singulares, e só sua unidade espiritual é que constitui a força dessa reconciliação. O último desses momentos, porém, é necessariamente essa unidade mesma, e de fato reúne – como é evidente – a todos dentro de si. O espírito, certo de si mesmo em seu ser-aí, não tem por elemento do *ser-aí* outra coisa que esse saber de si [mesmo]. Declarar que aquilo que faz, faz segundo a convicção do dever, essa sua linguagem é o *legitimar* de seu agir. O agir é o primeiro separar *em-si-essente* da simplicidade do conceito, e é o retorno desde essa separação. Esse primeiro momento se converte no segundo, enquanto o elemento do reconhecer se contrapõe, como saber *simples* do dever, à *diferença* e à *cisão* que residem no agir como tal; e dessa maneira formam uma efetividade férrea contra o agir. No perdão, porém, nós vimos como essa dureza abdica de si mesma e se extrusa.

A efetividade, portanto, como *ser-aí imediato*, não tem aqui para a consciência-de-si outra significação que ser o saber puro; assim também, como ser-aí *determinado*, ou como relação, o que se lhe contrapõe é um saber. [Esse saber] é, de uma parte, saber desse Si puramente singular; de outra parte, do saber como universal. Nisso está, ao mesmo tempo, posto que o *terceiro* momento – a *universalidade* ou a *essência* – para cada um dos dois [lados] contrapostos só conta como *saber*: e afinal, eles igualmente suprassumem essa oposição vazia que ainda resta, e são o saber do "Eu = Eu": este Si *singular* que é imediatamente saber puro ou universal.

794 – [Diese Versöhnung des] Essa reconciliação, da consciência com a consciência-de-si, mostra-se, portanto, como efetuada dos dois lados: primeiro, no espírito religioso; outra vez, na própria consciência como tal. Os dois lados se diferenciam, um do outro, por ser o primeiro a reconciliação na forma do *ser-em-si*, e o outro, na forma do *ser-para-si*. Tais como foram considerados, eles incidem inicialmente fora um do outro; a consciência, na ordem em que se apresentavam para nós suas figuras, de uma parte chegou aos momentos singulares dessas, e, de outra, atingiu, há muito, sua unificação; antes que a religião também tivesse dado a seu objeto a figura de consciência-de-si efetiva.

A unificação dos dois lados não está ainda indicada; é ela que conclui essa série de figurações do espírito, já que o espírito chega a saber-se nela não só como é *em si*, ou segundo seu *conteúdo* absoluto; nem só como é *para si*, segundo sua forma carente-de-conteúdo, ou segundo o lado da consciência-de-si; senão como o espírito é *em si* e *para si*.

795 - [Diese Vereinigung aber] Mas essa unificação já aconteceu *em si*: sem dúvida, ocorreu também na religião, - no retorno da representação à consciência-de-si; mas não [se deu] segundo sua forma autêntica, porque o lado religioso é o lado do *Em-si*, que se contrapõe ao movimento da consciência-de-si. A unificação pertence, pois, a esse outro lado, que na oposição é o lado da reflexão sobre si, e assim é aquele que contém a si mesmo e o seu contrário; e não só *em si*, ou de uma maneira universal, mas *para si* ou de uma maneira desenvolvida e diferenciada. O conteúdo, assim como o outro lado do espírito consciente-de-si, enquanto é o *outro* lado, se fazem presentes e se mostram em sua integralidade; a unificação que ainda falta é a unidade simples do conceito.

Esse conceito já está também presente no lado da própria consciência-de-si; mas tal como se apresentou no que precede, tem, como todos os demais momentos, a forma de ser uma *figura particular da consciência*. É assim aquela parte da figura do espírito certo de si mesmo, que permanece firme dentro de seu conceito, e que se chama a *bela alma*. É que a bela alma é seu saber sobre si mesma, em sua pura unidade translúcida; é a consciência-de-si que sabe como [sendo] o espírito esse puro saber sobre o *puro ser-dentro-de-si*; não é somente a intuição do divino, mas a autointuição do divino. Enquanto esse conceito se mantém oposto à sua realização, ele é a figura unilateral, cujo desvanecer em névoa vazia nós vimos; mas também vimos sua extrusão positiva e movimento para a frente.

Graças a essa realização, suprassume-se o obstinar-se em si dessa consciência-de-si carente-de-objeto, a *determinidade* do conceito contra sua *implementação*. Sua consciência-de-si ganha a forma da universalidade, e o que lhe resta é seu conceito verdadeiro, ou o conceito que ganhou sua realização. É o conceito em sua verdade, isto é, na unidade com sua extrusão: – o saber do saber puro, não como essência abstrata, que é o dever, mas do saber puro como essência que é *este* saber, *esta* consciência-de-si pura, que assim ao mesmo tempo é o verdadeiro *objeto*, pois é o Si *para-si-essente*.

796 – [Seine Erfüllung gab] Esse conceito se conferiu sua implementação, de uma parte no espírito *operante*, certo de si mesmo; de outra parte, na *religião*. O conceito ganhou na religião o *conteúdo* absoluto, *como conteúdo*; ou seja, na forma da representação, [na forma] do ser-outro para a consciência. Ao contrário, na figura do espírito operante, a forma é o próprio Si, porque ela contém o espírito *operante*, certo de si mesmo; o Si leva a termo a vida do espírito absoluto. Essa figura é, como vemos, aquele conceito simples, mas que abandona sua essência eterna, *"é-aí"*, ou opera. Tem, na *pureza* do conceito, o *cindir-se* ou o emergir, já que essa pureza é a absoluta abstração, ou negatividade. Igualmente, o conceito tem o elemento de sua efetividade, ou do ser, dentro dele: no puro saber mesmo. Com efeito, esse saber puro é a *imediatez* simples, que é tanto *ser* e *ser-aí* quanto *essência*. O primeiro, é o pensar negativo; o segundo, é o positivo pensar mesmo. Enfim, esse ser-aí é também o [ser] refletido sobre si mesmo para fora do puro saber – seja como ser-aí, seja como dever; é o *ser-mau*.

Esse adentrar-se em si constitui a *oposição* do *conceito*, e é, por isso, o surgir do saber puro, *inoperante e inefetivo*, da essência. Porém esse seu surgir nessa oposição é a participação nela: o saber puro da essência extrusou-se, *em si*, de sua simplicidade, pois é o *cindir-se* ou a negatividade que é o conceito. Na medida em que esse cindir-se é o vir-a-ser *para si*, ele é o mal; na medida em que é o *Em-si*, ele é o-que-permanece-bom. Ora, o que de início acontece *em si*, ao mesmo tempo é *para a consciência*, e é também duplo, ele mesmo: tanto é para a consciência quanto é seu *ser-para-si* ou seu próprio agir. O mesmo que *em si já* foi posto, repete-se, pois, agora como o saber da consciência sobre ele, e [como] agir consciente. Cada [momento] abdica, em favor do outro, da independência da determinidade em que surge contra ele. Esse abdicar é o mesmo ato-de-renúncia à unilateralidade do conceito, que *em si* constituía o começo; mas de agora em diante, é *seu* ato-de-renúncia: - como o conceito, ao qual renuncia, é o seu conceito.

Em verdade, aquele *Em-si* do começo é igualmente como negatividade o Em-si *mediatizado.* Agora se *põe* tal como é em verdade; e o *negativo* é como *determinidade* de cada um para com o outro, e é em si o que suprassume a si mesmo. Uma das duas partes da oposição é a desigualdade do *ser-dentro-de-si* em sua *singularidade,* em contraste com a universalidade; a outra, é a desigualdade de sua universalidade abstrata em contraste com o Si. O primeiro Em-si morre ao seu ser-para-si, se extrusa e se confessa; este [outro] renuncia à dureza de sua universalidade abstrata, e morre ao seu Si sem-vida e à sua universalidade inconcussa; de modo que assim o primeiro Em-si se completou através do momento da universalidade que é a essência, e o segundo, através da universalidade que é [o] Si. Mediante esse movimento do agir, o espírito - que só é espírito porque *"é-aí",* porque eleva seu ser-aí ao *pensamento* e por isso à oposição absoluta, e desta, por ela e nela mesma retorna; - [o espírito] surgiu como pura universalidade do saber, que é consciência-de-si. Como consciência-de-si, é a unidade simples do saber.

797 - [Was also in der] Por conseguinte, o que na religião era *conteúdo* ou forma do representar de um *outro,* isso mesmo é aqui *agir* próprio do *Si*: o conceito o obriga [*ob-ligare, lat*] a que o *conteúdo* seja o *agir* próprio do Si; pois esse conceito é, como vemos, o saber do agir do Si dentro de si como saber de toda a essencialidade e de todo o ser-aí: o saber sobre *este sujeito* como [sendo] a *substância,* e da substância como [sendo] este saber de seu agir. O que aqui acrescentamos é, de uma parte, somente a *reunião* dos momentos singulares, cada um dos quais apresenta em seu princípio a vida do espírito todo; e, de outra, o "manter-se-firme" do conceito, cujo conteúdo já havia resultado naqueles momentos, e na forma de uma *figura da consciência.*

798 - [Diese letzte Gestalt] Essa última figura do espírito - o espírito que ao mesmo tempo dá ao seu conteúdo perfeito e verdadeiro a forma do Si, e por isso tanto realiza seu conceito quanto permanece em seu conceito nessa realização - é o saber absoluto. O saber absoluto é o espírito que se sabe em figura-de-espírito, ou seja: é o *saber conceituante.* A *verdade* não é só *em si* perfeitamente igual à certeza, mas tem também a *figura* da certeza de si mesmo: ou seja, é no seu ser-aí, quer dizer, para o espírito que sabe, na forma do saber de si mesmo. A verdade é o *conteúdo* que na religião é ainda desigual à sua certeza. Ora, essa igualdade consiste em que o conteúdo recebeu a figura do Si. Por isso, o que é a essência mesma, a saber, o *conceito,* se converteu no elemento do ser-aí, ou na *forma da objetividade* para a consciência. O espírito, *man*ifestando-se à consciência nesse elemento, ou, o que é o mesmo, produzido por ela nesse elemento, *é a ciência.*

799 – [Die Natur, Momente] A natureza, os momentos e o movimento desse saber se mostraram, pois, de modo que esse saber é o puro *ser-para-si* da consciência-de-si; o saber é o Eu, que é *este* e nenhum outro *Eu,* e que é igualmente o Eu *universal,* imediatamente *mediatizado* ou suprassumido. Tem um *conteúdo* que *distingue* de si, pois é a negatividade pura ou o cindir-se: o Eu é *consciência.* Esse conteúdo é, em sua diferença mesma, o Eu, por ser o movimento do suprassumir-a-si-mesmo; ou essa mesma negatividade pura que é o Eu. O Eu está no conteúdo como diferenciado, refletido sobre si: o conteúdo é *conceituado* somente porque em seu ser outro está junto de si mesmo. Esse conteúdo, determinado com mais rigor, não é outra coisa que o movimento mesmo que acabamos de expor: pois é o espírito que se percorre a si mesmo, e certamente [o faz] *para si* como espírito, porque tem a figura do conceito na sua objetividade.

800 – [Was aber das] Mas no que concerne ao *ser aí* desse conceito, a *ciência* não se manifesta no tempo e na efetividade antes que o espírito tenha chegado a essa consciência sobre si mesmo. Como o espírito que sabe o que ele é, não existe antes, aliás não existe em parte alguma, senão depois do cumprimento do trabalho de dominar sua figuração imperfeita, de se criar para a sua consciência a figura de sua essência, e, dessa maneira, igualar sua *consciência-de-si* com sua *consciência.* O espírito *essente* em si e para si, diferenciado em seus momentos, é saber para-si-*essente,* o *conceituar* em geral, que como tal não atingiu ainda a *substância*; ou seja, não é saber absoluto em si mesmo.

801 – [In der Wirklichkeit ist] Ora, na efetividade a substância que-sabe "é-aí" antes que sua forma ou figura conceitual. Com efeito, a substância é o *Em-si* ainda não desenvolvido, ou o fundamento e o conceito em sua simplicidade ainda inconcussa; é, pois, a *interioridade* ou o Si do espírito que ainda não *"é-aí"*. O que *"é-aí"*, está como o ainda não desenvolvido Simples e Imediato, ou como o objeto da consciência *representativa* em geral. Inicialmente, o conhecer só tem um objeto pobre, pelo motivo de ser a consciência espiritual, para a qual o que é *em si* só é enquanto é *ser* para o *Si*, e ser do *Si* ou conceito: em contraste com esse objeto pobre, a substância e a consciência dela são mais ricas.

A manifestabilidade, que a substância tem na consciência, de fato, é ocultamento: já que a substância é o *ser* ainda *carente-de-Si*, e só a certeza de si mesma é para si manifesta. Portanto, de início, da substância, só pertencem à consciência-*de-si* os *momentos abstratos*; porém, enquanto esses momentos, como movimentos puros, impelem para diante a si mesmos, a consciência-de-si se enriquece até extrair da consciência a substância toda, a estrutura completa de suas essencialidades. E enquanto esse comportamento negativo para com a objetividade é igualmente positivo, é [um] pôr, ela engendrou a partir de si esses momentos, e por isso, ao mesmo tempo, os restaurou para a consciência.

No *conceito* que se sabe como conceito, os *momentos* se apresentam, pois, anteriormente ao *todo implementado*, cujo vir-a-ser é o movimento desses momentos. Na *consciência*, ao contrário, é anterior a esses momentos o todo, mas o todo não conceituado. O *tempo* é o *conceito* mesmo, que *é-aí*, e que se faz presente à consciência como intuição vazia. Por esse motivo, o espírito se manifesta necessariamente no tempo; e manifesta-se no tempo enquanto não *apreende* seu conceito puro; quer dizer, enquanto não elimina o tempo. O tempo é o puro Si *exterior* intuído [mas] *não compreendido* pelo Si: é o conceito apenas intuído. Enquanto compreende a si mesmo, o conceito suprassume sua forma-de-tempo, conceitua o intuir, e é o intuir concebido e conceituante.

O tempo se manifesta, portanto, como o destino e a necessidade do espírito, que [ainda] não está consumado dentro de si mesmo; como a necessidade de enriquecer a participação que a consciência-de-si tem na consciência, e de pôr em movimento a *imediatez do Em-si* – a forma em que está a substância na consciência. Ou, inversamente – tomando o Em-si como o *interior* – [como a necessidade] de realizar e de revelar o que é somente *interior*; isto é, de reivindicá-lo para a certeza de si mesmo.

802 – [Es muss aus diesem] Por essa razão deve-se dizer que nada é *sabido* que não esteja na *experiência*; – ou, como também se exprime a mesma coisa – que não esteja presente como *verdade sentida*, como Eterno *interiormente revelado*, como o sagrado *em que se crê*, ou quaisquer outras expressões que sejam empregadas. Com efeito, a experiência é exatamente isto: que o conteúdo – e ele é o espírito – seja *em si* substância, e assim, *objeto* da *consciência*. Mas essa substância, que é o espírito, é o seu *vir-a-ser* para [ser] o que é *em si*; e só como esse vir-a-ser refletindo-se sobre si mesmo ele é em si, em verdade, o *espírito*. O espírito é em si o movimento que é o conhecer – a transformação desse *Em-si* no *Para-si*; da *substância* no *sujeito*; do objeto da *consciência* em objeto da *consciência-de-si*; isto é, em objeto igualmente suprassumido, ou seja, no *conceito*.

Esse movimento é o círculo que retorna sobre si, que pressupõe seu começo e que só o atinge no fim. Assim, pois, enquanto o espírito é necessariamente esse diferenciar dentro de si, seu todo intuído se contrapõe à sua consciência-de-si simples. E já que esse todo é o diferenciado, diferencia-se em seu conceito puro: no *tempo*, e no conteúdo – ou no *Em-si*. A substância, como sujeito, tem nela a necessidade, *inicialmente interior*, de apresentar-se nela mesma como o que ela é *em si*, como *espírito*. Só a exposição completa e objetiva é, ao mesmo tempo, a reflexão da substância, ou seu converter-se em Si. Portanto, o espírito não pode atingir sua perfeição como espírito *consciente-de-si* antes de ter-se consumado *em-si*, antes de ter-se consumado como espírito do mundo. Por isso o conteúdo da religião proclama no tempo, mais cedo que a ciência, o que é o *espírito*; mas só a ciência é o verdadeiro saber do espírito sobre si mesmo.

803 – [Die Bewegung, die] O movimento, que faz surgir a forma de seu saber de si, é o trabalho que o espírito executa como *história efetiva*. A comunidade religiosa, enquanto é inicialmente a substância do espírito absoluto, é a consciência tosca que tem um ser-aí tanto mais bárbaro e rude quanto mais profundo é seu espírito interior; e tanto mais duro trabalho [tem] seu Si obtuso com sua essência; com o conteúdo, para ele estranho, de sua consciência. Só depois que renunciou à esperança de suprassumir o ser-estranho de uma maneira exterior, isto é, estranha, é que volta a si, porque a maneira estranha suprassumida é o retorno à consciência-de-si: volta a si mesma, a seu próprio mundo e [a seu] presente; descobre-os como propriedade sua, e assim deu o primeiro passo para descer do *mundo-intelectual*, ou melhor, para vivificar com o Si efetivo o elemento abstrato desse mundo. Por um lado, através da observação encontra o ser-aí como pensamento, e o conceitua; e inversamente, encontra em seu pensar o ser-aí.

Ora, enquanto essa consciência assim exprimia, de início, a *unidade* imediata do pensar e [do] *ser*, da essência abstrata e do Si, embora abstratamente, e fazia renascer a luminosidade primeira [sob forma] *mais pura*, a saber, como unidade da extensão e do ser - porque a extensão é a simplicidade mais equivalente que a luz ao puro pensar - ressuscitou com isso no pensamento a *substância* do amanhecer. Ao mesmo tempo, o espírito se horroriza ante essa unidade abstrata - essa substancialidade *carente-de-si* - e afirma contra ela a individualidade.

Contudo, somente depois de ter na cultura extrusado sua individualidade, tornando-a desse modo ser-aí, e fazendo-a prevalecer em todo o ser-aí; [só depois] de ter chegado ao pensamento da utilidade, e de ter captado na liberdade absoluta o ser-aí como sua vontade, é que o espírito desentranha o pensamento de sua mais íntima profundidade, e enuncia a essência como "Eu-Eu". Mas esse "Eu-Eu" é o movimento que-se-reflete sobre si mesmo; pois sendo essa igualdade, como negatividade absoluta, a absoluta diferença - Igualdade do Eu consigo mesmo se contrapõe a essa diferença pura, que enquanto diferença pura é ao mesmo tempo objetiva para o Si que se sabe - há que exprimir-se como o *tempo*; de modo que a Essência, que antes era expressa como unidade do pensar e da extensão, deveria ser apreendida [agora] como unidade do pensar e do tempo. Mas a diferença deixada a si mesma - o tempo sem repouso e sem pausa - antes colapsa dentro de si mesma: é a quietude objetiva da *extensão*. Ora, essa é a pura igualdade consigo mesma - o Eu.

Em outras palavras: o Eu não é apenas o Si, mas é a *igualdade do Si consigo*; essa igualdade, porém, é a perfeita e imediata unidade consigo mesmo, ou seja, *este sujeito* é igualmente a *substância*.

A substância, por si só, seria o intuir vazio-de-conteúdo, ou o intuir de um conteúdo que, como determinado, só teria acidentalidade, e seria sem necessidade. A substância só valeria como o absoluto na medida em que fosse pensada ou intuída como a *unidade absoluta*; e todo o conteúdo, segundo sua diversidade, devesse recair fora dela, na reflexão. [Ora], a reflexão não pertence à substância, pois a substância não seria sujeito, nem o que-se-reflete dentro de si e sobre si; ou seja, não seria conceituada como espírito. Ora bem, se ainda se devesse falar de conteúdo, seria, de uma parte, para lançá-lo no vazio abismo do absoluto, e, de outra, ele seria recolhido externamente da percepção sensível: o saber pareceria ter chegado às coisas, à diferença dele mesmo e à diferença das coisas múltiplas – sem que se conceituasse como e donde [chegou lá].

804 – [Der Geist aber hat] O espírito, porém, mostrou-se a nós não somente como o recolher-se da consciência-de-si para estar na sua pura interioridade, nem como a mera submersão da consciência-de-si na substância e não ser da sua [própria] diferença. Ao contrário, o espírito é *esse movimento* do Si, que se extrusa de si mesmo e se submerge em sua substância, e que tanto saiu dessa substância como sujeito, e se adentrou em si, convertendo-a em objeto e conteúdo, quanto suprassume essa diferença entre a objetividade e o conteúdo. Aquela primeira reflexão, que [parte] da imediatez, é o diferenciar-se do sujeito em relação à sua substância, ou o conceito que se cinde: – o adentrar-se em si e o vir-a-ser do puro Eu. Enquanto essa diferença é o agir puro do "Eu-Eu", o conceito é a necessidade e o eclodir do *ser-aí*, que tem a substância por sua essência, e subsiste para si.

Ora, o subsistir do ser-aí para si é o conceito posto na determinidade, e, por isso, é igualmente seu movimento, *nele mesmo*, de ir mais fundo dentro da substância simples, que só é sujeito enquanto [é] essa negatividade e movimento. O Eu tampouco tem que aferrar-se à *forma da consciência-de-si*, contra a forma da substancialidade e objetividade, como se tivesse pavor de sua extrusão. A força do espírito consiste, antes, em permanecer igual a si mesmo em sua extrusão, e como o *essente-em-si* e *para-si*, em pôr tanto o *ser-para-si* quanto o ser-em-si apenas como momento. O Eu também não é um terceiro [termo] que rejeite as diferenças, [lançando-as] no abismo do absoluto, e que proclame sua igualdade dentro desse abismo. Ao contrário: o saber consiste muito mais nessa aparente inatividade que só contempla como [é que] o diferente se move nele mesmo, e retorna à sua unidade.

805 – [In dem Wissen hat] No saber, portanto, o espírito concluiu o movimento de seu configurar-se enquanto esse [configurar-se] é afetado pela diferença não superada da consciência. O espírito ganhou o puro elemento do seu ser-aí - o conceito. O conteúdo é, segundo a *liberdade* de seu *ser*, o Si que se extrusa, ou a unidade *imediata* do saber-se a si mesmo. O puro movimento dessa extrusão, considerado no conteúdo, constitui a *necessidade* desse mesmo conteúdo. O conteúdo diversificado está como *determinado* na relação; não é em si. Sua inquietude é suprassumir-se a si mesmo, ou a *negatividade*: assim é a necessidade ou a diversidade; é tanto o Si quanto é o ser livre; e nessa *forma* de-Si, em que o ser-aí é imediatamente pensamento - o conteúdo é *conceito*.

Quando, pois, o espírito ganhou o conceito, desenvolve o ser-aí e o movimento nesse éter de sua vida, e é *ciência*. Os momentos de seu movimento já não se apresentam na ciência como *figuras* determinadas *da consciência*, mas, por ter retornado ao Si a diferença da consciência, [apresentam-se] como *conceitos* determinados, e como seu movimento orgânico, fundado em si mesmo. Se na "fenomenologia do espírito" cada momento é a diferença entre o saber e a verdade, e [é] o movimento em que essa diferença se suprassume - ao contrário, a ciência não contém essa diferença e o respectivo suprassumir; mas, enquanto o momento tem a forma do conceito, reúne em unidade imediata a forma objetiva da verdade e [a forma] do Si que-sabe. O momento não surge [mais] como esse movimento de ir e vir da consciência ou da representação para a consciência de si e vice-versa; mas sua figura pura, liberta de sua manifestação na consciência - o conceito puro e seu movimento para diante - dependem somente de sua pura *determinidade*.

Inversamente, a cada momento abstrato da ciência corresponde em geral uma figura do espírito que-se-manifesta. Como o espírito *aí-essente* não é mais rico que a ciência, assim também não é mais pobre em seu conteúdo. Conhecer os conceitos puros da ciência nessa forma de figuras da consciência, constitui o lado de sua realidade segundo o qual sua essência - o conceito - que nela está posto em sua *simples* mediação como *pensar*, dissocia um do outro os momentos dessa mediação, e se apresenta segundo a oposição interna.

806 – [Die Wissenschaft enthält] A ciência contém, nela mesma, essa necessidade de extrusar-se [própria] da forma do puro conceito; e [contém] a passagem do conceito à *consciência*. Pois o espírito que se sabe a si mesmo, precisamente porque apreende o seu conceito, é a igualdade imediata consigo mesmo, a qual em sua diferença é a *certeza do imediato*, ou a *consciência sensível* – o começo donde nós partimos. Esse desprender-se da forma de seu Si é a suprema liberdade e segurança de seu saber de si.

807 – [Doch ist diese Entäusserung] Essa extrusão, contudo, é ainda incompleta: exprime a *relação* da certeza de si mesmo com o objeto, que não ganhou sua perfeita liberdade, justamente porque está na relação. O saber conhece não só a si, mas também o negativo de si mesmo, ou seu limite. Saber seu limite significa saber sacrificar-se. Esse sacrifício é a extrusão, em que o espírito apresenta seu [processo de] vir-a-ser o espírito, na forma do *livre* acontecer *contingente*, intuindo seu puro *Si* como o tempo fora dele, e igualmente seu *ser* como espaço. Esse último vir-a-ser do espírito, a *natureza*, é seu vivo e imediato vir-a-ser. Ora, a natureza – o espírito extrusado – em seu ser-aí não é senão essa eterna extrusão de sua *subsistência*, e o movimento que estabelece o *sujeito*.

808 – [Die andere Seite] Mas o outro lado de seu vir-a-ser, a *história*, é o vir-a-ser *que-sabe* e que se *mediatiza* – é o espírito extrusado no tempo. Mas essa extrusão é igualmente a extrusão dela mesma: o negativo é o negativo de si mesmo. Esse vir-a-ser apresenta um movimento lento e um suceder-se de espíritos, um ao outro; uma galeria de imagens, cada uma das quais, dotada com a riqueza total do espírito, desfila com tal lentidão justamente porque o Si tem de penetrar e de digerir toda essa riqueza de sua substância. Enquanto sua perfeição consiste em *saber* perfeitamente o que *ele é* – sua substância – esse saber é então seu *adentrar-se em si*, no qual o espírito abandona seu ser-aí e confia sua figura à rememoração. No seu adentrar-se-em-si, o espírito submergiu na noite de sua consciência-de-si; mas nela se conserva seu ser-aí que desvaneceu; e esse ser-aí suprassumido – o [mesmo] de antes, mas recém-nascido [agora] do saber – é o novo ser-aí, um novo mundo e uma nova figura-de-espírito. Nessa figura o espírito tem de recomeçar igualmente, com espontaneidade em *sua* imediatez; e [partindo] *dela*, tornar-se grande de novo – como se todo o anterior estivesse perdido para ele, e nada houvesse aprendido da experiência dos espíritos precedentes. Mas a *re-memoração* [*Er-innerung*] os conservou; a rememoração é o interior, e, de fato, a forma mais elevada da substância. Portanto, embora esse espírito recomece desde o princípio sua formação, parecendo partir somente de si, ao mesmo tempo é de um nível mais alto que [re]começa.

O reino-dos-espíritos, que desse modo se forma no ser-aí, constitui uma sucessão na qual um espírito sucedeu a um outro, e cada um assumiu de seu antecessor o reino do mundo. Sua meta é a revelação da profundeza, e essa é o *conceito absoluto*. Essa revelação é, por isso, o suprassumir da profundeza do conceito, ou seja, sua *extensão*, a negatividade desse Eu que-em-si-se-adentra: negatividade que é sua extrusão ou [sua] substância. Essa revelação é seu *tempo*, em que essa extrusão se extrusa nela mesma, e desse modo está, tanto em sua extensão quanto em sua profundeza, no Si. A *meta* – o saber absoluto, ou o espírito que se sabe como espírito – tem por seu caminho a rememoração dos espíritos como são neles mesmos, e como desempenham a organização de seu reino. Sua conservação, segundo o lado de seu ser-aí livre que se manifesta na forma da contingência, é a história; mas segundo o lado de sua organização conceitual, é a *ciência* do *saber que-se-manifesta*. Os dois lados conjuntamente – a história conceituada – formam a rememoração e o calvário do espírito absoluto; a efetividade, a verdade e a certeza de seu trono, sem o qual o espírito seria a solidão em vida; somente

> "do cálice desse reino dos espíritos
> espuma até ele sua infinitude".

[Schiller]

GLOSSÁRIO

Abstossen - repelir

Allheit - todidade

Ansichsein - ser-em-si

Aufheben - suprassumir

Aufhebung - suprassunção
Obs. Na exposição do pensamento de Kant, na *Moralität,* traduz-se por "suprimir", "supressão"

Äussern - exteriorizar

Äusserung - exteriorização

Begierde - desejo

Begreiffen - conceituar

Begreifende Denken - o pensar conceitual

Begriff - conceito

Dasein - ser-aí

Daseiende - aí-essente

Ding - coisa

Dingheit - coisidade

Dingliche - caráter de coisa, coisismo

Dieselbigkeit - mesmidade, mesmice

Eins - o uno

Einsicht - intelecção, perspicácia

Entäussern - extrusar

Entäusserung - extrusão

Entfremden - alienar

Entfremdung - alienação

Einzelner - o singular

Entzweien - fracionar, cindir

Entwesung - desessenciamento

Erfüllen - implementar

Erfüllung - implementação

Erscheinende Wissen - saber fenomenal

Erscheinung - fenômeno, manifestação

Fürsich - o para-si

Fürsichsein - o ser-para-si

Gegenübertreten, gegenüberstehen - defrontar

Gelten - valer, ser válido, ter vigência

Gewissen - a boa-consciência

Gewordene - que-veio-a-ser

Gleichnämige – o homônimo

Herabgehen – sucumbir

Hemmung – freio, freagem

Innere – o Interior

Insichgehen – adentrar em si

Insichsein – ser dentro de si

Lichtwesen – luminosidade, essência luminosa ...los – carente-de... ...losheit – carência-de...

Masstab – padrão de medida

Meinen, Meinung – 'visar'

Mitte – meio-termo (termo médio do silogismo)

Nichtwesen – inessência

Punktualität – pontilhismo

Schein – aparência

Seiende – essente

Selbst – o si

Selbstätig – autoativo

Selbstheit – ipseidade

Selbstiche – do si; que tem caráter de si

Selbstwesen – essência-do-Si, autoessência

Selbstwesenheit – autoessencialidade

Übergehen – transitar

Übersetzen – trasladar

Ungleichnämige – heterônimo

Unwesen – inessência

Unwesenheit – inessencialidade

Verkerheit – inversidade

Verschwinden – desvanecer

Verschwundene – evanescente

Werden – vir-a-ser

Zusammenfallen – colapsar

Zusammenhalten – manter coeso

Zusammenschliessen – concluir ("encerrar juntos" os termos do silogismo dialético, mediatizados pelo "Mitte", – termo médio entre os extremos).

Zurückgedrankt – recalcado em si mesmo

Zutat – achega

LIVROS UTILIZADOS

HEGEL, Georg Friedrich. *PHÄNOMENOLOGIE DES GEISTES.* Neu hrsg. von Hans-Friedrich Wessels u. Heinrich Clairmont. Hamburg: Meiner, 1988.

(usamos também a edição SUHRKAMP da *Fenomenologia,* 1984)

Traduções da *Fenomenologia:*

______. francesa: Jean Hyppolite. *La Phénoménologie de l'Esprit.* 2 vols. Aubier, Paris: Montaigne, 1941.

______. italiana: Enrico de Negri. *Fenomenologia dello Spirito.* 2 vols. Florenço: La Nuova Itália, 1973.

______. inglesa: A.V. Miller. *Phenomenology of Spirit.* Oxford Univ. Press, 1977.

______. espanhola. W. Roces. *La Fenomenologia del Espiritu.* México: Fondo de Cultura Econômica, 1966.

GAUVIN, Joseph. *Wortindex zu Hegels PHÄNOMENOLOGIES DES GEISTES.* Bonn: Bouvier Verlag, 1984.

MENESES, Paulo. *Para ler a Fenomenologia do Espírito* – Roteiro. São Paulo: Loyola, 1985.

VAZ, Henrique. Tradução parcial da Fenomenologia (do Prefácio à Percepção) na Coleção *Os Pensadores,* vol. Hegel, da Editora Abril.

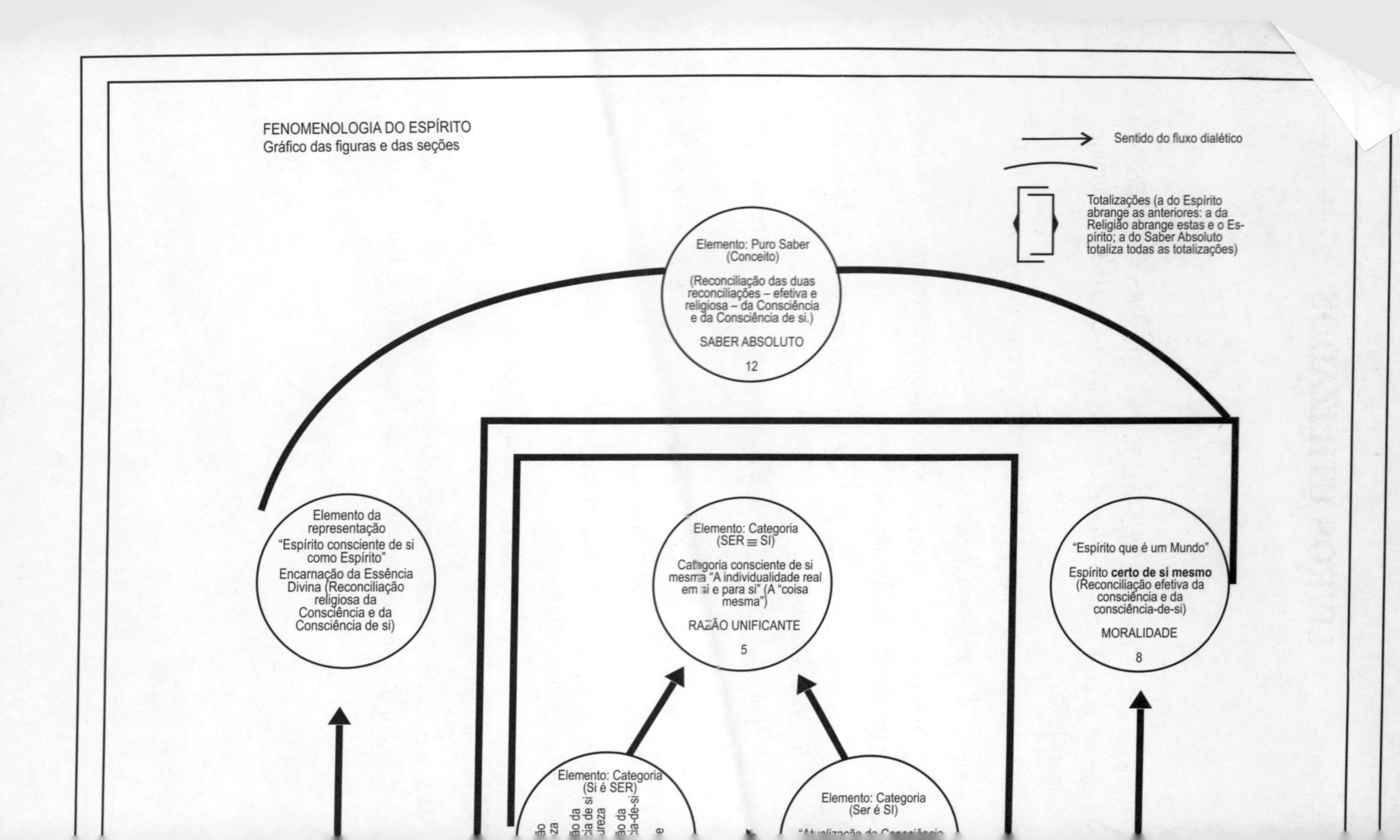
FENOMENOLOGIA DO ESPÍRITO
Gráfico das figuras e das seções
Sentido do fluxo dialético
Totalizações (a do Espírito abrange as anteriores: a da Religião abrange estas e o Espírito; a do Saber Absoluto totaliza todas as totalizações)
Elemento: Puro Saber (Conceito)
(Reconciliação das duas reconciliações – efetiva e religiosa – da Consciência e da Consciência de si.)
SABER ABSOLUTO
12
Elemento da representação
"Espírito consciente de si como Espírito"
Encarnação da Essência Divina (Reconciliação religiosa da Consciência e da Consciência de si)
Elemento: Categoria (SER ≡ SI)
Categoria consciente de si mesma "A individualidade real em si e para si" (A "coisa mesma")
RAZÃO UNIFICANTE
5
"Espírito que é um Mundo"
Espírito **certo de si mesmo** (Reconciliação efetiva da consciência e da consciência-de-si)
MORALIDADE
8
Elemento: Categoria (Si é SER)
Elemento: Categoria (Ser é SI)

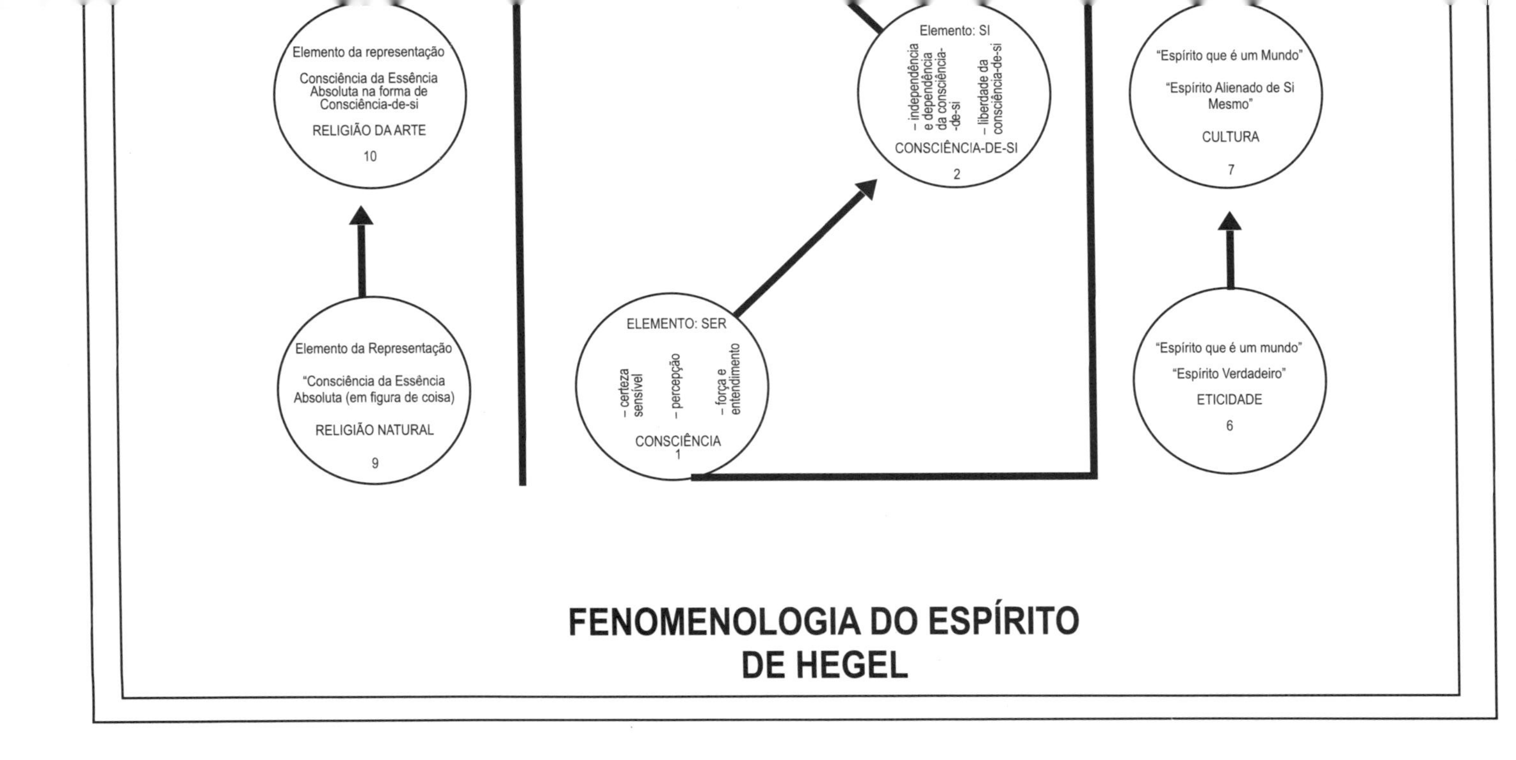

FENOMENOLOGIA DO ESPÍRITO DE HEGEL

pensamento humano

KIERKE
Søren Aabye
GAARD
A DOENÇA PARA A MORTE
EDITORA VOZES
HUSSERL
Edmund
PSICOLOGIA FENOMENOLÓGICA E
FENOMENOLOGIA TRANSCENDENTAL
textos selecionados (1927-1935)
pensamento humano
EDITORA VOZES
Santo
TINHO
SOLILÓQUIOS
DA IMORTALIDADE DA ALMA
pensamento humano
EDITORA VOZES
BBES
Thomas
DE CIVE
Elementos filosóficos
a respeito do cidadão
pensamento humano
EDITORA VOZES

ELEMENTOS DE ANTROPOLOGIA TEOLÓGICA
Alfonso García Rubio

O livro explica as relações fundamentais constitutivas da pessoa humana. Em quatro abordagens: a relação com Deus; as relações inter-humanas; as relações entre os seres humanos e o meio ambiente; e as relações da pessoa consigo mesma. Focaliza a realidade da ambigüidade radical da vida humana bem como a realidade do mal e do pecado, no âmbito pessoal-individual e no mundo social e político.

O HUMANO INTEGRADO
Alfonso García Rubio

Partindo de uma visão integrada do homem e da vida cristã, este livro busca enfrentar o reducionismo religioso presente no mundo contemporâneo. Características como o imediatismo, o individualismo e as perspectivas reducionistas da cultura moderna e pós/moderna, causam simultaneamente, a abundância de tendências religiosas e a carência de diálogo, crítica e religiosidade.

O PRINCÍPIO DE TODAS AS COISAS
Hans Küng

É possível agir e pensar racionalmente quando se tem uma enorme fé cristã ? Na atmosfera da ciência e religião esse é o grande lapso que se busca entender e colocar em prática. Neste livro encontram-se as respostas dadas pela ciência natural, pela filosofia e pela religião, pois, segundo o autor, somente unidas é que ciência e religião podem dar resposta à questão sobre "o que mantém o mundo interiormente unido".

ELEMENTOS DE ANTROPOLOGIA TEOLÓGICA

[illegible]

[illegible]

[illegible]

Conecte-se conosco:

facebook.com/editoravozes

@editoravozes

@editora_vozes

youtube.com/editoravozes

+55 24 2233-9033

www.vozes.com.br

Conheça nossas lojas:

www.livrariavozes.com.br

Belo Horizonte – Brasília – Campinas – Cuiabá – Curitiba
Fortaleza – Juiz de Fora – Petrópolis – Recife – São Paulo

Vozes de Bolso

EDITORA VOZES LTDA.
Rua Frei Luís, 100 – Centro – Cep 25689-900 – Petrópolis, RJ
Tel.: (24) 2233-9000 – E-mail: vendas@vozes.com.br